Foundations of Mixed Methods Research

混合研究法の基礎

社会・行動科学の量的・質的アプローチの統合

著◆チャールズ・テッドリー／アッバス・タシャコリ
監訳◆土屋　敦／八田太一／藤田みさお

西村書店

Foundations of Mixed Methods Research：
Integrating Quantitative and Qualitative Approaches in the Social and Behavioral Sciences

Charles Teddlie
Louisiana State University, Baton Rouge, USA

Abbas Tashakkori
Florida International University, USA

Printed and bound in Japan

本書は，アメリカ合衆国，英国，ニュー・デリーにおけるオリジナル出版社である
SAGE Publications, Inc.との契約により翻訳出版されるものです．

訳者まえがき

本書は、Charles Teddlie & Abbas Tashakkori, *Foundations of Mixed Methods Research* の全訳である。

副題 *Integrating Quantitative and Qualitative Approaches in the Social and Behavioral Sciences* とあるように、Mixed Methods（以下、混合研究法）は、社会科学や行動科学で用いられる量的アプローチと質的アプローチの統合を実現させる研究方法論である。この副題にもある量的研究と質的研究の「統合」は混合研究法の本質といえるもので、混合研究法の理論研究においても、混合研究法を用いた調査研究においても、混合研究法の研究においては「統合」をめぐる議論が求められる。とりわけ調査研究で「統合」を論じるためには、一連の調査の中にある量的研究と質的研究の要素を明確化し、その特性やそれらの関係を論じる必要がある。しかしながら、ひとたび調査を開始すると、想定外の観察や出来事に遭遇して一喜一憂したり、あるいは集約的な作業に伴う視野狭窄状態に陥ったりするなど、一時的に研究の全体像が見えにくくなるような経験をした読者は少なくないだろう。ただ、このような体験は、研究者自身の研究へのコミットメントであるだろうし、あるいは、その研究で扱う現象はそもそも量的要素と質的要素に分ける類のものではなかった、そういった気づきであると言えるかもしれない。このような研究者個人の体験や気づきを踏まえると、一連の調査を量的研究と質的研究の要素に分けて冷静に認識する事は決して容易ではないように思われ、そもそも調査研究として混合研究法を選択するか否かを判断する必要があることに気がつくだろう。本書の特徴の 1 つは、調査研究の研究手法や方法論として量的研究と質的研究を対極に位置づけ、それらの特徴を相対的に論じ、その中間的特性をもつものとして混合研究法を布置することで、社会科学や行動科学で用いられる研究手法や方法論について連続的な繋がりを示している点だ（「はじめに」参照）。このような研究手法や方法論の見取り図を手に入れておくことは、どのアプローチを選ぶにしても調査研究に取り組む上でアドバンテージとなるだろう。

原書は 2009 年に刊行されたがその前後から現在に至るまでの間、混合研究法をめぐる動きが見られる。まず 2007 年、原書の著者である A. Tashakkori 氏と J. W. Creswell 氏を初代共同編集長として *Journal of Mixed Methods Research* が創刊された。続いてまた本書の姉妹書として Charles Teddlie & Abbas Tashakkori, *Handbook of Mixed Methods Research in Social and Behavioral Research* 2nd ed., 2010 が刊行されている。これらは混合研究法を専門に扱う文献として世界中で読まれ、研究方法論の教科書や雑誌で引用され続けている。一方、混合研究法の研究者コミュニティとしては、2014 年に国際混合研究法学会（Mixed Methods International Research Association：MMIRA）が設立され、第 1 回年次大会が米国ボストンで開催された。さらに 2015 年には、日本混合研究法学会が設立され、MMIRA の加盟組織としては初の学術団体が生まれた。2016 年には MMIRA 第 2 回年次大会が英国ダラムで開催され、会期中に行われた議論には、多様化し過ぎた混合研究法についての懸念や MMIRA が掲げる 5 つのタスクフォース[1)]が取り上げられている。タスクフォースの中には Definition, Character and History of Mixed Methods や Teaching Mixed Methods とあるように、現在、混合研究法が揺れ動いている中で混合研究法の基礎を積み上げようとする MMIRA の慎重な様子が伺える。私たちはこのような流れの中で混合研究法の方法論を移入し体得しようとしていると言える。本書は、タイトルにもあるように、混合研究法の「基礎」を提供するものである。これから混合研究法を学ぶ学生、既に混合研究法を用いた経験のある研究者、医療や教育の現場で生じる問題に向き合う実践家、研究指導に従事する教員など、混合研究法に関心を寄せるあらゆる立場の方々にとって、本書はそれぞれのレベルに合わせた「基礎」に立ち返るきっかけとなるだろう。

次に、Mixed Methods の訳語とそれに関わる翻訳について私たちが留意したことや腐心したことを記しておく。私たちが翻訳に取り掛かった2012年当初、Mixed Methodsに関連する日本語文献では「ミックスメソッド」、「ミックスド・メソッド」、「ミックストメソッド」、「ミックス法」、「混合研究法」などさまざまな訳語が用いられていた。原書を含め海外の文献を見渡すと、Mixed Methodsという用語の用いられ方には、具体的な研究手続きを示す手法methodの意味合いをもつ場合もあれば、研究視座やパラダイムを含む方法論methodologyの意味合いで用いられる場合、さらには研究分野としてMixed Methods Researchを示す場合もあり、必ずしも厳密に使い分けられてはいないことを伺い知ることができるだろう。特に本書においてはMMという略号が使用されおり、「はじめに」にあるように、QUAL–MM–QUAN連続体を前面に出して研究手法や研究方法論を論じていることから、原著者らは手法と方法論の使い分けを避けているとも考えられる。一方、近年の日本国内の動向としてはMixed Methods Researchの定訳として「混合研究法」が示されており[2]、本書においてもMixed MethodsおよびMixed Methods Researchについては原則的に「混合研究法」と訳出し、手法か方法論のニュアンスを明確にする必要がある場合には文脈に合わせて文章を調整した。さらに、Mixed Methods Studyのように、混合研究法を用いた単一の研究においては「混合型研究」と訳出し、原書で形容詞のように使用されるMMについても、文脈に合わせて「混合型」と訳出した[2]。ただし、QUAL–MM–QUAN連続体について論ずるなど、MMの訳出によって文意が取りにくくなる箇所はそのままMMと表記してある。

＊＊＊

最後に。本書の翻訳作業は、われわれの都合により当初の予定よりも脱稿が大幅に遅れてしまった。その間、西村書店の方々には多大のご迷惑をお掛けした。本書を脱稿まで辛抱強く見守って頂いたことに心より感謝申し上げる。

2017年7月

訳者を代表して
八田太一

[1] The Future of Mixed Methods：A Five Year Projection to 2020
http://mmira.wildapricot.org/resources/Documents/MMIRA%20task%20force%20report%20Jan2016%20final.pdf
[2] 日本混合研究法学会 監修『混合研究法への誘い』遠見書房，2016.

はじめに

本書は、『混合研究の方法論：質的アプローチと量的アプローチの結合（*Mixed Methodology：Combining Qualitative and Quantitative Approaches*（1998））』および『社会・行動研究における混合研究法ハンドブック（*Handbook of Mixed Methods in Social and Behavioral Research*（2003））』に続く、社会・行動科学における混合研究法研究について書かれた第3の本である。本書は、さまざまな点において前の2冊とは明らかに異なっているが、しかし、前の2冊と確かに類似してもいる。

『混合研究の方法論』は、1980年代後半から1990年代にかけて登場した手頃な書籍の1つであり、人間科学における第3の方法論的アプローチとしての混合研究法の先駆けとなった。『混合研究法ハンドブック』は、自身のさまざまなフィールドで既に混合研究法研究を実践した優れた研究グループによって執筆され、質的アプローチおよび量的アプローチからの混合研究法の独立を宣言するものであった。おそらく当時のどの文献よりも『ハンドブック』は、専門分野内の理念について、あるいは専門分野内にとどまらず専門分野間で行われた混合研究法についても、多様で濃密なアイディアを書き記した1冊であった。

本書、『混合研究法の基礎　社会・行動科学の量的・質的アプローチの統合』（*Foundations of Mixed Methods Research：Integrating Quantitative and Qualitative Approaches in the Social and Behavioral Sciences*）は、混合研究法が成熟したこの5–10年にかけて起こった幾つもの興味深く刺激的な変遷を記録した、他の本とは一線を画する書であり、本書は教科書としてだけでなく底本としても役立つように執筆された。一方で、本書は、混合研究法コミュニティにとってはお馴染みの重要なトピックスに焦点を絞っている点で、前の2冊に類似している。

本書の2つの目的（教科書であり底本としての）は、他の本とは主題としては類似しているが、表記の専門性においては区別される。本書が、専門的な研究者や実務者にとって単純すぎず、あるいは混合研究法について学習するだけの学生にとって難しすぎないものであることを、われわれは願うばかりである。

本書の構成は2つのSECTIONとエピローグ（終章）からなる。2つのSECTIONは「混合研究法第3の方法論的動向」（第1–5章）と「混合研究法の方法と戦略」（第6–12章）である。SECTION 1では、定義、歴史、有用性、そしてパラダイムに関する問題に焦点を当て、一方、SECTION 2では、リサーチ・クエスチョンを立てるところから結果の解釈を描き出すところまで、読者を混合研究法のプロセスにいざなう。

本書では、『ハンドブック』で既に扱った6つの課題に加えて、追加で6つのトピックスについても論じる。『ハンドブック』で扱った6つの課題については、本書では、下記の章で論じる。

1. 混合研究法で用いられる用語と基本的な定義—第1章と第2章
2. 混合研究法の有用性（われわれが混合研究法を採用する理由）—第1章と第2章
3. 混合研究法の基盤となるパラダイム—第5章
4. 混合研究法におけるデザインの問題—第7章
5. 混合研究法で推論をすることの問題—第12章
6. 混合研究法を遂行するための計画—第6–12章

本書では6つの付加的なトピックスも扱う：

1. 混合研究法の歴史–古代から21世紀まで—第3章と第4章
2. 混合研究法のリサーチ・クエスチョン—第6章

3. 混合研究法におけるサンプリングの問題—第 8 章
4. 混合研究法におけるデータ収集に関わる問題—第 9 章（事前調査として考慮すべきこと）と第 10 章（データ収集）
5. 混合研究法における分析—第 11 章
6. 混合研究法の具体例や典型例を同定し紹介—第 6–12 章

ここで挙げた課題のいくつかについては、容易には解くことができない今後の課題として、終章でも再検討する。本書では、社会学、行動科学、健康科学、そして教育学といった研究領域における最新の方法論について著者自身の省察と関心のいくつかを共有したい。上記の課題には、政治的な関心、混合研究法を実施し執筆するためのガイドライン、そして教育的なトピックスが含まれる。

本書は教科書としての役割があるため、各章の冒頭には目的を書き、各章の末尾には要約を書くなど、いくつかの教育的工夫を施した。本書の補足資料として、模範とも言える研究の 1 つを付録論文として収載した。

読者には以下の点に注意をされたい。**太字体**は、その章で扱われる内容のキータームである場合に用いた。傍点は、(1) 既に［別の章で］登場したキータームではあるが、その章においても重要である場合、(2) キータームには指定されないが、その章で新しく出てくる重要な用語である場合、(3) 単語やフレーズを強調する場合、そして (4) 特別な用語として引用される場合（例えば、p.15 にあるマルチメソッド）に用いた。

用語解説には、質的研究と量的研究に関する基本的な用語を含め、混合研究法に関連する 300 個近くの用語を収載した。本書の用語集にある定義の中には『ハンドブック』の用語集から転用したものもあり、著者による混合研究法に関する最近の著作から転用したもの、さらには、まったくオリジナルなデザイン、分析、そして分類や枠組みに関する推論も含まれている。

本書を出版するに当たって多くの編集者のお世話になった。C. Deborah Laughton には本書を構想する際に助けて頂き、Vicki Knight には最後までわれわれの編集に協力して頂いた。Sean Connelly と Lauren Habib を含め、Sage チーム、われわれは彼らのあらゆる協力に感謝している。本書は 2 回に分けて査読を行ったが (2004, 2007)、その匿名の査読者たちにも謝意を示したい、彼らのコメントは本としての質を向上させるのに有益であった。

混合研究法の歴史的概要を描いた 3 章と 4 章を執筆した共著者として Burke Johnson に感謝の意を表したい。Burke の協力と貢献を通じて、われわれは混合研究法に関連する多くの哲学的で歴史的な問題に対する理解を深めることができた。

現在の、そして過去の多くの学生は、数年がかりで本書の内容（とわれわれの学習）を豊かなものにしてくれた。Tiffany Vastardis には倫理に関するセクションの準備に、また Dr. Fen Yu には用語解説の構成にご助力頂いたことに感謝する。Mary Anne Ullery、Dr. Maria G. Lopez、そして Dr. Tarek Chebbi には、研究例をいくつか取り上げる際にご協力を頂いた。厚く御礼申し上げたい。

本書をより魅力的なものにするための多くの概念を与えてくれた混合研究法のコミュニティ・メンバーにも特に謝意を示したい。本書の至る所に彼らから得た着想が散りばめられているが、特に第 4 章においては、アメリカ、この数年間で健康科学分野の混合研究法が行われているヨーロッパ、そして過去数年で数多くの重要で国際的な混合研究法に貢献している世界銀行の 3 グループによる協力があったことを述べておきたい。このように協力して頂いた研究者の中でも Vijayendra Rao と Michael Woolcock によるご厚志に感謝する。

最後に 1 点、本書で質的（qualitative）および量的（quantitative）という用語を頻繁に使用したのは、われわれがこの用語は二分法的なものではなくむしろ連続的であるということを主張するためであることに理解を頂ければ幸いである。多様で複雑な概念、構造、テクニック、政治的・個人的イデオロギーや視座、さらにはマーケティング・ツールの種類を示す代わりとして、本書にある多くの論点でこの2つの用語を用いている。時折この2つの用語を二分法として意図的に使用するけれども、この2つが多次元的な性質を持ち、どちらも連続的に繋がっていることを説明しようと常に試みている。今でも、この2つの用語は教育的理由で必要であるかも知れない。しかし、われわれがこの2つの用語をもはや著書の中で用いなくなるくらいに混合研究法が浸透したときには、混合研究法は飛躍的な進歩を遂げていることだろう。

訳者一覧

監訳者
土屋　敦　　徳島大学総合科学部　社会学研究室
八田太一　　京都大学 iPS 細胞研究所　上廣倫理研究部門
藤田みさお　京都大学 iPS 細胞研究所　上廣倫理研究部門

訳者
中澤栄輔　　東京大学大学院医学系研究科　医療倫理学分野
　　　　　　担当：　第 4 章、第 5 章
浦出美緒　　防衛医科大学校医学教育部　看護学科　小児看護学講座
　　　　　　担当：　第 5 章
高島響子　　東京大学医科学研究所　公共政策研究分野
　　　　　　担当：　第 2 章、第 7 章
山本由加里　東京大学大学院医学系研究科　医療倫理学分野
　　　　　　担当：　第 3 章、第 8 章
大関令奈　　東京大学大学院医学系研究科　医療倫理学分野
　　　　　　担当：　第 4 章、第 9 章
佐藤弘之　　東京大学大学院医学系研究科　医療倫理学分野
　　　　　　担当：　第 11 章、第 12 章
森　朋有　　東京大学大学院医学系研究科　研究倫理支援室
　　　　　　担当：　第 1 章、第 6 章
柏原英則　　広島大学　学長室
　　　　　　担当：　第 12 章

目　次

第５章

SECTION 2

混合研究法の方法と戦略

第６章

第７章

SECTION 1

混合研究法
第3の方法論的動向

第１章

第３の研究コミュニティとしての混合研究法

学習の目標

本章を読み終えたときに、次のことができるようになっていること。

- Thomas Kuhn による「パラダイム」という用語の意味と、研究者コミュニティの概念について説明する。
- 社会・行動科学における３つの研究者コミュニティ―量的オリエンテーションの研究者、質的オリエンテーションの研究者、混合方法論研究者―を区別する。
- ３つの方法論的コミュニティに属する研究者間で、研究課題へのアプローチがどう違うのかを説明する。
- 共約不可能性と共約可能性の概念を用いながらパラダイム論争を説明する。
- ３つの研究コミュニティが共存することの問題について論じる。

混合研究法（mixed methods research）は、この分野におけるさまざまな研究者によって、第３の道（Gorard & Taylor 2004）、第３の研究パラダイム（Johnson & Onwuegbuzie, 2004）、第３の方法論的動向（Teddlie & Tashakkori, 2003）と呼ばれてきた。本章では、これを第３の研究コミュニティと呼ぶことにする。というのも、現在、社会・行動科学で研究を行う３つの主要なグループの関係に焦点を合わそうと考えているからである。

混合研究法（Mixed Methods：MM）は、量的（QUAN）伝統か、質的（QUAL）伝統か、という二分法に取って代わる可能性として、この20年のあいだに登場したものである。本書では混合研究法に焦点を絞ってはいるものの、比較的新しいこの手法の登場は、年長者である２人の従兄弟との関係において分析すべきであろう。混合研究法はいまだ青年期にあると思われるので、本書ではこのアプローチの基礎をよりしっかりと確立することを目指している。

本章の目的は３つである：(1) 社会・行動科学における３つの研究者コミュニティについて簡単に紹介すること、(2) ３つの研究オリエンテーションが、同じ研究課題に対していかに違った取り組み方をするのかを示すこと、(3) ３つのコミュニティ間の対立と調和に関する問題について簡潔に論じること。

第１章ではいくつかの用語を簡単に紹介し、その詳細については本書の後半で述べることにする。ただ、パラダイムについては第１章のはじめから終わりまで言及するので、ここで定義をしておく。**パラダイム（paradigm）**（例えば、実証主義、構築主義、プラグマティズム）とは、「その研究視座に関連するいくつかの前提によって成立する世界観（worldview）」（Mertens, 2003, p.139）といってよいだろう。社会・行動科学における３つの研究者コミュニティはいずれも、これまで1つあるいはそれ以上のパラダイムと関わってきた。

社会・行動科学における３つの研究者コミュニティ

３つの方法論的動向についての基本的説明

社会・行動科学の研究者は一般に、３つのグループに分類することができる。

- 量的オリエンテーションの社会・行動科学者（**QUANs**）：主にポスト実証主義もしくは実証主義パラダイムのなかで研究を行い、数量データとその分析に関心を抱いている。
- 質的オリエンテーションの社会・行動科学者（**QUALs**）：主に構築主義パラダイムのなかで研究を行い、ナラティブ・データとその分析に関心を抱いている。
- **混合方法論研究者（mixed methodologists）**：主にプラグマティズムパラダイムのなかで研究を行い、ナラティブ・データと数量データ、そしてその両者の分析に関心を抱いている。

こうした３つの方法論的動向はコミュニティのようなものであり、各グループのメンバーは、似たようなバックグラウンド、方法論的オリエンテーション、研究の理念や実践といったものを共有している。受けた教育のあり方、追求する研究計画のタイプ、所属する専門家組織や同じ関心を持つグループの特性といった点で、3つのグループは基本的な「文化的」違いを持つようにもみえる。そしてこうした文化的な違いは、各グループが持つ独特の一体感の一因にもなっている。

Thomas Kuhn（1970）は、このような科学コミュニティについて、次のように述べた。

> 科学者は、受けた教育やその後読んだ文献などを通じて習得したモデルに従って研究を行うが、往々にして、コミュニティのパラダイムの有り様が自らのモデルにどのような性格を与えたかに全く気づかず、または気づこうともせず研究を行っている。(p.46)

3つの方法論的研究コミュニティがあることは、社会・行動科学のあらゆる場面で明白であり、その進化は興味深く、ときに予測できないかたちで今も続いている。

量的研究における伝統：基本用語と2つの典型例

社会・行動科学において20世紀のほとんどのあいだ優勢で、さほど疑問視されることもなかった方法論的立場は、量的研究とそれに関連するポスト実証主義、および実証主義のパラダイムであった。**量的手法**（**quantitative method**）とは、最も簡潔かつ端的にいえば、数量的な情報の収集、分析、解釈、提示に関する技法と定義してよいだろう。

量的研究者は当初、**実証主義**（**positivism**）の考え方に賛同していた。その考え方とは、「社会調査には科学的手法を用いるべきである。それは近代の自然科学者の研究に例示されるような手法であり、定量的データを用いて仮説を厳密に検証することによって成り立つ」（Atkinson & Hammersley, 1994, p.251）というものであった。**ポスト実証主義**（**postpositivism**）は、実証主義の改訂版ともいえ、量的オリエンテーションに対する広く知れわたった批判にいくらか対処しつつ、重点はそのまま量的手法に置くものである[1]。

例えば、実証主義者本来の立場とは、研究は「客観的」で価値判断に影響されない環境で行われる—つまり、研究者自身の価値観が研究の実施方法や結果の解釈に影響を及ぼすことはない—というものであった。一方、ポスト実証主義者は、研究者の価値体系が研究の実施方法やデータの解釈に重要な役割を果たすことを認めている（例えば、Reichardt & Rallis, 1994）。

リサーチ・クエスチョン（**research question**）は、調査研究を導くものであり、調べたい事象の未知の側面に関係するものである。量的研究のリサーチ・クエスチョンに対する答えは数量的な形式で表される。**研究仮説**（**research hypothesis**）とは、QUAN研究に特化したリサーチ・クエスチョンであり、研究者は研究の実施に先立ち、理論や先行調査、その他の合理的な根拠に基づき、社会現象間の関係性にまつわる予測を立てる。**量的（統計学的）データ分析**（**quantitative (statistical) data analysis**）とは、数量的データを分析することであり、その際、(1) 関心のある事象について単に記述したり、(2) 集団間もしくは変数間の有意差を探索したりする技法を用いる。

量的コミュニティの手引きになるような古典的なテキストは数多く存在し、量的研究の伝統における中心的な理論を構築したT. Campbellらの3部作もその1つである（例えば、Campbell & Stanley, 1963；Cook & Campbell, 1979）。シリーズ3冊目の『一般的因果推論のための実験と疑似実験のデザイン』（Shadish, Cook, & Campbell, 2002）は、21世紀になって出版され、量的研究の伝統を事実上更新することになった。これらの著者について、Berkenkotter（1998）は、実証主義者/量的研究にとっての公認テキストであると述べた。

Box1.1と1.2は、量的研究者コミュニティの一員であるジッケン教授とスウリョウ教授という、2人の典型的な研究者についての記述である[2]。

質的研究における伝統：基本用語と典型例

質的オリエンテーションの研究者や理論家たちは、20世紀最後の4半世紀になってから、有名な著作を数多く執筆した。彼らは実証主義的オリエンテーションに対して極めて批判的であり、それに代わるありとあらゆる質的手法を提案した。彼らは実証主義を伝統の

Box 1.1　典型的な量的研究者（1）：ジッケン教授

ジッケン教授はフラグシップ大学の心理学科に勤務している。彼女の研究室はソーンダイクホールにあり、大学の新入生と2年生を対象に研究を行っている。ジッケン教授は帰属理論として知られる分野を専門とし、当該分野の現状を見極めようと最新のジャーナルを読んでいる。彼女は仮説-演繹法（第2および4章で説明）を使って、（JonesのABC理論に対立する）SmithのXYZ理論に基づくア・プリオリな仮説を立てている。ジッケン教授の仮説によれば、ある従属変数を測るために作成したクローズド・エンドの質問項目に対し、実験群の対象者は対照群と違う反応を示すことになっている。重要な成果を嗅ぎ当てる才覚で知られる同僚のエンエキ博士とともに、ジッケン教授は統計学的分析を用いてこの仮説を検証している。

Box 1.2　典型的な量的研究者（2）：スウリョウ教授

スウリョウ教授はフラグシップ大学の医療社会学者である。彼は主として質問紙や電話面接による研究データを収集している。彼の研究に参加するのは、青年期や成人期初期の若者である。スウリョウ教授が重点的に研究しているのは、AIDS 感染につながりうるリスクの高い行動を予測することである。研究における関心の 1 つは、行動を予測する 3 つの理論―推論行為理論、計画的行動理論、健康信念モデル―の妥当性（adequacy）を検証することである。スウリョウ教授の仮説によれば、健康信念モデルは他の 2 つの理論よりも、成人期初期にある若者のリスク行動を正確に予測できるはずである。重要と思われる数々の因子をもとに、彼は複雑な統計学的手法を用いて、研究参加者の行動を予測しようとしている。

Box 1.3　典型的な質的研究者：ホリスティコ教授

ホリスティコ教授はフラグシップ大学の人類学科に勤務している。彼は、州の都市部における女子高校生の非行集団について研究している。ホリスティコ教授は彼女たちの行動を説明するための理論を構築しており、うち何人かとは 2 年間のエスノグラフィックなデータ収集の期間中にとても親しくなった。若い女性たちと信頼関係を築くにはかなりの時間がかかるし、その信頼を保つには慎重さが必要である。彼は大量のナラティブ・データを収集しており、現在はそれをくり返し読み込み、新たな主題を確かめようとしている。自身の経験については同僚であるキノウ教授と議論している。キノウ教授は、鋭い分析能力や人の心を捉える比喩を用いることで有名である。結果の信用性（trustworthiness）を確認するため、ホリスティコ教授はメンバー・チェッキングとして知られる手続きのなかで、非行集団のメンバーに結果を提示するつもりである。

継承と揶揄して批判したが、そのことが量的研究に対する実現可能な代案として質的研究を確立するうえで一役買うことになった。

質的手法（**qualitative method**）とは、最も簡潔かつ端的にいえば、ナラティブ・データの収集、分析、解釈、提示に関する技法と定義してよいだろう。

質的オリエンテーションを持つ研究者は、**構築主義**（**constructivism**）やそのバリエーションとして知られる世界観（例えば、Howe, 1998；Lincoln & Guba, 1985；Maxcy, 2003）に賛同していることが多い。構築主義者の考えによれば、研究者は調査をしながら個人的かつ集団的に事象の意味を構築している[3]。

質的研究のリサーチ・クエスチョンに対する答えは、ナラティブな形式で表される。**質的（主題的）データ分析**（**qualitative（thematic）data analysis**）とは、ナラティブ・データを分析することであり、その際には、カテゴリー化や文脈化の（ホリスティックな）手法を含めた、帰納的[4]かつ反復的な数々の技法を用いる。こうした手法を用いた結果、複数の主題が生み出されることも多いので、質的データの分析は主題分析とも呼ばれている。

質的研究のコミュニティにも、Glaser と Strauss（1967）、Lincoln と Guba（1985）、Miles と Huberman（1984, 1994）、Patton（1990, 2002）、Stake（1995）、Wolcott（1994）による、バラエティ豊かな古典的テキストが存在する。『質的研究ハンドブック』の第 3 版（Denzin & Licoln, 1994, 200a, 2005a）はこれまできわめて評判が高く、構築主義者/質的研究にとっての公認テキストであると見なしてよいだろう。**Box 1.3** は、質的研究コミュニティの一員であるホリスティコ教授という、典型的な質的研究者についての記述である。

混合研究法の伝統：基本用語と典型例

混合研究法の伝統は、量的研究や質的研究の伝統ほど知られているわけではない。というのも、混合研究法が個別のオリエンテーションとして登場してきたのは、ここわずか 20 年ばかりのことだからである。混合方法論研究者は、調査中のリサーチ・クエスチョンに答えるためなら、方法論的手段は何だって用いると主張し、量的研究や質的研究の伝統に取って代わる選択肢を提案する。実際、社会・行動科学者は 20 世紀を通じて頻繁に混合研究法を研究に用いており、21 世紀になってもなおそれが続いていることは、いくつもの文献が記しているとおりである（例えば、Brewer & Hunter, 1989, 2006；Greene, Carcelli, & Graham, 1989；Maxwell & Loomis, 2003；Tashakkori & Teddlie, 2003a）。

混合研究法（**mixed methods**（**MM**））は、「問い、研究手法、データ収集、分析手続き、および/または推論の類において、質的アプローチと量的アプローチを用いる研究デザインの一種」（Tashakkori & Teddlie, 2003a, p.711）と定義されてきた。『混合研究法雑誌（The Journal of Mixed Methods Research）』の創刊号に書かれた別の定義によると、混合研究法とは「1 つの調査もしくは研究プログラムにおいて、研究者が質

Box 1.4　典型的な混合研究法研究者：セッチュウ教授

セッチュウ教授はフラグシップ大学の公衆衛生学部に勤務している。彼女は、子どもの健康問題、特に中学生の糖尿病予防に関心を抱いている。彼女の研究プログラムには、減量に関する仮説と、ある種の介入がなぜ有効なのかというリサーチ・クエスチョンの両方が含まれている。セッチュウ教授は社会学者として教育を受け、博士論文のときに始めた量的データ分析の専門家である。また、学際的な研究チームのなかで働いたときに質的データの収集や分析の技術も身につけている。彼女の研究には、カフェテリアで提供されるさまざまなメニューへの介入や、体育教育法への介入がある。彼女はフィールドで生徒を面接したり観察したりすることに時間をかけ（1か所あたり2週間まで）、なぜある介入は有効でほかは有効でないのかを明らかにしようとしている。分析は質的手順と量的手順とを混合したものである。彼女は自らの研究を「検証的（confirmatory）」（体重に関する研究仮説）かつ「探索的（exploratory）」（成功する介入もあれば失敗する介入もあるのはなぜかというリサーチ・クエスチョン）なものと説明している。質的結果と量的結果をダイナミックに統合することで、彼女は研究プログラムをさらに進めようとしている。

的、量的という両方のアプローチや手法を用いて、データを収集、分析し、結果を統合して、推論を導きだす研究」（Tashakkori & Creswell, 2007b, p.4）とされる。

混合方法論研究者のなかには、哲学的にトランスフォーマティブ・パースペクティブ（transformative perspective）を指向する者もいるが（例えば、Mertens, 2003a）、混合研究法と最も関連することの多い哲学的オリエンテーションは、プラグマティズムである（例えば、Biesta & Burbules, 2003；Bryman, 2006b；Howe, 1998；Johnson & Onwuegbuzie, 2004；Maxcy, 2003；Morgan, 2007；Tashakkori & Teddlie, 1998, 2003a）。われわれは他の著作の中で、**プラグマティズム（pragmatism）**を、脱構築主義的なパラダイムと定義した。

> 脱構築主義的なパラダイムでは、「真理」や「事実」といった概念はその地位を失い、代わりに、調査中のリサーチ・クエスチョンにとって真実である「何が有効か」という点に焦点が絞られる。プラグマティズムは、パラダイム論争に関する二者択一の選択を否定し、研究に混合研究法を使うよう提唱し、研究者の価値観が結果の解釈に大きな役割を担うことを認めるものである。（Tashakkori & Teddlie, 2003a, p.713）

混合型研究におけるリサーチ・クエスチョンは混合研究法を用いた調査を導くものであり、その答えとなる情報はナラティブと数量の両方の形式で表される。MM研究の伝統では何人もの著者が、混合研究法オリエンテーションにとってリサーチ・クエスチョンより重要なものはないと述べている（例えば、Bryman, 2006b；Erzberger & Kelle, 2003；Tashakkori & Teddlie, 1998）。

混合研究法のデータ分析（mixed methods data analysis）には、統計学的データの分析と主題的データの分析を統合することに加え、その他のMM研究に固有な戦略も含まれるが（例えば、データの変換や転換）、これらについては本書の後半で論じることにする。混合研究法を適切に実施すれば、研究者は統計学的分析と主題分析の間を切れ目なく行ったり来たりすることになる（例えば、Onwuegbuzie & Teddlie, 2003）。

混合方法論研究者は、当該分野で近年増えつつある数多くの有名な著作に詳しく、かつそれと同じくらい量的研究と質的研究の両方の伝統における古典的テキストにも通じている（例えば、Creswell, 1994, 2003；Creswell & Plano Clark, 2007；Greene, 2007；Greene & Caracelli, 1997a；Johnson & Onwuegbuzie, 2004；Morgan, 1998；Morse, 1991；Newman & Benz, 1998；Reichardt & Rallis, 1994；Tashakkori & Teddlie, 1998, 2003a）。**Box 1.4**は、混合研究法コミュニティの一員であるセッチュウ教授という、典型的な混合方法論研究者についての記述である。

3つのコミュニティによる研究課題へのアプローチ例

ある評価研究の紹介（Trend, 1979）

混合研究法の文献としてよく引用される論文の1つに、Maurice Trend（1979）が行った調査がある。この調査は、量的手法と質的手法の両方を用いて、連邦政府による住宅助成金プログラムを評価したものである。この論文は、以下に挙げるような混合型研究のさまざまな側面を示すうえで、多くの研究者に引用されてきた。それは、量的オリエンテーションの研究者と質的オリエンテーションの研究者がともに調査研究をする困難さ（例えば、Reichardt & Cook, 1979）、どうすれば量的研究と質的研究という別々の構成要素を使って混合研究法に情報を提供できるのか（Maxwell & Loomis, 2003）、不一致が生じた場合の質的データと量的データの価値と信憑性（credibility）（Patton, 2002）、量的構成要素と質的構成要素の食い違いを適切に調整したときに達成できる結果上のバランス（例えば、Tashakkori & Teddlie, 2003c）などである。

本章では、これらとは違ったやり方で、Trend（1979）の研究を用いることにする。つまり、3つの研究コミュニティが同じ研究課題に対して、どのように取り組むのかを示す手段として用いるのである。この研究は、調査の進行に従い混合されることになったものの，もとは1つの量的研究と1つの質的研究という、2つの別な構成要素を持つ研究として始まった。評価者が2つの別な構成要素の結果を統合して報告書を書かなければならなくなったときに、これらは混合されることになったのである。Trend（1979）はこの研究の構成要素について、次のように説明した[5]。

> 米国住宅・都市開発省（HUD）とアブト・アソシエイツは3種類の報告書を想定していた。1つ目は、場所ごとの機能を比較した報告書であり、主に量的分析に基づき、プログラムのアウトカムを評価するものであった。2つ目の報告書は、8つの地区でのケース・スタディになる予定であった。意図したのは、行政機関におけるプログラムのプロセスについて全体像を提示して1つ目の報告書を補強するような、ナラティブで質的なものにすることであった。そして最後の報告書は、全ての分析結果を要約し、政策提言にかえたものになる予定であった。(p.70、傍点部は原文では下線)

Trend（1979）は、「異なる形式の情報に基づく異なる分析は、分析というゲームが終盤を迎えるまで、それぞれ別々に行うべきである」（p.68）という考えを持っていた。彼は量的構成要素と質的構成要素を最初から最後まで別々に実行してから、両者を用いた混合研究法を用いたメタ分析を行った。そのため、この研究は3つのコミュニティがどのように同じ研究計画にアプローチするのかを示す、ユニークな実例を提供することになった。

全体のプログラムは、アメリカのさまざまな地域に位置する8つの地区から成り立っていた。それぞれの地区では行政機関が選定され、低所得世帯によりよい住宅を提供することを目的にした連邦住宅助成金プログラムが実施された。各地区での受け持ち上限は900世帯であった。Trend (1979) の論文が注目したのは、ある地区（B地区）での結果であった。B地区には、地理的に異なる3つの区域―出張所を持つ2つの郊外区域と、中央事務局のある1つの都市区域―があった。

評価研究への量的アプローチ

この研究の量的構成要素は、「アウトカムに基づく評価」―あるプログラムが全体的な目標を達成したかどうかに注目して一般には量的な測定を行う―の好例である[6]。この量的構成要素は、低所得世帯が自由市場でより望ましい住居を手に入れるうえで、住宅手当の直接現金払いは役に立つのかを見極めるために企画された。量的リサーチ・クエスチョンは、評価を開始する前に確定しており、そこには次のようなものが含まれていた。

- プログラムへの世帯登録という点で、各地区は定められていた目標を達成したか（1か所あたり上限900世帯）。
- プログラムを提供された世帯数のうち、マイノリティ（アフリカ系アメリカ人）の数が占める割合は典型的なものであったか。
- プログラムの結果、参加者は実際により望ましい住宅へと引っ越していったか。
- 将来的な参加者を「効率よく」調べて選び出したか。
- 各地区では適切な財務管理を行ったか。

調査研究者、現場の財務会計士、アブト・アソシエイツ本部のデータ処理担当者ないしは分析担当者の各チームが、この研究の量的構成要素を実施し、住宅の質、参加者の人口学的属性、行政機関の活動、経費、その他の関連変数について、数量的な調査データを集計した。参加世帯の経過のフォローアップには、共通の記入用紙が6種類用いられた。その間、調査研究者チームは、サンプリングした参加者を対象に、構造化した面接プロトコールを用いたインタビューを定期的に行った。会計士は全ての経費を記録し、その情報はデータベースの一部になった。Trend（1979）は「最終的に、数量的データベースの数字は5,500万字を超えているだろう」と述べた（p.70、傍点部は原文ではイタリック体）。

要約すると、評価研究におけるこの構成要素が明確に示していたのは、量的研究が持ついくつかの典型的な特徴であり、そこには、調査を開始する前に明確なリサーチ・クエスチョンを立てる、調べたいアウトカム変数を測定する数量尺度を開発して使用する、情報収集の専門的なデータ集計者（例えば、調査研究者や会計士）を採用する、コンピューターを用いたデータの統計分析を中央で行う、といったことが含まれている。こうして量的手法を使って、連邦住宅助成金プログラム成功の「客観的」な評価を作り出すことに、かなりの労力が注がれたのであった。

コンピューターによる量的アウトカムデータは、B地区が他の地区と比較して好成績をあげていることを示していた。B地区はプログラムのノルマである900世帯の登録を達成し、参加者も8地域中2番目に住宅の質が向上したと実感していた。Trend（1979）は、この研究の追加的な結果についても次のように述べている。「コストモデルはB地区のプログラムが安価に運営されていたことを示していた。地区の人口を補正した後の計算でも、マイノリティが受益者の母集団を適切に代表していたことが明らかになった」（p.76）。

図 1.1　量的研究者の視点

図 1.1 は、本研究における量的構成要素がもたらした結論をイラストで示したものである。

評価研究への質的アプローチ

この研究の質的構成要素は、「プロセスに基づく評価」―そのプログラムがどのようにして実施されるようになり、目下どのように運営され、機能しているのかに注目して一般的には質的な評価を行う―の好例である[7]。この場合の質的構成要素には、ケース・スタディを 8 例作成することが含まれ、その実施にあたって観察者は、フィールド観察、インタビュー、ドキュメント（例えば、フィールドノートや日誌、プログラムの計画書、事務所内でのやりとり）を用いた。ケース・スタディの目的は、各プログラムの現場で何が実際に起こっているのか、包括的な記述を提供することであった。

量的構成要素とは異なり、質的リサーチ・クエスチョンには包括的な性質があり、そこには、プログラムの開始時に現場で実際に起こったことを記述したり、運営の初年度にプログラムが展開していったあり方を記述したりすることが含まれていた。観察やインタビューが実施されるにつれて、各プログラムの現場ではいくつかの問題が明らかになり、観察者はこれらの問題や懸念を取り扱いながら、継続的にリサーチ・クエスチョンの焦点を定め直していった。

各現場には、プログラムの初年度より観察者（おもに人類学者）が 1 人ずつ配属されていた。観察者は各地区の行政機関から事務スペースを割り当てられ、毎日データ収集することを許可されていた。彼らはフィールドノートと日誌を定期的にまとめては、評価本部へと郵送した。こうしたデータは「最終的に、合計で 25,000 ページを超えた」(Trend, 1979, p.70)。

量的構成要素の結果とは違い、質的データは、B 地区におけるプログラムの実施と運営の方法に重大な問題があることを示していた。B 地区の観察者は当初より、問題があったことを報告していた。出張所（都市区域にある 1 つの主要な事務所と郊外区域にある 2 つの事務所）の開設が遅れ、プログラムに対する候補世帯の反応が出遅れた、というのである。

このような問題の結果、B 地区の管理者は、地区で 900 世帯を登録する努力に一層努めるよう強引に推し進めた。世帯募集の進捗が最も遅れたのは都市区域の本部であり、郊外区域にある 2 つの事務所の方は比較的簡単にノルマを達成した。

都市区域の本部では、行政機関が参加者の登録を増やすようノルマを設定したが、そのことが事務所のスタッフとノルマを設けた管理者との間にあつれきを生むことになった。スタッフが過労に対する不満を漏らすようになったときには、都市区域にある本部での問題はさらにエスカレートし、個人間の衝突まで生じるようになった。郊外区域の事務所では状況が異なり、スタッフは同じく過労ではあったが、住宅手当の受給者を全て訪問し、調査する時間は見つけていた。

都市区域の本部が持つもう 1 つの問題は、マイノリティの募集に関するものであった。（郊外区域とは違って）都市区域ではアフリカ系アメリカ人が募集定員を超えたため、行政機関は登録を削減するよう事務所に指示を出した。スタッフの中にはこのような募集方針に対して（人種差別と見なして）憤る者もおり、登録期間の終わりには、数名の職員が契約を数か月残して辞職してしまった。

量的結果と質的結果の食い違いが問題になったのは、質的分析で明らかになった事務所内の対立や個人間の衝突、管理能力の欠如などといった主題について B 地区の観察者が要約書に詳しく書いたときであった。Trend（1979）はケース・スタディの統括責任者であり、最終的なケース・スタディの序章になるよう、各観察者に要約書の提出を求めていたのである。

評価研究におけるこの構成要素が明らかに示していたのは、質的研究の持ついくつかの典型的な特徴であり、そこには、（あらかじめ定めた問いではなく）その場で生起した問いを研究の手がかりとして用いる、非構造的あるいは半構造的な観察、インタビュー、日誌、ドキュメントをデータソースとして利用する、社会的場面を質的データソースから浮かび上がったそのままのかたちで包括的に記述することを重視する、観察者とプログラム参加者の間で親密で共感的な関係を維持する、といったことが含まれている。質的研究は本来

図 1.2　質的研究者の視点

構築主義的であり、要約書にはB地区で実施されたプログラムの社会的現実について、情報に基づき理解したり、再構築したりした内容が反映されていた。そのため、要約書の「主観的な」指向性に対して、B地区の観察者が違和感を抱くことはなかった。図 1.2 は、本研究における質的構成要素がもたらした結論をイラストで示したものである。

評価研究への混合研究法アプローチ

Trend（1979）が詳述したMM研究は、B地区での量的構成要素と質的構成要素の結果が思いがけず食い違ったことから生まれたものである[8]。前項で述べたように、B地区の観察者の結果は、その地区におけるプログラムの効果を量的分析した結果と矛盾していた。量的データはプログラムが有効であることを示していたが、質的データはプログラムを実施するうえで深刻な問題があることを指摘していた。混合研究法アプローチが使われたのは、量的と質的の結果のあいだにある、こうした明らかな矛盾を説明するためであった。

Trend（1979）が論文で示した評価研究は、「並列型混合デザイン」[9]と呼ばれてきたものの1例である。このデザインは、量的と質的構成要素を別々に（かつ同時並行的に）実施した後で、それぞれの結果を統合する「メタ推論過程」を行うものである（このデザインの詳細は第7章参照）。

混合型研究のリサーチ・クエスチョンとは、それぞれ質的構成要素と量的構成要素からのリサーチ・クエスチョンを組み合わせたものであり、推論が進むにつれて浮かび上がる問いも全て加えられる。今回の研究では、次のような問いが追加されることになった。質的構成要素と量的構成要素の結果はなぜ食い違ったのか？　この違いに折り合いがつくようにデータを統合すると、そこからはどんな説明が引き出されるのか？

こうした新たなリサーチ・クエスチョンについて、Trend（1979）は次のように説明した。

> われわれは問いに答えなければならなかった。プログラムは失敗だろうとあらゆる観察データが指摘していたのに、その同じプログラムがどうやってこんなにも多くの側面でこんなにも称賛に値する結果を生み出せたのか。何が、どのようにして起こったのか。（p.78）

評価会社がB地区の観察者にもっと量的結果と一貫した報告書を書くように求めた結果、B地区の観察者でもなかったのに、Trend（1979）は要約書を書き直すことになってしまった。それからTrendと観察者はもう1度データの分析を始め、この食い違いに折り合いがつくような情報を探した。突破口が見えたのは、事務所の場所ごとにデータを3つに分けたときであった（2つは郊外区域、1つは都市区域）。彼らは郊外区域と都市区域で全く違うプロセスが作用していることを発見したのだった。

- さらに徹底した調査を行ったところ、区域間で結果のパターンが食い違っていることが明らかになったが、プログラムの効果を理解する上では、全体の平均値をとった結果のパターンよりもこちらの方が重要であった。
- 郊外区域であるということで、プログラムに有利となっている点がたくさんあった。受給候補者はだいたいが白人で、世帯の人数は少なく、収入も多かったため、住宅助成金も平均より少ない金額ですんでいた。住宅助成金が少なかったことは、プログラムの受給者全員に支払った助成金の平均額を引き下げ、結果、全体的に肯定的な量的結果をもたらしていた。また、郊外区域の方が世帯の募集も簡単であり、受給者全体の数も増えることになった。
- 都市区域であるということには、たくさんの不利な点があった。当初、都市区域でアフリカ系アメリカ人世帯の募集が超過して導入されたノルマ体制は、一部のスタッフの否定的な感情を煽り、プログラム内での疎外感をもたらすことになった。ただ皮肉にも、そのことがある種の肯定的な量的効果へとつながっていた。というのも、職員が早期に退職して後任がいなければ、プログラムのコストもそれだけ抑えることができたからである。都市区域事務所での

図 1.3　混合方法論研究者の視点

ノルマ体制と少ないスタッフ数が、あたかも「効率的な」やり方で受給者の数を増やしているかのような、量産プロセスへとつながっていたのである。

ほかにも、都市/郊外区域という背景の違いに関係する要因が数多く存在し、質的結果と量的結果の間にある全般的な矛盾は、それほど理解できないものではなくなっていった。Trend（1979）は「B 地区を 1 つのものとして扱うことで、量的分析の担当者はわれわれがまさに見出しつつあるものを、ほとんど全て見逃してしまったのである」（p.80）と結論づけた。

要約書は最終的に受理されるまでに 6 版を重ねた。背景ごとのプログラムの特徴を正確に理解するためには、混合型データ上の矛盾に折り合いをつけることが明らかに必須であった。とはいえ、Trend と観察者は量的データと質的データをメタ分析するのに 10 週間もかかってしまった。混合型研究はデータ収集や分析、解釈にコストがかかるので、質的研究や量的研究だけを実施するよりも高くつくことが多い。

もしも量的データだけを分析していたなら、連邦住宅助成金プログラムのイメージは、不正確な（肯定的過ぎる）ものになっていただろう。同じく、もしもケース・スタディだけを実施していたなら、プログラムのイメージは不正確な（否定的過ぎる）ものになっていただろう。データを混合したことで、より正確な全体像が浮かび上がってきた。今回の評価研究のなかで混合型研究は、見解の違いを声にする機会をまずは認めたうえで、よりバランスのとれた評価を促す役割を果たしていたのである。

要約すると、Trend と彼の同僚が行った評価研究は、もともと統合する予定はなかったものの、混合型研究の持ついくつかの典型的な特徴を示していた。そこには、研究を導くうえであらかじめ決めたリサーチ・クエスチョンと新たに生じたリサーチ・クエスチョンをともに用いる、量的データソースと質的データソースをともに使用する、量的分析と質的分析をともに実施する、量的研究と質的研究の知見を筋のとおったかたちで統合する混合研究法の技法を使う、といったことが含まれている。図 1.3 は、本研究における混合型研究の構成要素がもたらした、文脈依存的な結論をイラストで示したものである。

3 つの研究コミュニティ：継続的な論争か、平和的な共存か？

3 つの方法論的コミュニティは、過去 40 年以上にわたって、哲学的論争と平和的共存の両時期を経験してきた。この間、まず質的研究コミュニティがあらわれて伝統的な量的オリエンテーションに挑戦し、その後混合研究法コミュニティが目立つかたちで表にあらわれるようになった。本項では「パラダイム論争」、もしくは「パラダイム戦争」（例えば、Gage, 1989）について簡潔に説明する。この論争は、質的コミュニティの地位が一般に認められるようになり、量的研究コミュニティの優位性を脅かすようになって起こってきたものである。

Thomas Kuhn（1962, 1970, 1996）は、その著書である『科学革命の構造』によって、競合するパラダイムやパラダイムの変容という概念を普及させた。社会・行動科学におけるパラダイム論争（およそ 1975 年–1995 年）は、教育学および評価研究の分野で特に広がったが、競合する各パラダイムの擁護者たちが、自分たちの理論的立場の優劣をめぐって対立する様子を示す好例となっている（パラダイムに関する Kuhn の立場の詳細については、第 5 章、図 5.1 参照）。

こうした対立の大部分は、伝統の継承と呼ばれるような実証主義的パラダイムの問題を、質的研究コミュニティが激しく批判したことが引き金になって起きた。質的研究者の多くは、実証主義ではなく構築主義の方が研究を実施する際の理論的視座として望ましいと考えていたのである。**パラダイム論争（paradigms debate）**を最も単純に定義するなら、実証主義（やポスト実証主義といったバリエーション）と構築主義（や解釈主義といったバリエーション）という、互いに競合する科学的世界観どうしの哲学的、方法論的問題をめぐる対立のことである（例えば，Gage, 1989；Guba & Lincoln, 1994；Howe, 1998；Reichardt & Ralllis, 1994；Tashakkori & Teddlie, 1998）。

構築主義があらわれると、数名の研究者（例えば、Guba & Lincoln, 1994；Lincoln & Guba, 1985）が哲学的な論点—「存在論」、「認識論」、「価値論」や、一般化可能性、因果関係等—をめぐる実証主義者と構築主義者の違いを要約した**パラダイム対照表（paradigm contrast tables）**を作成した[10]。こうした対照表はパラダイム間にある根本的な違い（要するに二分法）を示していたが、つまりはそのことで、パラダイムとは互いに相容れない共約不可能なものであるということを示していたのである。

パラダイム論争の主だった内容は、**共約不可能性（incompatibility thesis）**をめぐるものであり、これによれば、質的手法と量的手法を混合することは、その手法の背景にあるパラダイムに根本的な違いがあるために適切とはいえない（例えば、Guba, 1987；Sale, Lohfeld, & Brazil, 2002；Smith, 1983；Smith & Heshusius, 1986）。共約不可能性とは、パラダイムと研究手法との間にあると仮定される結びつきに関する考え方である。これによれば、研究パラダイムと研究手法は、1 対 1 で対応するように関連しあっている。そのため、異なるパラダイムの背景にある前提どうしが互いに対立していれば、パラダイムと結びついている手法どうしも組み合わせることはできない。

混合方法論研究者は、次の引用で例示するような、共約可能性をもってこの立場に反論した。

> しかし、同じ一般的な問題について、具体的な問いをさまざまに投げかけながら、いくつもの研究手法を用いて調査するプラグマティズムには、社会理論にとっての実用的な含意がある。特定の理論的スタイル…やそれと最も適合する手法に執着するよりも、データを解釈するためなら、異なる理論的視点の統合を奨励、ないしは要求さえするような手法を組み合わせた方がよいのではないか。（Brewer & Hunter, 2006, p.55）

哲学的なレベルで共約不可能性に反論する際に、混合方法論研究者が持ち出したのは、別のパラダイム、つまりプラグマティズムであった（例えば、Howe, 1998；Maxcy 2003；Morgan, 2007；Tshakkori & Teddlie, 1998）。Howe（1998）はプラグマティズム概念の主要な原則を挙げ、QUAL 手法と QUAN 手法とはともに相容れる共約可能なものである（**共約可能性（compatibility thesis）**）とした。それによって、共約不可能性が示したような二者択一性を否定したのである。プラグマティズムが提案しているのは、共約不可能性における二者択一性（量的手法か質的手法のどちらかを利用すること）にとって代わる、第 3 の選択肢（量的手法と質的手法をともに組み合わせること）である。Howe（1998）はこの考え方について「共約可能性が支持している見方とは、量的手法と質的手法を組み合わせることはよいことで、このような結合が認識論的に矛盾することをむしろ否定する、というものであり、実践上でも優勢となり始めている」（p.10）と述べた。

ただ、パラダイム論争は 1990 年代の中盤から終盤にかけて大きく衰退していった（例えば、Patton, 2002）。というのも大概「多くの研究者は哲学的な議論にうんざりしてしまい、むしろ研究という作業をどんどん進めることに関心を向けるようになった」（Smith, 1996, pp.162–163）からである。混合方法論研究者はコミュニティ間の調整に積極的な関心を向け、混合研究法は質的手法と量的手法とを組み合わせる正当な理由とそのための環境を提供した。

こうして現在、社会・行動科学の分野で研究を行う多くの研究者（特に混合方法論研究者）にとって、パラダイム論争は決着がついたものとなった[11]。しかしなお、論争の名残りは、大学院生や経験の少ない研究者にとりわけ大きな影響を及ぼしている。その影響とは、初学時の研究オリエンテーションに基づき、量的研究者か質的研究者であり続けようとする傾向のことである。Gorand と Taylor（2004）は、このような不幸な現象について次のように書いた。

> 社会科学で考えられているパラダイムのなかでも、最も役に立たないのが「量的」アプローチや「質的」アプローチといった方法論的なパラダイムである。不幸にも、かけ出しの学生研究者ほど「パラダイム」などと呼ばれるものの 1 つにすぐ閉じ込められてしまう。彼らは教えられたとおりに学ぶので、研究で数字を使えば、哲学的には実証主義者か実在論者で、スタイル的には仮説演繹的か伝統的であるに違いなく…逆に、研究で数字を使うことを否定するなら、解釈論者で、包括論的かつオルターナティブで、真実よりも複数の視座を信じている云々に決まっているのである。（p.149）

Boyatzis（1998, p. viii）は、QUAN 手法や QUAL 手法に恐れや嫌悪感を抱く研究者に対して、**量嫌い（quantiphobe）**、**質嫌い（qualiphobe）**という用語を用いた。量的研究か質的研究いずれかのオリエンテーションに固執し、混合研究法に恐れや嫌悪感を抱く別のタイプの研究者を「混合嫌い」としてここに加えてもよいだろう。面白いことに、領域によって混合研究法はいまだに賛否両論を呼んでいるので（例えば、Denzin & Lincoln, 2005b；Howe, 2004；Sale, Lohfeld, & Brazil, 2002）、これから研究を行おうとする人は、この点について認識しておくべきであろう（この点は、第 5 章でより詳しく議論する）。

互いに異なってはいても、自らの優位を訴えず、ほかのグループの手法に口出ししようとしなければ、3つのコミュニティは平和に共存することができるだろう。3つのコミュニティ間での対話を増やそうというのがわれわれの立場であり、多くの複雑な社会現象を理解する上では、それぞれのコミュニティが大いに役に立つのである。こうした社会現象への理解が一気に進むのは、量的手法でのみ答えられるリサーチ・クエスチョンもあれば質的手法でのみ答えられるリサーチ・クエスチョンもあり、さらには混合研究法を使わなければならないこともある、ということに研究者が気づいたときであろう。

もちろん、統合を擁護するわれわれの立場は新しいものではない。数多くの優れた量的研究者や質的研究者が、過去50年間にわたって同じような考えを表明してきた。例えば、グラウンデッド・セオリーとして知られる質的手法の創始者であるBarney GlaserとAnselm Strauss（1967）は、40年ほど前に次のような声明を出した。

> われわれは本書で以下のような立場をとる。量的な手法やデータと質的なそれらとの間に、目的や性質に関しての根本的な対立は存在しない。そこで衝突しているのは、理論を検証することと理論を生成することのどちらに重点を置くかの優先順位に関する論点である。そのことについて量的研究と質的研究は歴史的に白熱した議論を戦わせてきたのである。両手法のデータとも、理論の検証と生成の両方に有用であるとわたしたちは信じる。多くの場合、両手法のデータが必要で・・・両者は相補的、相互検証的に用いられる。そしてわれわれにとって最も重要なのは、単一の対象からの異なった形式のデータを比較していくことで、理論を生成していくことである。（pp.17–18、傍点部は原文ではイタリック体）

ReichardtとCook（1979）も、ポスト実証主義の観点から同じような意見を述べた。

> 研究手法の間に壁を作る時代は終わり、橋を架ける時代が来た。もしかすると量的手法、質的手法という二分法的な言語すらも乗り越えていくべき時代なのかもしれない。本当の課題は、狭い考えに囚われずに評価するべき課題に研究手法を合わせていくことだ。それは量的手法と質的手法の連携と呼んでも良いだろう。両者に個別のラベルを貼り区別することは、不必要な対立を助長するだけなのかもしれない。（p.27）

要約

3つの研究コミュニティを紹介し、それぞれに典型的な研究者―ジッケン教授とスウリョウ教授（量的研究コミュニティ）、ホリスティコ教授（質的研究コミュニティ）、セッチュウ教授（混合研究法コミュニティ）―を提示した。3つのグループ間にある基本的な違いについていくつか詳しく説明した。3つのコミュニティが文化的に明白に異なり、それぞれが独自の教育的・社会的背景、研究の歴史、そして研究はこう行うべきだという認識を持っていることについては、本書全体を通じて論じる。また、3つのコミュニティが平和的に共存しうることについても論じるつもりである。

ある評価研究について説明し、3つのコミュニティの研究者がそれぞれどのように研究にアプローチしたのかを解説した。この研究で生じた量的結果と質的結果の対立は、混合研究法アプローチを用いることで矛盾なく両立した。

最後に、パラダイム論争と3つのコミュニティ間にある対立と調和をめぐる問題について手短に考察した。われわれやその他多くの混合方法論研究者が主張しているのは平和的な共存であり、その根底にあるのは共約可能性であって、リサーチ・クエスチョンの種類によって答えを出すのに適したコミュニティは違うという認識である。

第2章では引き続き、3つの方法論的コミュニティ間にあるさまざまな対比について説明し、付録論文として本書末に収録した混合研究法の研究論文の概要について触れる。また、3つのコミュニティ間にある相互関連性を説明するために、連続体という概念を導入する。連続体というこの概念は、本書全体を通じて主要な統一テーマの1つである。次章の最後では、混合研究法研究における用語と混合研究法研究の有用性について考察する。

注

1）現在、実証主義者を名乗る社会・行動科学者はほとんどいない。なぜなら、このパラダイムが本来的に持つ多くの哲学的立場が信用を失ってしまったからである。しかし、たくさんの量的研究者が、今でも自らをポスト実証主義者と見なしている。

2）実験主義者（ジッケン教授）と、調査やその他記述的な量的研究を主に行う研究者（スウリョウ教授）との間には大きな違いがあるため、量的研究については典型例を2つ提示している。量的研究者はみな実験主義者であるという印象を与えたくなかったからである。

3）Creswell（1998）やDenzinとLincoln（2005b）らが述べたように、質的研究に関連する視座や伝統（例えば、批判理論）は、構築主義やそのバリエーション以外にも数多く存在する。Glesne（2006）は構築主義が持つ相対的な重要性を次のように要約した。「大抵の質的研究者は社会的構築主義または構築主義パラダイムに固執する」（p.7, 傍点部は原文ではイタリック体）。

4) 帰納論理学は個別から一般へと議論すること、つまり帰納的分析の方法を扱う。研究者はそこでさまざまな事実を用いて理論を構築していく。帰納的論理学と演繹的論理学については第2章、第3章、および第5章でさらに詳しく紹介する。

5) HUDとは、この研究に資金提供を行った米国住宅・都市開発省（The U. S. Department of Housing and Urban Development）のことである。アブト・アソシエイツは、この評価を請け負った評価会社である。

6) 質的データもアウトカムに基づく評価に用いられることはあるが、Trend（1979）の研究では重視されていない。

7) 量的データもプロセスに基づく評価に用いられることはあるが、Trend（1979）の研究では重視されていない。

8) 評価プランが「全ての分析に基づく知見をダイジェストにまとめた」（Trend, 1979, p.70）混合型研究の最終報告書を必要とした点は独創的だったのだが、Trendの論文でもその要旨でもこの報告書に関する考察は行われていない。ダイジェストは当初、量的構成要素に大きな比重を置いたものになるはずだったようである。

9) われわれは、Trend（1979）の研究を並列型混合研究法デザインの1例と見なしているが、研究した著者自身がこの用語を使っているわけではないことを記憶しておくのが重要である。この研究をある種の混合研究法デザインと見なしたのは、デザインの特徴を事後的に分析した結果に基づいている。

10) パラダイム論争に関する哲学用語は第5章で定義する。LincolnとGuba（1985）がオリジナルに作成したパラダイム対照表の内容は、**図5.1**に示している。

11) 共存へと向かうこの全体的な流れにも関わらず、G. W. Bush政権下にあった米国の教育研究分野では、質的研究者と量的研究者との断絶が深まることになった。というのも、教育省がポスト実証主義的な量的オリエンテーションをはっきりと打ち出し、小規模なパラダイム論争が再燃したからである。詳細については第4、5章で紹介する。

第2章

混合研究法の基礎

学習の目標

本章を読み終えたときに、次のことができるようになっていること。

- 方法論、方法、パラダイムを区別する。
- 量的（QUAN）研究が持つ基本的特徴について、用語をいくつか挙げ、定義する。
- 質的(QUAL)研究が持つ基本的特徴について、用語をいくつか挙げ、定義する。
- 混合研究法(MM)が持つ基本的特徴について、用語をいくつか挙げ、定義する。
- 混合研究法を用いた研究論文を読み、重要な量的構成要素、質的構成要素、混合研究法構成要素を同定する。
- QUAL-MM-QUAN 連続体について説明する。
- 混合研究法におけるさまざまな定義や概念化の過程を比較し、対比させる。
- 混合研究法の主要な長所について説明する。

第2章は5つのセクションに分かれている。まず、方法論、方法、およびパラダイムの違いを確認する。次に、3つの方法論的動向について詳述する。そして、1つの混合型研究について詳しい解説と分析を行う。さらに、混合研究法（MM）の定義に関する問題を論じ、最後にその有用性について説明する。

最初のセクションでは、区別されずに混同して用いられることの多い3つの重要な概念的用語—方法論、方法、パラダイム—について説明する。研究者はこうした用語の意味や違いについて理解を共有し、混合研究法を説明する際に混同しないことが重要である。

本章ではまた、30を超える用語や定義を紹介し、3つの方法論コミュニティ間の違いを比較しながら詳述する。これらの違いについては表にまとめている。

次に、1つの混合型研究の概要を紹介する。この研究の全文は付録論文に収録している（本書 p.263）。われわれは、この論文については多くの見解を述べているが、特に、混合型デザインがどのように使われ、量的アプローチと質的アプローチが1つの研究プロジェクトのなかでどのように統合されるのかについてコメントしている。

続いて、3つの方法論コミュニティの相互関係を捉える新たな方法として、QUAL-MM-QUAN 連続体を紹介する。われわれも他の研究者も、量的アプローチと質的アプローチは二分法で区別するものではないと考えている（例えば、Johnson & Onwuegbuzie, 2004；Newman & Benz, 1998；Niglas, 2004）。これまでのところ本書では、教育上の理由から（例えば、読者が純粋に抽象的なかたちで研究オリエンテーションの違いを理解できるようにするため）この2つを二分法で示してきた。ただ、研究が持つそれぞれの要素は連続体上の点を示していると捉える方がより正確であろう。よって、この連続体とその特徴について説明する（QUAL-MM-QUAN 連続体については、第5章でさらに詳しく論じる）。

混合研究法に関する用語と定義に関連する2つの問題—混合研究法固有の用語を持つ必要はあるかという問題と、混合研究法で「バイリンガル」になるか、共通言語を使うかという選択の問題—についても簡潔に論じる。そして本章では最後に、リサーチ・クエスチョンに答える際に混合研究法が持つ主な長所について考察する。

方法論、方法、およびパラダイムの違い

第1章と第2章は、質的研究、量的研究、混合型研究で使われる基本用語の定義に多くの紙面を割いている。本章で論じる最初のトピックは、パラダイム、方法論、方法という3つの基本的概念の違いである。混合研究法にとってこのトピックは特別な配慮を要するものである。というのも、今ではめったに使われなくなったマルチメソッド（multimethods）という用語のように（例えば、Brewer & Hunter, 2006）、この領域には基本的な用語の定義をめぐる混乱あるいは矛盾の歴史があるからである。Lois-ellin Datta（1994）は数年前に、概念上のこうした問題のことを「混合モデル研究（mix-model studies）に世界観、パラダイム、理論がない」ことから生じる「ごちゃ混ぜモデル（mixed-up model)」と表現し、「いまだにこのような理論は十分に明確化されていない」(p.59) と結論づけている。

第1章では、Mertens (2003) の定義を使用して、パラダイムをある「世界観のことであり、その視座に関連したいくつかの前提によって成り立つ」(p.139) ものとした。この定義を採用したのは、複数の研究者が同じ見解であるように思われたからである(例えば、Creswell & Plano Clark, 2007 ; Lincoln, 1990 ; Rallis & Rossman, 2003 ; Van Manen, 1990)。近年では Morgan (2007) がパラダイムについて述べ、「研究しようとする問いやその際に用いる方法の選択に影響を与える、研究者の信念 (belief) と実践 (practice) の体系」(p.49) としている。

Jennifer Greene (2006) は、社会調査の方法論には4つの領域があると定義した。

1. 哲学的な前提と立場。科学哲学 (例えば、実在論の是非) や理論的正当化 (例えば、特定の専門分野の核となる構成概念) における問題がこれにあたる。
2. 調査における論理。「一般に社会科学で『方法論』と呼ばれるもの」(p.93、傍点は著者による) に関係しており、調査における問いや目的、広範な調査デザインや戦略、サンプリングの論理、調査の質を評価する基準などが含まれる。
3. 実践上のガイドライン。「社会科学調査の『手引き』」といった、調査を実施する際の具体的な方法や、具体的なサンプリング戦略、分析技法などが含まれる。
4. 科学における社会政治的なコミットメント。主に価値 (価値論) の問題に関係し、「このアプローチを使って社会調査を実施し、誰の利益をかなえるべきか、そして、その理由とは何か」(p.94) といった問いに答えるもの。

Greene (2006) が上記の1と4で述べたトピックの多くは、パラダイム問題 (例えば、実在論の是非や、研究における価値の役割) であり、第1章で紹介し、第4、5章で詳述するパラダイム論争において生じたものである。他方、Greene が上記の2や3で論じたトピックは、研究の方法論や研究方法を考える際に直接関係するものである。

Clert ら (2001) は方法論 (methodology) と方法 (method) との明確な区別を提示した。「方法論的アプローチとは、リサーチ・クエスチョンをどのように分析すべきかという理論を取り扱うものである。一方、研究方法とは、データの収集、整理、分析を行う手順のことである」(p.7)。われわれは Clert らの説明と Greene (2006) による上記2と3を組み合わせ、次のような定義を作成した。

- 研究の**方法論** (**methodology**) とは、科学的な調査に幅広くアプローチするものであり、リサーチ・クエスチョンをどのように立て、それにどのように答えるべきか、といったことについて明確に述べたもののことである。世界観 (worldview) の検討や、デザイン、サンプリングの論理、データ収集や分析戦略への一般的な選好、推論する際の指針、研究の質を評価し改善する基準が含まれる。
- 研究の**方法** (**method**) とは、研究デザインを実行するための具体的戦略や手順のことであり、サンプリングやデータ収集と分析、結果の解釈が含まれる。
- 具体的な研究方法は、研究者が持つ方法論上の総合的なオリエンテーションによって決まる。

まとめると、パラダイムとは哲学的・社会政治的な問題を含んだ世界観のことであり、研究の方法論とは科学的な調査に対する全般的なアプローチのことである。方法論は研究プロセスにおけるさまざまな要素の選好に影響を及ぼす。研究方法とは、研究を実施する際の具体的な戦略のことである。

本書のタイトルをなぜ『混合方法論の基礎 (The Foundations of Mixed Methodology)』とはせずに、『混合研究法の基礎 (The Foundations of Mixed Methods Research)』にしたのか。前半にあたる5つの章とエピローグで、パラダイムや一般的な方法論の問題について取り扱ってはいるものの、本書の大部分 (第6章から第12章) は、混合研究法の具体的なテクニックについて論じている。広い意味で (デザイン全体の類型という意味で) 何が混合方法論を構成するのかについて、混合研究法コミュニティのなかで、より幅広い合意に達するまでは、混合研究法という用語を使った方が適切であろう。

最後に、パラダイムと方法論、方法の区別が曖昧な混合型研究の記述を読むときには気をつけなければならない。例えば、「混合研究法パラダイム」(あるいは「質的パラダイム」や「量的パラダイム」) といった言葉は概念的に明確ではないため、使うべきではない (Gorard & Taylor, 2004)。レベルをこのように混同していては、概念的にも曖昧なままであろう。

方法論コミュニティについての詳細

第1章では、3つの方法論コミュニティに関する基本的な専門用語についていくつか説明した。本章では、さらに重要な質的研究の用語、量的研究の用語、混合研究法の用語について、定義とともにいくつか紹介する。これらの用語については第1章と本章で簡単に紹介するが、その後も本書全般を通じて詳しく説明していく。

第1章と第2章で紹介する概念はほぼ全て、いくつかの重要な特質において比較することが可能である。例えば、構築主義、プラグマティズム、ポスト実証主

表 2.1　第 1、2 章で論じた 3 つの方法論コミュニティにおける特徴の対比

対比軸	質的研究の立場	混合研究法の立場	量的研究の立場
手法	質的手法	混合手法	量的手法
研究者	質的オリエンテーションの研究者	混合方法論の研究者	量的オリエンテーションの研究者
パラダイム	構築主義（およびその分派）	プラグマティズム、トランスフォーマティブ・パースペクティブ	ポスト実証主義、実証主義
リサーチ・クエスチョン	質的リサーチ・クエスチョン	混合型リサーチ・クエスチョン（QUAL＋QUAN）	量的リサーチ・クエスチョン、研究仮説
データ形式	概してナラティブ	ナラティブ＋数量	概して数量
研究目的	多くは探索的（＋検証的）	検証的＋探索的	多くは検証的（＋探索的）
理論の役割、論理	グラウンデッド・セオリー、帰納的論理	帰納的/演繹的論理、帰納的-演繹的な研究サイクル	概念的枠組みや理論を基礎とする、仮説-演繹法
典型的な研究およびデザイン	エスノグラフィー研究、その他（ケース・スタディ）	並行型および順次型といった MM デザイン	相関、調査、実験、準実験
サンプリング	ほとんどが合目的的	確率、合目的的、混合	ほとんどが確率
データ分析	主題的戦略：カテゴリー化、文脈化	主題的戦略と統計学的分析の統合、データ変換	統計学的分析：記述的、推計的
妥当性/信用性の問題	信用性、信憑性、転用可能性	推論の質、推論における転用可能性	内的妥当性、外的妥当性

義は、順に質的手法、混合研究法、量的手法に関係する用語であり、「パラダイム」と呼ばれる特質として互いに比較することができる。

表 2.1 に、第 1 章と第 2 章で論じる 3 つの方法論コミュニティの特質を対比させたもの[1]をまとめている。表において行は対比軸を、列は 3 つの方法論コミュニティをあらわしている。

図 2.1 は、3 つの研究コミュニティと各自の視座について示したものである。次のセクションでは、3 つのコミュニティ間の違いについてさらに詳しく述べる。

量的研究における伝統についての詳細

このセクションでは、量的研究の伝統に関する用語を追加で示して定義する。ほとんどの用語は、**表 2.1** の右列に記載している。

量的研究の多くは本来検証的であり、調査対象となる事象についての理論やそれまでの知識の蓄積に動機づけられ実施されることが多い。**理論（theory）**とは、「通常、さまざまな社会現象に対する統一化された体系的な説明を指すと理解されている」（Schwandt, 1997、p.154）。量的研究では、統計学的手法を用いて後に検証できるような命題や仮説を作り出すために、理論を使うことが多い（しかし常にではない）。**検証的研究（confirmatory research）**には、ある特定の理論や概念的枠組み[2]に基づく問題を検証するための調査がある。量的研究の理論は大抵、本質的にア・プリオリである。つまり、データ収集よりも理論が先行する。他方、**記述的研究（descriptive research）**は、ある事象の特性や予想される変数間の関連を探索する目的で行うものである（混合研究法における例は、Christ, 2007 を参照のこと）。

量的研究の研究者は典型的に、**演繹的論理ないしは演繹的推論（deductive logic or reasoning）**を用いる。演繹的論理や演繹的推論には、一般性（例えば、理論や概念的枠組み）から個別性（例えば、個々のデータ）を論じることが挙げられる。**仮説-演繹法（hypothetico-deductive model：H-DM）**は量的研究者が採用する方法だが、理論や概念的枠組みから仮説をア・プリオリに演繹し、数量的なデータや統計学的分析を用いて、その仮説を検証することをいう（H-DM 法の定義は、第 4 章の**表 4.1** 参照）。

量的研究者が用いるのは、相関研究や調査研究、実験研究、準実験研究などの十分に定義された多彩な研究デザインである。**相関研究（correlational research）**とは、変数間にある関連の強さを見るものである。例えば、メキシコ湾の年間平均水温と、巨大ハリケーンの年間発生数の関連を調べるような量的リサーチ・クエスチョンを立てることができるだろう。仮に強い正の相関があったとしたら、メキシコ湾の平均水温が上がるにつれて、ハリケーンの数が増えるという結論になるだろう。

量的な**調査研究（survey research）**とは、母集団の特性や行動（例えば、投票行動や消費行動）を予測する目的でデータ収集を行う体系的な方法である。調査研究では一般に、調べたい集団を代表する対象者に対し、あらかじめ決めた質問を決めたとおりの順番で提示する。**確率サンプリング（probability sampling）**は、量的研究にともなう典型的な方法であり、母集団から大きな数の集団をランダムに選ぶのだが、その際に各人が選ばれる確率を決めることができる（確率サ

図 2.1　3 つの研究者コミュニティとそれぞれの観点

ンプリングのより詳しい定義は第 8 章参照）。

実験研究（experimental research）とは、調査者が 1 つあるいは複数の独立変数（介入）を操作したりコントロールしたりすることで、1 つあるいは複数の従属変数に対する効果を確かめる研究デザインの一種である。**独立変数（independent variable）**とは、従属変数に影響を与えたり作用したりすることが予測される変数のことであり、**従属変数（dependent variable）**とは、独立変数によって影響を受けたり作用を引き起こされたりすることが予測される変数のことである。独立変数（例えば、ストレス）の特徴を実験上で変化させると、従属変数（例えば、心臓病）の特徴にも変化が生じることが仮定される。実験研究では、研究参加者は介入へとランダムに割りつけられる。

準実験研究（quasi-experimental research）（例えば、Cook & Campbell, 1979）は、介入、アウトカムの測定、実験群をともなう点で、実験研究に近い研究デザインだが、準実験研究では介入条件をランダムに割りつけることはしない。なぜなら、そうすることが実現可能でない場合が多いからである（例えば、実践上および倫理的な制約から、新しい読解プログラムに学校の生徒をランダムに割りつけることはできない）。

統計学的分析とは、記述的あるいは推計的な手法を用いて数量データを分析することである。**記述統計学的分析（descriptive statistical analysis）**とは、ある集団やその集団における変数どうしの関連を効果的に記述しうる指標を要約する目的で行う、数量データの分析のことである。

推計統計学的分析（inferential statistical analysis）とは、「サンプルから母集団を推計するための統計学的手順の一部」（Wiersma & Jurs, 2005、p.489）と一般には定義できるだろう。第 11 章では、推計統計学を (1) グループ間の平均値の違いや変数間の関連を検証したり、(2) このような違いや関連性が本当にゼロではないことを確定したりする、数量データの分析として定義する。推計統計学的分析では、こうした推計における誤差の程度（確率）を見積もることも多い。

内的妥当性（internal validity）について、Shadish ら（2002）は、「2 つの変数に因果関係があるかどうかに関する推定の妥当性」（p.508）と定義している。ある実験で得られた結果の原因について、考えうる他の説明が排除できればできるほど、最初に仮定した原因の内的妥当性は高まることになる。同じ論理は非実験的な量的研究についてもあてはまる。

外的妥当性（external validity）について、Shadish ら（2002）は、「人や状況、介入変数や測定変数が変わっても、因果関係はあるのかどうかに関する推定の妥当性」（p.507）と定義している。さらに簡潔にいえば、他の人や状況、時間に対する量的結果の一般化可能性と定義することができるだろう（こうした妥当性の問題については、第12章でさらに詳しく述べる）。

質的研究における伝統についての詳細

質的研究は、Denzin と Lincoln（1994）が述べたように、この20年から30年の間に広く受け入れられるようになった。

> 過去20年にわたり、社会科学では方法論の革命がひそかに起こっていた。「質的革命」がどれだけ社会科学や関連領域を席巻したかについては、まさに驚きというほかない。(p. ix)

このセクションでは、質的研究の伝統に関する用語について追加で説明するが、詳しくは本書全体を通じて論じていく。ほとんどの用語は、**表2.1** の２列目に記載している。ここでは、質的研究の伝統と上述した量的研究の伝統との違いとを強調して示すことにする。

質的研究の研究者は典型的に、**帰納的論理ないしは帰納的推論（inductive logic or reasoning）**[3] を用いる。帰納的論理や帰納的推論には、個別性（例えば、個々のデータ）から一般性（例えば、理論）を論じることが挙げられる。例えば、**グラウンデッド・セオリー（grounded theory）**は、体系的に収集し、帰納的に分析したナラティブ・データに基づいて理論を生成する方法論である（Strauss & Corbin, 1998 など）。Patton（2002）は、こうした違いについて次のように述べている。

> 帰納的分析とは、データからパターンや主題、カテゴリーを発見することであり、その点で、既存の枠組みに従いデータを分析する演繹的分析とは対照的である。(p.453、傍点部は原文では下線)

QUAL 研究は、必ずではないが、本来探索的であることが多い（Creswell, 2003）。**探索的研究（exploratory research）**[4] とは、ある事象のまだ知られていない側面について情報を生み出すものである。探索的研究は質研究の帰納的な性質にうまく合致するが、量的研究にもよく見られるものである。

質的研究に関連する伝統にはいくつかあり（例えば、Creswell, 1998；Patton, 2002）、グラウンデッド・セオリーや批判理論、現象学やバイオグラフィー、ケース・スタディなどがこれにあたる。おそらく、もっとも質的研究に結びつきやすい伝統といえばエスノグラフィーであろう。エスノグラフィーは1800年代終わりから1900年代始めの文化人類学や社会学から生まれた。**エスノグラフィー（ethnography）**は、参与観察やインタビュー、アーティファクトの収集といったデータ収集の技法を使って、人間の文化を記述したり解釈したりする（Chambers, 2000；Fetterman, 1998；Hammersley & Atkinson, 1995；Tedlock, 2000；Wolcott, 1999 など）。ある特定の文化への深い（in-depth）理解を得るために、十分確立した方法を使ってデータを収集するという点で、エスノグラフィーの研究デザインは質的研究のデザインである。

質的研究に関係する伝統を網羅することは本章の範疇を越えるが、批判理論とケース・スタディについては、質的研究者の間で人気が高いことから、簡単に説明しておく。**批判理論（critical theory）**とは、価値論的な観点（例えば、フェミニズム）から人間の現象を研究し、抑圧された集団のための社会正義を求めるものである（Capper, 1998；Kincheloe & McLaren, 2005）。これについては、第５章のトランスフォーマティブ・パースペクティブ（transformative perspective）の箇所でさらに詳しく述べる。

ケース・スタディ研究（case study research）（例えば、Stake, 1995, 2005；Yin, 2003）とは、１つのケースあるいは複数のケースについて詳細な（in-depth）分析を行うものである。ケース・スタディは、政治学や評価研究、ビジネス、法律などといったさまざまな分野で生まれた。ケース・スタディにおけるデータ収集では概して、質的データも含めて、そのケースに関する幅広いデータソースを用いる。多くの混合型研究がデザイン全体における質的構成要素としてケース・スタディを用いている。

合目的的サンプリング（purposive sampling）とは、一般に質的研究と関係しており、比較的少数の集団を選ぶこととして定義できるだろう。比較的少数の集団を選ぶ理由は、彼らが特に調査中のリサーチ・クエスチョンに対して価値ある情報を提供できるからである。第８章では、具体的な15タイプを挙げながら、合目的的サンプリングの方法について詳述する。

全ての質的データ分析は、ほぼ２つのタイプに分けることができる。カテゴリー化戦略と文脈化戦略である。**カテゴリー化戦略（categorical strategies）**では、ナラティブ・データをより小さな単位（units）へと分解した後、その単位をもう一度組み直して、リサーチ・クエスチョンをさらに理解できるようなカテゴリーを生成する。**文脈化（ホリスティック）戦略（contextualizing strategies）**では、全体的に１つのまとまりとなった「テクスト」の文脈に即して―ここでいう「テクスト」には、ナラティブな要素どうしのつながりも含まれているが―ナラティブ・データを解釈する。

さまざまな質的研究の伝統で活動する研究者には、カテゴリー化戦略か文脈化戦略のどちらかを好む傾向がある。例えば、グラウンデッド・セオリーの伝統において活動する研究者は、カテゴリー化戦略を使うことが多い。というのも、グラウンデッド・セオリーによる研究の多くが、分析初期の段階でデータを単位に分解し、そこから意味のカテゴリーを生成するものだ

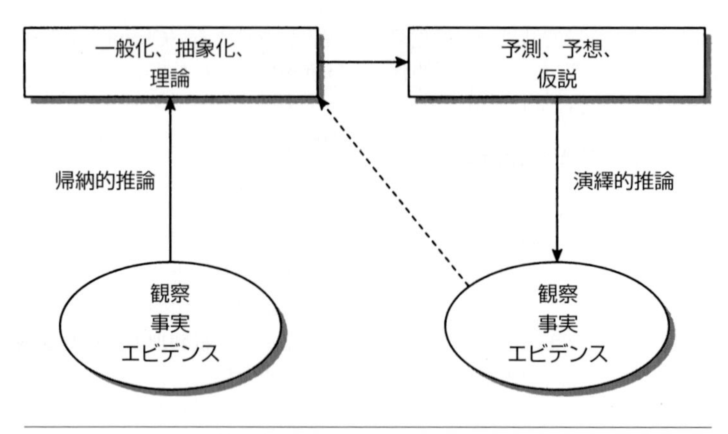

図 2.2　帰納的—演繹的な研究サイクル（科学的方法論のサイクル）

からである。

信用性（**trustworthiness**）は、QUAN 研究でいう妥当性の代わりに、QUAL 研究者が使うことの多い包括的な用語である。Lincoln と Guba（1985）は信用性を定義し、調査者がその発見は「注目に値する」[5]（p.300）と読者を説得できる度合、とした。**信憑性**（**credibility**）は内的妥当性のアナロジーであり、定義すれば、研究参加者にとってその研究報告が「信憑するに足る」かどうか、ということになるだろう。信憑性を高める方法には、長期的関与、持続的観察、トライアンギュレーションがある。**転用可能性**（**transferability**）とは、外的妥当性のアナロジーにあたり、ある転用元（sending）の文脈（研究を実施した状況）で推論したことが、転用先（receiving）の文脈（他の類似した状況）にも当てはまるかどうか、という可能性のことである（信用性については、第 12 章および表 12.2 で取り扱う）。

混合研究法における伝統についての詳細

このセクションでは、社会・行動科学における混合研究法の伝統に関する用語について追加して説明する。ほとんどの用語は、表 2.1 の 3 列目に記載している。表 2.1 には混合研究法の伝統が持ついくつかの特徴を示しているが、質的研究と量的研究双方の伝統で見られる手法を組み合わせたものも書いている。例えば、混合研究法で使うデータの形式は、ナラティブでもよいし、数量でもよい。同じく、混合研究法では検証的なリサーチ・クエスチョンと探索的なリサーチ・クエスチョンを両方同時に扱うことができる。この点については、本章の後のセクションにある「混合研究法の有用性」で論じる。

混合研究法はまた、特徴的な一連の流れのなかで演繹的論理と帰納的論理を両方とも用いる。このことは「帰納的—演繹的な研究サイクル」「推論の連鎖」（Krathwohl, 2004）、「科学的方法論のサイクル」（Tashakkori & Teddlie, 1998）、「研究の輪」（Johnson & Christensen, 2004）と表現されている。混合研究法における**帰納的—演繹的な研究サイクル**（**inductive–deductive research cycle**）は、観察や事実に基づく結果から帰納的推論を通じて普遍的な推論に向かい、その普遍的な推論（あるいは理論、概念的枠組み、モデル）からさらに、演繹的推論を通じて個別性（ア・プリオリな仮説）の予測に向かうように見えるだろう。研究とは、いかなるときにいかなる問いに取り組もうとも、図 2.2 に示したこのサイクルのどこかで起きているものである。

図 2.2 は科学的方法論のサイクル全てを表現したものであり、帰納法か演繹法かという二分法に対する混合研究法の回答を図解したものである。明らかなのは、このサイクルが帰納的推論のプロセスと演繹的推論のプロセスをともに有している点である。また、この図のどこに位置しながら関心ある事象を調べるのかによって、帰納法が先か演繹法が先かが決まる[6]。

混合研究法の伝統に従事する研究者たちは、混合型研究デザインに固有の類型を創りあげてきた。これについては、第 7 章で詳述する。表 2.1 では混合研究法デザインとしてよく知られる 2 つ—並列型混合デザインと順次型混合デザイン—を取り上げているが、それぞれの定義は次のとおりである。

1. **並列型混合デザイン**（**parallel mixed designs**）（併存型デザイン、または同時型デザインとも呼ばれる）では、研究における量的工程と質的工程を、同時に（およそ同じときに始まって同じときに終わる）、あるいは多少の時間差を持ちつつ（例えば、一方のデータ収集が、他方よりも少し遅れて始まるか終わる）並列させて実施する。質的工程と量的工程はどちらも、同じ基本的なリサーチ・クエスチョンに関係する側面に答える目的で計画し、実施する。
2. **順次型混合デザイン**（**sequential mixed designs**）では、研究における量的工程と質的工程を時間軸にそって順に実施する。一方の工程における問いや手順（例えば，サンプルやデータの収集方法）は、その前に実施した研究工程から浮かび上がるか、あるいはそれに依存する。質的工程と量的工程のリサーチ・クエスチョンは互いに関連し、研究が展開していくに従い進化することもある。

混合型研究のサンプリングでは、確率的（主に量的研究）な方法と合目的的（主に質的研究）な方法をともに採用し、かつ混合型研究独自の手法も数多く用いる。こうした手法については第8章で述べる。

混合型研究のデータ分析には、本章の初めで述べたような統計学的手法と主題的手法とを統合するものがあり、ほかにもトライアンギュレーションやデータ変換といった独自の戦略が数多く加わる。**トライアンギュレーション（triangulation）**とは、データソース、データ収集や分析の手順、研究方法、調査者、研究の最後で出される推論を複数組み合わたり、比較したりすることをいう[7]。**方法論的トライアンギュレーション（methodological triangulation）**とは、Denzin（1978）が論じたものであり、「1つの課題を研究するために複数の方法を使用すること」（Patton, 2002, p.247）をいう。こうしたタイプのトライアンギュレーションは、混合研究法で質的手法と量的手法をともに用いる場合を言うことが多かった。例えば、新しい読解カリキュラムの効果をもっと包括的に理解するために、調査手法（量的研究）とケース・スタディの手法（質的研究）から得たデータをトライアンギュレートすることは可能だろう。トライアンギュレーションの手法は、混合型研究データを分析することにも、データの質を決めることにも用いられる。

データの変換（data conversion）（転換（transformation））とは、収集した量的データをナラティブに変換したり、質的データを数量に変換したりすることをいう。データの**量的変換（quantitizing）**とは（例えば、Miles & Huberman, 1994）、質的データを統計学的に分析できるような数量に変換するプロセスである。データの**質的変換（qualitizing）**とは（例えば、Tashakkori & Teddlie, 1998）、量的データを質的に分析できるようなナラティブ・データに転換することをいう。

推論の質とは、内的妥当性や信用性といった用語を1つにするために提案された用語である（Tashakkori & Teddlie, 2003c, 2008）。**推論の質（inference quality）**とは、量的研究と質的研究の両方の結果に基づく結論の質を評価する基準のことである。推論の転用可能性とは、外的妥当性（量的研究）と転用可能性（質的研究）といった用語を1つにするために作られた包括的な用語である（Tashakkori & Teddlie, 2003c；Teddlie & Tashakkori, 2006）。**推論の転用可能性（inference transferability）**は、混合型研究の結論が違う状況、集団、時間、文脈等にもあてはまるかどうかの程度をいう（推論の質と推論の転用可能性については、第12章でさらに詳述する）。

QUAL-MM-QUAN連続体

ここまでは、方法論上の3つのコミュニティそれぞれに固有の特徴について論じてきた。ただ、これらのコミュニティの関係を見るうえで、より正確で生産的な方法は、3つの重なり合う輪を思い描き、両端が矢印になった直線がその中心を左（質的オリエンテーション）から右（量的オリエンテーション）へと、あるいはその逆（右から左）へと貫いている様子を想像することである。これを示したのが図2.3である。

左の輪は、「もっとも純粋な」（例えば、Rossman & Wilson, 1985；Smith, 1994）質的研究の伝統—構築主義的なルーツ、探索的なリサーチ・クエスチョンの強調、ナラティブ・データの重視、帰納的論理、エスノグラフィックな手法、多様な質的データ分析等—を表している。右の輪は、「もっとも純粋な」量的研究の伝統—ポスト実証主義的なルーツ、検証的なリサーチ・クエスチョンの強調、数量データの重視、演繹的論理、実験的な手法、統計学的分析等—を表している。真ん中の輪は他の2つの伝統を組み合わせた混合研究法の伝統を表している。双方向に矢印を持った直線は、QUAL-MM-QUAN連続体を表している。

Newmanら（2003）は、QUAL-MM-QUAN連続体と似たモデルについて、質的—量的相互作用連続体（qualitative-quantitative interactive continuum）と呼んで論じた。

> 質的研究や量的研究とは、誤った二分法のでっちあげである…両者の価値を比較する議論は的外れである。なぜなら、社会科学者は複数の研究視座を持つことで、知識を得る幅広い方法のなかから、関心ある問いへのアプローチを選ぶことができるからである。研究にアプローチする正しい方法はたくさんあり、たった1つしかないということはない。何を目的にするかによって、リサーチ・クエスチョンを調査する最適なルートが決まる。そして、そのルートの入口はまさにこの連続体に沿って存在しており、この連続体を通じて研究者は、自らや自身の研究を位置づけることができるのである。（pp.169-170）

研究チームにとって探索的-検証的連続体のどこを最初の入り口にするかは、その時点での主な関心が理論の検証（研究の検証的部分）にあるのか、理論の生成（研究の探索的部分）にあるのか、それともその両者（理論の検証と生成の同時実施）にあるのかに依拠することになる。こうしたシナリオは全て、量的オリエンテーションの研究者にも質的オリエンテーションの研究者にも当てはまるであろう。研究者は初発の、または練り上げられていくリサーチ・クエスチョンに答える最適なルートを求めてこの連続体上を移動して

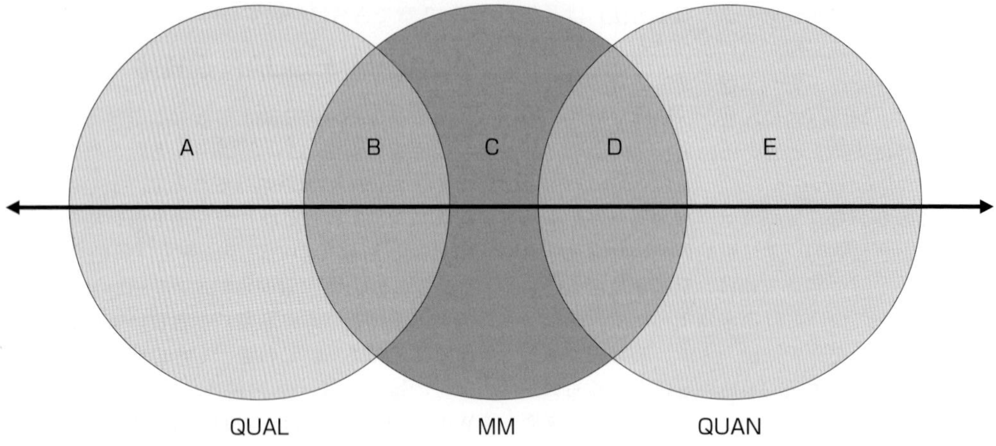

A B C D E

QUAL MM QUAN

図 2.3　QUAL-MM-QUAN 連続体

注：領域 A は完全に質的研究であり、領域 E は完全に量的研究である。領域 B は主として質的研究だが、量的構成要素もいくらか含まれている。領域 D は主として量的研究だが、質的構成要素もいくらか含まれている。領域 C は完全に統合された混合型研究である。矢印は QUAL-MM-QUAN 連続体をあらわしている。連続体の中央に向かっていくほど、研究手法とサンプリングが統合されていくことを示している。中央から離れていくほど（そして、どちらかの端へと向かっていくほど)、研究手法がはっきりと区別されていくことを示している。

いく。混合研究法においても、リサーチ・クエスチョンへの解を追い求めて、シームレスに（そして、共約不可能性に基づく誤った二分法に妨害されることなく）連続体の中を移動することがある。

QUAL-MM-QUAN 連続体については第 5 章でさらに詳しく述べる。第 5 章の**表 5.3** では、この連続体に複数の方法論的な特徴を当てはめている。

ある混合型研究の例

本書の付録論文には、ある混合型研究を 1 例としてそのまま収載している。本書の現段階でこの研究を例示するのは、調査研究のさまざまな時点で混合型研究における量的構成要素と質的構成要素がどのように統合されるのかを読者に理解してもらうためである。こうした統合プロセスの理解は、混合研究法を真に理解するうえで不可欠である。

Ivankova ら（2006）が論文中で挙げた調査は混合型研究の好例である。というのも、ある混合研究法デザインをどう実施したかについて、調査全般にわたって例示しているからである。付録論文の随所において、この調査の実施上重要と考えられる側面にはハイライトを加え、50 以上のコメントを付記した。本セクションの残りの部分で、この論文とコメントの概略を簡単に記す。論文には、混合型研究を実際に計画して実行することに関する多くの重要な点が示されているので、読者には全文を読むことを勧める。

論文の抄録（付録論文、p.263）では、研究プロジェクトで混合研究法デザインを用いたことへの一般的な説明がなされている。内容としては、用いた混合研究法デザインのタイプ（説明的順次デザイン）や、質的データと量的データを収集して分析したこと、両タイプのデータを結果のセクションで統合したことが述べられている。

付録論文の p.263 では、量的手法だけでも質的手法だけでも「事象の全体像や細部を把握するのに十分ではない」ときに混合研究法デザインを用いることについて、明確な論拠を述べている。言い方をかえると、量的手法や質的手法のどちらかだけではリサーチ・クエスチョンに十分答えられないような場面で、混合研究法デザインは必要とされるのである。

調査全体の目的は p.265 の冒頭で、「教育リーダーシップ（ELHE）遠隔学習プログラムに対する博士課程学生の学習継続性について知るため」と記されている。この調査の量的構成要素は、学生の学習継続性を有意に予測できるような要因の同定を目指しており、質的構成要素はそうした継続性が生まれるプロセスの説明に重点を置いていた。調査では量的構成要素が最初にきて、次に質的構成要素が続いた。

量的研究と質的研究のリサーチ・クエスチョンは、付録論文の p.265 に要約されている。両者のリサーチ・クエスチョンは補足的な関係にあり、量的研究のリサーチ・クエスチョンに対する答えが、質的研究のリサーチ・クエスチョンをより正確に形づくることへとつながっている。

また、この調査における混合研究法デザインの詳細については、論文全体を通じて取り上げられている。というのも著者らは、順次的デザインが「理論から実践へ」と実施されていく「実例」を示すために、この調査を利用しているからである（付録論文、p.263、論文タイトルの注記）。デザインに関するコメントはp.263とp.264に明示している。デザインを実行に移す際の問題はp.264に、デザインの利点と限界についてはp.264に書き込んでいる。

この研究の量的構成要素の参加者には（付録論文、pp.265–266を参照のこと）、過去10年の間に教育プログラムに入学した200余名が選ばれた。この集団はさらに属性によって4集団（あるいは層）に分けられた（初学者集団／登録者集団／修了者集団／退学者・元学生集団）。質的構成要素の参加者は（付録論文、p.266, pp.269–270を参照のこと）、量的研究のサブ集団に比べて少人数—質的研究の各グループから「典型的」な参加者として合目的的に選ばれた計4名というサンプルサイズ—となった。この調査では合目的的サンプリングの手法として、典型事例サンプリングや最大多様性サンプリング（maximum variation sampling）を用いた（これらのサンプリング手法については、第8章でさらに詳細を記す）。

量的構成要素のデータソースは207名分の記入済み質問紙である。質問紙の核となる項目は各種の要素から成る10の変数に相当している（付録論文、p.265を参照のこと）。量的構成要素におけるこれらの独立変数は主に、学生の学習継続性に関する3つの理論モデルに由来している。質的ケース・スタディのデータソースはさらに複雑かつ多様であり、p.266で説明しているような7種類の情報を利用している（例えば、電話インタビュー、研究者のメモ、学業成績証明書及び学生のファイル、写真、質問紙のオープン・エンド・クエスチョンへの回答内容、受講したオンライン授業の情報）。

量的データの分析には、記述統計学と推計統計学の両方が用いられた。度数分布と平均値の情報から分かる参加者の典型的な属性は、付録論文のp.266に示されている。学生の学習継続性と有意に関連するのは10ある独立変数のうちどれか、というリサーチ・クエスチョンに対しては、判別分析（推計統計学の手法の1つ）が用いられた。論文にあるように、うち5変数のみが有意に「学習継続に対して有意に関連していることが明らかになった」（p.276）。

量的分析で統計学的に有意な予測因子とされた5変数は、質的研究のインタビュー・プロトコルで形を変えて5つのオープン・エンド・クエスチョンになった。p.270の説明にあるように、ここが研究における2つの構成要素を統合するポイントになったのである。複雑なケース・スタディのデータを分析した質的結果からは、p.266に記されているように、4つの主題が抽出された（学術経験の質、オンライン学習の環境、支援や援助、そして学生の自己動機づけ）。これら4つの領域におけるそれぞれの経験は、教育を継続する（あるいは辞める）という学生の判断を説明するうえで重要であった。

量的データの質について留意すべき点は、質問項目の信頼性と妥当性を判断するなかで論じられている（付録論文、p.265を参照のこと）。pp.266–267には質的データの信用性を確立するいくつかの技法が、次のように列挙されている。それは、異なるデータソースのトライアンギュレーション、メンバーチェック、分厚い記述（thick description）、エビデンスの立証および反証、監査（audit）。著者らは、結合した量的データと質的データから行う推論の質についてもp.272で簡潔に論じている。

研究の各構成要素を統合する方法には次のものがある。それは、量的工程の参加者から質的工程の参加者を選ぶ、量的研究の統計学的分析の結果に基づき質的データ収集のプロトコルを開発する、考察で量的結果と質的結果を統合する、などである。この研究で用いた統合の手法については、詳細を付録論文のp.263、pp.268–269、p.272で見ることができる。

以下のリストは、付録論文の調査に見られる他の興味深い点である。

- データの定量化の例（p.267）
- データの定性化の例（p.269）
- 混合研究法における視覚的モデル利用の好例（pp.271–272、表4（p.273）、図1（p.273））

混合研究法の用語と定義に関連した問題

混合研究法固有の用語の必要性

興味深いことに、量的研究の伝統と質的研究の伝統は、それぞれに共通する用語と定義があるという点で区別される。量的の伝統における基本的な構成概念とデザインの定義は、長きにわたり古典的なテキスト（例えば、Campbell & Stanley, 1963；Cook & Campbell, 1979；Shadish et al. 2002）や統計や測定に関する学術誌の中で確立されてきた。量的方法論の研究領域は緩やかに進化してはいるものの、ポスト実証主義という基本的なパラダイムや、その世界観に関係した構成概念や研究デザインが、この先大きく変化すると考える者は誰ひとりとしていない。

一方、本書の随所で言及するThomas Schwandt（1997）の優れた著作、『質的研究用語事典』のような稀な例外を除き、質的研究の構成概念とデザインに共通する定義や用語は発展に時間がかかっている。質的研究で中心的な役割を果たす研究者の多くは、用語の体系化を可能だとも望ましいとさえも考えていない。

ここで混合方法論に対するもっともな疑問が浮かぶ。一連の確立した用語と定義を持つような共通の専門用語は必要だろうか。混合方法論の研究者なら、ほとんどが「はい」と大声で答えるだろう。なぜなら、用語と定義の総合的な体系がないために、混合研究法に関する過去の記述や研究には混乱と誤りが生じてきたからである。

研究者の幾人かは混合研究法と独自に結び付いたいくつかの用語を地道に定義してきた。データ変換(data conversion)、およびそのサブ・プロセスである量的変換(quantitizing)と質的変換(qualitizing)などがそうだが、これらには十分に明確な定義があるため、数多くの文献で一貫性を持って使用されている(Bazeley, 2003；Boyatzis, 1998；Johnson & Turner, 2003など)。例えば、Sandelowski(2003)は研究のなかで、ナラティブなインタビュー・データを数量データに転換し、Fisherの正確確率検定を用いて分析したことを指し、量的変換の手法を用いたと説明している(Sandelowski, Harris & Holditch−Davis, 1991)。同じく、質的変換の例として、数量データから量的に抽出したクラスターを、グラウンデッド・セオリーを使って質的な「プロフィール」へと明確に転換し、記述したことも論じている。

ほかにも、意味が広く受け入れられている用語には、混合研究法の基本的デザインに関する順次型デザイン、並列型デザイン、変換型デザインといったものがある。これらのデザインとその特徴については第7章で詳しく述べる。

一方、混合研究法が発展するにつれて、一定数の用語が一貫性のない仕方で定義されるようになった。過去の文献が示すように、マルチメソッド・デザイン(multimethod design)や混合デザイン(mixed design)といった用語は互いに混同されてきた。特にマルチメソッド・デザインという用語には、さまざまな研究者によってまったく違った定義が行われてきたという問題がある。

- 2つの量的手法を用いること(CampbellとFiske(1959)は、パーソナリティー特性を測るために量的手法を複数用いるという意味で、マルチ・トレイト−マルチ・メソッド・マトリクス(multitrait−multimethod matrix)という用語を使った)。
- 1つの研究プログラムのなかで、区分の明確な2つの要素として、質的手法と量的手法を用いること(Morse, 2003)。
- 量的手法と質的手法を両方用いたり、量的であっても質的であっても異なる2種類の手法を用いたりすること(質／質、または量／量)(Hunter and Brewer, 2003の記述による)[8]。

ただ、本書では混合研究法という用語を首尾一貫して用いることや、混合研究法に関係する研究デザインの方により強い関心がある。本書で挙げた定義を推進するために、われわれは混合研究法とマルチ・メソッド・デザインの両者を矛盾なく組み入れるような研究デザインの類型論を提案していく(Teddlie & Tashakkori, 2006)。この類型論については第7章で説明する。

Johnsonら(2007)は、混合研究法の定義にまつわる問題に取り組んだ。彼らはこの分野の専門家らによる19の異なる混合研究法の定義を挙げ、その類似点や相違点について指摘した。定義の分析からは次の5つの共通したテーマが析出された。それは、(量的研究と質的研究の)混合とは何か、いつ混合されるのか、混合する際の幅、なぜ混合するのかといったテーマである。

Burke Johnsonら(2007)はこの分析をもとに、混合研究法をかなり広く次のように定義した。

> 混合研究法とは、研究者や研究チームが理解を広げたり確証を得たりする目的で、質的な研究アプローチと量的な研究アプローチの要素を組み合わせる(例えば、質的、量的両者の研究視座やデータ収集、分析、推論の方法を用いる)ことである。(p.123)

「バイリンガル」か混合研究法固有の用語かの選択

混合方法論研究者が、用語や定義について判断しなければならないことがらには、主に次のようなものがある。

- 妥当性やサンプリングといった重要な方法論上のトピックについて、質的用語と量的用語をともに用いて、バイリンガルな専門用語を使うのか。
- 既存の質的用語にも量的用語にも当てはまるような名称をつけ、混合方法論の新しい専門用語を作るのか。
- すでによく知られた質的用語と量的用語を統合する新しい混合用研究法の用語を提示し、上記2つの選択肢を組み合わせるのか。

われわれは、今日の社会・行動科学者にとって、方法論的なバイリンガルになることは必須であると考えている。つまり、研究者は少なくとも最低限の質的言語と量的言語に堪能でなければならず、両者の間で自由に翻訳ができなければならない。特に重要なのは、両方の言語で同じ基本的概念をあらわしている用語―外的妥当性と転用可能性など―を研究者が理解できることである。

また状況によっては、別々に隔てられた質的用語と量的用語の垣根を超えるような新しい専門用語を混合方法論研究者(mixed methodologists)が開発すべきだと考えている。混合方法論研究者が新たな用語を開発する際には、満たしておくべき3つの条件がある。

●記述された量的用語と質的用語のプロセス内容が極めて類似していること。
●既存の質的用語と量的用語が過度に使用あるいは誤用されていること。
●代わりになるような適切な専門用語が存在すること。

例えば質的研究と量的研究の伝統では、妥当性（validity）という用語に35以上もの異なる意味がある。それだけ多くの違った意味があるようでは、意味がないも同然である。こうした場合にこそ、混合方法論研究者が独自に専門用語を開発し、多義的な定義を持つ量的用語と質的用語の混乱を終わらせることができるのである。というのも、この２つのオリエンテーションには似たところがかなりあり、代わりになるような適切な専門用語はあると思われるからである。第12章では、推論の質（inference quality）および推論の転用可能性（inference transferability）という用語を使って、現在使用されている量的用語と質的用語をいかに網羅することができるかを提示している[9]。

混合研究法に関する別の例に、看護学など複数の分野におけるトライアンギュレーションという用語の乱用がある。Sandelowski（2003）はこの問題について以下のように記している。

> 研究の組み合わせが何でもトライアンギュレーションになるのなら、トライアンギュレートされていない調査はないことになる。あまりにも多くの意味がありすぎて、トライアンギュレーションという用語にはもはや何の意味もない…。トライアンギュレーションとは、調査を民主化したり、質的調査と量的調査の対立を解消したりする「ほぼ魔術に近い方法」（Miles & Huberman, 1994, p.266）であるかのようだ。（p.328、傍点は原文による）

洞察力に富んだいくつもの研究を通じて、混合研究法はさまざまな学問領域で発展してきた。こうした学問領域において、トライアンギュレーションとはまさに「魔法の」言葉なのである（例えば、Campbell & Fiske；1959；Denzin, 1978；Jick, 1979；Patton, 2002)。ほとんどの研究者が自分自身のオリエンテーションとは関係なく、トライアンギュレーションという用語を混合研究法と結びつけている。誰もが「ほぼ魔術に近い」意味を持つ用語を捨てたくはないだろう。ただ、それが意味を持たなくなるほど乱用されている場合、いったいどうすればいいのだろうか。この用語の機能を回復することはできるのだろうか。それとも、用語自体が多くを担い過ぎているのだろうか。

本章の前半では、トライアンギュレーションを定義して、データ・ソース、データ収集や分析の手順、研究方法、調査者、研究の最後で出される推論を複数組み合わせたり、比較したりすることと述べた。これはかなり広めの定義であり、研究が持つ特徴の中でも（プロセスとしての、あるいは結果としての）トライアンギュレーションに関わる最も重要な点をカバーするものである。このトピックに関する著名な論文や書籍では、データソース、データの収集方法、研究手法をみなトライアンギュレーションの手法と結びつけてきた（例えば、Denzin；1978；Patton, 2002）。Creswell と Plano Clark（2007）は、主要な混合研究法デザインを４種類挙げ、うち１つをトライアンギュレーション・デザインとしている。こうした先行研究と一致するよう、われわれもトライアンギュレーションを広めに定義したのだが、それでもなおこの用語が有用であるかどうかについては定かではない。

混合研究法の有用性

混合研究法の有用性は、その手法を研究プロジェクトに採用する理由と関係している。質的研究や量的研究の伝統と結びつく研究手法はあり余るほどあるのに、なぜわざわざ手法どうしを組み合わせたり、新しい技法を作り出したりしてまで、混合研究法を実施しようとするのだろうか。

どんな研究プロジェクトも、最終的な目標は研究開始時に立てた問いに答えることである。単一アプローチを用いたデザインよりも、混合研究法の方が優れている点は、次の３つであるように思われる。

●混合研究法は、質的アプローチと量的アプローチの両方を使いながら、検証的な問いと探索的な問いを幅広く同時に扱うことができる。
●混合研究法の方が、優れた（説得力のある）推論を生み出してくれる。
●混合研究法は、多様な研究視座をいくつも組み合わせる機会を生み出してくれる。

検証的な問いと探索的な問いを同時に扱う

量的研究と質的研究で異なると言われる特徴の１つに、各アプローチを使って答えられる問いの違いがある。これまで何人かの研究者が、質的リサーチ・クエスチョンは探索的であり（つまり、ある現象の未知な側面についての情報を生成することに関心がある)、量的リサーチ・クエスチョンは検証的である（つまり、理論的命題を検証することを目的としている）と示唆してきた。

しかし、こうした二分法に反対する研究者もいる（例えば、Erzberger & Prein, 1997；Tashakkori & Teddlie, 1998, 2003a)。例えば、Punch（1998）は二分法に対し、次のように反論している。

量的研究は典型的に理論の検証を目指し、質的研究は典型的に理論の生成を重視してきた。こうした対応関係は歴史的に見ると妥当だが、決して完璧ではなく、目的とアプローチの間が必ずしも繋がっている必要はない。つまり、量的研究を（理論の検証と同様）理論の生成に使うこともできるし、質的研究を（理論の生成と同様）理論の検証に使うこともできる。(pp.16–17)

われわれは理論の生成と検証に関する上記の意見に賛成である。では、同じ研究で両方を行いたい場合、どういうことになるのだろうか。混合研究法の大きな利点は、研究者が検証的な問いと探索的な問いを同時に立てられること、そして、それにより同じ研究のなかで理論の検証と生成が実施できることである。

われわれが指導している研究プロジェクトの多くは博士課程の学位論文だが、学生は学位論文において2つの目標を達成したいと考えている。

- ある変数にもう1つの変数を予測する効果がある（または、ある変数ともう1つの変数との間に予測される関連性がある）ことを示す。
- そうした予測的（または、何らかの）関係が実際、どのように、なぜ生じるのかについて、探索的な問いに答える。

こうした2つの側面から問いを立てる手続きとして、Stevens（2001）による教育学の学位論文を例示する。Stevensが研究したいと考えたのは、州全体におよぶスクール・アカウンタビリティー・プログラムが外的な変化要因となる人物（=「優れた教育者（distinguished educator：以下DE)」）を導入したことで中学校に生じた一連の変化を検証し、記述することであった。立てた仮説は、教師の教育効果を測る指標において、DEがいる学校の教師の方がいない学校の教師よりもよい結果をあげる、というものであった。

量的研究の準実験デザインによってこの仮説は立証された。つまり、DEのいる学校の教師の方がいない学校の教師よりも、教育を効果的に行っている割合が有意に高かったのである。この結果も重要ではあったが、Stevens（2002）はさらに、これがどのようにして起こったのかを知りたいと考えた。そこで量的データを収集すると同時に、観察やインタビュー、ドキュメント分析といった質的研究の手法を使い、各学校でのケース・スタディを実施した。質的分析の結果が示していたのは、DEが次の3点においてポジティブな影響を持っていると認識されていることであった。それは、(1) 教師間の協調と共有、(2) 生徒の学習に対する教師と生徒の期待、(3) 指導の質の3点であった。DEの活動は、効果的な教育が行われている割合の高さに、直接的あるいは間接的に関連していた。

この混合型研究は、量的研究および質的研究の伝統どちらかだけでは実施できなかったであろう。博士課程にあるこの学生は、混合研究法デザインのおかげで、量的に引き出した仮説の検証と、そうした関連の背後にあるプロセスのより深い探索とを同時に実施することができたのである。

検証的な問いと探索的な問いに同時に答えようとする混合研究法の他の例には、GAIN評価研究（Riccio, 1997；Riccio & Orenstein, 1996）を挙げることができる。GAINとは、カリフォルニア州議会が作った「生活保護から労働へ」というプログラムであり、生活保護の受給者に求職の援助や基礎教育、職業訓練などを提供するものである。GAINの目的は雇用を増やし、生活保護への依存を減らすことであった。評価（Rallis & Rossman, 2003）の目標は3つあり、研究仮説またはリサーチ・クエスチョンとして次のように記述された。

1. 雇用および生活保護の受給人数に対するGAINの効果とはどのようなものか？　言い換えると、次の仮説になる。GAINプログラムを受けた集団は受けなかった集団よりも雇用率が高く、生活保護にとどまる人が少ない。
2. GAINを実施したことによるカリフォルニア住民の経験と、受給者自身の参加や経験から何を学べるか？
3. プログラムにおける戦略の違いは結果にどう影響したか？

1つ目の問いは、その性質上検証的である。評価者（または、少なくとも資金提供機関）は、GAINが雇用者数と生活保護者数のデータにポジティブな影響をもたらすことを期待していた。先のリストでは、この問いが量的データの統計学的分析で検証されるようなリサーチ・クエスチョンに置きかえられた。量的データは大規模な実験的調査によって収集され、生活保護の受給者はGAINを受ける群とコントロール群とにランダムに割り付けられた。

2つ目と3つ目の問いはその性質上探索的であり、GAINを実施したことによるカリフォルニア住民の経験や受給者自身の経験を記述したり、プログラムにおける多様な戦略が結果に与える影響を記述したりすることを目的としていた。この問いに答えるために、フィールド研究やケースのファイル・データ、スタッフとプログラムの受給者への調査といったさまざまなデータソースが用いられた。こうした探索的な問いがなければ、プログラムの効果がどのようにもたらされたのかについて、評価者には知るすべがなかっただろう。したがって、評価にとって探索的な問いは必須であった。

説得力のある推論を生み出す

一部の研究者によれば、混合研究法を用いることにより、特定の手法が持つ欠点を相殺することができる（例えば、Brewer & Hunter, 1989；Creswell, Plano Clark, Gutmann, & Hanson, 2003；Greene & Caracelli, 1997b など）。例えば、Johnson と Turner（2003）は、混合研究法の基本原則について以下のように述べた。「研究手法は、長所を補完し合い、短所が重複しないやり方で混合しなければならない」（p.299）。Greene ら（1989）は混合研究法の機能について２つ挙げたが、それらはいずれも推論の説得力に関するもの—トライアンギュレーションと相補性—であった。

混合研究法における古典的な組み合わせは、深層（in-depth）インタビューと郵送による質問紙調査を行うものである。一方のデータが深さをもたらし、もう一方のデータが幅広さをもたらす。これらを組み合わせることで、より優れた（より正確な）推論を得ることが期待される。

Erzberger と Kelle（2003）は好例として、量的データと質的データから結果を導くことで推論の説得力が上がった研究（Krüger, 2001）を挙げている。西ドイツで実施された職業生活に関するこの研究では、主要なデータソースが２つ用いられた。

1. 調査対象となった男性（1930 年出生コーホート）の職業生活に関する、標準化された質問紙のデータ（雇用の開始時期と終了時期、非雇用期間の開始時期と終了時期、疾病など）
2. 上記の男性らが自身の職業生活や家庭生活についての解釈と認識を語るオープン・エンド形式のインタビュー

Erzberger と Kelle は、調査対象となった男性の職業生活をかなり安定したものだろうと予測していた。というのも、彼らは戦後（1950 年代、60 年代）の西ドイツで働いていた世代だったからである。この「経済的奇跡の時代」の特徴には、仕事や義務、男女の権利に関する性別役割のパターンを含む、伝統的なオリエンテーションと規範が挙げられる。

量的データが示すところによれば、短期間の失業や疾病を除いて、大多数を占める男性がほぼ生涯を通じて正規雇用されていた。彼らの非常に安定したキャリアが途切れることはほとんどなかった。

質的データは量的データの分析結果と一致し、かつそれを拡大するようなものであった。深層インタビューでは、自身の職歴に対する解釈や、一家の稼ぎ手としての役割認識、家事や家庭内の仕事への参加について質問が行われた。調査対象となった男性にとって賃金労働は極めて重要なものであり、それを家族のために行う全仕事量の公正な分担として認識していた。また、一家の担い手であることは道徳的義務の中心であり、家族内での勤めを果たすこととして捉えられていた。

職業生活に関する対象者の（標準化された質問紙によって量的に記述された）経験と、その経験に対する彼らの（オープン・エンド形式の質問に対する回答から質的に見いだされた）主観的な解釈とが一致していることで、研究で得られた推論はさらに説得力を増すことになった。データソースが２つあることも、研究結果の報告を非常に興味深いものにした。

多様な研究視座をいくつも組み合わせる機会を生み出す

量的構成要素と質的構成要素から、もし全く違った（あるいは矛盾する）２つの結論が導かれた場合はどうなるのだろうか（この問題についての詳細は第 12 章を参照のこと）。Erzberger と Prein（1977）によれば、結果の不一致には価値があり、その価値とは各構成要素の根底にある概念的枠組みや前提の再検討が行われる点にあるという。結果が一致しない場合、次の展開は３つあるだろう。それは、(1) 可能ならデータタイプを変換すること（量的変換、質的変換）、(2) 推論の質を審査（audit）すること（Tashakkori & Teddlie, 1998）、(3) さらに調査を進めるために、新しい研究や調査段階をデザインすること（Rossman & Wilson, 1985）の３つの展開である。

Deacon ら（1998）は、こうした再検討の利点について以下のようにまとめている。

> たとえ短期的には不都合になっても、必要な再評価や再分析は長期的な分析上の成果をもたらしてくれる場合が多い。つまり、最初に想定していたよりもずっと問題が多面的である可能性を研究者に警告し、調査中の社会的プロセスについて、よりしっかりとした説得力のある説明を作り上げる機会を提供してくれるのである。（p.61）

混合研究法におけるさまざまな推論は、さまざまな意見や視点があることを反映している場合も多い。混合研究法はこのような見解の食い違いを歓迎するものである。

第１章で詳述した Trend（1979）の評価研究は、混合研究法が相異なる見解をどう許容するのかを示す好例である。Trend 研究の量的データは当初、連邦政府の住宅助成プログラムが適切に機能していることを示していたが、質的データのさまざまな情報は、プログラム実施上の深刻な問題をいくつも示していた。これらの結果は２つの評価チームによって丹念に調整され、矛盾した結果を明確化するような文脈特異的な説明が採用されたのである。

混合研究法アプローチの有用性は、広く多岐にわた

Box2.1　学校改革の評価における混合研究法アプローチの有用性

1993年、ニカラグア政府は教育における主導権を分散させることに着手し、特定の学校に助成金の管理や予算上の自律を促すことにした。プロジェクト最大の目標は、この改革を成功裏に実施し、生徒の学習を強化することであった。評価方法はその性質上混合されたものであった。学習成果を評価するために量的手法が用いられ、改革が学校で実際に果たされたのかどうかを評価するために質的手法が用いられた。

Rawlings（2000, p.95）は、混合研究法アプローチを使用したことで、その有用性をさまざまなかたちで示すことができたと結論づけた。第1に、質的アプローチの直観的な性質と量的研究の頑強性や一般化可能性が、教育省（Ministry of Education）の評価能力を向上させることにつながった。第2に、質的研究と量的研究の両者をもとにトライアンギュレーションを行ったことで、研究結果から得られた推論がより説得力のあるものになった。

第3に、質的研究を行ったことで、学校という文脈に対する政策決定者の理解が深まった。量的データだけではこの文脈を伝えることは難しかったであろう。第4に、教師が過小評価されていることや、改革によって期待された成果のうち得られなかったものがあること―特に、教育法―について洞察を与えた。最後に、改革の実施に文脈―特に、分裂した社会心理学的環境下にある貧しい学校において―がどう影響するのかについて、混合型データが浮き彫りにした。

る学術分野で認められてきた。例えば、『社会・行動科学における混合研究法ハンドブック（Handbook of Mixed Methods in Social and Behavioral Research）』（Tashakkori & Teddlie, 2003a）では、多様な領域におけるMM研究について、7つの章に分けて扱っている（心理学、社会学、教育学、評価研究、マネジメントおよび組織研究、健康科学、看護学）。**Box2.1**は、ニカラグアの学校改革に関する評価研究を行うにあたり、混合研究法がもたらした利点を評価者の観点からまとめたものである。

要約

本章では前章に引き続き、社会・行動科学における3つの研究コミュニティについて紹介した。3つのコミュニティやその他混合研究法関連の概念を説明するなかで、定義することになった基本用語は第1章と第2章で約60にものぼった。3つの伝統を区別する一方、社会・行動科学における「実際の」研究は、QUAL–MM–QUAN連続体の中のどこかで行われていることにも言及した。この連続体は、混合研究法を理解する基礎として役立つものであり、本書を通じて論じていくことになる。

第2章では1つのセクションを付録論文で行われた混合型研究の分析にあて、混合研究法デザインを採用すること、研究を通じて質的構成要素と量的構成要素を統合することに着目した。また付録論文中にコメントを付記し、文中で記述を補強して詳細を加えた。本章を読んだ学生は、出版された論文を読み、質的研究、量的研究、混合研究法それぞれの構成要素を同定し、各方法がどのように統合されているのかを論じられることが期待される。

また、混合研究法の用語と定義に関する問題を議論し、古典的な用語に代わる新しい用語を作る際の基準も示した。また新しい混合研究法の用語もいくつか紹介した。さらに、混合研究法の有用性を論じ、伝統的なアプローチを1つだけ用いるよりも、混合研究法アプローチを用いた方がよい基本的な理由を3つ挙げた。

第3章は、社会・行動科学の歴史と哲学に触れた2つの章の前半部分にあたる。この文脈でいう哲学とは、人間科学における知の探求の根底にある、考え方の起源のことである。こうした哲学（と歴史）の基礎を理解することは、過去20年にわたる混合研究法の台頭を理解するうえで不可欠である。第3章では20世紀より前の出来事や論点を扱っており、第4章では20世紀とそれ以降の出来事や論点に焦点を絞っている。このうちどちらか、あるいは両方の章を読み飛ばしたい読者もいるだろう。その場合の読み方は第3章冒頭の記載を参照されたい。

注

1）表2.1でいうと、量的研究の伝統に携わる研究者の立場は似ていることが多いが、質的研究者の間では観点の違いがいくつか存在する。例えば、理論の役割について、多くの量的研究者は仮説や予測に結びつく何らかのア・プリオリな理論（概念的枠組み）を支持している。一方、理論に対して質的研究者がとる立場には、少なくとも4つの相異なるものがある（Creswell, 2003）。（詳細は第6章を参照のこと。）

2）**概念的枠組み**（Tashakkori & Teddlie, 2003a）とは、「先行研究や理論、その他の関連情報を帰納的に統合することから生まれる、一貫した包括的な理論的枠組みのことである。概念的枠組みはリサーチ・クエスチョンを再構成したり、仮説を立てたり、ざっと暫定的な予測をしたりする際の基礎となる場合が多い」(p.704)。

3) 帰納的論理／推論と演繹的論理／推論の違いについては、第 3 章の表 3.1 で詳細を参照のこと。

4) 質的研究が検証的な研究に用いられることもある。例えば、Yin（2003）は、Allison と Zelikow（1999）による『決定の本質―キューバ・ミサイル危機の分析（Essence of Decision : Explaining the Cuban Missile Crisis)』などを取り上げ、因果関係を探索するようなケース・スタディについていくつか論じている。

5) Guba と Lincoln（1989）は後に、質的研究の質を評価する別の基準―公平性、存在論的真正性、教育的真正性、触媒的真正性、戦術的真正性―を提案した。

6) 混合方法論研究者としてわれわれは、Box4.1 に書いた仮説–演繹法より、図 2.2 に示した帰納的–演繹的な研究サイクルの方が、研究実施の過程で社会科学者が実際に行っていることをより正確に表現していると考えている。

7) Denzin（1978）は、データのトライアンギュレーション、理論のトライアンギュレーション、調査者のトライアンギュレーション、そして方法論のトライアンギュレーションといった用語を詳しく説明した。これらについては第 4 章で定義する。

8) Brewer と Hunter（2006）は近年、彼らが呼ぶところのマルチメソッド研究―本書や他の標準的な文献で用いる混合研究法とは別ものだが―について徹底的に調べ上げた。Brewer と Hunter（2006）のテキストをレビューした Bergman（2007）は、「この本は質的研究や混合研究法における今日的な問題を扱いそびれている。これは手法を混合することについて書かれた本ではない」(p.102) と結論づけた。

9) Bryman（2006b）は、研究者が「混合研究法に特有の新しい基準を考案する」(p.122) プロセスについて論じた。彼はこの新しい基準を独自にあつらえた基準（bespoken criteria）と呼び、推論の質と推論の転用可能性を引き出すようなプロセスとして説明した。

第3章

20 世紀以前の方法論的思想

Charles Teddlie and R. Burke Johnson

学習の目標

本章を読み終えたときに、次のことができるようになっていること。

- 人間科学の歴史と哲学における第1～4のステージについて説明する。
- 帰納的論理と演繹的論理を対比する。
- 相対主義と絶対主義について説明し、これらの歴史的緊張関係を辿る。
- 例えば帰納法／演繹法、相対主義／絶対主義、観念論／唯物論などの区別が、人間科学においてなぜ重要なのかを説明する。
- 研究における帰納的–演繹的サイクルについて説明する。
- ソフィスト（詭弁家）たちや、Plato、Herodotus、Aristotleの哲学的オリエンテーションを対比する。
- Bacon、Descartes、Galileo、Newtonによる、科学革命と科学哲学への貢献について説明する。
- 因果論の確立にあたってのHumeとMillの手法を説明する。
- 人間科学における合理主義と経験主義を区別する。

3つの方法論コミュニティと、研究における帰納的–演繹的サイクル

第1章と第2章で紹介した科学者の3つのコミュニティは、過去2世紀間における社会・行動科学[1]の出現に伴い自然発生的に現れたわけではない。3つのコミュニティ全てが、数世紀に遡る歴史的起源を有している。

本章と第4章の目的は、社会・行動科学における研究手法の進化について述べ、その文脈のなかに混合研究法（MM）を位置づけることである。第3章では20世紀以前の歴史と哲学について論じ、第4章では20世紀以降の歴史と哲学について論じる。

この章で扱う題材はどうしても概要にならざるを得ず、主題への入門にしかならないかもしれない。本章と第4章をスキップし、第5章の現代のパラダイムに関する考察へと進みたい読者もいれば、本章はスキップするが、より最近の重要な出来事に関する第4章は読みたい読者もいるだろう。本章と第4章は、第5章で議論されるパラダイム問題に関する背景となるが、第5章を理解するために必ず読まなくてはならないというわけではない[2]。

以下に述べる歴史では、3つの研究者グループ間の比較においていくつかの主要な点に着目している。第2章で、研究における帰納的–演繹的サイクルという、われわれが名付けた概念について紹介してきた。この章では、研究におけるサイクルという観点から、量的（QUAN）視座および質的（QUAL）視座の間のさらなる緊張関係について紹介する。研究分野内での哲学的および方法論的力点の変化（例えば、図2.2で示した研究における帰納的–演繹的サイクルのある部分から他の部分への変化）は、Kuhn（1962, 1970, 1996）の言うところのパラダイムシフトをもたらした。

表3.1で、思想史（多くは古代ギリシアに由来する）のなかで出現してきたいくつかの関連概念の組み合わせについて定義を示す。これらの概念は本書の中で詳述するが、差し当たり第3章から第5章までの間で提示される論点を理解するために重要なものに絞り、少し時間をかけて説明する。

簡潔に、いくつかの概念的側面における3つの方法論コミュニティの一般的なオリエンテーションを述べる。

1. 量的研究者―ジッケン教授とスウリョウ教授（第1章、Box1.1、Box1.2参照）は、彼らの研究における演繹的論理を重要視する。つまり、標準的な研究は一般理論あるいは概念的枠組みから始まり、観察できる帰結が演繹されるという仮説に立つ（すなわち、その仮説が真であれば必然的にその帰結が導かれる）。量的研究者は、もしその仮説が真ならば、論理的に考えて観察されるはずであろう事柄を推定した後、実証データを集め、その仮説を検証する。スウリョウ教授はジッケン教授ほど常に標準的な研究仮説を得ること

表 3.1　量的、質的、および混合研究法の研究コミュニティ間における特徴的な差異に対する、有用な哲学的概念の組み合わせ

唯物論　対　観念論 **唯物論**（materialism）は多くの自然科学者に支持されている。世界や現実は本質的および根本的に物質から成っているとする見解である。対立する見解は**観念論**（idealism）と呼ばれ、観念と（社会や文化を誘導する）「精神」が最も根本的な真理であるとする。
経験主義　対　合理主義 **経験主義**（empiricism）とは、知識は経験に由来するという見解である。対立する見解は**合理主義**（rationalism）であり、知識は推論と思考に由来するとみなすものである。
演繹法　対　帰納法 演繹法は「全体から個々へ」の推論だと言われ、帰納法は「個々から全体へ」の推論だと言われる。現在の多くの哲学に関する研究者らによると、これらの用語は下記のように定義される。すなわち、演繹的推論は前提が真ならば必然的に真、という結論を導き出すプロセスであり、帰納的推論はおそらく真、という結論を導き出すプロセスである。
絶対主義　対　相対主義 **絶対主義**（absolutism）とは、世界に関しては多くの自然法と不変の真実が存在するという見解である。対立する見解は**相対主義**（relativism）と呼ばれ、広く普遍化することを認めず、知識は人あるいは集団、場所、時代によって変化し得るという考え方を当てはめる、もしくは支持するものである。
法則定立的　対　個性記述的 **法則定立的方法**（nomothetic methods）は、法則を同定し、それを予測可能で普遍とすることに関心がある。対照的に**個性記述的方法**（ideographic methods）は、個人、特殊、個々、そしてしばしば唯一である事実に関心がある。アプローチや目的において、自然科学は法則定立的であり、人文科学はより個性記述的な傾向にある。
自然主義　対　人文主義 **自然主義**（naturalism）とは、科学の中心は自然/物質界にあるべきであり、研究者は現象の物理的原因を調査すべきであるとする主張である。**人文主義**（humanism）とは、自由意志および自律性、創造性、情動性、合理性、道徳性、美に対する愛、唯一性といった人々の人間の特質により焦点を当てるべきだとする主張である。

に厳格ではない。スウリョウ教授は、どちらかというと、変数と将来の行動予測との間の関係を発見することに興味を持っている（例えば、危険な性行動を予測するために統計モデルを用いることなど）。両教授の研究の論理は、全体（理論、概念的枠組み、仮説）から個別（データポイント）へと論証していくという点で顕著に演繹的である。本章と第 4 章では仮説-演繹法の発展を辿ってきた[3]。**表 3.1** の概念を用いると、量的研究者は唯物論や経験主義、（論理学／数学における）合理主義、絶対主義、法則定立的方法、自然主義の学説などがとる立場に親和的である。

2. 質的研究者―ホリスティコ教授（**Box1.3** 参照）は、自身の研究における帰納的論理を重要視する。すなわち彼の研究では、収集したデータに端を発しその後に理論を作り出す。研究の論理は帰納的であり、個別（データポイント）から全体（理論）へと論証し、個別／ローカルデータに重きを置く。われわれは、Aristotle の貢献を手がかりに、本章と第 4 章を通して帰納的論理について議論する。

LeCompte と Preissle（1993）は、量的研究者と質的研究者とを以下のように分けた。

> 帰納的および演繹的側面は、調査研究における理論箇所で言及される…。純粋に演繹的な研究は理論体系から始まり、理論命題および理論概念の操作的定義を発展させていく。そしてそれを実証的にデータと合致させる…演繹的手法を用いる研究者は理論と合致するデータを得たいと望み、帰納的手法を用いる研究者はデータと合致する理論を得たいと望む。純粋に帰納的な研究は、ある種の経験的観察あるいは測定によるデータの収集から始まり、データ間の関係から理論的なカテゴリーや定理を作り上げる。(p.42)

表 3.1 の概念を用いると、質的研究者は観念論および経験主義、（知識の構成の形態という点での）合理主義、帰納法、相対主義、個性記述主義的方法、人文主義の立場を好む。

3. 混合方法論研究者―セッチュウ教授（**Box1.4** 参照）は、彼女の行う研究サイクルの段階に応じ明示的に、帰納と演繹両方の論理を用いる。第 1 章で示した例では、対照群と比べ介入群の研究参加者で体重が減るだろうと予測するにあたり、演繹的推論を用いた。それから、なぜ介入が成功したのかに関する質的情報を統合するにあたり、帰納的推論を用いた。混合研究法を用いる研究者は**表 3.1** における全ての立場を尊重し、しばしば均衡のとれたやり方（両方の立場を用いるソフト・バージョン）[4]あるいは弁証法的なやり方（研究者の考えを示すために代わる代わるそれぞれの立場を用いるストロング・バージョン）をとる。

表 3.2　主要な領域、あるいは関連領域における、演繹的/帰納的オリエンテーションの時代による変化

時代	主要な領域あるいは関連領域；出来事	主要な演繹的/帰納的オリエンテーション
第1ステージ：古代（ギリシャ時代、ローマ帝国）	哲学；初期の科学	当初は専ら演繹的（Aristotleの『分析論前書』）、続いて帰納的なオリエンテーションが導入（Aristotleの『分析論後書』）
第2ステージ：中世	中世哲学（教会支配）；科学の衰退	演繹的（スコラ哲学）
第3ステージ：16世紀から18世紀	近代の物理生命科学の出現	経験主義優勢により次第に帰納的；ある種の合理主義（演繹的オリエンテーション）
第4ステージ：19世紀	初期の社会・行動科学に重点	最初は実証主義（経験主義）により帰納的が優勢；社会科学における観念論の出現；仮説–演繹法の前兆
第5-8ステージ：20世紀から現在	社会・行動科学	20世紀前半は、実証主義の異形により帰納的；洗練された仮説–演繹法の導入；構築主義（帰納的）の挑戦；20世紀後半から現在までは演繹および帰納の結合、混合のオリエンテーション

なぜ社会・行動科学の歴史と哲学を学ぶのか？

人間科学における歴史と哲学に関する基本的な理解を得ることは、過去20年における混合研究法出現の重要性を理解する際に必要である。ここでは、社会・行動科学の哲学を、概念的・哲学的根源および人間科学における知識探求の根拠をなす前提、と定義する（例えば、Hollis, 2002；Ponterotto, 2005）。

研究で混合研究法を使用した際には、量的研究者あるいは質的研究者（またはその両方）から批判を浴びることがある。彼らは各々の立場の正しさを確信しているからである。混合研究法を用いることの正当性を説明できるという点においても、いかにして方法論的視座が発展してきたのか、という基礎知識を持っておくことは役に立つ。

こうした背景を知るには、帰納的推論および演繹的推論の区別や多くの重要な概念が創始された古代へと遡らなければならない。他の研究者も、社会・行動科学における研究様式の進化に関して、洞察力のある歴史的分析を記している（例えば、Denzin & Lincoln, 2005b；Johnson, Onwuegbuzie, & Turner, 2007；Lincoln & Guba, 1985；Onwuegbuzie & Leech, 2005；Vidich & Lyman, 2000）。

本章では、20世紀以前の人間科学における研究手法と方法論コミュニティの進化について、以下の4つのステージに分けて述べる。

1. ギリシャ哲学者から始まる古代
2. 西ローマ帝国の没落に始まり15世紀が終わるまでの中世
3. 16世紀、17世紀、18世紀の科学革命と啓蒙主義の時代
4. 社会・行動科学の出現を中心とする19世紀

20世紀以降についても4つのステージ（第5–8ステージ）に分けて述べるが、これは第4章で行う。

この歴史的分析に関しては、大きく2つの点が重要である。第1に、ここで言う歴史とは、科学的知見の発展と西洋文明の発展に力点が置かれていることである。第2に、本章および第4章における全体的なレビューは、とりわけ1900年以降に起こったことに関係する点である。とはいえ、西洋文明における科学の最初の20–25世紀間を記述することは重要である。なぜなら主要な論点および概念、議論はこの時期に既に誕生していたからである。研究者は、「巨人の肩の上に立っている」ことを忘れてはならない。学んだことを統合し、ある考えが完全に自分のものであると主張する前に、注意深く他者に耳を傾けるべきである。

表3.2は、本章および第4章のまとめであり、各時代において支配的であった推論のうち、1～数個を示している。以下のストーリーも、古代から哲学者／科学者たちが帰納的推論と演繹的推論を結合させてきたことを示すものである[5]。

われわれは、多数のソースから歴史的な素描を発展させた。これらのソースの中から、**Box3.1**にSergey Belozerov（2002）による「知識における帰納的手法および演繹的手法」というエッセイを載せる。

第1ステージ：古代

言うまでもなく、観察は人間科学における最も古い方法論的手法である。今から25世紀以上も前のギリシャ時代初期の哲学者は観察的手法を採用した。他の多くの古代人（例えば、バビロニア人、エジプト人、ヘブライ人、ペルシア人）はギリシャ人が用いる前から観察的手法を使っていた。ここでは、古代ギリシア時代からの方法論コミュニティの進化について述べる。

最初の非常に長い時代は、紀元前5世紀頃から西ローマ帝国が滅ぶ紀元5世紀頃までの期間である[6]。物理生命科学（物理学、天文学、化学、地学、生物学）および歴史学、初期の政治学や心理学は、その起源を

Box3.1 Sergey Belozerov の「知識における帰納法的手法および演繹法的手法」

Sergey Belozerov（2002）は表 3.2 と同様の分析を行っており、帰納的および演繹的論理が使用されていた傾向に基づいて、物理生命科学における７つの時代を比較している。

Belozerov の時代分析は以下の７つである。古代を含む「ハード」サイエンスの時代（帰納的手法が流行）、暗黒時代（スコラ哲学による演繹的手法が優勢）、ルネサンス（帰納的手法が流行）、18 世紀（帰納的手法が優勢）、19 世紀（両手法の均衡）、20 世紀前半（演繹的手法が優勢）、20 世紀後半（演繹的手法が非常に優勢）。興味深いことに、彼は、演繹的論理よりも帰納的論理優勢の深刻な不均衡に悩んでいる時代として、20 世紀後半のハードサイエンスの時代を描写した。

表 3.2 で示したような著者の「人間科学」分析では、20 世紀の終わりから 21 世紀の初めには帰納的および演繹的論理の混合が見られ始めたと結論した。

古代に辿ることができる[7)]。

古代ギリシャ三大哲学者は Socrates、Plato、Aristotle である。Socrates はプラトンの師であり、Plato は Aristotle の師である。Socrates（紀元前 470–399）は、ソクラテス式問答法で有名である。ソクラテス式問答法とは、本質的な「真理」を得ていない、あるいは真の知識を求めている応答者に対して論証することを目的とした、一連の集中的な問答から構成される。程度は異なるが、これら 3 人の哲学者たちは、注意深いア・プリオリな推論と思考を通して真実を発見できるが、しかし（Socrates を含め）大多数の人々はその理解のレベルまで達することはないと主張した。Socrates の知へのアプローチは、思考に対し批判的かつ反省的構成要素を付加した。またそれは西洋文明における重要な要素として残っている。

Plato（紀元前 429–347）は、「アカデメイア」を開き Socrates の考えを発展させた。今日まで、「アカデミー」という言葉には学問および知的活動の場という意味が付与されている。Plato のアカデメイアは大学の祖とみなすことができるだろう。Plato は合理主義者の祖であり、観念論の祖であった[8)]。

Plato は、真の知識とは、完全かつ不変、永遠という理想的な形相であると仮定した。物質世界は変化・流動し一時的であり、それゆえ惑わされるものである。Plato のこの形相は、物質に重きを置く物質世界に基づく信念とは対照的である。Plato は形相を真の実在とみなしていた点で、観念論の祖である。Plato は形相こそが真の知識の源であると信じた。Plato はまた合理主義者の祖でもあるが、それは彼が真理の根源へと至る手段として熟慮と理性的思考を重要視したことによる。このアプローチの 1 例として、三角形に関するものを挙げる。多くの三角形は不完全な形で顕現している。しかし人はア・プリオリな推論を通じて理想的かつ完全な三角形に関する真の理解へと至ることができる（これはすなわち、観察に代わる思考に基づいた知識への推論である）。Plato は、三角形の形というイデアを理解することは、どんな個々の三角形についての詳細を理解するよりも、三角形とは何かに関してより多くの明察が得られると信じた。真理は形相の中に存在するのであり、個々の観察から得られるものではない。

Plato は演繹法の強固な支持者とみなすことができ、従って彼は必然的に演繹法がもたらすものを信じた。Plato は、不変で絶対的な真理の存在とその重要性を強調し、彼に言わせれば事実というよりはむしろ単なる信念に基づいているように見える、帰納的あるいは経験的な手法を蔑視した。Plato の真理の探究は、現在の量的研究者、特に数理物理科学の分野において普遍的法則を探求している研究者にとっての目標と通底している。Plato は、絶対的な真理（すなわち、信念よりも知識）が数学や物理科学といった領域で検証されるだけではなく、今日、倫理学および政治学、教育学と呼ばれているような、より人文的な領域においても検証されることに賛成していた。例えば、Plato はその『対話篇』の中で、正義や徳、最善の政治といった、社会概念の価値付加性に関する真理の実現可能性についても示唆した。

当時のソフィスト、とりわけアブデラの Protagoras（紀元前 490–420）は、Plato の絶対的な真理という主張に対する論駁を行った。「人間は万物の尺度」は Protagoras の有名な主張である。これは彼の相対主義の主張を簡潔に表している。Protagoras のこの有名な見解はまた、今日の質的研究者においてしばしばなされる主張を予示していた。すなわち、「研究者はデータ収集の手段である」というものである。Protagoras にとって、普遍の真理および知識は存在しない。真理と知識は人間に依拠し、場所および時代との関係によって変化する。Protagoras は、真実と知識についての議論を、論理と科学の世界から人間の社会と心理の世界へとシフトさせた。

Protagoras は、ある論法と立ち位置は他よりも優れていると信じた。Protagoras の懐疑主義は、唯一であり、なおかつ本質的で普遍的であるという真理に対して影響を及ぼした。彼は、議論と修辞術を重視した。また、慣習の重要性を強調し、文化的差異の重要性を認めた。したがって、Protagoras は人文主義者のはし

Box3.2　Aristotleの4原因説の例

Aristotleの原因説の例として、自動車を挙げよう。自動車の質料因は、金属、プラスチック、その他自動車を作るのに使われた物質である。形相因は、自動車を作る自動車会社のエンジニアの心に浮かぶ、心像あるいは青写真である。作用因は手段である。すなわち、どんな道具によって誰が作るのか、あるいは何が実際に作られるのか、ということである。この例で言うと、自動車会社とその従業員がこれにあたるだろう。目的因（「どういった目的で」）は、自動車が作られるに至った作用あるいは目的である。この例で言うと、最終目的は道路を移動する手段を提供することである（Dancy, 2001など）。最近の科学のほとんどは、作用因に着目している。なぜなら、いかにして世界に変化をもたらすかという点に興味関心があるからである。

りであると言える。要するに、Protagorasは人間界における経験に答えを求め、相対主義と人文主義を重視したという点で質的研究者の祖の1人である。

その他重要な初期の人文主義者としては、「歴史の父」と呼ばれるHerodotus（紀元前484–425）がいる。彼の有名なペルシア戦争に関する年代記は、事実と解釈が混在し、口述史と口承文学が用いられている。彼の研究はまた、個人と文化という文脈と同様に、集団と個人の研究を包含していた。Herodotusはこれらの手法を、人間の出来事の意味を探求するために用いた。彼は自然科学的な手法を用いるよりも、より主観的で文化歴史的な視点から人間や出来事を研究した。今日、歴史学では伝統的な科学的アプローチよりも、より人文主義的および個性記述的なアプローチが用いられる（例えば、Johnson & Christensen, 2008）。科学的もしくは因果的な法則を実証することに重点を置く法則定立的なアプローチとは対照的に、個性記述的なアプローチは特定の出来事や人、集団の理解に重きを置く。

次の興味深い哲学者はAristotleである（紀元前384–322）。Aristotleは、形而上学、心理学、倫理学、政治学、論理学、数学、生物学、物理学と、広範囲にわたる関心を持っていた。Platoとは対照的に、Aristotleは人間や他の事物が存在する物質世界の実在物を、観察および記述、解釈することに興味を示した。感覚や経験を通じて知識を得るという彼の関心ゆえに、Aristotleは経験主義者の祖であるとみなされる[9]。

Aristotleの偉大な業績の1つは生物学である。彼は観察を行い属と種の分類（その一部は今日まで有効である）を作るに際して、帰納的論理を用いた。Platoと異なり、Aristotleは、コミュニティの多くあるいはほとんどの人（特により年長で賢いメンバー）が従うエンドクサ（「一般的通念」）にかなりの信頼を置いていた。Aristotleがこの種の見解を好んだのは、これらは複合的な議論と時間の「テスト」を生き残ってきたものだからである。

Platoと違い、Aristotleにとっては、形相と質料は分けられるものではなく、同じ物質の中に共存しているものである。形相は、Aristotleの変化における4原因説の2番目においても見られる。4原因説とはすなわち、質料因、形相因、作用因、目的因である。Aristotleの4原因説の例を**Box3.2**で示す。近代科学は通常、効力と活動（すなわち、AをすればBという結果がもたらされる）という理論と密接に関連するので、作用因を妥当な調査対象とみなす。しかし、他の原因についても、一部の科学者によっては依然として重要なものとみなされている。例えば、社会学および認知科学における構築主義者／機能主義者は、目的因あるいは目的論的原因という理論を用いるし、認知科学者は時に質料因とみなされるようなことに注意を向ける。

Aristotleや他の古代の科学者たちは、受動的観察という手法を用いた。これは、対象の精密な調査によるものであり、直接実験することはほとんどない。例として、魚の種類に関する類似点と差異を質的に記述したものから成るデータがある。ギリシャ人は科学的な計測に関する道具をほとんど持っていなかったにも関わらず、量についてAristotleは以下のような主張もしている。すなわち、より重い物体はより軽い物体よりも速く落下する、落下スピードは物体の重さに比例する、というものである。19世紀後半にGalileoがその誤りを証明したが、物体の落下加速度の法則に関するAristotleの好奇心と、それを定量化する試みは、彼の量的研究と計測への興味を実証するものである。

Aristotleは2つの哲学を明確に区別した。1つは純粋な演繹的推論を用いるもので、「生得的な形相」（『分析論前書』に記載）の理解を目的とするものである。もう1つは、帰納的推論を用いた本質の詳細な実証的研究である（『分析論後書』に記載）。このように彼は、帰納的および演繹的手法双方に依拠する科学的思考の基礎を構築した。Aristotleはその演繹的推論あるいは3段論法的推論で想起されることが多いが、もしかすると彼による帰納的推論の定義や観察、および分類の使用は、3段論法よりも大きな貢献であったかもしれない。Aristotleによると、帰納的推論においては、できるだけ多くの現象例を観察すること、それからその現象を説明する普遍的な根本原理を探すことが伴う[10]。

ある意味では、Aristotleを混合方法論研究者の祖と見なしてもよいかもしれない。その理由として第1に、彼は知識にとって、帰納的および演繹的アプローチの結合が重要であることを明示的に述べたこと。第2に、心理学など、人間の考えや行動を研究する際に実施可能な最善の方法は確率論的（すなわち帰納的）推論であると述べたこと。第3に、中庸の原則として、極端な考えの均衡を図ることの重要性を強調したことが挙げられる。

第 2 ステージ：中世

中世は5世紀の西ローマ帝国滅亡から15世紀の終わりまでである。この長期にわたる時代に関しては、数段落の議論にとどめる。なぜなら、この時代の西洋文明においては科学的知識にほとんど重きが置かれなかったためである[11)]。

この知識の衰退には多くの理由があるが、われわれの分析に最も適うのは、教育と権力における教会正統主義[12)]の優勢によるものである。西洋のキリスト教世界が出現したこの時代に、教会は本質的に国教となり安定の基盤を得た。司祭や修道僧といった宗教的権威は、中世において個人間での教育が最も多くなされた。

この時代、学術活動は帰納的に知識を生み出そうとするモデルから遠ざかり、聖書やPlato、Aristotleといった古代の哲学者の書物から演繹的に知識を導き出そうとする動きへと変化した。そして一方で教会はこれらの書物を選択的に用いた。「科学的な」見解として、宇宙の中心に地球がある、というAristotleらの説が信じられていた。教会はこの信念を是認し、太陽と月が静止した日についての聖書の記述（ヨシュア記10章12–13節）から、それが真実であると主張した。

中世の西洋思想において支配的であったスコラ哲学という哲学体系は、教会権力と厳選された哲学書に基づいている（例えば、Aristotleの自然哲学と3段論法的推論など）。スコラ哲学は、中世の一流大学（例えばボローニャ、ケンブリッジ、オックスフォード、パリ）において最も有力な哲学であった。中世はよく、「存在の大いなる連鎖」という考えで要約される。「存在の大いなる連鎖」とは、神によって創られた宇宙において、全ては然るべき場所を持つという考え方である。壮大な階級連鎖の頂点には神が存在し、底辺には土や岩といった物質が存在する（Lovejoy, 1936/1976）。

中世においては、科学的および哲学的前進があった。Roger Bacon（1214–1294）は、大学において科学を教えることを提唱し、過去の科学的進歩を文書化した。また、実験を用いることを提唱した。哲学においては、全称命題の存在に関して論争が行われた。論争の一方は、全称命題は個々の事物に先行して存在すると主張する実在論者であった（例えば、「家」は実在する、という抽象的概念）。もう一方は、実在は個々の中にのみ存在すると主張する唯名論者であった。Peter Abelard（1079–1142）は、健穏派あるいは両者を折衷させた立場（概念論者の立場）をとった。概念論は、心の中における全称命題的存在を主張し、また、個々の存在は世界の個々の事物にあると主張する。Abelardの手法は、現代の混合方法論研究者が、一見解決困難に思える課題について、論理的かつ実現可能な解決策を探す試みに似ていた。

第 3 ステージ：科学革命とその影響

16–18世紀のほとんどを網羅するのが第3ステージである。科学「革命」といくつかの哲学的／知的復古（例えば、経験主義、合理主義、唯物論、観念論など）がこの時代に起こった。この時期の出来事は、第4ステージにおける人間科学の出現の仕方に影響を及ぼした。

科学革命

科学革命はおおよそ1500–1700年に欧州において起こった。科学革命はパラダイムシフトをもたらした（Kuhn, 1962, 1970, 1996）。科学革命は、「存在の大いなる連鎖」という中世の世界観、およびスコラ哲学、初期の科学概念を覆した。新たな科学は、CopernicusやDescartes、Galileo、Bacon、Kepler、Newtonらによって構築された。LockeやHumeといった経験主義の哲学者たち、および、DescartesやLeibnizといった合理主義の哲学者たちは、初期の近代哲学に基づいていた。初期の近代哲学とは、科学的知識に対して哲学的基盤を提供しようとする彼らの試みである。現在、哲学と科学はそれぞれに独立しているが、この時代の科学者たちは自然哲学者と呼ばれていた。これは、19世紀初めにWilliam Whewellが、今日用いられている**科学者**という単語を作るまで続いた。

Francis Bacon（1561–1626）は、スコラ哲学と演繹主義に反論した最初の人物である。Baconは帰納的手法を支持した。帰納的手法とは、知の根源はア・プリオリな思考や演繹的推論からよりも、経験を通して得られると仮定するものである。Baconは自身の方法論に関する著作の中で、科学への帰納的、観察的、経験的なアプローチに関する概要を説明している。Baconはこの著作に『ノヴム・オルガヌム』というタイトルを付けた。これは、Aristotleの著作群である『オルガノン』を超えた先に自身の考えがあることを強調したタイトルである。ギリシャ語の**オルガノン**（*organon*）は、「器具または道具」を意味する。Baconは、Aristotleの多くの業績（およびスコラ哲学）に見られる論理学という古い器具（とりわけ演繹的あるいは3段論法的論理）から、観察と実験により系統的に得られる経験とデータという新しい器具へのシフトを重視した。

Baconの方法によると、研究者は研究プロセスから自分自身（すなわち、価値観や先入観）を取り除くと同時に、所定のステップに従うべきだとされる。Baconは、**経験主義的**手法こそが知識を得るための方法であることを強調した。研究者は断固として帰納的方法に従うべきであり、それが知識の革新的な蓄積をもたらすとした。

研究者の個人的な信念を排除するために、Bacon は以下の行為を避けるべきであると説明した。

- 種のイドラ：人間の精神および知覚方法に内在する間違い
- 洞窟のイドラ：研究者固有の、あるいはそれぞれのバックグラウンドによる独特の偏見
- 市場のイドラ：多義的および曖昧な言葉の使用に由来するもの
- 劇場のイドラ：研究者が教えられた従前の理論および哲学に由来するもの

Bacon は、経験主義の祖であった。Schwandt（1997）は、現代の経験主義を以下のように定義している。

> …知識は感覚経験を出発点とするという前提を受け入れる認識理論の総称。…社会科学における知識に関する厳格経験論者（あるいは厳格経験論）は、社会的事実あるいは人間の行動は、厳格な（brute）データを参照すれば証明できると主張する。厳格なデータとは、いかなる主観的解釈も含まれない、客観的言説として表現され、根拠の一部となる。（p.37）

要するに、Bacon の新しい帰納法的科学は、実験と個人的な経験を含む能動的な観察という方策に頼っており、合理主義や形而上学に重きを置かなかった。Bacon をはじめとして、Aristotle の作用因（研究中の事物が誰により、または何より作られるのか、ということ）は、近代科学の主要な問題であった。

科学革命における新宇宙論は、Copernicus（1473–1543）がプトレマイオス体系（天動説）を否定し、地動説（太陽中心説）を主張した頃に開始された[13]。後に、Galileo（1564–1642）が、望遠鏡で月や惑星、星を観察し集めた観測データに基づき、太陽中心説を発展させた。教会は、Galileo の宇宙論に関する主張に対して非難をした。教会は、長年抱いてきた、地球が宇宙の中心だという見解を変えなかった。特に、欧州は長年にわたるプロテスタント／カルヴァン主義とカトリックとの宗教戦争中であったため、なおさらであった。

Galileo は、実験や「思考実験」といった物理学的実験も行った。Galileo は、科学を行うにあたっては、実験的データと数学の双方が重要であるとみなしていた。Galileo は、直感と落下物に関する実証研究に基づき、より重い物体はより軽い物体に比べ速く落下するという Aristotle の理論を否定した。普遍的法則の発見には、Aristotle が言うよりももっと能動的な観察システムを必要とした[14]。

歴史上この時点で、Aristotle の受動的な観察システムから、Bacon や Galileo の能動的な観察システムへの著しいシフトが明確に認識された。能動的な観察システムでは、より洗練された観測装置が用いられ、能動的な実験が行われた。（実験を通じた）自然環境への介入が新しい科学の要石となった。

Isaac Newton（1642–1727）もまた、実験的および観察的手法を徹底的に用いた。Newton は万有引力の法則およびニュートン力学の 3 法則でよく知られている。これらは、惑星がなぜまとまったままでいられるのかを説明するものである。万有引力の法則とは、あらゆる 2 つの物体は、その質量の積に比例し、2 物体間の距離の 2 乗に反比例する力によってお互い引き付け合っている、という法則である。Newton は、彼自身の業績と、Kepler や Galileo などの業績を統合したものを基礎として普遍的理論を導き出した。

Newton は自身の手法を帰納的だとしていたが、（特に数学的な公理においては）演繹法に依拠するところが大きいことも明らかだった[15]。帰納法という用語が歴史上一貫して用いられてきたわけでは**ない**ことを理解することは重要である。その上、実際ほとんどの研究者は、その主張が正反対であるにも関わらず、帰納的論理と演繹的論理の組み合わせを用いてきた。

Newton はまた、分析（すなわち、構成要素を理解するために実在物を分解すること）と統合（すなわち、分解したものを全体に戻すこと）の重要性を強調した。これは Newton がプリズムを用いて光を 7 色の構成要素に分解し、それらを白い光に組み立てなおしたことにおいて見られる[16]。

表 3.2 で、経験主義と帰納的論理が科学革命において優勢をふるっていたと示したが、Descartes など何人かはこの時代においても演繹的論理を重要視していた。Rene Descartes（1596–1650）は数学者かつ合理主義者の哲学者であり、デカルト座標および解析幾何学を発明し、「われ思う、ゆえにわれ在り」という言葉でよく知られている。Descartes は、科学にとっての基本公理、あるいは最初の仮説（例えば、幾何学的公理として存在しているという考え）は疑う余地がなく、真であるに違いないとする考えとは異なることを主張した。すなわち、Descartes はこれら基礎を成す考えから演繹的に他の考えを証明することを求めた。

Descartes は、「神は自分を欺かない」という信念から、自らの考えに自信を持っていた。Descartes は合理主義として知られる哲学的潮流に加わっていた。合理主義哲学とは推論（ア・プリオリあるいは純粋理性を含む）が知識の源泉であると主張するものである。要するに、経験主義と合理主義哲学は異なった基本論理あるいは認識論を示しており、経験主義は帰納（すなわち、観察、経験、実験）を強調し、合理主義は演繹（すなわち、形式演繹的論理学、数学）を強調するものである。

英国経験論者と大陸合理主義者の貢献

16世紀および17世紀の科学者の帰納的オリエンテーションは、広く英国経験論者たち（Locke, Berkeley、Hume、Mill）によって哲学的に支持された。彼らの哲学的経験主義は、後に19世紀および20世紀の古典的および論理実証主義に強い影響を与えた[17]。

経験主義によると、全ての知識は究極的には経験に由来する。英国経験主義の祖であるJohn Locke（1632–1704）は、生まれたときの人間の精神は「白紙」であるとする**タブラ・ラサ（tabula rasa）**という概念を取り入れたことでよく知られている。経験主義は、いかにして知識が生じるのかに関する重要な理論であり続けている。経験主義は、全ての個人の知識や生命の改善可能性に関する自由主義的な考えを支持した。すなわち、個人は単純に環境を変えるべきであるということである。

David Hume（1711–1766）はLockeの経験主義に立脚している。Humeにおける因果関係の公式は、科学的手法の理解にとって特に関連がある。20世紀の著名な量的方法論者であるThomas CookとDonald Campbell（1979）は、Humeの著作は「おそらく最も名高い実証主義的な因果分析」（p.10）の1つに挙げられると主張した。20世紀の著名な質的方法論者であるYvonna LincolnとEgon Guba（1985）は、「事実上、現代の全ての［因果関係の］公式は、Humeの命題の拡張あるいは棄却とみなすことができる」と述べた（p.133）。Humeは、因果関係を主張する際に考慮すべき多くのルールを示したが、因果の推論においては以下の3条件が最も有名である。すなわち、

- 予想される原因と結果との間の物理的近接
- 時間的先行性（時間的に、原因は結果に先行せねばならない）
- ある結果が得られた際にはその原因が存在しなければならない、という**恒常的連接（constant conjunction）**

例えば、ビリヤードの突き玉がプール玉に当たるときに、原因（突き玉）と結果（プール玉）の物理的接近、時間的先行性（最初に突き玉が動き、次にプール玉が動く）、恒常的連接（何度も同様のことが観察される）を見ることができる。ある研究者らは、推測される因果関係を証明するには、調査研究においては何度も再現される必要性があるということを、Humeの遺産から援用している（Maxwell, 2004）。

多くの哲学者たちは、Humeのことを因果関係に関する懐疑論者だとみなしている。なぜなら、Humeは因果関係を単なる1つの観念に過ぎないと主張したからである。Humeは、因果関係は演繹的に証明不可能であり、科学者たちの因果関係についての観念は単なる習慣に基づいているとした。その習慣は、科学哲学者を確たる知識の基礎として支持しないという単なる慣習に依拠していると述べた。因果律を作る際、研究者は自身の経験を超え、見ることのできないことについて主張しなければならないとHumeは言う。Humeの有名な因果関係についての懐疑論は、研究は確たる知識を与えると考えていた哲学者／科学者たちにとっては大打撃であった。Humeの懐疑論は、経験主義および実証主義哲学の重要な部分となった。すなわち、（例えば、自然における普遍的法則の）記述をより重視し、因果関係といった「形而上学的」な概念を用いることを却下することにつながった。

Humeの恒常的連接という考え方によって、ある科学者たちは因果関係の証拠として、統計学的相関に頼るようになった。別の科学者たちは、変数Xと変数Yの間の強い関連が、必ずしも変数Xの変化が変数Yの変化を意味するわけではないと主張し、この知見を批判した。変数Xと変数Yの関連は第3の変数Zに起因するかもしれず、いったんこの交絡変数Zが操作されたら、もはや当初の関連は観察されない。

John Stuart Mill（1806–1873）は19世紀英国の経験主義者であり、その大きな業績である帰納的原因分析によって知られている[18]。Millは、因果関係を決定する規則として以下の方法を発展させた。

- 一致法—興味深い結果を持つ一連の異なる事例を観察したとき、全事例に共通するある1つの要因がその原因である。
- 差異法—ある1つの要因を除き他の全てが同じ特徴を持つ2群を比較したとき、ある結果がある1つの要因を含む観察事例には存在するが、その結果がある1つの要因を含まない観察事例には存在しない場合、その要因が原因である。
- 共変法—ある結果がある要因に伴い変化するとき、その要因が原因である。
- 余剰法—現象のある部分がある原因に起因するとわかっているとき、残りの現象は他の原因に起因すると推論できる。

CookとCampbell（1979）は、MillはHumeの分析に、これら因果関係に関する付加的な基準を加えたと主張した。すなわち、2つの変数間の関係に因果関係があるとする前に、原因と結果の関係にあると推定される対抗あるいは代替の説明は排除されなければならない、ということである。この基準（ここでは、全対抗仮説除外基準と呼ぶ）は、単なる相関関係を導くというよりもむしろ、因果関係を決定する方法としてMillの方法全てで用いられている。すなわち、研究者は共変動だけに頼るのではなく、強力な因果関係を主張するためには（Millの方法で取り組まれるような）複合的な論点について考えるべきであるとした。

こうして、Hume の恒常的連接の概念は、因果関係研究において相関に重きを置く次世代の研究者へと受け継がれ、Mill の方法は、対抗する説明の排除を重視し、経験的／準経験的研究の実施に焦点をあてる研究者へと受け継がれた。相関的および経験的研究については、11 章および 12 章（MM 研究における分析および推論過程）でより詳細に論じている。結果的に、今日の因果関係研究においては、(Hume によって）原因と結果の変数間の関係を示さなければならず、(Mill によって）あらゆる推定される因果関係に対抗する説明排除の体系的な基準の上に成り立っていなければならない。

哲学者である Immanuel Kant（1724–1804）は、経験主義（感覚が知識の源である）と合理主義（合理的思考が知識の源である）を再融合させた業績で有名である。Kant は、人間は直観というア・プリオリな外形（例えば、絶対不変の時間と空間とで世界は生じていると解釈することしかできない）を持ち、そして人間の精神は、全経験上で共通あるいは普遍的なカテゴリー（例えば、量、質、様式、関係）を課す、とした。Kant は、たとえ普遍的な形であったとしても、精神は経験により構成されると主張した。Kant は、（経験主義者と同様）知識の内容は経験に由来するとしたが、知識の外形は一連の普遍的なカテゴリーや概念を用いることで構成されるとした。

Kant は、（Hume によってその基礎を「跳ね飛ばされた」）伝統的な合理主義者の真理の知識についての観念を救ったが、一方で真理の源泉としての経験も尊重した。Kant の解決策は、人間は現象についての普遍的かつ確かな知識を持っている（すなわち、事物は感覚によって知り得る）が、しかし実体（すなわち、事物それ自体、実在としての世界）についての知識は持っていない、というものである。Kant は、経験（経験主義）と演繹的合理的思考（合理主義）は結合できるが、統合の代償は、研究者が経験からしか知識を得なくなることだと述べた。

Kant の解決策は観念論へと受け継がれる。観念論には多くの種類があるが、そのほとんどが実在は基本的に精神であると主張している。これは、実在は基本的に物質であると主張する唯物論と対を成す。観念論は社会科学の歴史において重要な位置を占める。なぜなら、非物質的概念および文化の実在の居場所をもたらしたからである。Kant の観念論の形式は、超越論的観念論と呼ばれる。Kant は、個人が世界を構成すると主張するものの、同じカテゴリーを用いることで世界が構成されると信じていた。カント哲学の超越論的部分は、全員の経験が共通の構成要素を持つと強調するところにある。後に他の観念論者たちが Kant の観念論の超越論的部分を取り除いたことで、異文化構造の観念が認められるようになった。

これは混合研究法の本なので、Kant によるところの、量および質は現象に対する全人間の経験にとって絶対不可欠な概念であるという点に言及することは重要である。異なる視点を融合し、量および質の両方を強調した点において、Kant は混合方法論研究者の祖であると言える。

啓蒙主義プロジェクト

啓蒙主義とは、18 世紀ヨーロッパの社会的／哲学的潮流である。科学革命の概念が非科学者へともたらされ、政治、心理学、社会学、歴史学といった科学と同様の成功が見込まれる領域や社会に対して、科学という合理的な目が向けられるようになった (Gay, 1969)。広く知られている啓蒙主義の理念は、編者／哲学者である Denis Diderot（1713–1784）による 35 巻におよぶ百科全書プロジェクトが体現している。啓蒙主義における他の著名な哲学者には、Voltaire（1694–1778）や Montesquieu（1689–1755）がいる。

啓蒙主義プロジェクト（Enlightment Project）においては以下が主張された。すなわち、

- 人間の普遍的特徴としての理性
- 経験と、根拠および必然性の探求に関係する認識論（例えば、合理主義、経験主義、実証主義）
- 社会と道徳の進歩
- 人道主義的な政治的目標（例えば、Hollis, 2002；Schwandt, 1997）

啓蒙主義と近代主義はしばしば同義で用いられる。Hollis (2002) は近代主義を以下のように特徴付けた。すなわち、

> 人間性を含む全自然の神秘を発見しようという壮大な試みが「啓蒙主義プロジェクト」として知られるようになった。近代の物質界の発見と探求における理性の進歩が、教室のドアを完全に開けた。その後、その光は精神それ自体および社会の性質の研究へと向かい、18 世紀における社会科学の発展へと結びつく。(p.5)

啓蒙主義の概念は今もなお現代社会の重要な構成要素であるが、多くの学者たち、とりわけポストモダニストたちは、啓蒙主義の概念を批判する。Jonson と Christensen（2008）は、「ポストモダニストによって用いられた用語であり、全てが同じ作用法則に従うとする静的な（つまり不変の）機械として世界を捉える、時代遅れな科学を指す用語」(p.393）として、（ポストモダニズムと対比される）近代主義を説明した。

人文主義およびポストモダニズムの研究者たちは、啓蒙主義は、人間の無理性的および感情的な側面、考えの多様性や文化を超えた価値、個人の選択の自由といった事柄を犠牲にして合理性を強調するものである

Box3.3　脳画像と混合研究法

神経科学における近年の技術的発展は、物理生命科学が急速に発達するような、ある種の技術的大躍進を人間科学にもたらした。陽電子放出型断層撮影法（PET）や機能的磁気共鳴画像法（fMRI）は、脳機能評価にとって前途有望な技術である。こうした非侵襲性の画像技術は、神経科学者が脳の特定部位とその部位が供給する機能との関係を理解するのに役立つ。研究者が脳活動を見ることも可能にする。

Moghaddam ら（2003）は、これらのより「客観的」な技術に対する文化的バイアスが、研究における主観的側面を評価するものとして質的方法を含むことを余儀なくさせてきたと論じた。失読症および他の認知障害に関する例にとると、Moghaddam らはこれらの疾患の研究においては混合研究法（質的および量的手法の両方）を使用するべきであるという主張を発展させた。すなわち、「関連する脳の状態と変化を同定するには、主観的に示す精神状態と変化を効率的および的確に同定する被験者の能力に依存する」ということである（p.132）。

と主張する。19 世紀のロマン主義の潮流もまた、啓蒙主義が合理性に重きを置くことに対して否定的な反応を示した。19 世紀の観念論およびロマン主義は、質的研究発展への影響という点で、とりわけ重要な歴史的潮流であった。

第４ステージ：19～20 世紀初頭における社会・行動科学の公式な出現

古代において自然科学が最初に発展し、科学革命においてそれは開花したが、社会・行動科学は 19 世紀まで公式には出現しなかった。人間科学の出現にはいくぶん時間がかかった。なぜなら、人間が自然（物質世界）を理解することに比べ、人間自身の行動や特徴（例えば意識など）に重点的に取り組み理解することが難儀であったからである。他の理由としては、国家資金的な優先順位が、自然科学とそれを支える技術革新の方にあったことが挙げられる。多くの人間科学の創始者たちは、自然科学によってもたらされた「科学的」モデルを応用したがり、それは量的な社会行動科学研究へとつながった。他の人間科学の開発者たちは、人間科学と自然科学は根本的に異なるものであるとみなし、それは質的な社会・行動科学研究へとつながった（Harrington, 2000；Prasad, 2002）。

望遠鏡や顕微鏡といった計器の発明は、自然現象の研究を大いに加速させた。なぜなら、これらの計器によって従来にはない方法での調査が可能になったからである。人間科学においては、近年の神経科学的方法の発展が前途有望であるものの、匹敵する技術的進歩は起こっていない（**Box3.3**、神経科学研究における混合研究法の使用に関する議論を参照）。質的研究においては、Protagoras にまでさかのぼって耳を傾ければ、調査者はしばしばデータ収集の手段であると言われる。そしてこれには長所と短所がある。

19 世紀後半までに社会・行動科学の出現に必要な全ピースの準備は整い、現在われわれがそれに取り組んでいる。

社会・行動科学分野の概要説明

社会学は、August Comte（1798–1857）の功績により、1840 年代に独立した学問分野としてその発展が始まった。Comte は、社会の科学的研究を意味する社会学という用語を作った。Comte に加え、古典的社会学理論家には Karl Marx（1818–1883）、Max Weber（1864–1920）、Emile Durkheim（1858–1917）がいる。Marx は、階級闘争の理論と社会主義へと向かう社会運動を構想した。Durkheim は、社会秩序、慣例の機能的価値、社会構造の影響と現実性を説いた。Weber は彼の社会学において、マクロな社会構造（地位、権力、宗教）とミクロな現象（個人の思考過程と視点）とをつなげた。

Wilhem Wundt（1832–1920）はしばしば実験心理学の創始者と言われるが、それは彼が心理学の研究室を設立した最初の人物だからである。彼はまた最初の心理学雑誌を創刊し、ときに心理学の父と称される。20 世紀から今日に至るまでの心理学は、実験的方法による研究に対して最も高い方法論的地位を与えてきた。実験にその核を置く科学的方法は、心理学という学問分野を定義づけた。無意識の重要性を強調した Sigmund Freud（1856–1939）は、精神分析学の創始者である。精神分析学は、心理学における最初の大規模で定式化された臨床的治療となった。

臨床的／実践的（より質的なアプローチ）と実験的／研究的（より量的なアプローチ）といった心理学における流派は、その歴史を通して明白である。量的な流派は、特に 20 世紀の心理学の多くで優勢をふるう行動主義を通じて、主に学問領域としての心理学において優勢である（例えば、Hothersall, 1995）。学究的な心理学において量的研究が傑出しているため、量的方法（実験、統計分析）が心理学領域の方法論において優勢である。

人類学もまた 19 世紀後半に出現した。人類学の二大分野は、自然人類学（すなわち考古学）と文化人類学である[19]。考古学は、遺骸やアーティファクト（artifacts）を通して古代文化の研究に取り組む。文化人類学は、人間の文化（すなわち、共通の価値観、儀式、言語）と社会構造を研究する。英国のEdward Tylor（1832–1917）や、米国のLewis Henry Morgan（1818–1881）といった人類学の先駆者たちは、1800年代に活躍した。

米国における人類学の基礎を築いた、ドイツ移民の研究者であるFranz Boas(1858–1942)も重要である。Boasは**文化相対主義者（cultural relativist）**であった。すなわち彼は、各文化的集団はそれぞれ独自のやり方を持つものとして研究され受け入れられるべきだと主張した。Boasの2人の有名な弟子は、Ruth Benedict（1887–1948）とMargaret Mead（1901–1978）である。文化的独自性の受容は、普遍的法則の究明方法に重きを置く量的オリエンテーションの人類学者達には評判がよくない。

20世紀半ばまでに、より法律学的あるいは科学的な分派の人類学は生態人類学として、Leslie WhiteおよびJulian Stewardの業績によって有名となった。人類学の科学的側面はまた、Claude Levi–StraussやMarvin Harrisといった構造主義者の業績においてもみられる。1970年代には、人類学における人文主義的アプローチが再び地位を獲得し、ポストモダニストやポスト構造主義者が次第に市民権を得ていった。

学問領域としての教育学が公式に出現したのは19世紀後半である。1830年代後半の米国において、州立普通学校教師のための教育が初めて出現した。1870年代までに、いくつかの州立大学が教育学部あるいは師範学校を創設した。Lagemann（2000）はいかにして教育学的研究が発展してきたかを以下のように述べている。すなわち、

> 1920年までの研究結果においては、教育研究の困難さに関して大多数の意見は一致していた…おおよそ1890年から1920年の間に、経験主義的な専門職科学として教育研究は出現し、心理学および定量的測定の手法とイデオロギーを持つ行動主義者を中心に構想された。(p.16)

最も近接するのは心理学理論（特に学習理論）ではあるものの、教育理論は学際的である。教育学研究は、かつても現在も、「ソフト」な人文主義的実践家と、「ハード」な科学的研究者とに分けられる。量的および質的な議論が見受けられ、場合によっては、教育学はそれが最も顕著な領域であると言えるかもしれない。

実証主義と観念論の出現

August Comteは、社会および思考は3段階をたどり発展すると主張した。すなわち、神学的段階、形而上学的段階、そして実証主義的段階である。最後である3番目の段階は、科学的思考あるいは実証主義の時代であった。Comteは古典的実証主義の創始者であり、1820年代に実証主義という言葉を作った。実証主義とは事実および法則の科学であり、必然性である。Comteの主張は、科学だけが有用な知識をもたらすという科学主義の提示であった。Comteの時代以降、実証主義は多くの支持者と反対者を得てきた。

興味深いことに、Comteの狙いは研究者が事実と法則を発見することであったにも関わらず、彼自身は因果関係の概念を好まなかった。なぜならComteはそれがあまりにも形而上学的過ぎると考えたためである(Laudan, 1971)。Comteによると、因果関係は実質的な科学分野には入らず敬遠される。科学者は予測を立てそれを検証し、物質世界に描き出されていること（例えば、自然法）についての説明を構築する。Comteは彼自身の方法を「帰納的」だとしたが、Laudenはそれに異を唱えた。すなわち、

> それはせいぜい条件付きの帰納主義であり、Baconが提唱したそれからは明らかにほど遠い。伝統的な帰納的アプローチとComteのそれとの最も重大なズレは、帰納論理学のある発見によって「生成され」ざるを得ない理論を彼が拒否した点にある。より正統派の帰納主義者たちは…科学理論は帰納的に到達されなければならないと主張し、Comteは理論の源は重要ではなく、重要なのはその立証であると主張する。(p.41)

Comteの実証主義は、新興の社会科学において優勢であった19世紀の観念論と対立した。（ロマン主義および人文主義と並ぶ）理想主義は、質的研究の出現にとって重要であり、実証主義は量的研究にとって重要であった。

Kantの超越論的観念論は、重要な哲学的概念である構築主義が作られるのに一役買った。しかし、19世紀に入り他の形の観念論が出現した。大陸哲学は相対主義を受け入れ、質的研究を好んだ。より文化的親和性のある観念論の型の一例として、Johann Herder（1744–1803）によるものと、Gottlieb Fichte（1762–1814）によるものがある。Johann Herderは、民族はそれ自身において独自の民族精神（volkgeist）あるいは魂を持つと主張した。Fichteは、事実と知識は精神によって構築されるとし、人が客観だと信じていることは実は全くの主観であると主張した。他の構築主義者および混合方法論研究者の祖としては、Giambattista Vico（1668–1744）がいる。彼は、人間の思考や行動に関する解釈を構築する際には、ハードサイエンスとよりソフトな人文主義的科学の両方を用いることを主張した。

こうした19世紀の実証主義対人文主義の状況において、ロマン主義者および観念論者であり混合方法論研究者の祖であるWilhem Dilthey（1833–1911）とMax Weberは、人間科学において、感情、経験といっ

た人間の主観的側面と、合理主義者的でよりハードサイエンス寄りである客観的アプローチとを結びつけ研究することを推奨した。Dilthey と Weber は理解（verstehen）の方法を提唱した。これは共感的理解を意味するドイツ語である。自然科学には類似の対比要素はない（例えば、Bakker, 1999；Teo, 2001）。なぜなら自然科学は物理的現象に焦点を当てているからである。

Dilthey は自然（natural）と人間科学（あるいは科学（naturwissenschaften）対人文学（geisteswissenschaften）の科学的二元論を仮定した。Dilthey によると、自然科学は外部者からの視点によって自然現象への因果関係的解釈を与えるものである。一方、人間科学は行為主体の内なる視点から人間の行動への理解（understanding）を与えるものである（例えば、Harrington, 2000；Ponterotto, 2005；Schwandt, 1997；Teo, 2001）。Dilthey は、社会科学者は「人間の社会生活や歴史を理解しようとする社会の研究者は、心理的追体験（nacherleben）、つまり想像を介した経験の再構成に取り組まなければならない」と考えた（Schwandt, 1997, p.171）。

Dilthey は記述心理学を創始した。記述心理学とは、「人間の経験を総体的に描き出すこと。そうすることで人間の思考、感情および欲求といった全側面を十分理解する。そしてそこには関連する社会歴史的文脈も包含する」（Welty, 2001, p.224）ものである。Dilthey はさらに以下を主張した。すなわち、

- 研究者の価値観は研究対象となる現象およびそれをどのように研究するかについての決定に影響を及ぼす（すなわち、事実の価値負荷性）。
- 研究下において、研究者と現象を分けることは不可能である。なぜなら研究対象は研究者の精神の産物だからである。
- 研究遂行において研究者は主体および客体の両方であり、研究中は研究対象と（観察者–観察対象関係ではなく）主体–主体の関係を持つ。
- 人間としての経験の意味は文脈依存的である（例えば、Berkenkotter, 1989；Greene, 2007；Smith & Heshusius, 1986）。

こうした立場は、現在の構築主義がとる立場と同じであり、混合研究法の重要な要素である。なぜなら混合研究法は量的研究および質的研究両方の視点での弁証法的理解を重視するためである（例えば、Greene, 2007；Greene & Caracelli, 1997b；Johnson & Onwuegbuzie, 2004）。要するに、混合研究法を用いる研究者には科学的解釈と人間理解の両方が必要とされる。

1800 年代後半までに、質的と量的の学者／研究者との間におおよその境界線が引かれた。Tesch（1990）がそれを上手く説明している。すなわち、

> 最も古い自然科学によって獲得された、「客観的な」結果の信奉者たちが属する各分野の学者たちの間で緊張関係が生じ始めた。人間科学の複雑性および未知の事象を探求するためには、「人間」科学は異なるアプローチが必要であった。…議論はまだ継続している。（p.9）

表 3.1 を参照すると、量的研究者は概して唯物論、絶対主義、自然主義、および法則定立的あるいは法則的な知識の産出のための法則定立的手法を強調し、質的研究者は概して観念論、相対主義、人文主義および個性記述的あるいは個人的、特定的な知識の産出のための個性記述的手法を強調してきた。

仮説–演繹法の伏線と心理学における実験の出現

第 2 章において、量的モデルとしての仮説–演繹法（hypothetico–deductive model：H–DM）を以下の要素を含むものとして定義した。すなわち、

1. 理論あるいは過去の経験に基づいた仮説および観察可能な結果の演繹は、もし仮説が真ならば必ず生じる。
2. 新たなデータを収集することで仮説は検証され、知見の統計学的有意性を検証するために統計学的分析を用いる。

より実質的な意味においては、考えを思いつくこと、およびそれらを検証することが含まれる。H–DM は、しばしば Karl Popper や Carl Hempel といった 20 世紀の科学哲学者によるものだとされるが、それは William Whewell（1794–1866）や John Stuart Mill、William Jevons（1835–1882）、Charles Sanders Peirce（1839–1914）といった幾人かの 19 世紀の方法論者によって予示されていた[20]。

William Whewell は、**探索のための文脈もしくは論理（context or logic of discovery）**（すなわち、理論および仮説の定式化）と、**正当化のための文脈もしくは論理（context of logic of justification）**（すなわち、理論および仮説の検証）と後に呼ばれるようになったものを区別した。Whewell 以前（例えば、Newton、Bacon）は、科学的手法におけるこれら 2 つの構成要素の境界は曖昧であり、両者は科学における帰納法と呼ばれるものの構成要素であるとされていた。Whewell は、正当化のための論理あるいは仮説の実証的検証が、科学的手法における重要な部分であると強調した。しかし一方で彼は、探索のための文脈には、真に新しい仮説や新たな知識となる可能性を秘めたものへとつながる、創造的な洞察力が含まれることを指摘した。探索のための論理は、20 世紀における H–DM に関する議論において重要な役割を果たした（詳しく

Box3.4　影響力の大きい4人の統計学者

Adolphe Quetelet（1796-1874）はベルギー人の数学者であり、特徴という観点から「平均人」を示した（例えば、身長、体重）。彼は、ベル・カーブをはじめとする正規分布の特性を記した。William Gosset（1876-1937）はギネスビール社の醸造所で働き、より少ないサンプルでのビールの品質管理を研究する中で、スチューデントの t 検定を考案した。

Karl Pearson（1857-1936）は、進化と遺伝に関する問題に統計学を応用した。Pearsonは標準偏差という言葉を作り、相関係数および回帰分析の発展に寄与した。

これらの統計学者たちは、データ数の縮小および仮説の検証という点における、1920年代のSir Ronald Fisherによる統計学の再定義へのお膳立てをした。Fisherは、20世紀の人間科学における実験的仮説の検証のための主要な統計学的ツールとなった分散分析（ANOVA）を考案した。FisherとPearsonはまた、大きいサンプルサイズの相対値と、より小さいサンプルサイズに反対するものとしての相関分析、および仮説検証にとって的確な分布を使用することに関する議論で有名である（詳しくは、Stigler, 2002を参照）。

は、第4章の**Box4.2**を参照）。

Wundtは、1879年、ライプツィヒ大学に世界初の実験心理学研究室を開設した。実験において研究者は、一方の群には治療的介入を与え、コントロール群へは治療を控えた上で、治療の結果に影響を与えるものについて検証を行うことが重要である。20世紀までに、米国の多くの著述家たちは心理学が実験室ベースかつ実験的となることを求めた。20世紀の間に、特に心理学と人間科学においてH-DMを用いた実験的研究が急増した。Sir Ronald Fisher（1890-1962）が確立した帰無仮説を用いた検証法も一般的となった[21]。

実験は心理学の認識論的基礎となった。心理学および他の社会・行動科学は、文字通り実験を含む科学的手法への忠誠によって、その学問分野を定義した。例えば、心理学は精神と行動の科学的研究、社会学は社会の科学的研究、行政はその名前を政治学と変え、政治／行政の科学的研究と定義された。

基礎統計学と人類学的手法の発展

人間科学の出現と並行して、量的研究に用いられる統計手法が発達した。19世紀に多くの基礎統計の概念と手法（例えば、ベル・カーブ、標準偏差、相関、t 検定）が発達した。これらの手法は20世紀に入り、実験的手法およびH-DMと共に大々的に用いられるようになった。19世紀の著名な統計の先駆者は、Quetelet、Gosset、Pearsonである。彼らは20世紀におけるFisherらによる追加的研究のお膳立てをした（詳しくは、**Box3.4**を参照）。

質的研究では、19世紀末に人類学においていくつかの手法が出現した。英国科学振興協会（The British Association for the Advancement of Science：BAAS）は、1870年代に主にEdward Tylorによって書かれた、『人類学における記録と探究』（Notes and Queries on Anthropology）というタイトルの本を出版した（Stocking, 1992）。これは、文化の内容と「特徴」の自由な語りの羅列（open-ended narrative lists）の発展を強調するものである。人類学者が異文化を記録しようと試みていたこうした時代の間に、フィールドワークは質的手法の標準となった。考古学者は、過去の文化の遺物による「ダート・メソッド」に着目した。各文化の言語の理解は、人々の思考や行動をたどるために重要である。

要約

本章では、4つのステージを通じて、初期の科学的思考の歴史を辿った。すなわち、

- 古代―ギリシャ人による形而上学および物理生命科学といった初期の科学的研究
- 中世―科学の衰退が特徴的な教会支配の中世哲学
- 科学革命―近代物理生命科学の始まり
- 19世紀および20世紀初期―社会学、心理学、人類学、教育学を含む人間科学の出現

本章では、各時代において帰納的推論、演繹的推論、あるいはその2つの結合のいずれが多数派を占めるのかによって、研究における帰納的-演繹的サイクルを整理した。また、量的研究者と質的研究者との間に多元的な違いがあることを示すために、**表3.1**で示したようないくつかの追加的な二分法あるいは連続体を用いた。定期的に表を見返し、自分が表におけるどの立場にいるのかを考えるよう推奨する。

第4章では引き続きステージ5-8（20世紀以降）として、人間科学における研究手法の進化について述べる。この時代、社会・行動科学における変化は大幅に速度を上げ、質的研究および混合研究法をオリエンテーションとする独立した研究コミュニティが明確に出現した。科学史を2つの章に分けたが、第3章で紹介したテーマの多くは第4章に続いている。

注

1) 本書では、「社会・行動科学」と「人間科学」という用語を置き換え可能なものとして用いる。
2) 反対に、ある読者はより詳細な歴史的あるいは哲学的な情報が欲しいかもしれない。その場合、以下を推薦する。Achinstein (2004), Bunnin and Tsui-James (2003), Cottingham (1988), Gower (1997), Kuhn (1962, 1970, 1996), Losee (2001), Sherratt (2006), Viney and King (1998), Willis (2007)、および第3–4章で引用されているもの。
3) 量的研究 (QUAN) において歴史的には (および現在でもしばしば) 帰納的論理が用いられてきたことについて後に議論するが、さしあたり質的研究 (QUAL) は個々を重視し、量的研究 (QUAN) は全体を重視するという、恣意的な質的研究 (QUAL)／量的研究 (QUAN) の二分法を保持しておく。
4) 哲学的議論において、「ソフト・バージョン」の立場は、「ストロング・バージョン」に比べより弱く、独断的でなく、より解釈が自由で情報的である。
5) ここではNewtonの有名な言葉、「もし私がより遠くを見ているとしたら…それは巨人の肩の上に立っているからだ」の改変版を用いている。Newtonは彼の強い主張を生み出すにあたり、明らかに他人の肩に立っていた。John of Salisbury (ソールズベリのジョン) は1159年に「Bernard of Chartres (シャルトルのベルナール) によれば、われわれは巨人の肩の上の小人のようなものである。それゆえ多くを見、また遠くまで見ることができるが、それはわれわれがあらゆる部分で優れているからでも、身体が大きいからでもなく、巨人の大きさにまで高く持ち上げられているからなのである」と書いた (Bragg, 1998. から引用)。
6) B. C. Eは従来用いられていたB. C.に代わる「紀元前」の略である。C. Eは従来用いられてきたA. D.に代わる「紀元」の略である。
7) ギリシャの哲学者に関する情報は、Arrington (2001) およびBrumbaugh (1981) らから得た。
8) ～の祖という言葉 (接頭辞*proto–*) は初期という意味で用いており、知的潮流において完全に成熟あるいは定着しているものではない。
9) Raphaelの有名な「アテナイの学堂」では、PlatoとAristotleが対照的に描かれている。Platoは形相の世界である天を指さし、Aristotleはわれわれが生きる直接的あるいは経験的、個別的な世界である地を指さしている。
10) Aristotleに関する情報は、Alioto (1992), Dancy (2001), Thompson (1975) らから得た。
11) 中世の科学に関する情報は、Gracia (2003), Kovach (1987) らから得た。
12) ローマ帝国での「教会」は、歴史的に西欧においてはローマカトリック教会であり、東欧においては東方正教会である。
13) Copernicusは、太陽は動かないとする太陽中心説を説いた。後に収集されたデータにより、Copernicusが多くの細部を誤解していたことがわかった (例えば、太陽の周囲の軌道は楕円形ではなく完全な円形だと考えていたことなど)。
14) Galileoに関する情報は、Morphet (1977), Geymonat (1965) らから得た。
15) 「帰納的」科学的方法の法則に関するNewtonのオリジナルの説明は、Achinstein (2004) にある。
16) Newtonに関する情報は、Gjertsen (1986), Gleick (2003) らから得た。
17) 英国経験主義者に関する情報は、Collins (1967), Woolhouse (1988) らから得た。
18) Millの因果関係に関する著作のほとんどは、www.la.utexas.edu/research/poltheory/mill/solで読める。
19) 2つの追加的な人類学の部門として、自然人類学 (長期間にわたって人間がどのように環境に適応してきたかに着目) と、言語人類学 (ある時代の一点および時代をまたいだ人間の言語に着目) がある。
20) 量的な科学的方法の歴史については、Achinstein (2004) を参照。
21) 帰無仮説、対立仮説、統計学的有意性の議論は、第11章のBox11.2を参照。

第4章

方法論の変遷
—20 世紀から現在まで

Charles Teddlie and R. Burke Johnson

学習の目標

本章を読み終えたときに、次のことができるようになっていること。

- 人間科学の歴史と哲学のステージのうち後半の４つ（第 5-8 ステージ）に関して説明する。
- 古典的実証主義（第３章を参照）と論理実証主義それぞれの歴史と概略を述べる。
- 実証主義の問題点について説明する。
- 仮説-演繹法について述べる。
- ポスト実証主義者が主張したことについて述べる（例えば、事実の理論負荷性）。
- なぜグラウンデッド・セオリーの発見が質的研究コミュニティにとって重要であったかを説明する。
- 20 世紀における混合研究法の出現について説明する。
- 因果モデルに基づく説明について論じる。
- 共約不可能性テーゼと共訳可能性テーゼを比較する。
- 啓蒙プロジェクトとポストモダニズムについて述べ、比較する。
- なぜ社会・行動科学における論理が内在的に統合されたのかについて説明する。

20 世紀とそれ以降における人間科学の歴史と哲学

本章では、人間科学研究方法の発展における第 1–4 ステージに関する第 3 章の議論を受けて、20 世紀とそれ以降に発展した 4 つのステージ（第 5–8 ステージ）について説明する。

第 5 ステージ：1900 年〜第二次世界大戦期：実証主義が支配的な社会・行動科学における伝統的時代
第 6 ステージ：第二次世界大戦終了〜1970 年まで：社会・行動科学におけるポスト実証主義者の時代
第 7 ステージ：1970 年〜1990 年：人間科学における方法論コミュニティの多様化と発展の時代
第 8 ステージ：1990 年〜現在：独自の方法論としての混合研究法（MM）の制度化の時代

20 世紀後半において、主に実験主義者とエスノグラフィー研究者によって支持された、量的研究および質的研究という二分法的な人間科学研究の立場は今日でもまだ存在している。だが、研究方法論をめぐる景観は劇的な変容を遂げている。論理実証主義に由来する「経験の伝統」は 20 世紀前半の半世紀を特徴づけることになるとともに、20 世紀後半の半世紀において伝統的な研究視座への様々な挑戦がなされた。こうした研究動向は混合研究法コミュニティの発展を含む、今日のより多様な方法論的研究コミュニティを生み出すことになった。

第５ステージ：伝統的時代（1900 年〜第二次世界大戦期）

伝統的時代における研究方法論

20 世紀初頭に至るまで、研究者と科学哲学者は、科学のより創造的な部分（例えば、発見の文脈（context of discovery））を犠牲にして、正当化の文脈（context of justification）を強調し、仮説の検証を行なってきた。Karl Popper（1902–1994）は大胆にも、科学は帰納法を必要としないと言明している。

> 帰納は存在しない。われわれは論駁や「反証」という方法によらずして、事実から理論へと議論を進めることはできない。科学に関するこうした視座は、淘汰的でありダーウィン主義的であると言われるかもしれない。他方で、われわれが帰納法によって研究を進めることを主張したり、（反証よりも）検証を重要視するような方法論を論じることは、典型的なラマルク主義的である、といえる。つまりそうした議論の中では環境による適者の選択よりも、環境による誘導の観点を重要視する。（Popper, 1974, p68）

Popper（1974）らは、発見の文脈は「単なる」心理学のようなものであり、科学ではないと感じていた。

科学における発見とテスト（正当化すること）との間の適切な均衡関係を見出すことは、20世紀を通して広く議論されてきた主題であり、そうした議論は今日まで続いている。

Denzin と Lincoln (2000b, 2005b) は、質的 (QUAL) 研究史における「時期区分」を提示している。最初の時期は「伝統的時代」と名付けられ、1900年代初頭から第二次世界大戦期にかけて広がった、とされる。われわれは、実証主義とそこから派生した学派とがこの時代に支配的であったという点において、彼らの時期区分の仕方に同意する[1)]。

実証主義者と観念論者の間での議論は続いていたが、実証主義者は特に心理学と教育学の分野で優勢だった。Lagemann（2000）は、この研究動向を John Dewey（1859–1952）の敗北と Edward Thorndike（1874–1949）の勝利と称して、以下のように記述している。

> Throndike の心理学は狭義の意味で行動主義的であった。意識に関するあらゆる思弁を排除し、人間の行動を、刺激への反応へと還元した…Throndike と異なって、Dewey が定式化した行動の概念は全体論的・目的論的性格を持つものだった。(p.62)

Dewey は、古典的なプラグマティズムの思想や混合研究法に関連付けられながら紹介されることが多い哲学者であるが、人間科学における社会的であり文脈依存的であり学際的であるところの人間観を提示した人物でもあった。こうした人間観は、この伝統的時代において支配的だった機械論的科学主義からは大きく逸脱するものであった。

ウィーン学団は、1920年代から第二次世界大戦期まで活動していた哲学者や科学者のグループであり、のちに**論理実証主義（logical positivism）**として知られることになる哲学を創始した。論理実証主義は科学哲学を独自の研究分野として創出し、科学哲学の研究に最初に着手した。論理実証主義は、John Locke と David Hume の経験主義、Auguste Comte の古典的実証主義とその他いくつかの研究視座の系統を引き継ぐ学説として立ち上げられた[2)]。Phillips（1987）は論理実証主義を以下のように定義している。

> 論理実証主義の名称は1920年代にウィーン学団によって展開された。その最も有名な信条は**意味の検証可能性原理（verification principle of meaning）**［(**検証原理（verification principle）**)］であった。それによると、意味を持つということは経験的に検証可能である（感覚的な経験によって直接的もしくは間接的に）か、または論理的・数学的に真であるときにのみである。(p.204、太字は原文に追加)

論理実証主義者は、「実在性、真実、存在などに対する哲学的主張」(Schwandt, 1997, p.91) のような、経験的に検証し得ないあらゆる種類の形而上学に対する批判を展開した。彼らは Freud の精神活動における分類（原我、自我、超自我）は経験的に検証可能ではないので、それを形而上学的であると見なした。

B. F. Skinner（1904–1990）や Edward Thorndike、そして John Watson などに代表される、心理学における行動主義者の研究オリエンテーション[3)]は、実証主義との密接な関係性の下に展開された。この行動主義は以下のように定義し得るだろう。

> 行動主義においては、心理学は行動に関する研究であるとされる。というのも、行動は観察可能であり測定可能であると考えるからである。行動主義者は、実験研究や動物実験などの方法に強い信念を抱く傾向がある。それは、環境条件を操作することによって行動が変化することを直接示すことが可能であるからである。(Gilgen, 1982, p.8)

行動主義者と実証主義者は、測定することができ経験することが可能であることのみが「科学」の領域に含まれうるという立場において見解を共有していたが、それは自然科学の内部にさえも適用され、ある種の困難を引き起こした。例えば、素粒子や望遠鏡の届く範囲を超えた銀河は観察することができなかったため、科学の外に置かれるということになってしまった。また人間の価値とは科学の外側に存在するのであり、客観的であり合理的な領域の外部に存在する、との主張がなされた。

この時期には、量的研究方法論において多くの技術的進歩があった（例えば、統計学や尺度法）。Clark Hull（1884–1952）は、仮説–演繹法（hypothetico–deductive method：H–DM）を唱えた。仮説–演繹法とは、それを使用することで心理学者が形式的な前提から得られた仮説を統計学的にテストする実験を生成する、そういったモデルのことである（Gilgen, 1982；Hothersall, 1995)。研究者の大部分は量的研究を良い研究だとみなし、その可能性に楽観的だった。

論理実証主義における問題点

論理実証主義は、簡単には解決することができない、いくつかの重大な問題を喚起した。論理実証主義に対する批判は、特に人間科学分野において、20世紀を通してなされ続けた。

そうした問題の中でも、帰納と検証という2つの主題が特に重要であった[4)]。**帰納の問題（problem of induction）**は以下のように定義してよいだろう。事象Yは事象Xに続いて生じると何度も観察されているとしても、次の事象Xの観察において続けて事象Yが必ず生じるだろうことを確信することは決してできない。要するに、全てのケースを観察することはできないため、研究者は帰納的な論理のみを使って、普遍性のある理論や法則を証明することは決してできない（Hollis, 2002；Phillips, 1987）。

論理実証主義者は当初から、研究によってどの理論が真実であるかを突きとめることができると主張してきた。しかし、論理実証主義への批判は、広範囲にわたる観察が１つ以上の理論を確証し得るし、また競合する多くの理論がいずれも豊富な観察によって確証されているようにみえる、という**検証の問題（problem of verification）**を喚起した（Phillips, 1987）。つまり、科学的理論と法則を完全なかたちで検証することは、たとえ可能であったとしても、極々まれである、ということである。Popper（1968）はとりわけこの問題に気づいており、理論を支持する経験的（あるいは帰納的）な証拠はたくさんあるが、そのほとんどが理論を真とするのに寄与しないと主張した。

Popper（1968）は、特定の理論的視座に依拠する彼の知人たち（Freud や Skinner ら）が、いたるところで自分の理論を立証するための証拠を見出していた、と指摘し、「何が起ころうと、常にそれは理論を確証することになってしまう」（p.35）と述べている。Popper は、こうした確証してしまう「証拠」という問題に際し、研究者が提示するべきなのはより簡単に経験的なテストによって反証されうるような「はっきりとした予想」なのだ、と述べた。こうした実践を繰り返し行うことで、科学論文から不適切な仮説と理論は除外されると考えたのである。

論理実証主義に対する別の批判は、操作主義（「全ての科学的事物とその性質は、それらを測定するための操作法によって定義されうる」（Phillips, 1987, p.205））に過度に依存していることに対してなされた。操作主義は研究者に、理論的構成物[5]をどのように測定したかについて慎重に記載することを想起させる際に有用である。しかしながら、研究者が、「実在」はある特定の測定方法によって十全に定義されうると主張する際には問題が生じる（Campbell, 1988；Cronbach, 1991）。この問題に対する混合研究法を用いる研究者側からの応答は、同じ現象に対する複数の測定があることを前提とすること、そして（構成）概念が現在測定されているもの以上であるかもしれないことを認識することであった。

質的研究の継続的な発展

Franz Boas（1858–1942）や Bronislaw Malinowaski（1884–1942）らは、20 世紀初頭において人類学のフィールドワーク手法を発展させた。英国科学振興協会によって『人類学における記録と探究（Notes and Queries on Anthropology）』（第４版）が 1912 年に刊行されるとともに、そこではネイティブ言語（native terms）の重要性（Stocking, 1992）が強調された。Malinowski（1922）は系統的なフィールドワークの技法について記述しており、特に参与観察[6]に関する多くの記述を残している。Boas による『アメリカインディアンの言語の手引き（Handbook of American Indian Language）』（1911）のような研究においては、言語的な位置、ドキュメントの収集や分析手法に力点が置かれた（Stocking, 1992）。

社会学においても文化研究が中心的な主題となってきたが、社会学者は技術先進国社会における文化と大衆カルチャーの研究に焦点を当てていった。人類学および社会学におけるフィールド研究手法は 20 世紀半ばまでに確立され、『ヨーロッパとアメリカにおけるポーランド農民（The Polish Peasant in Europe and America）』（Thomas & Znaniecki, 1920）や『黒人文明──オーストラリア部族における社会研究（A Black Civilization：A Social Study of an Australian Tribe）』（Warner, 1937）、『ストリート・コーナーソサイエティ（Street Corner Society）』（Whyte, 1943/1955）といった古典的作品を、結果として生むことになった。

伝統的時代における混合研究法

この時期においては、いくつかの重要な混合研究法が出された。他方で、混合研究法の手法に関する論争は多くはなされなかった。Margaret Mead は『サモアの思春期（Coming of Age in Samoa）』（1928）のなかで、混合研究法の初期の研究例を提示した。その中で彼女は心理学テストとエスノグラフィーの手法を組み合わせて研究を行っている（Stocking, 1992, p.312）。Maxwell と Loomis（2003）は「研究手法がそれほど専門化も分化もしておらず、パラダイム論争もまだ激しくなかった当初の方が、混合研究手法はより一般的であったということもできるだろう」（p.242、傍点部は原文ではイタリック体）と述べている。

伝統的な時代における古典的な混合型研究をピックアップしている論者は何人かいるが（Brewer & Hunter, 2006；Erzberger & Kelle, 2003；Hunter & Brewer, 2003）、なかでも Brewer と Hunter（2006）はその例として以下の３つを提示している。

- ホーソン研究：同研究は 1924 年に始まり、数年続いた（Roethlisberger & Dickson, 1939）。
- 「ヤンキー・シティ」（ニューベリーポート、マサチューセッツ）研究：米国におけるコミュニティライフ研究の例である（Warner & Lunt, 1941）。
- マリエンタル研究：1930 年代オーストリアにおいて経済的不況の間実施された調査研究であるが、40 年後の 1971 年まで米国で出版されなかった（Jahoda, Lazersfeld, & Zeisel, 1971）。

ホーソン研究では（Roethlisberger & Dickson, 1939）、のちにホーソン効果として知られることにな

Box4.1　仮説-演繹法

Schwandt（1997）は仮説-演繹法に関して以下のように記述している。

仮説-演繹法の理想的バージョンは次の5段階を擁する。（1）理論が提供するのは人間の行動についての定義や仮定、および仮説である。（2）提供された定義や仮定、仮説から行動に関する予測が論理的に演繹される。（3）この予測は経験的観察のプロセスを通してテストされる。（4）観察の結果から、調査者は理論が事実と矛盾しないこと（すなわち、理論が行動を説明するということ）、あるいは、理論が事実と矛盾していること、そのいずれかに結論を下す。（5）もし矛盾していないのであれば、さらなる研究は必要ではない。もし矛盾していれば、その理論はよりよい理論に駆逐されるか、または新しく得られた事実に適応させるために改訂されなければならない。（p.66）

る効果を理解するために、インタビュー調査と観察研究の手法が使用された。例えば、バンク配線作業実験研究として知られる研究の一部は、労働者たちの社会関係に関する広範な観察を含んでいた。狭義には、ホーソン効果とは、彼らが観察されていることによって労働者の生産性が向上することを指して言及される。広義には、ホーソン効果は反応性に関する一事例であるとする（すなわち、研究参加者はしばしば研究されていることに反応する。つまり第10章で述べるような人目につかない方法が必要である）。多くの研究者が参画し、数年にわたり続けられたホーソン研究は、実験研究に加えて集中的なインタビューや観察、ライフヒストリーのデータを収集するといった、量的研究と質的研究の両方を重視するかたちでなされた。

第6ステージ：ポスト実証主義の時代（第二次世界大戦後〜1970年）

仮説-演繹法に基づくさらなる研究の進展

この時期において、科学者は哲学者が科学的方法の一般的徴表として、仮説-演繹法に関して言及し始めた。理想的な仮説-演繹法の5段階のステップを**Box4.1**に記載している。

仮説-演繹法というのは、仮説-演繹法をもって帰納的推論に替え、また反証原理（falsification principle）をもって検証原理（verification principle）に替えることで、帰納と検証をめぐる問題を扱おうとする試みとも考えられるだろう（Hollis, 2002；Notturno, 2001；Willig, 2001）。

帰納における問題とは、全てのケースを観察することは不可能であるため、研究者は帰納的論理のみを用いて理論を証明することはできない、ということであった。仮説-演繹法においては、実際に研究者によって用いられる際には、演繹と帰納の両方の論理が用いられている。そしてあらゆる実験研究において研究者は、演繹的な証明を得ることはない。つまり、研究者は蓋然的な（いいかえれば、帰納的な）エビデンスを研究結果に際して得ているのみである。

仮説-演繹法が強調するのは、もし仮説が真であるならば必ず生じるであろう結果を論理的に演繹することと、その次に研究者が実施するデータに基づいたテストである。もし仮説が支持されているのならば、それは帰納的な支持が得られるということである（つまり、演繹的証明は得られないが、仮説の正しさを支持する証拠を得る）。逆に、もし仮説が支持されないのであれば、Popper（1934/1959）の言に従うと演繹的論理が使用され、仮説（すなわち、原理や法則に関する一般的主張を為すもの）は反証されると―いくぶん楽観的ではあるが―結論づける[7]。

Popper（1934/1959）の**反証の原理（falsification principle）**によると、仮説は反証可能でなければならない。するとこの反証原理に従えば、仮説が誤りであることを立証する経験的データのパターンを、ア・プリオリに決定することが可能でなければならないということになる。Popperにとって検証に伴う問題（**Box4.2**参照）は霧消しているわけであるが、それは観察がもはや仮説を確証する（検証する）ために使用されるものではなく、もっぱら仮説を誤りであると逆の確証をする（反証する）ためだけに使用されるものになったという理由からだった。Popperは、科学の目的が、誤った理論や仮説を批判的に除外することに焦点を当てることであると考えていた（同時に先述したように、ほとんどの研究者は、データが仮説を支持した際には、それをもって仮説が支持されたと主張するが、Popperはこの種の帰納的な立証を却下した。）。

科学哲学者は、**Box4.2**に要約したような、仮説-演繹法における多くの問題点を見出してきた。本章の次節（第7ステージ）では、仮説-演繹法または説明に関する被覆法則モデル（covering law model）が、人間科学において、**因果モデルに基づく説明（causal model of explanation）**に置き換えられてきたことに注目したい（因果モデルに基づく説明に関する詳細は**Box4.3**を参照）。

ここまで行ってきた歴史的な分析において重要な点は、仮説-演繹法において、研究結果からなされた批判がどの程度のものであるのかについて、哲学者たちによって完全に合意が得られていないにも関わらず、この仮説-演繹法はしばしば議論され、数十年間にわたって一般に使用され続けてきたことである。現在、

Box4.2　仮説 演繹法に関する問題

いくつかの問題点が仮説-演繹法に関して議論されている。第１に、理論をテストするためには理論がなければならないが、その理論の由来はどこにあるのか、そして、理論が発見され構築されるための論理はあるのか？　仮説-演繹法は、発見の論理・発見の文脈を無視してきたように思われる。第２に、もし観察された事実が仮説と矛盾しないなら、何を主張すべきなのだろうか？　理論が検証され、確証され、証明され、強められるのか、または単に反証されないだけなのか？　第３に、もし観察された事実が仮説と矛盾しているなら、理論は誤りとみなされ、処分されるべきなのか、または、背景の仮定がまちがっているものとしてみなされるべきか（例えば、おそらく仮説に対する証拠の不足は不十分な測定のためである、など）。

論理実証主義者は、データが仮説と矛盾しなかった場合、理論が検証されたと主張できるのは当然だと考えていた。しかし科学哲学者は、この推論は後件肯定として知られる論理的誤謬に基づいていると指摘した。（「*p* ならば *q* である」「ところで *q* である」「それゆえ *p* である」という誤謬推理）。単に *q* であるということから *p* が真実であると結論付けることは論理的に正当化されないのである。論理実証主義者はこの問題を認識し、彼らの目標を検証（verification）から、証拠のより弱い主張と等しいとされる確証（confirmation）へと変更した。蓋然性（確率性）理論（もし仮説が支持されるなら、仮説は蓋然的に真である）は、一部の実証主義者によってますます発展した。しかしながら、他の一部の者は証拠ではなく、証明を求めていたので、この解決策に満足しなかった。

Popper の「解決策」はモードゥス・トレンス（modus tollens・後件否定式）（「*p* ならば *q* である」「ところで *q* ではない」「それゆえ *p* ではない」）として知られる、演繹的に妥当な議論に頼ることであった。それは反証に頼るということであり、研究者は理論を反証できると主張した。この Popper のモードゥス・トレンスという解決策の問題点は、反証可能な理論が単に容認されているのみだということであり、それに対して、研究者は彼らの理論は正しい、または強く証明されたと主張したいと思っているという点である。

Carl Hempel（1905-1997）の解決策は、研究者に、理論の正しさから説明の質へ話題を変えることだった。Hempel と Oppenheim（1948）は、仮説-演繹法を彼ら流に解釈して、科学的説明の被覆法則モデル（科学的説明の演繹的-法則的モデル（deductive-nomological model）としても知られる）と呼んだ（これは Box4.1 の中の仮説-演繹法の説明である）。Hempel の考えは、一般的な法則は結果を説明する、ということであった。この解決策の問題は、人間科学において一般的な法則が見つかることはまれであることである。１つの出口は、法則が将来的に現れるだろうと予測することである。科学哲学において、この問題はいまだ十分に解決されていない。

現場の研究者たちの多くは初期になされた仮説-演繹法（H-DM）に関する一般的な言明に同意していることは確かである。つまり、積極的な証拠は理論に対する仮の支持と受け取ってよいが、テストは原理的に反証可能なものでなくてはならず、また、厳密に行われなければならない、ということである[8)]。

量的研究者の一部は、彼らの方法全てが演繹的であると考えるようとする。しかし、その方法から帰納の痕跡を完全に除去することは不可能であるように思われる。仮説-演繹法（H-DM）のアプローチは演繹法を重視し、帰納法上の発見や仮説の生成よりも、仮説をテストすることを重要視している。最終的に、量的研究コミュニティにおける（他の重要な要素に加えて）演繹的論理を重要視するというオリエンテーションは、質的研究コミュニティにおける彼らの研究の基本的方向性の一部として、帰納的論理を選択することにつながった。

ポスト実証主義という研究視座の広まり

実証主義への批判は 1950 年代と 1960 年代において、人間科学全体に徐々に広がるようになり、ポスト実証主義への賛意が高まっていった。ポスト実証主義における代表作となる研究が現れるとともに（Campbell & Stanley, 1963；Hanson, 1958；Hempel, 1965；Kuhn, 1962, 1970, 1996；Popper, 1934/1959；Toulmin, 1960）、ポスト実証主義は社会科学研究コミュニティ全体に幅広い信用を得ていった。

ポスト実証主義には多くの定義があるが、いずれも実証主義の代替として位置付けられたなんらかのパラダイムを参照している（Schwandt, 1997）。われわれは、ポスト実証主義の定義を狭く解釈し、実証主義に対する理論的な継承者として扱う。ポスト実証主義とは、われわれの観点から述べると、量的研究に方向付けられた科学の視座といまだ結び付いている、実証主義の代替物である（Reichardt & Rallis, 1994）。またポスト実証主義は、現在の人間科学における量的研究にとって支配的な哲学的立場である。

Reichardt と Rallis（1994）は、1950 年代から 1970 年代の時期において、最も影響力のあった量的研究者の多くが、以下のような信念を持つ「気後れしないポスト実証主義者（unabashedly postpositivist）」（Campbell & Stanley, 1963）であった、と述べている。

- **事実の理論負荷性（Theory-ladenness of facts）**―研究は調査者が使用する理論と枠組みによる影響を受ける（Hanson, 1958；Phillips, 1990）

- 知識の誤謬性—この立場は、理論および因果命題は決して十全に立証されることはない、という観点から検証可能性をめぐる問題を扱う（Cook & Campbell, 1979；Popper, 1934/1959）。
- **事実による理論の決定不全性（Underdetermination of theory by fact）**—「多数の理論は…同等に（しかしおそらく異なるかたちで）、ある同一の証拠の束を説明することができる。」(Phillips, 1987, p.206)
- **事実の価値負荷性（Value-ladenness of facts）**—研究は調査者の有する価値によって影響される。例えば、**実験者効果（experimenter effect）**は、実験者の視点や行動が研究の結果にいかに影響しうるかという点について言及している（Rosenethal, 1976）。
- 現実の本性—Reichardt と Rallis（1994）によれば、多くの研究者（量的研究者と質的研究者）は、社会的現実は構築されていることを理解していると述べた。Festinger（1957）による認知的不協和の理論における社会的現実に関する定式化や、Thibaut と Kelly（1959）による社会的交換理論における比較水準と選択的比較水準をめぐる概念は、社会構築主義的研究視座を例示している。

Reichardt と Rallis（1994, pp.86–89）は、この時期における量的研究の信念を上記の5点に簡潔にまとめた。また多くの質的研究者と量的研究者は上記の信念を共有している。なぜなら、こうした信念は20世紀の下半世紀における人間科学研究と、そこにおいて共有された現実の本性についての研究視座を反映しているからである。

量的研究方法論者の多くは、1950–1970年代とそれ以降の時期においてポスト実証主義を推奨したが、それは方法論的正当性を強調した伝統の範囲内に留まるものであった（Smith, 1994）。もし特定の方法論を選択できるのであれば、心理学と健康科学分野における量的研究者の多くは、実験的または準実験的研究デザインを好んで使用した。Cook と Campbell（1979）は以下のように述べている。

> われわれは次のことを読者が信じていると想定している。それは因果的推論が重要だということ、そして、原因についての知識を得る方法として実験が最も有用なものの1つである（実験しか方法がないとまでは言わないが）ということである。(p.91、傍点部は原文ではイタリック体)

他方で、量的研究者の多く（例えば、スウリョウ教授）は、変数間の量的な関係を同定するために実験的方法以外の方法を使用し続けており、この関連性を量的に説明し続けている[9]。彼らが実験的方法以外の方法を用いた理由の1つには、研究主題によっては（例えば、暴力行為に対するテレビの影響）実験研究デザインが使用され難いことが挙げられる。

この時期、Donald Campbell (1916–1996) ら (Campbell & Stanley, 1963) もまた妥当性に関する概念を提示した。Campbell と Lee Cronbach（1916–2001）は内的妥当性（関心事象における独立変数の従属変数への効果を確証できる程度）と外的妥当性（結果の一般化可能性）の双方の重要性に関して議論を展開した。Campbell は内的妥当性の卓越性を主張したが、一方で Cronbach（1982）は外的妥当性の重要性を主張した。また Cronbach は1970年代と1980年代に使用された基本的な統計モデルが、現実社会の複雑性を正確に説明するにはあまりにも単純すぎる、と主張した。例えば Cronbach は、Campbell らが提唱した単純な因果モデルよりは、多数の変数を因果的説明の際に検討するモデルを使用することを提案した。

この時期、2つの素晴らしい統計学的発展がなされた。階層線形モデルと構造方程式モデルである。両モデルの開発は量的研究における大きな進展につながった。

グラウンデッド・セオリーと質的研究

この時期の最も重要な質的研究方法論の発展は、Barney Glaser (1930–) と Anselm Strauss (1916–1996) によって1960年代半ばになされた、グラウンデッド・セオリーの「発見」だった。グラウンデッド・セオリーは、体系的に集められ帰納的に分析されるナラティブなデータに「根拠づけられた（grounded）」理論発展のための方法論である（Strauss & Corbin, 1998）。

Charmaz（2000）は、グラウンデッド・セオリーが導入されたことのインパクトを以下のように述べている。

> [Glaser と Strauss] は量的研究が、体系的な社会科学研究の唯一の形式を提供するという支配的な見解に対して反論した。要するにグラウンデッド・セオリーは、集められたデータを説明する際の中範囲の理論的枠組みを作るために、データを収集し分析する際の体系的な帰納的ガイドラインで成り立っている。Glaser と Strauss がグラウンデッド・セオリーを発展させて以来、質的研究者は自らの研究の正当性を示すためにこの方法を使用することを主張してきた。(p.509)

グラウンデッド・セオリーの出現は、本章の分析に対して2つの含意を有している。

1. グラウンデッド・セオリーは、本質的に帰納的な方法である。それゆえ、仮説–演繹法が量的研究者に演繹的結果を採用するようにした少しあとで、質的研究者は帰納的—演繹的連続体における帰納的結果の所有権を主張することができた。

2. 質的研究は、よく定義されたフィールドワークの方法論を既に有していたが、グラウンデッド・セオリーは質的研究者に、帰納的に理論を生成しナラティブなデータを分析するための、さらに体系的な方法を提供した[10)]。

ポスト実証主義者の時代におけるマルチメソッドと混合研究法

最初に明確に定義されたマルチメソッドは 1990 年代半ばに出現した。それは、Campbell と Fiske (1959) が同一の現象を研究するために代替的な量的方法を使用するという、**複数特性–複数方法マトリクス（multi-trait–multimethod matrix）**を提案した時である。Campbell と Fiske は彼らの研究データの分散が、特定の量的方法によってではなく、研究における心理学的特性によって説明されることを確かめるためにマトリクスを開発した（Brewer & Hunter, 2006；Tashakkori & Teddlie, 1998）。

Brewer と Hunter（2006）は、この複数特性–複数方法マトリクスの使用が、研究方法の「単一の研究手法に過剰の信頼を置いてしまうことへの過信に対する警告」(p. viii) をすることを企図するものであると述べている。このマトリクスは、最終的にトライアンギュレーションの概念へつながり、後に続く混合研究法デザインの普及へとつながった。

混合研究法という独自の研究分野は、まだ出現していなかったが、著名な研究者の中には（例えば、Leon Festinger, Paul Lazarsfield, Kurt Lewin[11)]）社会科学研究において質的手法と量的手法の両方を使用することを唱える研究者があらわれた（Merton, Coleman, & Rossi, 1979 を参照）。とりわけ心理学と社会学においては、こうした手法を用いた研究が数多くなされた（Fine & Elsbach, 2000；Maxwell & Loomis, 2003；Waszak & Sines, 2003 の要約を参照）。

- Festinger ら（1956）による終末論をめぐるカルト集団に関する研究
- Robber によるケイブ・スタディー（Sherif, Harvey, White, Hood and Sherif, 1961）：一連の実験研究と質的データ研究を含む、集団間コンフリクトと共通の価値観に関する研究
- Zimbardo (1969) によるスタンフォード大学で行われた、脱個性化に関する仮想的な「監獄」研究
- 妊娠に対する動機付けに関する研究（Hoffman & Hoffman, 1973）：この中では、子どもの価値に関する情報が質的研究手法を用いて得られ（聞き取り調査）、他の変数との関係性に関して統計学的な調査が行われた。

第７ステージ：人間科学における方法論上の多様化と発展（1970 年～1990 年）

1970 年代から 1990 年代にかけての時期は、人間科学の方法論における研究が活性化した時期であり、質的研究手法の普及と洗練化、そして混合研究法の出現も含む、全ての研究コミュニティにおける発展がなされた。

帰納的―演繹的連続体（もしくは反復的なサイクル）に関して言うと、１つ前のステージ（第６ステージ）では振り子のような変化が確認された。量的研究者の多くは演繹的結果（仮説–演繹法）あるいは因果的説明の帰結を受け入れるのだが、そこで演繹は理論を厳密にテストすることの象徴と受け止められた。また、質的研究者の多くは、帰納的結果を受け入れたのであり、そのときに帰納は有意味な研究結果の発見と生成の象徴であると捉えられた（多くの質的研究者は、個別特殊的な結果を重要視するがゆえに、一般化を追求することを求めるという帰納の一側面を否定した）。第７ステージの時期においては、量的研究および質的研究という、混合研究法の研究者によって提示された連続体上の２つの極が融和することが見出されたが、量的研究者および（特に）質的研究者の中には、量的研究と質的研究の排他的な区分を唱え続ける論者もいた。

量的研究における因果モデルに基づく説明

人間科学における因果に関する問題の多くは、十分には解決されていない。むしろ、解決され得ないということが証明されたといってよいかも知れない。それにもかかわらず、方法論的発展の中で、因果モデルに基づく説明が出現し、量的研究を実施する際のプロトタイプとして仮説–演繹法を凌駕した。**Box4.3** では、この因果モデル（すなわち、因果規則性説（regularity theory of causation）と反事実アプローチ　counterfactual approach）に関連する２つの論点を取り上げている。

因果問題に対する混合研究法における解決策として推奨されるのは、研究者が理論や説明の主張を「正当化する」ための証拠に複数のソースを使うことであろう。こうした解決策の例は Johnson と Christensen (2008) などに見出せる。著者らは、理論や説明の質を評価する際に考察する９つの独自の質問を提案している（理論や説明が入手できるデータに合っているか？　その理論や説明は、問題を特定するために研究者によってなされる多くの検証や反証の試行の結果、生き残っているか？　他の競合する理論や説明よりもよりうまく機能しているか？　等）。われわれは現在の議論に基づいて、この質問リストに２つの明示的な設問を付け加えたい。それは、実験研究による強固な

Box4.3　因果モデルに基づく説明の出現

量的研究者はいかにして説明という考え方を検討するようになったのか、この変化が歴史的に直近の変化だというのが本書の見解である。上述したように、「説明」とは演繹的現象であるという考え方へと全体的に変化したのはそれ以前のことであった（説明が演繹的現象であるとはすなわち、ある何らかの結果について科学的法則から演繹的にその結果が導出されるときにこそ、結果を「説明」できるとしたことである）。しかしながら、1960年代と1970年代の間、説明という考え方に新しい進展が生じた。説明に関する厳格な仮説-演繹法被覆法則的なバージョン（Box4.1を参照）は、**因果モデルに基づく説明（causal model of explanation）**に置き換えられた（Blalock, 1964, 1985；Mackie, 1974）。加えて、社会科学上の結論が確率論的であるということに関する、より十分な認識は、説明に関するこの視点へ統合された（Cook & Campbell, 1979；Salmon, 1998）。

このことが意味するのは、量的研究において説明と因果の提示とが同等だということであった。すなわち、現象の原因が提示された時、それでやっとその現象が「説明」されたということになる。説明に際して、一般的法則に基づいた演繹という論理的作業の役割は減じ、その代わりに、個別の因果的要因を特定するということにより焦点が当てられるようになった。この新しい因果モデルには少なくとも2つの視点がある。1つは因果規則説（regularity theory of causation）である。このアプローチは、典型的に、非実験的、観察データに基づいており、要因と結果の間の統計学的相関を、同定し測定することを含む。もし、変数間の関連が繰り返し観察され、代わりの説明が抑制されているならば、そのときには証拠づけられた原因が得られるということになる。このアプローチは、経済学者によってしばしば使われるため、計量経済学的アプローチと呼ばれる。

2つめは反事実的アプローチ（counterfactual approach）であり、これは実験的研究デザインと反事実的論理に拠る。反事実的論理によると、実験において要請されるのは、なんらかの因果的要因を被った（なんらかの処置を受けた）実験群に起こったことを調べ、それと同じ集団がもし仮にその処置を受けなかったとしたらいったいどういう具合であったのか、その効果を比較するということである。こうした仮想の比較（言い換えると、集団がそうであるかもしれないこと）が、反事実的なのである。典型的に反事実の価値は、実験におけるコントロール群、または結果変数に関する実験群の実験前の測定を使用することによって推定される（コントロール群は、処置を受けていないということ以外は実験群と似ている）。この反事実的論理は相対的であり、統計学的相関を見ることでは十分ではないと提案する。この反事実的論理を使った実験研究は、今日、社会・行動科学における事実上全ての研究方法の本で説明されている。

エビデンスは因果的主張を支持するか？　さらに、統計学的モデルアプローチはその主張を支持するか？これらの質問に答えることによってこそ、因果問題に関する最も適切な結論を導くことができる。またこの点において、おそらく因果問題のエビデンスに関する最良のアプローチは、最も強固なエビデンスと同じくらい多くの反証可能な証拠を用いることである。

構築主義とパラダイム論争

第4、5、6ステージ（実証主義、論理実証主義、ポスト実証主義）は、人間科学へもたらされた〔方法論的〕思想の典型を示している。こうした「伝統」に対する批判は、1950年代と1960年代に開始され、第7ステージにおいて大きく展開された。ポスト実証主義によって、実証主義の明確な問題点の同定が探求されたのに対して、より新しいパラダイムにおいて実証主義に取って代わる研究視座が追い求められた（Berger & Luckmann, 1966；Denzin, 1989a；Eisner, 1981；Geertz, 1973, 1983；Gergen, 1985；Lincoln & Guba, 1985）。

このパラダイムは幾つかの名前を持つが、構築主義がその中で最も有名な名称である。構築主義者は「世界に関する知識は認知的構造による介在を受けるものであり」、そして「心と環境の相互作用」から生じるものである、との信念を有する（Schwandt, 1997, p.19）。構築主義においては、現実を理解することは個人的かつ社会的に構築されている、とされる。また構築主義者は、観察とは価値負荷的であり、調査においては研究対象への共感的理解がなされるべきであることを強調する。またそれはDilthey や Weber らによって唱えられた論点でもある（第3章を参照）。

構築主義の出現は、第1章で議論されたパラダイム論争につながるので、ここでは簡単に概観するに留める。共約不可能性テーゼにおいては、パラダイム上の基本的な相違があるので、質的研究と量的研究を統合することは不適切であると述べられた。Thomas Kuhn（1922–1996）の競合するパラダイムに関する著名な議論は、1つのパラダイムと他のパラダイムを直接比較することや、パラダイム間で明確にコミュニケーションする方法はないことを意味する**共約不可能性パラダイム（incommensurable paradigms）**についてであった（Kuhn, 1962, 1970, 1996）。Davidson（1973）, Phillips（1987）, Onwuegbuzie と Johnson（2006）を含む多くの著者らは、この概念の強い形式に対する批判を展開している[12]。

（質的手法に連なる）構築主義の哲学と（量的手法に

表 4.1　プラグマティズムの一般的特徴

1. プラグマティズムという営みは、哲学的独断論と懐疑論の間の中間の場所を見つけることであり、長く存在していた哲学的問題に対する実行可能な解決策を見つけることである。
2. プラグマティズムは、伝統的な二元論において提案されてきた二値の（二者択一の）選択を却下する。（例えば、合理主義 vs 経験論、実在論 vs 反実在論、自由意志 vs 決定論、現れ vs 実在、事実 vs 価値、主観主義 vs 客観主義）
3. プラグマティズムは、歴史的に一般的であった主観と外的対象の間の認識論的な相違点を、自然主義的でプロセス志向的な有機的環境の相互作用に置き換える。
4. プラグマティズムは知識を、構築されたものであると同時に、われわれが経験し生きている世界の実在に基づいているものと見なしている。
5. 理論は道具的であると見なされる（理論は、現在においていかにうまく機能しているか、その程度に応じて「真である」。つまり、理論の機能性は、とりわけ予測可能性と適応性の基準に基づいて判断される）。
6. プラグマティズムは多元論と慎重に考えられた統合的折衷主義を支持する（例えば、種々の、たとえ相反する理論や展望でも役に立ちうる。つまり、観察、経験そして実験は、人々と世界の理解を得るために全て役に立つ方法である）。
7. プラグマティズムによると、調査は、研究においても日々の生活においても同様に生じるものである。研究者も一般の人々も、何がうまく機能するか、何が問題を解決するか、何が設問に答えるか、何が生存を助けるか、そういったことに留意しつつ彼らの信念や理論を、経験と実験を通してテストする。
8. 大文字 *T* の Truth、つまりいわば究極的な真理はたぶん歴史の終わりに、最後の意見となるものである。小文字 *t* の truths（言い換えれば、道具的、部分的、暫定的な真実たち（truths））は、あるときに得られ、しばらくの間だけ存続するものである。
9. プラグマティズムは、哲学することよりも行為することを好み、「実践的理論（practical theory）」を支持する。
10. プラグマティズムは、研究に関して価値志向的なアプローチの採用を明確にしているが、それは文化的価値の多様性から導かれている。同時にプラグマティズムは具体的に、民主主義や自由主義、平等、進歩のような共有された価値を是認する。
11. Peirce によれば、「理由付けを行うということは、鎖を作るようなものであってはいけない。鎖全体の強さはそれ自身の最も弱い連結部分の弱さと同じ程度である。十分にたくさんあってしっかりと連結されているならば、たとえその繊維が細くても鎖とケーブルを作るべきなのである」（1868, in Menand, 1997, p56）
12. プラグマティズムは、方法論的な選択肢として「プラグマティックな方法」を、提示しているだけではなく、伝統的な哲学的二元論を解決するためにそれを提供している。

注：表は Johnson と Onwuegbuzie（2004）に基づく。

連なる）実証主義およびポスト実証主義においては、いくつかの基本的次元においてそれぞれが両立不可能であることが示されている（例えば、Lincoln & Guva, 1985）。また、パラダイム対照表では、構築主義とポスト実証主義が、相互に排他的であることも示されている（例えば、価値判断の影響をうけない（value–free）研究／価値に結び付けられた（value–bound）研究）（**表 5.1** にオリジナルのパラダイム対照表を示す）。

共約不可能性テーゼは、第2章で提示したわれわれの立場とも反していることは明白である。第2章では、量的研究か質的研究かという二者択一的な二分法を脱し、量的研究と質的研究の両極間に多くの中継点を認める連続体概念へと拡張されることが提示された（すなわち、QUAL–MM–QUAN 連続体）。われわれは、研究プロジェクトの多くは、量的研究か質的研究か、というどちらか一方に属しているというよりもむしろ、この連続体に沿ったどこかに位置している、と主張する。

第1章で述べたように、共約可能性テーゼは Howe（1988）らによって、共約不可能性テーゼに対抗するために提示された。この共約可能性テーゼはその哲学的基盤としてプラグマティズムの立場を採った。研究者の幾人かは、Charles Sanders Peirce[13] や William James（1842–1910）や John Dewey といったアメリカの学者に、プラグマティズムのルーツを見出した。プラグマティズムは、たとえば「真理（Truth）」（Nielsen, 1991；Rorty, 1990）といった、形而上学的概念の正体を暴露しようとする。Howe（1988）はプラグマティズムを次のようにまとめている。

> 結局のところ、多くのプラグマティズム哲学（例えば、Davidson, 1973；Rorty 1982；Wittgenstein, 1958）は脱構築的である―それは、哲学者に対して「真実（truth）」や「現実（reality）」、「概念枠」といった概念を一般概念として扱うことを止めさせ、そうした概念を単に大文字の、すなわち固有名詞化された「真実」や「現実」、「概念枠」といった概念へと変換させること。そして解決不可能な擬似問題を生成することを止めさせることの試みである。（p.15、傍点部は原文ではイタリック体）

プラグマティズムは混合研究法にとって重要な哲学であるため、Peirce や James、そして Dewey に従って、その教義のまとめを**表 4.1** に含めた。プラグマティズムをより深く理解するために、**表 4.1** に載せられた論点に関して注意深く考えることを推奨する。Johnson ら（2007）は、**表 4.1** に記載された古典的プラグマティズムのことを「プラグマティズムの中心」

と名付けた。また本書では、混合研究法に応用するために、古典的プラグマティズムに**弁証法的プラグマティズム（dialectical pragmatism）**という名称を与えることを提唱する。この名称は混合研究法にとってのプラグマティズムが、常に真摯に質的研究と量的研究の両方を扱うが、それぞれの研究の統合をも発展させることを重要視する[14]。

プラグマティズムが混合研究法にとっての哲学的パートナーである主な理由は、構築主義を選択するか実証主義の立場を採るか、というどちらか一方の選択をめぐる議論を拒否するゆえである。プラグマティズムは、リサーチ・クエスチョンと現実世界の環境の相互作用において、パラダイム論争の両側からの研究視座の検討を通して収集された上位概念としての第3の選択肢を提示する。

質的方法の洗練化と使用の拡大

20世紀の下半期に至って、質的研究のさまざまな手法が受け入れられるようになった。例えば、LeCompteとPreissle（1993）は、以下の手法を含む15以上のカテゴリーへと質的データの収集方法を分類した。

- 観察―参与観察、非参与観察
- 面接―キー・インフォーマント、職歴、調査
- 内容分析（アーティファクトに関する）―公文書や人口統計の収集、痕跡データ

質的研究者による研究が多くなされていくにつれて、量的研究者も質的研究手法の妥当性と重要性を認めていった（Shadish, Cook, & Campbell, 2002）。Patton（2002）は、「Donald CampbellやLee J. Cronbachのような、量的研究にて著名な尺度や研究方法論の開発者たちが、質的方法によってもたらされる貢献に関して公的に認め始めたとき、質的であり自然主義的な研究アプローチへの受容は大いに高められた」(p.586)と結論付けている。

この時期には、以下のような方法を含む、質的分析の技術的発展もなされた。

- 継続比較法の明示（Lincoln & Guba, 1985）と異なるコード化（Strauss & Corbin, 1990）を含む、グラウンデッド・セオリー法のさらなる発展。
- Geertz（1973, 1983）によって提起された、行事、儀式、慣習に関する分厚い記述（thick descriptions）の作法に関する叙述。
- Spradley（1979, 1980）による、エスノグラフィー研究のための12のプロセス（段階的な研究手順）の提示。
- MilesとHuberman（1984, 1994）による、データの提示方法を含む、質的研究データ分析の詳細な手続き。
- Tesch（1990）による、ナラティブ・データ分析のための質的分析ソフトウエアの提示と比較。

質的研究の伝統にとっての重要な出来事は、大変優れた研究者であるNorman DenzinとYvonna Lincolnによって編集された『質的研究ハンドブック（Handbook of Qulitative Reserch）』の第1版が1994年に出版されたことだった。この著名な著作は、現在第3版まで版を重ねており質的研究における理論と実践の最先端の論点を提示している。

トライアンギュレーションとそれに続く混合研究法の出現

Webbら（2000）は、1966年に初版が出た非感応尺度に関する著作の中で、「ある命題が2つもしくはそれ以上の独立した測定過程によって確証されると、その解釈の不確実性は大いに減る。最も説得力のあるエビデンスは測定過程のトライアンギュレーションを通して出される」(p.3)と述べ、トライアンギュレーションに関して早い時期に言及している。

Denzin（1978）は、以下の4つの位相のトライアンギュレーションを含めることを企図して、上記の議論を発展させた。

- **データのトライアンギュレーション（data triangulation）**―「1つの研究において多様なデータソースを使用すること」を含む。
- 方法論的トライアンギュレーション―「1つの問題を研究するために複数の研究手法を使用すること」（第2章を参照）。
- **研究者のトライアンギュレーション（investigator triangulation）**―1つの研究において「分野の異なる複数の研究者を含めること」。
- **理論のトライアンギュレーション（theory triangulation）**―「1つのデータセットを解釈するために複数の研究視座を使用すること」(Patton, 2002, p.247)。

トライアンギュレーションの活用は、最終的には混合研究法の技法の幅を広げることとなった。マルチメソッドと混合研究法に関する2冊の著名な著作が1990年前後の時期に著された。社会学者のBrewerとHunter（1989）による著作と、看護学分野のMorse（1991）による著作である。この2つの著作は量的研究手法と質的研究手法の両方の使用を重要視した―しかし、研究デザインにおいてはこの2つの方法論は分離されたままであった。著者らによれば、明確に区分された方法としてのトライアンギュレーションは、推論を精緻に行うためのより大きな機会を与えるものであるとされた。

1970年から1990年の間に、何人かの論者が、混合

研究法がすでに広く使用されていることに鋭く言及しながら、共約不可能性理論に対する批判を行った（Brewer & Hunter, 1989；Greene, Caracelli & Graham, 1989；Patton, 1990, 2002）。例えば、Greeneらは混合研究法を使用した57の研究を示し、それらの特徴と使用した目的について記述している。

第７ステージの時期において生じた変化

Patton（2002）は、パラダイム論争の系譜とその後の展開について、評価研究に関するものに関して以下のように述べた。

- 「最も早い時期における評価研究は、明確な特定の目標と目的の達成を量的に測定することに力点が置かれた…
- 1970年代半ばまでに、評価研究における議論と記述において、パラダイム論争が主要な論点となった。
- 1970年代後半には、代わりとなる質的および自然主義的なパラダイムが明確に表現されるに至った…
- その後、プラグマティズムや量的研究と質的研究の間の対話の時期を経て、多様な手法やパラダイムを統合することが求められ実践されるようになり、一般的なものになっていった」（p.58）。

評価研究に関するPattonによる分析は、人間科学における歴史の第７ステージで示したわれわれの分析に合致する。社会・行動科学における重要な方法論的変化の多くのことが比較的短期間になされたことは興味深い。

第８ステージ：独自の方法論としての混合研究法の制度化（1990年～現在）

過去15年の間に、少なくとも３つの重要な出来事が混合研究法に生じた。

- 質的研究者と量的研究者の間での対話が開始された。
- 独自の方法論上の分野としての混合研究法の確立を後押しするような、いくつかの研究が姿を現した。
- きわめて多くの混合研究法が、とりわけ応用分野においてなされ始めた。

質的研究コミュニティと量的研究コミュニティの間の対話の始まり

混合研究法コミュニティが第３の方法論的動向として出現するにつれて、他の２つの研究コミュニティの研究者との対話が必然的になされるようになった。そうした対話の中には、以下のようなものが含まれた。

- 混合研究法は、量的研究の方向性を重要視し、「科学的根拠に基づいた研究」を主張する人たちに応じている
- 混合研究法は、質的研究者によってなされた、「混合研究法のデザインは、古典的な実験主義の直系の子孫である」という批判に応じている（Denzin & Lincoln, 2005b, p.9）
- 混合研究法は、指向性を持つ**批評理論**に関連した立場を主張する研究者との対話をする（例えば、トランスフォーマティブ・パースペクティブ）
- 混合研究法は、ポストモダニズムに関連した立場を主張する研究者に応じている

この対話に関する詳細は第５章で述べるので、ここではごく簡単に紹介するに留めたい。

科学的根拠に基づく研究（scientifically based research：SBR）は、G. W. Bush政権下の米国教育省において、ポスト実証主義者の量的オリエンテーションの中から出現した。この研究視座は、教育政策における因果の研究において「黄金律」として、ランダム化比較試験の使用を重要視する（例えば、Cook, 2002）。混合研究法コミュニティは、この新しい種類の「科学主義」に応答する必要があるとともに、異なる研究オリエンテーションに価値を置くことを主張する（例えば、質的研究の伝統）。因果関係をめぐる問題は大変に複雑であり、複数の立場が哲学分野の中で提起されており、量的研究者のみが、因果問題を議論できる研究者集団としての権利を「所持」しているわけではない。House（1991）の議論に依拠しながらMaxwell（2004）は、因果関係をめぐる調査において質的研究を使用するという代替的な現実主義者アプローチを提案することによって、SBRにおける量的オリエンテーションの因果に対する説明への挑戦を行った。またMaxwellは、上記の量的研究への挑戦に加えて、質的研究手法と量的研究手法を統合することを提案した。

質的研究コミュニティの側からなされた混合研究法への最近の批判のいくつかにおいては（例えば、Denzin & Lincoln, 2005b；Denzin, Lincoln, & Giardina, 2006；Howe, 2004）、「主流の」混合研究法を、彼らが混合研究実験と呼ぶものと誤って関連付けるかたちで批判が展開されてしまっている。これらの批判における誤解の中には、混合研究法が質的手法を量的手法に従属させているといった仮定がある。Cresswellら（2006）は、質的研究をより重要視してなされた混合研究法の論文を紹介しながら、上記の批判に対して強力に反駁している。第５章では、この議論に関して、これまでの章で行った議論を含む、より多くの情報を扱っている（Teddlie, Tashakkori, & Johnson, 2008）。

批評理論[15)]は、質的研究の伝統の中において重要な研究視座であるが（例えば、Cresswell, 1998；Kinecheloe & McLaren, 2005；Willis, 2007）、量的研究の伝統の中においてもまた長い歴史を有している。例え

ば、不平等をめぐる問題には、量的研究が有効であるような強固に客観的な側面が含有されている（例えば、社会学における社会階層論の副主題、貧困に関する学際的研究）。われわれは、批評理論と指向研究（orientational research）は混合研究法の研究視座と非常に一致していると考えている。われわれは、批評理論家および批評理論研究者たちが、混合研究法の戦略を用いて有用な概念やデータを使用し、質的研究と量的研究両方のオリエンテーションからのアプローチを使用することを快く思うことを望んでいる。

批評理論を詳細に吟味することは本章の範囲を超えているが、第5章ではトランスフォーマティブ・パースペクティブ（批評理論の変化型のなかでも有名なもの）に関する議論を扱っている。プラグマティズムは最も頻繁に混合研究法に関連付けられる哲学であるが、Mertens（2003, 2005, 2007）は、このトランスフォーマティブ・パースペクティブを、プラグマティズムに代替する認識論的立場として位置付けている。われわれは第5章においてこの問題を扱うが、その際にはパラダイム対照表にトランスフォーマティブ・パースペクティブを加え、混合研究法にたいする哲学的立場の1つの選択肢とする。

第3章で言及したように、啓蒙プロジェクトはモダニズムの始まりであった。**ポストモダニズム（postmodernism）**は、科学における合理的アプローチの重要性、経験主義ないし実証主義における認識論、科学理論や科学的方法の応用を通した社会的および知的進歩という認識、人間行動に関するグラウンデッド・セオリーの価値（例えば、Denzin & Lincoln, 2000b, 2005b；Foucault, 1970；Hall, 1999：Schwandt, 1997）といった、啓蒙主義に通底する諸特徴を批判の俎上に挙げる。ポストモダニズムの中には、いくつかの異なる分派が存在する（例えば、Schwandt, 1997）。Hall（1999）は、モダニズムの思想とポストモダニズムの思想の間の区別に関して、以下のように論じている。

> 近年、客観主義と相対主義の間の隔たりは、モダニズムとポストモダニズムの感覚の相違へと位置付け直されてきている。強固なポストモダニストの間では、客観性と科学の崩壊は疑いの余地のないものと見なされており、調査は真実の客観的標準よりも、人文主義的な…美学、詩学、道徳学、解釈学的な洞察の標準によって批判される。（p.169）

混合研究法の作法の中で研究を行う研究者には、「強固な」ポストモダニズムの立場におけるある側面は、研究を実施することの間に齟齬をきたすものである、と映るかもしれない。例えば、Gorard と Taylor（2004）は、「ポストモダニストは、知識を評価する手段がいかなる意味でも存在しないと主張することによって、研究活動を全くの的外れのものとしてしまっている」（p.161）と結論付けている。

独自の研究動向としての混合研究法における注目すべき著作と論文

米国で過去15年間に現れた有力な混合研究法のリストには、Cresswell（1994, 2003）, Cresswell と Plano Clark（2007）, Creene（2007）, Greene と Caracelli（1997a）, Johnson と Onwuegbuzie（2004）, Morgan（1998）, Morse（1991）, Newman と Benz（1998）, Patton（1990, 2002）, Reichardt と Rallis（1994）, Rossman と Wilson（1994）, Tashakkori と Teddlie（1998）などが含まれる。これらの研究においては、混合研究法における基本的な用語法の作成、混合研究法デザインのいくつかの類型の発展、異なるパラダイム形式の提示などが主題として議論された。

混合研究法の進展は、『社会・行動科学における混合研究法ハンドブック（Handbook of Mixed Methods in Social and Behavioral Research）』（Tashakkori & Teddlie, 2003a）の発刊へとつながった。このハンドブックの中には、命名法や基本的定義、理論的根拠やパラダイム上の基盤、研究デザインの問題や推論の導き方に関する問題、そして研究におけるロジスティクスなどが含まれ、この分野における重要な主題が含まれている。

1980年代後半には、混合研究法を明示的に使用することは、英国と大陸欧州諸国においても重要視されるようになった。これは、米国の研究者にとって歓迎すべき徴候であった。というのも、混合研究法に関する類似の論点と異なる論点の両方を、欧州諸国の仲間たちに見出したからである。欧州における混合研究法に関する影響力の強い議論には、Bergman（2008）、Brannen（1992, 2005）、Bryman（1988, 1992, 2006a, 2006b）、Debats, Drost と Hansen（1995）、Erzberger と Kelle（2003）、Erzberger と Prein（1997）、Gorard と Taylor（2004）、Hammersley（1992a, 1992b, 1995）、Niglas（2004）などが含まれる。

加えて近年、世界銀行によって複数の混合型研究がなされている。そうした混合研究法を用いた研究には、Bamnerger（2000）、Barron, Diprose, Smith, Whiteside と Woolcock（2008）、Gacitúa-Marió と Wodon（2001）、Rao と Woolcock（2003）、Rawlings（2000）などが含まれる。Rao と Woolcock（2003）は、混合研究法を使用する際にその背景となるいくつかの前提を指摘した。それは、研究プロジェクトは一般的な仮説とリサーチ・クエスチョンとともに開始されるが、研究が発展するに従って、仮説やリサーチ・クエスチョンが変容することが許容されるということである。また別の前提には、質的研究と量的研究両方の研究デザインを使用し、両方のデータ収集と分析手法を用いて、「計測された結果と仮定の双方の理解を創造する」（p.173）ために、量的研究と質的研究の両方の結果を統合することを要求している。

米国や欧州、そして世界銀行でなされた混合型研究の興味深い特徴は、著者たちが他の研究グループによってなされた研究をお互いに参照することがほとんどなかったという点にある。混合研究法の独自の伝統は、若干の相互影響と相互作用とともに、同時に生成されてきたように思われる。おそらく混合研究法は、方法論的風潮であり、われわれの時代精神（zeitgeist）であるように思う。

混合研究法の人間科学研究全般への普及

過去 15 年の間に、混合研究法と明示されてなされた研究の数は、人間科学研究全般において大きく増加してきている。次の混合型研究の例は『社会・行動科学研究における混合研究法ハンドブック』からのものである。

- 評価研究─Riccio と Ornstein（1996）による、生活保護から労働力へ（welfare-to-work）のプログラムの評価。
- マネジメントと組織研究─Currall ら（1999）による、指導者の協力会議に関する研究。
- 健康科学─Bryant ら（2000）による、マンモグラフィ使用の決定因子に関する研究。
- 看護学─Cohen ら（1994）による、糖尿病についての患者と専門家による説明に関する研究。
- 心理学─Johnson と Price-Williams（1996）による、エディプス・コンプレックスに関する異文化間発生に関する研究。
- 社会学─Dykema と Schaeffer（2000）による、理解と想起の際の誤謬につながる経験のパターン化程度に関する研究。
- 教育学─Teddlie と Stringfield（1993）の学校と教師の効果的な変数に関する研究。

混合研究法はある特定分野において一般的な方法である。例えば、Twinn（2003）は、1982 年から 2000 年にかけて出版された看護学の文献のレビューのなかで、混合研究法を用いた研究について記述した英語論文が 112 件あったことを報告している。Niglas（2004）は、15 の教育学のジャーナルから 1100 本以上の論文を検討し、量的デザイン、質的デザインおよび混合型デザインを有しているものに分類した。混合研究法デザインを使用した論文は実証的研究論文のうち 19％であり、このデザインを用いた研究論文の割合はそれぞれの学術ジャーナルの中で 0～38％に及んでいた。また混合研究法は応用分野の博士学位論文のなかでよく見出されている（例えば、Cakan, 1999；Carwile, 2005；Freeman, 1997；Gatta, 2003；Ivankova, 2004；Kochan, 1998；Niglas, 2004；Stevens, 2001；Wu, 2005；Yuan, 2003）。

社会・行動科学研究の論理において方法論的な統合を行うことの本来のあり方

混合方法論研究者は、研究の多くで（全てでないにしても）本質的には混合が起こっていると捉えている。また混合方法論研究者は、研究の帰納と演繹のサイクル（図 2.2）こそが、研究とはいかになされるのかということについての正確な描写であると信じている。つまり研究者とは、反復的な仕方で研究視座と研究の論理との間を移動するものであると捉えるのである。特定の研究の論理を使用して研究を行うことは、この研究の帰納と演繹のサイクルの中のどこに研究者が位置付けられるのかによる。

第 3 章と第 4 章において、研究において帰納的論理と演繹的論理の両者を使用することに関する価値について以下のポイントを中心に解説をした。

1. Aristotle は 2 篇の哲学的著作の中で、帰納および演繹の両方の論理に関して議論を行っている。1 つは「生得的形相」の理解を目的とした純粋な演繹を扱っており（『分析論前書』）、もう 1 つは帰納的方法を使用しながら自然に関する経験的な探求を詳細に行っている（『分析論後書』）。
2. 中世期において、Abelard は概念主義の立場をとり、普遍は精神の内に存在し、個物は世界における対象の内に存在すると主張した。彼の用いた方法はいくつかの点で現在の混合型研究者が用いる方法と似ている。それは、Abelard が手に負えない問題に対して、論理的で実行可能な解決策を探そうとした点に見出される。
3. Newton は、帰納的論理と演繹的論理との両方を使用した科学者の好例である。彼は、万有引力理論という自らの理論を発展させる公理を得るために帰納的論理を使い、また彼の理論の結果や他の検証可能な要素を検証するために演繹的論理を使用した。
4. Kant の理論において、量と質は全ての人間の経験にとって欠くことのできない概念として位置付けられた。Kant は、相異なる視座を和解させ、量と質の両方を重要視したという点において、混合研究法における先駆的思想家であったと言える。
5. 20 世紀においては、1980 年代に至って混合研究法が明示的に紹介される前の時期に、混合研究法を用いた著名な社会・行動科学研究プロジェクトの例が多数なされた。
6. Popper や Hempel らは、実証主義における帰納的論理をポスト実証主義における仮説-演繹法へと変容させた。パラダイム論争においては、質的研究者は帰納的論理の妥当性を主張し、それを量的研究者による仮説-演繹法に対置させた[16]。それでも、科学哲学者の幾人か（例えば、Achinstein, 2004、Hollis,

2002、Schwandt, 1997）は量的研究に方向づけられた研究はより大きな帰納的要素を持っていると説得的に主張したが、こうした主張は現在でもそのままに維持されている。このように、観念論者（構築主義者）と実証主義者（ポスト実証主義者）との境界や、彼らが用いる帰納論理学と演繹論理学との境界は、しばらくの間不明瞭であった。
7. Glaser と Strauss は、それぞれのデータ（量的データおよび質的データ）の両者がグラウンデッド・セオリーの形成と確証によって有用であると信じていた。多くの場面で、彼女たちは両者のデータが必要であると感じていた。
8. **表 3.2** には、科学的推論の類型が、時間を通じて、循環するような方法に変わったことが示されている。人間科学は、帰納的方法および演繹的方法のどちらも過度に優勢ではない混合研究法の時代において大きく発展を遂げたように見える。

われわれの他にも、帰納的過程および演繹的過程の相互依存関係に関する著者らの視座を共有する研究者がいる。例えば、Hammersley（1992b）はこの論点に関して次のように結論付けている。「実際、私にとって、全ての研究がそれらの用語の広い意味において、帰納法と演繹法の両方を含んでいるように思われる。つまり、われわれはあらゆる研究において、データから観念へと移るのと同様に観念からデータへと移動するのである」(p.168)。

同様に、Gilbert（2006）は以下のように言及している。

> [パラダイム論争においては]演繹的論理と帰納的論理が反復しながら進展する持続的な探求に関わる思考過程が無視され、議論があまりにも単純化され過ぎた。他方で、社会科学的探究の伝統においては、この 2 つの様式の両方を分析に用いることも少なくないのである。(p.207)

要約

本章では、1900 年から現在に至る科学的思考の歴史を 4 つのステージに分けて辿ってきた。

第 5 ステージ：伝統的時代（1900 年から第二次世界大戦期）―実証主義が人間科学の全般において異議の挟まれることのない確固としたパラダイムとして存在した。

第 6 ステージ：ポスト実証主義者の時代（第二次世界大戦終了から 1970 年）―実証主義の問題点の提起や、量的手法への焦点化、仮説−演繹法への信奉と共に、ポスト実証主義が人間科学における優勢なパラダイムとして存在した。

第 7 ステージ：人間科学における方法論上の多様化と発展（1970 年から 1990 年）―最初に構築主義が、その後プラグマティズムが重要なパラダイムとして出現し、質的研究と混合研究法の技法が幅広く受け入れられた。

第 8 ステージ：独自の方法論としての混合研究法の制度化―混合研究法は独自の第 3 の方法論的研究コミュニティとなり、混合研究法に関する注目すべき著作が姿を現し、混合研究法は多くの研究分野に広がった。

第 5 章では、現在のパラダイム問題に焦点を当てながら、混合研究法の哲学的問題に関する議論を続ける。この第 5 章の内容には、人間科学研究における 5 つの哲学的オリエンテーションに関する議論の詳細が含まれる。パラダイムの使用に関する現在における研究視座に関する議論がそこではなされる。

注

1）人類学におけるエスノグラフィー研究や、社会学におけるコミュニティ研究とシンボリック相互作用論でみられるような例外はあった（例えば、Lancy, 1993；Lecompte & Preissle, 1993）。
2）このパースペクティブは Gottlob Frege（1848−1925）の記号論理学、Ernst Mach（1838−1916）の反実在論、Ludwig Wittgenstein（1888−1951）の、言葉が外的現実と一対一の対応をもつという「言語の写像理論（picture view of language）」を含んでいた。
3）認知的行動主義者、社会的学習理論者、社会交換論者は、20 世紀後半になって初期の行動学的立場を離れた。このことは、刺激と反応の間の直接的因果関係（これは認知と知覚にとって大きな役割を果たす）についての見解の相違、並びに、人間行動に関する確率論的モデルへ接近度合いの相違による。
4）第 3 の問題は、ある 1 つの仮説は決して他の仮説から隔離された状態では検証されないという考えである（デュエム−クワイン・テーゼまたは全体論）。ある仮説をテストするときには多くの仮定を作らなければならない。このために、仮説に対する証拠の不足は必然的に仮説が誤りであることを意味すると主張することはできないのである。
5）構成概念は、量的研究者にとって重要である。なぜならそれらは、「直接観察されることができないが、実験的データを解釈することや理論を構築するには有益である抽象概念」（Ary, Jacobs, Razavieh & Sorenson, 2007, p.38）だからである。この抽象的な概念は、しばしばリサーチ・クエスチョンや仮説の重要な要素である。
6）Lancy（1993）は、Malinowski が「ほぼ 50 年も早く、

グラウンデッド・セオリーの人類学版を発見した…そのとき彼は、彼が意図した以上に、長い時間を、トロブリアンド諸島の小さな太平洋のコミュニティにおけるフィールドワークを行うことに費やすことを強いられた」(p.10) と結論した。

7) Popper の解決策に伴う 1 つの潜在的問題は、本章のはじめのほうで、注 4 に記載した。ある仮説が支持されないとき、「本当の問題は背景的仮説の誤りなのだ」と主張することができる。このように言うことは仮説が経験的なテストに失敗したことの理由になりうるのである。

8) 現場の研究者は、Popper が、彼らの仮説と理論が反証されたと主張することを好んできたほど攻撃的ではない。この理由の 1 つは、研究者たちがそのような否定的な主張を非常に難しくするような推論上の統計を信頼しているということである。

9) 本文でたびたび言及してきたように、量的研究者が実験的デザインを単独で使用しているという視点は、回帰分析を使用する非実験的研究が普通である，とりわけ社会学、人口統計学、経済学においては不正確である。同様に、典型的には量的研究が「理論」から演繹された仮説を含むという信念もまた不正確である。過去数十年、ジャーナルの中で報告された多くの（主流ではないかもしれないが）量的研究は、文献、理論やその他の適切な情報の統合に基づく概念的枠組みに根付かされてきた。

10) 内容分析は、系統的な質的データの分析を説明するために、数名の著者（例えば、Bazeley, 2003；Berg, 2004；Boyatzis, 1998；Flick 1998；Patton, 2002）によって使われた別の用語であった。この技術は長い歴史（例えば、Berelson, 1952；Holsti, 1968）を持つが、最初は量的研究様式（顕在内容分析 manifest content analysis）と結合されている。1 つの質的研究技術でもある（潜在内容分析 latent content analysis）。

11) Kurt Lewin（1890–1947）は社会心理学の創始者の一人として知られ、アクション・リサーチという言葉を作り出した。

12) Onwuegbuzie と Johnson（2006、表 12.7）は、共約可能妥当性と呼ばれた混合研究法に対する妥当性の形式を記述し、そのなかでは、高度にトレーニングされた研究者または研究者のチームは、統合されたより共通の視点を構成するために、両者の視点を弁証法的に検証している（表 12.7 を参照）。

13) Peirce はプラグマティズムの創始者であり、彼がアブダクションと呼んだ第 3 の論理について広く著述した。アブダクションは、説明的洞察を得ることと、最もよい説明に対する推論を作ることを含んでいる。アブダクションに関する詳細は Box5.2 に含まれる。

14) この新しい題名は、Plato の対話篇以来、西洋の哲学において存在してきた弁証論的論理の観察と同じくらい、Greene（2007）と Greene and Caracelli（1997b, 2003）の質的研究–量的研究の弁証法の重要性に関する主張によって鼓舞された。

15) 第 2 章で言及したように、質的研究の視座からの批評理論には、抑圧されたグループに対する社会的正義を探求するための観念論的「レンズ」を通して、人間の現象を検証することが含まれる。

16) Phillips と Burbules（2000）はポスト実証主義を、『ポスト実証主義と教育研究 (Postpositivism and Educational Reseach)』のなかでよくまとめている。

第５章

混合研究法における パラダイム問題

学習の目標

- 本章を読み終えたときに、次のことができるようになっていること。
- パラダイム対照表の展開を説明する。
- 認識論、価値論、存在論、方法論といった基礎的な対比軸で、５つの視座（構築主義、トランスフォーマティブ・パースペクティブ、プラグマティズム、ポスト実証主義、実証主義）を分類する。
- プラグマティズムが二者択一となる排他的な二分法を否定する意味について例を挙げる。
- プラグマティズムとトランスフォーマティブ・パースペクティブの立場の違いを区別する。
- QUAL-MM-QUANが方法論的に連続であることを説明し、その連続性を踏まえて質的研究、混合研究法、量的研究の３つのコミュニティを比較する。
- パラダイムの使用に関する６つの現代的視座を説明することができ、その中から自分の意見で最も妥当なものを選択する。
- ３つの方法論コミュニティ間で行われている論争について議論する。

第5章では質的研究、混合研究法、量的研究の3つの研究コミュニティの関係性—この関係性は現在進行形で時々刻々と変化する—に紐づけられる哲学的問題に焦点を絞る。第1章と第4章において歴史的分析の一部として扱ったパラダイム論争は、両立論という結節点を通して混合研究法が登場する下地を形成した。第5章では、哲学的立場の相違という観点からパラダイムについて論じる。この哲学的立場の相違は、5つのパラダイム（構築主義、トランスフォーマティブ・パースペクティブ、プラグマティズム、ポスト実証主義、実証主義）のうちのどの立場を採用するかによって生じるもので、今もなお根深く存在している相違であると同時に、質的研究、混合研究法、量的研究の3つの研究コミュニティに直結している相違でもある。パラダイム間に存在する哲学的相違、ならびにそれを論じる論者について概観することは、3つのコミュニティの間でのより円滑なコミュニケーションのために重要である。

第1章において、われわれはパラダイムを、さまざまな哲学的前提と結びつけられる世界観（worldview）として定義する点で、他の研究者と同意見であることを述べた。社会・行動科学においては昨今、パラダイムの重要性が認識されているが、そもそもパラダイムとはおおおかたKuhn（1962, 1970, 1996）の名著『科学革命の構造』に由来している。これはすでに本書第1章と第4章でも論じたところである。この著作でKuhnは、パラダイムとは任意の学問分野で使用される哲学的モデルであり、いかなる学問分野であっても当該学問分野においては競合するパラダイムが同時に存在しうると論じた（詳細は **Box 5.1** 参照）。

第1章と第4章で述べたように、パラダイム論争は1990年代以降、共約可能性テーゼの出現とともに多くの研究者にとって解決済みのものとなった。これがプラグマティズムの立場である。それによると、リサーチ・クエスチョンに答えるために異なるタイプのデータが必要とされる調査研究において、質的方法と量的方法を混合することは容認される。

残念ながら、質的コミュニティと量的コミュニティの学者・研究者の中には、いまだにパラダイム論争が続いているかのようにふるまう者もいる。Patton (2002)はこのことについて以下のように述べている。

> 多くの研究者は論争（さらには争いとまではいかぬ議論さえも）はすでに終結したと表明したのであるが、だからといって全員が方法論について悟りや許しの境地に至ったわけではなかった。つまり、方法論における正統性、卓越性、純粋性は、方法論上の適正とプラグマティズム、そして相互の尊重に依るべきであると考える研究者ばかりではないのである(p.68)。

こうした不寛容な研究者にとって、「過去は決して葬り去られることはない。それは過去のものでさえない」[1)]のである。

本章では、第1章から第4章で定義したいくつかの

Box 5.1　Thomas Kuhn とパラダイム

Kuhn の洞察のいくつか（1962, 1970, 1996）は本章の議論の主題と関連している。

1. パラダイムはどの科学の分野においても高い重要性を持つ（Kuhn, 1970, pp.43-49）。どの研究領域においてもパラダイムは「通常科学」（normal science）の根底にある。それらの重要性についての Kuhn の系統だった議論はパラダイム論争の発展における重要な要素であった。
2. 科学革命（Kuhn, 1970, p.92）は、科学史における非累積的な（あるいは非進化論的）発展であり、より古いパラダイムは互換性のないより新しいパラダイムに全て（あるいは一部）が置き換えられる。これらの科学革命はまたパラダイムシフトとして知られている。
3. 競合するパラダイムが同時に存在する可能性がある。特に未成熟の科学領域においては（例えば、Kneller, 1984；Kuhn, 1970, p.17）。人間科学の多くは比較的未成熟であり歴史が浅いため、競合するパラダイムを有する点で特徴付けられるだろう。

用語を使用する。第3章か第4章のどちらか、あるいは両方をスキップした読者は、それらの用語の定義について用語解説を参照すると良い。

本章は5つのセクションからなる。

1. 5つの異なる視座における哲学的方法論的相違の紹介。
2. 第2章で紹介した QUAL−MM−QUAN 連続体の使用に関するより詳細な説明。この連続体概念は本書を通じて後の章でも詳述するが、方法論的な問題についてもこの連続体概念を適用する。
3. 社会・行動科学におけるパラダイムの使用に関する現代の異なる立場の紹介。
4. 人間科学におけるパラダイムと理論の使用に関連する、対話をめぐる議論。
5. 本章の要約。

パラダイムに関連する哲学的主題の概説

パラダイム対照表 1—オリジナル版

パラダイム対照表はパラダイム間の基礎的な哲学的方法論的相違を示している。最初期の考案では、Lincoln と Guba（1985）が2つのパラダイム、すなわち構築主義（これを著者らは「自然主義」と呼ぶ）と実証主義について述べた。また彼らはポスト実証主義についても議論したが、対照表には含めなかった[2]。

Lincoln と Guba（1985）は、構築主義と実証主義の対比に関して5つの切り口を提示している[3]。彼らは、この2つの主義の違いを明確に示しており、互いに排他的な区別だとして非両立論的に論じた。「Lincoln と Guba（1985）…は実証主義を攻撃することで、自然主義的パラダイムに理論的支柱を構築するという基盤的な仕事を為した」と Lancy（1993）は述べている。またそれと関連し、「Lincoln と Guba（1985）は質的研究と完全に正反対のものとして量的研究を捉えている」（p.10）とも指摘している。

われわれは、最初期の Lincoln と Guba（1985）によるパラダイム対照表を**表 5.1** に示した。これは基準点となる。なお、本書で議論するトピックに対応するように、内容については再構成をしている。右側の列には実証主義の考え方を、また中央の列には構築主義の考え方を列挙している。Lincoln と Guba（1985）はこの2つの主義の対比について以下のように5つの切り口を提示している。

認識論（Epistemology）—実証主義によると、認識するもの（the knower）と認識されるもの（the known）は独立していると考えられ、一方で構築主義は認識するものと認識されるものは不可分であると考える。

価値論（Axiology）—実証主義によれば調査（inquiry）は価値とは無関係であり、構築主義によれば調査は価値付加的である。

存在論（Ontology）—実証主義は唯一の実在（reality）があるという信念を有し、一方で構築主義は多元的に構成された実在があるとの信念を有している。

因果連鎖（causal linkages）の可能性—実証主義によると結果に対して時間的に先立つ、あるいは結果と同時にある実在的な原因がある。一方で、構築主義によると結果から原因を区別することは不可能である。

一般化可能性（Generalizability）—実証主義によると**法則定立的言明（nonmothetic statements）**（時間的にも文脈的にも影響されない一般化）が可能である。それに対して構築主義によれば、**個別記述的言明（ideographic statements）**（時間的文脈的に束縛

表 5.1　最初期のパラダイム対照表

対照項目	構築主義者（自然主義者）のパラダイム	実証主義者のパラダイム
認識論：認識するもの（the knower）と認識されるもの（the known）との関係、知の本性とその公正さ	認識するものと認識されるものは相互作用し、不可分である	認知するものと認識されるものは独立した存在であり、二元論
価値論：調査における価値の役割	研究は価値と付随的	研究は価値と無関係
存在論：実在性　存在，実在論の有無	実在は多元的であり、構築された全体である	実在は単一、有形であり、細分化可能である
因果連鎖の可能性	あらゆる要素は、結果が原因と区別不可能であり、同時に生じ相互に影響する	結果と同時あるいは時間的に先立って真の原因が存在する
一般化可能性	時間的文脈的つながりのある仮説（個別記述的言明）が唯一一般化されうる	時間的文脈的つながりのない一般化（法則定立的言明）が可能

注：Lincoln and Guba（1985, p.37）による。この表の内容は本書の議論に対応している。

された作業仮説）のみが可能である。

パラダイム対照表 2―展開

パラダイム対照表はここ 20 年の間に大きく発展した。最初期の 2 列のパラダイム表（構築主義、実証主義）は、Guba と Lincoln（1994）によって 4 列の表となり、その後 5 列となった（Guba & Lincoln, 2005；Lincoln & Guba, 2000）。

以前の著作の中で、われわれは 4 つのパラダイムを比較した。すなわち、実証主義、ポスト実証主義、プラグマティズム、構築主義の 4 つのパラダイムである（Tashakkori & Teddlie, 1998）。以下の議論では、われわれはトランスフォーマティブ・パースペクティブ（例えば、Mertens, 2003, 2005, 2007）という 5 つ目のパラダイムを加える。プラグマティズムとトランスフォーマティブ・パースペクティブの双方が混合研究法に関連つけられるため、これらを議論に加える[4]。

プラグマティズムとトランスフォーマティブ・パースペクティブは双方とも混合研究法の使用を擁護するが、いくつかの特徴に関しては方向性が異なる。Johnson と Onwuegbuzie（2004）はプラグマティズムを以下のように特徴づけている。

> プラグマティズムという取り組みは、哲学的な独断論と懐疑論の中間点を見つけることであり、歴史的に長年合意に至ることのなかった哲学的二元論の多くに対して、実行可能な解決を見つけることであった（p.18）。

プラグマティズムの 2 つの主要な特徴は、構築主義かポスト実証主義かという独断的二者択一論を排除することと、調査者の関心に沿うようにリサーチ・クエスチョンに対して実用的な解答を探求することにある（プラグマティズムについての詳細は**表 4.1** 参照）。

他方で、Mertens（2003）は**トランスフォーマティブ・パースペクティブ（transformative perspective）**の定義を以下のように提示した。

> トランスフォーマティブ・パラダイムは、社会集団の周縁に位置する人々の生活や経験に中心的な意義を置くことに特徴づけられる。周縁の社会集団とは、例えば女性や民族/人種上のマイノリティ、ゲイやレズビアンコミュニティのメンバー、障害を持つ人々、貧困階層の人々である。このパラダイムの範囲内で研究を遂行する研究者は、不均衡な権力関係を意識的に分析し、社会調査の結果を行動にリンクさせる方法を模索し、社会的不公正や社会的正義といったより広い課題にその調査結果を結びつける（pp.139–140）。

パラダイム比較

表 5.2 で示したのは、われわれが主要な 5 つのパラダイムの間の根本的差異と考えるものである。われわれはそれを 7 つの切り口、ないし基準（**表 5.1** で述べた 5 つの基準に方法と論理を足した）で整理した。

手法の選択における二者択一の排除

表 5.2 では、混合研究法と関連する 2 つのパラダイム（プラグマティズム、トランスフォーマティブ・パースペクティブ）について、それらを方法、論理、認識論に関して、実証主義/ポスト実証主義と構築主義の間で強いられる選択を排除するものとして描写している。方法、論理、認識論のどれをとっても、プラグマティズムとトランスフォーマティブ・パースペクティブは、実証主義/ポスト実証主義と構築主義の双方の立場に通じる特徴を包含している。

われわれは本書を通じ一貫して、質的および量的手法双方を使用するというプラグマティズムのオリエンテーションに焦点を絞る。**表 5.2** ではポスト実証主義者の質的手法の使用可能性について示したが、第 4 章で述べた方法論的「正しさ」に関する議論は再び取り上げられてしかるべきである。質的あるいは量的方法論の選択をしなければならない時、ポスト実証主義者であれば、変数間の関係性を評価し、その関係性を統計学的に説明するといった、量的なオリエンテーションを有する実験的研究ないし調査研究を好む。

同じく、構築主義がこれまで強調してきたのが、方法論に関するオリエンテーションの差異である。例えば、Denzin と Lincoln（2005b）は複数の方法論を互いに重複しない仕方で考察し、以下の類型論を提示した。

> 上述の 5 つの相違点は、質的および量的研究者の研究スタイル、認識論、表現方法の相違への依拠の仕方を反映している。質的研究の慣行、量的研究の慣行はそれぞれ、別々のジャンルによって規定されているのである…質的研究者はエスノグラフィックな散文体や歴史的ナラティブ、第一人称による記述、静止画、ライフヒストリー、脚色された「事実」、人々の伝記的自伝的データを用いる。量的研究者は数理モデルや統計表、図表を用いる（p.12）。

一方で、プラグマティズムによれば質的および量的手法それぞれが有用であり、両手法のあらゆるやり方の中から有用なものを選んで使用する。プラグマティストは、どちらの（あるいは両方の）方法を使用するかどうかの判断は、リサーチ・クエスチョンをどのように記述しているか、また帰納的–演繹的研究サイクルのどの段階に自分がいるかによるという信念を有しているのである。

トランスフォーマティブ・パースペクティブに依拠する研究者は、また異なる理由から手法に関する二者択一の排除を行っている。彼らにとって、抑圧された人々のためのより公正な社会の創造こそが研究プロセスを必然的に規定するのである。したがって、トランスフォーマティブ・パースペクティブに依拠する研究者はより望ましい社会的正義を促進する結果を生み出すためには、どのような研究手法でも用いる。

帰納的論理と演繹的論理の併用

われわれは、第 3 章と第 4 章で帰納的論理と演繹的論理の概観を提示した。プラグマティズムの観点からすると、二者択一の対比として論理形式は使用しない。そうではなく、プラグマティストは、いかなる時点のいかなる問いであっても、それは研究における帰納的–演繹的研究サイクルのどこかに位置づけられるという信念を有している。

研究は、サイクルのどの点からでも開始してよい。研究者によってはなんらかの大小の理論、あるいは概念的枠組みから研究を開始するが、観察や事実から研究を開始する研究者もいる。どの点から研究を開始するかに関わらず、一般的に研究プロジェクトは少なくとも一度はそのサイクル内を移動する。実際には、多くの研究者は大きな理論から研究を開始するのではなく[5]、現在ある文献や小さな理論、そして直観に基づいた概念的枠組みを確立することから研究を開始する。またこのプロセスは大いに帰納的であり得る。

研究プロセスにおいて、研究者は演繹、帰納、双方の推論ないし手法を同時に用いる傾向がある。**表 5.2** で示したように、プラグマティズムとトランスフォーマティブ・パースペクティブにおいはリサーチ・クエスチョンを説明するために帰納的および演繹的論理双方の使用を選択できると認識している。

3 つ目の論理である**アブダクション（abduction or abductive logic）**は、研究者が驚くべき事象を観察し、それがどのような原因から生じているのかを同定する際に用いられる。それは、驚くべき事象を説明するための仮説の生成というプロセスである（例えば、Andreewsky & Bourcie, 2000）。さらに、アブダクションは観察された結果から、尤もらしい前例あるいは原因へさかのぼるプロセスとして定義され得る（Denzin, 1978）。アブダクションの論理形式については **Box 5.2** において説明する。

認識論的相対主義：研究における主観性と客観性

認識論は、認識するものと認識されるもの（研究者と研究参加者）との関係性に関わる。**表 5.2** のとおり、実証主義とポスト実証主義は、認識するものと認識されるものとの二元論、ないし相互の独立性を背景として、この関係性を「客観的」なものとみなす。他方で、構築主義は研究を、研究者と研究参加者が社会的実在をともに相互構成する「主観的」なものであると捉える。第 3 章、第 4 章で述べたように、構築主義における主観性は、Wilhem Dilthey（とその他）と 19 世紀以降の観念論的パースペクティブの知的産物である。

ここで再度、プラグマティズムが客観性と主観性とを二分し明瞭に対比することに抗っていることを確認しておきたい。プラグマティズムによれば、対立する 2 つの極において、というよりはむしろ連続体上において認識論的問題が存在する。研究プロセスの場面によっては、研究者と研究参加者は複雑な問いに答えるために密度の濃い相互作用を必要とすることがある。別な場面では、研究者は研究参加者との相互作用が必要ではないこともある。例えば、すでに収集された量的データを用いて複数の仮説の検証を行う際や、大規模調査に基づいて予測を打ち立てる際などである。

トランスフォーマティブ・パースペクティブも、また客観性と主観性に重きを置く。Mertens（2003）によると、トランスフォーマティブ・パースペクティブにおける客観性という語は、「重要な観点への理解が乏しいためにバイアスが介在しない」（p.141）ようなある種の不偏的な見解を提示することを意味する。Mertens はまた、研究参加者の主観的経験を適確に認識するという理由から、研究者が研究対象者コミュニティ内に入り込むことの重要性を強調している。

表5.2　5つの観点を対比する発展したパラダイム対照表

対照項目	構築主義	トランスフォーマティブ・パースペクティブ	プラグマティズム	ポスト実証主義	実証主義
手法	質的	質的＋量的 手法の決定に参加者コミュニティが関与	質的＋量的 研究者は最善の手法を用いクエスチョンに答える	主に量的	量的
論理	帰納的	帰納的＋仮説演繹的	帰納的＋仮説演繹的	仮説演繹的	仮説演繹的 （当初は帰納的）
認識論 （研究者/研究参加者関係）	主観的観点 実在は参加者とともに構築される	客観性と参加者との相互作用が研究者によって評価される	客観的＋主観的観点 研究サイクルの段階に依存する	修正された二元論	客観的観点 （二元論）
価値論 （価値の役割）	価値拘束的研究	研究の全ての側面が社会的正義によって導かれる	結果の解釈において価値は重要	研究における価値問題は、その影響を調整しうる	研究は価値と無関係
存在論 （実在論の有無）	存在論的相対主義―多元的、構築された実在	社会的実在に関する多様な観点 正義を促進する解釈	社会的実在に関する多様な観点 個人の価値体系において最も良い解釈	批判的実在論 （不完全かつ蓋然的に理解される外的実在性）	素朴実在論 （客観的な、完全に理解することができる外的実在性）
因果連鎖の可能性	結果から原因を区別することは不可能 記述の信頼性が重要	因果関係は社会的正義の枠組みの中で理解されるべき	因果関係は移ろいやすく同定困難、内的妥当性と信頼性が重要	時の変化による確率論的観念において原因は同定されうる 内的妥当性が重要	真の原因は結果と同時あるいは先立って存在する
一般化可能性	唯一表意的記述が可能 転用可能性という論点が重要	表意的記述が強調される 社会的不平等と正義の論点に関連した結果	表意的記述が強調される 外的妥当性と転用可能性の論点が重要	限定された法則定立的立場 外的妥当性が重要	法則定立的言明が可能

注：この表の発展において非常に多くの資料を用いた。Cherryholmes（1992）; Cook and Cambell（1979）; Denzin and Lincoln（2005a）; Guba and Lincoln（1994, 2005）; Howe（1998）; Lincoln and Guba（1985, 2000）; Mertens（2003）; Miles and Huberman（1994）; Shadish, Cook, and Cambell（2002）; Tashakkori and Teddlie（1998）; and Teddlie and Tashakkori（2003）。

価値論的考察

構築主義は、研究とは価値付加的であるとする信念を有するのに対し、実証主義は、研究は価値とは無関係であるとする信念を有している。ポスト実証主義は事実の価値負荷性と理論負荷性の双方についてそれが真実であると認識している（Reichardt & Rallis, 1994）。この認識にも関わらず（その認識のせいで多分に）、ポスト実証主義者は彼らの結論である内的・外的妥当性が強調されうるための方法論の発展に多くの労力を注ぎ込んできた（例えば、Cook & Campbell, 1979；Shadish et al., 2002）（内的・外的妥当性に関する詳細は**表12.3**を参照のこと）。これらの方法論には、研究に対する個人的価値観や理論的オリエンテーションなどの影響力を減らすためのポスト実証主義者の試みが表われている。プラグマティズムは、特に理由は明示的ではないが、研究の進行中や結論の記述の際にも、価値問題が大きな影響を担っていると考える。この点についてCherryholmes (1992) は以下のように述べている。

> プラグマティズムにおいて、人間の活動や相互作用に関する価値や視座は、記述や理論、解釈、ナラティブの探究に先んじて生じる。プラグマティズム研究は予想される結果に促されるかたちでなされる。…思考することがまず先立つと認識されており、研究者らが望む結果を期待することによって、われわれプラグマティストはどのように何を研究し何をなすかを選択する。(pp.13–14)

プラグマティストは、彼らの個人的価値体系に内在する重要な事柄に基づいて、研究したいことを決定する。そして、興味深い結果をもたらす可能性がもっとも高いと感じる分析と変数の組み合わせを含めた、彼らの価値体系に合致する方法でそのトピックを研究する（例えば、Tashakkori & Teddlie, 1998）。このプラグマティストの行動の記述は、多くの研究者が実際に行う研究方法、特に重要な社会的意義を持つ研究、と矛盾がない（**Box 5.3**ではプラグマティズムの伝統に則った調査研究の例を挙げる）。

Box 5.2　アブダクション、第３の論理

アブダクションは、驚くべき予測不可能な出来事を説明する試みに関連した論理である。アメリカの哲学者Charles S. Peirceはアブダクションについて広範にわたって論じた。以下は、アブダクティブな論理の説明例である（例えば、Erzberger & Kelle, 2003；Yu, 1994）。

驚くべき現象、Xが観察される。

潜在的仮説であるA、B、Cの中で、AはXを説明しうる。

すなわち、仮にAが真であるならば、Xが当然に帰結される。

従って、これがAは真であるとする理由となる。

何人かの論者は質的分析との関連に注目し、アブダクションについて議論している（例えば、Denzin, 1978, Patton, 2002；Staat, 1993)。

Yu（1994）は３つの論理を以下のように説明した。

Peirceの論理に従うならば、理論家は包括的研究を成し遂げるためにアブダクションと帰納法、そして演繹法をともに用いるべきだ…アブダクションは、目標はデータを探索し、パターンを発見することであり、適切なカテゴリーを使用し尤もらしい仮説を示すことである。演繹法は他の尤もらしい前提の上に、論理的で検証可能な仮説を確立することである。そして、帰納法はさらなる研究のためにわれわれの信念を確立する目的を持って、真実へと近似することである。要するに、アブダクションは創造し、演繹法は解釈し、帰納法は実証するのだ（p.19)。

Box 5.3　プラグマティストの伝統内で実施された研究の解説

学校/教師の有効性に関する研究の多くは、自らをプラグマティストと名乗る研究者によって実施されてきた（例えば、Teddlie, Reynolds, & Pol, 2000, pp.42-49)。学校および教師の有効性に関する国際研究（Reynolds, Creemers, Stringfield, Teddlie, & Schaffer, 2002）は、量的データ（数量頻度で計測される教室の観察、調査、試験点数）と質的データ（インタビュー、観察、文書による証拠）の組み合わせを用いて回答させる研究仮説とリサーチ・クエスチョンの両方を実施した。

学校効果に関する国際研究プロジェクト（The International School Effectiveness Research Project：ISERP）は７か国で実施された。各国の学校が学力得点に基づいて、より効果的、体系的、非効果的、それぞれのカテゴリーに割り当てられた。研究者らはそこで、効果の少ない学校群よりも、より効果のある学校群において、効果的な教育方法の影響がより大きくなるだろうと予測した。この仮説は、肯定的なフィードバックや質の高い質疑、高い期待度などの重要な教室変数に照らして、統計学的に確認された。

ケース・スタディでは研究者が３つのリサーチ・クエスチョンを提示した。(1) 異なる国において効果のある学校/教師には、どの学校/教師の効果に関する要因が関連しているか？　(2) その要因のいくつが世界共通であるか？　また ある国々特有のものか？　(3) 要因のいくつかが世界共通であり限定的である理由は何で説明できるか？　政策や実践に対するこれらの結果が示唆するものは何か？

各国のチームはそれぞれ４つの学校のケース・スタディを報告した（２つが効果的、２つが非効果的)。これらのケース・スタディでは、いくつかの量的データも報告されたが、その大部分は質的データであった。研究チームは、次にすべてのデータを統合し、学校/教師の効果の世界共通の特性に関するリストと、１か国あるいは多国において効果がみられた限定的特性のリストを提示した。他国からの効果的教育実践を各国の政策立案者がどの程度生産的な方法で適用させうるかを説明するために、研究者らはこれらの情報を用いた。

ISERPはプラグマティストの伝統に基づいて実施された。研究者らは、彼ら自身の価値体系と現存する文献に基づいて調査したいことを決定し、質的手法と量的手法を併用した調査を行い、彼らの価値体系に一致した方法で質的/量的の結果を統合して報告した。

プラグマティズムとトランスフォーマティブ・パースペクティブが最も鋭く対立するのが価値についてである。トランスフォーマティブ・パースペクティブの観点からは、研究を導く価値は研究者個々人の関心というよりはむしろ社会的正義を強調するように機能する。これらの違いについてはこの章の後半で詳述す

Box 5.4　トランスフォーマティブ・パースペクティブの慣習において実施された研究の解説

Donna Mertens（2005, p.24）は、トランスフォーマティブ・パースペクティブの伝統において実施された研究の例として Oakes と Guiton（1995）によって行われた研究結果の要旨を挙げている。この研究は、高校生の能力別クラス編成の効果と、定収入とマイノリティに属する学生を含めたターゲット・グループを調査対象者とした。著者らは以下のリサーチ・クエスチョンを使用した。それは、その学生にとって最も良いコースは何かを教育者の判断で行ったコースにおいて、その教育効果とはどのようなものであったか（さらに文化的/文脈の変数）？　カリキュラム参加の中での人種、民族、社会階級のパターンに寄与する要因は何か？

研究者らは、都市の中心部に近接した地域の３つの総合的な高等学校にて混合型ケース・スタディを行った。行政官、教師、多様な学力能力別クラスに所属する学生らにインタビューを実施した。成績証明書、時間割、その他の文書によるエビデンスもまた収集され、分析された。

この研究によって、ほとんどの行政官と教師たちが、学生が一度高校に入ってしまったら学力の改善のための希望はほとんどないと考えていることが示された。最も成績の良い学生は、従って、より良いクラスに割り当てられ、最も成績の悪い学生はもっともレベルの低いクラスに割り当てられる。教師は、人種のグループを特定の能力別クラスに連想して結びつけていた。ラテン・アメリカ系学生はより低い能力別クラスに不釣り合いに入れられ、アジア系学生はより高い能力別クラスに入れられた。カリキュラムの機会がオープンではなく能力に基づいたプロセスによって作成されておらず、大部分が学力とモチベーションが人種と社会階級の違いに関する教育者の偏見によって決定されていたと、研究者は結論付けた。

研究者らが、社会的不平等について研究を深め（つまり、低学力のクラスにおける低収入とマイノリティの学生の不均等な配置）、低収入とマイノリティの学生のための社会的正義を推進することに関心があったため、この研究はトランスフォーマティブ・パースペクティブの伝統の中で実施された。

る。（**Box 5.4** ではトランスフォーマティブ・パースペクティブの伝統に則った調査の例を挙げる。）

存在論的考察

実証主義/ポスト実証主義と構築主義の間の線引きに関係するのが実在性の本性である。Guba と Lincoln（2005）と Miles と Huberman（1994）は実在論の種類を以下のように定義した。

- **素朴実在論（naïve realism）**―実証主義によると、「真の実在」というものが存在しており、それは「感知できる」あるいは理解できる（Guba & Lincoln, 2005, p.195）。
- **批判的実在論（critical realism）（超越論的実在論（transcendental realism））**―ポスト実証主義によると、「真の実在」は存在するが、しかしそれは単に「不完全で蓋然論的に」（Guba & Lincoln, 2005, p.195）しか理解されない。この立場に属する別の形態が超越論的実在論である。すなわち客観的世界の中に社会的現象が存在し、そして、両者の間にはある種の「法則的で合理的な安定した関係性」（Miles & Huberman, 1994, p.429）が存在するという考え方である。
- 相対主義―構築主義は、「限局的であり、特定の相互関係の中で構築された実在」（Guba & Lincoln, 2005, p.195）のみしか認めない。こうした実在は人間の知性の生産物であり「構築者」が変化するのと同様に変化する可能性があるとされる（表 3.1 参照）。

プラグマティストの実在に関する議論は２つの要素からなる。

1. プラグマティズムは、われわれの心から独立した外的実在の存在に関して実証主義/ポスト実証主義の主張に同意する（Cherryholmes, 1992, p.14）。
2. 一方で、プラグマティズムは実在に関する真偽が実際に決定可能であるということを否定する。実在に関するあるひとつの解釈が、ほかのものよりも良いかどうかもまた不確定である。Cherryholmes（1992）によれば、プラグマティストがなにかしらの説明を選択したとき、それが示しているのは、その説明が「予想された、あるいは望まれた結果を生み出す点で他の説明よりも良い」（p.15）ということである。

Howe（1988）は真偽に関するプラグマティズムの見解をさらに以下のように説明した。

> プラグマティストにとって、「真」は「善」と同じように規範的な概念である。「真とはそれが為すところのものである」ということは理論や定義の中に見出されるものではなく、プラグマティストが実在の本性に関する何か興味深い事柄に言及しようとすることの中に見出される。特に、知識を求めることは自由な信念や関心、企図から完全なかたちで抽象化されて導き出されるわけではない。（pp.14–15, 傍点部は著者の挿入）

トランスフォーマティブ・パースペクティブによれば、社会的実在に関していうと、「視点は多様である」(Mertens, 2003, p.140)。それはトランスフォーマティブ・パースペクティブのその他のアプローチと整合的であって、抑圧された集団の社会正義を促進するために最善の説明を選ぶということになる。

因果関係に関する相違

因果関係に関する考え方は、存在論的な差異から以下のように記述できる。

- 実証主義によると、実在的な原因が存在し、それは結果より前ないしは同時に起こる。
- ポスト実証主義によると、社会現象の中には適度に安定した関係性が存在するが、それは不完全に（あるいは蓋然的に）しか認識され得ない。例えば、予測変数からの基準変数の予測は100％の正確性(1.00の確率)であることは不可能であるけれども、予測の正確性は説明力の高い変数が同定されるに従い向上する可能性がある。
- プラグマティズムによると、因果関係は存在するかもしれないが、それは移ろいやすく同定困難である。
- トランスフォーマティブ・パースペクティブによると、存在する可能性があるといえば、それは社会正義の枠組みの中で理解されるべき因果関係である。
- 構築主義によると、全ての存在者は相互に同時的に構成され、原因と結果とを区別することは不可能である。

ポスト実証主義の考え方からすれば、実在性と因果についてより良い説明を常に追い求めるべきである。それに対して、プラグマティズムによれば、実在性と因果に関する説明に関してはわれわれが持っている価値に近づけるような仕方で為されるべきだとする。というのも、プラグマティズムの観点からすれば、因果関係を完全に理解することは不可能だからである。いかなる調査研究であろうと研究結果は多様な解釈を許容するため、その選択はしばしば「より良い」説明（ポスト実証主義）か、研究者の価値により近い説明（プラグマティズム）かに帰結する。とはいえ、こうした説明や解釈の選択肢はしばしば一致するのであるが、それは研究者が自分で自分の研究を設計したこと、また、自分で操作的定義を与えたことを考えればもっともである。

因果関係の役割は、量的概念の内的妥当性と質的概念の信憑性に関連している。ポスト実証主義者の因果関係への興味は、独立変数（ほかの要因ではなく）が従属変数への影響をもたらす確からしさの程度に焦点が絞られる。構築主義者は、自らの社会的実在に関する記述について、研究参加者がそれに同意することを確保したいのである。内的妥当性と信憑性に関する考察はプラグマティズムとトランスフォーマティブ・パースペクティブにとって重要となる。

一般化可能性

一般化可能性に関してもまた違いが存在する。

- 実証主義者によると、時間と文脈にとらわれない一般化が可能である。ポスト実証主義も、法則定立的な立場を採るが、それは修正版で、結果の外的妥当性を促進するような技術の重要性を強調する。
- 構築主義によると、時間および文脈に束縛されてのみ意味を持ちうるような言明だけが可能である。構築主義が強調するのは、研究結果の、送り手側に特有の文脈から受け手側に特有の文脈への転用可能性が重要だということである。
- プラグマティズムは意味を有する言明に重きを措き、研究結果の外的妥当性と転用可能性の双方を問題とする。
- トランスフォーマティブ・パースペクティブもまた意味を有する言明に力点を置く。トランスフォーマティブ・パースペクティブは、特定の研究で得られた結果を、より広義の社会正義の問題へと関連付けようとする。

3つのコミュニティ間の方法論的区別―二分法ではなく、連続的なものとして

パラダイム対照表は演繹的観点から価値のある機能を有する。すなわち、人間科学分野では今もなお精力的に活動しているある種の研究者（例えば、方法論的純粋主義者）の相互の違いについて、学生に説明することが可能である。Reichardt と Cook（1979）も、同様の利点について述べている。

> 確かに、質的手法と量的手法とを対立させる議論の弁証法的形式には、教育的利点がいくつか存在する。例えば、関心のある研究領域をより明確にするために、連続体を二分することで両極端のケースを示すことが多くの場合最も簡単である。(p.27, 傍点部は著者挿入)

しかし、研究の現実世界では、哲学的なオリエンテーションを連続体として捉える方が、二分法による区別よりもむしろ、調査者の立場をより正確に体現するだろう。例えば、研究において価値の役割に関する研究者の主張は、調査が価値とは無関係であると考える者から、調査は価値に束縛されると考える者まで、無数の中間的立場とともに変化すると説明する方がより正確である。

従って、5区分からなるパラダイム対照表である**表**

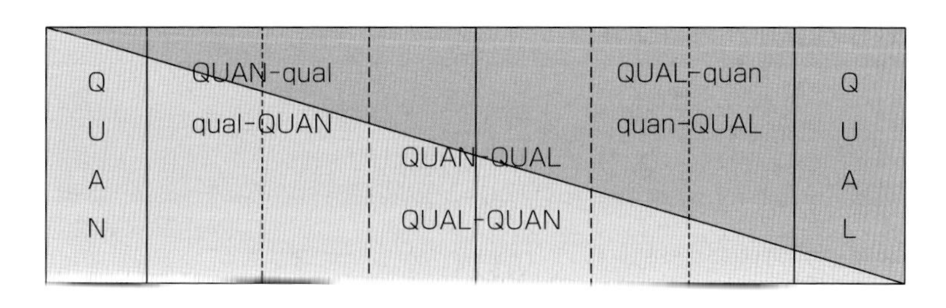

図 5.1　連続体において質的研究と量的研究の統合を含意する混合研究法
注：相違を意図して、本書にあるほとんどの図表では量的研究を右側に配置しているが、この図では量的研究を左側に配置してある。

表 5.3　研究プロジェクトにおける多元的な連続体

概念の範囲：意図、クエスチョン、目的		
演繹的なクエスチョン	←→	帰納的なクエスチョン
客観的目的	←→	主観的目的
価値中立的	←→	価値内在的
確証	←→	理解
説明的	←→	探索的
具体的プロセスの範囲（経験的範囲）		
数量データ	←→	ナラティブ・データ
構造化/クローズド・エンド	←→	オープン・エンド
事前計画的デザイン	←→	創発的デザイン
統計学的分析	←→	主題分析
確率サンプル	←→	合目的的サンプル
推論と解釈の範囲		
演繹的推論	←→	帰納的推論
「客観的」推論	←→	「主観的」推論
価値中立的	←→	価値多元的
政治的言明のない	←→	トランスフォーマティブ
エティックな表現	←→	イーミックな表現
法則定立的	←→	個別記述的

注：量的研究のほとんどはこの表の左側に近い位置にある。他方で、質的研究のほとんどは右側に近い。相違を意図して、本書にあるほとんどの図表では量的研究を右側に配置しているが、この表では量的研究を左側に配置してある。

5.2 で表された情報は、二分法というよりむしろ連続体として再概念化され得る。この連続体では、プラグマティズムとトランスフォーマティブ・パースペクティブの立ち位置は、表の左端にある構築主義と右端の実証主義/ポスト実証主義の中間に示される。**表 5.2** では 5 つの視座だけが示されているが、むしろ理論的に言えば、質的研究/量的研究の連続体の中に、無限の数の視座を示すことができるのである。

われわれはまた、この連続体上において、研究手法に関連する構成要素を整理することが可能であると考える。第 2 章**図 2.3** において、重なり合う 3 つの円として QUAL-MM-QUAN 連続体の概念を紹介した。**図 5.1** では別の表現を示そう。一端に純粋な量的オリエンテーションを、もう一端に純粋な質的オリエンテーションを配置した長方形であり、一端からもう一端への変移を示すために対角線を配した。ただ、強調しておかねばならないのは、この図は連続体を一次元に落とし込んでいるということで、それはあくまでも図示を目的とするものだからである。実際には、**表 5.3** で示すように、研究計画（例えば、目的/リサーチ・クエスチョン、データ、分析、推論）のすべての構成要素は、多次元の連続体の上に位置づけられると考えられる[6)]。

量的研究プロジェクトにおいては、構成要素のほとんどは（必ずしも全てではないが）、**表 5.3** の連続体の左端近くのどこかに位置する。他方で、質的研究プロジェクトにおいては、構成要素のほとんどは（必ずしも全てではないが）連続体の右端近くに位置する。こ

表 5.4　QUAL-MIXED-QUAN 方法論的連続体

全般的な主題（本書の章）	質的研究の立場	混合研究法の立場	量的研究の立場
研究目的の言及（第 6 章）	ほとんどの（全てではない）質的研究は探索的である。ほとんどの質的研究はリサーチ・クエスチョンへの言及を含む。	混合研究法はリサーチ・クエスチョンと仮説の両方への言及を含む（探索的であり、かつ確証的）。	ほとんどの（全てではない）量的研究は確証的である。量的研究は仮説、リサーチ・クエスチョンまたはその両方への言及を含む。
伝統的なデザイン（第 7 章）	エスノグラフィー、グラウンデッド・セオリー、現象学的研究、バイオグラフィー、ケース・スタディ	混合研究法独自のデザインを含め、全てのデザインの伝統が含まれる。	因果の比較、相関、準-実験的、実験的である。
サンプリング（第 8 章）	質的研究では、合目的的サンプリングが強調される。確率的サンプリングを含むこともある。	混合研究法サンプリングは合目的的と確率的サンプリングの両方を含む。	量的研究では、確率的サンプリングが強調される。合目的的サンプリングを含むこともある。
データ収集戦略（第 9 と第 10 章）	質的研究は典型的には非構造化観察、オープン・エンドのインタビュー、フォーカス・グループ・インタビュー、非影響測定法を含むが、全てのタイプを含む可能性がある。	全てのデータ収集戦略が含まれる。	量的研究は典型的には構造化観察、クローズド・エンドのインタビュー、質問紙、テストが含まれるが、全てのタイプを含む可能性がある。
データ分析（第 11 章）	質的（理論的）データ分析（カテゴリー戦略、文脈化戦略）が使われる。	混合型データ分析、データ変換を含む主題分析と統計学的分析の両方が使われる。	統計学的分析（記述的、推計的）が使われる。
妥当性あるいは推論の質の問題（第 12 章）	信用性、信憑性、転用可能性、確実性、推論の質に関するさまざまな基準が強調される。	あらゆる推論と妥当性の主題は、推論の質と推論の転用可能性の下に包摂される。	統計学的推論の妥当性、内的妥当性、構成概念妥当性、外的妥当性が強調される。

うした一般的な傾向を踏まえたとしても、量的研究プロジェクトの中には、探索的で、構造化されていないオープン・エンドな手順によってデータを収集し、推論や解釈を組み替えて展開させていくというタイプもある。同様に、質的研究プロジェクトの中には、説明的ないし確証的であって、確率サンプリング手順を用いたり、（フィールド実験のような）構築された研究デザインを含んだりするタイプもある。この論理に従うと、全ての研究計画はどのような場合であれ、ある程度混合であると考えられるかもしれない。これはまた、連続体の 1 つの末端のみにおいて研究計画の全ての構成要素を定めることの困難さ（あるいは不可能さ）によっても支持されるだろう（例えば、全くもって演繹的な設問、逆に完全に帰納的な設問、あるいは、完全に価値自由な調査者を考えることは困難である）。

図 5.1 の連続体と**表 5.3** のその多元的説明には、研究計画のいくつかのタイプが含まれる。

- 量的研究プロジェクト（例えば、第 1 章のジッケン教授やスウリョウ教授によってなされた研究）は**図 5.1** の左端のどこかに位置するか、あるいは**表 5.3** のほとんどの位相において左端に近いところに位置している。
- 量的手法を強調し質的要素を補完的データとして使用する研究プロジェクトは、**表 5.3** 上においては、純粋な量的プロジェクトよりも右側に位置している（**図 5.1** で QUAN-qual あるいは qual-QUAN と分類されたもの）。
- 量的アプローチと質的アプローチ双方を等しく用いる混合型研究プロジェクト（例えば、セッチュウ教授によってなされた研究）は、**表 5.3** で示した連続体に拡がるかたちで構成要素を有する。
- 質的アプローチを強調し量的要素を補完的データとして使用する研究プロジェクトは、**表 5.3** 上においては、純粋な質的プロジェクトよりも左側に位置している（**図 5.1** における QUAL-quan あるいは quan-QUAL と分類されたもの）。
- 質的研究プロジェクト（例えば、ホリスティコ教授によってなされた研究）は、**表 5.3** のほとんどの位相において左端に近いところに位置している。

連続体の一方の側に主として傾斜していながら反対側の少しの構成要素を持つという研究（例えば、QUAN-qual、qual-QUAN、QUAL-quan、quan-QUAL）は主要/副次的デザイン（dominant-less dominant designs）として注目されている（詳細は第 7 章を参照）。

表 5.4 はこの連続体を詳述したものである。前述の他の方法論的軸（QUAL-MM-QUAN の方法論的連続体）により、純粋な質的オリエンテーションから純粋

な量的オリエンテーションへと配列した。本書の後の章を通して議論するリサーチ・クエスチョンや仮説、研究デザイン、サンプリング、データ収集戦略、データ分析、推定の質といった方法論的問題のために、水先案内として役立つだろう（第6–12章）。

パラダイム使用に関する現代的観点

パラダイム論争は現在でもなお研究者の関心領域であり続けている。両立論が提示されているにも関わらずである。混合研究法におけるパラダイムの使用については、現代的な視点から論点整理がなされてきた（例えば、Greene, 2007；Greene & Caracelli, 1997a）。また、われわれ（Teddlie & Tashallori, 2003, pp.17–24）も以下のように、混合研究法におけるパラダイム使用に関して6つの現代的論点について議論してきた。

1. 手法もパラダイムもそれぞれ独立しており、したがって認識論（パラダイム）と手法のつながりは問題ではなく、混合研究法を実施する際に差し支えない（没パラダイム的なスタンスを採る）と考える研究者がいる。
2. 共約不可能性テーゼを重要視することで、混合研究法は不可能であると結論付ける研究者もいる（例えば、Guba, 1987；Sale, LLohfeld, & Brazil, 2002；Smith, 1983）。
3. 混合研究法は可能だが、質および量的構成要素はそれぞれの基礎をなすパラダイムの精髄が体現されるよう区別されねばならないと主張する研究者もいる（Brewer & Hunter, 1989, 2006；Morse, 1991, 2003）。この観点は相互補完テーゼとして知られる。
4. なんらかの単一のパラダイム（例えば、プラグマティズム、トランスフォーマティブ・パースペクティブ）が混合研究法の基礎として役立つと考える研究者もいる。
5. 特定のパラダイムを別のパラダイム以上には擁護せず、むしろ意図的な仕方で多元的な諸パラダイムおよびそれに基づく諸仮定を巻き込んでいくと捉えてこそ混合研究法であるとして、弁証法的立場を支持する研究者もいる（例えば、Greene, 2007；Greene & Caracelli, 1997b, 2003）。彼らによれば、全てのパラダイムは価値を持つけれど、しかしそれぞれは部分的な世界観に留まる。弁証法的に思考するということは、これらの多元的で多様性のあるパースペクティブの並列的関係が織りなす緊張状態を吟味することなのである。
6. マルチ・パラダイムが人間科学における研究の基礎付けに役立つ可能性があると考える研究者もいる。こうした立場が明示的に適用されてきたのは質的研究に対してであるが（例えば、Denzin & Lincoln, 2000b, 2005b；Schwandt, 2000）、MM研究にも適用可能である（例えば、Creswell, Plano-Clark, Gutmann, & Hanson, 2003）。マルチ・パラダイム論と弁証法的立場の違いは、マルチ・パラダイム論者は特定のパラダイムは特定の種類の研究で使用されることが最善であり、別の種類の研究には別のパラダイムが使用されることが最善であると考えている点にある。

これらの6つの観点に関する詳細は次章にて述べる。

没パラダイム的なスタンス

認識論（パラダイム）と手法の結びつきを、混乱をもたらす不必要なものとして配慮を払わない研究者はいる。彼らは、手法がリサーチ・クエスチョンに対して適切であるように考えられるものは何でも利用する。療法評価学や看護学といった応用領域で研究する研究者はしばしばこの立場を採用する。

Patton（2002）は**没パラダイム的テーゼ**について、以下に示すようなバランスのとれた記述をしている。

> 具体的な研究計画およびそのもとで系統的に練られたリサーチ・クエスチョンに答えていくにあたり、特定の理論やパラダイム、哲学的なパースペクティブに明示的に言及することなしに、単純にインタビューを実施することや観察データを収集するということがある。十分なトレーニングを受けた思慮深い調査者たちは、パラダイムおよび哲学に操を立てることなくして、実践的な設問に対する意味深い回答を得ることができる。（p.145）

類似の立場として、Morgan（2007）は自身が形而上学的パラダイムと呼ぶもの—それは哲学的（特に認識論的）問題を強調する—に対する批判を展開した。Morgan（2008）の「研究者コミュニティ内で共有された信念の体系としてパラダイムを捉えるクーン主義的見解へのコミットメント」（p.65）は、彼をプラグマティズムのアプローチを擁護する方向へ導いた。プラグマティズムのアプローチは、認識論的問題や他の哲学的問題に焦点を当てるというより、むしろ研究者間の共通理解と共同作業の意義を強調するのである。

共約不可能性テーゼ

共約不可能性テーゼは、手法の基礎にあるパラダイム同士が共約不可能であるために、量的手法と質的手法の統合は不可能であると主張する。この理論はすでに本書第1章と第4章で多く議論してきた。

共約不可能性テーゼは、大枠としては信用性を失ってきたのであるが、その背景には、研究者たちがいくつもの研究計画の中で混合研究法を組み込んでいくことが可能であると実際に示してきたことがある。確かに、多くの研究者は共約不可能性テーゼそれ自体を支

5

持してはいないが、それでもなお、目下検討に付されている他の立場に影響力を与えてきた（例えば、相互補完テーゼ）。

相互補完テーゼ

相互補完テーゼによると、混合研究法は可能であるが、しかし量的研究と質的研究の構成要素は互いに区別されていなければならず、それでこそそれぞれのパラダイムの強みが発揮される（例えば、Brewer & Hunter, 1989, 2006；Morse, 2003；Stern, 1994）。具体的にいうと、Morse（2003）は、恣意的な仕方で２つの手法を混用することは、混合研究法における研究の妥当性に対する深刻な脅威になるとみなした。その上で、それぞれの混合型研究は主たる方法論的志向を持たなければならないと主張したのである。

同様に、Brewer と Hunter（2006）は、「基本型から借用した要素」(p.62) を寄せ集めたような方法を折衷手法（composite method）と名付け、それがいかに至らないものかを議論している。折衷手法の長所にはある一定の敬意を払うものの、基本型が競合する手法に組み入れられるときには、その基本型がそもそも有していた強みが失われてしまうと結論している。加えて、彼らの主張によれば、こうした方法論的折衷主義は適切な「手法横断的な比較」(Brewer & Hunter, 2006, p.63) に十分なデータを提供しないのである。

一方で、Maxwell と Loomis（2003）は、純粋な質的研究、純粋な量的研究といった研究パラダイムが現実的に存在しているとは考えない。彼らは、さまざまな文献を元に、この２つの総称的な立場それぞれが、異なる構成要素を無数に有していることを説得力あるかたちで主張した。またそこから更に進み、量的研究および質的研究の構成要素は多元的なしかたで相互に結び付けられ得るのであって、それは適切なのだと述べた。なぜなら、この２つの研究パラダイムは、そもそも「純粋」ではないため、研究者がそれらを混合しても失うものはほとんどないからである。

単一パラダイム論

パラダイム論争は、特定の方法論的選好を支持し、なんらかの単一のパラダイムに既に依拠している研究者らも巻き込みながらなされた。これは**単一パラダイム論（single paradigm thesis）**と呼ばれ、広く知られるようになったのだが、それはLincolnとGuba(1985)が構築主義（自然主義）と質的手法とを一対一対応させ、また、実証主義と量的手法と一対一対応させたことによる。質的研究者、量的研究者にはそれぞれ特有の認識論があることから、混合研究法の研究者も必然的に自身の方法論が有するオリエンテーションの支持基盤となるようなパラダイムを探究し始めたのである。

本書を通じて述べているように、多くの研究者は混合研究法の使用を正当化するためのもっとも良いパラダイムはプラグマティズムであると主張している（例えば、Biesta & Burbules, 2003；Howe, 1988；Johnson & Onwuegbuzie, 2004；Maxcy, 2003；Morgan, 2007；Patton, 2002 Rallis & Rossman, 2003；Tashakkori & Teddlie, 1998, 2003c）。また他では、Mertens（2003、2005）は混合研究法を用いる際の枠組みとして、トランスフォーマティブ・パースペクティブを提示した。プラグマティズムとトランスフォーマティブ・パースペクティブの主な相違点は価値論に関係している。先述のように、プラグマティズムの伝統に属する研究は、その研究に参加する調査者が有する価値体系の範囲内で実施されるものであり、また、調査者が関心を持つリサーチ・クエスチョンに答えることに基礎を置いているのである。

混合研究法を実施する際に基礎的価値体系としてプラグマティズムを使用することは、一部の研究者の間に懸念を生じさせている。House と Howe (1999)、および Mertens（2003）が双方とも懸念しているのは、プラグマティズムには「どの価値」が、あるいは「誰の価値」が含まれているのか、それをプラグマティズムは特定しないがゆえに、不十分であり、またで検証できないものだということである。Mertens（2005）は、「周縁集団」の「価値と観点を包含すること」について明示的に研究アジェンダとして採用することが、プラグマティズムが混合研究法を実施するためのより良い価値論的立場であると結論付けた（p.295）。

プラグマティズム批判のいくつかはその基礎的前提（表 4.1 参照）に関する根本的な理解不足に基づいているとわれわれは考えるが、この主題は本章の範囲を超えたトピックであろう。それよりも、ここではプラグマティズムとトランスフォーマティブ・パースペクティブの双方が、実施する研究の種類によっては、混合研究法を用いる際の世界観として使用可能であると結論付けておきたい。これらは混合研究法の領域でもっとも広く支持されている２つのパラダイムではあるが、他のパラダイムもまた適切かもしれない。すると、必然的に、マルチ・パラダイム論を導くことになる。

マルチ・パラダイム論

単一ではなく複数のパラダイム（マルチ・パラダイム）が混合研究法の基盤に資すると考える研究者もいる（マルチ・パラダイム論（multiple paradigms thesis））。例えば、John Creswell ら（2003）は６つの混合研究法デザインを提案し、どの単一パラダイムもそれら６つのデザイン全てには適用できないと主張した。複数のパラダイムが多様な混合研究法デザインに適用されうるわけだが、研究者がそのときしなければならないことは、ある特定の調査のための特定の混合研究法デザインを選択したならば、それに最も適したパラダイムはどれか決定しなければならないということである。Creswell らは自分たちで提示した６つの混合研究法デザインを使って、マルチ・パラダイム論の実例を提示した（Creswell et al., 2003, p.232）。

マルチ・パラダイムというパースペクティブの少なくともその一端は、質的研究手法でなされた著作から生じている。『質的研究ハンドブック』の著者らは以下のような結論に至った。

> 複合的で、相互に連関する用語、概念、仮定の群が質的研究という語を取り巻いている。そこには基礎付け主義、実証主義、ポスト基礎付け主義、ポスト実証主義、ポスト構造主義の伝統が含まれている。また、さらにそこには文化的および解釈的な研究に紐付けられる質的研究のパースペクティブないし手法が含まれる。（Denzin & Lincoln, 2005b, p.2, 傍点部は原文では下線）。

マルチ・パラダイムという視座（例えば、Guba & Lincoln, 2005；Schwandt, 2000）は、特定の手法（例えば、質的手法）と特定のパラダイム（例えば、構築主義）が一対一対応で結びついてた歴史を鑑みれば、大変興味深い変化である。

弁証法テーゼ

弁証法テーゼ（dialectical thesis）は、あらゆるパラダイムには何らかの企図があり、マルチ・パラダイムの使用は研究対象としている現象のより良い理解に貢献するということを想定している。Jennifer Greene ら（1997a, 1997b, 2003）はこの立場の最初の提唱者であるが、彼女らの議論はその後、他の研究者も採用するところとなった（例えば、Maxwell & Loomis, 2003）。

Greene と Caracelli（2003）は、過去の、そしてパラダイム論争の遺物として最善の単一パラダイムを探し続けることを拒否した。その代り、彼女らは、加速する多元的社会の複雑性を説明する必要性から、複数の多様なパースペクティブが重要であると考えた。彼女の最も新しい著書において、Greene（2007）は混合研究法における思考法について論じ、定義をしている。それによると混合研究法の思考法とは、研究対象となっている現象をより良く理解するために「複数の心的モデルを計画的かつ意図的に、同一の調査空間の中へと組み入れること」（p.30）である。

この立場の重要な構成要素は、弁証法的に物事を思考する能力にある。これは、真逆の観点から思考することや、そうした思考を並置することによって引き起こされる緊張状態と共に在ることを含む。こうした緊張状態は、異なるパラダイムがそれぞれ異なる仮説を有することから生じる。また、弁証法的探求には、会話/対話に関する他の論点がいくつかあるが、それは以下のとおりである（Greene & Caracelli, 2003）。

- この会話/対話は典型的には、哲学的問題に関してなされるものではなく、むしろ研究の主題である現象についてなされる。
- 歴史をもつ二元論（表 5.1 にこれらの特徴を示したので参考のこと）は弁証法的探求において特別の重要性を持つものではない。「帰納法　対　演繹法」や、「主観　対　客観」といった、終わりのない議論に与しない。
- Greene と Caracelli（2003）は、弁証法的探求において重要ないくつかの二分法を示した。価値中立性と価値コミットメント、イーミックとエテック[7]、特殊性と一般性、社会的構築と物的形跡などである。

３つのコミュニティで今もなお継続中の議論

すでに第４章で、３つのコミュニティ間で継続中の議論をいくつか紹介した。以下ではさらにそのうちの２つの主題について詳述する。注意しておきたいのは、パラダイム論争の歴史を踏まえるとすれば、質的研究の理論家はこうした議論に最も深く関与していると考えられることだ。Bryman（2006b）はこの傾向を以下のように要約した。

> 興味深いことに、パラダイム論争において問われたことは大部分、質的研究の側がまず言い始めたことだった。量的研究の側は、当時すでに線引がなされていた哲学的区分を蒸し返したくないというような傾向があった。後に論争は進行して、方法論者もいわば「乱闘」に巻き込まれていったわけだが、そのいわば「戦線」というものは質的研究の側によって設定されたものだった。（p.113）

質的研究と量的研究の間のネオ・パラダイム論争

多くの研究者、とりわけ応用社会・行動科学に従事する研究者は、共約可能性テーゼを受け入れ、パラダイム論争ならびにその余波にかかずらうことなく、手法を混合しながら研究を実施していった。われわれは、人間科学はもはや方法論的寛容という新しい時代に入り、研究者はだれも自分の方向性の優位を宣言しないのだと主張したわけであるが（例えば、Patton, 2002）、しかしながら、それはもしかしたら不誠実なのかもしれない。というのも実際には、研究者はこれからも、特定の領域や学問分野において３つの立場（質的研究、量的研究、混合研究法）のどれが最も卓越しているか議論を続けていくだろうからである。

パラダイム論争は全体としては緊張緩和へと向かっているという流れがあるが、近年、アメリカでは教育学分野において方法論的「左派」と「右派」のギャップが拡大してきている。結果としては不幸なことに、方法論コミュニティの分断がなおも続くということになっているのである。

第1章と第4章で述べたように、2001年にBush–Cheney政権が成立したことで、アメリカ教育省でポスト実証主義的な量的オリエンテーションが明確に打ち出されたのだが、それが元になって局所的にではあれパラダイム論争が再燃するという結果となった。本方針のマニュフェストには、「落ちこぼれゼロ法（The No Child Left Behind Act）」の一節が含まれており、科学的根拠に基づいた研究について詳細な定義がなされると同時に、連邦助成を受けている研究に対しては「根拠に基づく研究戦略」に沿って研究経費を執行することが求められた（Feur, Towne, & Shavelson, 2002）。また、教育科学改革法（The Education Science Reform Act）（2002）に取り入れられたのが、因果関係を主張しうるのは「唯一、ランダム割り付け実験（あるいは、得られた結果に関して競合するもっともらしい解釈を実質的なしかたで消去できるような他のデザイン）」であるという一節である。また、「教育学における科学的研究（Scientific Research in Education）」と題された全米研究評議会報告書（2002）の出版もなされ、そこには「原因の探求におけるランダム化試験の卓越性」（Maxwell, 2004, p.3）が論じられた。

このように、教育における「科学的根拠に基づいた研究」ということで強調されているのは、ランダム化コントロール試験（実験）、および量的手法一般の重要性である[8)]（例えば、Eisenhart & Towne, 2003；Slavin, 2003）。純粋な量的主義者ならびに連邦の教育官僚は、教育研究のためのゴールド・スタンダードは実験であるべきと考えた（例えば、Cook, 2002；Fitz–Gibbon, 1996；Shadish et al., 2002；Slavin, 2003）。例えば、Cook（2002）は次のように、教育改革の評価に関しては実験を用いる方が良いとする彼自身の選好を表明している。

> 本論文では、因果的結論の正当化にとって実験手法が最善であるという認識がこれほどまでに広く普及しているにも関わらず、教育における改革の努力を、実験手法によって評価したものがいかに少数かという点について論じる。（p.175）

実験手法が教育学研究のゴールド・スタンダードとして出現したことに対しては、質的手法に価値を置く研究者から、それが「科学主義」だとする予想通りの（そしてまた切迫感のある）非難が多くなされた（例えば、Berliner, 2002；Eisenhart & Towne, 2003；Howe, 2004；Lather, 2004；Maxwell, 2004；St. Pierre, 2002）。批判の多くは、教育科学研究所（Institute of Educational Sciences）などが提示した「科学的根拠に基づいた研究」の定義の狭さを懸念するものである。

人間科学分野における質的研究の伝統は、幅広い認知と正統性を獲得し続けている。にもかかわらず、質的研究擁護者たちは、量的研究が「広く受け入れられた伝統」であることを厳しく批判し、質的研究が手法としても哲学としても卓越したものであると主張している（例えば、Denzin & Lincoln, 2000a, 2005a）。おそらくそれは、こうした姿勢こそが過去に彼らを成功へと導いたからだろう（例えば、Lancy, 1993）。

この「左派」（QUAL、質派）と「右派」（QUAN、量派）の二極化は、質的方法論を形成しているものを拡張していくことにより、社会科学と人文学の区別を曖昧なものにとどまらせようとする、左派に位置する論者の影響を受けている。例として挙げると、四巻本『質的研究における米国の伝統（The American Tradition in Qualitative Research）』は2人の人類学者の詩文で最後が締めくくられている。このシリーズの編者であるDenzinとLincoln（2001）は、研究手法に関するシリーズ本の中に詩文を含むことについて以下のように説明した。

> 文学においては、民族誌家が詩文形式で道徳的なもの、美的なものを表現する。それは別の方法では言い表すことができないものなのだ。そうすることで、彼らは芸術味に富んだ民族誌的言説がもつ限界を押し拡げている。かくして、人文学と人間科学の境界は曖昧になっている。この霞の中でこそ、われわれの道徳的感性は息吹を与えられるのだ。（p. xli）

方法論的左派と右派が議論するなかでさまざまな意見が提示されたが、社会学・行動学の方法論においては中洲のような中立地帯がかなり混合研究法コミュニティに残されてきた。重要な点は、質的研究と量的研究を割ったときその両サイドのそれぞれ際立った論者が、パラダイム論争の痕跡を保持することにある種の有利さを見出し続けているということなのである。

質的研究と混合研究法の間の昨今の議論

こうした方法論的議論の新たなうねりの中には、質的研究の伝統に属する研究者による混合研究法の方向性に対する批判が含まれる（例えば、Denzin & Lincoln, 2005b；Denzin, Lincoln, & Giardina, 2006；Howe, 2004）。GorardとTaylor（2004）は、こうした批判について次のように記している。

> 本章は……紙幅のほぼ全てを、「質的」研究者への批判に充てる。批判したいのは、「質的」研究者は、より広範囲のエビデンスを取り扱わなければならないのに、そのことから自分たちの身を守るために、理論やパラダイムといった概念をいわば公然と使用するそのやり方である。このように指摘するのは必要不可欠なのであって、というのも、誰にも増して彼らこそが、異なる「パラダイム」からのデータの統

合は不可能であると主張してきたからである。（pp.143–144）

質的研究者の一部の論者には、混合研究法の実施可能性を疑う傾向がみられる。おそらく彼らは、方法論としての混合研究法がなんらかの仕方で本来の質的手法の征服を企てていると考えているためだろう。最近では、質的研究者（例えば、Denzin & Lincoln, 2005b,；Denzin et al., 2006；Howe, 2004）から、より限定的なしかたで批判がなされる。それは「落ちこぼれゼロ法」（2002）や全米研究評議会報告（2002）から導かれたもので、混合研究法を限定的にしか見ていないものである。先述のように、同法律と報告書は質的オリエンテーションよりも量的実験主義をより強調し、それは**図 5.1** に示した QUAN–qual のオリエンテーションに類似したものに帰着するからである。

Denzin らによる実験的な混合研究法に対する批判は、Bush–Cheney 政権によって促進された「科学的根拠に基づいた研究」において質的研究には第２の地位しかあてがわれなかったからでもある。本書でも説明し、20 年間さまざまなところで議論されたことであるが（例えば、Creswell, 2003；Creswell & Plano–Clark, 2007；Greene, Caracelli & Graham, 1989；Johnson & Onwuegbuzue, 2004；Newman & Benz, 1998；Patton, 2002；Reichardt & Rallis, 1994；Tashakkori & Teddlie, 1998, 2003a）、混合研究法の「メインストリーム」は、本章で先に記述した「科学的根拠に基づいた研究」に合致するものではない。

混合研究法コミュニティに属する研究者はかかる批判に対処してきた（例えば、Creswell, Shope, Plano–Clark, & Green, 2006；Gorard & Taylor, 2004；Teddlie, Tashakkori, & Johnson, 2008）。Creswell ら（2006）は批判に応答するため、次のように批判の骨子を３つの問題に絞った。

まず、混合研究法は質的研究を第２の補助的な地位に追いやるということ。次いで、このより権威のある実験的試験の付属品としてこの第２の地位が表現されること。最後に、混合研究法は質的研究に対して批判的解釈的アプローチを用いないということ。（p.1）

われわれの意見では、Creswell ら（2006）は多くの質的研究主導の混合研究法の実例を提示することにより、上で示した３つの申し立てを論駁することに成功している。すなわち、１つ目には質的研究主導の混合型研究（例えば、Mason, 2006）、２つ目には非実験的な混合型研究（例えば、Bryman, 2006a；Creswell et al., 2003；Morgan, 1998）、３つ目には混合研究法における解釈学的枠組みの使用（例えば、Brannen, 1992；Mertens, 2003；Oakley, 1998）である。

共著者たちとともに（つまり、Teddlie et al., 2008）、われわれは Denzin と Lincoln（2005b）による主張の概要と混合研究法コミュニティからの返答とを発展させた。われわれは本章においてこれらの主張と反証を繰り返したけれども、この小論争がパラダイム論争の非生産的な側面の一部を繰り返すに過ぎないものであるがゆえに、われわれは速やかに議論が収束することを期待している。

以下のリストでは、混合研究法に関する Denzin と Lincoln（2005b, pp.9–10）の主張を始めに示し、その次に混合研究法コミュニティからの返答を示す。

- Denzin と Lincoln の主張―混合研究法は「古典的実験主義の直系の子孫である」。
- 混合研究法コミュニティからの返答―反対に、混合研究法は評価研究や教育学のような研究フィールドで、質的研究と量的研究の両方の伝統から芽生えた。これは「科学的根拠に基づいた研究」時代に 15–20 年間も先立つ（例えば、Greene et al., 1989；Patto, 1990；Reichardt & Cook, 1979）。最近刊行されたほとんどの混合型研究は、非実験的な量的研究の結果と主題分析による質的結果を統合している。
- Denzin と Lincoln の主張―混合研究法は「方法論的ヒエラルキー」を前提としている。その頂点には量的手法が置かれ、質的手法はたいてい補助的役割に追いやられている。
- 混合研究法コミュニティの返答―反対に、混合研究法の分野で書かれた最初期の文献（例えば、Brewer & Hunter, 1989；Greene et al., 1989；Morse, 1991）から現在まで（例えば、Creswell & Plano–Clark, 2007；Johnson & Onwuegbuzie, 2004；Onwuegbuzie & Teddlie, 2003）、質的手法と量的手法には同等の優先性が与えられてきた。例えば、われわれ（Tashakkori & Teddlie, 1998, 2003a, 2003b）は、質的プロジェクトを探索的研究として、また量的手法を実験的あるいは検証的研究として分類することに対して批判してきた。
- Denzin と Lincoln の主張―混合研究法は、「二分法的カテゴリーに調査を分類する」（例えば、探索的 vs. 検証的）。１つのカテゴリーに質的研究を割り当てれば、もう１つに量的研究を割り当てるという仕方である。
- 混合研究法コミュニティの返答―反対に、多くの混合研究法の研究者が言及しているのが、質的研究と量的研究は異なる次元を取り繋ぐ連続体である（例えば、Johnson & Owuegbuzie, 2004；Newman & Benz, 1998；Niglas, 2004；Tashakkori & Teddlie, 2003a；Teddlie, 2005）。本章においてわれわれは、**図 2.3** と **5.1** と**表 5.3** で QUAL–MM–QUAN 連続体を強調したが、オリジナルの対照表を教訓的ツールとして再提示した。**表 5.3** は、この連続性を説明するためのわれわれの以前の試み（Tashakkori & Teddlie, 2003c）の改訂版である。

- Denzin と Lincoln の主張—混合研究法は「研究プロセスにおいて、対話と活発な参与からステークホルダーを除外する」。
- 混合研究法コミュニティの返答—反対に、混合研究法の研究者は多くの混合型研究で議論されたように研究プロセスにおいてステークホルダーの参加を快く迎える（例えば、Bamberger, 2000；Mertens, 2005；Rao & Woolcock, 2003；Teddlie et al., 2008 参照）。Mertens（2007）は参加型かつ変革型の混合研究法についていくつか例を挙げている。
- Denzin と Lincoln の主張—混合研究法の動向は「批判的で解釈的な枠組みをもつ質的手法の本来の棲家からこれを追い出している」。
- 混合研究法コミュニティの返答—どの研究手法あるいは計画にとって何が「本来の棲家」であるか理解することはわれわれには難しい。その代り、混合研究法の視座は複数のフレームワークあるいはパラダイムが、あらゆる手法と結びつき得る。ゆえに手法が「自然な家」を持つことは非論理的であると主張する。皮肉なことに、Denzin と Lincoln は、質的手法は異なる哲学的オリエンテーションと関連していると他の論文内で主張している（2005b）。

要約

本章では、人間科学における異なる理論の立場を区別した2つの対照表を含めてパラダイム論争の再考作業に着手した。われわれは、プラグマティズムとトランスフォーマティブ・パースペクティブの双方が混合研究法を用いる際の基礎づけとなるパラダイムとなるかもしれないと主張した。プラグマティズムは、共約不可能性テーゼに見られる二者択一の議論を拒絶しているため、とりわけ有用である。

われわれは、次に3つの研究コミュニティ内の差異について、それらの多様性が連続体（QUAL–MM–QUAN 連続体）に沿った位置として実際には受け取られるべきことを示しながら議論を行った。またリサーチ・クエスチョン/仮説、研究デザインなどを含む、方法論的連続体の構成表を示した。パラダイムの使用に関する現代の主題を次に述べ、質的方法論者、量的方法論者、混合方法論研究者の間の近年の論争を、混合研究法における質的構成要素の役割も含めて示した。

第6章では、第6章から12章まで続く「混合研究法の手法と戦略」と名付けられたセクションが始まる。このセクションでは、データ分析のためのデータ収集のサンプリングのデザインを選択する最初の計画から、最終的な結論までの混合研究法のプロセスを記述する。第6章は混合研究法におけるリサーチ・クエスチョンを生み出す際の重要なステップについて説明する。

注

1）この引用は William Faulkner's Requiem for a Nun（1951）からであり、The Oxford Dictionary of Quotations（1999, p.307, quote 25）に記載されている。

2）社会・行動科学では現在自身を実証主義者と名乗る研究者はほとんどいない。過去への言及として、われわれは対照表において実証主義のパラダイムを残している。

3）Howe（1988）はプラグマティズムを第3の視座に含めることを「重大な手抜かりであり、プラグマティストには実証主義者を打ち倒す大きな責任があった。そして彼らは、解釈学か実証主義か、というパラダイム間の強制された選択を断固として拒絶するだろう」（p.13）と言及している。

4）批判理論とトランスフォーマティブ・パースペクティブは非常に類似している。MM に直接的につながりがあるため、われわれは本書においてトランスフォーマティブ・パースペクティブに関して議論を行う。

5）社会・行動科学分野でごく一部に受け入れられた公式の「理論」と「下部理論」が存在することに注意されたい。

6）本書の他の図や表のほとんどでは量的研究は右側に位置するけれども、図 5.1 と表 5.3 では諸々の目的のために故意に左側に量的研究を配置している点に注意されたい。

7）内部者/外部者の次元は特に弁証法的調査において重要である。内部者の視点は、30 あるいは 40 年間特定の村で生活してきた人のような、文化的インサイダーの観点に属している。外部者の視点は、前述の村を訪れた学者のような、文化的アウトサイダーの観点に属している。

8）米国では「科学的根拠に基づいた研究」における量的研究の優位は一貫しているが、教育学のための科学的原理に関する委員会（the Committee on Scientific Principles for Education Research）（2002）では明確に「科学的な品質と精密さについてのわれわれの見解は、「量的」と「質的」と伝統的に名付けられた教育研究の2つの形式を適用している」（p.19）と記されてる。

SECTION 2

混合研究法の方法と戦略

第6章

混合研究法における問いの創出

学習の目標

本章を読み終えたときに、次のことができるようになっていること。

- 社会・行動科学でリサーチ・クエスチョンを生成する際の4ステップモデルについて、各ステップを列挙して説明する。
- 社会・行動科学で研究を行う8つの理由を確認する。
- 関心のある領域の特定につながる4つのソースを列挙して説明する。
- 研究の流れについて定義して例を挙げる。
- 文献レビューを行う際の12ステップを説明する。
- 予備的、2次的、そして1次的な情報源を確認して説明する。
- 因果関係と因果の仕組みとを区別する。
- リサーチ・クエスチョンが2重の焦点となり得る理由を説明する。
- 量的リサーチ・クエスチョンと質的リサーチ・クエスチョンを作り、両者共通の研究目的が少なくとも1つはできるように統合する。
- 混合研究法の問いに関する最近の議論を説明する。

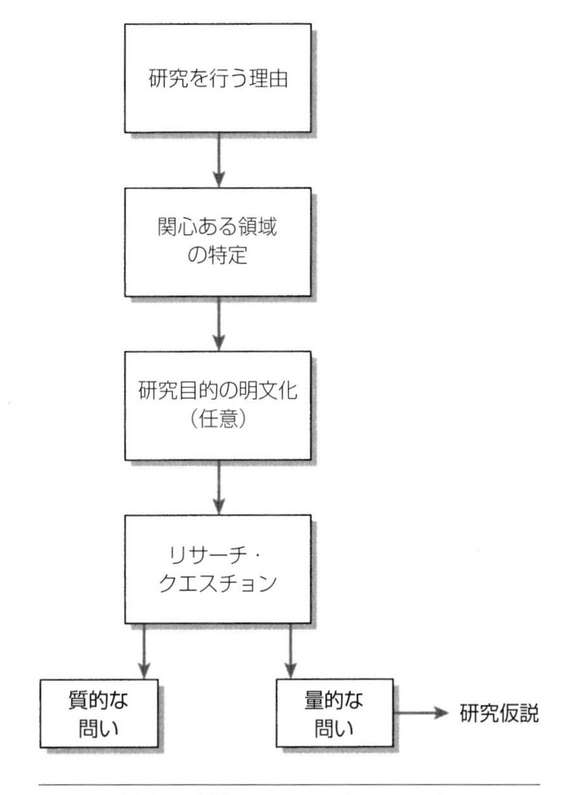

図6.1　混合研究法におけるリサーチ・クエスチョン（と仮説）作成のプロセスを説明するフローチャート

イントロダクション：研究における概念化の段階

研究には概念化、方法、推論という3つの段階があることを論じてきた（Tashakkori & Teddlie, 2003b）。概念化の段階は、研究者が研究実施を決めてから、実際実施に至るまでの，全ての研究計画に関わっている。本章では、混合研究法における概念化の最初の段階にあたるリサーチ・クエスチョンの生成について説明する。リサーチ・クエスチョンは残りの計画プロセスにおける要素—特定の混合研究法デザインやサンプリング方法、データ収集プロトコルなどの選択—を決定するものである。

図6.1では、人間科学研究でリサーチ・クエスチョンを立てる際の4ステップモデルを解説している。

- 研究を行う理由の発生
- 関心のある領域における研究可能なアイディアの特定
- 研究目的の設定（任意）
- リサーチ・クエスチョンの創出

4ステップの詳細については，本章を通じて順に説明していく。このモデルが前提にしているのは、それが明白なものであれ暗黙的なものであれ、研究者には研究を始める理由が必ず1つ以上はあって、その理由は個人の特性や経験、教育のバックグラウンドに基づいている、というものである。本章では研究を行う理由の類型を示し、それぞれの理由が研究計画における研究者の判断にどのように影響するのかについて例示する。

次に、研究者が関心のある領域でどのように研究可能なアイディアを特定するのかを論じる。関心のある領域は、研究者が研究を実施しようと思った当初の理由と密接に結びついていることが多い。関心のある領域につながる4つのソース—過去の経験に基づく直観、現実的な問題への対応、先行研究の結果、理論—についても説明する。

さらに、混合型研究で各研究を導く目標や目指すところとなる**研究目的（research objectives）**の設定について簡単に説明する。こうした研究目的は、混合型研究にとって特に重要である。なぜなら、量的な問いと質的な問いとが、統合された主題へとまとめ上げられていく基礎となるからである。

そして、混合型研究のための質的リサーチ・クエスチョンと量的リサーチ・クエスチョン（仮説を含む）の生成について論じる。第1章でもこうした問いの類型について簡単に紹介したが、本章では混合研究法でどのようにこうした問いを生み出していくのかについて詳述する。

社会・行動科学の研究を行う理由

研究を行う理由の類型

本章では、研究者が持つ研究を行う理由こそが、社会・行動科学領域で研究を始める際の真の出発点であると論じる。研究者は、実際に調査したい領域を具体的に特定するより前に、必ず研究を行う根本的な理由（もしくは動機）を持っているものである。こうした動機（もしくは理由）は、研究計画を実際に概念化したり設計したりする前に存在するものである。

Isadore Newmanら（2003）は、この40年の間リサーチ・クエスチョンよりも、研究目的（あるいは、ここでいう研究を行う理由）[1]の方が重要になりつつあるという説得力のある主張をした。こうした事態になったのは、人間科学における研究の役割が拡大し、ポスト実証主義により定着した「知識の創出」という目的を超えるようになったためである。知識を創出することだけが研究の目的にならないことは、例えば、トランスフォーマティブな研究が抑圧されたグループの社会的正義の拡大を強調することにもよくあらわれている。

研究を行う理由について、その類型を紹介する前に、全体的な補足をしておく必要がある。

- 以下の類型は網羅的なものではなく、研究を行う理由はほかにも存在しうる（そして、実際に存在する）。
- 各類型が持つ要素は互いに排他的なものではなく、実際のところかなり重複している。
- 多くの研究者は研究を行う理由を持っている。
- 研究者のキャリアが進めば、研究を行う理由も変化し得る。

こうした欠点や限界はあるものの、われわれの類型は、研究者が研究をどのように概念化し、実施するのかを議論するよい出発点となる。ここでこの類型を示す目的は次の3つである。

- 研究プロジェクトを進める際の活動について、順を追って論理的に確認する。その活動とは、研究を行う理由を明確化することで、目的を設定して[2]問いを生み出し、そこから方法を発展、実行していく、という流れを指す。
- 研究を行う今日的な理由のうち最も重要なもののいくつかを明確に示し、プロセスの全体像を明らかにする。
- 可能なら、研究を行う理由について研究者自身が見直したりこれまでと違ったやり方で表現したりするきっかけにする。

Box 6.1に、社会・行動科学で研究を行う理由の類型とその要素を挙げた。他の研究者の知見も参考にしたが（例えば、Maxwell, 1977；Newman et al., 2003）、この類型には個人的な理由、知識の向上に関連した理由、社会的な理由という3つの大きなカテゴリーがある。

量的研究者と質的研究者は慣習上、**Box 6.1**の理由にある別々の要素をそれぞれ強調してきた。伝統的な質的研究者は、複雑な現象の理解を研究理由として強調する傾向がある。一方、伝統的な量的研究者は、結果として因果関係の説明につながるような変数間の関係の特定を重要視する傾向がある。

混合方法論研究者は、これらの理由全てを正当なものとして受け入れ、異なる学問分野や状況、文脈に応じた研究を実施する。以下に各理由の詳細について述べる。

個人的な理由

個人的な理由は、研究者が何らかの認定過程にあったり（必要があってさらに上の学位を取得する等）、研究プロジェクトを初めて開始したりといった、キャリア開始の頃に特に重要となるだろう。この段階での研究アイディアは、自身や他者の生活における重要な現象に対し、研究者が抱いている個人的な好奇心から、比較的簡単に生まれることがある。

Box 6.1　社会・行動科学の研究を行う理由の類型

A. 個人的な理由
 1. キャリアを積むため
 2. 関心ある現象に対する個人的な好奇心を満たすため
B. 知識の向上に関連した理由
 3. 新しいアイディアや手法を生み出し検証するため
 4. 因果関係の説明を導き出すため
 5. 複雑な現象を理解するため
 6. 予測をたてるため
C. 社会的な理由
 7. 社会やその制度を改善するため
 8. 不利な条件に置かれたグループや団体をエンパワーするため

キャリアを積むため

学位／資格取得過程に従うことは、大学や、研究施設、政府機関で職を得るためには必須である。このため、社会・行動科学者ならほぼ全員、「キャリアを積む」ことが研究実施の理由になることを理解している。こうした時期を過ぎても，研究者は自身のキャリアを伸ばすため、あるいは雇用主の要求を満たすために、ほとんど、もしくはまったく興味のない分野で助成金の申請書を書いたり、研究を行ったりすることがある。だが、こうした個人的、現実的な理由を批判するべきではない。なぜなら、社会の他の事柄と同様、社会・行動科学での研究も仕事の1つだからである。

関心のある現象に対する個人的な好奇心を満たすため

知的な観点からは、これが「最も純粋な」研究理由となる。複雑な現象の理解といった他の理由と結びつくことが多いものの、なかには当初の好奇心やひらめきが動機となって、自身の研究を心から楽しむ喜びに浸れる幸運な研究者もいる。King ら（1994）は、こうした理由について次のように記している。

> 社会科学者が研究する個別のテーマは、個人的な、特別な事柄に端を発していることがある…。そのような個人的経験や価値観は、社会・行動科学者になったり、あるリサーチ・クエスチョンを後になって選んだりする動機になることも多い。それだけに、研究者が特定の研究プロジェクトに従事する「本当の」理由にもなり、またそうなることがふさわしい。（pp.14–15）

知識の向上に関連した理由

新しいアイディアや手法を生み出し検証するため

生物学や物理学と同様、社会・行動科学でも新しい手法の開発や検証を行うことがある。こうした研究は、評価や研究開発に重きを置いている研究所や政府機関で行われることが多い。

例えば、包括的学校改革（comprehensive school reform：CSR）として知られる体系的な学校改革プログラムが、生徒の成績にどう影響したかを調べる研究が、近年になって相当数行われるようになった。CSR による取り組み（例えば、「飛び級校」や「全員合格」プログラム）の成功について調べる研究が増え、教育研究における新しい分野を活気づけている（例えば、Datnow, Hubbard, & Mehan, 2002；Stringfield et al., 1997）。

因果関係の説明を導き出すため

当然だが、これこそあらゆるジャンルのポスト実証主義者にとっての存在理由である。量的な視座からいえば、因果関係の説明に関する研究とは、実験的もしくは準実験的で洗練された相関法を使用するものである。因果関係を説明することの重要性と、その因果関係を生み出すことができる実験の特異性は、量的手法に傾倒する多くの研究者によって称賛されてきた（例えば、Cook, 2002；Cook & Campbell, 1979；Shadish, Cook, & Campbell, 2002）。

質的研究者たちが因果研究に関心を寄せていることも認識されつつある（例えば、Maxwell, 1997, 2004；Miles & Huberman, 1994；Teddlie, 2005）。質的研究で因果関係を明らかにするプロセスには、パターンマッチングや代替説明の除外が含まれるだろう（例えば、Yin, 2003）。Maxwell（1997）はこうしたプロセスを次のように要約した。

> 質的研究から因果関係の説明を導き出すことは簡単ではないし正攻法でもない。だが、この点で質的研究と量的研究のやり方に相違はない。両アプローチとも、因果関係の説明をしようとするときには、その妥当性を脅かす可能性がある説明を同定し、それに対処することが必要となる。（p.75）

複雑な現象を理解するため

複雑な現象を理解することには、文脈、プロセス、意味等をよく検討することが含まれる。多くの質的研究者にとっては従来、因果関係の説明よりもこちらの方が、研究を行う理由として受け入れやすい。というのも、因果律は質的研究者が敬遠する普遍的な言明（時や文脈に依存しない）を意味することが多いからである。複雑な現象を理解するとはいえ、そこから暗示されるのは、現象の変化とともに浮かんでは消えるような個別的知識に過ぎないということもあるだろう。ただ、このプロセスをRichardsonとSt. Pierre（2005）は次のように記している。

> 水晶は、外界や自身の内面を反射し、異なった色、模様、配列、を異なった方向へと投げかけるプリズムである。われわれが目にするものは、われわれがとった姿勢に依存している…それはトライアンギュレーションというよりは結晶化と呼ぶべきものである。（p.963）

こうした研究理由については、過去にも同じような例がある。過去に起こった複雑なできごとや現象を理解することである。人間科学研究の多くは、現在進行中の現象を対象にしている。歴史的現象を研究するのも、過去を研究することで現代のできごとが学べると考えるからである。政治学、社会学、教育学、その他の領域では、歴史学（historiography）の手法—歴史研究や分析、記述の技術—がしばしば用いられる。例えば、政治学者のAllisonとZelikow（1999）は、キューバのミサイル危機をいわば歴史的なケーススタディにし、国内外の危機に直面した政府がいったいどういう対応をとるのか、その他多くの状況に研究結果を当てはめながら説明を行った（Yin, 2003, p.4）。

予測を立てるため

将来のできごとを予測したいと思う量的研究者や質的研究者も多い。**予測研究（prediction studies）**は通常、量的研究の性質を持つことが多く、重要となる基準変数（もしくは変数群）の予測を複数の予測変数[3)]に基づいて行う。例えば、大学に所属する研究者は、学生が学業で成功する可能性について、高校時代の成績や標準テスト等といった複数の因子をもとに予測しようとするかもしれない。

質的手法を用いて予測を行う方法もある。例えば、デルファイ法は専門家集団へのインタビューを通じて将来のできごとを予測する技術であり、1960年代に開発された（例えば、Gordon & Helmer, 1964）。この手法は、教育政策の策定や教師による教育効果、経済発展など、さまざまな領域で用いられてきた（例えば、Covino & Iwanicki, 1996；Teddlie, Creemers, Kyriakides, Muijs, & Yu, 2006）。

社会的な理由

社会やその制度を改善するため

社会改革は、人間科学の分野で研究を行う理由として、はっきりと明言されてきたものではない。特に、ポスト実証主義が主流の分野ではそうであった。にも関わらず、社会やその制度を改革することは、社会・行動科学の研究者が行う仕事の一部として妥当かつおそらく本質的でさえある、という認識が広まりつつある。教育哲学家のJohn Deweyをはじめ、影響力ある多くの著述家が、社会改革や社会問題の解決と研究とを結びつけて論じてきた（Stone, 1994）。

このような理由は、研究にバイアスを持ち込むものとして批判されてきたが、1960年代から1970年代にかけて、社会心理学者やその他多くの研究者が、価値体系と無関係な研究という考え方に疑問を呈したことは、第4章でも述べたとおりである。この理由は、関心のある現象への好奇心を満たすため、という先述した理由と結びつくことが多い。

アクションリサーチ（action research）とは、社会やその制度の改革を目指すような研究であり、往々にして研究者自身の職場への好奇心とも関係する。Schmuck（1997）は、教育現場でのアクションリサーチについて「教育者が自らの実践を振り返り、実践に関するデータをまとめ、実践を改善する他の方法を作り出すうえで一役買うものである」（p.20）と述べた。

評価研究（evaluation research）も、同じく社会や社会制度の改革を目指す研究ではあるが、現存する社会プログラムや教育プログラムの妥当性や有効性を評価することにその主目的を置いている。プログラム評価のリサーチ・クエスチョンは、次のようなものになる。全体的な目標にプログラムは合致していたか（アウトカムに基づく評価）？　プログラムはどのように実施され、現在どのように機能しているか（プロセスに基づく評価）？　アウトカムに基づく評価とプロセスに基づく評価については、第1章で連邦政府の住宅助成金プログラムに対するTrend（1979）の評価研究を例として挙げた。

不利な条件に置かれたグループや団体をエンパワーするため

この理由と先述した理由との違いは、単にサンプリングの問題ということができる。社会や社会制度全般の改善を目指す研究者は、母集団を代表したり、母集団で典型となるようなサンプル（例えば、公立学校の生徒）に興味を抱くものだが、ある特定のグループや団体のエンパワーメントに興味のある研究者は、不利を被っているとその研究者が見なすグループのメンバーをサンプリングすることに関心を持っている。第5章では、社会的に取り残されたグループ—障害者や民族／人種的な少数者、ゲイやレズビアン、女性、貧困環境に住む人々など—のために社会的正義を求めたり、彼／女らをエンパワーしたりすることを最重視する Mertens（2003, 2005, 2007）やその他の研究者たち（例えば、フェミニストの研究者や障害学の研究者）について触れた。

関心のある領域における研究可能なアイディアの創出

関心のある領域と研究可能なアイディア

上記いずれかの理由によって、いったん研究実施を決意した研究者は、次に、関心のある領域で研究可能なアイディアを特定しなければならない。研究領域は広く一般的なものから非常に個別なものまで多岐にわたり、研究者がある特定の研究可能なアイディアに焦点を合わせるようになるにつれて狭まっていくものである。伝統的な分野で学部と大学院を通じて研究者としてのキャリアを積む場合、関心のある領域は次のように一般的なものから個別なものへと移り変わっていくものである。

- 領域全般（例えば、心理学、教育学、政治学、人類学）：こうした広いレベルは、将来研究者になる者（たいていは学部生）がキャリア選択を考え始めるときに重要となる。
- 領域内の主要な下位領域（例えば、社会心理学、臨床心理学、発達心理学、実験心理学、学校心理学、心理統計学）：このレベルは学部生が上級過程を受講し、大学院に願書を出し始めるころに重要となる。
- 主要な下位領域内の一般的な研究テーマ（例えば、態度変化、帰属理論、対人魅力、集団行動）：学部でも上級に上がったり大学院に入ったりすると、このレベルが明確になってくる。
- 一般的な研究テーマ内での関心ある領域（例えば、対人魅力と近親性との関連）：このレベルになると、研究者はその領域内で自身を位置づけ始めるようになる。
- 関心のある領域内の研究可能なアイディア：このレベルになると、研究者はすでに関心ある領域を特定しており、研究目的やリサーチ・クエスチョンを発展させていく準備ができているものである。

その領域内で自身を位置づけるとは、関心のある領域内で研究可能なアイディアを見つけることを意味している。関心のある領域とは、ある一般的な研究領域（例えば、心理学）のなかにある個別の問題領域（例えば、対人魅力と近親性との関連）を指し、研究者が調査するに値すると特定したものをいう。**研究可能なアイディア（researchable idea）**とは、量的研究や質的研究の手法、あるいは、混合研究法を使って実証的に調べられるような、関心ある領域内にある特定のテーマのことである。

研究者は研究可能なアイディアの発見につながるソースを少なくとも４つは持っているものである（例えば、Johnson & Christensen, 2004, 2008）。

- 過去の経験に基づく直観
- 現実的な問題への対応
- 先行研究の結果
- 理論や概念的枠組み

以下の節では、研究を計画する際に研究者がこれらのソースをどのように用いるのかを説明する。関心のある領域と研究可能なアイディアという用語は区別せずに用いるが、研究可能なアイディアの方が意味合いとしては狭い概念を扱っている。

過去の経験に基づく直観

多くの、なかでも応用分野の研究者は、職場や個人の生活の中で、あるいはその双方で得た洞察をもとに、関心のある領域を特定することがある。例えば、利用者がアクセスしやすい施設で働くヘルス・サービスの提供者は、そうしたアプローチが低所得の母子の健康にどのように影響するのか興味を持つかもしれない（例えば、Albrecht, Eaton, & Rivera, 1999；Forthofer, 2003）。同様に、小学校の教員が女子生徒の劣等感につながる学業上の、あるいは社会的な問題に関心を持つこともあるだろう（Look & Minarik, 1997）。

個人的な経験が特定の領域への関心や直観につながることもある。Box 6.2 に、偏見と障害児の家族が持つ経験に関する研究について述べた。この研究は、脳性麻痺の娘を持つ社会学者（Green, 2002, 2003）が行ったものである。

もちろん、研究者にとって最初の直観は研究の出発点に過ぎず、最終的には関心のある現象をさらに深く理解することへとその直感をつなげていかなければならない。例えば、Green（2003）の研究では、自分の娘に対する直観的な洞察と社会学者としての訓練とを融合させ、さらに量的データソースおよび分析と質的データおよび分析とを巧みに統合させる必要があった。社会学で受けた訓練と研究スキルによって、Green は障害者の家族が持つ経験について当初抱いていた直観を、さらに内省的で洞察に富んだレベルへと掘り下げることができた。

現実的な問題への対応

人間科学分野における研究の多くは、解決を必要とする現実的問題から生まれる。John Dewey は、研究とは現実的な問題を解決するものであり、その方法も個人や共同体メンバーの生活の質によい結果をもたらすものでなければならないと考えていた（Stone,

Box 6.2 「お嬢さんはどこがお悪いんですか？」とはどういう意味か

Sara Green は、障害児を持つ 81 人の母親から集めた調査データの量的分析と、7 人の母親への面接に自らの個人的ナラティブを加えた質的分析を行い、両者を混合型研究として統合した。彼女は脳性麻痺のある 10 代の娘を持つ母親でもあり、その経験から「量的な研究結果を文脈に即した人間的なものとして解釈することができた」(Green, 2003, p.1361)。

障害児の家族に対する関心は個人的な経験に端を発するものであったが、社会学者として正規の教育を受けたことによって、彼女は儀礼的スティグマという概念に出会うことになった。Goffman (1963) によると、儀礼的スティグマはスティグマを持つ人と一緒に介護者までがレッテルを貼られるようなときに起きるといわれる。Green (2003) は、「脳性麻痺を持つティーンエイジャーの母として、わたし自身の生活が儀礼的スティグマの生きた事例になった」と述べている。

この混合型研究の結果によれば、儀礼的スティグマは避けられないものではなく、「スティグマを持つ人と持たない人との間で、頻繁に肯定的で日常的なやりとりを繰り返すこと」で軽減できることが明らかになった (Green, 2003, p.1372)。

1994)。Dewey や社会心理学者 Kurt Lewin による著作が、アクションリサーチの確立に影響を与えたことは、本章のなかでも先に簡単に説明した。アクションリサーチは、これまでに多くの分野や国々で用いられている (例えば、Holllingsworth, 1997)。

Titchen (1997) は、1980 年代後半の英国における現実的な問題―各個人に合わせた介護の欠如―に対応するために生まれたアクションリサーチの例を挙げている。Titchen は、英国における伝統的な介護が当時、業務を非常に重視するものであったと述べている。業務指向的でトップダウンなリーダーシップの悪影響として、中央集権型の意思決定、一貫性のない患者ケア、よそよそしい患者–看護師関係が挙げられていた。

こうした伝統的な実践が各個人のニーズを満たしていないことに看護師たちが気づき始めたとき、親密な患者–看護師関係に基づいたケアのスタイルを持つ、患者中心の看護が生まれた。Titchen (1997) の研究プロジェクトは、オックスフォードの病棟ではたらく看護師間での文化の変容に関するものであった。そこでは、看護師サイドの強い自律性や患者中心のケア、職場での専門学習に対する新たな組織目標を求めるような、新しい病棟文化が取り入れられていた。病棟文化は、看護師やその他の職員の間に存在する文化的規範や共有されている価値の独特なパターンとして定義された。

Titchen (1997) は、病棟文化の変化や患者中心のケアに向かう動向を 3 年間追跡した。彼女の研究結果は、文化の変容をはっきりと捉えるためには、それだけの長い期間が必要になることを示していた。Titchen は、「学習機会の性質」と「学習環境」の創出とが、根深い「病棟文化」を変容させるためには必要であることを、この研究で詳細に説明することができたと結論している (p.256)。

先行研究の結果から

研究プロジェクトは、答えたい問いを扱うだけでなく、答えられない新たな問いを生むことがある。これは研究者が対象としている現象の、それまで考えたこともなかったような側面に気がついたときに起きるものである。その後の研究につながるような、よりよく、より焦点の合った問いを生み出すとき、その研究の結果は研究ラインとなる。

研究ライン (または研究プログラム) (line (or program) of research) とは、ある問題領域における一連の研究を指し、対象となっている現象について、より複雑な結果をだんだんと明らかにしながらつながっていくもののことをいう。こうした一連の研究が、分野を超え、元の研究ラインから分かれて、新たな研究ラインを作り出すこともある。関心のある領域を探そうとする場合は、現在進行中の研究ラインを見つけることが有益だろう。進行中の研究ラインは、新たな研究プロジェクトにとって実りの多い領域となる可能性が高い。

過去 40 年における心理学と教育学の革新的な研究ラインの 1 つは、心理学の実験室で始まり、教育改革運動に従事する世代に情報の提供をするまでに至っている。教師と生徒の成績期待レベルという概念が、1960 年代の心理実験室で行われた研究に始まり、今日明らかなように、教育改革運動にまで拡大することとなった。

第 4 章で示したように、実験者効果とは研究者の行動や期待 (もしくは両方) が、意図せず研究結果に影響することをいう。Rosenthal (1976) はこの効果を広義にとらえて対人期待効果と名づけ、幅広い状況 (例えば、教室や陪審員室) へとその活用を拡げた。Rosenthal による初期の研究は、実験動物を使った研究に対する実験者効果について調べたものであった (Rosenthal & Fode, 1963 ; Rosenthal & Lawson,

1964）。Rosenthal らは、ある実験者にはその白ネズミは「高い」迷路学習能力を持つよう品種改良していると伝え、別な実験者には「低い」能力を持つよう品種改良していると伝えた。ネズミに高い学習能力を期待した実験者は、低い学習能力を期待した実験者に比べて、有意に良好な実験結果を得ていた。実際には、白ネズミはランダムに実験条件を割りつけられたにすぎない。

Rosenthal と Jacobsen（1968）は、実験者効果によるこの結果を学校の教室にまで広げ、自己成就予言として定式化し、その著書『教室のピグマリオン』のなかで論じた。この研究では、生徒をランダムに選んで「有望者」とし、学校の教員にもそのように認識させた。後の再試験の際、「有望者」の IQ はクラスの残りの生徒と比べて有意に向上していた。ただ、同じ効果を再現できた研究もあれば、できなかった研究もあり、この研究については意見が分かれている（例えば、Spitz, 1999）。

自己成就予言の研究は次に、Brookover ら（例えば、Cooper & Good, 1982）に受け継がれていった。彼らは、生徒の成績という点での学校差についても、教師の期待によって説明できるのかについて調べた。Brookover ら（Brookover, Beady, Flood, Schweitzer, & Wisenbaker, 1979）は研究現場で研究を行い、教師の期待は操作せず、むしろ教師（や校長）がそのとき生徒に抱いている期待を評価した。

期待レベルを測定する尺度を用いて教育効果を調べた結果、生徒の成績に対する高い期待は、効果的な教育と関連する要因であることが分かった（例えば、Brookover & Lezotte, 1979；Edmonds, 1979；Levine & Lezotte, 1990）。やがて、効果的な教育の特質やそれに関連する要因に基づいた多数の教育改革プロジェクトが発足するようになった（例えば、Marzano, 2003；Reynolds & Teddlie, 2000；Taylor, 1990）。

このように、心理学における実験者効果の論文は、教育学における自己成就予言の効果についての研究に受け継がれ、さらに高い期待が教育効果に対して持つ価値に関する研究へとつながっていった。やがて、それは学校改革プロジェクトへと引き継がれ、改革論者が生徒の学業成績に対する教師の期待を改めようとするまでに至った。このような研究ラインは、21 世紀になってもかたちを変えながら続いており、活発な研究ラインが新しい研究プロジェクトにとっていかに実り多い領域であり続けるかを示す優れた例となっている。

理論のヒューリスティックな価値（もしくは概念的枠組み）[4]

研究可能なアイディアを特定するもう 1 つのデータソースは、理論（もしくは概念的枠組み）である。理論の善し悪しを評価する際には、その理論に新しい研究を生み出すような**ヒューリスティックな価値**（**heuristic value**）があるかどうかを批判的によく考えることが重要である。興味深く、価値があり、知見に富んだ研究につながるアイディアや問いを生み出すものであれば、その理論（もしくは概念的枠組み）には高いヒューリスティックな価値がある。例えば、コンティンジェンシー（contingency）理論は、今日まで 30–40 年にわたって高いヒューリスティックな価値を持ち続けてきた。この理論は、Fiedler（1963, 1973）による心理学の研究や、Mintzberg（1979）による経営学の研究として始まったものである。Fiedler はコンティンジェンシー理論において、状況適応型のリーダーシップを強調した。つまり、唯一最善のリーダーシップ・スタイルというものは存在せず、リーダーシップの有効性はむしろ、リーダーのスタイルと職場環境の特性という 2 つの交互作用によって決まる。リーダーシップの有効性は、ローカルな文脈における要因に左右される、というのである。

コンティンジェンシー理論をキーワードに文献検索をすると、そのヒューリスティックな価値をすぐに確認することができる。社会科学版索引インデックス（1956）で、発行年を 1982–2007（25 年）とし、コンティンジェンシー理論を検索すると、765 件もの文献が幅広い分野にわたってヒットする[5]。

これらの検索結果から選んだ次の 5 つの文献は、経営管理学、コミュニケーション学、ヘルスケア、精神医学、社会学にわたる研究である。

Hogarth, L., Dickinson, A., Hutton, S. B., et al. (2006)「コンティンジェンシー知識はヒトの学習された動機づけ行動に必要である：嗜癖障害との関連」Addiction, 101, 1153–1166.

Pickering, A. (1977).「コンティンジェンシー理論：社会思想の限界についての再考」American Jounal of Sociology, 103, 744–755.

Roll, J. M., Petry, N. M., Stilzer, M. L., Brecht, M. L., Peirce, J. M., et al. (2006)「メタアンフェタミン使用障害の治療におけるコンティンジェンシー管理」American Journal of Psychiatry, 163, 1993–1999.

Torkzadeh, G., Chang, J. C. J., & Demirhan, D. (2006)「コンピューターとインターネット上の自己効力感に関するコンティンジェンシー・モデル」Information and Management, 43, 541–550.

Wallgrave, S., & Van Aelst, P. (2006)「マスメディアによる政治課題のコンティンジェンシー：予備的理論に向けて」Journal of Communication, 56 (1), 88–109.

理論（もしくは概念的枠組み）を使って研究可能なアイディアを特定する際、研究者は理論的特性のどの部分が関心のある領域に応用できるのか、頭のなかで思いつく限りのシナリオを展開するものである（もし～だとしたら)。例えば、コンティンジェンシー理論では、リーダーシップの有効性が文脈的な要因に依存するといわれる。そこで仮に、高校の校長が効果的かどうかを決めるものは何か、研究者が興味を持っていたとしよう。リーダーシップによる効果は状況によって変わるというのが、コンティンジェンシー理論が強く主張するところである。この場合、状況とは高校という文脈である。研究者は高校という文脈のなかで違いを生む重要な変数はどれか、頭の中でさまざまなシナリオを展開し始めるだろう。例えば、社会経済的地位の低い生徒が多い学校か、アッパーミドルクラスの生徒が多い学校かによって、高校での効果的なリーダーシップの特徴は違うのか？　それぞれの状況では、どのようなリーダーシップのスタイルが有効なのか？　そして、その理由は？

3つの研究コミュニティとそれぞれによる理論の用い方

第2章の**表 2.1** に記したように、3つの研究コミュニティでは、どの程度理論を重視するのか、いつ研究プロジェクトに理論を用いるのかが異なってくる。

量的研究で培われた仮説-演繹法は、理論や概念的枠組みからア・プリオリに仮説を演繹したり、数値的データや統計分析を用いてその仮説を検証したりするところから始まる。こうした量的モデルでは、データ収集に先立つ理論（もしくは概念的枠組み）を重視している。

探索的な量的研究もまた、文献レビューに基づく理論や概念的枠組みに重きを置いている。ここでの理論的概念的枠組みは、互いに関連している要素や、重要な変数と関連する可能性のある要素を特定するために使われる。ただ、これらの研究では、変数間に関連があることやその方向性について予測（つまり仮説）を立てることより、記述統計を用いてある傾向を特定したり（例えば、データマイニング）、複雑な相関技法を用いて変数間の関係を同定したりすることが行われる。Christ（2007）は、探索的な量的研究の例を数多く挙げている。

理論や概念的枠組みに対する質的研究のオリエンテーションはさらに多様である。John Creswell（2003）は、理論に対する質的研究者の立場を4つ挙げて論じている。

- 質的研究者のなかには、研究計画を通じて帰納的に理論を構築したり（例えば、グラウンデッド・セオリー論者）、研究プロセスの最終目標として理論を生成したりする者がいる。
- 質的研究者のなかには、**理論的レンズ**（**theoretical lens**）（例えば批判理論者）を研究の指針とし、民族性やジェンダー等に関する社会的正義の問題を提起しようとする者がいる。
- 質的研究者のなかには、理論を使って行動や態度を説明しようとする者がおり、その研究プロジェクトは量的研究者と同じく、文献レビューに基づく理論や概念的枠組みを明示するところから始まる。
- 質的研究者のなかには、理論を全く用いないかわりに、関心のある現象の複雑で詳細な記述をつくりあげようとする者がいる（例えば現象学[6]の研究者）(pp.131–133)。

理論に対する混合研究法のオリエンテーションは、採用する特定の研究デザインに依存する。研究者による理論の使い方を例示するため、ここでは（第2章ですでに定義した）基本的な2つのデザインについて論じる必要があるだろう。

- 並列型混合デザイン――これらのデザインは、混合研究法プロジェクトのなかでも、研究の各工程（量的研究、質的研究）を並列させて（つまり、開始と終了とをほぼ同時に）、あるいは若干の時間差を持って行われるものである。第7章の**図 7.4** に、並列型混合研究法デザインの図解を示したので参照のこと。
- 順次型混合デザイン――これらのプロジェクトでは、量的研究と質的研究という研究の各工程を時系列で行う。ある工程における問いや手順（例えばサンプルやデータの収集方法）は、その前に行った工程から生まれるか、影響を受けることになる。**図7.5** に、順次型混合デザインの図解を示したので参照のこと。

並列型混合デザインでは、研究者が各工程で違ったやり方で理論を用いることがある。量的研究では、研究を開始する前に演繹的に仮説を生成したり、研究対象となる問題に関係しそうな変数を同定したりするために、理論を用いるかもしれない。また、研究対象となる問題に関係する変数を同定するために、帰納的に構築された概念的枠組みを用いることもあるだろう。一方、質的研究では、まずはデータを集めて分析し、グラウンデッド・セオリーを作り出すかもしれない。2つの工程から引き出した推論を最後に結びつけ、研究のリサーチ・クエスチョンに答えていく。

順次的混合デザインでは、最初に来る工程（量的研究または質的研究）と矛盾しないかたちで理論を用いていく。次の工程が始まれば、それと合致するかたちで理論を用いる。例えば、量-質の順で行うデザインでは、概念的枠組みを構築することで最初の工程が始まり、理論を生成したり説明したりすることで次の工程が終了する。2つの理論的立場が互いに異なることもあるが、その違いこそ研究で得られた知見を反映している可能性も高い。一方、量-質の順で行うデザインでは、最初の工程で得られた理論的な視座が、次の工程のリサーチ・クエスチョンや仮説（もしくは両方）を特徴づけることがある。

研究者によっては、きちんとした文献がほとんどなく、理論や概念的枠組みに至ってはさらに少ないといった現象を研究することがある。例えば、評価研究に携わる者は、論文や章、書籍の出版がほとんどないような教育的・社会的プログラムについて研究することが多い。第1章で示したTrend（1979）の評価研究は、そのような研究の好例である。このような場合、評価者はすでに出版された研究や理論に頼ることなく、概念上の決定や方法論的な判断を1人で数多くこなさなければならない。こうした研究環境によって、評価者は利用可能なあらゆる方法論的手段を使うことを余儀なくされ、混合研究法へと導かれることが多い。

文献レビューの実施

この節は文献レビューのプロセスを説明する3つの小節から成り立っている。

最初のセクションでは、文献レビューを実施する12ステップのプロセスを説明し、例としてフルテキスト版のSocINDEXの利用を挙げる。

第2のセクションでは、文献レビューする際の予備的なデータソースとして使われる、社会・行動科学分野の電子データベースについて説明する。

第3のセクションでは、社会科学版索引インデックス（Social Sciences Citation Index：SSCI）の使い方を説明する。このセクションでは、次の用語を用いる。

- **予備的な情報源（preliminary information source）**— 研究者が関係のある研究論文を探すときに役に立つ索引や要約；このうち最も包括的な情報源が、アクセスの容易な電子データベースである。
- **2次的な情報源（secondary information source）**— 調査研究にまつわる情報を含む出版物で、その著者は研究に直接関わった人物ではない。
- **1次的な情報源（primary information source）**— 研究を行った個人による調査研究の記述。
- **キーワード（記述子）（keyword（descriptor））**— 調査研究の重要な側面を記述し、電子データベースで情報を探すときに用いられる検索用語。

文献レビュー実施の12ステップ

本章では文献レビューについて説明するが、これは研究者がリサーチ・クエスチョンを作り出すうえで欠くことのできない研究プロセスの一部である。文献レビューは研究プロセスにおけるさまざまなポイントで行うことが可能だが、こうしたレビューは関心のある領域や研究可能なアイディアに関するキーワードを見つけてから行うのが、最も効果的で生産的である。

研究可能なアイディアを見つけるために文献レビューを行う研究者もいれば、関心のある領域や研究可能なアイディアについてのキーワードを使って文献レビューを行う研究者もいる。ただ、ほとんどの研究者は関心のある領域を見定めてから文献レビューを始める。

文献レビューを行うステップ・バイ・ステップのプロセスは後で示すこととし、まずはレビューの一般的な特徴について説明する。

- 文献レビューでは漏斗型のアプローチを使うことが一般的であり、関連性の低い膨大な資料から始めて徐々にそれを最も関連の深い文献や情報源へと洗練させていく。
- 資料をレビューする際の典型的な順番は、予備的な情報源、2次的な情報源、そして1次的な情報源へと進む。
- 関心のある領域や研究可能なアイディアを絞り込むほど、検索は効果的で生産的なものとなる。
- 文献レビューには、ナラティブ資料のなかから研究トピックに関するテーマを見つけることも含まれる。テーマとはナラティブ・データのなかで繰り返されるパターンである。従って、文献レビューは質的分析の一種ともいえる。
- 文献レビューは反復的なものである。つまり、望んだ結果が得られるまで所定のステップが繰り返されるのである。
- 文献レビューは電子データベースによってますます活発化しており、研究者は図書館で作業する前に研究室や自宅のコンピューターを使って、最大限の作業をこなせるようになった。

社会・行動科学研究に関するほとんどの教科書は、何節かを文献レビューにあてている。本章で要約した12ステップも、いくつかの文献を参考にしたものである（例えば、Creswell, 2002；Gall, Gall, & Borg, 2006；Johnson & Christensen, 2004；Krathwohl, 2004；Mertens, 2005）。

本節の残りの部分では、架空の検索シナリオに従って各12のステップを詳述する。このシナリオでは、社会学の大学院生が1996年のアメリカで成立した福祉改革法案が持つ今日への影響について関心を持っているものとする。この領域自体が非常に幅広いため、研究者は文献レビューを手段にして研究可能なアイディアをより狭めて明確化し、最終的には妥当なリサーチ・クエスチョンを複数作り出すことを目指した。

ステップ1．研究トピックを特定する。先述したように、関心のある領域や研究可能なアイディアを正確に同定すればするほど、文献検索は効果的で生産的なものとなる。架空のシナリオでは、社会学部の大学院生が福祉改革を関心のある領域として認識していた。ただ、その広範な領域のなかから、さらに洗練された研究可能なアイディアを探さなければならない。福祉（もしくは福祉改革）は、たいていの社会学の入門書に載っているごく一般的なトピックであり、さらに広範囲の階級／社会階層や不平等といったトピックに含まれるものである（例えば、Giddens, Duneier, & Applebaum, 2003；Thio, 2005）。

ステップ 2. 資料を見つけ出すうえで役に立つキーワードや記述子を特定する。大学院生は福祉改革がキーワード、あるいは記述子であると考えていたが、このキーワード使った検索では広すぎて、参考文献も膨大になりそうなことに気がついた。そこで、彼女は使えそうな別のキーワードについて考え始めた。彼女が興味を持っていたのは家族の福祉、なかでも母子の福祉に法案が与える影響であった。福祉改革が福祉の取扱い件数に及ぼした影響についてはすでに詳細な研究があり、興味は惹かれなかった。

ステップ 3. 文献レビューを行う際の全体的な検索戦略を立てる。文献レビューを行うときには、集中して次のステップまで考えられるよう、全体的なプランを持っておくことが望ましい（例えば、Mertens, 2005）。膨大な先行研究の量に圧倒されることが最初から予測されるような場合には、特に重要である。全体的な戦略としては、最も関連の深い 1 次的な情報源、最も価値のある 2 次的な情報源（学術誌やレビュー論文、レビュー文献を載せた書籍、特定のテーマに関するハンドブック）、（予備的、2 次的な情報源として）最も関連のある学術誌を見つけることが挙げられる。資料を検索するプロセスは、予備的な情報源から 2 次的、1 次的な情報源へと進んでいくことが典型的であるが、そのプロセスは反復的で、時には検索途中で順序が逆になることもある。

ステップ 4. 1 次的な情報源を検索する。社会学[7]における最も包括的かつ価値ある 2 大情報源の 1 つが SocINDEX であり、多くの図書館が持つオンライン蔵書目録を通じて利用することが可能である。例えば、ルイジアナ州立大学では LSU オンライン蔵書サービスを提供している。ウェブサイトに入れば、検索ツール、データベース、インデックスと順にクリックしてゆき、社会科学を選択すれば、フルテキスト版の SocINDEX にアクセスすることができる。

社会学の大学院生は SocINDEX を電子ベースの 1 次的な情報源として選んだ。福祉改革をキーワードに入力して検索したところ、2,748 件も一致してしまった！[8]　検索を狭めなければならないことは分かっていたので、彼女は出版年数を 2000 年から 2007 年に限定したが、それでも 1,445 件がヒットした。

最初の数ページに目を通しながら、自分が何を研究したいのか、さらに具体的に考え始めた。いくつかのタイトルには家族構成員の名称（例えば、母親、子ども）が含まれていた。論文の抄録を 2、3 確認しながら、彼女はそうした個人に対し、福祉改革がどのような影響を及ぼしたのかを研究するのが面白そうだと考えた。彼女は福祉改革と母親というキーワードを入力した。検索には 195 件がヒットし、参考文献としては理想的な数に近づいてきた。

彼女はさらに検索を狭めることにした。最後の検索中、非常に関連ありそうなレビュー論文が彼女の目にとまった。

Lichter, D. T., & Jayakody, R.（2002）「福祉改革：その成功をどうやって測定するのか？」Annual Review of Sociology, 28, 117–141.

彼女には、これが 2 次的なデータソースであることが分かっていた。というのも『年報社会学論集（Annual Review of Sociology）』はレビュー論文しか載せないからである。論文の抄録には、155 件の文献を参考にしたことが示されており、かなり包括的な文献レビューが行われたようであった。彼女はその論文に関するキーワードの一覧を眺め、テーマとなる語句にも著者提供のキーワードにも、貧困という言葉が含まれていることに気がついた。これは彼女にとって特に関心のある領域だったので、次に福祉改革、母親、貧困というキーワードを入力してみた。この検索には 67 件がヒットし、彼女はさらに精査を進めるため、リストをプリントアウトすることにした。

ステップ 5. 関連のある 1 次的な情報源と 2 次的な情報源を選択する。予備的な情報源の検索がすんだら、そこから最も関連ありそうな 1 次的な情報源と 2 次的な情報源を 25–50 件ほど選ばなければならない。この架空の大学院生はリストをよく調べ、最も研究と関係しそうな 31 件を選び出した。残りの文献も後で関係してくるかもしれないので、全 67 件の文献リストもとっておくことにした。

彼女は最初の 2 次的な情報源も読んでおくことにした。というのも、領域全般に対してもっとよい視野が得られそうだったからである。非常に興味深いタイトルを持つ 1 次的な情報源もいくつか選び出した。

Jennings, P. K.（2004）「母親が望むこと：福祉改革と母親の希望」Journal of Sociology and Social Welfare, 31（3）, 113–130.

Korteweg, A. C.（2003）「福祉改革と働く母親の問題：まずは職、次によい職、それからキャリア」Theory and Society, 32, 445–480.

ステップ 6. 特定した 2 次的な情報源と 1 次的な情報源を図書館で探す。67 件ある文献のうち、約半数は

SocINDEX を通じて全文入手できることに彼女は気がついた。つまりシステムから直接ダウンロードして、読んだりプリントアウトしたりできるのである。SocINDEX から直接文献を入手できなくても、まだ次の手があった。論文を掲載する学術誌を図書館が定期購入していれば、書庫に行って見つけることができたし、それでも手に入らない文献は、図書館間貸出制度を利用して発注した。

ステップ7. 将来の文献レビューに使えるよう、自分のことばを使って電子媒体や紙媒体に研究の要約を残す。情報管理は文献レビューにとってたいへん重要である。研究者は文献レビューにとって最も関連の深い論文は、個人のライブラリにコピーを残しておくべきである。そのような文献は何度もくり返し読んで参考にすることになるので、簡単にアクセスできるようにしておくことが大切である。別な方法としては、電子媒体で保存したり、文献整理ソフト内に保存したりすることが挙げられるだろう。

研究者は、これから使うであろう文献書籍のリストを作っておくべきである。各リストには著者名、出版年、文献タイトル、雑誌（その他のデータソース）名、巻、ページ番号などを入れておくべきである。研究者は文献レビューを行ったり執筆したりしながら、参考文献のリストを作り上げなければならない。そうした編集作業が、文献レビューに用いた参考文献をリストアップする際に役立ってくるのである。

文献管理ソフト・ウェアは、研究者が文献を編集したり要約したりするときに役立つものである。EndNote、ProCite やその他の類似ソフトを使うことで、インターネットから文献をダウンロードしたり、別な検索で集めた文献を読み出したりすることができる。ソフト・ウェアを使った個人の文献ライブラリを作れるのである。このライブラリでは、文献を結合させたり、アルファベット順にソートしたり、米国心理学会（APA）の出版スタイル[9]やその他のスタイルに変換したりすることもできる。個人文献ライブラリに文献や抄録を追加すれば、ソフト・ウェアがそれらの書式を揃えて適切な順序で並べてくれる。文献管理ソフト・ウェアの使い方をどれか１つでも学んでおくことは明らかな利益である。

EndNote のようなソフトのもう１つの利点は、ワードプロセッサーソフト（マイクロソフトワードやワードパーフェクト）にアイディアを打ち込みながら、簡単に素早く引用を本に追加できることである。個人文献ライブラリにある文献を参照したい場合、ソフトが文献を見つけて文章の最後に適当な順序と形式（例えば、APA）で並べてくれる。要約や文献全体、それぞれの参考文献についてのメモや要約のコピーも保存しておける。これらの利点に加え、ツールの使い方を学べば、研究プロジェクトについて将来執筆するときの手助けにもなる。

読んだレビューや研究のうち、最も重要なものは要約しておくべきである。自分自身のことばで書いた研究の要約は、文献レビューを構成する基本的な要素となる。レビューや論文からの直接の引用も重要である。特に引用が適切であれば、他者が解釈するよりも原文そのものの核心をうまく簡潔に示すことができる。とりわけ重要な引用については、文献リストや要約に正確なページ番号を添えておくべきである。

ステップ8. 必要に応じて4–7ステップを反復する。くり返すごとに検索は洗練されていく。ここは文献レビュー過程におけるくり返し部分となる。架空の大学院生もこうしたステップを2、3回くり返したかもしれないが、そのつど別なデータソースが見つかって、テーマはますます絞り込まれていった。

ステップ9. 論文を要約して主題や概念を構築する。文献レビューの最終目標は、関心のある領域での研究可能なアイディアについて、関連のある先行研究を統合することである。この統合には、文献のなかから主題—別なデータ・ソースでも繰り返しあらわれる情報のパターン—を見定めることも含まれている。質的研究の要でもある主題分析については、第11章で議論する。文献レビューでは、先行研究のなかのナラティブこそが「データ」なのである。

福祉改革が貧困家庭の母親に与えた影響について、大学院生は関係しそうなテーマを全て探そうとするかもしれない。興味深い主題（いくつかは互いに矛盾するかもしれない）がいくつもあればよけいにそうであろう。

ステップ10. 文献レビューのアウトラインを作って主題／概念を互いに関連させる。主題は矛盾のないかたちで互いに結びつけなければならない。そうすることで自分のしたい調査研究を先行研究全体のなかに位置づけることができる。このステップで、大学院生は自分の研究（と彼女自身）をその分野のなかに位置づけるのである。Creswell（2003）は、文献マップを使うとこのプロセスに役立つだろうと提案している。文献マップとは、あるトピックについての先行研究を視覚的に要約したものであり、これから取り組もうとする研究が数ある先行研究のうちどの部分に当てはまるのかを示すものである。

ステップ11. 主題によって、あるいは重要概念によって先行研究を構造化して整理し、最終的な文献レビューを作り上げる。文献の読み込みを通じた全般的な議論によって、これからやろうとしている研究が、その研究ラインでの次の論理的なステップになることを読者に確信させなければならない。

表 6.1　図書館にある社会・行動科学でよく利用される電子インデックス

科目	電子インデックス
全ての社会・行動科学	Social Sciences Citation Index（SSCI）
教育学	ERIC Abstracts（Educational Resources information Center）
図書館学	Library Literature and Information Sciences
医学と関連領域	MEDLINE
看護学と関連領域	CINAHL（Cumulative Index to Nursing and Allied Health Literature）
心理学	PsychINFO
社会学	SocINDEX Sociological Abstracts
社会・行動科学の博士論文	Dissertation Abstracts International
社会・行動科学研究で用いられる測定に関する情報	Mental Measurement Handbook

ステップ 12. 文献レビューを利用して、リサーチ・クエスチョン（と仮説）を作って練り上げる。多くの研究者が文献レビューを利用して、自身のリサーチ・クエスチョンを立てたり、練り上げたりしている。例にあげた大学院生も、文献レビューを利用しながら最初のリサーチ・クエスチョンを立て、さらにそこから文献を読みこんだり、パイロット・スタディを行ったりしながら、そのクエスチョンを練り上げていくだろう。彼女の最初のリサーチ・クエスチョンは次のようなものになるだろう。福祉改革が貧困層の母親に与えた影響にはどのようなものがあるか？　世帯にもう1人親がいれば、福祉改革が持つ母親への影響は違ったものになるのか？

社会・行動科学で予備的に用いられるデータソース

先述したように、資料をレビューする典型的な順番は予備的な情報源から始まる。そのため、ここでは電子インデックスとして利用可能なもののうち、最もよく使われる予備的な情報源について追加情報を示す。最近では、多くの図書館がインターネット版インデックスの貸し出しを始め、学生や教職員が大学内外でも利用できるようにしている。大学の図書館にあるオンライン・サービスで利用できる社会・行動科学の電子インデックスのうち、最も人気の高いものを9つ表6.1にリストアップした。Web of Knowledge も人気の高いインデックスであり、SSCI を含む全ての研究領域から種々のデータベースを集めたものである。

社会科学版索引インデックス（SSCI）：予備的な情報源の例

SSCI は手始めとするのに格好のインデックスである。というのも、社会・行動科学における 50 の分野から文献を集めているからである。このインデックスを使えば、研究ラインを特定することも興味のある特定の著者による研究をフォローすることもできる。先の検索例では SSCI を用いてコンティンジェンシー理論の参考文献を調べたが、幅広い分野から 765 件の論文を得る結果となった。

Box 6.3 は、先述した架空の大学院生が SSCI を用いた場合を簡単に説明している。彼女は文献検索するにあたって重要なデータソースを見つけていた。福祉改革の成功を評価した Lichter と Jayakody による 2002 年のレビュー論文のことである。この文献を引用している他の研究者を探すと有益なのではないか、と彼女は考えた。なぜなら、そうした研究者らによる研究ラインは彼女にさまざまな情報を提供してくれそうだったからである。**Box6.3** にあるように、SSCI で調べたところ、Lichter と Jayakody（2002）を引用した文献は、出版後約 5 年後にあたる 2007 年 1 月 27 日までに、20 件出版されていることが分かった。そこでこの学生はそれぞれの文献を見つけて読みこみ、リサーチ・クエスチョンを立てるのに用いた。これらの文献こそ、彼女の関心ある領域に直接関係する最新の研究だったからである。

SSCI を混合研究法に用いた別の例として、われわれが行った SSCI による引用の分析を挙げる。対象にしたのは 1990 年代後半に出版された『混合方法論–質的アプローチと量的アプローチの結合』(Tashakkori & Teddlie, 1998）という本である。この本は混合研究法をこれまでとは違う方法論的オリエンテーションとして扱った最初の本の 1 つで、われわれはどういった分野の研究者がこの本を引用しているのかに関心があった。そこで、まずは TASHAKKORI, A. を著者名として SSCI の Cited Author Search を行い、Cited Reference Index に挙がった全ての関連文献を調査した。SSCI を用いたこの検索によって、さまざまな分野に及ぶ 152 件もの引用[10]が挙げられたことを図 6.2 に示した。

SSCI を使った検索は、われわれの本がどの分野で引用されているのか知ることを可能にしただけではなかった。混合研究法の実施に関心がある研究者を見つけ出し、各分野における独自の混合研究法を用いる研究ラインを同定することも可能にしてくれた。例えば、図書館情報学でも混合研究法が活発な分野があることを特定することができたが、SSCI の検索を行うまでわれわれはそのことに気がついていなかった。

Box 6.3　SSCI を用いる際の各ステップ

ここで示す例には、福祉改革に関心を持ち、SocINDEX を使って先述したような検索をすでに行っている同じ社会学の大学院生が登場する。その後にあたるこの例では、彼女が Web of Knowledge へのアクセスが可能な大学で研究していると仮定する。彼女はこの電子媒体を使い、次のステップで SSCI 検索を行う。

1. 大学で許可された電子インデックスのリストから Web of Knowledge にアクセスする。
2. 関心あるデータベース（SSCI）、検索する年の範囲（インデックスは 1956 年から現在まで検索する）、検索の種類を選択する。ここでは SSCI を紹介することが目的なので、彼女の選択も、一般的な検索（トピック、著者、雑誌、その他）や、特定の著者や研究を引用している文献の検索に限定している。
3. 特定の著者（D. T. Lichter & R. Jayakody）に関心があるので、引用文献の検索を選択する。
4. 次の画面で引用されている著者名や研究、年について聞かれる。引用されている著者名を入力する欄に LICHTER DT. とタイプする（ここで特定の論文名を入れることもできたのだが、好奇心からまずは全ての引用文献にアクセスすることにした）。
5. LICHTER DT. の検索オプションをクリックすると、雑誌名や書籍名のアルファベット順に大量の引用文献が表示される。そこで、とりあえず著者名からの検索結果を保存し、そもそも関心のあった年報社会学論集の 2002 年論文を引用した文献検索に集中することにする。D. T. Lichter は頻繁に引用される著者であり、150 件以上の研究（なかには重複もあったが）が SSCI のスクリーン 4 枚分にわたって表示される。
6. D. T. Lichter で調べた最初の画面に ANNU REV SOCL と 2002 を入力し、しかるべきボックスにチェックを入れる。それから Finish Search の選択肢をクリックすると Lichter による 2002 年の論文を引用した 20 件のデータが表示される。
7. こうしてこの学生はそれぞれの文献を見つけてよく読み、リサーチ・クエスチョンを立てるために利用する。これらの文献こそ、彼女の関心ある領域に直接関係する最新の研究だからである。

注：この検索は 2007 年 1 月 28 日に SSCI を用いて行われた。

混合研究法を行う目的の設定

次のステップとして、全てではないにしろ、多くの研究では、混合研究法に合わせたリサーチ・クエスチョンを生み出すまでに、研究目的を設定することになる。混合研究法にとって研究目的が重要なのは、研究開始時から 2 つのアプローチ（量的研究、質的研究）を一体化させるうえで、役に立つものだからである。また、質的研究か量的研究のどちらか一方では答えられない問いを扱う際に、両者のデータや分析をどのようにして統合するのか明確化するうえでも有益である。研究目的は、量的な問いと質的な問いを理路整然と統合された主題に仕立て上げる基礎になるものである。

第 2 章では混合研究法の有用性について論じ、研究者は検証的な問いと探索的な問いを同時に持てることや、理論の立証と理論の生成を同じ研究のなかで行えることを示した。われわれが指導する研究プロジェクトの多くは博士論文であり、学生は次の 2 つの目的を同時に達成したいと思っている。(1) ある変数にともなう 1 つの変数との間に予測できるような関係があることを証明すること（確証的研究）、(2) 予測された（もしくは別の関連した）その関係が実際どのようにして起こっているのかを知ること（探索的研究）。**Box 6.4** は Lasserre-Cortez (2006) が最近提出した博士論文の要約であり、研究目的の全体から一連の仮説と問いを作り出している。

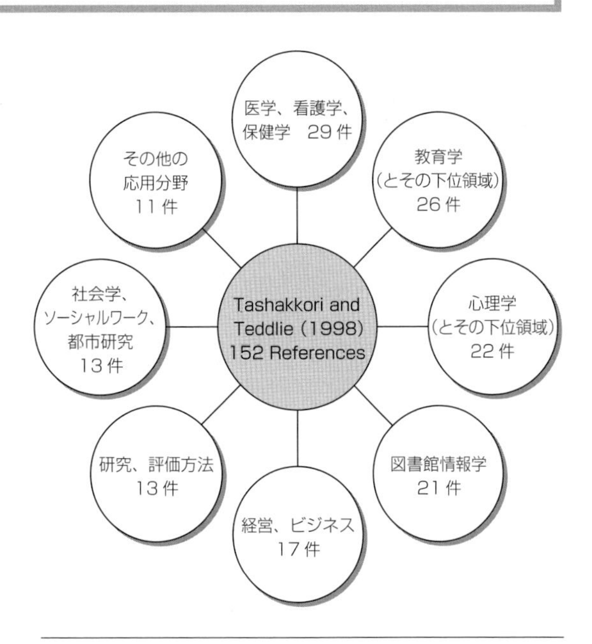

図 6.2　『混合方法論：質的アプローチと量的アプローチの結合』（Tashakkori & Teddlie, 1998）を引用した各分野

興味深い研究目的の例として、トラウマティックな

Box 6.4　博士論文と研究目的の要約

Shannon Lasserre-Cortez（2006）の博士論文は、専門職実地共同研究（PARCs：professional action research collaboratives）の影響について調べたものであった。PARCs とは職員主導の職能開発プログラムのことである。この論文全体の研究目的は、（1）PARCs の存在を一方とし、学校や教師による教育効果の指標をもう一方として、両者の関係を実証的に調査することと、（2）実際の学校場面で、この関係がどのような仕組みで作用しているのかを説明することであった。

研究仮説は次のようなものであった。

1. PARCs に参加した学校は、対照群の学校に比べて、高い教育効果（生徒の成績が時間とともに大きく上昇する）を示すだろう。
2. PARCs に参加した学校の教師は、対照群の学校の教師と比べて、高い教育効果を示すだろう。

リサーチ・クエスチョンは次のようなものであった。質的なインタビュー・データは、仮定したような関係を裏づけるだろうか？　PARCs に参加した学校の風土は教師の教育効果に影響するだろうか？

注：Lasserre-Cortez による論文はここに示したものより複雑なものであったが、本書のニーズに合わせて簡略化して説明した。

環境下で働くことの心理的影響について調べた Collins と Long (2003) の研究を挙げる。この研究は 1998 年 8 月 15 日に北アイルランドのオマーという小さな町で起きた自動車爆弾事件の後に行われた。妊婦 2 名を含む 29 名の人が死亡、60 人以上が重傷を負った。この小さなコミュニティに住む人々の多くが互いに親しい関係だったため、この特殊な状況でのトラウマはさらに複雑なものとなった。

この研究プロジェクト全体の目的は、「量的手法と質的手法を使い、オマーの爆弾事件でトラウマを負った人のケアにあたる人々が、どういった影響を受けているのか経時的に調査すること」(Collins & Long, 2003, p.20) であった。研究参加者は 13 名の医療従事者で、オマーへ派遣されたトラウマ回復チームに所属しており、データは 2 年半にわたって集められた。

プロジェクトの目的は、次のデータを集めることで達成された。(1) 参加者の共感疲労、バーンアウト、共感満足[11]、生活満足度のレベルを 4 ポイントで測定した量的データ、(2) 研究終了まで行った参加者へのインタビューによる質的データ。量的データは、参加者の共感疲労とバーンアウトが時間とともに増加し、共感満足と生活満足度が時間とともに減少することを示していた。インタビューによる質的データからは、トラウマ回復チームで働くことの最も肯定的な側面と最も否定的な側面に関する主題が抽出され、量的結果を説明するうえで役に立った。こうしてこの研究は、トラウマとともに働くことの長期的な心理的影響について検証しつつ、参加者が自身の体験について抱く認識や洞察を探索し、実践に示唆を与えることへとつなげたのであった。

量的研究者も質的研究者も、因果関係の調査に興味は持っているのだが、関係を特定するという点において、両者の手法にはそれぞれ違う長所がある（例えば、Maxwell, 2004；Shadish et al., 2002）。量的研究者の多くは、**因果関係（causal effect）**（つまり X が Y の原因になる**かどうか**）を調べるには、量的実験の方がよいと信じている。量的研究のデザインなら、関係のない剰余変数による影響をコントロールしやすいからである。一方、質的研究者の多くは、**因果の仕組み（causal mechanism）**やプロセス（つまり**どのように** X が Y の原因になるか）について知るには、質的手法の方がよいと信じている。質的手法と量的手法とを巧みに組み合わせることで、研究者は―オマーでの爆弾事件の研究のように―因果関係と因果の仕組みに対する問いを同時に扱うことができるのである。

混合研究法のためのリサーチ・クエスチョンの創出

いったん調査研究の目的を定めれば、研究者はそこから具体的な問いや仮説を引き出すことができる。第 1 章にも記したように、**混合研究法のリサーチ・クエスチョン**は、ある現象の未知なる側面について、**ナラティブと数量**という形式を持った情報で答えるものである。あらゆる混合型研究にユニークな点は、最低でも 2 つのリサーチ・クエスチョン（1 つは質的、1 つは量的）を必要とするところにある。典型的な質的研究や量的研究であれば、問いが 1 つしかなくても始めることができるだろう。

混合研究法について書いた最初の本で、われわれはリサーチ・クエスチョンの「独裁性」について次のように論じた（Tashakkori & Teddlie, 1998, p.20）。プラグマティックなオリエンテーションを持つ研究者にとって、方法論について考えることは「リサーチ・クエスチョンそのものに比べると二の次に過ぎず、根底にあるパラダイムや世界観もほとんど取り沙汰されることがない」(p.21)。リサーチ・クエスチョンの重要性について論じたのは、パラダイムについて検討するためではなく、現実的なリサーチ・クエスチョンが持つ相対的価値を強調するためであった。リサーチ・クエスチョンによっては研究手法を選ぶことにもなり、そうしたリサーチ・クエスチョンの複雑さから、混合研究法に至ることも少なくない[12]。

Bryman (2006b) はリサーチ・クエスチョンの重要性について次のようにコメントしている。

> 量的研究と質的研究とを混合するプラグマティックなアプローチがうたう主な内容の1つとして、リサーチ・クエスチョンの重要性がしばしば挙げられる…量的研究と質的研究について議論する際、こうした立場はリサーチ・クエスチョンを優先し、認識論や存在論の議論を脇に追いやるものである。そうすることで、量的研究と質的研究とを組み合わせる道が切り開かれるのである。(p.118)

2重の焦点としてのリサーチ・クエスチョン

研究プロセスは、それぞれ下向きと上向きの三角形が中心点で向かい合った図で示すことができるだろう。中心点はリサーチ・クエスチョン（もしくはクエスチョン群)、上の三角形は問いが生まれる前の活動、下の三角形は問いが作られた後の活動をあらわしている。図6.3は、2重の焦点を持つリサーチ・クエスチョンについて図示したものである。

上の三角形は、たくさんの散らばった情報からリサーチ・クエスチョン（もしくはクエスチョン群）へと焦点を絞っていく漏斗を記号化したものである。下の三角形は、リサーチ・クエスチョンに対するエビデンスが明らかになるにつれて拡大する情報を記号化したものである。リサーチ・クエスチョンは2重の焦点となり、テーマについて研究前に知っていたことと、研究しながら学んだこととを結びつける働きをする。全てはリサーチ・クエスチョンを通って流れ、リサーチ・クエスチョンから導かれるのである。

量的リサーチ・クエスチョンと質的リサーチ・クエスチョンの統合例

研究を行おうとする個人にとって最も困難な知的（もしくは創造的）作業は、関心のある領域で研究可能な問いを作り上げることであろう。最初の問いは往々にして漠然とした一般的なものになりがちである。最初の問いを削って研究可能なものにするのは困難な作業である。人間科学で研究者が使う構成概念の多くが

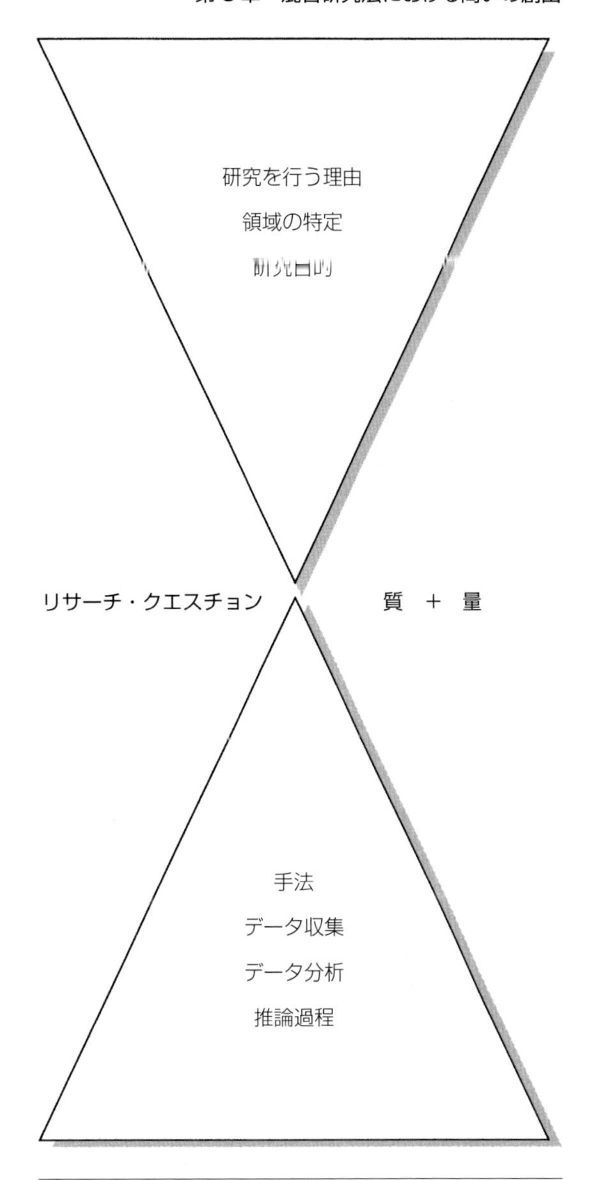

図6.3　研究プロセスにおける2重焦点としてのリサーチ・クエスチョン

それ自体、漠然とした一般的なものであることも、その一因であろう。

混合研究法ではこのプロセスがさらに複雑なものとなる。研究者はたいてい質的リサーチ・クエスチョンと量的リサーチ・クエスチョンとを統合したいと思っているからである。第1章で述べたように、われわれは研究仮説を量的のリサーチ・クエスチョンに特化した形式であると考えている。研究仮説によって、研究者は研究実施前であっても社会現象間の関係を予測することができる。研究仮説とは量的リサーチ・クエスチョンに特有のものであり、図6.1では最下部に示した。

この節の後半では、量的および質的リサーチ・クエスチョンを統合した例をいくつか紹介する。1つの量

的リサーチ・クエスチョン（この場合、研究仮説）と1つの質的リサーチ・クエスチョンを統合した研究のシンプルな例として、若者の心理社会的な成熟度とアルコール使用について調べたAdalbjarnardottir (2002) の研究を引用する。彼の仮説と問いは次のとおりである。

- 量的研究仮説：心理的に成熟した若者は、そうでない若者に比べて、現在も長期的にも危険な行動や大量飲酒に関わることは少ないのではないか。Adalbjarnardottir（2002）は22か月にわたって若者の集団を調査し、彼らの心理社会的な成熟度（この目的でデザインした尺度を用いて評価）と自己報告によるアルコール摂取量とを評価した。
- 質的のリサーチ・クエスチョン：主題的、発達学的レンズを通した若者の視点を現在から長期にわたって調べることで、飲酒に対する考えについて何を学ぶことができるのか（Adalbjarnardottir, 2002, P.27）？　このリサーチ・クエスチョンに答えるため、若者からアルコール使用に関する彼らの懸念や経験、考えについてのインタビュー・データを集めた。

量的および質的リサーチ・クエスチョンを統合したもっと複雑な例としては、TeddlieとStringfield (1993) による研究がある。教育効果が異なる小学校（教育効果の高い学校と低い学校）をマッチさせてペアにした8組について、学校と教室でのプロセスを調べる経時的な混合型研究を行った。以下はこの研究における研究仮説の一部である。

研究仮説1：教育効果の高い学校の教室では、そうでない学校の教室より作業効率が高いだろう。
研究仮説2：教育効果の高い学校の教室では、そうでない学校の教室より規律がよく守られているだろう。
研究仮説3：教育効果の高い学校の教室には、そうでない学校の教室より友好的な雰囲気があるだろう。

上記とそれ以外の仮説は、熟練した観察者が教室で収集したデータを使って検証した。その結果は興味深いものであったが、研究者はまた、効果の高い学校教育と授業とがどのようにして結びつくのかにも関心を持った。結果として、彼らは次のようなリサーチ・クエスチョンを立て、教育効果がもたらされる過程における学校と教師との関連を調べる研究を開始した。

量的リサーチ・クエスチョン1：教育効果の低い学校と比べ、教育効果の高い学校では教師をどのように採用しているのか？
質的リサーチ・クエスチョン2：教育効果の低い学校と比べ、教育効果の高い学校では教師たちはどのように周囲と交流しているのか？
質的リサーチ・クエスチョン3：教育効果の低い学校と比べ、教育効果の高い学校は学校レベルでの学問的リーダーシップという点で何が違うのか？
質的リサーチ・クエスチョン4：教育効果の低い学校と比べ、教育効果の高い学校は学校レベルでの教員の結束という点で何が違うのか？

TeddlieとStringfield（1993）は10年もの間、教育効果の異なる学校で数百時間にも及ぶ面接や観察を行い、学校と教師が教育効果をもたらす過程について調査した。調査には縦断的デザインが採用されたが、これは質的リサーチ・クエスチョンの特性から導かれたものであった。

さらに複雑で、現在発展しつつある混合研究法の例として、比較的新しい研究分野—青年期女子の性欲に関する経験—についての研究が挙げられる。TolmanとSzalacha（1999）は質-量-質と続く3つの分析を行なった。つまり、最初に立てた1つの質的リサーチ・クエスチョンに、2つの量的リサーチ・クエスチョンが続き、さらにもう1つの質的リサーチ・クエスチョンがつながって、混合研究法デザインになっているのである。

TolmanとSzalacha（1999）はその研究について次のように説明している。

> われわれは彼女たちが語る性欲の経験について質的分析から始める。次いで、こうした経験についての語りが都会に住む少女と郊外に住む少女とでどのように違うのか、性的暴行の報告が担う役割を評価しながら量的分析を行う。そのうえで、社会的な立地と暴行の報告との相互関係を調査する第2の質的分析を行い、結論に至る（p.7）。

著者らは、自身の研究をフェミニズム研究と位置づけ、少女たちの声で始まり、青年期女子が持つ性欲経験の複雑さを確認することで終わるのだと述べた。その最初の質的リサーチ・クエスチョンは拍子抜けするくらい単純である。

リサーチ・クエスチョン1（質的な問い）：少女たちは自身の性欲経験をどのように表現するのか？

問いは単純だったが、その回答は非常に複雑であった。例えば、都会の少女と郊外の少女では、性欲に対する反応の表現に違いがあらわれた。ナラティブ・データのこうした一般的なパターンを確認したことで、さらに次の2つの問いが生まれた。

リサーチ・クエスチョン2a（量的な問い）：都会の少女と郊外の少女では、性欲経験の程度と重要性という点で何が違うのか？

リサーチ・クエスチョン 2b（量的な問い）：都会や郊外の少女が、自らの欲求を喜びや脆弱さ、その両者と関連づけるかどうかという点において、社会的な立地と性的虐待や暴行を報告した経験との間に相互関係はあるのか？

統計的検定を行った結果、社会的な立地、暴行を受けた経験、喜びという主題との間に相互関係が存在することが確認された。このことが第３の問いへとつながった。

リサーチ・クエスチョン３（質的な問い）：性的暴行や虐待について報告をしたことがない郊外の少女は、その他３つのグループ（性的暴行や虐待について報告したことがある都会の少女、したことがない都会の少女、性的暴行や虐待について報告したことがある郊外の少女）に比べて、どのように性欲についての説明やナラティブを語るのか？

Tolman と Szalacha（1999）は、この研究にとって混合研究法は非常に重要であったと結論付けている。

> 少女たちが普段の沈黙を破ってセクシュアリティを語れるようにしたデータ収集の方法と、質的・量的手法を用いたデータの分析によって、青年期女子の発達におけるこの側面について実に多くのことを学ぶことができた。質的手法か量的手法かの選択を迫られていたら、とても得られなかった知見である。(p.32)

リサーチ・クエスチョンと仮説を統合した他の例に、「コミュニティ主導型開発プロジェクトと地域の紛争調停に混合研究法を適用する：インドネシアからのケーススタディ」（Barron, Diprose, Smith, Whiteside, & Woolcock, 2008）という研究報告がある。Barron ら（2008）は、世界銀行から資金提供を受けて行われたインドネシアの大規模なコミュニティ主導型開発計画（Kecamatan Development Project：KDP）の評価プロジェクトに混合研究法を適用した。このプロジェクトはコミュニティの紛争管理能力に着目しており、その基本的なリサーチ・クエスチョンは、「KDP はどのように、いかなる状況下で地域の紛争管理能力に影響を与えるのか」（p.4、原文はイタリック体）というものであった。さらに詳細な問いのいくつかは、暴力紛争の程度に影響を与える地域的な要因に焦点を合わせていた。

混合研究法のリサーチ・クエスチョンに関する最近の議論

ここまでで、混合研究法を成功に導くには、始めるときに強固な混合研究法に合わせたリサーチ・クエスチョンと目的を持つべきであることが明らかになっただろう。また、量的構成要素と質的構成要素を両方用いて統合させる必要性についても明確に正当化しなければならない。量的研究と質的研究の特徴をつなげた問い（つまり、**何がどうやって**とか、**何がどうして**といった問い）に答えることが、最終的な結論や説明へとつながり、ひいては量的研究と質的研究による推論が互いに関係し合うようにするべきである。先述したように、リサーチ・クエスチョンの性質や形式は通常、順次的な混合型研究か並列的な混合型研究かで異なっている。順次的な混合型研究では、第２の（もしくは後の）工程における問いは、たいてい（いつもではないが）第１の工程で得られた結果から生まれる。並列型デザインでは、全ての問いが研究開始時に立てられている（デザインの違いに関する詳細は第７章を参照）。こうした区別はあるものの、個別の研究ではその進捗にあわせて、それぞれの問いが再検討されたり、再構成されたりするダイナミックなプロセスがあることを考慮にいれておくべきである。

前半では混合研究法に合うリサーチ・クエスチョンの特性についていくつかまとめた。ただ、比較的まだ検討していない問題が残っている。混合型研究ではどのようにしてリサーチ・クエスチョンを形作るべきなのだろうか。この点について、最近の文献に２つの一般的な方法を見ることができる。(1) 質的および量的なサブ・クエスチョンにまたがり、どちらにも組みこめるような問いを１つ立てる、(2) 質的および量的な問いを分けて作り、それから両者を統合するような性質の問いを１つ立てる (Creswell & Plano Clark, 2007)。

最初の方法では、まず包括的に混合されたリサーチ・クエスチョンを立て、次にそれを質的および量的なサブ・クエスチョンへと展開させていく。たいていの混合型研究において（順次型デザインを採用する見込みがあるような場合は別だが）、混合研究法デザインの選択を正当化したり、目的と問いとをきちんとつなげたりするためには、包括的な問いが必要となる。例えば、ある研究者が次のような疑問を持ったとしよう。治療 X はグループ A と B の行動や知覚にどのような影響を与えるのか？　なぜこの問いが混合研究法デザインを必要とするかは容易に理解できるだろう。この問いは３つのサブ・クエスチョンに引き継がれるかもしれない。グループ A と B では変数 Y と Z において違いが見られるのか？　グループ A と B では治療 X をどう知覚し、説明するのか？　治療 X の効果は２つのグループでなぜ違うのか？　こうしたサブ・クエスチョンには、それぞれ研究の別な工程で答えることとなる。

Kaeding（2007）による研究は、混合研究法に合うリサーチ・クエスチョンが持つこうした階層的な構造を示す好例である。この研究は、欧州連合（EU）の交通問題に関する多国籍間の指令を包括的に調べたものだが、Kaedingによれば、「EUにおける法律の変更は、加盟国による法律の変更を即時に必要」とし、「指令は国家レベルにそのまま適用できるものではないが、最初に組み込まれるのは国法でなければならない」(p.14)とされる。こうした文脈のもと、Kaedingによるこの包括的な研究全般の問いは次のようなものであった。EUでの変更を国内の指令に組み入れる際、加盟国はなぜ期日に間に合わないのだろうか？ この問いに続くサブ・クエスチョンは次のようなものであった。EU指令の変更を遅らせる要因は何か？ こうした要因が国内での移行プロセスの日程にどう影響しているのか？ 指令の変更はどのような状況下で遅れるのか？ これらの問いに答えるために、関係（相関）デザインとケース・スタディ・デザインを組み合わせた、主に順次的な方法（サブ・クエスチョンに焦点を絞った最初の量的結果に基づきケースを選択した）が用いられた。

もう1つの例は、Parmeleeら（2007）による研究であり、その問いは次のようなものであった。「2004年の大統領候補者の政治広告は、どのようにして、なぜ若年層を取り込むことに失敗したのか」。この問いは、次に3つのサブ・クエスチョンへと引き継がれていった。「聴衆のレベルとメディアによる枠づけ（framing）との相互作用は、大学生が政治広告のメッセージを解釈する際にどのように影響しているのか」。「大学生による解釈は2004年の米国大統領選挙の広告に見られる枠づけとどの程度一致しているのか」。「大学生をもっと取り込むには、政治広告をどのように枠づけるべきか」(pp.184–186)。

混合研究法に合わせたリサーチ・クエスチョンを示す2つ目の方法は、John CreswellとVicki Plano Clark（2007）が提案したものである。量的研究と質的研究の問いを分けて作ったうえで、両者を統合するような性質を持つ明確な問いを1つ立てる、というものである。例えば、こう問う研究があるかもしれない。「量的結果と質的知見は1つに収束するのか？」または「フォロー・アップで行った質的研究の知見は、最初の量的結果を説明するうえでどう役立つのか？」(p.107, Tashakkori & Creswell, 2007bも参照のこと)。

要約

本章では、社会・行動科学でリサーチ・クエスチョンを作り出す際の4ステップモデルについて最初に説明した。4ステップとは、研究を行う理由、関心のある領域の特定、目的の設定、質的な問いと量的な問いを統合させたリサーチ・クエスチョンの創出である。4つのステップについては順番に説明した。

社会・行動科学で研究を行う3つの一般的な理由（個人的な理由、知識の向上に関連した理由、社会的な理由）を、8つの個別な理由とともに明確化した。関心のある領域の特定に結びつくデータ・ソースについても説明し、それぞれの例を示した。

文献レビューを行う12ステップについても、各ステップの詳細とともに説明した。本章の最後では、研究目的の設定、量的および質的なリサーチ・クエスチョン、さらに複雑な（そして階層的な）混合研究法におけるリサーチ・クエスチョンの性質について論じた。

第7章では研究プロセスの次のステップ—適切な混合研究法デザインの選択—について示す。研究デザインの包括的な類型である研究手法マトリクスについても、これを用いるときに研究者が直面するさまざまな判断とともに説明する。

注

1) 目的（purpose）には複数の含意があるため（例えば、論文に書くような研究目的の記述など）、ここでは研究を行う理由（目的ではなく）という用語を用いることにした。
2) 研究の中には、研究目的とリサーチ・クエスチョンの違いが取るに足りないことから、両方を書く必要のないものもある。例えば、なぜ子供たちはある種のユーモアをほかのものより好むのか明らかにすることが研究目的だとして、リサーチ・クエスチョンが、「なぜ子供たちはある種のユーモアをほかのものより好むのか」だとしたら、両方を書く必要はない。
3) 多くの研究では、変数間の因果関連（つまり、独立変数が従属変数に影響を持っている）を推定することはできない。そのため、**基準変数（criterion variable）**（予測される変数）と予測変数（別な変数を予測するために用いられる変数）という用語を用いる方が適切であろう。加えて、将来の予測はこの種の研究の目標ではあるものの、必要条件ではない。現在のできごとや、たとえ過去のできごとであっても、予測すること自体は統計上可能である。
4) 過去2、30年間に専門誌で報告された多くの調査研究は、理論よりむしろ概念的枠組みに根差したものであった。概念的枠組みについては第2章の注2で定義した。
5) **『社会科学版索引インデックス（Social Science Citation Index：SSCI）』**は、行動科学と社会科学におけるほとんどの領域を代表する文献情報を収録した電子データベースである。このインデックスには、大学図書館（やその他の端末）からWeb of Knowledge—科学情報研究所（Institutes for Scientific Information：ISI）のデータベースにアクセスできるよう統合されたデータベース—を通じてアクセスすることができるだろう。SSCIを使ったコンティンジェンシー理論についての検索は、2007年1月25日に行われた。
6) **現象学（phenomenology）**は、研究者の主観的経験や社会認知、できごとや現象に対する「ナイーブな（naive）」

分析に重きを置いた研究オリエンテーション（Heider, 1958）である。Creswell（1988）によると、現象学とは「ある概念や…現象について、数名の個人の生きた経験の意味を記述するものである」。そこには「人の経験における意識の構造」を調べることも含まれる（p.51）。

7）2つのデータベースとは、SocINDEX と Sociological Abstracts（1953–）のことである。Sociological Abstracts は、長年にわたって大学図書館で愛用されてきた知名度の高いデータソースであり、一方の SocINDEX は最近になって導入されたものである（Todd, 2006）。

8）この検索は、SocINDEX を用いて 2007 年 1 月 27 日に行われた。

9）『アメリカ心理学協会（APA）出版マニュアル』は現在第 5 版であり、APA や米国教育学研究協会、「その他、少なくとも 1,000 の雑誌」（APA, 2001, p. xxi）による出版物に用いられるスタイルである。

10）この検索は、SSCI を用いて 2007 年 1 月 27 日に行われた。

11）共感疲労とは、他者を援助した者が、2 次的な心理外傷ストレスの犠牲者となってしまうことである。共感満足とは、他者を援助した者が、そのことで得る満足のことをいう。

12）Bayman（2006b）は、リサーチ・クエスチョンから方法論的な方向性を明確化していくことを考えず、人気が出たからといった理由で混合型研究を実施する研究者がいるのではないかと懸念している。量的技法か質的技法のどちらか一方を使った方が、適切かつ効果的にリサーチ・クエスチョンに答えられることも多い。混合研究法はリサーチ・クエスチョンにとって特に必要となる状況でのみ用いるべきである。

6

第7章

混合研究法のデザイン[1)]

学習の目標

この章を読み終えたときに、次のことができるようになっていること。

- 混合研究法デザインにおける「ファミリー」の意味を説明する。
- 準混合デザインを定義して説明し、例を挙げる。
- 混合研究法のデザインを説明する基本用語を知っている。
- 方法—工程マトリクスと、それに関連する判断ポイントを述べる。
- 混合研究法デザインを実施する4つの手法—並列型・順次型・変換型・マルチレベル型を—同定する。
- 研究で用いる方法、研究の工程（あるいはフェーズ）、工程やフェーズ内の段階を区別する。
- 複数の工程がある混合研究法デザインの主な5つのタイプを同定し、定義する。
- 方法—工程マトリクスにおける「理想的」な研究デザインのタイプを述べる。
- 混合研究法デザインのその他の類型論について述べる。
- Maxwell と Loomis（2003）による相互作用モデルの構成要素を同定し、定義する。
- 特定の混合研究法デザインを選ぶ際の、7つのステップについて述べる。

本章では、混合研究法デザインに関する複数の主題を示す。混合研究法デザインは、以下の点で、量的デザインとも、質的デザインとも異なるものである。

1. 量的デザインはすでに十分確立しており、過去40年以上にわたって進化してきた、実験研究、準実験研究、調査研究といった類型でよく知られる。
2. 標準化された質的研究デザインというものは、一般的なもの（例えば、エスノグラフィー研究デザイン、ケース・スタディ・デザイン）を除いて、事実上、存在しない。その主な理由は、質的研究が、特定の類型をア・プリオリに同定することを避ける性質を持つことによるところが大きいだろう。また、質的研究の理論家の多くは、デザインの類型を開発することへの興味が欠けていたためでもある。
3. 混合研究法デザインは、質的オリエンテーションと量的オリエンテーションの要素を両方組み合わせて、創造性と柔軟性を持って構築されることを要求するものである。Burke Johnson と Anthony Onwuegbuzie（2004）は近年、混合研究法のこのような特徴を、以下のように記した。

> 研究者は、自らのリサーチ・クエスチョンに効果的に答えられるデザインを、注意深く慎重に作り出さなければならない、というのが混合研究法の理念である。これは、最初から学生にメニューが与えられて研究デザインが選べるような、伝統的な量的研究によくあるアプローチとは対照的である。また、質的パラダイム、あるいは量的パラダイムのどちらかに完全に従うようなアプローチとも、全く異なっている。（p.20）

本章の最初のセクションでは、混合研究法デザインの類型論になぜ価値があるのかについて説明する。それから、さまざまな著者が混合研究法デザインの類型論を作る際に用いた基準について、簡単に議論する。

次に、研究デザインの包括的な類型論として、方法—工程マトリクスを提示し、研究者がこれを使用する際に直面する判断ポイントについても触れる。混合研究法デザインの5つに区分されたファミリー——順次型、並列型、変換型、マルチレベル型、そして完全統合型—には、特に注意を払っていく。また、準混合デザインについても述べる。準混合デザインも、質的データと量的データを収集するものだが、研究全体の結果や推論を真の意味で統合するものではない。

混合研究法デザインのその他の類型論について若干述べた後、混合研究法類型論に代わるものについても提示する。それは Maxwell と Loomis（2003）の相互作用モデルであり、5つの要素から構成されている（目的、概念モデル、リサーチ・クエスチョン、方法、妥当性)。彼らが示したデザイン・マップによって、研究者は研究の混合研究法デザインを後から遡って分析することが可能になる。

本章の最後では、混合研究法デザインを具体的な研究に対して選択する際の、7ステップのプロセスを示し、多くの混合研究法を用いる研究者は最終的な研究デザインを自分で創造しなければならないのだ、という主張と合わせて締めくくる。

混合研究法デザインの類型論に関する問題

混合研究法デザインに類型論は必要か?

混合研究法の領域で論文を執筆する研究者たちは、この分野が登場した時から、混合研究法デザインについての類型論を発展させてきた。例えば、Greene ら(1989)は多くの混合型研究を調べあげ、これらの研究で使われているデザインについて、その特性と機能に基づく類型論を開発した。

なぜ多くの研究者たちが、Greene ら(1989)に導かれるようにして、混合研究法の類型論を開発してきたのだろうか。

1. 類型論は、混合型研究をデザインする際に、どのように進めたら良いのかを決めるうえで役立つものである。多様な道筋や、研究の目標を達成するために選ぶとよい理想的なデザインタイプを示してくれる。
2. 混合研究法のデザインの類型論は、この分野における共通言語(例えば、表記法や省略語)を確立するうえで有用である。
3. 混合研究法デザインの類型論は、この分野に組織立った構造をもたらしてくれることだろう。現在、混合研究法の類型論が数多く存在していることを考えれば、類型論は、組織だった構造をいくつももたらしてくれると言った方が正確だろう。
4. 混合研究法デザインの類型論は、この研究領域の正当性を示すうえで有用である。というのも、量的デザインや質的デザインとは明らかに違う研究デザインを例示するものだからである。
5. 類型論は教育ツールとして有用である。特に効果的な教育技術は、デザインの類型についてさまざまな選択肢を示し、学生に比較させることである。

混合研究法デザインの網羅的な類型論は可能か?

混合研究法デザインの類型論には価値があるものの、それが網羅的なものであると考えるべきではない。これは非常に重要なポイントであり、それというのも、特に量的研究に携わってきた研究者の多くは、どこかにデザインの完全なメニューがあって、そこから「正しい」1つのデザインを選択することを期待するからである(例えば、Shadish, Cook, & Campbell, 2002)。

本章全体を通じて主張したいのは、混合研究法デザインの完全な分類法[2]を作り上げることは不可能である、ということである。混合研究法デザインは他の形式へと変化し得るものだからである。同じように、Maxwell と Loomis(2003)も、「あらゆる類型論が適切にカバーする内容よりも、混合研究法が実際に持つ多様性の方がはるかに大きい」(p.244)と結論づけた。

混合研究法デザインの多様性は、以下の2つの要因から生じるものである。

1. 混合研究法が持つ質的構成要素:混合研究法は、研究デザインのなかでも、少なくとも質的構成要素において創発的な戦略を用いる。**創発的なデザイン(emergent design)**では、質的データが収集、分析されるに伴って、研究が別の形式へと進化することがある。
2. 混合研究法デザインの臨機応変な性質:混合研究法は、事前に決めた研究デザインで実施されることも多い。だが、研究者がデータの収集や分析に伴い明らかになっていく手がかりを追求していくにつれて、デザインに新たな構成要素が生まれることがある。こうした「臨機応変な」デザインは、これまでに発表されてきた混合研究法の類型論とは少し違うものかもしれない。

さらに、たとえ本章で全ての混合研究法デザインをリストアップできたとしても、そのデザイン自体が進化し続けていくので、作った類型論がそのまま網羅的であることは、もはやありえない。従って、混合研究法に携わる研究者にできることと言えば、混合研究法デザインについて一連の理想的なタイプや「ファミリー」を確立し、具体的な研究においてこれらを創造的に操作できるようになることくらいである。本章の目的は、MM 研究デザインのファミリーを読者に紹介し、その中から「最善」のものを選択して、各人の具体的な研究ニーズに合わせて創造的に調整できるようにすることである。

混合研究法の類型論で使う基準

表 7.1 は、研究者らがこれまで混合研究法の類型論を作成する際に用いてきた7つの選択基準を示している(例えば、Creswell, Plano Clark, Gutmann & Hanson, 2003;Greene & Caracelli, 1989;Greene et al., 1997b;Johnson & Onwuegbuzie, 2004, Morgan, 1998, Morse, 1991, 2003)。

表 7.1　MM 研究の類型論で用いられる基準と、各類型が答えられるデザイン上の問い

基準	この基準はデザイン上のどういった問いに答えるのか？	この基準から導かれるデザインは何か？	この基準はわれわれの類型論で使用しているか？
1. 方法論的アプローチの数	その研究が用いる手法は一方のみ（量的または質的）か、両方（量的および質的）か？	●単一手法研究 ●混合研究法	使用している
2. 工程またはフェーズの数	その研究が持つフェーズは１つか、複数か？	●単一工程 ●複数工程	使用している
3. 実施プロセスのタイプ	量的および質的データ収集は順次的か、並列的か？　データ変換はあるか？　量的および質的データは違う分析レベルで収集されるか？	●並列型 ●順次型 ●変換型 ●マルチレベル型 ●コンビネーション	使用している
4. アプローチを統合する段階	その研究で（質と量の）混合が行われるのは、実験的な段階でのみか？　複数の段階にわたってか？　あるいはその他の組み合わせか？	●全ての段階を通じて ●実験的な段階でのみ ●その他	使用しているが、準混合デザインを認めるために過ぎない
5. 方法論アプローチの優先順位	その研究を始める時点で、質的構成要素と量的構成要素に優先順位はあるか？　あるいは等しく重要か？	●QUAL＋quan ●QUAN＋qual ●QUAN→qual ●QUAL→quan	使用していない
6. 調査研究の機能	その研究デザインが貢献する機能とは何か？	●トライアンギュレーション ●補完 ●発展 ●イニシエーション ●拡大 ●その他の機能	使用していない
7. 理論あるいはイデオロギー上の立場	そのデザインは、特定の理論的あるいはイデオロギー的な視座から求められたものか？	●トランスフォーマティブ・パースペクティブやその他の視座のバリエーション ●理論的・イデオロギー的な立場はない	使用していない

●使われた方法論的アプローチの数*
●工程またはフェーズの数*
●実施プロセスのタイプ*
●アプローチを統合する段階*
●方法論アプローチの優先順位
●調査研究の機能
●理論あるいはイデオロギー上の立場

われわれの類型論では、初めの４つの基準[3]を用いて（*がついたもの）、方法―工程マトリクスと呼ばれるものを作成した。研究デザインの方法論的構成要素に焦点を当てた、その他３つの基準は採用しなかった。その理由は以下の通りである。

●方法論アプローチの優先順位：重要な検討事項ではあるが、研究における質的構成要素や量的構成要素の相対的な重要性を、研究開始前に完全に決定することは不可能である。現実の世界では、研究中の現象を理解するうえで量的データの方が重要になれば、QUAN＋qual 研究（量を優先する並列型）が QUAL＋quan 研究（質を重視する並列型）に変化することがあるだろうし、その逆もあるだろう。実際どちらのアプローチを優先するかは、研究を完遂した後に決定することも多いので、これを類型論の中に含めなかった。
●調査研究の機能：われわれの見解では、調査研究が持つ意図的な機能（例えば、トライアンギュレーション、相補性）は、デザインというより、むしろ、研究結果が最終的に担う役割（例えば、結果の裏づけ）と関係している。Bryman（2006a）は複数の混合型研究を分析し、「実践はそのアプローチを採用した理由と必ずしも一致しない」と結論づけた。つまり、混合型研究を実施する目的として挙げたものと、研究者が実際に行うこととは一致しない場合も多い。混合型研究のアウトカムは、デザインの後に来るものであり、当初書かれた目的とは違うものになることもあるので、この基準（つまり調査研究の機能）を類型論に含めなかった。
●理論上、イデオロギー上の視座：分析者の中には、理論上あるいはイデオロギー上の視座（例えば、ト

ランスフォーマティブなオリエンテーション）を、デザイン要素として考える者もいる。これは、研究を実施するうえで重要な価値論的考慮ではあるが、デザインの要素ではない。トランスフォーマティブなオリエンテーションの立場で活動する研究者にとって、社会正義を追及することは、デザインの選択というよりも、研究を行う理由であり（第5章参照）、研究デザインの選択以前にすでに存在するものである。従って、デザインの類型論における基準に、理論上の立場（あるいは、アジェンダ）を含めなかった。イデオロギー上の視座に関するこの点について、Gorard と Taylor（2004）も似たような考え方をしている。

> おそらく、研究手法の分類法については再構成する必要があるだろう。それも、質的手法や量的手法を使うことは、研究者の人格や技能、**イデオロギー（ideology）**とは関係なく、主に状況やリサーチ・クエスチョンによって決まる選択である、ということをもっとはっきりさせるようなやり方で。（p.2、傍点部は原文ではイタリック体。太字は著者による）

この類型論では、軸の数を制限した。というのも、過度に複雑になる恐れがあったからである（Earley, 2007 参照）。Donna Mertens（2005）が述べたように、研究の目的やリサーチ・クエスチョンに応じて、大まかなタイプの中にサブタイプを構築したり、修正したりすることも容易に可能であろう。

準混合デザイン

近年の混合研究法における概念構築の研究動向においては、複数の段階を通じてアプローチどうしが統合されたときにのみ、その研究は本当の意味で混合される、と見なされている。例えば、第1章で示した混合研究法の定義では、研究による結果と推論の統合について触れており、「1つの研究もしくは調査プログラムにおいて、質的、量的という両方のアプローチや手法を用いること」（Tashakkori & Creswell, 2007b, p.4）としている。このように統合に焦点を当てると、混合研究法デザインと、われわれが準混合デザインと呼ぶデザインとの区別が可能になる（Teddlie & Tashakkori, 2006）。

準混合デザイン（quasi-mixed design）は、2つのタイプのデータ（量的および質的）を収集するが、研究の結果や推論で両者を統合することはほとんど、あるいはまったくしないデザインである。例えば、社会心理学者が、特定の仮説を立てて理論を検証するような研究をデザインし、研究参加者から量的オリエンテーションの質問紙を集めたとする。この研究が終わった後、研究者は各参加者にインタビューを実施し、質的オリエンテーションのオープン・エンドの質問（例えば、あなたの経験についてお聞かせください）をするかもしれない（こうしたディブリーフィングは通常、参加者が研究によって心理的に傷ついていないかを判断したり、介入が正確に行われたかどうかを評価したりする機能を持つが、時に興味深い逸話的なエビデンスを提供することもある）。この研究には、両方のデータがあるが、混合はされていない。この研究の焦点は量的構成要素にあり、量的および質的な結果や推論は、リサーチ・クエスチョンに回答するうえで、統合されていないからである。

同様に、英語を第2言語として話す（ESL：English as a second language）学生の経験について、教育学の研究者が研究を行うとする。この研究者は2年間にわたるかなりの期間をESLの学生と過ごし、彼らの経験を再構築しようとしたり、他の学生とどのように違うのかを見極めようとしたりするだろう。この研究者は、学生の基本的属性に関する量的データも集めるかもしれない（例えば、年齢、両親の学歴）。しかし、このような情報は、せいぜい記述データを提示する表の中で補足的に提示されるに過ぎない。この研究では質的データも量的データも両方のデータを収集しているが、これらの情報を意味のあるかたちで真に統合しているわけではない。というのも、この研究の焦点は、学生の生活経験を質的に再構築するところにあるからである。従って、量的結果と質的結果の真の統合がないことから、この研究もまた準混合デザインである。

準混合デザインの概念は重要である。というのも、それを知ることで研究者は、量的データと質的データの両方を有しているが技術的に混合されただけの研究と、量的研究と質的研究の要素が意義のある形で統合されている、真に混合された研究とを区別することができるからである。真に混合された研究には、2つ以上のはっきりと同定できる（一連の）推論が存在しなければならない。それらの推論は、研究の各工程で得られた結果から導かれたものであり、推論の統合は慎重に行われなければならない（第12章参照）。類型論（表7.1参照）の4つ目の基準として「統合の段階」を引き続き用いるのは、本章の後半で説明するように、準混合デザインを類型論の中に含めるためである[4]。

混合研究法デザインの基本用語

Janice Morse（1991, 2003）は基本的な表記体系（Box 7.1参照）を開発したが、これは今日でも混合研究法の分野で使用されているものである。このシステムは以下の3つの重要な区分から構成されている。

1. プロジェクトは質的オリエンテーションか、量的オリエンテーションか。

Box 7.1　Morse（2003）による混合研究法の表記とデザイン

プラスの記号＋は、複数プロジェクトが同時に行われることを表し、大文字は、そのプロジェクトに優先性があり主要なプロジェクトであることを意味する。

矢印→は、プロジェクトが順次的に行われることを表し、ここでも大文字は、そのプロジェクトが主導的であることを意味する。

QUAL　は質的主導型プロジェクトを示す。

QUAN　は量的主導型プロジェクトを示す。

従って、トライアンギュレートされたデザインには、以下の８つの組み合わせがある。

同時型デザイン

QUAL＋qual　は、質的に行われる、質的同時型デザインを示す。

QUAN＋quan　は、量的に行われる、量的同時型デザインを示す。

QUAL＋quan　は、質的主導で行われる、質的量的同時型デザインを示す。

QUAN＋qual　は、量的主導で行われる、量的質的同時型デザインを示す。

順次型デザイン

QUAL→qual　は、質的プロジェクトの後、２つ目の質的プロジェクトが続くことを示す。

QUAN→quan　は、量的プロジェクトの後、２つ目の量的プロジェクトが続くことを示す。

QUAL→quan　は、質的主導プロジェクトの後、量的なプロジェクトが続くことを示す。

QUAN→qual　は、量的主導プロジェクトの後、質的なプロジェクトが続くことを示す。

プロジェクトのデザインは、研究プログラムの照準や複雑さによって、複数のデザインを組み合わせた複雑なものになりうるだろう。

注：Morse（2003, p.198）のボックスに基づいて作成

2. デザインにおいて、どちらの要素が主要であるか（QUAL、のように大文字で記す）、または副次的であるか（qual、のように小文字で記す）[5]。
3. プロジェクトは同時に実施されているか（同時型あるいは並行型デザイン。［＋］で記す）、または連続して実施されているか（順次型デザイン。［→］で記す。）

Morse のシステムでは、データ収集を始める前に、あらかじめどちらの手法を優先するのか決定しておくことが重要である。主要／副次的デザインでは、一方の主要な方法論アプローチが強調され、もう一方の方法論的アプローチは副次的な役割を果たす（例えば、QUAL＋quan、あるいは、QUAN→qual）。方法論的アプローチの優先順位は、**表 7.1** にも示したように、多くの混合研究法の類型論にとってデザイン上の重要な要素となる。

研究プロジェクトが並行型／並列型か、あるいは順次型であるかどうかは、多くの混合研究法の類型論に含まれる重要なデザイン構成要素である。第２章と第５章では、並列型混合デザインと順次型混合デザインを以下のように区別した。

- 並列型混合デザインとは、研究のフェーズ（量的研究と質的研究）を同時に、またはいくらか時間差をもって、並行して実施する混合研究法プロジェクトのことである。各フェーズは、基本となる同じリサーチ・クエスチョンに関連する側面を扱う。
- 順次型混合デザインとは、研究のフェーズを１つの工程からもう一方の工程が生まれるかたちで、あるいはそれに続くかたちで（つまり、量的研究に続いて質的研究を行う、あるいはその逆）、時間軸に沿って実施される MM プロジェクトのことである。後の工程のリサーチ・クエスチョンと手順は、先の工程によって決まる。質的研究と量的研究のフェーズは相互に関連しているが、研究の展開にともない進化することがある。

並列型混合デザインと順次型混合デザインの区別は、**表 7.1** の中にある「実施プロセスのタイプ」という基準に該当する。

Morse（1991, 2003）の同時型デザインと、複数名の研究者が示した（例えば、Creswell & Plano Clark, 2007）並行型デザイン、そしてわれわれのいう並列型デザインの間には、重要な違いがある。同時型と並行型という用語には、研究の質的フェーズと量的フェーズがまったく同時に起こるという意味が暗に含まれている。確かに、混合型研究において同一の研究者が両工程を同時に実施する場合には、そういうこともありうるだろう。しかし、実践上の配慮(例えば、研究チー

表 7.2　方法-工程マトリクス：混合研究法を強調した研究デザインの類型論

デザインのタイプ	単一工程デザイン	複数工程デザイン
単一手法デザイン	セル 1 単一手法・単一工程デザイン 1. 古典的 QUAN デザイン 2. 古典的 QUAL デザイン	セル 2 単一手法・複数工程デザイン 1　並列型単一手法 a. QUAN＋QUAN b. QUAL＋QUAL 2　順次型単一手法 a. QUAN→QUAN b. QUAL→QUAL
混合研究法デザイン	セル 3 準混合単一工程デザイン 1. 単一工程変換型デザイン	セル 4 混合研究法複数工程デザイン 1　並列型混合デザイン 2　順次型混合デザイン 3　変換型混合デザイン 4　マルチレベル型混合デザイン 5　完全統合型混合デザイン 準混合複数工程デザイン（実験的な段階でのみ混合されるデザインで、並列型準混合デザインを含む）

注：準混合デザインについての詳細は、Tashakkori and Teddlie（2003c、pp.685-689）を参照のこと。

ムが全てのデータを同時に集められないなど）から、2 種類のデータを同時に収集しないこともかなり多い。従って、われわれの類型論では、同時型あるいは並行型混合デザインよりも用語として包括的である、並列型混合デザインを使用する。

研究者らは、Morse のシステムを足がかりにしたり、そこから離れようとしたりしてきたが、基本的な表記方法の構造はそのまま使用してきたので、キーとなる記号（QUAN、QUAL、quan、qual、＋、→）についてはさまざまな類型論の間でもかなり統一されており、異なるアプローチを比較しやすくなっている。

方法―工程のマトリクス

方法―工程マトリクスの生成

本章で示した混合研究法デザインを分類するアプローチは、時間とともに進化してきた（例えば、Tashakkori & Teddlie, 1998, 2003c；Teddlie & Tashakkori, 2005, 2006）。この類型論が、今のかたちへと発展してきた理由には、次の 2 つが挙げられる。

- 社会・行動科学における研究デザインの一般的な類型論、というさらに大きな枠組みの中に、MM 研究デザインをより具体的に位置づけるため。
- 理論的・イデオロギー的な立場や研究目的、機能よりも、方法論的な要素を重視する混合研究法デザインの立場を示すため。

われわれによる類型論の簡潔版を**表 7.2** に示したが、これは 2 つの軸で構成されるマトリクスである。

- 研究で使用されているアプローチや方法のタイプ（単一手法か混合手法か）
- 研究における工程（またはフェーズ）の数（単一工程か複数工程か）

マトリクスにある 4 つのセルには、それぞれ複数のデザインが含まれている。

方法―工程マトリクスの４つの判断ポイント

研究者は、マトリクスから自身の研究デザインを選ぶ際に、方法論についての 4 つの基本的な判断をしている（**表 7-1**、基準 1-4）。最初の 2 つの判断ポイント（方法論的アプローチの数と工程数）がマトリクスを構成している。

方法論的なアプローチの数：方法―工程マトリクスは、「純粋な」QUAN および QUAL デザインも含んでおり、概念的には 3 つの研究アプローチ（質的研究、量的研究、混合研究法）の全てを網羅するものである。本章で強調したいのは混合研究法のデザインであるが、その研究が他の単一手法の質的デザインや量的デザインとどのように関わっているかを考えるうえでもこのマトリクスは有用である。

単一手法デザインと混合研究法デザインの定義は、以下のとおりである。

- **単一手法デザイン**（**monomethod designs**）―研究の全段階において、質的アプローチのみ、あるいは量的アプローチのみを用いる研究デザインのタイプ。
- **混合研究法デザイン**（**mixed methods designs**）―1 つの研究の中で質的アプローチと量的アプローチを混合している研究デザインのタイプ。

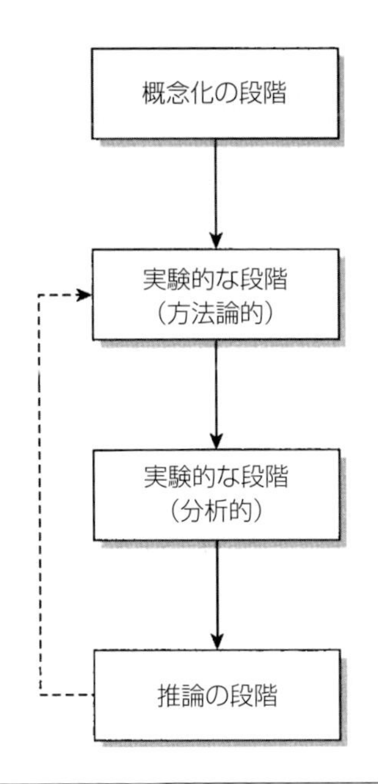

図 7.1　古典的な量的デザインまたは質的デザイン（単一手法・単一工程デザイン）のイメージ図

研究デザインにおける工程あるいはフェーズの数：方法―工程マトリクス（表 7.2）の２つ目の軸は、１つの工程しかない研究か、それとも複数の工程がある研究か、というものである。この軸に関連する用語には、以下のものがある。

- **研究デザインの工程（strand of research design）**―しばしば反復的に、あるいは相互に作用する３つの段階―概念化の段階、実験的な段階（方法論的／分析的）、推論の段階―を持つ研究フェーズのこと（Ridenour & Newman, 2008）。
- **単一工程デザイン（monostrand designs）**―概念化から推論まで研究の全段階を１つのフェーズで行うもの。
- **複数工程デザイン（multistrand designs）**―１つ以上のフェーズ[6)]を用いるもの。複数あるフェーズのそれぞれが、概念化から推論まで研究の全段階を含んでいることも多い。

以下は、段階に関する定義である。

- **研究工程の段階（stage of a research strand）**―研究の工程／フェーズのステップや要素のこと。
- **概念化の段階（conceptualization stage）**―概念の領域（抽象化の作業）であり、研究の目的や問いの形成を含む。
- **実験的（方法論的／分析的）な段階（experiential (methodological/analytical) stage）**―実験的な領域（具体的な観察や実施）であり、方法論的な操作、データの生成、分析などを含む。
- **推論の段階（inferential stage）**―推論の領域（抽象的な説明や理解）であり、理論や説明、推論などを含む（Tashakkori & Teddlie, 2003c, p.681）。

図 7.1 に、工程―段階の用語の簡潔なアウトラインを示した。ここでは、単一手法デザインにおける１つの工程（質的または量的）を３つの段階とともに示している。

1. 概念化の段階
2. 実験的な段階
   a. 方法論的
   b. 分析的
3. 推論の段階

工程を区分された段階に分けることで、１つの工程内の方法論的アプローチを別な方法論的アプローチへと変換することができる。つまり、質的アプローチで開始した工程を量的アプローチに変換する、またはその逆が可能になるだろう。

実施プロセスのタイプ（並列型、順次型、変換型、マルチレベル型）：実施プロセスとは、量的アプローチと質的アプローチの混合に関わるものであり、以下の３つの問いに答えるものである。量的および質的データの収集は、順次的に行うか、並列させて行うか？　データ変換を行うか？　質的データと量的データを異なる分析レベルで集めるか？　最初の２つの実施プロセス（並列型混合デザインと順次型混合デザインを含む）は、本章ですでに論じた。

第３の実施手法は、変換型デザインであり、混合研究法に特有の手法である。この手法には以下の用語が使われる。

- データ変換（変形）―収集した量的データを、質的に分析できるようにナラティブに変換したり、質的データを統計的に分析できるように数値コードに変換したりすること、あるいはその両方のデータを変換すること
- （質的データの）定量化―質的データを、統計的に分析できるような数値コードに変換すること（例えば、Miles & Huberman, 1994）
- （量的データの）定性化―量的データを、質的に分析できるようなデータに変形すること（例えば、Tashakkori & Teddlie, 1998）

第４の混合研究法の実施手法は、１つの組織あるいは社会機関における複数のレベルから質的データと量的データを集め、多層的な研究デザインを生み出すものである。こうしたマルチレベル型デザインは、学校や病院など、１つの分析のレベル[7)]が別のレベルの下

Box 7.2　図 7.1-7.7 の全体的な特徴

長方形と楕円形は、研究の工程における質的段階および量的段階を表している。全ての段階が長方形で描かれていたら、その図は単一手法デザインを示していることとなる。ある段階は長方形で他の段階が楕円形だとしたら、その図は混合研究法デザインを示していることとなる。

図にある各工程には、3つの段階がある（概念化、経験、推論）。実験的な段階は、変換型デザインを説明するため、2つのパートに分かれている（方法論、分析）。一貫性を持たせるために、全ての図で実験的な段階を2つのパートに分けた。

各図には、推論の段階から方法論的段階をつなぐ破線がある。この破線は、論の段階で得られた結論によって、同じ研究でさらにデータを収集したり分析したりする可能性があることを示している。各ダイアグラムの方法論-分析-推論のループ構造は、反復的なものである。

注：これらの図の初出は、Tashakkori と Teddlie（2003c, pp.684-690）による。

で入れ子状になっているような（例えば、学校の中の学年の中の教室の中の生徒）、ヒエラルキー的に組織された社会的機関においてのみ可能となる。マルチレベルでの混合は、特定のレベル（学生）で特定のタイプのデータ（質的）を収集し、別のレベル（教室）で別のデータ（量的）を収集することで、相互に関連する複数のリサーチ・クエスチョンに答えるような場合に行われる。

アプローチ統合の段階：最後の判断ポイントは、もっとも重要度が低いものである。つまり、アプローチの統合は、実験的（方法論的／分析的）段階でのみ行うのか、複数の段階にわたって、またはその他の組み合わせで行うのか？　という点である。段階をまたいで混合されるところが、混合研究法デザインのもっともダイナミックで革新的なところである。とすれば、なぜ実験的な段階でしか混合しないデザインの選択について考えなければならないのだろうか？

その答えは簡単だ。このようなデザインは文献の中でも述べられてきたし、デザインの1つ（**表 7.2**、セル4にある、並列型準混合デザイン）として良く知られているからである。これらのデザインでは、あるアプローチ（例えば、大文字の QUAN アプローチ）に主に携わる研究者が、研究をより良くするために別のアプローチ（例えば、小文字の qual アプローチ）と関連するデータを集めて分析することがあるだろう。われわれの考えでは、このような、主要な／副次的なデザインは真に混合されたものではなく、準混合の性質を持つ。もしデータ収集のところでのみデザインを混合し、質的および量的な分析や推論をよく考えたうえ統合するのでなければ、われわれの類型論上は、準混合デザインということになる。

方法—工程マトリクスにおけるデザイン

ここで、マトリクスの中からさらに重要で広く使用されているデザインを、図とともに示す。これらの図の全体的な特徴は、**Box 7.2** に示す。

単一手法デザイン

単一手法デザインには2種類ある。工程が1つしかないもの（**表 7.2** のセル 1）と、1つ以上あるもの（**表 7.2** のセル 2）である。セル1は単一手法・単一工程デザイン、セル2は単一手法・複数工程デザインである。

単一手法・単一工程デザイン

セル1のデザインは、1つの研究手法やデータ収集の技法（量的または質的)、それに伴うデータ分析の手順を使って、1つの工程の中でリサーチ・クエスチョンに答えようとするものである。この工程は、量的あるいは質的のいずれかになるが、両方ということはない。工程の中の全ての段階（概念化、実験的、推論）は、一貫して量的あるいは質的のどちらかである。**図 7.1** は、**単一手法・単一工程デザイン**（**monomethod monostrand design**）の例である。

このデザインは、**表 7.2** に示した中で最も単純に見えるだろう。しかし、いくらでも複雑にすることはできて（例えば、マルチレベル型量的デザイン、詳細なエスノグラフィー質的研究)、そのことはすでにかなりの数の量的デザインや質的デザインの本に書かれている。例えば、エスノグラフィー研究の複合的な方法論が、複数の文献で詳細に議論されている (Chambers, 2000；Fetterman, 1998；Hammersley & Atkinson, 1995；LeCompte & Preissle, 1993)。

ここでの焦点はあくまで混合研究法デザインにあるので、2つだけ例を挙げることにする（量期研究が1つ、質的研究が1つ)。社会・行動科学の分野で最もよく知られた量的デザインは、準実験デザインである。準実験デザインは、Campbell と Stanley (1963) によって初めて提案され、その後に改訂された（Cook & Campbell, 1979；Shadish et al., 2002)。これらの著者は、単純な表記体系を用いて、実験的な介入を X、観察を O（O_1、O_2など)、介入へのランダムな割り付け

Box 7.3　複合的エスノグラフィーの例
あなたが酔っ払いなのはあなたのせい：都市ホームレスのエスノグラフィー

Spradley（1979, 1980）は、エスノグラフィック研究を実施する際の、12段階の統合されたアプローチとして、段階的研究手順法（Developmental Research Sequence、DRS）を提案した。DRSの観察的要素の核となるのは、徐々ににフォーカスされていく3つのレベルの観察（記述的、焦点化、選択的）と、それに伴う3つのレベルの分析（領域、分類、構成要素）である。

Spradley（1970）は、シアトルに住むホームレスの男性のエスノグラフィーを提示した。その際、例えば、ある男性（Bill）が刑務所やその他の場所から彼に送ってきた手紙を含め、複数のデータソースを用いた。他のデータソースには、数か月にわたる参与観察や、キー・インフォーマントへの詳細なインタビューを用いた。Spradleyは全てのデータソースを分析し、制限や移動上の制約、および自由といった、アルコール依存症の生活に関する一連のテーマを展開した。

Spradleyによる複合的な分析の結果、「ブタ箱」（刑務所）に入るまでの15段階や、都市ホームレスが「寝床にありつく」際の15の次元が、35ある寝床の具体例（例えば、車の中、雑草の上、オールナイトの劇場、リンゴの箱）とともに明らかにされている。

訳注：Spradley、1980はジェイムス・スプラッドリー『参加観察法入門』医学書院、2010として邦訳されている。

をR、介入の非ランダムな割り付けを点線（┈┈┈）であらわした。下記に示す準実験的デザインは、CampbellとStanley（1963）が提案した、非同等対照群デザインである。

O_1　X　O_2
┈┈┈┈┈┈┈┈┈┈
O_1　　　O_2

準実験研究が量的データのみを収集する場合、これは単一手法・単一工程デザインの例になる。

単一手法・単一工程デザインの2つ目の例は、Spradley（1970）が実施した質的データの収集を含む複合的なエスノグラフィーである。都市ホームレスに関する彼のエスノグラフィーの要約を、Box 7.3に記した。

単一手法・複数工程デザイン

セル2のデザインは、1つの研究手法やデータ収集の技法（量的手法または質的手法）、それに伴うデータ分析の手順を使って、リサーチ・クエスチョンに答えようとするものである。**単一手法・複数工程デザイン（monomethod multi-strand designs）**は、2つかそれ以上の量的または質的（しかし両方ではない）工程を用いて、順次的あるいは並列的に実施される。

CampbellとFiske（1959）の複数特性—複数手法マトリクスは、並列型単一手法・複数工程デザインの例である。彼らの研究は、第4章でも取り上げたが、社会・行動科学の領域で初めて明示的にマルチメソッド・デザインを用いた研究の1つである。具体的にいえば、この研究では、複数の量的手法（例えば、量的データを生む構造化インタビューと、同じく量的データを生む構造化された観察プロトコル）を用いて、1つの心理学的特性[8]を測定した（図7.2に並行型単一手法・複数工程デザインを図示したので参照のこと）。

混合研究法デザイン

混合研究法デザインには、1つの工程のみのもの（表7.2のセル3）と、複数の工程があるもの（表7.2のセル4）の2種類がある。セル3のデザインは、混合研究法単一工程デザインである。セル4のデザインは、混合研究法複数工程デザインである。

混合研究法単一工程デザイン

混合研究法デザインの中でもっとも簡潔なものは、**混合研究法単一工程デザイン（mixed methods monostrand designs）**である。このデザインには、研究工程が1つしかないが、質的構成要素と量的構成要素の両方をともなっている。1つのデータタイプしか分析せず、1つの推論（質的または量的）しか引き出さないことから、準混合デザインであることがわかる。本セクションでは、セル3から1つのデザイン—単一工程変換型デザイン—のみを取り上げる（単一工程変換型デザインの図解は図7.3を参照のこと）。

ここでは、単一工程変換型デザインの特徴をいくつか示す。

- 変換型デザインでは一般に、1つのデータ形式を別の形式に変換し、それに応じて分析するといった、データの変形が可能である。
- **単一工程変換型デザイン（monostrand conversion designs）（単純変換型デザイン（simple conversion designs）**としても知られる）は、1つの工程で成り立つ研究に用いられ、（定量化または定性化によっ

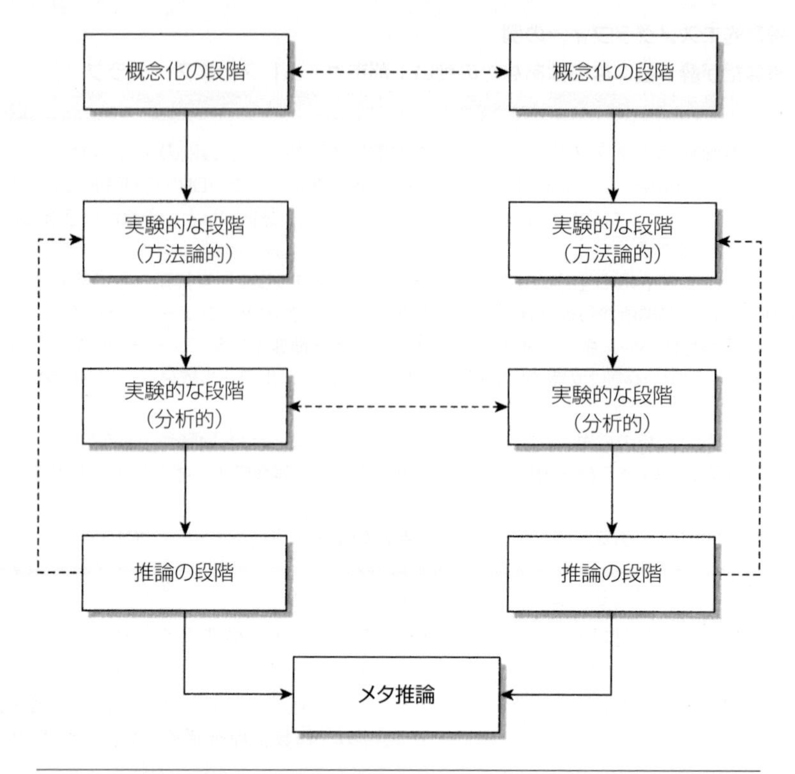

図 7.2　並列型単一手法・複数工程デザイン（2 つの量的工程あるいは 2 つの質的工程）のイメージ図

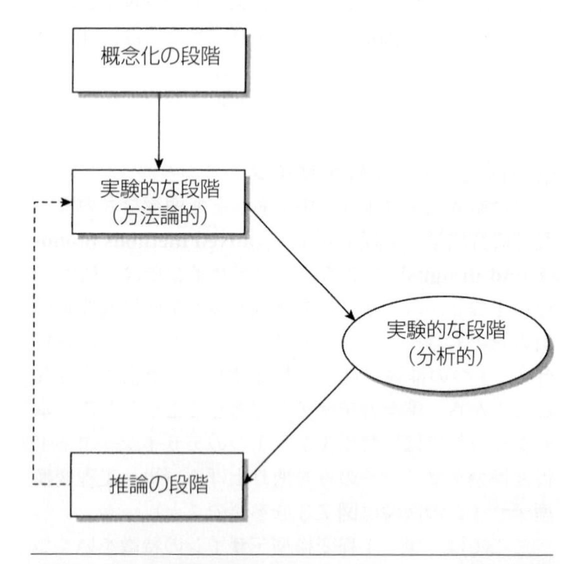

図 7.3　単一工程変換型デザインのイメージ図（準混合デザインの例）

て）変形されたデータの分析を通じて、リサーチ・クエスチョンへの回答が行われる。このデザインでは、研究の実験的なフェーズでアプローチが切り替わっているため、混合されているといえる。このとき、元々収集されたデータは（ナラティブあるいは数量）別の形（数量あるいはナラティブ）へと変換されている。図 7.3 は、単一工程変換型デザインを図示しており、実験的な段階の方法論的要素と分析的要素の間でデータタイプの変換が起こっている。

● 単一工程変換型デザインは、研究を実行に移す前に計画してもよい。しかし、研究が展開するにつれて、多くの応用可能性が思いがけなく発生するものである。例えば、研究者がナラティブ・インタビューのデータに表われた情報のパターンを見出し、数量データに変換し統計学的に分析できそうだと判断するような場合である。そこから、さらに徹底的なデータの分析が可能となる。

単一工程変換型デザインの面白いところは、古典的な量的研究と質的研究のいずれにおいても、それが混合であると認識されないまま、幾度となく用いられてきたことである（例えば、Hunter & Brewer, 2003；Maxwell & Loomis, 2003；Waszak & Sines, 2003）。以下に挙げたのは、質的データの定量化を含むいくつかの研究例である。

● Morse（1989）による、10 代の母親と「〜的な、〜系、〜みたいな」という言葉について調べた研究では、その言葉を使用頻度に置きかえて、大人としての責任を持つ若い女性が使う、子どもじみた話し方の様式について示した。

Box 7.4　MMデザインの5つのファミリー

方法-工程マトリクスのセル4には、研究の実施プロセスに基づく混合研究法デザインの5つのファミリーを記している。ファミリーという意味は、各デザインとも他のデザインの特性に基づき、あらゆる組み合わせが可能であることを示している。例えば、これらのデザインの記述には、典型的に2つの工程しか含まれないことが多いが、工程をさらに追加すれば、別な「ファミリー・メンバー」が生まれることになる。以下に、混合研究法デザインの5つのファミリーについて、簡単な定義を示す。

- 並列型混合デザイン―このデザインにおいて、混合は同時に、またはいくらかの時間差をもって並行して行われる。質的フェーズと量的フェーズは、同じ問いの関連する側面に答える目的で計画され、実行される。
- 順次型混合デザイン―このデザインにおいて、混合は研究フェーズ（量的、質的）の時間経過に沿って行われる。ある工程の問いや手順は、その前の工程によって浮かび上がったり、決まったりする。リサーチ・クエスチョンは互いに関連しており、研究が展開するにつれて進化することもある。
- 変換型混合デザイン―このデザインにおいて、混合は一方のタイプのデータが変換され、質的にも量的にも分析される際に生じる。このデザインは、同じ問いの関連する側面に答えるものである。
- マルチレベル型混合デザイン―この並行型あるいは順次型のデザインにおいて、混合はさまざまな分析レベルにおいて行われる。異なるレベルから得た量的および質的のデータは、同じ問いや関連する複数の問いに答えるために、分析され、統合される。
- 完全統合型混合デザイン―このデザインにおいて、混合は全研究段階を通じて、相互に作用しながら行われる。各段階で、あるアプローチが別のアプローチの形成に影響を及ぼし、複合的なタイプの実施プロセスが生じる。

- Miles と Huberman（1994）は、学校改善についての研究で得たナラティブ・データを、頻度数や評定尺度に変換した。例えば、実施プロセスの「困難さ」や「順調さ」についての記述が、3点または5点評価のスケールに変換された。
- Sandelowski ら（1991）は、インタビューのデータを、「羊水穿刺を受けたあるいは受けなかったカップルの数と、羊水穿刺を勧めたあるいは勧めなかった医師の数」の比較という頻度分布のデータに変換した。そして、「羊水穿刺に関する医師の勧めとカップルの意思決定の関連」を見るべく統計学的に分析した（Sandelowski, 2003, p.327）。

量的データの定性化も、定量化に比べれば少ないが、実例が存在する。各尺度が回答者のQUANデータを表わすように構築された性格プロフィール（例えば、ミネソタ多面人格目録　Minnesota Multiphasic Personality Inventory：MMPI）の質的な分析は、その1例であろう。Tayler と Tashakkori（1997）による学校再建の効果に関する調査も、質的変換の例を示している。この研究では、対象区域の教師たちに、学校での意思決定への参加に対する希望やモチベーション、並びに実際の参加度ついて尋ねる調査を行った。2つの軸（参加への希望度 vs. 実際の参加度）に基づき、教師たちの量的スコアから4グループの質的プロフィールを生成し、それぞれを「権限保有グループ」「権限剥奪グループ」「巻き込まれグループ」「離脱グループ」とラベルするものであった。

次に定性化の別の例（付録論文を参照のこと）を挙げよう。Ivankova ら（2006）によるこの研究では、7つの量的な人口統計学的変数に基づいて、典型的な博士課程の学生の質的プロフィールを4タイプ提示した（新入生、在学生、修了者、中退／休学者）。データの定量化と定性化のさらなる例は、混合研究法におけるデータ分析について扱う、本書の第11章に見ることができる。

混合研究法複数工程デザイン

表7.2のセル4にある**混合研究法複数工程デザイン（mixed methods multistrand designs）**は、このマトリクスのなかでもっとも複雑なデザインである。これらのデザインは全て、少なくとも2つの工程から構成されるが、文献に見られるいくつかの例では、3つ、あるいはそれ以上の工程が含まれていることも多い。質的アプローチと量的アプローチは、研究における3つの段階にわたって混合されることもあれば、各段階のなかで混合されることもある。混合研究法複数工程デザインには、**表7.2**、セル4に挙げた5つの「ファミリー」がある。

- 並列型混合デザイン
- 順次型混合デザイン
- 変換型混合デザイン
- マルチレベル型混合デザイン
- 完全統合型混合デザイン

混合研究法デザインのファミリーは、他の具体的な選択基準に基づいて、組み合わせることも可能だろ

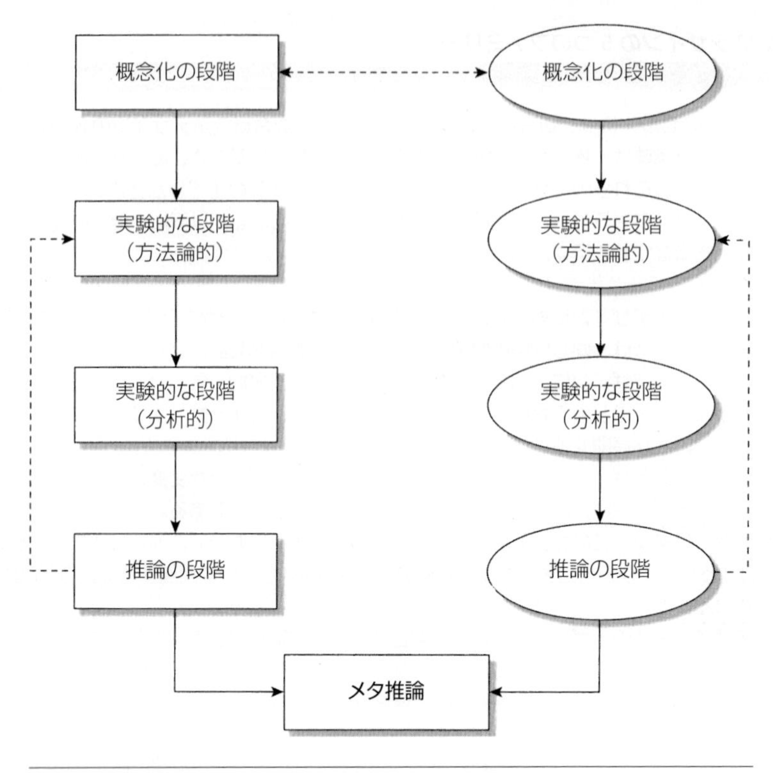

図 7.4　並列型混合デザインのイメージ図

う。**Box 7.4** に、混合デザインの 5 つのファミリーの基本的な特徴を記した。

並列型混合デザインは、並列、かつ比較的独立した少なくとも 2 つの工程から成り立つデザインである。工程の一方は、質的な問い、データ収集、分析手法であり、他方は、量的な問い、データ収集、分析手法である。質的および量的の工程は、同じ包括的な混合研究法のリサーチ・クエスチョンに対しそれぞれが関連する側面を明らかにすることを目的に計画され、実行される(第 6 章参照)。各工程の結果に基づく推論は、研究の最後に統合されて、メタ推論を形成する（第 12 章参照)。**メタ推論**（**meta-inference**）とは、混合型研究の質的工程および量的工程の結果から得た推論の統合を通じて生成される結論のことである（並列型混合デザインは図 7.4 を参照のこと)。

混合研究法の最大の強みは、研究者が探索的な問いと仮説検証的な問いとを同時に扱い、同じ研究の中で理論を検証したり、生成したりできることである。並列型混合デザインでは、質的手法と量的手法が独立した工程の中で使われることで、探索的な問い（主に質的工程にて、ただし常にではない）と仮説検証的な問い（主に量的工程にて、ただし常にではない）に回答するものである。

並立型混合デザインは、世界銀行によるグアテマラ貧困評価にも用いられている（Rao & Woolcock, 2003）[9]。この研究の量的工程には、調査データが使用された。質的研究には、5 組の村が合目的的に選ばれた。この研究における 2 つの工程は（研究チームも含めて)、データ分析が終わるまで独立して行われた。混合は、メタ推論の段階で行われ、この統合によって、「貧困の地理的および人口統計学的な多様性について、より正確な地図を描くことができた」(Rao & Woolcock, 2003, p.173)。（第 11 章の **Box 11.5** に、この研究に関するさらに詳しい解説を記したので、参照のこと。）

Lopez と Tashakkori（2006）による研究も、並列型混合研究の 1 例である。この研究は、5 年生の態度や学習達成度に対する 2 種類のバイリンガル教育プログラムの効果について評価したものである。量的工程には、2 カ国語を併用することに関する自己認知や自己信念を測定するリッカート尺度、さまざまな科目についての標準化学力テスト、英語とスペイン語の言語能力が含まれていた。質的工程では、無作為に選ばれた 32 名の生徒に対するインタビューが行われた。各データセットは独立して分析され、結論が導き出された。それらの結論を比較対照し、各プログラムがどのようにして子どもたちに異なる影響を及ぼしたのかを、より包括的に理解しようと試みる中で、2 つの研究結果が統合された。

並例型混合デザインは非常に強力だが、複数の研究工程を同時に実施するのは複雑であることも多いため、実施には困難が伴う。こうした研究を実施するた

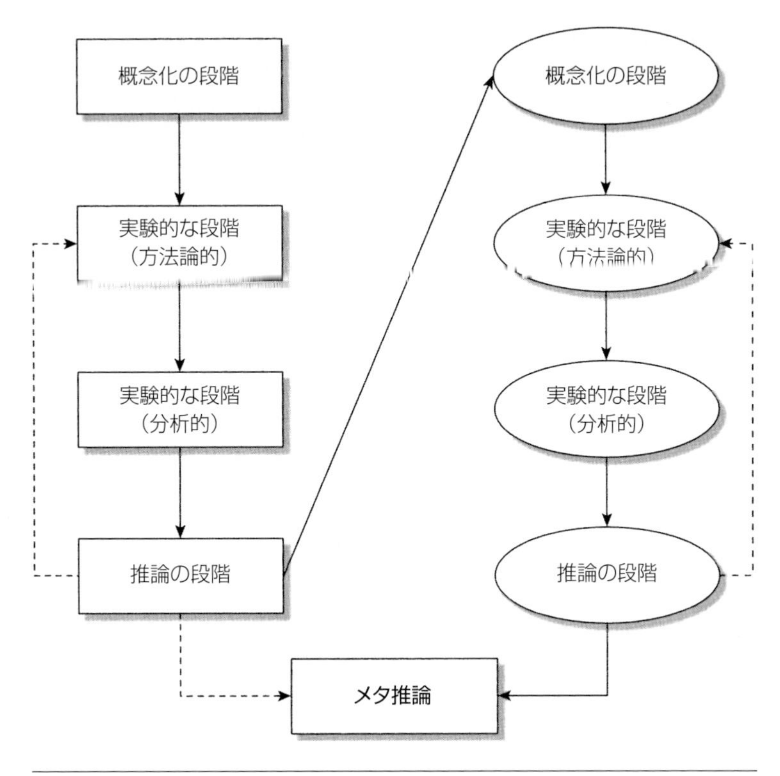

図7.5　順次型混合デザインのイメージ図

めには、先の世界銀行によるグアテマラの研究や、第1章で紹介した評価研究（Trend, 1979）のように、別々の研究チームが必要となることもあるだろう。Trendの研究では、量的オリエンテーションの評価者チームが量的工程を行い、それとは独立して、数名の人類学者が質的工程を実施していた。量的データは連邦助成プログラムの成功を判断するために用いられ、他方、質的なケース・スタディではプログラムのプロセスが描かれた。独立した2つの工程にまたがるメタ推論によって、2つの並行した工程から得られた相容れない情報は、矛盾なく両立することとなった。

並列型混合デザインは、初心者、あるいは1人で研究する研究者には難しいと考えられる理由がいくつかある。

- 一般に、2つの違うアプローチを並列させて用いながら、同じ1つの現象を検証するには、かなりの専門性が要求される。
- 特に、量的および質的データソースを並列して分析し、その結果を一貫性のある一連の知見や推論として統合するのは困難である。
- 結果が矛盾している場合には、特に問題が生じるだろう。初心者や単独の研究者では、このような不一致を解釈したり、解決したりして、メタ推論を導き出すことができないかもしれない。

従って、強力な並列型混合デザインを成し遂げるうえで最善なのは、共同チームによるアプローチを採用することであろう。グループのメンバーそれぞれが、複雑、かつしばしば途中で進化するデザインに貢献するのである（例えば、Shulha & Wilson, 2003）。しかし、単独の研究者による学位論文で、このデザインを用いた例もかなりの数見受けられる。

順次型混合デザインは、時間軸に沿って少なくとも2つの工程を実施するデザインである（QUAN→QUAL、またはQUAL→QUAN）。最初の工程の結果に基づく結論から、次の工程のデザインの構成要素が決まっていく。最終的な推論は、研究の両工程の結果に基づいたものになる。2つ目の工程は、最初の工程による推論を検証したり反証したりするために、あるいは初めの結果をもっと詳しく説明するために実施される（Tashakkori & Teddlie, 2003a, p.715）。（順次型混合デザインは図7.5を参照のこと。）

順次型混合デザインは、時間軸に沿って探索的な問いと仮説検証的な問いとに答えるものだが、順番はあらかじめ決められている。研究者が単独で順次型デザインを実施する場合、もちろん困難であることに変わりはないが、並列型混合デザインの実施ほど複雑ではないだろう。なぜなら、順次型デザインの方が工程を分けやすく、研究の展開にも時間がかかり、予測可能であることが多いからである。

順次型混合デザインの1例として、付録論文の

Ivankova ら（2006）の研究が挙げられる。この研究については第 2 章でも触れた(付録論文を参照のこと)。順次型 QUAN→QUAL デザインである本研究の目的は、学生が博士課程を継続する理由を知ることであった。初めの量的構成要素では、学生の忍耐力に有意に寄与する因子を同定し、続いて行われた質的構成要素では、それがどのようにして生じたのかを説明することに焦点が絞られた。

順次型 QUAL→QUAN 混合デザインの 1 例には、消費者マーケティングに関する著作が挙げられる（Hausman, 2000)。研究の前半は探索的な性質を持つものであり、半構造化インタビューを用いて、衝動買いに関するいくつかの問いを検討するものであった。

- 買い物に対する消費者の態度はどのようなものか？
- 消費者はどのようにして購買の判断をするのか？
- 購買の判断がどのようにして衝動買いにつながるのか？

インタビュアーは消費者を対象に 60 回のインタビューを行い、グラウンデッド・セオリー技法を用いて結果のデータを分析した。質的分析に基づき、一連の量的仮説が立てられ、その仮説は 272 人の消費者による質問紙調査への回答によって検証された。仮説検証の結果、次の 3 つの仮説に対する有意な結果を得ることができた。

- 消費者個人の衝動買いは、快楽的ニーズ（例えば、楽しみ、目新しさ、驚き）を満たしたいという欲求と関連している。
- 消費者個人による衝動買い行動は、自尊心に関する思いを満足させたいという欲求と関連している。
- 衝動買いには意思決定の正しさについての認識が介在する。

われわれの大学院生の中にも、順次型混合デザインを用いて学位論文の研究を行った者が何名かいる（Cakan, 1999；Carwile, 2005；Kochan, 1998；Lassere–Cortez, 2006；Steves, 2001；Wu, 2005)。こうした学位論文のいくつかは、単なる順次型研究というよりも、2 つのアプローチをさらに複雑に組み合わせたものであった。例えば、Wu（2005）の学位論文は、質的工程（管理者へのインタビュー）と量的工程（調査）から構成された研究であった。データはそれぞれ独立して収集、分析され、この点では並列型混合デザインに似ていた。しかし、質的工程で得られたテーマを量的結果との比較で用いるという、順次的なデータ分析を行うことで、最も強力な推論が導かれたのである。2 つの工程で得られた推論どうしの矛盾が、この研究のもっとも際立った結論であった。つまり、台湾における大学選択に影響を及ぼす因子について、受験生と大学管理者との間に認識のギャップがあることが明らかになったのである。

反復的順次型混合デザイン（iterative sequential mixed designs）は、2 つ以上のフェーズから成り立つさらに複雑なデザインである（例えば、QUAN→QUAL→QUAN)。このようなデザインの一例を本章の最後に示し（Kumagai, Bliss, Daniels, & Carroll, 2004)、他の例については第 11 章で紹介する。

変換型混合デザイン（conversion mixed designs）は、1 つのタイプのデータを変形し（量的データの定性化あるいは質的データの定量化)、質的分析と質的分析の両方を行うことで、質的および量的アプローチを混合する、複数工程並列型デザインである（Tashakkori & Teddlie, 2003a, p.706)。このデザインでは、一方の手法（例えば、質的手法）を用いてデータを収集・分析し、それからもう一方の手法（例えば、量的手法）を用いて変換と分析を行う。（変換型混合デザインは図 7.6 を参照のこと。）

Witcher ら（2003）は、変換型混合デザインによる研究を実施した。これは、後に Onwuegbuzie と Leech（2004）によって記述されたものである。この研究で研究者らは、効果的な大学教員に関する学生の認識について、912 名の学生から質的データを集めた。質的主題分析からは、学生中心であるか、教えることに熱心か、などといった 9 つの特徴が明らかになった。それから、各主題に関するそれぞれの学生の回答に 2 値が割り振られ、質的データの定量化が行われた。例えば、女子大学院生が、学生中心であることが効果的な教育の特徴だと思う、ということを示す回答をした場合、この学生にはその主題について 1 がスコアされることになった。逆に、学生中心であることが効果的な教育の特徴だと思う、ということを示す回答がなかった学生には、この主題について 0 がスコアされた。効果的な教育の各特徴について全ての学生の回答に 2 値の評価（0, 1）が割り振られた結果、Witcher ら（2003）が相互反応マトリクスと呼ぶものが作成された。

その後、分析者は、定量化したデータを分析にかけ、効果的な大学教育についての 9 つの主題と、4 つの人口統計学的な変数との関連を見た。その結果、研究者は学生の人口統計学的特徴と、効果的な教育に対する好みと結びつけることができた(例えば、女子学生は、男子学生よりも、学生中心であることを支持する傾向があった)。

このように、1 つのタイプのデータ（質的データ）に主題分析と統計的分析を行い、両者の結果を同時に使ってメタ推論を行うことができた。Onwuegbuzie と Leech（2004）は、「Witcher らが質的データを解釈する上で、定量化されたデータの統計的分析が助けとなった」（p.784）と結論づけた。

マルチレベル型混合デザイン（multilevel mixed designs）は、ある分析レベル（例えば、子ども）で質

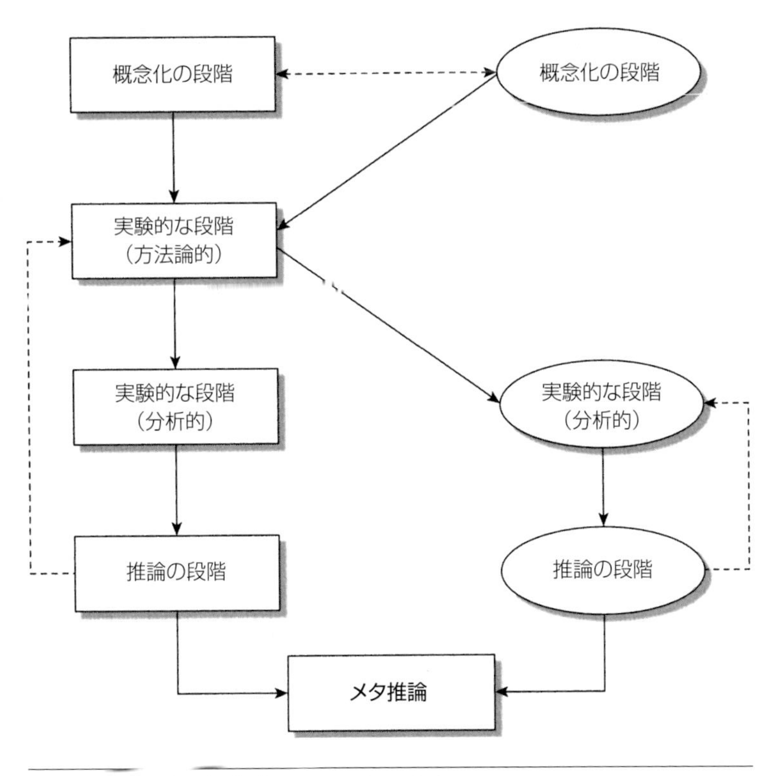

図 7.6　変換型混合デザインのイメージ図

的データを収集し、別のレベル（例えば、家族）で量的データを収集する複数工程のデザインであり、並行的にも順次的にも行われる。両タイプのデータはその都度分析し、その結果を用いて複数タイプの推論を行い、その推論をさらにメタ推論へと統合する。このデザインでは、研究工程がそれぞれ違う分析レベルと関係している。

われわれ（Tashakkori & Teddlie, 1998）は、マルチレベル分析の概念を混合研究法へと拡大することにした。というのも、学校で活動する研究者たちが「異なるデータ集合に対して、異なる手法」を用いていることに気がついたからであった。「例えば、学生のレベルでは量的に、教室のレベルでは質的に、学校のレベルでは量的に、地区のレベルでは質的にデータを分析することは可能である」（p.18）。異なるレベルで得た量的および質的データを使って、関心あるトピックについての問いに答えようとするとき、そこで引き出されるメタ推論は必然的に混合されることになる。

マルチレベルでの研究実施に特有の特徴は、組織が持つ自然発生的な入れ子状の、あるいは階層的な構造を利用して、混合デザインを作り出す点にある。次のようなマルチレベルの、あるいは入れ子状の社会構造を考えてみてほしい。

- 地域の教育機関が担当する学校に通う生徒
- 病院内の病棟内の患者
- 診療所の一般医の患者
- 精神科施設のカウンセラーの精神疾患を持つクライアント
- 地理的に定義されたコミュニティにおける世帯における個人

他のタイプの混合デザインを表すために本章で使用しているダイアグラムを、マルチレベル型混合デザインに当てはめることはできない。というのも、本章で使用しているダイアグラムは、同じ分析レベルでデータ収集することを想定しているからである。マルチレベル型混合デザインを表わすよりよい図解は、第８章の**図 8.1** に示している。個々の生徒のレベルから、州の学校システムのレベルまで、５つのレベルを図示している。

さまざまな分析レベルを持つ入れ子構造のデータはタイプも限られるため、マルチレベル型混合デザインは特別なデザインであるように思えるかもしれない。マルチレベル型混合デザインを用いた研究の例は、教育（例えば、Teddlie & Stringfield, 1993）やカウンセリング（Elliott & Williams, 2002）、その他の分野にいくつか存在するが、このような応用は、より一般的な並行型や順次型デザインに比べると、決して多いわけではない。マルチレベル型混合デザインについては、第８章でさらに詳しく論じる。第８章のトピックはサンプリングだが、これをマルチレベルで行う際の問題

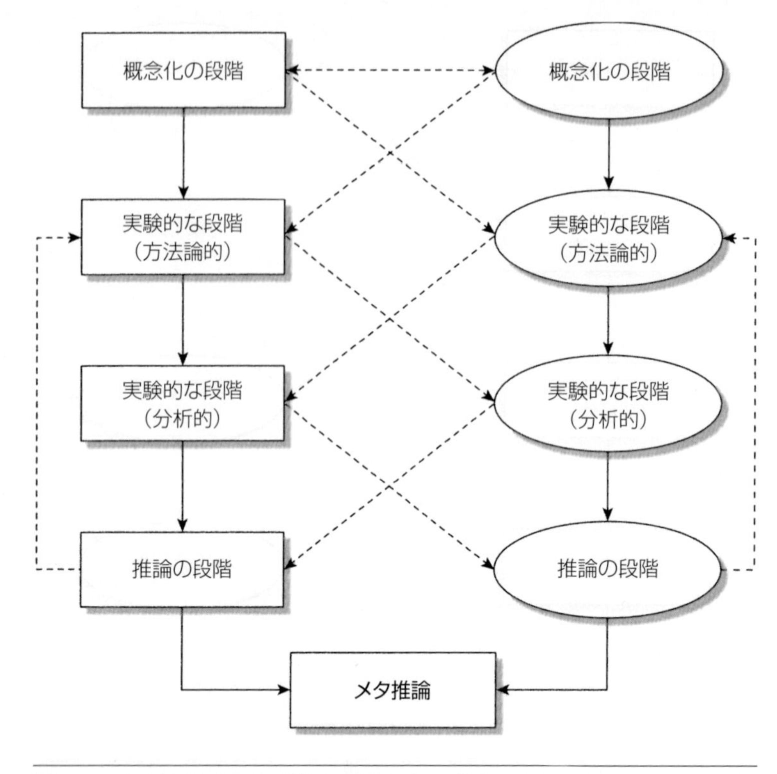

図 7.7　完全統合型混合デザインのイメージ図

は複雑であり、このデザインを知るうえで好例となるからである。

完全統合型混合デザイン（fully integrated mixed design）は、質的および量的アプローチの混合を、すべての研究段階で相互作用させるかたち（すなわち、動的に、互恵的に、相互依存的に、反復的に）で行う、複数工程並列型デザインである。このデザインでは、さまざまな実施プロセスが生じうる。各段階で、一方のアプローチ（例えば、質的アプローチ）が他方のアプローチ（例えば、量的アプローチ）の形成に影響を及ぼすのである（Tashakkori & Teddlie, 2003a, p708）。（完全統合型混合デザインは、図 7.7 を参照のこと）

ルイジアナ学校効果研究（Louisiana School Effectiveness Study：LSES 1993；Teddlie & Stringfield）は 2 校ずつマッチングされた 8 組の学校を対象とした縦断研究である。まず、時点 1（T_1, 1982–1984）で学力についてのベースラインデータを収集し、各学校を効果的または非効果的のどちらかに分類した。続いて、研究の 2 つのフェーズ（T_2, 1984–1985、T_3, 1989–1990）を通じて学力を比較した。次の 2 つの基本的な問いは、縦断的なこの研究の特徴をよく示している。

- 効果の高い学校と低い学校でマッチさせた 8 組のペアによる効果の違いは、時間が経ってもそのまま残るのか。あるいは、時間が経つにつれ、効果が増す学校や減る学校が出てくるのか。この問いについては、学力スコアと生徒の社会経済的状況を表す指標という、量的データが主に用いられた。
- どれだけ効果的に生徒を教育しているかという点について、時間が経っても変わらない学校や、時間とともに変化する学校がたどるプロセスとはどのようなものか。この問いについては、教室及び学校レベルでの、参加者に対する観察とインタビューという、質的データが主に用いられた。

ルイジアナ学校効果研究では、次のようにして、完全統合型混合デザインが用いられた。

- 概念化の段階では、量的オリエンテーションの問いを立てることによって、質的オリエンテーションの問いを立てる際の情報が提供された。またその逆も生じた。
- 実験的な段階（方法論的／分析的）では、質的データのいくつか（教室の観察）が定量化され、統計学的に分析された。また量的データのいくつか（社会経済的データと、学力データ）が定性化された。数量データに基づいて、各学校のナラティブなプロフィールが作られた。これらの統計学的分析やプロフィール分析の結果は、追加的な質的分析や量的分析の設計に影響した。
- 主たる 2 つの量的工程と質的工程や、2 つをクロスオーバーさせた分析は、メタ推論の形成に直接に影

Box 7.5　ヘルスサイエンス分野における完全統合型混合モデルデザイン

Johnstone（2004）の研究で用いられた一連の反復的なステップは、以下のようにまとめることができるだろう。

ステップ1および2：まず、（1）Johnstone自身のヘルスサービス活動、および（2）彼女の学術研究から始まって、

↓

ステップ3：彼女による最初の（3）「オペレーティング・シアター・サービス」に関する研究が行われ、

↓

ステップ4および5：（4）初期の文献統合と、（5）初期の計画と問い立てが行われ、

↓

ステップ6：（6）暫定的な研究デザインへとつながり、

↓

ステップ7および8：当初の独立した2つの研究工程─（7）質的データの収集と初期の帰納的な分析、および（8）量的データの収集─へと至った。この時点から、質的データはステップ9および11へと、同時に量的データもステップ10、12および13へと引き継がれた。

↓

ステップ9および11（質的）：ステップ7（質的データの収集と初期の分析）から、（9）帰納的推論を用いたインタビューと観察のテーマ分析、および（11）全質的データの分析へと至った。これら全てを合わせて、Johnstoneはステージ1Aのトライアンギュレーションとした。

↓

ステップ10、12および13：ステップ8（量的データの収集）から、（10）演繹的推論を用いた量的データの分析が行われ、そこから（ステップ7と合わせて）（12）重要な量的データと質的データの分析へと至った。これら全てを合わせて、Johnstoneはステージ1Bのトライアンギュレーションとした。それとは別に、ステップ10は（13）副次的な（実証主義的な）パラダイムの結論へと引き継がれた。

↓

ステップ14：このステップは、（14）ステップ11と12の結果生まれたもので、帰納的推論を用いて質的分析と量的分析を合成するものとなった（Johnstoneが呼ぶところの、ステージ2のトライアンギュレーション）。

↓

ステップ15：ステップ（15）は、ここまでのプロセスを評価するものであり、

↓

ステップ16および17：さらなる問いを立て、すでにある問いや計画を洗練させ（ステップ16）、暫定的な結論をいくつか引き出していく（ステップ17）。これらのステップは同時にいくつかステップへとつながり、

↓

ステップ18および19（ステップ16から）：同じテーマ、あるいは新しく出現したテーマについてさらに文献調査を行い（ステップ18）、研究デザインを修正したり、追加データが必要かどうかを見極めたり、その両者を行ったりした（ステップ19）。こうして反復的なループを通じてステップ7へと戻り、質的データをさらに収集したり分析したりした。

↓

ステップ18（ステップ17から）：さらに文献調査を行い、反復的なループを通じて間接的にステップ7に戻ったり、直接的にステップ9に戻ったり、その両者に戻ったりした。

↓

継続的反復ループ：Johnstoneは、ステップ14にあるデータ分析と推論が完結するまでこの反復的なループが続くことを示した。そして、帰納的推論よって全ての質的分析と量的分析について最終的な合成が行われる（ステージ2のトライアンギュレーション）、

↓

ステップ20：一次的な（自然主義的な）パラダイムの結論が引き出され、この結論が副次的な（実証主義的な）パラダイムの結論（ステップ13）と比較された。

Box 7.6　犯罪学分野における完全統合型混合モデルデザイン

完全統合型混合モデルデザインのもう1つの例は、Schulenberg（2007）がカナダで行った、警察の意思決定プロセスを検証する研究である。この複雑なデザインは、16のリサーチ・クエスチョンと29の仮説を伴うものであった。データソースは、個々の警察官を対象とするインタビュー、インタビュイーから提供された文書、警察機関が運営するウェブサイトから集めた質的なデータ、州の自治体から得た文書、国勢調査のデータ、犯罪（集団レベルおよび個人レベル）によって実際に逮捕された若者の割合に関する統計データの表であった。警察官のインタビューから得られたデータは、もともとは質的なもの（半構造化されたプロトコルによって収集）であったが、量的変換も行われた。

Schulenbergはこれらの多様なデータソースから5つのデータベースを作成し、リサーチ・クエスチョンと仮説に答えるために用いた。彼女が作成した表の1つは（Schulenberg, 2007, p.110）、5つのデータベースを16のリサーチ・クエスチョンと29の仮説でクロス表にしたものであり、各論点にどのデータベースを用いたのかが、読者に一目で分かるものであった。

別の表は（同 p.109）、彼女が研究で用いた8つの質的なテーマ分析の技法と、6つの量的な統計的技法を示すものであった。これらの技法とは、*t*検定、カイ二乗検定、重回帰分析、分散分析、顕在的な内容分析、潜在的な内容分析、継続比較分析、オープン・コーディング、軸足コーディング、選択コーディングを含む、グラウンデッド・セオリーの技法である。これらの技法については第11章で述べる。

響を与え、トライアンギュレートされたデータを含む、数多くの主要な結論を生み出した。

- この複雑なデザインは、Shulha と Wilson（2003）が推奨したように、多岐にわたる方法論的および実験的なバックグラウンドを持つ研究チームによって達成された。

完全統合型混合モデルデザインの例をもう1つ、ヘルスサイエンス分野から挙げる。Johnstone（2004）は、外科手術に新しい機材を取り入れた組織のその後について研究し、この研究で用いた20段階に及ぶ混合研究法のプロセスを記述した。オーストラリアの5つの病院を対象にしたこの複合的なケース・スタディでは、**Box 7.5**にまとめたような一連のステップを踏みながら、質的データと量的データのどちらに対しても帰納的分析と演繹的分析が行われた。質的データは観察、インタビュー、そして対話から構成され、量的な情報は、組織やスタッフ配置に関するデータ、保健課の文書、術前の業務時間に関する研究データ、そしてリッカート尺度を用いた回答であった。**Box 7.5**の要約は、Johnstone（2004, p.266）が示した複雑な図を元に作成した。

Johnstone（2004）による分析が示す反復的な性質は、完全統合型混合モデルデザインの複雑性を物語っている。こうしたデザインで研究を実施するには、研究対象や、質的分析と量的分析、帰納的推論と演繹的推論について精通していなければならない。1人の研究者がこのデザインを成功させるのは、かなり稀なことである。認識論的、また方法論的な多様性と専門性が求められるからである。

最後にもう1つ、**Box 7.6**に完全統合型混合モデルデザインの例を挙げる（Schulenberg, 2007）。この研究は、犯罪学の分野での研究で、警察における意思決定プロセスについて、多様な量的分析と質的分析を用いて検証したものである。この研究は、本書の第11章でも例として用いる。

表7.2のセル4で示したように、準混合デザインというものもある。このデザインでは、量的および質的データの両方を収集するが、研究結果や推論を真の意味で統合することはない。例えば、並列的準混合研究で、200組のカップルから結婚に対する満足度の量的調査データを収集して分析することを一方の工程とし、少数のカップル（5組のみ）に対面インタビューを行うことをもう一方の質的工程としたとする。質的インタビューデータの結果を単に補完的なものとしてのみ扱い、量的調査データの結果と意味あるかたちで統合しないのであれば、この研究は準混合デザインとなるだろう。

質的および量的分析と推論がどれだけ真に統合されているかによって、研究が混合デザインであるか、準混合デザインであるかが決まる。第11章と第12章では、混合研究法で分析と推論を真に統合することを可能にする方法について述べる。

混合研究法デザインのその他の類型論

先に述べたように、混合研究法の領域で活動する研究者は、1980年代後半にこの研究領域が登場した当初から、混合デザインの類型論を提示してきた。現在、調査研究手法のセクションで頻繁に引用される類型論は、混合研究法「市場」のなかでもほんの一握りに過ぎない。最も有益で使い勝手のよい類型論こそが、時が経っても頻繁に引用され、最終的にこの領域におけ

表 7.3　Greene と Caracelli（1997b）による混合研究法デザインの類型論

デザイン	キーとなる特徴
構成要素	最後まで区別されたまま、それぞれが別な評価を担うようなデータ収集の方法
トライアンギュレーション	ある手法で得られた発見を、他の手法で得られた発見を裏付けるために用いる
補完	一方の主たる手法から得られる発見が、もう一方の手法から得られる発見によって補完的な説明がなされる
拡大	異なる研究構成要素から結果を導くために、いくつかの手法を用いる。例えば、結果を「並べて」見せる（Greene & Caracelli, 1997b、p.23）
統合	評価を通じて統合される方法
反復	評価の段階でさまざまな方法を用いて、ダイナミックに相互作用し合うような結果を生成する
埋め込み、あるいは入れ子	ある手法を別の手法の中に入れ込む。例えば「創造的緊張」の枠組み（Greene & Caracelli, 1997b、p.24）
包括	研究と同時進行で手法を統合し、結果についての１つに統合された説明を組み立てる
トランスフォーマティブ	「イデオロギーの違いを超えた対話の再構築」につながるような、異なる価値委託を受容するために、手法を混合する（Greene & Caracelli, 1997b、p.24）

注：本表は、Rallis と Rossman（2003、p.496）による。

るスタンダードになっていくのだろう。それまで、研究者はどれを選ぶか多くの見方を持つことになる。

このセクションでは、以下のアプローチが持つ顕著な特徴について簡単に述べることとする。

- Greene ら（Greene & Caracelli, 1997b ; Greene et al., 1989）による、デザインの機能に基づいた、構成要素デザインと統合デザインという類型論。
- Morse（1991, 2003）による、混合研究法デザインやそれに類似したスキームの類型論（例えば、Johnson & Onwuegbuzie, 2004 ; Morgan, 1998）。
- Creswell ら（Creswell & Plano Clark, Gutmann, & Hanson, 2003）による混合研究法ザインの類型論。
- Maxwell と Loomis（2003）が、研究デザインの相互作用モデルと名づけた別のアプローチ。

Greene ら（1989）は、混合研究法デザインとしては最初の類型論を示した。この類型論は、混合型研究の機能、あるいは目的に基づくものである。Greene らが初めに示した類型には５タイプがあり、トライアンギュレーション、補完、発展、イニシエーション、拡大であった。後の改訂版では（Greene & Caracelli, 1997b）、大きな２つの分類（構成要素と統合）が加わり、全部で７つの混合研究法デザインが示された。つまり、構成要素デザイン（トライアンギュレーション、補完、拡大）と、統合デザイン（反復、埋め込み、あるいは入れ子、ホリスティック、トランスフォーマティブ）である。これらのデザインの簡単な定義を、**表 7.3** にまとめた。

Jenifer Greene は最近の著書（2007, pp.123–125）の中で、混合研究法デザインを再び構成要素と統合というカテゴリーに分けて、前者には２つの例（収束と拡張）を、後者には４つの例（反復、調合、入れ子あるいは埋め込み、混合する実質的な理由や価値）を挙げた。彼女のデザインは「混合研究法の目的にしっかりと重点を置いている」（p.129）ため、混合研究法デザインの類型論がどのように構築されうるかについて、一貫して要点を押さえた見方を維持している。

混合研究法デザインの類型論には、方法論的アプローチを重要な構成要素と位置付けるものもあり、Morse（1991, 2003）、Morgan（1998）、Johnson と Onwuegbuzie（2004）がこれにあたる。**Box 7.1** に Morse の類型論をまとめている。

Morse は事前決定デザインというものを用いた。これは、研究が始まる前に確立し、プロジェクトの途中では変更しないものである。Morse はさらに、演繹的なものであれ帰納的なプロジェクトであれ（量的なプロジェクトであれ質的なプロジェクトであれ）理論主導で研究を行うことを研究全体の目的に据え、その他に持ち込まれる構成要素の優先性を下げている。

Morgan（1998）による優先–順次モデルは、量的データ収集と質的データ収集を結びつけるための一連の決定則で構成されている。このモデルにおいては、主要なアプローチと副次的なアプローチの区分を重要視している。優先–順次モデルの決定則では、(1) 質的手法と量的手法のどちらを優先させるか決定する、(2) 副次的な手法をどのタイミング（予備的なフェーズかフォローアップのフェーズか）を同定することで、２つの手法の順序を決定する。このようにして、結果として４つの基本的デザインが作られる。

Johnson と Onwuegbuzie（2004）は、「混合研究法デザインの簡潔な類型論」（p.20）として、混合研究法デザインのマトリクスを提案した。このデザイン類型論では、２つの決定を重視する。１つは優先順位であり、同等に扱うか重みづけをするかの決定。もう１つは時間的順序であり、並列型か順序型かの決定。さら

表 7.4　Creswell と Plano Clark（2007）による混合研究法デザインの類型論とその変化形

デザインタイプ	変化型	表記
トライアンギュレーション	収束 データ変換 QUAN データの確認 マルチレベル	QUAN＋QUAL
埋め込み	埋め込み実験的 埋め込み相関的	QUAN（qual） または QUAL（quan）
説明	フォローアップ説明 対象者選択	QUAN→qual
探索	手法開発 分類開発	QUAL→quan

注：本表は Creswell & Plano Clark（2007，p.85）の表を簡略化したものである。各デザインタイプに関係する個別の判断の詳細については、元の表を参照のこと。

に、研究者は既存の類型論に依存するよりも、自分たちの混合研究法デザインを仕立て上げることに創造的であるべきだと述べている。

Creswell ら（2003）は、混合研究法デザインを分類する 4 つの基準—実行プロセスのタイプ、方法論的アプローチの優先順位、統合が起こる段階、理論的またはイデオロギー的な視座—を設定した。次に、Creswell らはこれらの軸をフレームワークに、順次的説明、順次的探索、順次的変換、並行的トライアンギュレーション、並行的入れ子、並行的変換、という 6 タイプの MM デザインを提示した。

John Creswell と Vicki Plano Clark（2007）は近年、さらに「簡潔で機能的な分類」をつくることを目的に、自分たちが作った類型論をアップデートした。混合研究法デザインの間には「相違点よりも類似点の方が多い」（p.59）と考えたからである。新しい類型論には、主要な 4 タイプの混合研究法デザイン（と、それぞれの変化形）がある。つまり、トライアンギュレーション、埋め込み、説明、探索である。**表 7.4** にデザインのタイプと変化形（全部で 10）、およびそれぞれに使用される表記をまとめた。

読者の中には、さまざまな混合研究法デザインの類型論的アプローチに飽き飽きして、これらを概念化する方法について別の観方を求める者もいるだろう。研究デザインの相互作用モデル（Maxwell & Loomis, 2003）は、本章で示した類型論の代替案として提案されたものである。

Joseph Maxwell と Diane Loomis（2003）は、相互作用モデルと彼らが呼ぶものを提案した。このモデルでは、研究デザインの構成要素は直線的に進まずに（例えば、目的から方法、推定）、ネットワーク、あるいはウェブの中で相互に関連づけられていく。彼らのモデルでは「研究のデザインを、研究を実際に構成する要素と、これらの構成要素が互いに結びついて影響し合うあり方から成り立つものとして」（p.245）扱う。Maxwell と Loomis（2003）のモデルには次の 5 つの要素がある。

- 目的――個人的なものかもしれないし、実践的、あるいは知的なものかもしれない。
- 概念的モデル――研究者自身が発展させてきた、あるいは発展途中の理論を含む。
- リサーチ・クエスチョン――研究を導くのはどのような問いか。
- 方法――その研究はどのようにして実施されるのか。
- 妥当性――研究者は結論の正確さへの潜在的な脅威をどのように扱うのか（pp.245–246）。

すでに出版された研究プロジェクトが 5 つの構成要素をどのように採用し、統合しているかについては、研究の**デザインマップ（design map）**を作成すれば分析することができる。**図 7.8** に、視覚的に表わした研究デザインの相互作用モデルを示した。

適切な混合研究法デザインを選ぶための 7 つのステップ

ここまで混合研究法デザインの類型論が重要であり、それにはいくつかの理由があることを論じてきた。研究者が研究デザインを選ぶうえで役に立つ、ということもその理由の 1 つである。最適な混合研究法デザインを選ぶ過程は複雑で、いくつものステップがあり、仮定することと行動に移すことも求められる。論文や学位論文に取り組む学生にとっては、この手順を踏むこと自体が初めてであろう。従って、ここからは、研究者が抱く問いに最適な混合研究法デザインを選ぶステップについて説明する。この手順についての詳細は、Morgan（1998）と Creswell ら（2003）を参照のこと。

以下のステップは、混合研究法デザインの適切さを

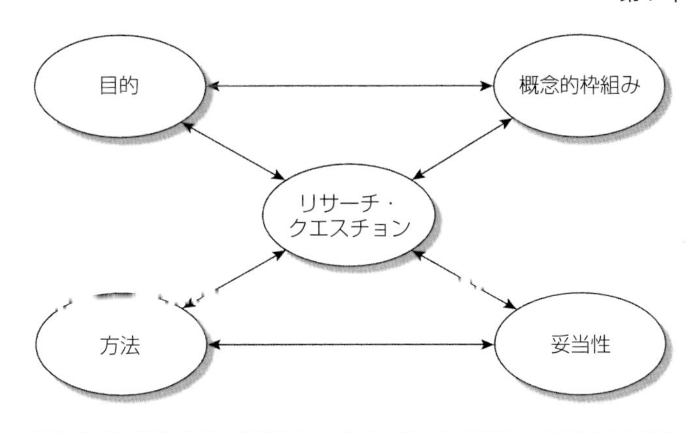

図 7.8　Maxwell と Loomis (2003) による研究デザインの相互作用モデル
注：この図は、Maxwell & Loomis（2003, p.246）による。

見極めるところから、自分の研究にとって最良の混合研究法デザインを選び、発展させるところまでを示したものである。

1. まず初めに、自分のリサーチ・クエスチョンが単一手法デザインを必要としているのか、混合研究法デザインを必要としているのかを見極めなければならない。この判断は、リサーチ・クエスチョンの性質や、リサーチ・クエスチョンに答えるために質的および量的データの両方が必要かどうかに基づいて、主に行われるものである。全てのリサーチ・クエスチョンが、量的データか質的データのどちらか一方で答えられるのであれば、単一手法デザインの方が相応しいということになる（表 7.2 の、セル 1 とセル 2 を参照）。
　他方、リサーチ・クエスチョンに答えるために、質的および量的データの両方が必要であれば、MM デザインの方が適当ということになる（最も有用性の高いものが表 7.2 のセル 4）。ここでは、混合研究法デザインが求められているという前提で、残りのステップの説明を続ける。
2. 混合研究法デザインには数多くの類型論があることを認識しなければならない。また、その詳細にアクセスする方法についても知らなければならない。本章では、さまざまな類型論について紹介してきた。こうした混合研究法デザインについては原著にあたり、その特徴に関する詳しい説明について十分探し出さなければなければならない。
3. 自分の研究にとって最善で、かつ利用可能な混合研究法デザインを選びたいと思っているかもしれない。しかし、最終的には自分でデザインを作り上げるしかないこともあると気がつくだろう。実施可能な全ての混合研究法デザインを列挙することは不可能であるということに気づくことも重要である。従って、「完全に適合する」研究デザインではなく、もっとも適切なデザインか、1 つの最善で利用可能なデザインを探さなければならない。自分の研究に合うよう、既存のデザインを組み合わせる必要があるかもしれないし、新しいデザインを作り出す必要があるかもしれない。
4. 混合研究法デザインの各類型論で重視される基準と、その基準が自分の研究に対して持つ含意について認識しておく必要がある。このセクションでは、いくつかの類型論にとっての重要な基準についてまとめた。例えば、Creswell ら（2003）は、4 つの基準—実行、優先順位、統合が起こる段階、理論的あるいはイデオロギー的な観点—を用いていた。これらの基準は、類型論における重要な構成要素を同定するものである。
5. 自身の研究にとって最も重要な具体的基準を選ぶ前に、一般的な基準についても挙げておくべきである。混合研究法デザインの類型論で用いられてきた、7 つの一般的な基準については、表 7.1 に示した。これらの基準のなかから、自分の研究にとって最も重要なものをいくつか選ぶとよい。
6. 選んだ基準を候補となるデザインにあてはめ、最終的に自分の研究にとって最善の研究デザインを選ぶこと。選んだ基準に望まれる質ともっとも合致する研究デザインはどれかを判断しなければならない。例えば、自分の研究では質的研究が主要な役割を果たすと思うのであれば、それを強調するようなデザインを選ばなければならない。また、理論的あるいはイデオロギー的な立場が重要であれば、Creswell ら（2003）による変換デザインのどれかを使いたくなるかもしれない。
7. 場合によっては、柔軟性と創造性を駆使して、新しい混合研究法デザインを作り上げないとならないかもしれない。研究を開始する時点で、あるいは研究が進んだ時点で、自分の研究プロジェクトにとって最善のデザインが存在するとは限らないからである。混合研究法の中には、研究が進むにつれて変化するものもあり、当初計画したより工程の多いデザインになったり、工程の相対的な重要度が変わったりすることがある。

このような変化プロセスと反復順次型デザインの例に、Kumagai ら（2004）による火事の原因帰属に関する報告がある。最初の研究プロジェクト（フェーズⅠ調査）では、質的オリエンテーションのデザインを採用し、原因帰属理論に基づく3つの仮説を検証した。具体的には、シエラネバダ山脈の西側―歴史的に火事の頻発が知られている―に住む住民からランダムに1000名を選んで質問紙を送った。

フェーズⅠ調査が終わりに近づいたころ、カリフォルニア州のチーコ近くで、雷に端を発する一連の山火事が発生した。Kumagai らは（2004）すぐに、フィールド・インタビューを実施し、山火事の被災者に対する調査(フェーズⅡ調査)をもう一度行うことにした。

研究工程の経時的な順序は以下の通りである(フェーズ間には若干の重複がある)：1000名を対象とするフェーズⅠの量的調査→山火事に被災し、合目的的サンプリングにより選ばれた33名を対象とする質的インタビュー→山火事に被災した2つのコミュニティの住民400名を対象とするフェーズⅡの量的調査。このように、当初予定していた単一工程量的研究は、豊富な質的データとさまざまな経験を持つ回答者グループという特徴を持つ、3工程の経時順次型混合研究法デザイン（QUAN→QUAL→QUAN）へと変換されたのである。

Kumagai ら（2004）の研究は、重要だが予期していなかった出来事が発生した際に、混合研究法デザインが進化することの好例である。研究チームには、認識論的、および方法論的な柔軟性が十分にあったので、当初の研究デザインを変更し、「山火事を経験した住民による、山火事へのリアルタイムな反応と、および山火事による被害の原因帰属」（p.123）を理解するためのデータを集めることができた。研究者らは、複数のデータセット、とりわけ、参加者へのインタビューがなければ、当初のリサーチ・クエスチョンに総合的に答えるだけの十分な情報を得ることはできなかっただろう、と結論づけている。

要約

本章では、読者が自身の研究プロジェクトのために混合研究法デザインを選んだり、当てはめたりする際に必要な情報を提供した。まず、混合研究法デザインの類型論が持つ有用性や、混合研究法デザインの類型論を作ったさまざまな著者が用いてきた軸、混合研究法で使われる基本用語や表記法について論じた。

本章の多くは、われわれが作った研究デザインの類型論―方法-工程マトリクス―を論じることに割いた。このマトリクスは、概念的に全ての研究デザインを網羅している（しかし強調は混合研究法デザインにある）。マトリクスでは、混合研究法デザインの5つのファミリー―並列型、順次型、変換型、マルチレベル型、完全統合型―をとりあげた。マトリクスの中にあるデザインの各ファミリーについては、いくつかの例も示した。それから、他の研究者による混合研究法デザインの類型論についても簡単に検証した。

最後のセクションでは、初学の研究者にとっておそらくもっとも実践的な情報を提示した。つまり、適切なデザインをどのようにして選ぶか（そして当てはめるか）についてである。研究デザインを選ぶ7つのステップは、それに伴う仮定や行動も含めて示した。このプロセスにおける最後のステップは、混合型研究をデザインする際の柔軟性と創造性であったが、このことについては本章の全体を通じて強調した。

第8章では、研究プロセスの次のステップである、混合研究法における適切なサンプリング技術の選択について提示する。まず、基本的な確率的（量的）サンプリングと合目的的（質的）サンプリングについて示す。次に、混合研究法サンプリングの特徴について論じる。混合研究法サンプリング技術の4つに区分されるファミリーを定義し、それぞれに対する説明を行う。最後に、混合研究法サンプリングを行う際のガイドラインを一覧にする。

注

1）本章は主に *Research in Schools*（Teddlie & Tashakkori, 2005）に発表した論文に基づいている。この論文は、米国教育研究学会（American Educational Research Association）の2005年度年次大会で発表した内容（Teddlie & Tashakkori, 2005）に基づいている。

2）ここでは分類法ではなく類型論という用語を用いた。本章で示した類型論は、混合研究法デザインの「理想的なタイプ」を系統的に区分したものである。一方、分類法とは「ある現象を相互排他的に、かつ余すところなく完璧に分類したものである」(Patton, 2002, p.457)。

3）われわれの類型論は、実際のところ最初の3つの基準に照準を当てている。ただ、4番目の基準である実施の段階は、本章の後半で説明する準混合デザインを含めるために残してある。

4）以前は（例えば、Tashakkori & Teddlie, 2003c）、研究の全段階を通じて真の混合がなされる研究と、データ収集の段階でのみ混合がなされる研究とを区別するために、混合モデルデザインという語を用いていた。ただ、準混合デザインという語の方が、その区別をより明確かつ簡潔に示してくれる。そこで、われわれは分類方法を変更し、混乱を避けるために、方法-工程マトリクスから混合モデルデザインという語を削除した（Tashakkori & Teddlie, 2006）。

5）Morse は、方法の志向性（質的あるいは量的、帰納的あるいは演繹的）について論文中で記述する際には主要な（dominace）という表記を用いているものの（2003）、彼女自身は主導（drive）という表記を好んでいる。ここでは、先行研究と一致するよう主要な／副次的な（dominant/less dominant）という語を用いた（例えば、Creswell, 1994；Tashakkori & Teddlie, 1998）。

6）本章では、複数工程デザインには2つしか工程がないように描かれているが、これは簡潔さを心がけたためである（反復的順次型混合デザインに少しだけ触れたのは例外である）。複数工程デザインは、3つも4つも工程を有するような、もっと複雑なものにもなりうる（例えば、QUAL→QUAN→QUAL）。それについては11章で述べる。

7）**分析レベル（level of analysis）**とは、マルチレベルな組織や社会的構造における集合体のレベルを指す。例えば、病院内で収集されたデータは、患者レベル、病棟レベル、病院レベル、などで分析できるだろう。

8）Campbell と Fiske（1959）がマルチメソッドと呼んだものは、われわれがセル2で複数工程と呼んでいるものだが、2つの例外がある。彼らは量的手法についてしか触れなかったが、われわれは質的手法にも言及している。また、彼らのモデルでは経験の段階しか強調していなかったが、われわれはそこに概念化と推論の段階を加えた。

9）本章全体を通して、具体的な研究を取り上げ、マトリクスにあるデザインの例としている。具体的な混合研究法デザインのタイプとして、これらの研究を取り上げてはいるが、これはわれわれが各研究の特徴から事後的に分析したものである。

7

第8章

混合研究法における サンプリング戦略[1)]

学習の目標

本章を読み終えたときに、次のことができるようになっていること。

- 4つの一般的なサンプリング手順を同定し、区別する。
- 3つの一般的な確率サンプリング技法を同定し、区別する。
- 3つの一般的な合目的的サンプリング技法を同定し、区別する。
- ケース・サンプリング、資料サンプリング、および社会的状況における他の要素によるサンプリング単位を区別する。
- 確率サンプリング、合目的的サンプリング、および混合研究法サンプリングにおけるサンプルサイズの問題について説明する。
- 基本的な混合研究法サンプリング技法について定義して、説明する。
- 並列型混合研究法サンプリングについて定義して、説明する。
- 順次型混合研究法サンプリングについて定義して、説明する。
- マルチレベル混合研究法サンプリングについて定義して、説明する。
- 混合研究法サンプリングの組み合わせがどのように用いられるのかを説明する。
- 混合研究法サンプリングを行う際の8つのガイドラインを説明する。

本章では、混合研究法のサンプリング技法について説明する。混合研究法サンプリングは、質的および量的サンプリングとして既に確立したサンプリング技法を創造的な方法で組み合わせ、混合研究法デザインで提起したリサーチ・クエスチョンを解くものである。本章では、混合研究法サンプリングに関する議論の準備として、確率サンプリング（量的）技法と合目的的サンプリング（質的）技法を最初に概観する。

サンプリング（**Sampling**）とは、リサーチ・クエスチョンに答える研究者の能力を最大化する分析単位（例えば、人々、集団、アーティファクト、状況）を選ぶことに関わる（Tashakkori & Teddlie, 2003a, p.715）。**分析単位**（**unit of analysis**）とは、研究者が研究を終えたときに、それについて何らかの表現をしたい個別ケースやケースの集合体を指している。それゆえ、分析単位はデータ収集のあらゆる労力の焦点となる。

本章は、4つの基本的なサンプリング手順―確率サンプリング、合目的的サンプリング、恣意的サンプリング、混合研究法サンプリングの手順―の説明から始める。確率サンプリングと合目的的サンプリングの混合について論じる準備として、各サンプリングに固有なサンプリング・タイプの特徴について説明する。

そのうえで、確率サンプリングと合目的的サンプリングの違いを含め、混合研究法サンプリングと密接に関連したいくつかの問題について示す。混合研究法サンプリングでは、リサーチ・クエスチョンが規定する要件を満たすために、合目的的サンプリングと確率サンプリングを組み合わせることが多い。このセクションでは他にも、混合型研究にとってのサンプリング単位および適切なサンプルサイズの決定について触れる。

また、混合研究法サンプリングの4つのタイプ―基本的混合研究法サンプリング、並列型混合研究法サンプリング、順次型混合研究法サンプリング、マルチレベル混合研究法サンプリング―を紹介する。各サンプリング技法について例をあげ、研究者がどのように混合研究法サンプリングを組み立てるのかを示す。最後に、混合研究法サンプリングを行うにあたってのガイドラインを示す。

社会・行動科学におけるサンプリング方法の類型[2)]

社会・行動科学におけるサンプリング手順は、2つのグループ（確率サンプリングおよび合目的的サンプリング）に分けられることが多いが、実際には**Box 8.1**に示すように、大きく4つのカテゴリーが存在する。確率サンプリング、合目的的サンプリング、および利便性の高いサンプリングについては、後の混合研究法サンプリングの議論にとって背景となるため、次

Box 8.1　社会・行動科学におけるサンプリング技法の類型

Ⅰ. 確率サンプリング（4 技法）
- A. ランダム・サンプリング
- B. 層別サンプリング
- C. クラスター・サンプリング
- D. 複合的な確率技法を用いたサンプリング

Ⅱ. 合目的的サンプリング（15 技法、詳細は Box 8.3、8.4、および本文全体を参照のこと）
- A. 代表性あるいは比較可能性を得るためのサンプリング
- B. 特別なあるいは珍しいケースのサンプリング
- C. 順次型サンプリング
- D. 複合的な合目的的技法を用いたサンプリング

Ⅲ. 利便性の高いサンプリング（2 技法）
- A. 捕らわれサンプル
- B. 自発的サンプル

Ⅳ. 混合研究法サンプリング（5 技法）
- A. 基本的混合研究法サンプリング
- B. 並列型混合研究法サンプリング
- C. 順次型混合研究法サンプリング
- D. マルチレベル混合研究法サンプリング
- E. 混合研究法サンプリング手法の組み合わせ

のセクションで簡単に説明する。

確率サンプリング、合目的的サンプリング、混合研究法サンプリングというわれわれの区分は、本書が例示してきた 3 つのコミュニティにおける区分と一致する。利便性の高いサンプリングを 4 番目のカテゴリーとして追加したのは、量的、質的、および混合研究法サンプリングに比べると最善のサンプリング技法とはいえないからである[3)]。

確率サンプリング技法は、主に量的オリエンテーションの研究で用いられる。これは、「母集団あるいは母集団における特定の下位集団（層）から、集団の全ての構成員を抽出する確率が同一になるようなランダムな方法で、比較的大人数を選ぶこと」（Tashakkori & Teddlie, 2003a, p.713）である。確率サンプルの目的は、**代表性（representativeness）**を得ることである。代表性とはすなわち、そのサンプルが母集団全体を正確に代表する程度のことである。確率サンプリングにおける**母集団（population）**とは、「ある特定の特徴で定義されるような、要素あるいはテーマ、メンバーの全てを含んだ総計」（Wiersma & Jurs, 2005, p.490）と言われている。調査対象母集団とは、研究者がデータを収集できるような、要素やテーマ、メンバーの総体のことをいう。

合目的的サンプリング技法は、主に質的研究で用いられる。これは、調査研究の問いに答えるという特定の目的に基づいて対象単位を選択すること、と定義されるだろう（例えば、Tashakkori & Teddlie, 2003a, p.713）。Maxwell（1997）はさらに、合目的的サンプリングをサンプリングの一類型として「他の選択では得られないような重要な情報を提供してくれる特定の状況、人、あるいは出来事を意図的に選ぶこと」（p.87）と定義した。

利便性の高いサンプリングは、容易にアクセスでき、進んで研究に参加してくれるが、リサーチ・クエスチョンにとって最適でない可能性のあるサンプルを抽出することをいう。利便性の高いサンプリングは、間違って合目的的サンプリング技法と分類されることが少なくない。利便性サンプリング技法は、確率サンプリングや合目的的サンプリングとしては、不完全な手順を踏むからである。例えば、適切でない参加者リクルートや参加者の脱落によって、確率サンプルとして意図していたものが利便性の高いサンプルへと変わってしまうことがある。

利便性の高いサンプルには、次の 2 つのタイプがある。

- 捕らわれサンプル―そもそも参加しないことが難しい環境にいる個人（例えば、教室にいる生徒）から抽出したサンプル
- 自発的サンプル―研究参加に積極的に同意する個人から抽出したサンプル

利便性の高いサンプルはデータに偏りをもたらすことが多いため、本章では詳細に触れない。たとえ適切に設計したサンプルであっても、かなりの人数が研究への不参加を決めたり、後に脱落したりすれば、自発

Box 8.2　　正規分布の特徴

正規曲線には以下の特徴がある。

- 両端よりも中央に観察度数が多い釣鐘状の分布である。
- 曲線の頂点は中央にあり、これが分布の代表値あるいは平均値になる。
- 標準偏差（SD）は、平均値周辺の値の散布度である。
- 正規曲線では、約68%のケースが平均値に対する±1のSDに含まれる。また、約95%のケースが±2SDに含まれ、約99%のケースが±3SDに含まれる。

正規分布とその特徴については、数え切れないほどの記述がある。うち1つに、KerlingerとLeeによる社会科学の古典的な教科書の記述がある（2000, pp.265-272）。

的サンプルになってしまう。例えば、200名の参加者を集めて始めたが、98名しか最後まで研究計画を完了できなかった減量の医学的研究について考えてみよう。残った98名のサンプルは、プログラムを完了する粘り強さを持った個人からなる自発的サンプルと見なされるだろう。このサンプルの最終的な平均体重減少値は、集団全体の値よりおそらく大きいだろう。このように、自発的サンプルは偏った結果を導き出してしまう。

混合研究法サンプリング技法（**mixed methods sampling technique**）は、確率サンプリング戦略と合目的的サンプリング戦略を用いて、調査研究のための単位やケースを選択することである。4番目のこのサンプリング・カテゴリーが論じられることはごくまれだが（例えば、Collins, Onwuegbuzie, & Jiao, 2007；Kemper, Stringfield, & Teddlie, 2003；Teddlie & Yu, 2007）、多数の例があらゆる文献で見出される。

人間科学で調査する研究トピックスの多くは、極めて複雑であることに留意すべきである。これらの主題を包括的に研究するには、（単なる合目的的サンプリングあるいは確率サンプリングではなく）混合研究法サンプリング技法が必要である。

われわれや他の論者たちの類型論で触れる具体的なサンプリング技法は、かなり似通ったものである。例えば、われわれの類型論には26の具体的な技法がある（**Box 8.1**、より詳細な説明は本文と**Box 8.3**）。このリストは、Collinsら（2007）が言及し、定義した24の技法と極めて類似したものである。

伝統的な確率サンプリングの技法

確率サンプリング概論

先に述べたように、確率サンプリング技法では、集団の全メンバーが含まれる確率を「確定できる」ように、特定の単位あるいはケースをランダムに抽出する。以下に3つの基本的な確率サンプリングのタイプと、複合的な確率技法を含む1つのカテゴリーを示す。

- **ランダム・サンプリング**（**random sampling**）：明確に定義した集団における各サンプリング単位は、サンプルになる確率を同等に有している。
- **層別サンプリング**（**stratified sampling**）：研究者は単一の層に属する各単位（例えば、男性あるいは女性のソーシャルワーカー）といった、集団におけるサブ・グループ（層）を同定し、その同定された単位からサンプルを抽出する。
- **クラスター・サンプリング**（**cluster sampling**）：サンプリング単位は個人ではなく、近隣あるいは病院、学校、教室といった、母集団の中に自然に存在する群（クラスター）である。
- 複合的な確率技法を用いたサンプリング：このリストで述べた少なくとも2つ以上の確率技法を組み合わせたサンプリングである。

確率サンプリングは、正規分布として最も知られる、理論的な観察分布あるいはサンプリング分布に根拠をなしている。通常、人間が持つ多くの特徴は分散している。サンプルが多数の観察情報を持つ場合には特にそうである。例えば、身長、体重、標準化されたテストの結果などがある。**Box 8.2**に正規分布の特徴について示した。もし関心ある変数が集団の中で標準的に分布していたとしたら、サンプルにおける観察頻度が増すにつれて、その観察の分布は正規曲線に近づく。

ランダム・サンプリング

おそらく最もよく知られたサンプリング戦略は、ランダム・サンプリング[4]である。単純ランダム・サンプリングでは、アクセス可能な母集団内の各単位（例えば、人やケース）が、サンプルとして抽出される可能性はそれぞれ等しい。また、各単位が抽出される確率は、アクセス可能な集団内にある別の単位がサンプルに選ばれても影響を受けない（要するに、サンプル選択は互いに独立した状態でなされる）。単純ランダム・サンプリングにはいくつかの方法があり、名前あるいは番号をくじで引いたり、統計学の教科書にある乱数表から番号を選んだり、サンプルを生成するコンピューター・プログラムを用いたりする。

単純ランダム・サンプリングの大きな利点は、計算可能な誤差の範囲内で、結果をサンプルから集団へと一般化できることにある。従って、選挙運動のマネージャーが、登録有権者がどの知事候補に投票するのかという割合を知りたかったとしたら、全登録有権者から十分な数のサンプルをランダムに抽出すれば、誤差の範囲内で推計ができるだろう。

単純ランダム・サンプリングのデメリットは、抽出単位が地理的広範囲に散らばっている可能性があり、費用がかかる点である。例えば、授業観察のために、カリフォルニアの学校から成績の良い300の中学校を選ぶとする。もし300の中学校が州全体に広がっていたとしたら、研究者は州の広範囲にわたって移動しなくてはならず、サンプリング計画は非能率的で費用のかかるものになってしまう。

層別サンプリング

研究者がランダム・サンプリングを行う場合、例えば、成果テストの成績といった特性において、集団を代表するサンプルを求めるのが普通である。ただ、研究者が集団を代表するさまざまなサブ・グループを求める場合、状況はさらに複雑になる。そのような場合、研究者はランダム・サンプリングに層別サンプリングを組み合わせた、層別ランダム・サンプリングを用いことになる。

例えば、ある研究者が大学で経営学の講義を受ける3年生から、層別無作為による男女のサンプルが欲しいと仮定する。まず、研究者は経営学の講義を受ける全母集団を、男性と女性の2つの層に分け、それから各層ごとに独立してランダム・サンプリングを行う。層別ランダム・サンプリングのさらなる区分は次のとおりである。

- 比例層別ランダム・サンプリングでは、各層からランダムに抽出した単位の割合は、母集団における割合と同一である。つまり、経営学を受講する母集団のうち27％が女性だったとしたら、サンプルにおける女性の割合も27％となる。
- 不均衡層別サンプリングでは、部分母集団のサンプルサイズに合わせて各層から異なるサイズの無作為サンプルを抽出する。このタイプのサンプリングでは、より少人数単位の層でオーバーサンプリングになり、より大人数単位の層で過小サンプリングになることが多い。従って、経営学クラスの例において、男女50％ずつで抽出すると、女性はオーバーサンプリングに、男性は過小サンプリングになるだろう。

クラスター・サンプリング

クラスター・サンプリングは、研究者が金銭的資源や時間的資源、もしくはその両方の点で、より効率的にサンプリングを行いたいときに用いる。研究者は、地理的に分散した個々の単位をサンプリングする代わりに、母集団内で自生的に存在する集団（クラスター）（例えば、近隣や学校など）からサンプルを抽出する。

- 単純クラスター抽出では、まずクラスターをランダムに抽出し、その後でクラスター内にある関心の対象となる単位全てを抽出する。例えば、学校（クラスター）を抽出してから、これらの学校の教師全員（関心の対象となる単位）を抽出する。
- 多段クラスター抽出では、サンプリングの第1段階でクラスターをランダムに抽出する。そして、サンプリングの第2段階として、第1段階で抽出したクラスター内から関心の対象となる単位を抽出する。例えば、まず学校（クラスター）を抽出し、その後それらの学校から教師（関心の対象となる単位）をランダムに抽出する。

複合的な確率方法を用いたサンプリング

研究者は、量的研究のために単位を抽出する際、1つ以上の確率サンプリング方法を用いることがある。例えば、年配の看護師と若い看護師に対する新しいトレーニング・プログラムの効果に研究者の関心があったとする。その場合、研究者はまず看護師のクラスターを含む病院をサンプルとして抽出するだろう。それから、その病院内の看護師を2層に分けることができる（例えば、20–39歳と40–59歳）。その後、各層の看護師をランダムに実験群とコントロール群に振り分ける。この例では、複合的な確率サンプリング方法を順次的に用いてサンプルを抽出している。つまり、1番目にクラスター・サンプリング、2番目に層別サンプリング、3番目にランダム・サンプリングを用いている。

伝統的な合目的的サンプリングの技法

合目的的サンプリング概論

先に述べたように、合目的的サンプリング技法には「ランダムというより特定の目的に基づいて」(Tashakkori & Teddlie, 2003a, p.713）ある単位やケースを選択することが伴う。合目的的サンプリングを用いる研究者は、わずかなケースから細部にわたるふんだんな情報を得たいのである。そのため、サンプリング決定は極めて重要である。合目的的サンプリングには下記の

Box 8.3　合目的的サンプリング技法の類型

A. 代表性あるいは比較可能性
　1. 典型ケースのサンプリング（本文で議論）
　2. 極端なケース、あるいは逸脱的ケースのサンプリング（本文で議論）
　3. 強度の高いケースのサンプリング（Box 8.4 で定義）
　4. 多様性最大化サンプリング（本文で議論）
　5. 均質サンプリング（本文で議論）
　6. 評価によるケースのサンプリング（Box 8.4 で定義）
B. 特別なあるいは珍しいケースのサンプリング
　7. 新発見ケースのサンプリング（本文で議論）
　8. 決定的なケースのサンプリング（Box 8.4 で定義）
　9. 政治的に重要なケースのサンプリング（Box 8.4 で定義）
　10. 全数調査（本文で議論）
C. 順次型サンプリング
　11. 理論的サンプリング（本文で議論）
　12. 裏付けおよび反証ケース（Box 8.4 で定義）
　13. 利便性の高いサンプリング（Box 8.4 で定義）
　14. スノーボール・サンプリング（Box 8.4 で定義）
D. 合目的的技法の組み合わせを用いたサンプリング（本文で議論）

特徴がある。

- 合目的的サンプリングは、リサーチ・クエスチョンに関係する明確な目的に沿って実施されるため、研究者はリサーチ・クエスチョンに関連した情報がふんだんにあるケースを選択する。
- 合目的的サンプルは、研究者やインフォーマントといった専門家の判断によって選ばれることがある。
- 合目的的サンプリングの手順では、個々のケースから生成される情報の「分厚さ」が強調される。
- 合目的的サンプルは小さいことが一般的だが（通常30ケースかそれ以下）、具体的なサンプルサイズは、遂行中の質的研究のタイプおよびリサーチ・クエスチョンによって決まる。

以下のリストは、合目的的サンプリング技法の３つの基本的なファミリー（Teddlie & Yu, 2007）と、複合的な合目的的サンプリング技法のカテゴリーである。

- 代表性あるいは比較可能性を得るためのサンプリング—研究者が達成したいのは以下の２つの目的のうち１つである：(1) ケースに関連する広範な集団をできるだけ代表する合目的的なサンプルを選択すること、もしくは (2) 異なるケース間での比較を可能にすること。
- 特別なあるいは珍しいケース—個々のケースか特定のケースによる集団が調査の主な焦点となる。
- 順次型サンプリング—一般原則としての段階的選択は、研究プロジェクトのゴールが理論（あるいは主題）の生成である場合、もしくはデータ収集に従って、サンプルそれ自身が自発的に発展する場合に用いられる。**段階的選択**（**gradual selection**）は、関心のあるリサーチ・クエスチョンとの関連に基づき、単位やケースを継続的に選択することと定義される（例えば、Flick, 1998）。
- 複合的な合目的的技法—このリストで説明した合目的的技法のうち、少なくとも２つ以上の技法を組み合わせたものである。

Box 8.3に合目的的サンプリング技法の類型を示す。次のセクションでは、広範囲にわたる合目的的サンプリング技法のファミリーについて、それぞれが採用する特定の技法と合わせて簡単に紹介する。簡単な例もいくつか示すが、全ての技法を網羅して説明することは本書の範囲を超えるため行わない。本書で説明しない合目的的サンプリングについては、Box 8.4 に示す。

代表性あるいは比較可能性を得るためのサンプリング

合目的的サンプリング技法の１つ目のカテゴリーには、大きく分けて２つの目的がある。

- 関心のある領域において、特定のケースの代表あるいは典型となるような例を見出すためのサンプリング
- 関心のある領域において、違うタイプのケース間での比較を可能にするためのサンプリング

Box 8.4　本文で論じない合目的的サンプリング技法の定義

強度の高いケースのサンプリング（intensity sampling）：関心のある現象が強く現れている、情報量の多いケースを選択することである。例えば、能力の高い教師／低い教師、平均以上のピアニスト／以下のピアニスト、などである（例えば、Patton, 2002）。
評価によるケースのサンプリング（reputational case sampling）：専門家やキーとなる情報提供者の助言に基づきケースを選択することである（例えば、LeCompte & Preissle, 1993；Miles & Huberman, 1994）。評価によるケースのサンプリングは、研究者にサンプルを選ぶ上での必要な知識がなく、専門家の意見に頼らなくてはならない場合に用いられる。
決定的なケースのサンプリング（critical case sampling）：現象を理解するにあたり、特に重要な―他のケースに最大限の情報の応用が可能になるような―ケースを1例選択することである。
政治的に重要なケースのサンプリング（sampling of politically important cases）：研究にとって政治的に意義の深い、あるいは慎重に扱うべきケースを選択する（または、場合によっては選択しない）という、特別で珍しいケースのサンプリング手続きである（例えば、Miles & Huberman, 1994；Patton, 2002）。
裏付けおよび反証ケース（confirming and disconfirming cases）：研究中の現象をさらに理解するため、データに現れた（あるいは予め定義した）パターンを実証あるいは反証するような分析単位を選択することである。
利便性の高いサンプリング（opportunistic sampling）（緊急サンプリング（emergent sampling））：データ収集に伴う研究デザインの変更に基づき、新たなケースをサンプルに加えることである（例えば、Kemper et al., 2003；Patton, 2002）。
スノーボール・サンプリング（snowball sampling）（チェーン・サンプリング（chain sampling））：よく知られた合目的的サンプリング技法であり、情報提供者や研究参加者を用いて、研究に含みうる追加的ケースを同定する技法である（例えば、Kemper et al., 2003；Patton, 2002）。

代表性と比較可能性を得るためには、6つの合目的的サンプリング方法―典型ケースのサンプリング、極端なケースあるいは逸脱的ケースのサンプリング、強度の高いケースのサンプリング、多様性最大化サンプリング、均質なサンプリング、評価によるケースのサンプリング―がある。これらのサンプリング技法には、代表的ケースを得ることを目的にしたものもあるが、多くは対照的ケースを得ることが目的である。対比原則や継続比較法によって生み出される比較や対比は、質的データ分析戦略の核である（例えば、Glaser & Strauss, 1967；Mason, 2002；Spradley, 1979, 1980）。

この広義のカテゴリーの一例が、**典型ケースのサンプリング（typical case sampling）**である。これは、対象としているケース群の中から、最も典型的、普通、あるいは代表的なサンプルを選ぶものである。代表性は確率サンプリングと関連することがほとんどだが、質的研究者が関心を持った現象のなかで、最も典型的あるいは代表的な例に興味を持つ場合にも同様のことがいえる。

例えば、Wolcott（1994）は「平均的な」小学校の校長について精査したエスノグラフィー研究を行った。彼はまず、1968年に米国教育協会（National Education Association）が実施した調査をもとに、平均的な小学校の校長に関する人口学的プロファイルを作成した。プロファイルからは、「男性、既婚、35–49歳、トータルで10–19年の学校経験があり、管理職になる直前は小学校の学級担任であった」（Wolcott, 1994, p.117）という情報が得られた。こうしてWolcottは、これらの特徴を持ち、研究に参加してくれる実際の校長を探した。

合目的的サンプリングの広義のカテゴリーにおける他の例に、**極端なケースあるいは逸脱的ケースのサンプリング（extreme or deviant case sampling）**がある。これは外れ値サンプリング（例えば、Stringfield, 1994）としても知られる。というのも、このサンプリングでは、関心あるケースの分布で極端に位置するケースを選択するからである。関心あるトピックスについて、最も際立った成功ケースあるいは失敗ケース（例えば、学力、富の蓄積）を選択することがこれにあたる。際立った成功あるいは失敗ケースからは、関心あるトピックスについて、特に価値のある情報を得られることが期待される。

また、極端／逸脱ケースからは、他のケースとの興味深い対比が得られる。これによって、際立った成功ケースと際立った失敗ケースとの対比、際立った成功ケースと典型的なケースとの対比および際立った失敗ケースと典型的なケースといった、ケースごとの比較が可能となる。このような比較では、調査者はまず関心の対象となる領域を決め、その領域でのケース分布を作り、その分布の中に極端／逸脱ケースおよび他の関連ケースを位置付けていく必要がある。

特別なあるいは珍しいケースのサンプリング

特別なあるいは珍しいケースのサンプリング技法は、質的研究—特に人類学および社会学で行われる研究—で長らく注目されてきた。Stake（1995）は、主題よりもむしろ、ケース自体に主な重要性があるような固有のケース・スタディとしてこれを論じた。

特別なあるいは珍しいケースの合目的的サンプリング技法には、4タイプ—新発見ケースのサンプリング、決定的なケースのサンプリング、政治的に重要なケースのサンプリング、および全数調査—がある。

新発見ケースのサンプリング（revelatory case sampling）では、それまで「科学的調査の手が届かなかった」（Yin, 2003, p.42）現象を代表するような単一ケースを同定し、これにアクセスする。こうしたケースは珍しく、研究するのも困難だが、貴重でオリジナルな情報をもたらしてくれる。

人間科学の分野には、新発見ケースの分析例がいくつかある。

- 『神の選択：キリスト教原理主義者の学校世界』（God's Choice：The World of a Fundamentalist Christian School）(Peshkin, 1986)。これはキリスト教原理主義者の学校について初めて精査して記述したという点で、新発見ケースのサンプリングの研究といえる。この研究の興味深い特徴は、Peshkinがキリスト教原理主義者の学校への潜入に最初は失敗したことや、その後どうやって最終的に「ベサニー教区学校」と「神中心」の環境について研究できるに至ったかを書いている点である。
- 『子どもたち：言語学習に関する研究』（Them Children：A Study in Language Learning）（Ward, 1986）。このケース・スタディの新奇性は、その特異な環境—「ローズポイント（Rosepoint）」コミュニティと呼ばれる、かつて砂糖園であったが、現在は貧しいニューオーリンズ近郊の田舎にあるアフリカ系アメリカ人コミュニティ—の記述にある。Wardは、ローズポイントが米国の一般的なコミュニティとは全く違ったやり方で、「トータルな環境」を家族（特に子ども）に提供する方法について研究した。
- 『ブッダは隠れている：難民、市民権、新しいアメリカ』（Buddha Is Hiding：Refugees, Citizenship, the New America）(Ong, 2003)。オークランドおよびサンフランシスコのカンボジア難民に関するこの洞察力に溢れた解説については、本章の後半で複合的な合目的的サンプリング技法を用いた研究として論じる。概略をいうと、それまで研究されてこなかったアジア系アメリカ人難民グループについての新奇なケース・スタディである。

順次型サンプリング（sequential sampling）

この技法には、原則として段階的選択が伴う。順次型サンプリングを含む合目的的サンプリング技法には、次の4タイプがある。

- 理論的サンプリング
- 裏付けおよび反証ケース
- 利便性の高いサンプリング
- スノーボール・サンプリング

Charmaz（2000）は、「グラウンデッド・セオリー理論家」の視点から、**理論的サンプリング（theoretical sampling）**（理論に基づくサンプリング）を以下のように定義した。

> 理論的サンプリングは、カテゴリーを生み出し、それをより限定的で有用なものにしていくために用いられる。つまり、理論的サンプリングの目的は、もともとのサンプルサイズを広げるためのものではなく、アイディアを洗練させるためのものである。理論的サンプリングによって概念上の境界が明確化され、カテゴリーの適合性や関連性が的確に示されるようになるのである。（p.519）

理論的サンプリングでは、研究者がさまざまな様相を定義して詳述できるよう、関心の対象となる現象にまつわる特定のケースを調査する。調査者は人や施設、状況、出来事、文書、その他理論がその調査を導くところであればどこからでもサンプリングを行う。

グラウンデッド・セオリーの創始者らによる、死のアウェアネス研究は、理論的サンプリングに関する好例である（Glaser & Strauss, 1965, 1967）。この研究で彼らは、死へのアウェアネスに関する理論の生成に伴い、それに関連するさまざまな場所を訪ねることになった。以下のリストにある各場所は、その前の場所では得られなかったようなユニークな情報をもたらしてくれた。

- 未熟児病棟
- 昏睡状態の患者がいる脳神経外科
- 集中治療室
- がん病棟
- 救急医療部

理論的サンプリングは、それぞれの場所やケースがもたらした情報が、次の理論的な場所やケースの分析へとつながっていくという、段階的選択の原則に従うものである。調査者は段階的選択が命じるところに従って、理論を洗練させるうえで最も価値のある情報

Box 8.5　複合的な合目的的サンプリング技法の1例―ブッダは隠れている：難民、市民権、新しいアメリカ（Buddha Is Hiding：Refugees, Citizenship, the New America）

Ong（2003）はカンボジア難民について洞察に溢れる記録を行い、彼らの仏教徒としての過去と、米国での世俗主義／官僚主義的な生活とを見事に対比させた。Ongは多数のインタビュー技法を駆使して、少なくとも3タイプの合目的的サンプリングを行った。

- 新発見のケース・スタディ―1980年代の中盤から後半にかけて、湾岸地帯（オークランド、サンフランシスコ）に住んでいたカンボジア人約15,000人が、ケース全体の母集団にあたる。多くはポル・ポトによる大量虐殺政権を生き延びて、カリフォルニアに再定住した人々である。この研究は特に新発見にあたる。なぜなら「東南アジアからの難民は、最も北米人の意識にのぼらない集団だからである」（Ong, 2003, p. xvi）。
- Ongは、クメール語を話す3人の助手に手伝ってもらい、ほとんどの調査対象者と接触し、インタビューの内容も後日翻訳してもらった。研究の進行に伴い、クメール語を話す3人の情報提供者が追加的ケースを同定した点で、これはスノーボール・サンプリングの一例と言える（Box 8.4参照）。
- Ong（2003）による60世帯の研究サンプル（女性20名のライフヒストリーを含む）は、彼女が3つのパートとして記述した集団から抽出された。つまり、「オークランドで低所得者を対象とした2つの住宅計画のカンボジア人家族、サンフランシスコの貧困地域における自助グループ、そして、スラム街から引っ越し、中心地を離れ、中産階級の職業に就いた他の情報提供者」（p. xv）である。3グループそれぞれが層を構成すると考えるなら、これは層別合目的的サンプリングの1例である。本書では、このサンプリングを混合研究法サンプリング技法に分類しているが、合目的的サンプリング技法とされる場合も多い。

Ong（2003）が行ったような複雑なエスノグラフィー研究では、さまざまな合目的的サンプリング技法を多岐にわたって混合して使ったり、必要に応じて、たまに確率サンプリングや混合サンプリング手順を使ったりすることがよくある。

を生み出す場所やケースへと導かれるのである。

複合的な合目的的技法を用いたサンプリング

複合的な合目的的技法を用いたサンプリングは、調査対象となる主題の複雑さゆえに2つ以上のサンプリング技法を用いるものである。例えば、女性の虐待と差別に関するPoorman（2002）の論文は、複合的な合目的的サンプリング技法の例として興味深い。この研究でPoormanは、一連のフォーカス・グループ・インタビューへの参加者を選択するにあたり、4つの異なる合目的的サンプリング技法（理論に基づくもの、多様性最大化、スノーボール、および同種）をそれぞれ組み合わせて用いた。

他の例としては、Ong（2003）が複合的な合目的的サンプリング技法を用いて複雑なエスノグラフィー研究を行ったが、これに関する記述は**Box 8.5**を参照のこと。

混合研究法でのサンプリングに関する検討事項

確率サンプリングと合目的的サンプリングの違い

表8.1は確率サンプリングと合目的的サンプリングを比較したものである。基本ともいえるこれらのサンプリング・タイプは、2つの特徴を共有している。どちらも調査中のリサーチ・クエスチョンに答えるサンプルが得られるようデザインされていることと、一般化可能性（すなわち、転用可能性あるいは外的妥当性）の問題に配慮していることである。

一方、**表8.1**の残りの部分は、2つのサンプリング・タイプ間で二項対立するような相違点について示している。一般に、合目的的サンプリングは特定の現象について最も情報が得られそうなケースを少数選択するようデザインするが、確率サンプリングでは関心の対象となる集団を代表するようなケースを多数選択するよう意図する。また、2つの技法の間にはサンプルサイズの違いに関連した、古典的な方法論的トレード・オフがある。合目的的サンプリングからは、入念に選択した少数のサンプルから、深く踏み込んだ情報を導き出し、確率サンプリングからは、関心の対象となる集団を代表するよう選択した多数のサンプルから、広

表 8.1　合目的的サンプリング技法と確率サンプリング技法の比較

対比点	合目的的サンプリング	確率サンプリング
他の名称	目的的サンプリング 非ランダム・サンプリング 質的サンプリング	科学的サンプリング ランダム・サンプリング 量的サンプリング
サンプリングの総合的な目的	リサーチ・クエスチョンを扱えるサンプルを得ること	リサーチ・クエスチョンを扱えるサンプルを得ること
一般化可能性の問題	一般化可能性を得ようとする（転用可能性）	一般化可能性を得ようとする（外的妥当性）
技法の数	少なくとも 15 の個別の技法がある（通常、3 つの一般的なタイプに分類される）	3 つの基本的技法とその改変版がある
ケース/単位を選択する論拠	リサーチ・クエスチョンに関する特定の目的を扱うため；リサーチ・クエスチョンにとって最も情報が豊富と思われるケースを選択する	母集団に対して集団的な代表性があるケースを選択する
サンプルサイズ	一般的に少数（通常、30 ケース以下）	代表性を立証するのに十分な大きさ（通常、50 単位以上）
ケース/単位あたりの情報の深さ/幅	ケースから得られる情報の深さに重点を置く	サンプリング単位から得られる情報の幅に重点を置く
サンプル選択の時期	研究開始前、研究実施中、またはその両方	研究開始前
選択方法	専門家の判断	多くの場合、数学的公式
サンプリングの枠組み	サンプルよりも多少大きな母集団、非形式的なサンプリング枠組み	サンプルよりも一般的に相当大きな母集団、形式的なサンプリング枠組み
生成されるデータの形式	数量データも生成可能だが、ナラティブなデータに重点を置く	ナラティブなデータも生成可能だが、数量データに重点を置く

範囲にわたる情報を導き出す。

合目的的サンプリングは、データ収集前や収集中、あるいはしばしばその両方の期間中に行うことができる。確率サンプリングは、方法論的に重大な問題が生じない限り、予め計画し、データ収集中にこれを変更することはない。確率サンプリングが事前に設定した数学的公式に基づくことが多い一方で、合目的的サンプリングは専門家の意見に大きく依拠する。

研究にとっての**サンプリング枠組み（sampling frame）**とは、サンプルの単位やケースを設定するにあたって、形式的あるいは非形式的な手続きをとるかを分類したものである。Miles と Huberman（1994）は、「サンプリング枠組みの用語で思考するだけで、あなたの研究は健全になる」（p.33）と言及している。確率サンプリングの枠組みは、通常，形式的に設計され、多数の観察対象の分布を代表するものである。一方、合目的的サンプリングの枠組みは、非形式的なものであり、研究者の専門的判断や研究者が発見した利用可能な資源に基づいている。合目的的サンプリングにおいて、サンプリングの枠組みとは「より小さいサンプルを選択できる資源」（Mason, 2002, p.140）である。

確率サンプリングと合目的的サンプリングの二項対立は、第 3 のサンプリング戦略として混合研究法サンプリングが加わったときに連続体となる。**表 8.1** で示した二項対立の多くは、合目的的サンプリング技法を一端とし、混合研究法サンプリング技法を中間に、そして確率サンプリング技法をもう一方の端とする連続体としたときに、より理解しやすくなる[5]。

混合研究法サンプリングの特徴

表 8.2 は、量的特性および質的特性の結合（あるいは両者の中間点）としての混合研究法サンプリング技法の特徴を表している。**表 8.2** を**表 8.1** の合目的的サンプリングと確率サンプリングの列の間に挿入することもできたのだが、混合研究法サンプリング固有の特徴に焦点を合わせられるよう、ここに別途示すことにする。

混合研究法サンプリング戦略では、本章で議論している確率的サンプリング技法および合目的的サンプリング技法を全て用いる。実際、これらのサンプリング技法を独創的に組み合わせる研究者の手腕が問われ、これが混合研究法が持つ決定的な特徴の 1 つである。

研究デザインの工程は、混合研究法サンプリング手順を説明する際に用いる重要な用語である。第 7 章では、これを 3 段階の研究フェーズとして定義した。すなわち、概念化の段階、実験的な段階（方法論的／分析的）、推論の段階である。これらの工程は、研究の過程であるタイプから別のタイプへと変容することはあっても、通常は量的あるいは質的のどちらかである。

混合研究法を用いる研究者は、あるときには代表性のあるサンプルを得る手段を選択する。特に、量的工程に取り組むときはそうである。一方、質的工程に取

表 8.2　混合研究法サンプリング戦略の特徴

対比点	混合研究法サンプリング
サンプリングの総合的な目的	リサーチ・クエスチョンを扱えるサンプルが得られるようデザインされる
一般化可能性の問題	研究デザインのある工程では外的妥当性に重きを置く：他の工程では転用可能性に重きを置く
技法の数	確率サンプリングと合目的的サンプリングの両方から全てを採用する
ケース/単位を選択する論拠	研究デザインのある工程では代表性に重きを置く：他の工程では情報が豊富なケースを探し出すことに重きを置く
サンプルサイズ	少数のケースから大量の分析単位まで、異なるサイズの多様なサンプル；サンプルサイズはリサーチ・クエスチョンに依存する
ケース/単位あたりの情報の深さ/幅	研究工程を通じて、情報の深さと広さ両方に重きを置く
サンプル選択の時期	主に研究開始前だが、質的オリエンテーションのクエスチョンでは、研究の最中に別のサンプルを得ることもある
選択方法	サンプルが相互作用することがあるため、サンプリングの決定では専門家の判断を重視する；量的オリエンテーションの工程では、数学的公式を応用してサンプリングすることが必要になることもある
サンプリング枠組み	形式的および非形式的な枠組み
生成されるデータの形式	数値データおよびナラティブ・データ

表 8.3　サンプリング技法のタイプと生成されるデータのタイプによる理論的マトリクス

サンプリング技法のタイプ	量的データのみの生成	質的データのみの生成	質的および量的データの生成
確率サンプリング技法	頻繁 (セル 1)	まれ (セル 2)	時々 (セル 3)
合目的的サンプリング技法	まれ (セル 4)	頻繁 (セル 5)	時々 (セル 6)
混合研究法サンプリング戦略	時々 (セル 7)	時々 (セル 8)	頻繁 (セル 9)

注：この表は Kemper et al. 2003, p.285 より引用した。

り組むときには、情報量の豊富なケースを得るサンプリング技法を用いるのが一般的である。2 つのオリエンテーションを組み合わせることで、研究者は深さ (depth) と広さ (breadth) を兼ね備えた情報を持つ、相補的なデータベースを作り出すことが可能になる (Kaeding, 2007)。

混合型研究には一般に、少数のケースから大量の分析単位まで、サイズの違う多様なサンプルが含まれる。教育学の研究を例にとると、4 つの学校を合目的的に選択し、その学校の全 100 名の教師に質問紙を配布して、生徒を対象にした 8 つのフォーカス・グループ・インタビューを実施し、その後、ランダムに選択した 60 名の生徒にインタビューを行うといったことがあるだろう。混合型研究の全工程にわたってサンプルサイズが大幅に変わることは一般的なことである。

混合研究法では、サンプリングに関するほとんどの決定を研究開始前に行うが、質的オリエンテーションの問いによっては、研究実施中に新たなサンプリング上の課題が生じることもあるだろう。混合研究法では、いくつかの工程にわたるサンプリングを決定する際に、専門家の判断を重視する。なぜなら、これらのサンプリング決定は、研究全体のサンプルを作り出すという点で、互いに影響し合うからである。

通常、混合型サンプルから生まれるのは数量データとナラティブ・データの両方だが、場合によっては混合研究法サンプリング技法で 1 種類のデータしか作らないことがある。そのため、サンプリング技法と多様なタイプのデータ作成の関係については、簡潔に議論しておくことが重要となる。

表 8.3 に、サンプリング技法（確率、合目的的、混合研究法）のタイプと、作成するデータのタイプ（量的のみ、質的のみ、および混合）を掛け合わせた、理論的なマトリクスを示している[6]。この 3×3 のマトリクスは、特定のサンプリング技法のタイプが、特定のデータ・タイプと理論上関連しやすいことを表している。確率サンプリングと量的データ（セル 1)、合目的的サンプリングと質的データ（セル 5)、および混合サンプリングと混合データ（セル 9）がこれにあたる。こうした一般的な傾向はあるものの、場合によっては（セル 3、6、7、8）あるいはまれに（セル 2、4)、サンプリング技法がそれとは異なるタイプのデータ生成に関連付けられた研究もある。

表8.4　確率サンプリング技法を用いる際のサンプルサイズと母集団サイズとの関係

母集団のサイズ	信頼区間（+/−1%以内）の推定サンプルサイズ	信頼区間（+/−5%以内）の推定サンプルサイズ
100	99	80
500	476	218
1,000	906	278
2,000	1,656	323
3,000	2,286	341
無限大	9,604	384

注：この表では、信頼限界0.05を用いている。つまり、統計サンプルが母集団パラメータの代表性を持つ可能性が95%（20中19）ということである。この表は、Bartlett、Kotrlik、Higgins（2001）、Wunsch（1986）らによる。

混合研究法では何をサンプリングするのか？

混合研究法サンプリング戦略を組み立てるうえで、まず判断しなければならないのは、何を選択するかである。サンプリング可能な単位には、一般に次の3タイプがある。つまり、ケース、資料、その他の社会的要素である。混合法方法論研究者は、3つのデータソースを全て検討し、これらが研究のリサーチ・クエスチョンとどう関連するのか、考えなければならない。

ケース・サンプリングは、研究への参加者個人か参加者集団（例えば、病院の職員）を選択することと定義できるだろう。資料サンプリング（例えば、Flick, 1998）は、全ての利用可能な資料から、書面情報、アーティファクトおよびナラティブな事柄といった単位を選択することと定義されるだろう。その他の社会的要素のサンプリングは、分析単位に関連したその他の構成要素を選択することである（例えば、状況、場所、時間単位、出来事、経緯）。

MilesとHuberman（1994）は、「犯罪捜査」の研究でサンプリングできるさまざまな要素について、次のように例示した。

- 当事者—さまざまなタイプの警官および容疑者、警察「叩き」の記者
- 状況—犯行現場、警察署、パトカー、容疑者の住居
- 出来事—追跡、逮捕、逮捕手続き
- 経緯—容疑者逮捕、容疑者逮捕の手続き、法解釈（p.30）

これに、逮捕記録、逮捕手続き記録、警察管区の通話記録、逮捕者の前科といった、アーティファクトを加えることも可能である。これら各パラメータにはさまざまなタイプのサンプリングが伴うため、混合研究法サンプリング戦略全体もより複雑で多角的なものとなる。

混合研究法におけるサンプルサイズをどのように決定するのか？

混合研究法は一般に、異なる2つのタイプのサンプルサイズを組み合わせる。明確に定義した母集団に基づく大規模な量的サンプルと、非形式的なサンプリング枠組みに基づく小規模な質的サンプルである。**表8.4**と**8.5**は、サンプルサイズの観点から見た確率サンプルと合目的的サンプルの違いを示している。**表8.4**は、量的オリエンテーションの論文で見られる表の例であり、母集団の代表性を得るために求められるサンプルサイズを推計したものである（例えば、Bartlett, Kotrlik, & Higgins, 2001；Fitz-Gibbon & Morris, 1987；Wunsch, 1986）。これらの確率サンプルは、数学的に定義された推計に基づいて、所定の誤差の範囲で母集団の特徴を推定するのに必要なケース数を割り出したものである。**表8.4**の情報は、仮に母集団のサイズが1,000だった場合、＋／−5%の誤差の範囲でその集団の特徴を推定するには、278のサンプルサイズが必要であることを示している[7]。

表8.4のような正確なサンプルサイズの推計は、量的研究者にとっては有益だが、質的研究では通常、サンプルサイズが非常に小さいので、小さいサンプリング枠組みにしか転用ができない。Michael Quinn Patton（2002）は、「**質的研究のサンプルサイズに決まりはない**」と断言した。なぜなら、サンプルサイズは、「何が知りたいか」や「何が信頼性を持つか」といったいくつもの要因に依存するためである（p.244, 太字は原文のまま）。質的研究のサンプルサイズに関しては、万人に受け入れられるような決まりはないが、いくつかの一般的なガイドラインは存在する。

質的研究について著書のある方法論者（例えば、Creswell, 1998；Mertens, 2005；Miles & Huberman, 1994；Morse, 1994）は、彼ら自身の研究経験に基づき、あるいは雑誌、その他の研究レポートに基づき、最小限必要とされるサンプルサイズを推計している。

表 8.5　質的研究デザインの各タイプで最低限必要とされる推定サンプルサイズ

質的研究デザインのタイプ	必要とされる推定サンプルサイズ
ケース・スタディ	新発見のケース・スタディあるいは珍しい特徴を持つケースの場合、1 例で十分である；上限 15 例とする方法論者が複数いる；施設のケース・スタディは、およそ 4 例から 12 例としばしば幅がある；個人のケース・スタディはさらに多く、およそ 6 例から 24 例とされることが多い。
エスノグラフィー	通常、1 つの文化的集団がサンプルとなる；約 30 から 50 のインタビューを実施する。
フォーカス・グループ・インタビュー	人口学的カテゴリー（例えば、白人で共和党を支持する女性、アフリカ系アメリカ人で民主党を支持する男性）ごとに、3 つから 4 つグループを抽出し、各グループは 6 名から 8 名で構成する。
グラウンデッド・セオリー	およそ 20 から 50 のインタビューを実施する。
現象学	通常、参加者は 6 名から 10 名だが、サンプルサイズはもっと大きくてもよい。

注：これらの推定値は、以下による。フォーカス・グループ・インタビューについては Krueger と Casey（2000）、ケース・スタディの一部は Miles と Huberman（1994）、現象学、エスノグラフィーとグラウンデッド・セオリーは Morse（1994）、Mertens（2005）と Creswell（1998）、ほか Collins ら（2007）、Teddlie と Yu（2006）。

表 8.5 に、5 つの一般的な質的研究デザインに対応した最小限の推計サンプルサイズを示している。

これらはあくまで一般的なガイドラインである。例えば、ケース・スタディのためのサンプルサイズの幅は、このデザインのさまざまな要因によって決まる。定義上、新発見のケース・スタディでは珍しいケースが対象になるが、ほとんどのケース・スタディには多様なケースが含まれることになる。一般的なルールとして、施設のケース・スタディでは、最低限おおよそ 4 から 12 の組織が必要とされる一方で、個人のケース・スタディではさらに多くの、しばしば 6 名から 24 名の参加者が必要とされる。他のタイプの質的研究と同様、ケース・スタディのサンプルサイズは、研究資金や研究期間によって決まることも多い。例えば、6 名の新任校長と彼らの学校を調べた Norton (1995) の研究は、研究者 1 名で行った博士論文だったが、Reynolds らが行った国際研究（2002）では、36 の学校と 30 名以上の研究者が対象となった。

質的研究のサンプルサイズを考察する最も有益な方法は、おそらく情報の飽和と関連しているだろう[8]（例えば、Glaser & Strauss, 1967；Strauss & Corbin, 1998）。例えば、フォーカス・グループ・インタビューでは、セッションを追加することで得られる新たな情報は、セッションを重ねるごとに減少する。Krueger と Casey（2000）は、実践的な言葉でこのガイドラインについて表現した。

> 大まかな目安をいうと、いずれかのタイプの参加者によるフォーカス・グループ・インタビューを 3 つか 4 つ計画するとよい。フォーカス・グループ・インタビューを行ったら、飽和に達したかどうかを判断すること。**飽和（saturation）**とは、ある程度のアイディアは聞いてしまい、新たな情報は得られなくなった時点を指す用語である。フォーカス・グループ・インタビューを 3 つか 4 つ実施した後になっても新たな情報が得られる場合には、グループ・インタビューをさらに行うことになる（p.26, 太字は原文のまま）。

合目的的サンプリングの**飽和（saturation）**とは、単位を追加しても、研究主題を展開するために使える新たな情報が得られなくなった状態である。確率サンプリングにおける一般原則が代表性であるのに対し、合目的的サンプリングで用いられる一般原則は飽和である。

混合研究法サンプリングの判断においては、調査研究全体にわたってバランスがとれていなければならず、合目的的サンプリングの要件と確率サンプリングの要件とのトレード・オフを考慮しなければならない。混合型研究に特有のサンプルサイズは、いくつかの要因によって決まる。

- 質的構成要素と量的構成要素の優先性といった観点での、研究デザインと研究の発展性
- 必要とされる情報の広さと深さとのトレード・オフ
- 外的妥当性の要件と転用可能性の要件とのトレード・オフ
- 現実性

混合研究法サンプリングには、代表性／飽和のトレード・オフという、シンプルな法則がある。すなわち、量的サンプルの代表性に力点を置けば置くほど、質的サンプルの飽和には力点が置けなくなる。その逆も然りである。**Box 8.6** に、代表性／飽和の法則の一例を示した。

混合研究法におけるサンプリング戦略の類型

ここで、例と共に混合研究法サンプリング戦略のさ

Box 8.6　代表性／飽和の法則の例

Carwile（2005）は、放射線技術プログラムのディレクターが持つリーダーシップの特徴について研究を行った。彼女には量的オリエンテーションと質的オリエンテーションのリサーチ・クエスチョンがあった。量的クエスチョンについては、放射線技術プログラムのディレクター全員にオンライン調査を行って回答を得た。質的クエスチョンについては、少数サンプルのディレクターに電話インタビューを行って回答を得た。オンライン調査に対する回答は、彼らが 2 つの重要な特質（学士、準学士、および学位のない資格といったプログラム運営のタイプと、変革型、交換型取引といったリーダーシップ・スタイルのタイプ）においてそれぞれ異なることを示しており、結果として 6 つのセルができた。Carwile は、代表的サンプルを使った調査研究と、「飽和した」質的データが得られるようなインタビュー調査がしたかった。

調査した 590 名のプログラム・ディレクターのうち、248 名から回収率 48%で回答を得た。表 8.4 に記載したサンプルや集団のサイズから推定すると、そのサンプルは＋／－5%以内の誤差で母集団を反映していると確信が持てそうである。

信頼に足る結果を得るうえで、インタビューのサンプルがどの程度必要かについては、明確に確立した基準はない。Carwile 自身の直感と、学位論文査読委員会の専門家によるアドバイスに基づき、彼女は 12 名のプログラム・ディレクターを選択した。この数によって、プログラムのタイプとリーダーシップ・スタイルを層とした、層別合目的的サンプルの選択も可能になった。Carwile は 6 つのセルにつき 2 名ずつ、結果として 12 名のプログラム・ディレクターをインタビュイーとして選択した。その後、（迷信に惑わされず）13 番目のインタビュイーを選んだが、このケースからは特にふんだんな情報が得られたように感じた（極端なケース、あるいは逸脱的ケースのサンプリング）。

もし Carwile が、＋／－1%の誤差範囲で母集団を代表できるところまで、調査データのサンプルサイズを増やそうとしていたら、全ての未回答者を対象に少なくともあと 1 回は調査をしなければならず、その結果、インタビュー調査の参加者を選び、交流するために残された時間は減ってしまっただろう。他方、もし彼女がインタビュー調査のサンプルサイズを 24 名にまで増やしていたら、調査研究に注ぐ時間と資金を減らさざるを得なかっただろう。彼女のサンプリング選択は、量的なデータソースの代表性と、質的データソースの飽和に必要な条件を満たしているように思われる。

まざまなタイプの解説に目を向けてみよう。混合研究法サンプリング戦略に関する文献はそもそもあまり出版されていないので（例えば、Collins et al., 2007；Kemper et al., 2003；Teddlie & Yu, 2007）、多くの例は多種多様な文献から探すことになった。

混合研究法サンプリング戦略の類型論は、広く一般には受け入れられていない。本書で用いる暫定的な類型を作るにあたり、われわれは第 2 章で議論したような混合研究法における専門用語の一般的な問題に直面した。社会・行動科学におけるサンプリングには、一般に理解されている用語で明確に定義した質的／量的技法が多いため、これに新たな専門用語を付与することは無謀であろう。他方、われわれが文献レビューをした限り、混合方法論研究者は、よく使う混合研究法デザイン（例えば、並列型デザイン、順次型デザイン）の仕様に合うよう、独自に規定した何らかの方法で、確率サンプリング技法と合目的的サンプリング技法とを組み合わせていることが示された。従って、確率サンプリングおよび合目的的サンプリングの用語を、研究プロジェクトで使うサンプリング技法の全てを網羅するような混合研究法のメタ用語でもって上書きするのが合理的であるように思える。

以下は、混合研究法サンプリング戦略の暫定的な類型である。

- 基本的な混合研究法サンプリング戦略
- 順次型混合研究法サンプリング
- 並列型混合研究法サンプリング
- マルチレベル混合研究法サンプリング
- 複合的な混合研究法サンプリング戦略を用いたサンプリング[9)]

われわれの類型論で示した技法の「背景」は興味深いものである。基本的な混合研究法サンプリング戦略（すなわち、層別合目的的サンプリング、合目的的ランダム・サンプリング）は、一般的に合目的的サンプリング技法に分類されて議論されるが（例えば、Patton, 2002）、定義上、（層別、ランダムといった）確率サンプリングの構成要素も含まれている。こうした基本的な混合研究法に関わる技法は、ナラティブ・データを質的オリエンテーションの研究のみから生成する場合か（表 8.3 のセル 8）、混合データ（表 8.3 のセル 9）を生成する場合に用いられる。

並列型および順次型混合研究法サンプリングは、第 2 章や第 7 章で説明したデザインの類型に従っている。**並列型混合研究法サンプリング（parallel mixed methods sampling）**では、確率サンプリング戦略と合目的的サンプリング戦略を（同時に、または若干の時差を伴い）併用することで、混合型研究の分析単位を選択する。並列型混合研究法サンプリング研究では、どちらか一方のサンプリング手順だけで、もう一方の土台を作ることはできない。そうではなく、確率サンプリング手順と合目的的サンプリング手順を同時的に用いるのである。

順次型混合研究法サンプリング（sequential mixed methods sampling）は、確率サンプリング計画と合目的的サンプリング計画を順次的に、つまり質から量またはその逆（量から質）に用いることで、混合型研究の分析単位を選択するものである。量から質の順で行う順次型サンプリングが一般的であり、Kemperら(2003）によれば、「順次型混合モデル研究においては、最初のサンプル（通常は確率サンプリング手順による）で得た情報が、しばしば次のサンプル（通常は合目的的サンプリング手順による）で必要となる」(p.284)。

マルチレベル混合研究法サンプリング（multilevel mixed methods sampling）は、確率サンプリング技法と合目的的サンプリング技法を、異なる分析レベルで用いるサンプリング戦略として知られている（Tashakkori & Teddlie, 2003a, p.712）。このサンプリング戦略は、例えば学校、病院、さまざまなタイプの官僚組織といった、異なる分析単位がお互い入れ子になった状況でよく使われる。

マルチレベル混合研究法サンプリング戦略を用いたサンプリングでは、既に確立した混合研究法サンプリング技法を組み合わせる。例えば、マルチレベル混合研究法サンプリングを用いた研究では、あるレベルで並列型混合研究法サンプリングを、他のレベルで順次型混合研究法サンプリングを採用する。こうした複雑なサンプリング戦略に関するこれ以上の詳細な議論は、本書の範囲を超えている。

基本的な混合研究法サンプリング技法

よく知られた基本的混合研究法サンプリング技法の1つに、**層別合目的的サンプリング（stratified purposive sampling）**がある。このサンプリング手順における層別化という特質は確率サンプリングに似ており、そこから少数のケースを得るところは合目的的サンプリングの特徴である。この技法において、研究者は最初に興味の対象となる母集団のサブ・グループを同定し、各サブ・グループから合目的的なやり方でケースを選択する。これによって、層またはサブ・グループ間の類似点や差異といった細かな特徴を発見し説明することができる。Patton（2002）はこの技法を、サンプル内でサンプルを選択することと表現した。

Box 8.6は層別合目的的サンプリングの1例である。Carwile（2005）は、6つの層（3レベルのプログラム・タイプ×2レベルのリーダーシップ・タイプ）からそれぞれ2人ずつディレクターを選択し、その少数サンプルに対してインタビューを行った。他の例には、2つの領域をもとに6つの層を生成したKemperとTeddlie（2002）の研究がある（2レベルのイノベーション実施×3レベルのコミュニティ・タイプ）。最終的なサンプルには、合計6つの学校が含まれることになった（層ごとに1つの学校を合目的的に選択した）。つまり、「典型的」都会、「典型的」郊外、「典型的」地方、「優秀」都会、「優秀」郊外および「優秀」地方の6層から1校ずつである。このサンプリング・スキームによって、プログラム実施という点で「典型的」な学校と「優秀」な学校との違いを、全コミュニティ・タイプにわたって議論することが可能となった。この研究の結果として、ある文脈（例えば都会）で「典型的」な学校か「優秀」な学校かを分ける要因は、別の文脈（例えば、地方）で両者を分ける要因とは全く違うことが示された。

合目的的ランダム・サンプリング（purposive random sampling）（目的志向ランダム・サンプリング（purposeful random sampling）としても知られる）は、非常に大きな対象母集団から少数単位のサンプルをランダムに抽出するものである（Kemper et al., 2003）。このサンプリング手順におけるランダムという特質は、確率サンプリングの特徴であり、そこから少数ケースを得るところは合目的的サンプリングの特徴である。このサンプリング戦略は、大規模な研究の結果に信頼性を加えるために用いられるのが一般的である。

KalafatとIllback（1999）が合目的的ランダム・サンプリングの1例として示したのは、落ちこぼれのおそれがある生徒の教育的な体験を促進させる目的でなされた、学校を基礎にした家族サポートシステムを利用する州全体にわたる大規模プログラムに対する評価であった。州全体で約600の場所があり、統計学的に妥当なサンプルとしては、200ケース以上を徹底的に記述することが必要であったが（**表8.4**を参照）、そこまで評価できるリソースはなかった。介入を開始する前に、KalafatとIllback（1999）は、合目的的ランダム・サンプリングによるアプローチを行い、全対象集団から12ケースを選択した。以後、プロジェクトの全期間にわたって彼らはこの12ケースを綿密にフォローした。非常に大きな対象集団から少数ケースを選択する合目的的ランダム・サンプリングを行うことで、実施した大規模な量的オリエンテーションの研究を補完する、プロセス指向の質的結果が生み出されることになり、評価に信憑性が加わった。

並列型混合研究法サンプリング

並列型混合研究法デザインにおいて、研究者は研究における量的構成要素と質的構成要素の各結果をトライアンギュレートし、それによって「単一研究内での知見を確認あるいは相互検証、裏付け」（Creswell, Plano Clark, Gutmann & Hanson, 2003, p.229）することができる。本書では、研究者が並列型の混合型研究で実際どのように確率サンプリングと合目的的サンプリングを組み合わせているのか理解が深まるよう、いくつかの論文を示した。われわれが詳述するのは、次の２つの基本的で総合的な並列型混合研究法サンプリング手順だが、もちろんこの他にも手順は存在する。

1. 量工程のデータ作成目的で確率サンプリング技法を使い、質的工程のデータ作成目的で合目的的サンプリング技法を用いる、並列型混合研究法サンプリング。これらのサンプリング手順は独立して行われる。
2. 量的工程と質的工程両方のデータ作成を目的に、確率サンプリング技法と合目的的サンプリング技法を組み合わせ、単一サンプルを用いる並列型混合研究法サンプリング。例えば、確率サンプリングと合目的的サンプリングの両技法を用いて抽出した参加者のサンプルが、クローズド・エンドとオープン・エンドの質問を含んだ混合型調査に回答することなどがこれに該当する。

Lasserre-Cortez（2006）が書いた学位論文は（第６章、**Box 6.4** を参照）、１番目のタイプの並列型混合研究法サンプリング手順（確率サンプリング工程と合目的的サンプリング工程が独立しているもの）の１例である。この研究の目的は２つであった。

- 専門職実地共同研究（PARC）に参加している教師および学校の特徴と、対応するコントロール群の特徴との差異について、量的仮説を検証したい。
- PARC に参加している教師の教育効果に、学校の風土がどのように影響しているのかという質的クエスチョンに答えたい。

Lasserre-Cortez（2006）は、２つの異なるサンプルを抽出した。量的研究仮説に答えるための確率サンプルと、質的リサーチ・クエスチョンに答えるための合目的的サンプルである。確率サンプルには、PARC プログラムに参加している学校の多段クラスター・サンプルと、それに対応したコントロール群の学校を含む、合計 165 の学校（うち約半数が PARC 参加校で、残り半分がコントロール群）を選択した。それから、学校風土に関する調査を実施するため、各学校からそれぞれ３名の教師をランダムに選択した。

合目的的サンプルは、165 校の大規模サンプルから抽出した８校（４つの PARC 参加校と４つのコントロール校）であった。これらの学校は**多様性最大化サンプリング（maximum variation sampling）**を用いて選択した。多様性最大化サンプリングとは、関心のある現象についてあらゆるバリエーションを得て、広く多様な比較ができるようにするために、広範なケースや単位を合目的的に選択することである（例えば、Flick, 1998；Patton, 2002）。この合目的的サンプリングプロセスにより、４タイプの学校―都会で達成度が高い、都会で達成度が低い、地方で達成度が高い、地方で達成度が低い―が導き出された。

Lasserre-Cortez（2006）は、量的仮説と質的クエスチョンのそれぞれに答えるために、２つの異なるサンプリング手順を用いた。２つのサンプルで唯一共通していたのは、合目的的技法で得たサンプルが確率技法で得たサンプルのサブ・セットである点であった。データは並列的な方法で収集し、データ分析をメタ推論する段階で比較した。

Parasnis ら（2005）は２番目のタイプの並列型混合研究法サンプリング手順の１例を示した。つまり、確率サンプリングと合目的的サンプリングの両技法を通じて得た単一サンプルを利用するものである。彼らは聴覚障害のある学生が多数（約 1,200 人）在籍する大学キャンパスで研究を実施した。選ばれた学生には、クローズド・エンドおよびオープン・エンドの質問を両方含む調査紙が送付された。これによって、量的工程と質的工程のデータを同時に収集した。

混合研究法サンプリング手順は、合目的的サンプリングと確率サンプリングの両技法を含むものであった。個々のサンプル全員が聴覚障害のある大学生であった。これは**均質サンプリング（homogenous sampling）**の１例であり、踏み込んだ研究を行うために特定のサブ・グループから参加者を選択するものである（例えば、Kemper et al., 2003；Patton, 2002）。研究チームは、人種的／民族的マイノリティで聴覚障害のある学生を選択する場合と（合目的的サンプリング手順）、白人で聴覚障害のある学生を選択する場合とで（確率サンプリング手順）、違うサンプリング手順を用いた。大学には白人で聴覚障害のある学生は多数通っており、そこから学生をランダムに選択し、郵送および電子メールで調査紙を送付した。人種的／民族的にマイノリティで聴覚障害のある学生数は非常に少なかったため、**全数調査（complete collection）（全基準サンプリング（criterion sampling））**として知られる合目的的サンプリング技法を用いた（例えば、Patton, 2002）。この技法では、対象集団で特定の基準を満たす者全員を選択する。

研究チームは全体で 500 名に調査紙を配付し、189 名から回答を得た。うち 32 名は外国人学生であったために除外した。残る 157 名のうち、81 名は人種的／民族的マイノリティ・グループに属する者であり（アフリカ系アメリカ人、アジア人、ヒスパニック）、76 名が白人であった。合目的的サンプリング技法と確率サンプリング技法を組み合わせたこの並列型の混合型研究では、さまざまな問題―キャンパスの社会心理学的な風土に対する学生の認知やロールモデルが得られる可能性など―について、２つの人種的サブ・グループの興味深い比較を可能にするサンプルを得ることができた。

Box 8.7　並列型混合研究法サンプリングの 1 例

Telishevka ら（2001）は、並列型混合研究法サンプリングの 1 例を医学論文で示した。この研究は、若年の糖尿病患者における高い死亡率とその原因について調査したものであった。研究はウクライナ西部のリビウとその周辺地域で行われた。地域の人口は 275 万人であり、1987 年から 1998 年にかけて、50 歳以下の若年層で糖尿病に関連した死亡が急激に増加していた。

本研究のサンプルは、単純な量的ランダム・リンプリングと、質的な多様性最大化サンプリングと全数調査サンプリングを並列的に用いて得た。リビウでは、地域の統計局で死亡診断書をハンドサーチし、1998 年から 1999 年に糖尿病が原因で死亡した者を同定した。ハンドサーチの結果、35 ケースが得られ、うち 20 例をランダム・サンプリングした。リビウ周辺地域に関しては、程度の差はあれ僻地がカバーされるよう、20 地域中 13 地域を合目的的に選択した。13 地域では、要件を満たしたケースを全て研究に含めた。

並列型混合研究法サンプリングによって、要件を満たしたケース（死亡診断書に糖尿病の記載があり、死亡年齢が 50 歳以下の者）が 85 例得られた。死亡記録のあいまいさや不備、持ち出し制限、その他実務上の理由によって 21 ケースを除外し、最終的に 64 名の死亡者がサンプルとして残った。生存する家族や近親者を追跡し、死亡の原因となった状況についてインタビューした。最終的にはこの最終サンプルについて、記録やインタビューに基づく膨大な記述統計が報告された（例えば、多量飲酒の割合など）。インタビューにより、1991 年のソビエト連邦崩壊後、インスリン入手が制限されて安定した治療が受けられなかったことが、糖尿病患者が若くして死亡する主な原因の 1 つであったことが示された。

この他、並列型混合研究法サンプリングについては、医学論文から 1 例を **Box 8.7** に示す。

順次型混合研究法サンプリング

量から質および質から量の混合研究法サンプリング手順の例は、人間科学の至るところで見ることができる。通常、最初の工程で得た結果が、次の工程で採用する方法論（例えば、サンプル、調査手段）を特徴づけることが多い。われわれの文献調査では、量的工程の結果が、その後に続く質的工程で採用される方法論に影響を与える、量から質へと連続する研究（QUAN→QUAL）の例が数多く見受けられた。多くの場合、量的工程で最終的に用いられたサンプルが、その後に続く質的工程のサンプリング枠組みとして使われていた。

QUAN→QUAL 混合研究法サンプリングの 1 例として、Hancock ら（1999）による研究が挙げられる。この研究は、歯科サービスに関するイギリス国民の認知と経験を調査したものである。研究の量的部分で、研究者はクラスター・サンプリングとランダム・サンプリングの両方を含む郵送調査を行った。つまり、最初にクラスター・サンプリングを用いて、イギリス南部の 365 地域から 13 区を選択し、そこから区の住民 28 名ごとに 1 名をランダムに選択した。結果として 2,747 名がアクセス可能な調査対象集団となり、うち 1,506 名（55%）から回答が得られた。**表 8.4** が示すとおり、研究者はそのサンプルが調査対象母集団を＋／－5%の誤差の範囲内で反映しているという確信を得ることができた。

質問紙は、歯科治療の満足度を測定する項目（DentSat scores）を含むものであった。研究者は次に、研究の質的工程で用いるサンプルを選択するために、強度の高いケースのサンプリングと均質サンプリングを行った。

1. 強度の高いケースのサンプリングを用いて、歯科治療の満足度項目（DentSat scores）で高得点（上位 10%）だった 20 名を選択した。
2. 次に、強度の高いケースのサンプリングを用いて、歯科治療の満足度項目で低得点（下位 10%）だった 20 名を選択した。
3. 最後に、均質サンプリングを用いて、過去 5 年間に治療を受けたことがなく、総入れ歯でない 10 名を選択した。

この研究では、質的工程で特定の特徴を持った参加者を選択するために、量的工程で得た情報が必要であった。

QUAL→QUAN 混合研究法サンプリングの 1 例として、Nieto ら（1999）による研究が挙げられる。これは、マラリア発生率の高いコロンビアのある地域における、マラリアのコントロールに関する知識、信念、および実践を研究したものである。研究の質的工程において、Nieto らは 5 つの市街地のリーダーに声をかけ、研究中 3 回実施するフォーカス・グループ・インタビューに参加する個人を選択してもらうよう依頼した。フォーカス・グループ・インタビューは 4 つの基準を使って構成し、グループの多様性やセッションでの議論が深まるように設計した。

5 つのフォーカス・グループ・インタビューで、一般的な健康問題やマラリアに特化した健康問題に関す幅広い議論を行った。研究者は、フォーカス・グルー

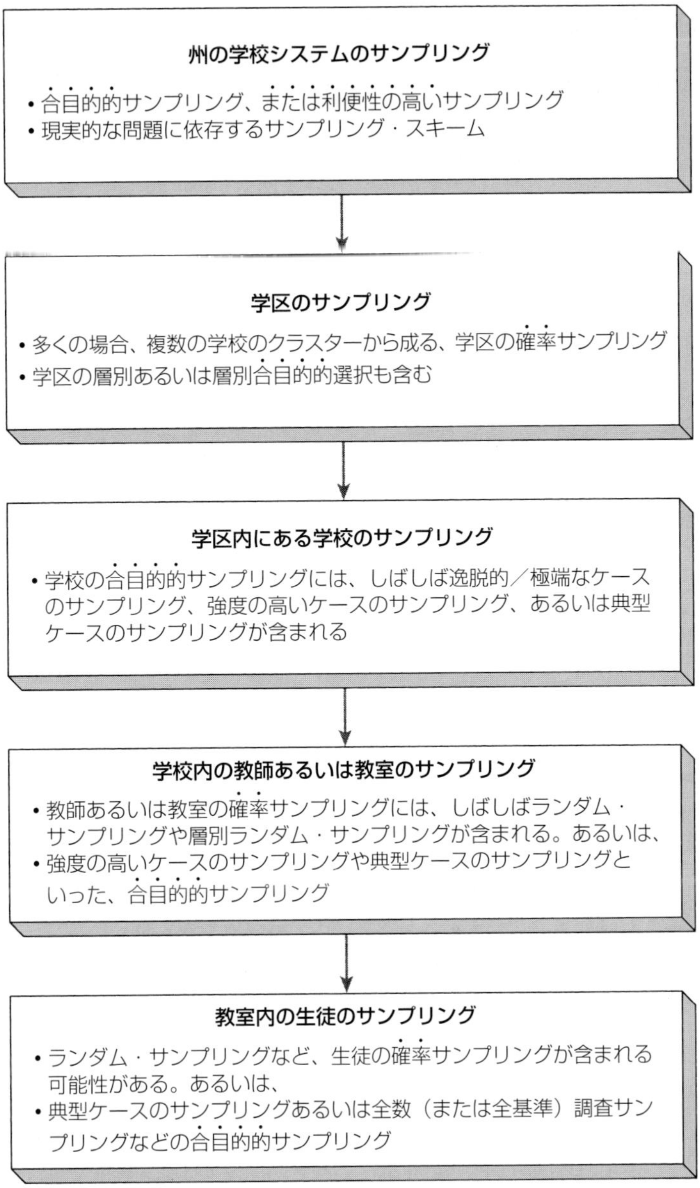

州の学校システムのサンプリング

- 合目的的サンプリング、または利便性の高いサンプリング
- 現実的な問題に依存するサンプリング・スキーム

↓

学区のサンプリング

- 多くの場合、複数の学校のクラスターから成る、学区の確率サンプリング
- 学区の層別あるいは層別合目的的選択も含む

↓

学区内にある学校のサンプリング

- 学校の合目的的サンプリングには、しばしば逸脱的／極端なケースのサンプリング、強度の高いケースのサンプリング、あるいは典型ケースのサンプリングが含まれる

↓

学校内の教師あるいは教室のサンプリング

- 教師あるいは教室の確率サンプリングには、しばしばランダム・サンプリングや層別ランダム・サンプリングが含まれる。あるいは、
- 強度の高いケースのサンプリングや典型ケースのサンプリングといった、合目的的サンプリング

↓

教室内の生徒のサンプリング

- ランダム・サンプリングなど、生徒の確率サンプリングが含まれる可能性がある。あるいは、
- 典型ケースのサンプリングあるいは全数（または全基準）調査サンプリングなどの合目的的サンプリング

図 8.1　幼稚園から高校 3 年までの教育現場におけるマルチレベル混合研究法サンプリングの図

プ・インタビューの結果を利用して、次に続く量的インタビュー・プロトコルを設計した。その目的は、研究中のコミュニティからもっと大きな世帯サンプルを得ることであった。研究チームは、3 つの地理的区域で構成される層から、層別ランダム・サンプリングを行った。量的工程における総サンプル数は 1,380 世帯であり、研究チームのメンバーは各世帯を訪問した。

混合研究法サンプリング戦略全体を通じて収集した質的データと量的データは、参加者の症状に関する知識、マラリア感染の原因に関する認識、および予防実践という点で、極めて精度の高い比較をすることが可能であった。この研究の量的工程は、最初の質的工程で収集した情報がなければ、実施することができなかった。

マルチレベル混合研究法サンプリング

マルチレベル混合研究法サンプリング技法は、異なる分析単位が互いに入れ子になっているような教育システムや組織で、広く普及している。入れ子状になった組織の研究では、複数の分析レベルや分析単位に関連する疑問を解くことに研究者の関心が向かう場合も多い。

幼稚園から高校 3 年までの教育現場でマルチレベル混合研究法サンプリングを行う場合、次の 5 つのレベ

Box 8.8　入れ子状の混合研究法サンプリング技法の1例：ルイジアナの学校の効果性研究、フェーズⅢ-Ⅳ

Teddlie と Stringfield（1993）は、自分たちの研究で使った5レベルの分析と8つの異なるサンプリング技法について、次のように述べた。

1. 広範囲にわたる地域的状況が含まれるよう、多様性最大化サンプリングに基づき12の学校システムを選択した。利害関係者グループからの圧力があり、もう1学区を追加したが（合計13システム）、これは政治的に重要なサンプリングをしたことになる。学区とは複数の学校からなるクラスターであり、クラスター・サンプリングは確率技法である。
2. 各地域から1対の学校を選択した。この組み合わせは、標準化テストにおける生徒の得点に基づき、効果的な学校と効果的でない学校で構成された。効果的な学校と効果でない学校のペアは、強度の高いケースのサンプリングを使って、極端な学校ではなく、平均以上か平均以下の学校から選んだ。各ペアの学校は、その他の重要な面でマッチさせた。ペアとなる可能性のある学校の中から、地方で3組、郊外で3組、都市部で3組を選択した。これは層別合目的的サンプリングの1例である。3年生のレベルが上手くマッチしていないことが発覚した時点で1組を除外し、研究には8組が残った。
3. より綿密に調査するため、各学校から3年生を選択した。学年を選択する手順は均質サンプリングであり、学校間の変数を減らして、データ分析を単純化するために用いた。教室単位の観察データを収集するために他の学年も用いたが、生徒レベルおよび親レベルのデータは3年生からのみ集めた。
4. 観察対象の教室は、層別ランダム・サンプリングを用いて選択した。全学年を対象とし、教室は各学年からランダムに選択した。
5. 生徒の試験データと態度に関するデータ、および親の態度に関するデータは、全数調査あるいは全基準サンプリングを用いて、3年生のみだが、全3年生およびその親から情報収集した。当然いくつかのデータは欠損したが、生徒の試験と質問紙を通常の授業期間に実施したことで、最小限に抑えることができた。

ルがしばしば含まれることになる。州の学校システム、学区、学校、教師あるいは教室、そして生徒である。図8.1に、幼稚園から高校3年までの教育現場で実施する研究に必要なサンプリング決定の構造を示した。総合的なサンプリング戦略を立てようとすると、複合的なサンプリング技法が必要となることも多い。各サンプリング技法を使って、複数のリサーチ・クエスチョンを扱うのである。

教育調査研究では、学校および教師のレベルに焦点を絞ることが多い。なぜなら、この2つのレベルが生徒の学習に最も直接的な影響を及ぼすからである。**Box 8.8**に、マルチレベル混合研究法サンプリング戦略を用いることで、学校／教師の有効性を研究した例を示した。この戦略では、学校レベルで合目的的サンプリングを、教室レベルで確率サンプリングを用いている。最終的にこの例では、5つのレベルで8つのサンプリング技法を用いた。

マルチレベル混合研究法サンプリングの他の例としては、貧困率の高い学校に通う成績の低い子どもたちを対象にした、連邦政府助成によるプロスペクト研究Ⅰ（Puma et al., 1997）が挙げられる。議会命令で行われたこの研究では、複雑なマルチレベル・サンプリング戦略を用いて、国の地域（4地域）から生徒の個人レベル（おおよそ25,000人）にわたる6レベルのサンプリングを行った。研究者らは5年にわたって3つの生徒コホートを含む全6レベルのサンプリングを行い、量的データを収集した。

6レベルで採用されたプロスペクト研究のサンプリング戦略は、全数調査、層別サンプリング、層別合目的的サンプリング、強度の高いケースのサンプリング、均質サンプリング、および政治的に重要なケースのサンプリングであった。層別サンプリングと強度の高いケースのサンプリングは、複数のレベルで用いられた。プロスペクト研究で用いられた複雑なサンプリング戦略の詳細については、オリジナルの研究報告書（例えば、Puma et al., 1997）とその後の報告書（例えば、Kemper et al., 2003）に見ることができる。

サンプリング戦略が混合研究法であり、かつ収集されたデータが厳密に量的データであることから、プロスペクト研究は**表8.3**でいうとセル7にあたる。この研究は、複雑な混合研究法サンプリング・スキームを使って、単一タイプのデータをどのように収集するのかを示す好例である。

混合研究法サンプリングのガイドライン

以下のセクションでは、他の研究者（例えば、Curtis, Gesler, Smith, & Washburn, 2000；Kemper et al., 2003；Miles & Huberman, 1994）が提示したガイドラ

インを借用しつつ、本章における重要事項を追加して考察する。混合型研究におけるサンプリング手順を組み立てる際には、研究者が考慮すべき一般的なガイドランが存在する。

1. サンプリング戦略は、研究で扱うリサーチ・クエスチョンや仮説に論理的に根差しているべきである。ほとんどの混合型研究は、確率サンプリング技法と合目的的サンプリング技法の両方を含むが、確率サンプリング（**表 8.3**、セル 3 を参照）か合目的的サンプリング（**表 8.3**、セル 6 を参照）のどちらかだけでも適切な場合がある。
   a. その合目的的サンプリング戦略によって、調査中の質的クエスチョンに焦点を合わせたデータが収集できるか？
   b. その確率サンプリング戦略によって、調査中の量的クエスチョンに焦点を合わせたデータが収集できるか？
2. 使おうとする確率サンプリング技法や合目的的サンプリング技法の前提に忠実に従うべきである。われわれが分析したいくつかの混合型研究で、研究者は最初のうちこそ確立した確率サンプリング技法や合目的的サンプリング技法を使っていたが、研究が進むにつれて、どちらかの前提を破っていた。このことは特に確率サンプリングを採用する場面で見受けられた。確率サンプリングでの適切なリクルートの失敗や参加者の減少が、利便性の高いサンプルにつながるからである。
3. 研究中のリサーチ・クエスチョンに対して徹底した質的および量的データベースを生成するようなサンプリング戦略を用いるべきである。このガイドラインは、代表性／飽和のトレード・オフと関連している。
   a. 全体的なサンプリング計画は、研究者がリサーチ・クエスチョンに答える上で必要なデータを十分収集できるものになっているか？
   b. 研究で用いる合目的的サンプリング技法は、質的リサーチ・クエスチョンにとって「飽和した」情報を生み出すものになっているか？
   c. 研究で用いる確率サンプリング技法は、量的リサーチ・クエスチョンに関連した代表性のあるサンプルを生み出すものになっているか？
4. 質的および量的データの両方から明確な推論を引き出せるようなサンプリング戦略を用いるべきである。このガイドラインは、研究で起こったことや、研究で学んだことを説明するという点での、研究者の「正しく理解する」能力に言及している。ここではサンプリングの決定が重要である。なぜなら、関心ある事象について適切なサンプルを得なければ、リサーチ・クエスチョンに関する推論も不適当なものになってしまうからである。
   a. 質的デザインの視点からいうと、このガイドラインは推定の信憑性について述べている。
   b. 量的デザインの視点からいうと、このガイドラインは推定の内的妥当性について述べている。
5. サンプリング戦略は倫理的でなければならない。混合研究法には倫理的に配慮すべき非常に重要な点がいくつかあるが、これについては第 9 章で詳細に議論する。サンプリングに関する具体的な問題としては、研究参加へのインフォームド・コンセント、参加者への潜在的な利益とリスク、約束した守秘の絶対的保証、いつでも研究参加を取り下げることができる権利、が挙げられる。
6. サンプリング戦略は実現可能で効率的でなければならない。Kemper ら（2003）は、「サンプリングの問題は本質として実用的なものである」と述べた（p.273）。
   a. 混合研究法サンプリング戦略の実現可能性や実用性にはいくつかの問題がある。研究者にサンプリング戦略を実行するだけの時間と資金はあるか？　研究者は全てのデータソースにアクセスできるのか？　選択したサンプリング戦略は研究者の能力に見合っているか？
   b. 混合研究法サンプリング戦略の効率性は、限りある研究チームのエネルギーをいかに研究の中心となるリサーチ・クエスチョンに集中させるかという技術に関わっている。
7. 研究チームが、他の個人、集団、文脈、その他にも研究の結論を転用または一般化できるようなサンプリング戦略を用いるべきである。このガイドラインは、本章の最初で述べた、外的妥当性や転用可能性に言及している。
   a. 質的デザインの視点からいうと、このガイドラインは研究者が「送り手および受け手双方の文脈」（Lincoln & Guba, 1985, p.297, 傍点は原文ではイタリック体）の特徴について、多くの情報を知っておくべきであることを示している。送り手の文脈とは研究サンプルのことである。研究サンプルに基づく結果は、これと似た特徴を持つ受け手の文脈に転用が可能である。従って、合目的的サンプリングの決定を行う際には、研究者は研究サンプルの特徴、および研究結果を転用したい他の文脈の特徴について知っておくべきである。
   b. 量的デザインの視点からいうと、このガイドラインは研究者が研究サンプルの代表性を可能な限り増やしたいということを示している。これを達成する技法としては、サンプルサイズを大きくすることや、全対象者に対して研究参加の可能性が同じになるよう保証すること、などが挙げられる（Kemper et al., 2003）。
8. サンプリング戦略については、他の調査者が理解でき、場合によっては将来の研究で使えるよう、十分詳細に記述しなければならない。混合研究法サンプリング戦略に関する文献研究はまだ始まったばかりであり、戦略について文献で詳しく記述することは、複雑なサンプルを引き出そうとする他の調査者の手引きとなるだろう。

混合研究法サンプリング・スキームを現実的にデザインする上で、創造性と柔軟性は調査研究の成功に関わる非常に重要な点である。さまざまなクエスチョンに答える混合研究法が成功するかどうかは、採用したサンプリング戦略の組み合わせによるところが大きい。

要約

本章全体の目的は、研究プロジェクトで混合研究法サンプリング戦略を立てる際に必要な情報を提供することであった。そのため、確率サンプリング戦略と合目的的サンプリング戦略に関する基礎的な情報を示した。

最初に、確率サンプリングと合目的的サンプリングの基本的な論理的根拠を示した。それから、確率サンプリング戦略と合目的的サンプリング戦略についてそれぞれ述べて、最もよく用いられる技法の例を提示した。

その後、混合研究法サンプリングの特徴を述べ、続いて混合研究法サンプリング戦略の類型―基礎的な混合研究法サンプリング、並列型混合研究法サンプリング、順次型混合研究法サンプリング、マルチレベル・混合研究法サンプリング、および複合的な混合研究法サンプリング戦略―について述べた。各混合研究法サンプリング技法の例は、教育学、評価研究、社会サービス研究、歯科学、人材管理学、および医学といった複数の分野から提示した。

本章最後のセクションでは、混合型研究でサンプリング手順を組み立てる際の、いくつかのガイドラインを示した。

第9章および第10章では、混合型研究のデータ収集に関する問題について情報を示す。第9章では、データ収集前に研究者がすべきことについて重要な考察を示す。これには、倫理的配慮、フィールドに入ることに関する詳細、パイロット研究の実施方法（およびそこから期待できること）、および集めた質的データと量的データの質に関するさまざまな問題が含まれる。

注

1）本章は主に、米国教育研究協会の2006年度年次大会における発表（Teddlie & Yu, 2006）をもとにした、『混合研究法雑誌』掲載論文（Teddlie & Yu, 2007）に基づいている。

2）第7章で示したデザインの類型に関する論理（注2）と同様に、サンプリング戦略についても排他的なリストを作ることは不可能である。なぜなら新しいサンプリング戦略が生まれるし、古い戦略も発展し続けるからである。

3）サンプリング技法の分類に関する類型には、伝統的に2つのカテゴリーしかない。つまり、確率（ランダム）と合目的的（非ランダム）である。われわれは混合研究法サンプリングを伝統的な合目的的カテゴリーや確率カテゴリーと区別した方がよいと考えている。混合研究法は厳密な意味での質的研究や量的研究とは違うと考える方が単に有益だからである。サンプリングは混合研究法プロセスの全体から切り離せない部分であり、その点がいずれの伝統的アプローチとも明確に区別される点である。

4）系統的ランダム・サンプリングとは、アクセス可能な母集団から x 番目毎にメンバー選択するという独特な技法である（例えば、25ケースの中から5、10、15、20、25番目のケースを選ぶこと）。

5）方法論の連続体は、**表5.4**に示した（第5章を参照）。この連続体の要素の1つがサンプリングである。サンプリングは、合目的的―混合―確率サンプリングの連続体として示した。

6）マトリクスは理論的なものであり、収集されたデータのタイプごとにサンプリング技法の頻度を調べた実証研究に基づくものではない。常識的に考えて、対角線上のセル（1、5、9）は、最も頻繁に生じるサンプリング技法とデータ・タイプの組み合わせを表わしている。他のセルの記載は、情報に基づいた推測である。

7）Collinsら（2007, p.273）は、特定の量的デザインに必要な最低限の参加者数について、有用な推計を提示した：相関デザイン（片側仮説検定で64、両側仮説検定で82）、因果比較デザイン（片側仮説検定で51、両側仮説検定で64）、実験的デザイン（片側仮説検定で集団ごとに21）。これらの推計は、Anthony Onwuegbuzieらの先行研究に基づくものである（Onwuegbuzie, Jiao, & Bostick, 2004）。

8）質的サンプルサイズを決めるその他の重要な因子には、幅広いバリエーションの生成、関連する集団間での比較、および代表性がある。

9）Collinsら（2007）は、時間定位（同時、順次）とサンプルの関係性（同一、並列、入れ子、マルチレベル）をかけ合わせた、2次元の混合研究法サンプリング類型を提示した。

第9章

データを収集する前に考慮すべきこと

学習の目標

本章を読み終えたときに、次のことができるようになっていること。

- 施設内倫理委員会の役割、匿名性や守秘義務といった参加者の権利を含め、データ収集にともなう倫理的問題を明らかにする。
- データ収集する環境への入り口を得る際の問題について述べる。
- パイロット研究の重要性について論じる。
- 混合研究法のためのデータ収集戦略のマトリクスについて述べる。
- 6つの基本的なデータ収集戦略について明確化する。
- 混合型研究のデータの質に関する一般的な問題について述べる。
- (1) データ／尺度の妥当性と (2) データの信憑性 (credibility) の概念を比較する。
- (1) データ／尺度の信頼性と (2) データの確実性 (dependability) の概念を比較する。
- 研究の量的工程と質的工程において、データの質を保証する手順について述べる。
- 混合型研究でデータの質に関する問題を扱う際に、多様性のある協同的な研究チームが求められる理由について説明する。

本章では、混合研究法でデータを集める前に、考えておくべき一般的な議論について示す。次の第10章では、人間科学におけるデータ収集にともなう問題について詳細に議論するが、第9章はその序章にあたる。

はじめに、人を対象にした研究における倫理的問題と、施設内倫理委員会に関する詳細についてレビューする。次に、フィールドに入ること、ゲートキーパーと協同すること、そして確実に協力を得るために必要な準備について示す。また、研究デザインが潜在的に持つ、概念上や運用上の問題を同定するうえで、パイロット研究がいかに役に立つかを論じる。これにより、そうした問題を軽減する適切なステップが踏めるようになるだろう。

続いて、量的および質的なデータ収集戦略の古典的な類型の特徴を紹介し、なぜこれらの戦略に質的あるいは量的といったラベルを貼るべきでないのか、その理由について説明する。この説明は、第5章で紹介したQUAL–MM–QUANデータ収集連続体の議論につながるものである。さらに、混合研究法のためのデータ収集戦略マトリクスについて紹介する。このマトリクスは、第10章で示す数々のデータ収集戦略に、組織的な構造を与えるものである。

本章の最後のセクションは、量的、質的そして混合型研究のデータの質に関する問題にあてる。このセクションには、データの質を評価し、最大化するための提言も含まれている。

ステージを設定する：始める前に

あなたは、全ての研究ステップを計画すれば、もういつでも研究を始められると思っているかもしれない。しかし、データを集める前に、研究が成功する確率を上げるいくつもの行動を取る必要がある。その行動とは、研究参加者のアイデンティティや福利を守るために踏むべきステップを含め、理解して従うべき法的、倫理的な要件に関わるものである。

倫理的検討と施設内倫理委員会[1)]

研究の主な目標は、リサーチ・クエスチョンに対して信憑性のある (credible) 答えを見つけ出すことにあるが、研究対象者の福利が保証されていなければ、その答えが受け入れられることはない。研究における倫理的基準は、多くの専門家組織によって十分に文章化されており、例えば、米国教育研究協会 (the American Educational Research Association)、米国評価学会 (the American Evaluation Association)、米国医師会 (the American Medical Association)、米国心理学会 (the American Psychological Association)、米国社会学会 (the American Sociological Association) などが挙げられる。米国のこうした倫理ガイドラインは全て、人を対象にした研究を行う際の連邦政府要領、特に米国国立衛生研究所 (the National Institutes of Health：NIH)

の基準と、厳密な整合性を有している。他の国々でも、相当する政府機関が研究対象者保護の規制や監視を行っている。

NIHは被験者保護プログラムを立ち上げて、人を対象者とした研究を行う際に、研究者が自らの倫理的責任について十分に理解できるようにしている（被験者保護局による2008年『ポリシーガイドライン』を参照、http:/www.hhs.gov/ohp/policy/）。

人を対象にした研究に関する連邦政府のガイドラインは、研究プロジェクトをモニターする**施設内倫理委員会（institutional review boards：IRB）**の設置を全ての分野に要求している。IRBには、研究計画書を評価して承認あるいは却下したり、研究参加者保護に必要とあれば計画書の修正を提案したり、承認されたプロジェクトを定期的に審査したり、有害となる兆候があればプロジェクトの変更（または終了）を命じたりする責任がある。

IRBの承認を得るためには、研究プロジェクトを始める前に、自施設のしかるべき部署から申請をしなければならない。NIHは、承認の必要性やレベルを確認する際に役立つ、デシジョン・ツリーを提供している。承認のレベルや種類に関する情報は、自分が所属する大学や研究機関に相談して確認するべきである。

米国にあるほとんどの大学や研究機関には、NIHの手続きを組み入れた独自のプロセスやガイドラインが存在する。また、ほとんどの大学や研究機関では、IRBによる承認を申請する前に、オンライン・コースに合格したり、証明書番号を得たりすることを要求している。他国で研究を行うときの適切な手続きについては、所属する大学や研究機関に照会するべきである。

通常、IRB申請を計画する際の最初のステップは、研究参加者の心理的、身体的、社会的福利に対して、自分の研究が課すリスクのレベルを見極めることである。最小限のリスクしかないプロジェクトでは、参加者が日常生活で経験しうる以上のストレスを経験することはない。最小限より高いリスクを伴うプロジェクトでは、ストレスは参加者が典型的な日常生活で経験する以上のものになるだろう。プロジェクトに伴う参加者のリスクレベルを見定めたら、次にIRBによる審査レベルを判断しなければならない。

IRBの審査レベルには3つある。つまり、審査免除、迅速審査、および委員会審査である。IRB審査が免除される研究には、資金提供機関からの助成をうけないプロジェクトで、特にセンシティブでないトピックに関する質問紙調査やインタビュー調査がある。子どもや、高齢者、障がいのある人のような、脆弱集団から参加者を募る研究は、審査免除のプロジェクトにはあたらない可能性がある。審査免除のプロジェクトに対して、IRBへの申請を求めない施設も多いが、この問題については自分が所属する施設のIRB代表者に相談するべきである。脆弱集団を対象としない、最小限のリスクしか伴わない研究プロジェクトは、IRBによる迅速審査が適当であろう。IRBによる委員会審査を必要とするプロジェクトには、参加者に最小限以上のリスクを課す研究や、脆弱集団を対象とするほとんどの研究プロジェクトが含まれる（さらなる詳細は、www.unl.edu/researchを参照のこと）。申請手続きは、求められている審査レベルを見定めてから、開始するべきである。研究者が学生である場合、普通は指導教員も第2調査研究者としてサインしなければならない。

申請手続きの次の段階は、インフォームド・コンセント文書を作ることである。**インフォームド・コンセント（informed consent）**とは、参加者が、起こりうるリスクを明確に理解した上で、研究参加に同意することをいう。こうした同意文書は、参加候補者に対して作成し、配布するものである。また、研究プロジェクトへの参加は自由意思によることや、研究の詳しい内容が、参加者に直接、明確に説明されたことを保証するものである。インフォームド・コンセントの取得が必要になるのは、研究が潜在的なリスクを参加者に課すときや、未成年者が参加するとき、プライバシー侵害の恐れがあるとき、「参加したことで、不快な自己認識が生じる可能性がある」（Krathwohl, 2004, p208）ときなどである。

同意文書には、参加者のプライバシー権に関する条項が含まれることもある。プライバシーには、匿名性や**守秘義務（confidentiality）**に関係する問題が含まれている。**Box 9.1**は、プライバシー権について記している。

同意文書は、研究が実施される施設のレターヘッドがついた便箋に印刷するのがよい。同意文書は、同意を得る集団に照準を最も合わせて書くべきである。参加者は、研究参加の目的やそれによって起こりうる結果について、完全に理解する必要がある。従って、脆弱集団と非脆弱集団に同じ内容の同意文書を渡すことは不適切である。語彙のレベルは参加者のニーズに最も合わせて調整しなければならない。さらに、英語を話せない人には、同意文書を翻訳する必要もあるだろう（http://fiu.edu/~dsrt/human/consent_docs.htmを参照）。

研究参加者が19歳以下の場合には、研究プロジェクトへの参加に先立ち、参加者の親（もしくは法定後見人）から同意を得なければならない。法的な世話人から文書による同意を得ずに、未成年者に研究を行うことは非合法であり、非倫理的である。その他の脆弱集団についても、研究者は法定後見人からインフォームド・コンセントを得なければならない。こうしたケースで第3者からの同意取得に替わる方法は、ある集団の人々と働く特別なトレーニングを受けた人を起用して、参加者の同意プロセスを助けてもらうことである。このような人は、同意プロセスの証人としての役割も果たし、参加者が倫理的に扱われたかどうかを

Box 9.1　守秘義務と匿名性に関する参加者の権利

Ary ら（2007, p.592）は、プライバシーに関する参加者の権利を次のように区別した。

プライバシーの問題には２つの側面がある。匿名性と守秘義務である。匿名性とは、特定の個人の ID を守るプロセスである。得られたデータから個人が識別されないようにすることであり、研究者でさえ誰のデータか分からないようにすることもある。守秘義務とは、研究において個人から得られた情報を機密にし、非公開にしておくプロセスである。個人の名前やその他の個人情報を集める必要がないのであれば、このような情報を集めないことを研究者には推奨する。追跡やその他の目的で集める必要がある場合には、情報を安全に保管する場所を準備し、アクセスを制限するのが研究者の責任である（Ary ら、2007, p.592。傍点部は原文ではイタリック体）

Ary ら（2007）はさらに、特定の状況下で匿名性が損なわれる可能性についても警告した。例えば、Teddlie と Stringfield（1993, pp.231-233）は教訓となる次のような話について述べた。州裁判所のシステムでは、一部税金を使って集めた研究データが法廷の争点となった場合には、公共の知る権利の方が、個人（ここでは校長）のプライバシー権よりも重要であるとみなしていた。このため、個人が特定される情報であってもデータベースに統合するよう求めていた。従って、地元新聞社が研究に関わった学校名（と校長の氏名）を明かすよう訴えれば、統合されたデータベースには学校名が含まれるため、研究者は研究に参加した成人の匿名性を保証できなくなる、というのである。

確認してくれることがある（Krathwohl, 2004）。

時には、研究の目的をはっきりと明かすことが、研究の意図を危うくすることもある。このような場合、IRB はインフォームド・コンセントのプロセスを免除してよいとするかもしれない。

ただ、こうした例はまれであり、調査者は参加終了後ただちに参加者へディブリーフするよう求められることが多い。

ディブリーフィング（debriefing）とは、通常は口頭による個々のコミュニケーションで行うものであり、研究の目的や、情報を伏せていたこと、欺瞞があったこと（と、その理由）について、調査者から参加者に詳しく情報提供することである。ディブリーフィングは、参加者にとって事態を正しく理解するプロセスである。ディブリーフィングによって、参加者は研究参加という貢献をした見返りとして学習の機会を得たり、研究に対するフィードバックを提供する機会を得たりする。

混合研究法を用いる研究者にとっての倫理問題は、他の研究者と何ら変わることはない。だが例外として、質的および量的研究を持つ両方の文脈と、そこで求められることについては、考えておかなければならない。プロジェクトの途中で、質的研究に特有の問題が表面化した場合に、IRB が柔軟な対応を許容してくれることがある。また、質問紙や観察／インタビュー・プロトコール、その他、詳細なデータ収集の手段を持たない質的研究の多くを認めてくれる IRB もある。IRB への申請書は、あらかじめこうしたバリエーションを理解したうえで、計画しなければならない。

混合型研究の質的構成要素では、参加者の感情に対する高い感受性が求められることも多い。研究の本質として、非常に個人的な情報を扱うことがよくあるからである。

> 質的方法は、非常に個人的で、対人的なものである。自然主義的な調査は、人々が生き、働く現実世界へと研究者を導く。さらに、深層インタビューは、人々の内側にあるものを明らかにしてしまう。それゆえ、質的調査は、質問紙による調査や検証、その他の量的アプローチに比べて、侵入的で、人々の反応を引き出しやすいものであるといってよい。（Patton, 2000, p.407）

混合研究法を用いる研究者は、このような潜在的な侵入性について理解し、倫理的に適切なふるまいをする必要がある。例えば、調査対象者が質問の途中で戸惑いを示した場合、インタビュアーはどこまで強く情報を求めるべきなのだろうか。これは各調査者が個別に扱うべき問題である。また、この問いに回答するには、過去の経験に基づく専門家としての判断が要求される。

収集するデータが質的であれ量的であれ、複雑な倫理問題を扱うために従った戦略は明確にしなければならない。**Box 9.2** に、家族が HIV に冒されてしまった子どもや、それによって孤児になってしまった子どもの研究参加に関する倫理問題を、カナダの研究者がどう扱ったのかについてまとめている。この例では、個人が特定されたり、スティグマを付与されたりすることを含め、研究参加者に対する差別の可能性について配慮がなされている。

フィールドへの入り口を得る

データの質は、研究という文脈に置かれた参加者や

Box 9.2　HIV研究において生徒の同意を得る方法

ケニアで調査研究に従事したカナダの研究者（Maticka-Tyndale, Wildish, & Gichuru, 2007）は、家族がHIVに冒されてしまった子どもや、それによって孤児になってしまった子どもの研究参加にまつわる倫理問題に直面した。こうした「脆弱集団」の権利に配慮していることを確認するために、研究者たちは、次のような一連の複雑なステップに従った。

1. 研究の開始前に、2つの倫理委員会（カナダとケニア）が研究計画書をレビューした。
2. 親から同意を得るプロセスは、子どもの参加を制限する可能性があった。というのも、親からの同意は不可能か、（潜在的なスティグマのせいで）得られそうになかったからである。そのため、（親の代理を務める）学校が職権を行使して、研究者が生徒に接することを許可し、参加は生徒自身が決められるようにした。
3. AIDSに罹患した孤児は、深層フォーカス・グループ・セッションに誘わなかった。意図せずに自分の状態を告白してしまう可能性があったからである。
4. データ収集活動を始める前に、口頭と書面の両形式でインフォームド・コンセントに関する情報を学生に提供した。

その他の人々が、研究者とプロジェクトの正当性をどのように見なすのかによって、大きく左右される。研究が行われる文脈は、文脈自体の規範や期待、対人関係のダイナミクス、内部者–外部者の境界を持つ、複雑な社会システムであることが多い。研究を行う場所で、何かの役割を得る幸運に恵まれた（すなわち、内部の人間になれる）研究者もいるだろう。しかし、たいていの場合、研究者は外部の人間であり、特定の場所で研究プロジェクトを行う際には、（フォーマルもしくはインフォーマルに）許可を得なければならないことの方が多い。

研究者に対する参加者やゲートキーパーの理解度は、研究方法やデータの質に間違いなく影響を与える。研究を開始する前に、ゲートキーパーとはよく知り合い、研究の重要性について（その時点で明らかにしない方が重要な目的があれば、そのことについては伏せたまま）伝えなければならない。大学院生は、自分が卒業論文や学位論文に取り組んでいることを話してしまい、ゲートキーパーや参加者に情報を提供しすぎたり、不必要な期待を抱かせすぎたりすることがよくある。研究をしたい理由についての説明は、あまり詳しくしない方がよいとわれわれは考えている。

Bogdan と Biklen（2003）は、ゲートキーパーや参加者が研究に対して抱く5つのよくある質問をリストにした（特に、質的構成要素において）：

1. 何をするつもりですか？　Bogdan と Biklen は、研究者が正直であることは当然にしても、説明が具体的すぎたり、冗長であったりすることは、避けたほうがよいとしている。
2. 邪魔になりませんか？　ゲートキーパーや参加者には、出すぎて邪魔になるような研究ではないことを、納得してもらわなければならない。教育環境であれば、研究を行う学校のスケジュールに、自分の研究スケジュールを合わせるつもりであることを示す必要がある。
3. 知り得たことで何をするつもりですか？　ゲートキーパーや参加者には、世間のネガティブな注目を集めるためや、政治的な目的のために、研究報告を使うことはない旨を、納得してもらわなければならない。
4. なぜ私たちなのですか？　なぜその研究に選ばれたのかについて、興味を持つ人は少なくない。とりたてて特別な理由で選ばれたわけではないが、参加してもらうことで、この研究トピックについての情報が得られるから選ばれたのです、と伝えるのが、多くの場合、最善であろう。
5. 私たちはこの研究から何を得られるのですか？　この研究に参加することで何か得られますか、と見返りについて尋ねる参加者も少なくない。Bogdan と Biklen は「多くを約束しないように努めなさい」と警告している。一般の人に研究期間中に得られた知見を見せるのであれば、通常は、研究論文を提供すればよい。Bogdan と Biklen は、研究論文とフィールドノートとを明確に区別しており、後者については私的なものであり、一般に共有されるべきではない、としている。(pp.78–79)

パイロット研究

パイロット研究、または予備調査とは、小規模での研究デザインの実施や、将来行うデータ収集手続きの質を確認するために踏む一連のステップのことをいう。**パイロット研究（pilot study）**は、小規模のデータを集めて研究手順を「テスト運用」したり、データ収集のプロトコルに問題はないかを見極めたり、実際に研究を行うための段階を設定したりする、プロジェクトの一段階にあたる（本番前の最終リハーサルを思

Box 9.3　パイロット研究を行う理由

- 適切な研究手段を開発し、検証する。
- （実際のスケールでの）研究／調査の実現可能性を評価する。
- 研究計画書をデザインする。
- 研究計画書が現実的で、機能するものかどうかを評価する。
- サンプリングの枠組みや技法が効果的であることを立証する。
- 実施予定のリクルート方法が成功しそうかどうかを評価する。
- 予定している方法を使うことで起こり得る、実施上の問題を同定する。
- サンプルサイズを決める上で役に立つアウトカムのばらつきを推定する。
- 予備的なデータを集める。
- 計画した研究に必要なリソース（資金、スタッフ）を決める。(Van Teijlingen & Hundley, 2001, Table 1)

い出したなら、そのとおり！）

Van Teijlingen と Hundley（2001）は、パイロット研究が極めて重要である16の理由を明らかにしている（いくつかを、**Box 9.3** に示した）。その理由は多岐にわたり、新たに生まれたデザインのなかでリサーチ・クエスチョンを立てることから、研究の実現可能性を他者に示すことや，十分計画された研究手段や手続きを検証することまでである。どのようにしてパイロット研究を行うか（また誰を参加者にするか）は、デザインやサンプリングの枠組み、研究が行われる文脈に大きく依存する。

パイロット研究では、実際の研究には入らない参加者を募って、数の限られたデータを収集することがよくある。例えば、Chebbi（2005）の学位論文では、特定のステークホルダーによる３つのグループ―校長、マスコミの専門家、教師―からサンプルを構成した。各グループは、技術の促進、支持、使用において異なる役割を担っていた。最初に調査項目プールを構成したが、これはすでに特定されていた６つの技術基準をはかるパフォーマンス指標から成り立つものであった。また、地域で研究・評価の部局に所属するエキスパート４名が、項目の見直しを独立して行った。改良された質問紙は、さらに、関連分野の専門性を持つ３名の大学教員が吟味した。こうしたパイロット研究の結果、いくつもの項目が削除され、2、3の項目が修正され、若干の項目が追加された。

改良された測定手段は、退職したばかりの校長３名が見直し、内容を明確化するために提案を行った。地域に住む評価の専門家２名と教育大学の教員２名が、それ以上変更する提案がなくなるまで、最終的な見直しを行った。パイロット研究の最終段階での参加者は、地区でパートタイム勤務している退職したばかりの校長５名であった。参加者には、前の学校で今も校長をやっているつもりで質問に答えてほしいと依頼した。結果の分析と参加者による個人的なフィードバックによって、質問紙が明確でわかりやすいことが明らかになった。唯一の懸念は、いくつかの質問について校長が答えられず、技術コーディネーターの助けを必要とするかもしれない、ということであった。この懸念に対処するために、技術的な質問に答える際には、技術コーディネーターによる支援を要請してもよい、ということを校長に知らせる文章を質問紙に添えた。

ここまで、Chebbi（2005）による学位論文の手順を検討し、パイロット研究は過度に大規模でなくても、十分役に立つことを示した。パイロット研究は大規模な方が好まれるが、参加候補者の集団が小さく、パイロット研究への参加によって、本調査への参加者がさらに減少するような場合には、新たな問題を生むことにもなる。また、パイロット研究では、参加者に期待や反応が生まれたり、参加者が研究の目的や手順に気がついたりすることがあり、研究の文脈に悪影響を及ぼす可能性もある。

混合研究法のデータ収集に関する問題の紹介

本セクションでは、次の３つ質問で示したアウトラインに沿って、混合研究法におけるデータ収集の問題を紹介する。

- 社会・行動科学における量的および質的データ収集戦略の典型的な類型にはどのようなものがあるか？その類型は今でも有用か？
- データ収集の方法は、二分法（QUAL–QUAN）か、連続体（QUAL–MM–QUAN）か？
- 混合型データ収集方法の類型はどのようなものになるのか？

量的および質的データ収集戦略の古典的な類型

質的データの収集戦略には数多くの類型が存在するが、そのほとんどには必ず3つの要素がある。つまり、観察、インタビュー、および記録（またはそれらのバ

Box 9.4　事前に手続き／プロトコールのデザインをほとんど行わない、もしくは入念に行うことに関する議論

事前に手続きのデザインをほとんど行わないことに関する議論

- 事前に手続きをデザインしたり、構造化したりすると、研究者には目の前にあるものが見えなくなってしまう。最も重要な現象や潜在的な構造を…その手続きで明らかにできなければ、見過ごしたり、曲解したりすることになるだろう。
- 事前の手続きからは、通常、文脈が取り除かれている…だが、質的研究は文脈を見ることを通じて、生き、呼吸するものである。特異性こそが一般性を生み出すのであって、その逆はない。
- 多くの質的研究は、少人数しか関わらない、単一事例を扱うものである。質問紙や観察スケジュール、検証は必要ないのではないか？　たいていの場合、これらは大きなサンプルを使って、経済的で、比較可能で、パラメトリックな分布を生み出そうとするものである。
- フィールドワークの大部分は、ノートを取ること、できごとを記録すること…、物事を拾い集めることである…手続き化（instrumentation）という呼び名は的外れである。質問を指向する何かと、観察に向かう何か、そして、記録を分析するための大雑把な書式こそが、研究の最初に必要なものの全てであり─おそらく、研究の途中で必要なものの全てであろう。

事前に手続きのデザインを入念に行うことに関する議論

- ほしいものが最初から分かっているなら、その情報を集める方法を前もって計画しないでいる理由はない。
- インタビュースケジュールや観察スケジュールに集中しないと、必要以上の余分な情報まで集めてしまう。過剰なデータは分析の効率やパワーを損なうことになるだろう。
- 先行研究と同じ手段を使うことは、研究間で意見を交換する唯一の方法である。
- 先入観にとらわれ、十分な情報を持たない研究者は、不公平な質問をしたり、選択的な記録をつけたり、信頼性のない観察をして、情報を歪めてしまうだろう。こうしたデータには、妥当性も信頼性もないだろう。妥当性が確認された手段をうまく使えば、得られた知見の確実性や意義は最も保証される。（Miles & Huberman, 1994, p35.）

リエーション）である（例えば、LeCompte & Preissle, 1993；Mason, 2002；Patton, 2002；Stake, 1995）。一方、量的データの収集戦略には、ほとんど必ずといっていいほど、質問紙、テスト、構造化インタビューの形式が含まれている（例えば、Gall, Gall, & Borg, 2006；Johnson & Christensen, 2008；Kerlinger & Lee, 2000）。

量的および質的データ収集戦略の基本的な違いは、かなり機械的なものである。質的戦略はナラティブ・データを生成し、データは主題分析を使って分析される。一方、量的戦略は数量データを生み出し、統計学的に分析される。具体的なデータ収集方法も、事前にどこまでデザインを決めているか、構造化しているかによって、それぞれ異なっている（量的手法は、事前にデザインされ、構造化されていることが多い）。

リサーチ・クエスチョンが詳細で具体的であればあるほど、研究の手続きやプロトコールは事前にデザインされ、構造化されていることが多い。リサーチ・クエスチョンが詳細で具体的でなければないほど、手続きやプロトコールは構造化されておらず、研究の進展にともないデザインが決まることも多い。混合型研究はこれら両極端の間に位置することが多い。手続き／プロトコールを前もってデザインすることに対する賛否の議論を **Box 9.4** に示す。

QUAL-MM-QUAN データ収集連続体

データ収集戦略に質的あるいは量的いずれかのラベルを貼らない理由にはいくつかあるが、研究に関する入門的な教科書には、次のように書かれていることが多い。

- あらゆる主要なデータ収集戦略は、質的データも量的データも生成することができるし、これを単一の研究設定で実現することさえ可能である。例えば、観察のプロトコールを教室で使った場合、教師の有効性という指標によって累積的な量的データを生成し、グループ間またはサブグループ間の違いを反映させることができる。そして同時に、各教師の行動を詳細に記したナラティブな質的データも生成することができる。第 11 章と第 12 章で議論する Orihuela（2007）の研究は、このことを例示するものである。
- 多くの研究が、多様なデータ収集戦略を伴う混合アプローチの恩恵を受けている。データ・トライアンギュレーションの技法が出現したことで、複数のデータソースを組み合わせる実用性やパワーが強調されるようになったが、そのことが古典的な質的および量的データ収集戦略の境界をあいまいなものに

Box 9.5　混合研究法のデータ収集戦略にともなう活動の類型

Ⅰ. 情報や経験について個人に尋ねるもの：自己報告の技法
- A. インタビュー
- B. 質問紙
- C. 態度尺度
- D. 性格に関する質問票、調査票、チェックリスト
- E. 間接的自己報告：投影法

Ⅱ. 人々が何をしているのか見るもの：観察的技法
- A. 参与観察
- B. 非参与観察

Ⅲ. 他者との関係について個人に尋ねるもの：ソシオメトリー（ネットワーク分析）

Ⅳ. 他者が集めたり、記録したデータを用いるもの
- A. アーカイブ分析
- B. メタ分析

Ⅴ. データ収集に複数の形式を用いるもの（Tashakkori & Teddlie, 1998）

している。
- （定量化や定性化を通じて）1 つの形式から別の形式へとデータを変換することが、古典的な質的および量的データ収集戦略の区別をさらにあいまいなものにしている。
- 古典的なデータ収集戦略の具体的な方法はそれぞれ、非常に構造化されたもの（連続体における量的の端）から、全く構造化されていないもの（連続体における質の端）に至る連続体上に位置づけることができる。第5章の**表5.4**では、QUAL-MM-QUAN 方法論の連続体をいくつか紹介したが、そのなかの1つは、データ収集戦略と直接関係するものである。単純な二分法よりも連続体の方が、データ収集戦略の具体的な方法の数々が持つ実際の幅をうまく記述している。

第 10 章では、さまざまなデータ収集戦略について、2 つの古典的アプローチという文脈では議論せずに、戦略ごとの議論を個別に行い、混合データを収集する際の情報について示すことにする[2)]。

混合研究法のデータ収集戦略におけるその他の類型

混合型データ収集戦略の類型について、社会・行動科学研究の教科書で見かけることは、最近までほとんどなかった。われわれは、こうした類型について過去に紹介したことがあるが、それはデータ収集に伴う活動に基づく類型であった（Tashakkori & Teddlie, 1998）。**Box 9.5** にも示したが、この類型が持つ特徴には次のようなものがある。

- 情報または経験（自己報告の技法）もしくはその両者について個人に尋ねるもの。
- 人々が何をしているか見るもの（観察的技法）。
- 他者との関係について個人に尋ねるもの（ソシオメトリーまたはネットワーク分析）。
- 他者が集めたり、記録したりしたデータを用いるもの。
- データ収集に複数の形式を用いるもの。

Burke Johnson と Lisa Turner（2003）は、混合型データ収集戦略に関する優れた類型を示した。このアプローチの論理は魅力的であり、類型もこれ以上にないほど網羅的なため、われわれはこれを本書にも用いることにした。Johnson と Turner（2003）のマトリクスについては次のセクションで示し、その組織化された構造については、第 10 章で多くの紙幅を割くことにする。

混合研究法のためのデータ収集戦略のマトリクス

Johnson と Turner（2003）によるデータ収集マトリクスは、次の 2 つの軸を組み合わせて作られた 18 のセルで構成されている。

1. 質問紙、インタビュー、フォーカス・グループ・インタビュー、検証、観察、二次データという、データ収集における 6 つの主要な戦略[3)]
2. 量的、混合研究法、質的アプローチとしてよく知られる、3 つの方法論的アプローチ

表 9.1 に示すように[4)]、われわれはこの 3×6 のマトリクスの結果を、**混合型研究のためのデータ収集戦略のマトリクス（Matrix of Data Collection Strategies for Mixed Methods Research）**として作り直した。

表 9.1　混合型研究のためのデータ収集戦略のマトリクス

データ収集戦略	質的研究	混合型研究	量的研究
観察（OBS）	OBS-QUAL	OBS-MM	OBS-QUAN
非影響測定法（UNOB）	UNOB-QUAL	UNOB-MM	UNOB-QUAN
フォーカス・グループ（FG）	FG-QUAL	FG-MM	FG-QUAN
インタビュー（INT）	INT-QUAL	INT-MM	INT-QUAN
質問紙（QUEST）	QUEST-QUAL	QUEST-MM	QUEST-QUAN
テスト（TEST）	TEST-QUAL	TEST-MM	TEST-QUAN

注：この表は Johnson と Turner（2003, p.298）から引用した。詳細についてはこの章の注 4）を参照のこと。

このマトリクスは、データ収集戦略が、数ある方法論的アプローチのどれか 1 つに収まるものではない、という重要な核心をつくものである。入門的なテキストでは、検証を量的データ収集戦略と見なすことが多いが、検証には質的な検証や混合型の検証もあることを理解する必要がある。同様に、入門的なテキストでは、観察を質的データ収集戦略と見なすことが多いが、観察には量的な観察技法や混合型の観察技法もあることを理解する必要がある。

表 9.2 に、次の 2 つの軸を組み合わせた 6 つの混合型データ収集戦略を示す。

1. 各戦略に伴う活動のタイプ（部分的に、**Box 9.5** に示した活動の類型をもとにした）
2. 結果として混合型データ収集になるような各技法の組み合わせ（Johnson と Turner（2003）を適用した）

例えば、混合型質問紙（QUEST-MM）戦略は、興味ある現象に関連する態度や信念などを測定する調査を、研究参加者の自己報告によって完成させるものである。このときの質問紙には、クローズド・エンドの質問項目（量的データを生成する）とオープン・エンドの質問項目（質的データを生成する）を両方含めることができる。このように混合された質問紙をデザインするのは、検証的なリサーチ・クエスチョンと探索的なリサーチ・クエスチョンに対して、同時に答えたい場合であることが多い。

表 9.2 に記載したデータ収集の組み合わせは全て、単一のデータ収集戦略によるものである。戦略内混合型データ収集とは、同じデータ収集戦略を使って、質的および量的データの両方を集めることである。戦略間混合型データ収集とは、複数のデータ収集戦略を使って、質的および量的データの両方を集めることである（例えば、質的観察技法と量的インタビュー技法の併用）[5]。

混合研究法の量的工程と質的工程におけるデータの質

データの質に関する一般的な問題

量的研究は綿密に計画され、非常に構造化されたクローズド・エンドのデータ収集手続きを採用することが多い。質的研究者は、研究している現象の本質をつかむために、グラウンデッド・セオリー（やその他の）技法を使い、研究手続きを展開に任せることが多い。こうした（いくぶん恣意的な二分法だが）違いにも関わらず、両陣営ともに、データの質の高さは注意深く確認している。そのために、観察や測定をしばしば繰り返し、複数の方法を用いてデータ収集を行い、調査している現象についてできるだけ多くの情報を得ようと努めている。

質の高いデータは、リサーチ・クエスチョンに対して質の高い回答を得るための必要（しかし、十分ではない）要件である。研究で有名な GIGO 原則（ゴミを入れればゴミが出てくる：garbage in, garbage out）は、質の高いデータを作り出す必要性を端的に表わしている。混合研究法における**データの質（data quality）**は、（1 つ例外はあるものの）質的工程や量的工程での質の基準とは違う基準によって決まる。つまり、質的データと量的データに妥当性や信憑性があるなら、混合された研究が持つデータの質も全体的に高いものになる、というものである。一般的なこの原則の例外（言い換えれば、混合研究法に固有の特徴）には、変換型混合デザイン（第 7 章参照）―変換されたデータを新たなアプローチによって再度分析する―におけるデータの定量化や定性化のプロセスがある。このことについては、本章の後のセクションで議論する。

混合研究法を用いる研究者が直面する課題の 1 つは、データの質を評価する際に、異なる 2 つの基準を使わなければならないことである。1 つは質的手法が持つ基準で、もう 1 つは量的手法が持つ基準である。量的研究者は、データの質を**データ／尺度の妥当性（data／measurement validity）**（捉えたいと思っている構成概念をデータが表しているか）と、**データ／尺**

表 9.2　混合研究法戦略に関連した活動とデータ収集技法

混合型データ収集戦略	データ収集戦略に関連した活動	データ収集技法の組み合わせ
観察 （OBS-MM）	研究者が参加者を観察する。 研究者がさまざまな役割を演じる。	自由回答を促すオープン・エンドな項目と、あらかじめコード化したクローズド・エンドの項目を両方含む、観察プロトコールの混合。
非影響測定法 （UNOB-MM）	研究者が記録や物的形跡などを集める。	非数値的情報と数値的情報を両方含む、文書やその他のデータ・ソースの混合。
フォーカス・グループ・インタビュー （FG-MM）	研究者が参加者グループにインタビューする。	あらかじめ決めたオープン・エンドな質問（探索も含め）と数量データを生成する質問を含む、フォーカス・グループ・インタビューのプロトコール
インタビュー （INT-MM）	研究者が参加者個々人にインタビューする。	豊かなナラティブ・データを生成するオープン・エンドのインタビュー質問（探索も含め）と、あらかじめ決めた反応カテゴリーを持つクローズド・エンドの質問項目の混合。
質問紙 （QUEST-MM）	参加者が態度や行動などを測定する尺度の項目を埋める。	あらかじめ決めた反応カテゴリーを持つクローズド・エンドの質問票項目と、ナラティブな反応を求めるオープン・エンドな質問紙項目の混合。
テスト （TEST-MM）	参加者が知識や能力などをはかる試験の項目を埋める。	標準化された、あるいは研究者が開発したクローズド・エンドなテスト項目と、オープン・エンドな小論文問題の混合。

注：縦の１行目と３行目は Johnson と Turner（2003, p.298）から引用した。

度の信頼性（data／measurement reliability）（調査中の構成概念をデータが一貫して正確に表わしているか）という点から（しばしば失敗しながらも）評価している。

他方、質的研究は、調査研究で「参加者が経験している社会的現実を理解すること」を意図した「現象学に根づく」ものである（Ary et al., 2007, p.25）。第２章で述べたように、信憑性（credibility）とは、その研究者の書いたものが「その複合的な現実を構成した元々の人々にとって信頼に足るものかどうか」（Lincoln & Guba, 1985, p.296, 原文はイタリック体）、と定義される。言い換えれば、研究者が調査した参加者にとって、その質的研究報告は信頼できるものなのか、ということである。**確実性（dependability）**とは、量的な概念におけるデータ／尺度信頼性のアナロジーにあたり、別な文脈で「人という道具」を使っても、その現象におけるバリエーションをどの程度一貫して追跡し、説明できるのか、について考えるものである（例えば、Ary et al., 2007；Lincoln & Guba, 1985）。

データ収集の方法が何であれ、研究者はデータの質に関する２つの基本的な問いに答えなければならない。１つ目の問いは、尺度妥当性／信憑性に関する次のものである。わたしは何か他のものではなく、自分が意図したものをきちんと測定し／記録し／捉えているのだろうか。例えば、リサーチ・クエスチョンが、校長のリーダーシップ・スタイルに関するものだったとしよう。教師を対象に、自分たちの校長のリーダーシップ・スタイルについて尋ねる量的質問紙調査を実施する場合、妥当性に関する問いは次のようなものになる。各校長について得られたスコアは、どの程度適切にリーダーシップ・スタイルの指標になっているのだろうか？　社交性、および／または、外向性といった、他の構成概念を測定してはいないだろうか？　教師らに質的なインタビューを行う場合、信憑性に関する問いはまた違ったものになる。わたしは、教師らが構築する教育的リーダーとしての校長の役割を、適切に捉えられているだろうか？　現象に対する自分の理解や、何か全く違うものを捉えていたりはしないだろうか？　研究を混合するときは、尺度妥当性／信憑性の基準がともに重要になる。複数の手段を混合することで、データ全体が「質のよい」ものであるかどうかを評価する機会は増えることになる。

２つ目の問いは、データの尺度信頼性／確実性に関する次のものである。自分が意図したものを測定し／捉えているとして、この尺度／記録は一貫性のある正確なものだろうか（言いかえると、ほとんどエラーはないか）？　その手続きが信頼性／確実性のある結果をもたらすものであれば、量的オリエンテーションの情報を一貫して記録できるはずだし（データの信頼性）、質的な文脈が変わってもバリエーションを一貫して追跡できるはずである（データの確実性）。ここでも、複数の手段を混合することで、設定がさまざまに変化しても、データの質が全体的に一貫しているかどうかを評価する機会は増えることになる。

研究結果をめぐる論議の多くは、この２つの質問に対し、研究者がどれだけ効果的、かつ明確に答えられるか、に根差したものである。尺度妥当性／信憑性については、特にそうであり、というのも、社会・行動研究が扱う特性のほとんどは、直接観察できないものだからである。要するに、量的な構成概念（例えば、創造性）と得られたデータがどの程度一致しているのか、直接観察することは不可能なのである。その人の創造性を直接目で見て確かめることができないのに、どうやって「創造性」を測定していることが分かるのだろうか？　質的な視点からいっても同じである。どうやって参加者から見た「創造性」を正しく捉えていることが分かるのだろうか？　現象に対する自分の理解や、何か全く違うものを捉えていたりはしないだろうか（例えば、参加者から見た知性）？

量的データの尺度妥当性を判断するためには、観察や記録が可能なかたちで構成概念を定義する必要がある。政治的保守主義を測定している「かのように見える」尺度（または、このような特性を記述するようにデザインされた、オープン・エンドの質的インタビュー）が、実は、承認欲求から宗教性にわたる別な特性を幅広く捉えている可能性もある。このように、データ収集の手続きによって測定しているように見えるもの（表面的妥当性）が、本当に測定したいもののよい指標にはなっていないことがある（**構成概念妥当性（construct validity）**）。表面的妥当性は、尺度や手段の妥当性を真に示すものではない。実際、研究尺度や手段が何を捉えようとしているのか明らかにしない（注意を引かない）ものであればあるほど、回答者も研究者の目的に気がつかずに反応することが多くなる（被験者の反応性）。（非影響測定法の例は第10章を参照）

表面的妥当性は、尺度妥当性を示すよい指標ではないため、データの質を決めるには別の戦略が必要であり、一般的によい戦略（例えば、専門家や監査を使う）としては2つある。1つは、ある特定のデータ収集方法が、測定したいものをどの程度測定しているのか、複数の専門家に聞いて判断してもらうことである。専門家のあいだで意見が分かれることも多いので、この種の妥当性確認は、特性や現象が明確に定義されているときにのみ有効である。このことは、量的研究で判断的妥当性確認（judgmental validation）と呼ばれている。質的研究における同様の概念は、同僚への状況報告（peer debriefing）である。

データの妥当性を決める別の方法は、実証的監査／研究を行うことである。このことは、量的研究で経験的妥当性確認として知られている。質的研究における同様の概念は、監査証跡や再帰性である。このことについては、本章の後半と第12章でさらに詳しく述べる。

混合型研究の量的工程におけるデータの質に関する問題

尺度の妥当性を判断すること。自分のデータ収集方法が、評価したいものを実際に測定しているのかどうか、折に触れて、他人（例えば、同僚や専門家）に判断を仰ぐことがあるかもしれない。このような判断的妥当性確認は、尺度が具体的、かつ十分に定義された特性（例えば、学力や技術の熟達）を測定しようとしている場合にのみ、有用であることが一般的である。ある数学のテストがコース目標の達成度をどの程度を測れているのか評価することは、この種の妥当性確認の例であり、**内容妥当性（content validity）**と呼ばれる。妥当性確認は、内容がはっきり定義されていない特性には不向きである。例えば、中絶に対する態度や、特定の政治家に対する態度といった場合、その正確な中身とはいったい何を指すのか？　態度尺度やその他の似たような尺度の内容的妥当性について言及する研究者もいるが、この種の妥当性が最も当てはまるのは、学力判定テストである。

人が持つ特性を測るような研究では、尺度の妥当性は結果として得られたさまざまな内容の比較や対比によって評価することがほとんどである。通常、この種の妥当性を確認するには、2種類の情報が同時に必要となる。測定したアウトカムの類似性／収束に関するデータと、測定したアウトカムの対比／相違に関するデータである。

収束的妥当性（convergent validity）とは、ある構成概念を表わす尺度のアウトカムと、同じ構成概念を示す他の指標とが一致している（矛盾しない）程度のことである。構成概念の指標は、**基準（criterion）**と呼ばれることが多い。このような基準は、妥当性を確認するテスト自体には含まれない（あるいは、外部にある）ことが普通だが、各テスト項目の妥当性を確認する基準として、その尺度全体の得点（例えば、リッカート法による態度尺度の総得点；第10章参照）を用いることもある。例えば、新しい態度尺度を開発する際に、構成概念を代表する適切な外部基準がなければ、合計得点を基準にして、各項目の妥当性を評価することがあるだろう。項目ごとに得られた得点と合計得点との一致度が高ければ（例えば、項目—合計間の高い相関）、その項目は構成概念の妥当性がある尺度と考えられる。こうした項目妥当性の確認を単独で行うのはリスクが高いため、最低1つ以上の他の方法を併用するべきである。

収束的妥当性の具体例には、**併存的妥当性（concurrent validity）**がある。これは尺度のアウトカムが、同じ構成概念を測定する他の尺度の結果と高い関連があるときに存在するものである。新しいデータ収集手続き／尺度の併存的妥当性を決めるために、その尺度をある集団に実施するのだが、その際、同じ構成概念を測定する、すでに妥当性が確認された尺度と一緒に用いる。新しいテストの得点と確立されたテストの得点とが高い相関を示していれば、前者には妥当性があると考えられる。

収束的妥当性のもう1つの具体例には、**予測妥当性（predictive validity）**がある。これは測定したアウトカムが、予測しようとするアウトカムと高い関連があるときに存在するものである。例えば、大学に入学するための米国大学入学能力テスト（the American College Test：ACT）の得点は、大学初年度の成績評価点の平均や、大学での成功を示すその他の指標と高い相関を示すはずであり、高い予測的妥当性を持つといえる。

判別妥当性（**discriminant validity**、もしくは**弁別的妥当性**（**divergent validity**））とは、尺度のアウトカムが、集団のなかからある特性の違いが予測される個人を弁別できる程度のことである。**既知集団妥当性**（**known group validity**）とは、この種の妥当性の例であり、理論上（もしくは文化的に）違うことが予測される集団どうしのデータを比較することで確認を行う。得られた結果が集団間で違えば、その結果は妥当とみなされるのである。例えば、若い成人の集団に対して、「創造性」を評価するテスト／手続きを構成したとしよう。このテスト／手続きを妥当だと判断するには、構成概念に基づき低い得点しか期待できない他の集団よりも、芸術家（定義によれば、高い創造性が期待される人）の方が高得点を獲得しなければならない。データベース上の差異や類似性が、期待するような理論的パターンを反映しているかどうかを判断するために、判別妥当性と収束的妥当性の測定を組み合わせることも多い。

尺度の信頼性を判断すること。データ／尺度の信頼性とは、ある尺度の結果が構成概念本来の重要性や「質」といったものをどの程度一貫して正確に示しているのかをいう。構成概念は直接見ることができないため、測定したアウトカムの正確さを判断することは簡単な作業ではない。しかし、特性を測る尺度の正確さ（誤差の量）を間接的に、しかもたいていの場合、効率良く判断する方法がある。信頼性を評価するほとんどの方法は、２つの前提を基礎にしている。１つ目は、尺度が正確なら、時間を経ても同じ結果を再現でき、同じ方法を使えば（例えば、並行検査や第二観察者でも）同じ結果が得られる、というものである。これは方法のトライアンギュレーションの一種であり、同じ集団（または状況）に２回以上同一の手法を用いたり、同じ手法を２回以上の機会にわたって用いたりするものである。

２つ目の前提は、尺度のエラーがランダムなものであれば、特性本来の重要性や質を示すうえで生じるエラーは、測定を繰り返すことで相殺される、というものである。例えば、ある特性を評価する際に、想定以上にポジティブな評価をしてしまう観察者もいれば、若干ネガティブな評価をしてしまう観察者もいるだろう。ただ、観察の数（もしくはテストの項目数）が増えるにつれて、特性本来の姿を測るうえでのエラーはゼロへと近づいていく。

本セクションの残りでは、尺度／観察の信頼性を評価するさまざまな方法についてまとめることにする。信頼性に関するこうした技法は通常、量的アプローチとの関連で議論されるが、基本的な原則は質的な観察にも適応できることを心にとめておいてほしい。

再テスト信頼性（test-retest reliability）は、テストを繰り返し実施した結果、ある集団のメンバーが一貫して弁別される場合、そのテストには信頼性がある、という前提に基づいている。これは、同じ集団のメンバーに２回テストを行って、両者の相関係数を計算することで評価される。２つのテストが同じ特性を正確に測定しているのなら、両者の相関は強いはずである（1.00 に近い）。測定結果に信頼性があるのなら、１回目のテストを実施したときのメンバーの順位と、２回目を実施したときの順位は近似するはずである。

折半法（split half reliability）は、１つのテストを半分に分け、両者の相関を計算することで判断するものである。各半分から得られた結果がどの程度関連し合っているか（矛盾がないか）が、それぞれの信頼性を示す指標となる。ただ、実のところ、この相関ではテスト全体の信頼性が過小評価されてしまう。テスト全体の信頼性を推定するには、ここで得られた相関を Spearman-Brown の公式で調整することになる。

並行テスト法（parallel forms reliability）とは、ほぼ同じ内容を持つ２つの形式のテストを、同じ集団に同時に実施し、両者の相関を計算することで評価するものである。また、内的整合性（internal consistency reliability）とは、全テスト項目間における相関係数の平均値に基づくものであり、テスト項目がどの程度一貫して特性を測定しているかを示す指標である。Cronbach の α 係数と Kuder-Richardson の公式 20 と 21 は内的整合性の例である。

評価者間信頼性（判断者間信頼性や観察者間信頼性とも呼ばれる）は、２人以上の評価者による評価がどの程度一致しているかについての情報を提供するものである。評価者間信頼性は、ある集団における個人の特性を２人の評価者が評価し、その２つの評価の相関を計算することで判断する。カテゴリー化された（あるいは、非構造的な質的）観察における評価者間信頼性は、同じ状況で同じ現象を観察した２人の観察者による一致の程度を評価して判断する。このときの一致度を決める定義や方法は、調査している特性に依存する。

混合型研究の質的工程におけるデータの質に関する問題

本章で議論するデータの質に関する問題と、第 12 章で議論する推論の質の問題との間には、根本的な違いがある。データの質は、本セクションで議論するあらゆる問題に関連しているが（例えば、尺度妥当性や信憑性、信頼性や確実性）、収集した質的データや量的データの「質のよさ」にあくまで限定されるものである。一方、第２章で紹介した推論の質は、調査研究で得られた知見に基づく結論の質を、全体的に評価する包括的な用語である。

デザインやデータに関する質的研究の創発的な特質もあり、質的研究者は、データの質と推論の質の問題を区別することに、あまり関心を払ってこなかった。さまざまな理由があって、本セクションで示すデータの質の問題と、第12章で示す推論の質の問題とを区別することは難しい。この難しさについては、質的データの質に関するFreemanら（2007）による引用が最も適切に説明している。

> データは社会的な相互作用から作られるものであり、それゆえ、構築物であり、解釈である。人の思考や行動に汚染されていない「純粋」な「生」データは存在せず、データの意義は、データを裏づける構造にどれだけその素材がフィットするかによって決まる…言い換えると、質的データと情報は常に、そしてすでに解釈なのである。それは、参加者が質問に答えるときに作った解釈であり、研究者が観察について書き上げたときに作った解釈である。研究参加者も研究者も中立でいることは難しい。なぜなら…彼らは常に文化的、歴史的、理論的な立場に立っているからである。（p.27）

われわれはこの論理を拡張し、質的研究における参加者の解釈はデータであり、量的研究における自己報告による情報（第10章参照）も、これと似たものである、ということを強調する。研究者は、こうした解釈を正確に、歪曲することなく捉えなければならない。質的研究者によるデータ解釈は、最小限でなければならず、第12章で議論するような、質をコントロールする技法に従わなければならない。本セクションでは、質的調査で得られるデータの質の向上に関連した戦略に焦点を合わせる。

LincolnとGuba（1985）が紹介した信用性（trustworthiness）（第2章で定義）とは、質的研究におけるデザインや尺度の質に関するグローバルな概念である。LincolnとGubaは4つの基準（信憑性、転用可能性、確実性（dependability）、確証性）[6]を紹介し、質的な問いに対して得られるデータの質を一括した。

次の戦略は質的データの信用性を決める上で重要なものである。

- 長期にわたる関与[7]（prolonged engagement）：フィールドでは十分な時間を費やして、信頼を築いたり、そこでの「文化」を学んだり、インフォーマントや自らのバイアスによる情報の誤りを検証したりすることが重要である。長期にわたる関与の目的は、特定の社会的場面で研究者にさまざまな文脈的要因や参加者の視点を認識させて、視野を提供することにある。
- 持続的観察（persistent observation）：持続的観察の目的は、リサーチ・クエスチョンに最も関連した社会的場面の特徴や様相を研究者に確認させて、奥行きを提供することにある。
- トライアンギュレーションの利用：データソース（例えば、インタビューや観察）、方法（質的、量的）、調査者のトライアンギュレーションを含む。もちろん、多くの質的研究者は、トライアンギュレートできるような唯一の現実があるとは信じていない。研究参加者それぞれにとっての現実として、できごとや現象の表われ方の違いを解釈するのである。
- メンバー・チェック：メンバー・チェックとは、データの質を確認する戦略であり、イベントや行為、現象について調査者が表現した内容を、その社会的場面に置かれたメンバーに検証してもらうことである。参加者の認識に対する研究者の解釈に信憑性があるかどうかを判断するうえで、これがおそらく最も重要な戦略である。
- 分厚い記述：この技法は、質的調査で得られた解釈や結論の転用可能性に、根拠を提供するものである。第2章で記したように、質的研究者は、ある転用元の文脈から、ある転用先の文脈へと推論を転用することに関心を持っており、そのためには、転用元の文脈に関するあらゆる情報について詳細に記述することが必須となる。分厚い記述は質的研究の本で数多く引用されている（例えば、Geertz, 1973）。LincolnとGuba（1985）は次のように論じた。「転用先への適用をじっくりと考えて、必要とされる類似性の比較は全て行えるよう、十分な基礎を提供することが、調査者の責任である」（pp. 359–360）。
- 再帰的な日誌：この技法は、信用性に関する4つの基準全てに必要な情報を提供するものである。LincolnとGuba（1985）は、この技法について次のように記述した。

> [再帰的な日誌とは] 調査者が日常的に、あるいは必要に応じて書く日誌の一種であり、自身…や方法に関するさまざまな情報を記録するものである。自身についていえば、再帰的な日誌は、人という道具についてある種のデータを提供するものと考えてよいだろう。紙や鉛筆から金管楽器に至るまで、研究で使用したものについてのデータを提供することに似ている。方法についていえば、日誌は、方法論上の判断やその判断をした理由に関する情報を提供するものであり、その情報は監査をする人にとってもまた、大いに重要なものである。（p327, 傍点部は原文ではイタリック体）

混合型研究の全体的なデータの質に関する問題

質的工程と量的工程におけるデータの質について概

略を示したことで、2つがいかに酷似しているかを示せたのではないかと考えている。2つのアプローチは、やむを得ず別々に議論しなければならなかったが、データの質に対する判断／基準のほとんどは、実際のところ質的研究と量的研究に共通する性質を持っている。

データのトライアンギュレーションは、データ全体の質を評価する戦略として、特に混合研究法の領域で広く提案されてきた。ただ、データのトライアンギュレーションは、単一手法の研究で用いるときより、混合型研究で用いるときの方が難しいかもしれない。Shaffer（2002）は、こうした難しさの例について、次のように示している。

> 世帯調査に対する反応から得た結果の妥当性と、フォーカス・グループの議論から得た結果の妥当性を、まったく同じ方法で判断することは、不可能ではないにしても極めて困難である。前者は、理想化された研究対象という考え方に依拠しており、研究にともなう「調査者効果」を除去、あるいは標準化して、実践上でも理想に近づけようと試みるものである。同じことをフォーカス・グループ・インタビューで行うのははるかに難しい。フォーカス・グループ・インタビューでは、ファシリテーターと参加者の相互作用はそこまで構造化されておらず、結果の解釈もかなり幅広いものとなる。その結果、理想化された対話や語りの状況は、理想化された研究対象というよりもむしろ、それ自体が、結果の妥当性を示す重要なものとなるべきであるように見える。（p.18）

混合研究法の研究者は、一貫性を持つようさまざまなタイプのデータを比較したり、データが示す違いを理解したりする困難な作業に直面することだろう。

先述したように、混合型研究におけるデータの質は、質的工程と量的工程の質の水準によって決まる。つまり、質的データと量的データに信憑性と妥当性があれば、混合型研究におけるデータの質も高くなる。一般的なこの原則の例外には、変換型混合デザイン（第7章参照）でデータを定量化したり定性化したりするときの質に関係するものがある。このデザインでは、変換したデータを別のアプローチを使って再度分析する。例えば、すでに内容分析した質的データを定量化し、統計学的手法を使って再度分析するようなことである。混合研究法を用いる研究者はそこで、次のような問いに直面することになる。変換されたデータは、元のデータがそもそも持っていた意味を正確に代表しているのだろうか。**変換の質**は、混合型研究の工程当初で得られたデータの質に、新たな追加的条件をつけ加えるものである。データ変換は、データ分析の途中で行われることも多いので、特性としてデータ分析技法にあたると考えられることもある（第12章の分析効果の議論を参照）。

最後に1つ、データ収集を始める前に考えるべきこととして、混合研究法チームを作ることについて述べる。第7章で説明したように、複雑な混合研究法デザインを最大限に使いこなすのは、多岐にわたる方法論的、経験的、および認識論的なバックグラウンドを持った研究チームであることが多い（Shulha & Wilson, 2003）。このことは、データの質の問題を考える際に重要である。というのも、質的構成要素（例えば、併存的、構成概念、収束的、予測的といったさまざまな妥当性に関する検討事項）と量的構成要素（例えば、長期にわたる関与、トライアンギュレーション法の利用、メンバー・チェック、分厚い記述、再帰的な日誌をつけること）が水準に達しているかといった、さまざまな技術的検討を確実に行う専門性が要求されるからである。質的手法から量的手法まで、**あらゆる分野に長けたルネサンス期の教養人**のような研究者もいるが、混合型チームで協同的にアプローチすれば、研究者間の弁証論的な会話ははずみ、収集して分析したデータの質を大いに高めることだろう。

要約

本章全体の目的は、（妥当性があり信憑性のある）混合型調査研究において、データを収集する前に踏むべき準備的なステップについて記載することであった。これらのステップには、倫理問題への注意深い配慮、IRBによる承認を受ける準備、さまざまなデータ収集方法の概念化、パイロット研究の完了、集めたデータの質を高めるさまざまな活動への取り組み、があった。

参加者のプライバシー権（匿名性、守秘義務）に関する問題も紹介した。質的研究と量的研究の両方に関係する倫理的問題を扱う上で、混合研究法に携わる研究者の役割についても強調した。また、混合研究法のためのデータ収集戦略のマトリクスについても、データ収集戦略について数多く示す第10章への序章として紹介した。

質的研究と量的研究におけるデータの質の問題や、その質を高めるためにどれだけさまざまな戦略について研究者が知っておくべきかについても、特に注意を払った。混合研究法のチームによる協同的なアプローチの重要性については、本章の最後で強調した。

第10章では、第9章に続き、混合型データ収集の詳細や例を提示する。第10章では、混合研究法のためのデータ収集戦略のマトリクスを中心に述べる。マトリクスには、18のデータ収集戦略が含まれ、うち6つが混合型データ収集戦略である。また、戦略内の混合型データ収集と戦略間の混合型データ収集の間にある重要な違いを区別する。

注

1）人を対象とした研究の倫理について本セクションを準備するにあたり、Tiffany Vastardisによる助言を受けたことを感謝したい。

2）例えば、第10章でデータ収集戦略としてのインタビューについて述べる際、オープン・エンドな（質的）手段と、構造化された、またはクローズド・エンドな（量的）プロトコルを両方議論する。そのうえで、どうすればオープン・エンドな形式とクローズド・エンドな形式を使って相補的なデータを生成できるのか、興味ある現象をさらに理解できるのかを論じる。

3）JohnsonとTurner（2003）は、こうしたデータ収集戦略を「データ収集法」と呼んでいた（p.298）。ここでは代わりに戦略という用語を使用する。QUAL／MM／QUAN研究デザインを区別する際に、方法という用語をすでに使ってしまったからである。

4）われわれは、JohnsonとTurner（2003）によるマトリクスにわずかな修正を加えた。データ収集戦略を提示する順序を変更し、セルには数ではなく、頭文字で名前をつけ、2次データという名称を非影響測定法というより包括的な用語に変えた。

5）JohnsonとTurner（2003）は、このようなデータ収集手続きの混合を、方法内（戦略内混合型データ収集）と方法間（戦略間混合型データ収集）の混合と呼んでいた。ここでは、方法（QUAN／MM／QUAL）と戦略（例えば、インタビュー、観察、検証）とを区別するために用語を変更して紹介した。詳しくは第10章の概論で述べる。

6）第2章では信憑性と転用可能性を定義し、本章では信憑性と確実性について議論した。全ての基準について、第12章でさらに詳しく論じる。

7）第2章（注5）で述べたように、GubaとLincoln（1989）は、後になって質的研究の質を評価する、信頼できる基準を開発した。にもかかわらず、彼らは前に作った「方法論的基準は、さまざまな理由から今も有益であり、長期にわたる関与や持続的観察を真剣に実施すれば、問題を少しも確認できないということはない」（Lincoln, 2005, p.205）と信じている。

第10章

混合研究法のための データ収集戦略

学習の目標

本章を読み終えたときに、次のことができるようになっていること。

- 方法論的オリエンテーション、データ収集戦略、データ収集技法、データソースの違いを認識する。
- 戦略内混合型データ収集と戦略間混合型データ収集の違いを認識する。
- 6つのデータ収集戦略のそれぞれの観点から混合型研究を記述する。
- 観察研究における参与観察者の役割を記述する。
- 非影響測定法を定義し、アーカイブ記録と物的形跡の違いを明確にする。
- フォーカス・グループ・インタビューが個別なデータ収集戦略であることを説明する。
- クローズド・エンド質問紙で用いられているいくつかの様式を議論する。
- 評価のタイプにおけるパフォーマンス評価とルーブリックの役割について記述する。
- 戦略間混合型データ収集を定義する。
- 6種類あるデータ収集戦略の利点と欠点を議論する。
- よく知られている戦略間混合型データ収集の組み合わせを少なくとも3つ紹介する。
- いくつものデータソースで戦略間混合型データ収集を採用した研究例を紹介する。

本章では、混合研究法に力点を置きながら、社会・行動科学で用いられる特定のデータ収集技法を示す。これらの多様な技法は、表9.1で要約される混合型研究のためのデータ収集戦略マトリクスに組み込まれている（第9章参照）。

やや恣意的な体系ではあるが、われわれのデータ収集の類型には4つの段階がある。

レベル1　方法論的なオリエンテーションを考慮する：質的、量的、または混合研究法。

レベル2　データ収集戦略に含まれる6種類の主要なタイプを考慮する：観察法、非影響測定法、フォーカス・グループ・インタビュー、インタビュー法、質問紙法、テスト法。

レベル3　いくつかあるデータ収集に含まれる特定のデータ収集技法を検討する（例えば、構造化されない観察と構造化された観察）。

レベル4　データソースを用いる。それは、調査研究を通して得られる具体的なデータ・セットでありデータ収集戦略またはデータ収集技法のいずれかにより生成される。

混合型データ収集では、単一の研究において量的データと質的データの両方を収集することになる。2つの基本的な混合型データ収集戦略がある。

- **戦略内混合型データ収集（within-strategy MM data collection）**
  同じデータ収集戦略を用いて質的データと量的データを収集する。10章の多くの箇所で、戦略内混合型データ収集の例示をする。質的、量的、あるいは混合研究法の、どのタイプの研究においても種々のデータ収集技法が利用可能であることを読者に理解してもらいたいので、その柔軟性を示している例を数多く示す。
- **戦略間混合型データ収集（between-strategies MM data collection）**
  複数のデータ収集戦略を用いて質的データと量的データを収集する（例えば、観察、インタビュー）。

戦略間データ収集は、2つのデータ収集戦略を用いる場合と、3つ以上のデータ収集戦略を用いる場合の2つに大別される。ゆえに、戦略間混合型データ収集の例には枚挙にいとまがない。

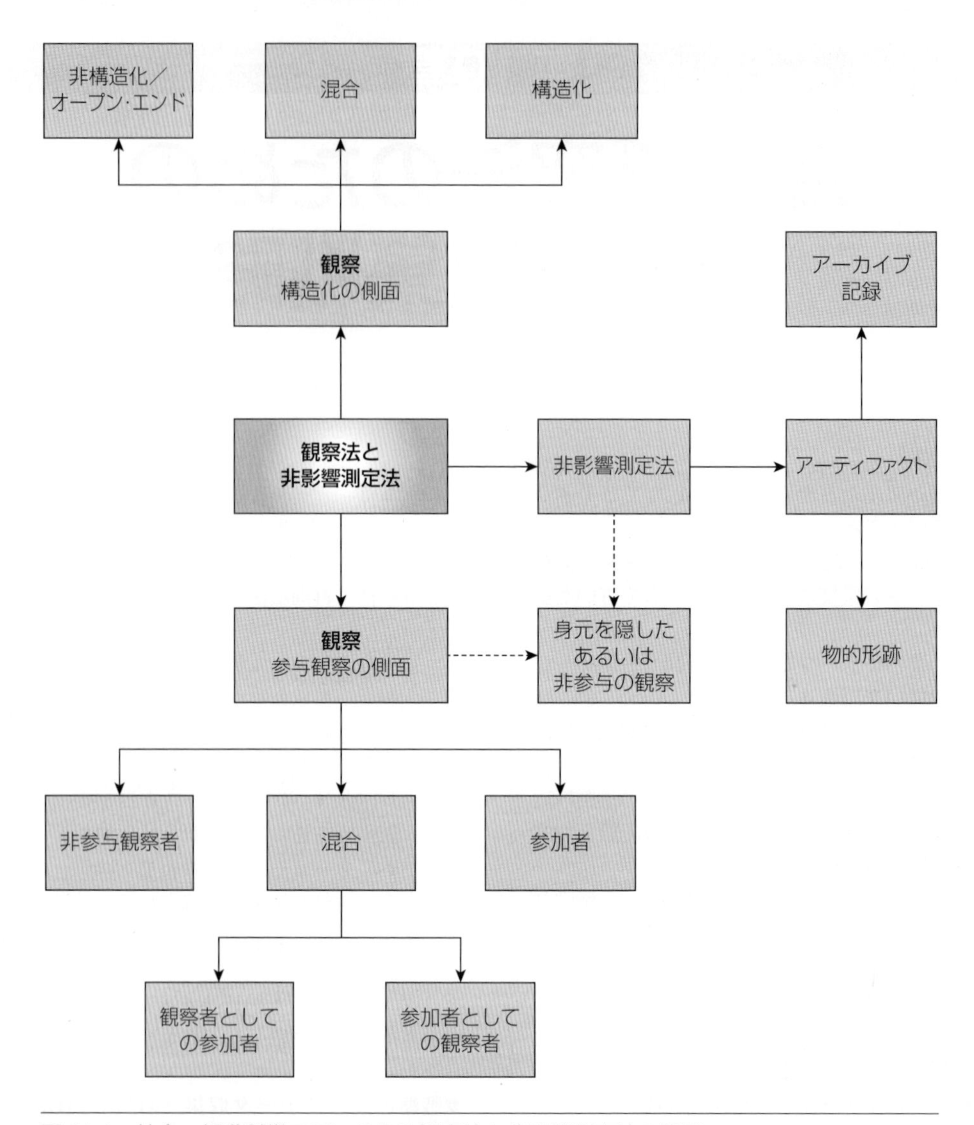

図 10.1　社会・行動科学で用いられる観察法と非影響測定法の類型

代表的なデータ収集戦略と混合研究法

以下のセクションでは、表9.1に含まれている18セルの戦略を説明する。6つの各戦略と関連させながら、戦略間混合型データ収集に力点を置いて解説する（例えば、OBS–MMセル）。

観察法と混合研究法

図10.1は、人間科学で用いられる観察法と非影響測定法の種々のタイプを類別したものであり、2つの技法を俯瞰したものである。図10.1では、観察によるデータ収集戦略にはいくつかの技法があることが示されている。

観察におけるデータ収集戦略（observational data collection strategy）は、ある状況について視覚的に得られる調査または洞察に基づいて、その限定的な状況で生じる相互作用の単位を記録することと定義される（例えば、Denzin, 1989b；Flick, 1998）。この戦略を表している表9.1の3つのセルは、質的観察（OBS–QUAL）、混合型観察（OBS–MM）、および量的観察（OBS–QUAN）である。

観察研究には重要な2つの側面がある（図10.1）。

- 構造化–非構造化の側面：観察プロトコールに準じてデータを収集する際に、構造化されたデータあるいは構造化されていないデータのどちらに重点を置くか。
- 参加者–観察者の側面：観察者がどの程度その観察場面に参与するか。

図10.1の左上には、構造化–非構造化の側面について観察方法の連続体が描かれている。観察内容は、次の2つの基本的なやり方で記録される。1つはリアル

Box 10.1　RCOI　質的観察におけるフィールド・ノート

RCOI（Teddlie & Stringfield, 1999）では、観察者に次の指示を出している：RCOI で調べる 14 個の特性には、観察者への質問（授業はすぐに始まりますか？）や、よい特徴の例（教師は授業の時間を適切に調整している）などの見出しが含まれています。これらの見出しは、教育効果の特性に関する説明的な例にすぎません。教師はこのような行動や、特性に裏づけられた肯定的な行動、または否定的な行動（例えば、学級崩壊に気がつかずにいる）を示すことがあります。それぞれの特性に関するあらゆる行動を観察者として「記述（記録）」するのがあなたの役割です。観察の場ではありのままを記録し、対話については可能な限り逐語的に記録してください。「M」は［教室］運営に関する特性を意味し、4 種類あります（M1-M4）。「I」は生徒とのやりとりに関する特性を意味し、6 種類あります（I5-I10）。「C」は教室風土に関する特性を意味し、4 種類あります（C11-C14）。15 番目の項目に「その他」とありますが、ここには教師の有効性を示す重要な情報のうち、他の 14 特性にはないものを全て記載するようにしてください。

次に示す文章は、RCOI から最初の 2 つの特性とその見出しを抜粋したものである。実際のプロトコルには評価者が使用しやすいよう見出しの後に線が引かれている。

M1.　総タスク時間（Overall Time-on-Task）（各タスクにかけた時間の合計）
授業はすぐに始まりますか？　社交や運営に割く時間に対し、勉強には何パーセントの時間を割いていますか？
教師は教室移動の時間を効率よく利用している。
教師は指導時間を最大限作っている。

M2.　観察中に生じた最小限の中断回数
生徒や大人が教室を出入りした回数
校内放送があった回数
授業に支障のあるようなその他のできごとがあった回数
以降、回答を記入できるよう何行か空欄

タイムのナラティブとして記録され、観察者はできる限り多くの相互作用を書き記すべく綿密な観察記録を取ることがあるだろう。もう 1 つは、量的尺度を含めるなど、事前に具体化され構造化された方法やプロトコールを用いて観察記録を取ることもあるだろう。

1 つ目のタイプの観察プロトコールは非構造化（オープン・エンドな）観察方法として知られており、白紙を用いるか、観察すべき事項について見出しだけが書かれた書式を利用する。オープン・エンドな方法でナラティブ（QUAL）データを得る。この方法は表 9.1 にある OBS–QUAL セルに位置する。

Box 10.1 には非構造化（オープン・エンドな）観察方法の例として改定版教室観察方法（Revised Classroom Obserbation Instrument：RCOI）（Teddlie & Stringfield, 1999）を示す。この方法を用いる研究者には、教育効果に関する 14 個の特徴が示され、各特徴に関連するあらゆる行動を記録するように指示が出される。RCOI は完全に非構造化されているとは言えない。RCOI では教師の行動をあらかじめ決めておいた領域に分類するが、教師の返答は完全にナラティブである。RCOI の見出しを利用することで、研究者は自分で書いた観察記録を集めては体系化する。観察の結果として得られるデータは完全に質的なもの（QUAL）であり、これは表 9.1 の OBS–QUAL セルに位置する。

2 つ目のタイプの観察プロトコールは構造化（クローズド・エンドな）観察方法として知られており、観察の場で予測されるいくつかの反応をコード化した項目を準備しておく。このように観察される一連の行動指標を標準化することによって、観察者は対象者の行動として最も適した反応を選ぶこととなる。このようなコード化によって数量（QUAN）データが得られる。その手法は表 9.1 の OBS–QUAN セルに位置する。

Box 10.2 には構造化観察方法の例として Virgilio による教師の行動評価尺度（Virgilio Teacher Behavior Inventory：VTBI）を示す。これは、予備調査を経て開発された心理特性を計量化した尺度である（Teddlie, Virgilio, & Oescher, 1990）。

38 項目で構成される VTBI は、RCOI と比較してより構造化されている。どの項目にも 1（ひどい）から 2（ふつう以下）、3（ふつう）、4（よい／ふつう以上）、5（すばらしい）までの 5 段階評定があり、また、評価対象外（NA）といった類型も用意されている。観察の結果として得られるデータは完全に量的なもの（QUAN）であり、これは表 9.1 の OBS–QUAN セルに位置する。

調査研究の多くは構造化観察法と非構造化観察法の両方を採用し、それらを順次的に用いる場合もあれば並列的に用いる場合もある。教師効果研究に取り組んできた研究者達は、小学校と中学校の教室に教師がどのような影響を与えるかを調べるためのデザインとし

Box 10.2　Virgilio による教師の行動評価尺度（VTBI）

VTBI（Teddlie et al., 1990）では観察者に次の指示を出している：VTBI は、教師の有効性研究で言及されるような教師による特定の行動を一貫性を持って測定するために開発された観察ツールです。観察は通常の授業環境下で、1 コマ（50-60 分）の時間内で行うようにしてください。観察者は、以下の評価尺度に沿って各行動を評価するようにしてください。

1―劣っている
2―やや劣っている
3―ふつう
4―優れている
5―たいへん優れている
NA-評価対象外／観察されなかった

以下に、38 項目のうち最初の 2 項目を示す。

セクション A.　教師が日常的に行っている教室運営の技法

項目 1　教師はルールと結果（rule and consequence）について明確に話している
1―劣っている
2―やや劣っている
3―ふつう
4―優れている
5―たいへん優れている
NA-評価対象外／観察されなかった

項目 2　教師は教室移動の時間を効率的に使っている
1―劣っている
2―やや劣っている
3―ふつう
4―優れている
5―たいへん優れている
NA-評価対象外／観察されなかった

注：教示文と質問項目は本書の BOX に合わせて様式を変更している。

て、いくつもの量的手法や質的手法を生み出してきた(Brophy & Good, 1986；Teddile & Meza, 1999)。教師効果研究をさらに洗練させた調査では、構造的なプロトコールと非構造的なプロトコールの両方を採用することが多い。このようなコード化を経て混合データ(MM)が得られる。この手法は表 9.1 の OBS-MM セルに位置する。

OBS-MM データ収集の実例には、教育説明責任に関する州制度を評価するための事前調査がある（Teddlie, 1998）。この調査では、教師評価に関する新制度に合わせて、以下の手続きで教師を観察した。

- 効果的な教育の各構成要素を定義づけたマニュアルを使用した。
- ナラティブ・データを得るために、数行の自由記述欄を設けた書式を使用した。
- 数量データを得るために、評価項目と 4 段階評定を設けた書式を使用した。

観察者は教室を観察し、その様子を余すことなく書き記した。そして、ナラティブ・データに含まれる情報を読み解くことで、個々の教師に対する量的評価を行った。このようにして得られた混合データを合成することで、ケース・スタディに用いた。量的データは、学校間であるいは学校内サブグループ間で教育の有効性を比較するために用いられた。量的結果によって導かれる学校間のあるいはサブグループ間の複雑な違いを説明するために、質的データが用いられた。

図 10.1 には、観察におけるデータ収集戦略のもう 1 つの側面として**参加者–観察者の連続体（participant–observer continuum）**が示されており、どれくらいその環境の一員として入り込むかによって、観察者の立ち位置が変わる。一般に次の 4 つの役割で説明される。それは、完全な参加者、観察者としての参加者、参加者としての観察者、完全な観察者である（Denzin, 1989b；Gold, 1958；Patton, 2002）。図 10.1 の左下には、参加者–観察者の連続体が示されている。

Box 10.3　K-12（幼稚園から高校 3 年までの）教育現場における観察者-参加者の連続体

学校や教室で行われる教育学研究において、参与観察者には幅広い役割がある。

1. 究極の観察者として、研究者は学校中のカメラを起動し（人がいる時には学校や教室に決して立ち入らない）、ビデオテープを入手し、それらを分析する。
2. 研究者は、学校や教室を研究する意思を公表し、部外者を装って学校に立ち入り（例えば、「いかにもよそいき」な服装をする）、部外者のように振る舞い、所定の「型どおり」の情報を収集する。
3. 研究者は、学校や教室を研究する意思を公表し、部内者を装って学校に立ち入り（例えば、適切であれば、略装をする）、可能な限り部内者のように振る舞い（例えば、研究に関係のない日常的な質問をして職員や教師について知ろうとする）、機会あるごとに形式ばらないやり方で情報を収集する。
4. 研究者は、学校や教室を研究する意思を公表し、あらかじめ決められた台本通りに振るまい、（校長や職員の許可を得た上で）学校周辺の用事を見つけて（例えば、紙をコピーするなど）、職員に紛れて行動する。
5. 研究者は、新入り職員のふりをして密かに研究活動を行い、あたかも本当の職員のように行動することがある。これには倫理的な問題があるので、適切な内部審査委員会（internal research boards：IRB）に届け出るべきであろう。
6. 要請を受けて、学校職員が他の職員に知られずにこっそり研究活動を行うことがある。繰り返すが、この手の身元を隠した調査は、適切な IRB による承認を得なければならないだろう。

完全な参加者の立場に、研究者は対象集団の本格的な一員になる。完全な観察者の立場には、研究者は参加者と一切の関係を持つことができない。研究の目的、期間、および設定状況など、いくつかの要因が研究者の立ち位置に寄与する。多くの場合、研究者は 2 つの両極端の間にある何処かで参加者と観察者が「混合」した立ち位置をとることになる。**Box 10.3** には、小学校や中学校といった状況を観察する研究者の立ち位置について書きとどめておく。

非影響測定法と混合研究法

本書では、Johnson と Turner（2003）が定義した2次データについて、より包括的な含意を持たせるために非影響測定法と命名し直す。非影響測定法は、1960 年代から Webb らが提唱するようになり（Webb, Campbell, Schwartz, & Sechrest, 1966, 2000；Webb, Campbell, Schwartz, Sechrest, & Grove, 1981）、近年では Lee が論じている（Lee, 2000）。図 **10.1** では右側に位置する。

非影響測定法（非反応測定法）（Unobtrusive measure（nonreactive measure））を用いることで、人のいる空間で生じる現象に干渉することも変化をもたらすこともなく、その現象の性質を調べ上げることが可能になる。この方法では、研究の場に居合わせる個々人は自分たちが観察されていることに気がつかない。その個々人は、その空間で共有されている文脈の中に存在しており、非影響測定法は個々人の応答を対象としない。つまり、研究の場に居合わせる個々人は、観察されていることに対して応答の仕様がなく、ただ「自然に振舞う」のみである。

対象者の自発的な報告に頼る従来の観察方法の弱点を踏まえた上で、Webb らは非影響測定法には観察法として優れた点があると主張している（1966, 1981, 2000）。研究参加者は半信半疑でインタビューや質問紙に答えることが多く、そのため回答の確からしさは歪められてしまう。

今でこそ、調査研究で多様なデータを収集するための手法として非影響測定法を利用することの意義は認められているが、この潮流は Webb らの取り組みから派生したものだ（1966, 1981, 2000）。**Box 10.4** に非影響測定法の類型を記し、アーティファクト（アーカイブ記録、物的形跡）、身元を隠した観察、そして非反応観察を含めた観測データの構成要因を記した。

アーカイブ記録は、研究対象となるような現象を分析するための情報としてそのまま使用できるだけでなく、研究者がこれまでに収集してきたデータと関連付けて分析するための情報として補完的に利用することもできる。アーカイブ記録には、以下の類型がある（Berg, 2004；Denzin, 1989b；Johnson & Turner, 2003；Webb et al., 1966, 2000）。

- 文字化された公的な記録
- 文字化された私的な記録
- 先行研究で構築されたデータベース
- 文字化されずに蓄積した情報（音声、写真、動画など）。本来、公的私的な使用目的で作られたか、あるいは研究プロジェクトの一部として作られたもの。

文字化された公的な記録とは、多くの研究者がアーカイブ記録と見なすものであり、実社会で活用するために政府や民間団体が集めた記録である。政府の公表する記録として重要なものには、人口動態（出生、健康、死亡）、裁判記録、政策議事録があり、その他には、限られた者が閲覧する情報（警察の調書）もある。

Box 10.4　非影響測定法の類型

Ⅰ. **非影響測定法または非反応測定法（unobtrusive or nonreactive measure）**
　以下の研究技法を用いることで、研究者はある社会現象について干渉することも変化をもたらすこともなく調べることができる。
A. **アーティファクト（artifact）**：人による何らかの行動の結果として残されたものであり、象徴的な意味を含むものと含まないものがある（LeCompte & Preissle, 1993）。
　1. **アーカイブ記録（archival record）**：象徴的な意味を含むアーティファクト。手紙や新聞のような文字記録、あるいは、写真のように別の形式で保存された情報がこれにあたる。
　2. **物的形跡（physical trace evidence）**：象徴的な意味を含まないアーティファクト。人による何らかの行動の結果として残された情報を含み、通常2つのタイプに分類される（減衰的形跡、累積的形跡）。
B. **身元を隠したまたは非反応観察（covert or nonreactive observation）**：以下の観察方法を用いることで、観察されていることを人々に知られることなく、社会現象を調べることができる。
　1. **身元を隠した観察（covert observation）**：この種の観察において、観察者は研究者であることを隠して社会状況に身を置く。
　2. **非反応観察（nonreactive observation）**：Webbらはこの「単純な観察」を次のように定義した（2000）：観察者が研究対象となる行動をコントロールできない状況であり、周囲に気づかれず、受け身で何の介入も行わない役割に徹する状況。

Box 10.5　アーカイブ・データの統計学的分析に基づくDurkheimの自殺論

　1897年に初めて公開されたこの研究において、フランス人社会学者のEmile Durkheimは、いくつかのヨーロッパ諸国のアーカイブ文書から収集した多様な変数を用いて自殺率を算出した。この研究で用いた変数には、宗教、婚姻歴、居住国、子どもの人数、教育、人種、そして気候の変化が含まれていた。Durkheimは、カトリック教であること、既婚者であること、子どもがいること、国家が統一されている時代では自殺率が低くなり、冬に自殺率が高くなることを報告した。
　Durkheimは社会統合の欠如が自殺と関連していることが多いと結論づけたが、この研究は、彼の後のアノミー的自殺理論の礎となった（Durkheim, 1951）。Durkheimの理論につながった多くの情報は、彼が1人では生み出し得なかったアーカイブ記録によるものであった。

　過去に取られたデータを用いた研究の中でも最も有名で古いものは、社会学者Emile Durkheimによる自殺に関する研究である。既存のデータベースからのみ得られる情報を用いて重要な理論を生み出した点で、この研究は量的非影響測定法（UNOB–QUAN）を用いた研究の好例と言える。Durkheimの仕事の詳細は**Box 10.5**を参照されたい。
　過去に取られたあらゆる種類の記録にアクセスする上で、インターネットには無限の可能性が秘められている（Lee, 2000）。Leeは、例えば、1791年から米国最高裁判所が聴取している主な合憲判決事例に他の資料を加えたデータベースをWeb上で公開している（www.oyez org）。
　文字化された私的な記録には、さまざまなタイプの自叙伝、日記、個人手記、手紙、さらに最近ではインターネット上のウェブログ（ブログ）などがある。自叙伝と個人的体験を綴った記録は、ケース・スタディや生活史研究を行うときの主だったデータソースとして利用されることが多い。
　先行研究で構築されたデータベースは、近年、研究者が利用できる過去に取られたデータの元となっている。例えば、国が主導して行った教育に関する縦断調査で得られた情報は、落第率や合格率といったトピックを調査する研究者に幾度となく広く活用されてきた。
　文字化されずに蓄積した情報は、他の過去に取られたデータと比べると興味深いデータソースと言える。と言うのは、（ウォーターゲート議会聴聞会やO. J. シンプソン判決のような）注目を集める議会の聴聞会や裁判のビデオ映像から、これまでに研究に適したデータが作り出されているからだ（Molotch & Boden, 1985, Schmalleger, 1996）。
　写真は、人間科学が対象とするトピックに関して重要な情報となることが多い。写し描かれた記録は、何らかの定量化が行われない限り量的情報を含んでいないため、**表9.1**のUNOB–QUALセルの好例と言える。
　以下、質的非影響測定法（UNOB–QUAL）として写真データを例示する。

- Van Maanenら（1982）は、「警ら隊の視点から見た町の様子」や「巡回中の班が家庭内暴力の現場に急行する様子」など警察官の日常の一端を描くために写真を利用した。

- Edge（1999）は、北アイルランドの全国紙に印刷された家族写真を用いて、「人間的な」性質に関わる情報を読み取り、「忠臣の殺人者たち」と定義づけた。
- Harper（2000）は、「幾日にもわたり同じ時間に同じストリートをサイクリングする文化現象に関する研究」で15枚の写真を撮っている（p.720）。

Webbらは、非影響測定法がデータ収集法としては一般的と言えない理由をもう1つ挙げている（1966, 2000）。物的形跡（**Box 10.4**）はさまざまな専門分野で使用され、一般的ではないが面白いデータを提示するのだ。

物的形跡は、時間経過とともに蓄積される形跡や減衰する形跡を記録したものであり、社会・行動科学の領域ではさまざまなタイプの調査（例えば、犯行現場の調査）で活用されている。実際に、Webbら（2000）は章の中で、シャーロック・ホームズとドクター・ワトソンやその親戚の例を出しながら、階段の両側の段に残された物的形跡の例を紹介している。

累積的形跡は時間経過とともに蓄積されるものであるのに対して、減衰的形跡は時間経過とともに特異的なすり減りを示すものである。以下に累積的形跡の例を示す。

- アルコール販売小売店のない町で、家庭から出るゴミの中にある空瓶を数え上げることで、アルコール販売量を推定した研究（Webb et al., 2000, p.41）。
- トイレの落書きの数や種類から、書き手の性別や民族を類推した研究（例えば、Blake, 1981；Webb et al., 1966, 2000）。
- どこにでもある、学生の校長に関する落書きを、校長の「カルト的個性」の例として使用すること（Teddlie & Stringfield, 1993, p.147）。
- RathjeとMurphy（1992）による、ゴミ・プロジェクトに関する研究。そこには、包み紙やビール缶、プラスチック品、おもちゃ、缶ジュースのタブなどが含まれる（Lee（2000）によってゴミ学（garbology）と命名された。）。
- 犯罪現場に残された情報（例えば、弾道記録、遺体回収現場、指紋）。これは犯罪心理学の中にさまざまなかたちで登場する（例えば、Canter & Alison, 2003）。

以下の研究では減衰的形跡について書かれている：

- 図書館の本に残された、汚れたページのふちを、本の人気度の指標とすること（例えば、Webb et al., 2000, p.38）。
- 擦り切れたじゅうたんやタイトルなどの「摩耗した場所」を、美術館における人気度の指標としてみること（例えば、Wolf & Tymitz, 1978）。
- コーヒーの消費量を、スタッフ・トレーニングにおけるペーパー・セッションに対する関心度の指標とすること（Patton, 2002）。

秘密裏に、あるいは影響を与えないように観察する方法は、**図10.1**にて非影響測定法と参与観察の間に位置づけられ、非影響測定法と参与観察が合わさった役割を持つ。研究者が秘密裏に観察（定義は**Box 10.4**参照）を行う間、観察者自身が本当の役回りを聞かれる事があり、そして、観察者は自分の役割を堅持するために隠し通さねばならない。**Box 10.3**にあるように、K–12教育現場への参与観察にあった観察者の役割の後ろ2つは秘密裏の観察に関わる。秘密裏に観察することで想定される倫理的な問題については、適切なIRBによる審査を経ねばならない。

影響を与えない観察（定義は**Box 10.4**参照）は、観察者が観察対象となる言動に対して異を挟む余地がなく、影響を与える役回りにもない場における単純な観察と言われる。**Box 10.3**にあるように、K–12教育現場への参与観察にあった最初の役割は影響を与えない観察に関わる。すなわち、観察者はカメラとして振る舞う。影響を与えずに観察を行った他の例として、ショッピング・モールの客を観察したものや公園の子どもを観察したものがある。ここで挙げた単純な観察では、観察者は公的な場に立ち現れる言動をただ観察するだけなので、自分の役割を隠し通す必要がない。

表9.1の混合型非影響測定法（UNOB–MM）セルにあるように、非影響測定法をより複雑に利用すると量的データと質的データの両方を収集することになる。JohnsonとTurnerは「非量的観察と量的計測の混合：オープン・エンド項目とクローズド・エンド項目から得られた記録」として総合的に非影響測定法を使用した（2003, p.299）。

UNOB–MMセルに由来する調査研究として特に注目すべき研究には、学校効果記録を収集し、以下の情報を並列的あるいは順次的に収集したものがある。

- アーカイブとしての量的データ（例えば、参加率、脱落率）
- 物的形跡としての質的データ（例えば、生徒の美術作品、学問分野あるいは運動分野での功績、学問的な受賞）

表9.1にあるUNOB–MMセルに位置づけられる最近の研究例として、ハリケーン・カトリーナが将来的にニューオリンズの不動産に与える影響を調査したものがある（Logan, 2006）。（今後更新されると思われるが）この研究の中間分析結果を**Box 10.6**に記載した。社会的に意味のある研究を作り出す上で非影響測定法

10

Box 10.6　ハリケーン・カトリーナの影響─複数のデータソースを用いた非影響測定法

Brown 大学の社会学者である John Logan が行った調査は、ハリケーン・カトリーナが被災地であるニューオーリンズ周辺にもたらした影響を詳しく調べた初期の調査の１つである。Logan は研究で量的および質的研究を含む次のような非影響測定法のデータソースを用いた。

- The Federal Emergency Management Agency（アメリカ合衆国連邦緊急事態管理庁：FEMA）Consensus 2000 による地理的地域毎の災害分類から得たさまざまな人口特性
- FEMA が浸水、あるいは中程度から壊滅的な被害と分類した特定の地域を表示する Web 上の地図システム
- FEMA の分類システムにおける被害カテゴリーを具体的に示す住宅の写真

データは、被災者に影響を与えずに得たものであり、インタビューや系統的な観察も必要としないものであったが、この予備的調査の結果はニューオーリンズ地域にとって示唆に富むものであった。そのことは次の抜粋に見ることができる。

> 2006 年 1 月現在、ニューオーリンズ都市部の日中人口はわずか 15 万人と推定されている。本報告の分析に従えば、カトリーナの被害を受けなかった地域に前から住んでいた人しかこの先この都市には住めないことになる。仮にそうだとすれば、白人人口の 50%を失うばかりか、黒人人口の 80%以上を失うリスクに直面することになるだろう。これこそハリケーンに関して次の疑問が消えない理由である：誰のために都市を再建するのか？（Logan, 2006, p.16）

が有効な方法であることを、この研究は実例として証明している。

フォーカス・グループ・インタビューと混合研究法

Johnson と Turner は個別のデータ収集戦略としてフォーカス・グループ・インタビューを選んだ。ここでは、フォーカス・グループ・インタビューを利用するに当たっての彼らのユニークな発想に注目する。**フォーカス・グループ・インタビュー（focus group interview）**はインタビューと観察を兼ね揃えた技法であり、Morgan と Spanish（1984）は以下のように記述している。

> 要点として、フォーカス・グループ・インタビューの利点は他の質的（データ収集）方法の長所の折衷である。参与観察のように、もっぱら質的研究者の興味の対象となる相互作用プロセスが観察可能であること、あるいは深層インタビューのように、もっぱら研究者にとって興味の対象となる対象者の振る舞いや体験が観察可能であることがフォーカス・グループ・インタビューの利点である。（p.260）

グループメンバーの相互作用の観察は、基本的にはグループ・インタビュー手法に含まれるが、主にフォーカス・グループ・インタビューのデータ収集として行われる。

Krueger と Casey（2000）はフォーカス・グループ・インタビューを次のように定義した。「フォーカス・グループ・インタビューとは、注意深く組み立てられた一連の議論である。これは、受容的で温和な環境で、限られた情報に基づいて対象者の認識を知ることができるように設計されたものである」（p.5）。Krueger と Casey はフォーカス・グループ・インタビューの特徴を以下のように記述している。

- 対象者の人数は 5～10 人が最適である[1]。
- グループの構成員は同じ属性であること。
- アシスタント役になることの多いモデレーターがグループ・インタビューを進めること。
- グループ・セッションは長くても 2 時間までであること。
- セッションでは（そのグループにとって）関心のあるトピックスに焦点を絞って議論が行われること。

フォーカス・グループ・インタビューについて書くほとんどの研究者は、それを質的な技法と見なしている。というのは、フォーカス・グループ・インタビューがインタビューと観察の組合せであると考えられること。またほとんどの教科書ではインタビューも観察も質的な技法として位置づけていること。そして、フォーカス・グループ・インタビューが（典型的な）オープン・エンド・クエスチョンでありナラティブ・データを生み出す、といった理由による。

従って、フォーカス・グループ・インタビューを採用する研究のほとんどが、**表 9.1** の質的フォーカス・グループ・インタビュー（FG-QUAL）セルに位置づけられる。例えば、マラリアの伝播を制御するための

行動と実践について行われた研究として第8章で紹介したNieto ら（1999）には、FG QUAL が部分的に採用されている。この研究では、健康に関する問題とマラリアに関連する幅広い事柄を検討できるようにフォーカス・グループ・インタビューが組まれていた。導入の質問はあまりにも回答の幅のあるもので、健康を定義することや色々な健康上の問題についての意味を揃えることさえある。セッションが進むにつれて、これまでの参加者の反応に基づいて質問の焦点が絞られていく。そして、質的なフォーカス・グループ・インタビューから導き出された結果は、研究目標の大枠は共有しながらも、別の研究として量的質問紙を作成するために使用される。

フォーカス・グループ・インタビューを採用する場合、典型的な手順書には、対象者から物語的な反応を引き出せるように半構造化（質問）項目を準備するように書かれている。Johnson と Turner（2003）は、量的フォーカス・グループ・インタビュー（FG–QUAN）を用いる研究では「あらかじめ用意した質問項目はクローズド・エンドであるが、セッションがわずかに深い議論に進むように組んでいる」（p.309）と記している。FG–QUAN はフォーカス・グループ・インタビューの目的を損ねるためほとんど見かけることがない。フォーカス・グループ・インタビューは、受容的で温和な環境で、限られた情報に基づいて対象者の認識を知ることができるように設計されたものであるのだ。

混合データを生み出すフォーカス・グループ・インタビュー（表 9.1 FG–MM セル）は、純粋に質的アプローチを強調する従来的なフォーカス・グループ・インタビューよりも、よく知られるようになっている。フォーカス・グループ・インタビューで量的データを取り扱う現実的な理由には、次のようなものがある。

- 対立的な視点をもつ対象者の割合について知りたいと思う研究者がいること。
- 間接的な主題として立ち現れたもののうち、その主題の重要性について知りたいと思う研究者がいること。
- セッションの中で特定のテーマが扱われた回数を数え上げたいと考える研究者がいること。
- 対象者の属性が不釣一で意見の食い違いが生じた場合、全体の流れとは異なる意見を出すサブグループの人数を知りたいと思う研究者がいること。

以上より、混合データを扱うフォーカス・グループ・インタビューは自然と質的研究に重きが置かれるが、主たる発見を補うために単純な量的データ収集戦略を用いることがある（QUAL＋quan）。FG–MM 戦略を採用した研究として、Henwood と Pidgeon（2001）による環境調査報告を例示する。この調査ではウェールズの住人を対象に「コミュニティ」フォーカス・グループ・インタビューを実施し、住民にとっての木の重要性や木に対する価値観が主題になった。フォーカス・グループ・インタビューは、自由討論、実習、そして8つの価値指標に対する個々人の評価およびウェールズ国家にとっての評価を含む7段階のプロトコールを有するものであった。質的データに重きが置かれつつも、住民にとっての木の重要性を示す態度を共生の対象（とても重要である）から経済や消費の対象（全く重要でない）まで並べることによって、興味深い量的情報を入手した。

インタビュー法と混合研究法

インタビュー（**interview**）とは、1人の人間（質問者）がもう1人の人間（回答者）に質問をすることで生じる現象を扱う研究戦略の1つである。質問は、オープン・エンド、クローズド・エンド、あるいはその両方を用いて行われる。インタビューは研究者と回答者が1対1で行われるため、有力なデータ収集戦略と言える。インタビューには、回答者の曖昧な返答に説明を求めたり、研究者の質問がはっきりしない場合には明確に聞き直したりする機会が十分にある。

クローズド・エンドな量的インタビュー（INT–QUAN）よりも、オープン・エンドな質的インタビュー（INT–QUAL）の方が取り上げられることが多い。質的インタビューでは非誘導的で広い聞き方をするのに対して（「あなたの学校について話してください」）、量的インタビューではより限定的でクローズド・エンドな聞き方をする（「学校の食堂にあるメニューについて、とても良い、良い、酷い、とても酷い、の中でどれが適切ですか？」）。

オープン・エンドなインタビューではかなりの情報が得られ、それゆえに研究者はその研究で扱われる課題を再構成することになる。そのような課題は、始めたばかりの研究では、研究者にとっては馴染みのないトピックスに感じられることが多い。対象集団で共有される心の機微について予備知識がほとんどない場面、異文化や多文化の研究ではよく分からないトピックスが重要な課題となる。

Michael Quinn Patton（2000）はオープン・エンド・インタビューを、ほとんど構造化されないインタビュー（砕けた会話のインタビュー）、やや構造化されたインタビュー（全般的なインタビューガイドの利用）、構造化されたインタビュー（質問を標準化したオープン・エンド・インタビュー）の3つに分類した。Patton は限定的で機械的な応答をするインタビューについても説明はしているが、勧めてはいない。Patton（2000）は、「回答者が自分の言葉で自分の考えを語るまで待つ」オープン・エンドな回答を得るインタビューと「回答者の考え、体験、感覚を研究者の用意したカテゴリーに当てはめる」クローズド・エンドな

Box 10.7　インタビューの4類型

Patton（2002）は特性に応じてインタビューを4つに分類した。

1. 砕けた会話のインタビュー—質問の内容はその場の状況で決まり、自然な流れのなかで問いかけられる。質問の内容や言い回しはあらかじめ決められていない。
2. 全般的なインタビューガイドを使うアプローチ—トピックスや話題の概要はあらかじめ特定されている。質問の順番や言い回しは質問者がインタビューしながら決める。
3. 標準化されたオープン・エンド・インタビュー—正確な言い回しや質問の順番はあらかじめ決められている。どの回答者も同じ基本的な質問を同じ順序で聞かれる。質問の仕方は完全にオープン・エンドな形式である。
4. 一定の回答を得るためのインタビュー—質問と回答カテゴリーは前もって決められている。この場合、回答は用意されたものとなる。つまり、回答者は決められた選択肢の中から回答を選ぶことになる。

回答を得るインタビューとを対比させながら、聞き手のスタンスの違いを明確に区別している（p.348）。**Box 10.7** では Patton が提唱するインタビューの4類型を要約した。

INT-QUAL 戦略を採用する研究者は、**Box 10.7** にあるオープン・エンド・アプローチのいずれか1つ、あるいはそれらを合わせて利用するだろう。以下に、質的研究で用いられるインタビュー技法に共通した流れを示す。

- 非構造的な砕けた会話のインタビューから始めることで、回答者とラポールを形成し自発的な回答を促す。
- 会話調のやりとりをしながらも、話題の概要をより包括的に捉えるためにインタビューガイドを用いたやり方にシフトする。
- 後々、得られた回答の比較ができるようにするために、構造化あるいは標準化されたオープン・エンド・インタビューで終える。

オープン・エンドな質問をするインタビューは伝統的には1対1で行われてきたが、最近では電話やインターネットを使って行われることもある（例えば、Crichton & Kinash, 2003）。以下に質的インタビュー（INT-QUAL）を例示する。

- ベトナムから新たにやって来た難民が抱く結核についての信念や懸念を調べた研究（Carey, Morgan, & Oxtoby, 1996）。
- 1920年代から1930年代の主要な政治家について見識のある人に対して行われた口述史研究（Williams, 1969）。
- どのようにして低所得のシングルマザーは手ごろな物件を見つけて住み続けるのかについて調査した研究（Clampet-Lundquist, 2003）。
- 安定した結婚生活が見込まれた新婚カップルを対象とした長期的インタビュー調査（Carrere, Buehlman, Gottman, Coan, & Ruckstuhl, 2000）。

医療領域の研究例としては、糖尿病患者の疾患管理戦略を調査した Kern と Mainous（2001）の研究がある。この調査では、1型糖尿病と2型糖尿病の患者を診察している内科医が行なっている患者とのやり取り（患者マネージメント）について情報を集めるために、内科医12名にインタビュー調査を実施した。そこで使われた半構造化インタビューの手順書には次の質問がある。

- 糖尿病患者がちゃんと検査を受けるようにするためにどのような工夫をしていますか？
- 糖尿病に関連して外来に取り入れようとしていること、あるいは、取り入れていないことはありますか？
- 患者の特性（例えば、1型と2型）によってどのように糖尿病管理のやり方を変えていますか？

この調査の面白い所は、内科医と社会科学者が一緒になってインタビュー・ガイドを作成した点にある。回答者が調査トピックスについて十分に考えをめぐらせることができるような仕掛けがオープン・エンドな質問項目に組まれている。例えば、患者の特性に応じた工夫について尋ねる場合には、コンプライアンスのある／ない患者に対するやり方についても答えられるように工夫している。

INT-QUAN 技法を採用した研究はさほど実施されない。というのも、インタビュー自体が歯に衣着せぬ物言いで自由に回答者の発言を引き出す性質をもつためである。量的インタビューはあらかじめ用意したカテゴリーに合うように回答者の反応を強制するため、研究者の視点に縛られたデータを集めることになってしまう。INT-QUAN 戦略は質問紙が使えない場合に採用される（例えば、回答者が読み書きできない）。インタビューは典型的な質問紙調査に取って代わるため、INT-QUAN を採用した大規模な研究がたまに実施される。

例えば、第8章および本章で紹介した Nieto ら

Box 10.8　2000 年度国勢調査短縮版（米国国勢調査局）で用いられた人口統計学的項目の例

項目例 1.

調査対象者はスペイン系／ヒスパニック系／ラテン系ですか？　スペイン系／ヒスパニック系／ラテン系でない場合、「いいえ」に×をつけてください。

__いいえ、スペイン系／ヒスパニック系／ラテン系ではありません
__はい、メキシコ人、メキシコ系アメリカ人、チカーノです
__はい、プエルトリコ人です
__はい、キューバ人です
__はい、その他のスペイン系／ヒスパニック系／ラテン系です
—具体的な集団名を記載して下さい

項目例 2.

調査対象者の人種は？　対象者自身が考える人種を 1 つ以上選んでください。
__白人
__黒人、アフリカ系アメリカ人、ニグロ
__アメリカンインディアン、アラスカ原住民—具体的な部族名を記載して下さい
__アジア系インディアン
__中国系
__フィリピン系
__日系
__韓国系
__ベトナム系
__ハワイ原住民
__グアム系またはチャモロ系
__サモア系
__その他太平洋諸島の出身—具体的な人種名を記載して下さい
__その他の人種—具体的な人種名を記載して下さい

注：2000 年度国勢調査短縮版は米国国勢調査局のウェブサイト（www.census.gov）でアクセス可能。

(1999) によるマラリア研究は INT–QUAN に属する。Nieto らの研究のうち INT–QUAN の部分を「意識調査」研究として記述し、一般市民のマラリアに対する知識と対処行動についてのベースラインを設定した。この研究では 1,380 世帯を対象に、1 世帯あたり 1 名からの回答を想定したインタビュー調査を行った。回答者の中には読み書きに難のある (リテラシーの低い) 人が多いため、郵送法調査は採用されなかった。

回答者の自由な応答を制限してしまうという理由で、限定的で機械的な応答を志向するインタビューが批判されることはよくあるが、しかし、この制約が必要な状況もある。米国国勢調査局が国勢調査に合わせて 10 年に 1 度量的インタビューを実施していることはよく知られている。回答者のほとんどは国勢調査局に郵送で回答するが、中には訪問調査員によるインタビューを受ける者もいる（例えば、住所を持たないホームレス）。訪問調査員は対象者の住む場所に出向いて国勢データを収集する調査者である。訪問調査員は、まず自分に割り当てられた回答者の所に出向き、1 人 1 人に調査項目を読み聞かせ、そしてクローズド・エンドで回答を記載することになっている。

国勢訪問調査者が集めた INT–QUAN データは極めて価値のあるものだ。**Box 10.8** にある項目から得られる民族集団の情報は、少数民族の意見が適切に反映されるように行政区画を設定するなど、多くの理由から特に重要である。

クローズド・エンド項目とオープン・エンド項目 (クローズド・エンドにない「その他」のカテゴリー) をどのようにして同一のインタビュー形式に埋め込み混合型のデータをつくり出すかについては、国勢調査の様式が具体例を示している。もっとも、国勢調査の訪問調査員によるインタビューは明らかに QUAN–qual の混合データではあるが。調査研究でオープン・エンドとクローズド・エンドなインタビュー形式を統一的に採用する場合、混合型インタビュー（INT–MM）のデータが得られる。

Julia Brannen（2005）は、量的項目と質的項目の両方を質問紙に組み入れるに当たって明快な説明を加えた上で、INT–MM について十分な説明を行っている。Brannen の研究は縦断的デザインでなされ 1980 年代

の6年間行われた（Brannen & Moss, 1991）。出産休暇後の母親の復職が研究テーマとして設定された。この研究をはじめた頃は，参加者の行動と健康に焦点を当てた量的研究であった。

調査を進めるに従って、研究者は母親の体験と認識といった質的な性質により強い関心を持つようになった。Brannen（2005）はインタビュー手順の変更について次のように記述している。

> 研究結果は、構造化されたインタビュー（回答は事前にコード化されたカテゴリーに従ってなされる）に探索的なインタビューにオープン・エンドな質問を組み込むかたちで（会話はトランスクリプトにし、質的に分析された）得られた。われわれは、もともと構造化されたデータ収集から、調査者に分厚いインタビューを採用するようなデータを収集することを要求した。（p.179）

オープン・エンド項目とクローズド・エンド項目から得られたデータは、働く母親の体験を忠実に反映するものであった。混合データ・セットを分析する時に不一致や乖離が起こる場合、インタビューの手順書に追加された質的な内容でもって全体的な結論を描いた（Brannen, 2005）。万が一、クローズド・エンドな質問項目と研究者が予測可能な回答項目だけを使い続けていたら、この研究は復職する母親の体験について歪んだ解釈をつけてしまうことになっただろう。

質問紙法と混合研究法

研究として**質問紙法（questionnaires）**[2)]を採用する場合、回答者は研究のトピックスについて自分の態度、信念、そして感情を自分で表明する戦略を研究者はとることになる。質問紙法は従来、紙と鉛筆の自記式法でデータ収集をしてきたが、パソコンの急激な普及によりインターネットが一般的なデータ収集の場となってきた。研究環境によるが、質問紙法は一定の読解リテラシーを要求する。この能力は研究対象である集団にとっては自明なものではないかもしれない。しかしながら、リテラシーが問題にならないのであれば、質問紙法は実に効率的なデータ収集戦略と言える。

質問項目は、クローズド・エンド、オープン・エンド、あるいはその両方の形式をとる。調査研究として、オープン・エンド質的質問紙法（QUEST-QUAL）よりもクローズド・エンド量的質問紙法（QUEST-QUAN）の方が採用される事が多いのは、クローズド・エンド項目の回答の方が効率的に集計と分析にとりかかれるからだ。

質問紙法の主な利点は、研究者が回答者に手紙やPCメールで質問紙を配る事ができる点である。郵送調査は、直に合って行うインタビューや質問紙に比べて安価で行える。しかしながら、返信のない対象者に再通知するなどフォローアップに労力を割かねばならない（例えば、Ary, Jacobs, Razavieh, & Sorenson, 2007；Gall, Gall, & Borg, 2006）。度重なる呼びかけの甲斐もなく、対象者の中には一向に調査に協力しようとしない（あるいは、途中で辞める）人がわずかにおり、結果として**脱落（attrition）**となる。特に非回答者が系統的に回答者と異なる属性をもつ場合には、対象者の脱落によって研究成果の外的妥当性（あるいは一般化可能性）が損なわれることがある。

質問紙法とインタビュー法の類似点と面白い違いがあり、その要点を **Box 10.9** に記載した。

量的な質問紙法の種類

QUES-QUANにはいくつかの種類がある。以下の2つがよく使われる。

- **態度尺度（attitude scale）**には、回答者の属性、信念、自己認識、意思、願望、そして、あるトピックスに関連する構成概念についての指標がある。
- **性格検査（personality inventory）**、問診票、そしてチェックリストは、回答者の内的特性を測定するために使われる。対象者は、ある程度一定であるが異なる性格を持つ集団であることが理論的に望ましい。

態度尺度は調査研究で一般的に使われる質問紙法である。しっかりした態度尺度を作り上げるまでに労力と時間がかかるが、しかしながら、先行研究で既に膨大な尺度が開発され妥当性も評価されている。

例えば、学校の学習雰囲気を測定するための尺度は数多く存在する。学校の雰囲気は、学校を取り巻く社会的心理的環境に対する個人の態度として映し出される。Brookoverが開発した学校の雰囲気尺度には、安全で平凡な環境、先ゆく教育への期待感、そして学術的無益性といった下位尺度が含まれる（Brookover, Beady, Flood, Schweitzer, & Wisenbaker, 1979）。（例えば、教育の質や教員の成長など）学校の環境に関連する他の構成要素を測定するために、Brookoverが開発した下位尺度は他の研究者によって継ぎ足されてきた（Teddlie & Stringfield, 1993）、そしてその下位尺度はうまく翻訳され、中国など海外でも使用されている（例えば、Liu, 2006）。

性格検査は、回答者の内的特性を測定するためのものである。例えば、Beck抑うつ尺度（Beck Depression Inventry：BDI）は、うつの特徴として現れる態度や症状を測定するための性格検査である（Beck, Ward, Mendelson, Mock, & Erbaugh, 1961）。BDIは21項目の自記式質問紙であり、悲しみ、対人的興味の減退、決定困難、そして失敗感を測定する項目群で構成される。各項目に0、1、2、3の数字が割り当てられ、尺度の得点は0から63まであり、得点が高いほど重度なうつ状態であることを示す。

Box 10.9　インタビュー法と質問紙法の類似点と相違点

インタビュー法と質問紙法にはいくつかの類似点があるだけでなく、興味深い相違点もある。類似点には以下のようなものがある。

- どちらの方法も、研究トピックスに対する回答者の態度、感情、そして信念を捉えようとする。
- どちらの方法も、研究参加者の自己報告による。
- どちらの方法も、量的、質的、そして混合型データをつくりだすために使用することがある。
- どちらの方法も、ある程度重複した質問形式をとる。
- 両方を使うことで、複雑な混合データをつくりだすことになる。

インタビュー法と質問紙法の相違点には以下のようなものがある：

- インタビュー法は対面での交流、またはそのバリエーションを伴う。質問紙法は研究者との接触を必要としない自記式回答による。
- 従来、インタビュー法はオープン・エンド形式で行われることが多いのに対し、質問紙法はクローズド・エンド形式で行われることが多い。
- インタビュー法を採用した研究の方が質問紙法の研究より参加者が少ないことが一般的だが、質問紙法では脱落（attrition）が問題となる。
- インタビュー法を採用した研究の方が質問紙法の研究より費用がかかることが一般的だが、主なコストは調査者の人件費である。

性格検査として一般に用いられるものとして、他には、自己認識、統制の所在[3]、そして自己効力感を測定する尺度もある。教育、心理、その他行動科学の分野の研究者は、回答者の行動に関連する可能性のある人格的特性についてデータを収集するためにこのような尺度を使用する。例として、「教師の自己効力感」と意思決定への参与との関係について調査した研究が挙げられる（例えば、Taylor & Tashakkori, 1995, 1997）。

クローズド・エンドな質問紙の回答方法にはリッカート・スケール法、SD法（semantic differential method）、チェックリスト方式、そして、順位法がある。**リッカート・スケール法（Likert scale）**は何十年も前に導入された回答法であり（Likert, 1932）、回答者は、研究トピックスを反映させた質問項目に対してどのくらい当てはまるかを選択する。従来使われるリッカート・スケールは、次の例のように、どちらともいえない、を評定の真ん中に加えた5段階評定である。

1年のうち、夏が1番良い季節である。
1＝まったくそう思う
2＝そう思う
3＝どちらともいえない
4＝そう思わない
5＝まったくそう思わない

中には、中立的な回答をさせないために4段階あるいは6段階の評定を選ぶ研究者もいる。

教育学分野で用いられているように、リッカート型の質問紙は色々なタイプの参加者（例えば、学生、教師、学長、生徒の両親）に配られることが多い。参加者の群間比較が出来るように、各グループに配るリッカート・スケールの表現をそろえることがある。

他の態度尺度として、SD法がよく知られている（Osgood, Suci, & Tannenbaum, 1957）。この方法では、ある対象や概念（例えば、本部主導の経営）について、双極尺度を用いて回答者の考えを反映させる。ここで用いる双極尺度は、伝統的には7段階評定である。双極尺度では軸の両端に対称的な形容詞を配置する。以下に、意味差別法の表示例を示す。

成功の＿ ＿ ＿ ＿ ＿ ＿ ＿失敗の
民主主義＿ ＿ ＿ ＿ ＿ ＿ ＿独裁主義
積極的＿ ＿ ＿ ＿ ＿ ＿ ＿受動的
一時的＿ ＿ ＿ ＿ ＿ ＿ ＿永久的

チェックリスト方式は、研究の対象となる対象や概念について適切な（正しい）回答項目全てにチェックを入れる単純な方法である。回答に0（チェックなし）あるいは1（チェックあり）のコードをつけて分析する。以下に、チェックリスト方式の表示例を示す。

大統領候補者であるXを思い浮かべてください。X候補について、次に当てはまると思うものにチェックを入れてください。

____正直
____自由主義
____野心的
____冷静
____知的
____危険を冒す（危険を顧みない）

他のクローズド・エンド形式の質問紙には順位法がある。順位法の質問紙では、特性や対象といったいくつかの項目が一斉に提示されており、回答者は順位づけを行う。回答者の優先度や重要度に応じて順位づけられるのが一般的である。例えば、初級管理職の希望者に対して次のような質問がある。

仕事の持つ以下の性質について考えてみてください。あなたが仕事を引き受ける場合に 1（最も重要）から 5（さほど重要でない）までの数字で順位づけをしてください。

____就労環境
____同僚
____仕事で得られる経験
____給与
____裁量労働制

質的質問紙法（QUEST−QUAL）の例。クローズド・エンド質問項目を用いた質問紙調査が主流であるのに対し、オープン・エンド質問項目も多くの研究で際立ったものがあり、単独で用いられる場合もクローズド・エンド項目と一緒に用いられる場合もある。質的質問紙では回答者が自分で意味カテゴリーを生成することになる。

Huston（2001）は保育助成に関する研究の一部を学会で報告し、学校で子どもが何かをやり遂げることに関連する要因として、教師の認識についても言及した。研究者は事前に学生がやり遂げていることについて何も知らなかったため、オープン・エンド形式を採用した。研究初期に教師に配られた質問紙には、「子どもたちが自分たちの能力に見合うような何かを達成をする／しないと、なぜ先生方は考えるのでしょうか？」（p.8）というオープン・エンド項目が組み込まれていた。研究者は教師の反応について、子どものもつ動機づけや性格、子どもの教室内での行動、子どもの家庭環境、そして、子どもの知的能力を含め、いくつかのカテゴリーに分類した。興味深いことに、「学校環境は子どもが何かをやり遂げる上で肯定的あるいは否定的な要因として考えられるが、学校環境に関する要因について言及した教師はほとんどいなかった」（p.9）と Huston は指摘している。

オープン・エンドに対する教師の反応として得られた情報は、クローズド・エンドな質問紙を作成する際に活用され、子どもが何かをやり遂げる上で障害あるいは支援となるような「要因」を作り出し、その評価を教員に求めた。クローズド・エンドで得られた結果は実用的なものだが、調査を実施して分析する点においてはクローズド・エンドに比べオープン・エンドの方が骨の折れる作業であった。

混合型質問紙法（QUEST−MM）の例。混合型質問紙法にはオープン・エンドとクローズド・エンドの両方の質問項目が含まれる。例えば、回答者から率直で制約のない情報を引き出すために幅広くオープン・エンドな質問をしておき、その後、予測される回答と一緒にいくつものクローズド・エンドな質問を続ける。あるいは、予測される反応と一緒にいくつかの質問をしておき、その後、研究で分かってきた現象の一端を描くためにオープン・エンドな質問を続けることもあるかもしれない。

QUEST−MM を採用した研究として、第 8 章で紹介した聴覚障害の学生を対象に行われた Parasnis ら（2005）の研究がある。学生にはクローズド・エンドな質問 32 項目とオープン・エンドな質問 3 項目が与えられた。量的工程と質的工程で得られたデータを同時に収集し分析した後、各工程の分析から得られた情報をもう一方の分析に活用する。

クローズド・エンドの質問項目では、調査対象となった 2 つの大学間での比較、多様性についての組織的な取り組み、交友関係、そして、学内の人種紛争を含め、いくつもの課題を検討した。オープン・エンドな質問には次のようなものがある。

- （人種に関することや多様性について）本学で安心できるようなことはありますか？　ご自由に記載してください。
- （人種に関することや多様性について）本学で不安に感じるようなことはありますか？　ご自由に記載してください。
- 耳の不自由な少数学生として本学で体験したことについて何かお考えはありますか？　ご自由に記載してください。（Parasnis et al., 2005, p.54）

この QUEST−MM で得られた大変興味深い情報には、オープン・エンドな質問で得られた回答を直接引用しているものがある。

テスト法と混合研究法

本書ではテスト法を幾分か狭いデータ収集戦略として定義する。つまり、テスト法とは、知識、知性、あるいは能力を測定するために組まれた多様な技法であるとする。本書の読者は、まさに数えきれないほどのテストを受けており、そのテストの中には次に例示するように個人の将来を左右するものだっただろう。

- 高校卒業試験、米国大学入試（the American College Test：ACT）、あるいは大学進学適正試験（SAT Reasoning Test）は大学学部の入試に関わる。
- 大学院進学共通試験（the Graduate Record Examination：GRE）、医科大学入学適正試験（Medical College Admission Test：MCAT）、あるいは法科大学院入試（Law School Admission Test：LSAT）は学部卒後の専門課程への進学に関わる。

データ収集戦略としてテスト法が採用される場合、従属変数として用いられることが多い。従属変数とは、第 2 章で定義したように、独立変数によって影響を受けたり作用を引き起こされたりすることが予測される変数のことである。教育学分野の研究では、両親の社会的経済的状況、学校の環境に関連するさまざまな要因（例えば、学術的志向性）、そして他の適切な要因（これら全てを独立変数とする）を基に、学生の成績スコア（従属変数）を予測する。

テスト法の形式は、本章で取り上げてきた形式に類似している。つまり、テストでもクローズド・エンド項目（例えば、複数選択問題、正誤問題）は TEST–QUAN データとなる一方で、オープン・エンド項目（例えば、論述式問題）は TEST–QUAL データとなる。テストデータに関心を持つ研究者はたいてい量的情報を求めるため、質的なテストデータは数量化されることが多い。

もちろん、前述したようにテストは個人の将来にとって重要であり（例えば、ACT、GRE）、これは量的テスト法（TEST–QUAN）に分類される。この手のテストは標準化テストと呼ばれ、民間の出版社が画一的に開発し、実施し、採点を行う。この開発過程では、テストで測定する心理特性を決定する（例えば、信頼性と妥当性の検討[4]）。この手続きは、標準化テストと教師が作成する試験の違いである。というのは、心理尺度を作成するための資源や専門性を持ち合わせた教師はごくまれだからである。

標準化テストはいくつかに分類できるかもしれないが、本書では以下の 2 つに留めておく。

- 適性検査は、知識や技術を習得する生得的な能力を測定する。さらに、一部の適性検査（例えば、ACT、GRE）は、ある個人が特定の行為や技術を将来的にどの程度習熟するかを予測するために開発されている。研究者の中には、知能テストを適性検査に分類可能であると考える者もいれば（例えば、Johnson & Christensen, 2004；Wiersma & Jurs, 2005）、知能テストを別のカテゴリーに分類する者もいる（例えば、Gall el al., 2006）。
- 学力試験は、獲得した知識や既知の事柄の事実について問う。学力試験は大きく分けて 2 通りある。集団基準準拠テストと目標基準準拠テストである。集団基準準拠テスト（norm–referenced test：NRT）では、個人のスコアと基準集団から算出されるスコアとを比較する。基準集団から算出される分散は正規曲線（Popham, 2002）を描くのに使われる。正規曲線の特性については **Box 8.2** を参照されたい。目標基準準拠テスト（criterion–referenced test：CRT）では個人のスコアは一定の水準と比較される。目標基準準拠テストの典型としては、ある学問分野での習熟度の測定に用いられる。例えば読解能力の測定がある（例えば、Woolfolk, 2004）。

研究で量的テストを使用する場合、データの読み違えを回避するために、標準化テストと教師が作成した試験、適正検査と学力試験、集団基準準拠テストと目標基準準拠テストの違いに注意しなければならない。また、標準化テストでは文化的バイアスにも注意し、一部の先駆的な研究が文化的に公平なテストを実現させたように（例えば、Cattell, 1960）、文化バイアスが少数派のデータにどのように影響するかにも注意を向けるべきである。

自分たちの研究に特定のテストを使用したいと考える研究者は、重要な道具を 2 つ持ち合わせている。『精神測定年鑑』（Mental Measurement Yearbook：MMY）とテスト・イン・プリントであり、どちらも精神測定年鑑ビューロ・インスティテュート（Buros Institute of Mental Measurement Yearbook）より出版されている。『精神測定年鑑』第 16 版（Spies, Plake, & Murphy, 2005）には約 300 のテストについてレビューが掲載され、テスト・イン・プリントⅥ（Murphy, Plake, Impara, & Spies, 2002）には約 20 の主要カテゴリーについてテストの記述目録が掲載されている。

本セクションでは標準化テストに重きを置いてきたが、研究に合った特定の事象を測定する尺度が見当たらない場合、研究者は自分でクローズド・エンド・テストを作ることになる。

質的テスト法（TEST–QUAL）のデータ収集戦略には、決まったやり方はなく、TEST–QUAN の手順にあったような計量心理学的な厳密な手順を必要としない。質的なテストデータは、自作のツールで収集する場合がほとんどである。質的テストデータを収集する技法としては、おそらくエッセイが最も頻繁に使われる。エッセイ・テストの受験者には自由に記述できるような題目が与えられる。題目は程よく構造化されており、例えば「船について知っている事を書いてください」というものから、限定的な環境で描かれた船の特徴について描写まで幅がある。

オープン・エンド・テストにおいて回答者が正解を記述しているかどうかを判定するために**ルーブリック**（**rubrics**）が使用される。ルーブリックとは、質問に対する反応、課題に対するパフォーマンス、そして調査トピックスに関連する生産性、これらを系統的に評

表 10.1　30 通りある戦略間混合型データ収集の組合せ

データ収集戦略	OBS-QUAL	UNOB-QUAL	FG-QUAL	INT-QUAL	QUEST-QUAL	TEST-QUAL
OBS-QUAN	31	1	2	3	4	5
UNOB-QUAN	6	32	7	8	9	10
FG-QUAN	11	12	33	13	14	15
INT-QUAN	16	17	18	34	19	20
QUEST-QUAN	21	22	23	24	35	25
TEST-QUAN	26	27	28	29	30	36

注：セル 1-30 はそれぞれ異なる戦略間データ収集を示している。影を入れた対角線上のセル 31-36 は戦略内データ収集を示している。

価するための評定尺度である（例えば、Mertens, 2005；Mertler, 2001）。典型的なルーブリックには、記述型の回答、パフォーマンス、あるいは成果物を評価する一連の基準、さらには量的指標に対応する一連の評定が含まれている。対象者間で結果をまとめるために量的指標を利用することが多く、調査で得られる情報を定量化することになる。

その他の評価法として、パフォーマンス評価とポートフォリオ評価は、従来の TEST–QUAN に対する付加的な技術として採用されてきた。データソースという観点から、われわれは、これらの評価は TEST–QUAL であると考える。というのもこれらはカリキュラムの目的に沿ったタスクに対する個人のパフォーマンスの観察に基づいているからである。Mertens (2005) は、従来のテストに関連する用語の違いについて次のように説明している。

> パフォーマンス評価は、個人に何らかの判断をするための体系的な観察を通じて情報を収集するためのプロセスのことである。…パフォーマンス評価は、代替的評価として不可欠な要素であり、ポートフォリオ評価はパフォーマンス評価の情報を蓄積するための手段である。(p.369)

混合型テスト (TEST–MM) のデータ収集技法では、研究者は量的および質的な技法の両方を駆使して参加者の知識と技能に関する情報を集めることになる。TEST–MM を最も単純に実践したものに、クローズド・エンド項目とオープン・エンド項目の両方を持つテストがある。クローズド・エンド項目によって、さまざまなカリキュラム・トピックスで学んだ内容に関する知識を評価し、オープン・エンド項目によってカリキュラムで扱った重要な概念に対する理解の深さを評価しているのであれば、このテストは混合型と考えられる。もし、複数選択肢とエッセイが用いられているならば、このデータに基づいた混合型の報告は、参加者の知識について広くて深い包括的な全体像を示すために、この 2 つの形態を統合させたものと言えるだろう。

戦略間混合型データ収集

戦略間混合型データは、複数のデータ収集戦略によって質的データと量的データを収集した研究を指す。例えば、FG–QUAL 技法に QUEST–QUAN 技法を組み合わせたものは、戦略間混合型データ収集である。同一研究の中で量的な性質と質的な性質を持つ事象に対していくつかのデータ収集戦略を採用する場合、それは方法論的トライアンギュレーション（第 2 章参照）あるいはインターメソッド・ミクシング (Johnson & Turner, 2003) と呼ばれてきた。

表 10.1 には 30 通りの戦略間混合型データ収集の組合せを示した[5]。この表にある各セルは、**表 9.1** で紹介した 6 つの量的戦略と 6 つの質的戦略を掛け合わせたもので、戦略内混合型データ収集の組み合わせたセルを除いた。

まず 2 つの戦略を組み合わせた混合型データ収集について説明し、その後、3 つ以上の組合せについて述べる。戦略内混合型データ収集では、既に本章で解説してきたように、同一の技法を用いて量的データと質的データを収集する。そのため、本セクションでは、想定される 30 通り全てについて論じるのではなく、戦略間混合型データ収集としてよく知られている組み合わせに絞って論じる。

戦略間混合型データ収集では、第 7 章にあるように、順次型あるいは並列型デザインのどれかを採用することになるだろう。そういった場合、一方のデータ収集戦略はその中で完結したデータを得るために用いられ、もう一方のデータ収集戦略もまたその中で完結したデータを得るために用いられる。例えば、**表 10.1** にあるセル 21 は、OBS–QUAL と QUEST–QUAN データ収集戦略を組み合わせたものである。この手の研究では、オープン・エンド観察手法（例えば、**Box 10.1** にある RCOI）とクローズド・エンド質問紙法（例えば、本章の前半で紹介した学校の雰囲気尺度）の両方を採用することになるだろう。

Burke Johnson と Lisa Turner (2003) は**混合研究法の基本原理（fundamental principle of mixed methods research）**を次のように述べている。「方法論では

表 10.2　6 つのデータ収集戦略が持つ利点と欠点

戦略	利点	欠点
観察法	（1）参加者の自己報告に頼らないで行動を直接見ることができる。 （2）言語能力が低い参加者にも使うことができる。 （3）記述しやすい。	（1）行動の理由がよく分からないことがある。 （2）質問紙法やテスト法と比べて費用がかかる。 （3）データ分析に時間がかかることがある。
非影響測定法	（1）参加者に影響を与えたり、参加者の反応を引き出したり、観察者による影響が生じたりすることはまれである。 （2）過去の一定期間に起きたことでもデータを集めることができる（例えば、歴史的データ）。 （3）多種多様なトピックスに関する研究データのアーカイブが利用できる。	（1）選択的な報告や記録であり、不完全なものである場合がある。 （2）時代遅れなデータである可能性がある。 （3）内容によってはアクセスが難しいことがある。
フォーカス・グループ・インタビュー	（1）アイディアの探索に適している。 （2）参加者どうしが反応し合う様子を研究できる。 （3）綿密な調査ができる。	（1）費用がかかることがある。 （2）1、2 名の参加者が全体に影響を及ぼす可能性がある。 （3）フォーカス・グループ・インタビューの司会がバイアスになる場合がある。
インタビュー法	（1）態度やその他多くの関心ある事柄を測定しやすい。 （2）質問者が綿密な調査を行える。 （3）詳細な情報が得られる。	（1）対面面接には費用と時間がかかる。 （2）参加者の反応や観察者の影響が生じ得る。 （3）オープン・エンド項目のデータ分析には時間がかかることがある。
質問紙法	（1）態度を測定しやすく、その他の事柄も参加者から引き出しやすい。 （2）費用がかからない。 （3）時間がかからない。	（1）短くしないといけない。 （2）欠損データが生じる可能性がある。 （3）郵送法では回収率が低下する可能性がある。
テスト法	（1）人間のさまざまな特性を測定する優れた手段である。 （2）尺度はすでに開発されていることが多い。 （3）幅広いテストが入手可能である。	（1）費用がかかる。 （2）項目への反応がデータに影響を与える可能性がある。 （3）特定の集団に対してはバイアスになる可能性がある。

注：ここで示した利点と欠点は Johnson と Turner（2003, pp.306, 308, 310, 312, 315, 319）による表を改変したものである。この他の利点と欠点については、Johnson と Turner の表に記載されている。

利点は補完し合い弱点は重複しないように組み合わせられねばならない」（p.299、原文ではイタリック体）。よって、戦略間混合型データ収集の組み合わせについてこれから計画を立てようとする場合、研究者は個別のデータ収集戦略の利点と欠点を意識しておく必要がある。Johnson と Turner（2003）が初期に提唱した各データ収集法の利点と欠点のいくつかを表 10.2 にまとめた。

2 つのデータ収集戦略を採用する戦略間混合型データ収集

本書では、表 10.1 の中から比較的使用されることの多い戦略間混合型データ収集の組み合わせを検討する。というのは、全てを説明するのは本書の射程を超えるためだ。特に使われることの多い組み合わせは、文献として見かける混合型研究の大多数を占める。

質的インタビュー法を組み合わせた量的質問紙法

おそらくは、文献にある混合研究法として最も一般的なものはクローズド・エンド質問紙法と質的インタビュー法の組合せである（表 10.1 セル 24）。この組み合わせでは両方のデータ収集戦略のもつ利点がお互いの利点を補強し合うように組み合わされている。量的質問紙法によって、幅広い調査トピックスについての情報源となるような膨大な回答者の反応を安価に収集することができる。その一方で、質的インタビュー法によって得られたデータは、インタビュー・プロトコルにある質問への反応として深い情報を提供してくれる、比較的少数の対象者に依拠する。

順次型あるいは並列型デザインに、第 7 章で論じた変型版を含めて、量的質問紙法と質的インタビュー法を組み立てることが可能である。あらゆる変法を組み合わせることによって、さまざまなデータ収集戦略を研究で使用することになる。

例えば、Carwile（2005）の研究では、放射線技術のプログラム責任者のリーダーシップ特性と仕事満足感を調査するために、順次型 QUEST-QUAN→INT-QUAL を採用していた（Box 8.6 参照）。最初の量的工程では、Carwile は 2 つの質問紙を利用し、その 1 つは責任者のリーダーシップの取り方を評価する質問紙であった。比較的多くの責任者（284名）が質問紙に回答し、この調査では、回答者の仕事満足度は自分たちの上司のリーダーシップに相関するという仮説を統計学的に検定した。

続く質的工程には、いくつかのリサーチ・クエスチョンがあり、その1つはプログラムの種類と責任者のリーダーシップの取り方との関係を明らかにすることであった。最初の工程で用いられる質問紙に対する反応によって責任者のリーダーシップの取り方を評価したため、質的工程は量的工程に従属的であった。Carwile（2005）は、リーダーシップの取り方とプログラムの種類に基づいて13名のプログラム責任者を対象者として厳密に選んだ。そして、リーダーシップの取り方に対する認識について、学位プログラムに関するリーダーシップの取り方において、なぜ自分達のリーダーシップが機能するかについて、プログラム責任者にインタビューを行った。

順次型QUEST–QUAN→INT–QUALを採用した別の例として、行政サービスへの需要の高まりに対する児童福祉事業者の反応を調査したものがある（Regehr, Chau, Leslie, & Howe, 2001）。この研究では、まず、（うつ尺度と出来事インパクト尺度を含めた）質問紙を行政事業者集団に配布し、仕事ストレスに焦点を絞った半構造化面接を実施した。この研究のデータには、完全回答の得られた47件の質問紙と8件のインタビューが含まれる。

この研究の量的工程で得られた結果から、約半数の事業者が「出来事インパクト尺度を通して高度あるいは重度の外傷後の症状がある」（Regehr et al., 2001, p.17）ことが示唆された。8名の事業者を対象にした追跡質的インタビューは、ストレス要因の性質についてより深く理解するために行われた。

質的インタビュー法で得られたデータをテーマに合わせて要約することで、新児童福祉改正制度が結果として過剰な労働、過剰な説明責任、そして無用な新スタッフの研修を助長していることが示唆された。こういった要因は事業者のストレスに関与し、回復力にも「投げ出し」にも関与していた。本研究で順次的に得られた量的データと質的データは極めて相補的である。つまり、一方の工程で重度の仕事ストレスを量的に捉え、もう一方の工程でストレスの効果を質的に解釈した。

質的インタビュー法を組み合わせた量的質問紙法の最後の例として、順次型INT–QUAL→QUEST–QUAN研究が挙げられる。第7章で先に取り上げた消費者マーケティング研究である。Hausman（2000）は、次のような順次型デザインを採用した。

- 第一工程では、60件の質的インタビューとして衝動買いに関する質問をした（例えば、購買決定はどのように衝動買いへと変わりますか？）。
- そして、インタビューから得られた結果は、衝動買いについて5つの量的仮説を立てるために使用された。この一連の仮説は、質的データに基づいて実証的に導かれている。
- 最後に、この研究の量的工程として、272名の消費者が質問紙に回答した。いくつかの重要な結果には、消費者個人の衝動買いと快欲求を充足させる欲望との相関も含まれていた。

質的インタビュー法を組み合わせた量的観察法

教育学の研究論文で一般に用いられる組み合わせには、量的観察法に質的インタビューを組み合わせたものがある（表10.1 セル3）。このような研究ではVTBI（Box 10.2 参照）のようなクローズド・エンド・プロトコルを用いて教師を観察する。VTBIには、教室にいる教師の行動を学校レベルと教室レベルに分けて計量的に記載する一連の行動指標が含まれる。

その後、観察の対象である教師にインタビューを行い、関心のあるトピックスについて尋ねるが、その質問は最初の量的工程の結果によって変わり得る。例えば、平均的な教師の教室運営に関する指標が低い場合、教室内の規律性に関する教師の認識についてオープン・エンドで尋ねることがあった。なぜ規律が乱れるのか、そして、教室運営を改善させるために何ができるか。この混合研究法の戦略から得られる量的データと質的データの組合せは、特に教室での授業を改善させたい教育者にとって、非常に説得力がある。

FG–QUALとINT–QUANを組み合わせたデータ収集戦略は表10.1のセル18に当たる。Nietoら（1999）がマラリアのコントロールに対するコロンビア人の態度と実践について行った研究は、この組み合わせの1例である。

- FG–QUAL区分では、健康に関連する問題を幅広く議論するためにフォーカス・グループ・インタビューを組んだ。
- フォーカス・グループ・インタビューの結果を、続いて、クローズド・エンド項目のインタビュー・プロトコル（INT–QUAN）作成に用いた。
- 質的インタビューでは、多くの世帯サンプルに基づいて知識と実践に関する基準を設けた。

この研究では順次型FG–QUAL→INT–QUANデザインが採用され、質的工程と量的工程で得られた結果は一致しており、Nieto（1999）は次のように述べている。「この2つの手法で収集した情報によって、マラリアの伝播に関わる症状、原因、そして経路についての知識と、蚊帳の使用やヘルスサービスの支給といった予防のための実践とを比較できるようになった」（p.601）。

質的インタビュー法を組み合わせた量的非影響測定法

他の組み合わせには、量的非影響測定法に質的インタビューを組み合わせたものがある（**表10.1** セル8）。この研究では、非影響測定法で得た生データから得られた量的情報を質的インタビューデータと合わせる。この組み合わせ戦略として興味深い研究例には、Detlor（2003）が書き上げた情報システム（IS）の論文がある。Detlorのリサーチ・クエスチョンは、組織に属する人がインターネットに基づいた情報システムからどのようにして情報を探し当て活用するかというものだった。この研究では主に2つのデータソースがあった。参加者が使用したインターネットのWeb履歴を追跡し、それに続いて、参加者と1対1のインタビューを調査した。この研究で得られた非影響測定法の量的情報については次のように書かれていた。

> Web履歴の追跡では、履歴ファイルと特殊なソフトウェアーを使用した。そのソフトウェアーは、参加者のコンピューターにインストールされており、Webブラウザーを使用すると参加者に気づかれることなく起動する。…データ収集の期間に自分たちの履歴が追跡されていることを忘れ、ごく自然にインターネットに基づいた情報システムを使用した参加者が多かった。（p.123、傍点部は原文ではイタリック体）

この追跡ソフトでは、どのWebサイトにアクセスしたか、どれくらいWebサイトにアクセスしたかなど、参加者のWeb使用状況について本人が気づかない膨大なデータが記録された。特定のWebサイトを長時間頻回に閲覧していることを示す履歴表は、研究テーマに合う情報を探す上で「重要なエピソード」を明示する。

「重要なエピソード」について詳しく話し合うことで、なぜ特定のサイトが閲覧されるのか、どのくらい効率的に情報のニーズを解決するのかについて理解を進めるために、1対1の質的インタビューを実施した。この混合型データによって、Detlorは「情報に対する必要性と探索が、インターネット環境で参加者が採用する方略」双方向性サイクルを記述し説明した（Detlor, 2003, p.113）。

非影響測定法の展望

評価研究において、ある社会的／教育的プログラムがうまくいっているかどうかを判定しなくてはならない。多くの研究では、参加者とプログラム実施者に対してインタビューや調査によって主なデータソースを得るが、しかし、非影響測定法もまたデータを得る方法として重要である。例えば、失読症学生の早期発見と治療を促すプログラムを評価する場合、過去の記録の「書跡」として、当該プログラムの立案した初期の手順書、当該プログラムを実施する州支部にいる運営者のメモ、当該プログラムの年次報告、失読症と判断された学生の数と特性に関する記録、プログラムで学生に提供された治療の数と種類に関する記録、当該プログラムを完遂した学生の残したテスト得点などを考慮に入れることがある。

このような場合、参加者から直接集められた情報が、たとえそれが量的であれ質的であれ、インタビューによるものであれ質問紙によるものであれ、アーカイブ記録はUNOB-QUALにもUNIBO-QUANにもなりうる。**表10.1** の4つのセル（セル8、9、17および22）がこのデータ収集形式に該当しうる。

3つ以上のデータ収集戦略を採用する戦略間混合型データ収集

表10.1 にある戦略間混合型データ収集の組み合わせはどれも2種類のデータ収集戦略の組み合わせに過ぎない。3種類以上のデータ収集戦略を組み合わせる場合、考えられる組み合わせの数は指数関数的に増加する（例えば、OBS-QUALにINT-QUALを組み合わせ、さらにTEST-QUANを組み合わせる）。考えられる組み合あわせを1つ1つ数えて全てを説明するには、あまりにも多すぎる。

そのため、ここでは3種類以上の組み合わせの例としていくつかを紹介する。その中でも最も単純な組み合わせであるので、3種類のデータ収集戦略を採用した組み合わせをいくつか紹介するところからはじめたい。その後、教育学領域と評価学領域で収集されたデータソースを利用することで、戦略間混合型データ収集の組み合わせとして、より複雑なプロトタイプを紹介する。この領域はデータソースの豊富な環境と言われている。

3種類のデータ収集戦略を採用した戦略間混合型データ収集

Box 10.10 には、ユーモアに潜む倫理的問題を浮き彫りにするために、プライベート・アイと言われる英国の風刺的な連載の情報に基づいて行われた混合型研究を示す（Lockyer, 2006）。この研究の3種類のデータ収集戦略は以下の通りである。UNOB-QUALでは、連載からナラティブ・データを収集し、質的分析の対象となった。UNOB-QUANでも、ナラティブ・データを収集したが、これはあらかじめ決めておいたコーディング形式を用いた内容分析の結果であるため、ここでは量的データとしている。そしてINT-QUALでは、プライベート・アイに関与する人物のインタビューによってデータを収集した。詳細は**Box 10.10** を参照のこと。

3種類のデータ収集戦略を採用した戦略間データ収集の他の例として、PapadakisとBarwise（2002）の

Box 10.10　混合研究法における3種類のデータ収集戦略を活用した研究例

Lockyer（2006）は、MM研究を使ってユーモアに潜む「倫理性」がどのように研究できるかを示した。英国の風刺的な連載であるプライベート・アイによる侮辱の例を探索的に調査した本研究では、次の3つを主なデータソースとしていた。

1. プライベート・アイ編集局に寄せられた苦情の手紙で、強姦に関するジョークを描いた4コマ漫画についてなど、連載で取り上げられたさまざまなレベルでの侮辱について述べているもの。
2. 読者から寄せられた苦情の手紙に対する編集者の管理と対応のうち、取り合わない、あざ笑うといった内容を示しているもの。この情報は連載に対する声のページから収集したが、手紙の書き手を愚弄する方法も情報として集めるようにした。
3. 過去および現在のプライベート・アイ記者と名誉棄損専門の弁護士を対象としたインタビュー。

この研究で用いたデータ収集戦略は3種類である。質的データを生成する非影響測定法、量的データを生成する非影響測定法、質的データを生成するインタビュー法である。UNOB-QUALデータは、読者から寄せられた479通の手紙とそれに対する編集者の返信のナラティブから得た。UNOB-QUANデータは、あらかじめ設定しておいたカテゴリーとコードを用いて（例えば、書き手のタイプを読者、スポークスマン、当局者にコード化する）、読者からの手紙を内容分析（QUAL）し、8つの数量的変数についてその頻度を測定した。INT-QUALデータは、プライベート・アイのスタッフへのインタビューから得た。

Lockyer（2006）はこう結論づけている。「違うモードのデータ収集とデータ分析を組み合わせたことで、調査対象となる現象の記述は容易になった。つまり、単一の方法論でアプローチするよりもずっと、複雑かつ正確に現象を記述できるようになった」。(p.54)

マネージメント分野での研究が挙げられる。Papadakis と Barwise は、戦略的な意思決定をする上で最高経営責任者（CEO）と経営首脳陣がいかに重要であるかに関心があった。70件の決定事項に重点を置いたデータベースを作り、3種類のデータ収集戦略を採用した。

- CEOとその他の運営者に行う質的インタビュー法
- CEOと他の運営者、別々に行う量的質問紙法
- 社内資料、報告書、そして議事録から情報を得る非影響的な質的情報

インタビュー法、質問紙法、そして非影響測定法を組み合わせたこのやり方は、データ収集の枠組みとしてよく用いられる。広汎に配布した質問紙から量的データを得て、より小規模な対象者のインタビューから質的データを得て、研究データの文脈を補強することは、よく行われる。

3種類のデータ収集戦略を採用した戦略間混合型データ収集の最後の例として、経済学と人類学で行われた研究を挙げよう（例えば、Katz, Kling, & Liebman, 2001；Kling, Liebman, & Katz, 2005）。この研究プロジェクトでは、生活困窮者向けの不動産に住む志願者に対して不動産の保証人を無作為で割り当てることの効果を調べた。この研究の主たる関心は経済的な量的データに向けられていたが、しかし、研究が進むにつれて質的データがより重要となってきた。

この研究では、3種類のデータ収集戦略を採用した。

- 量的質問紙：割付の前後で世帯主に質問紙を配布した。
- 質的観察法：このプロジェクトが行われている間、構造化せずに観察を続けた。
- 質的インタビュー法：世帯主を対象にインタビューを行った。

質的データはこの研究の量的構成要素を再認識させるものとなった。というのは、元々の計画では居住者の安全や健康を研究のアウトカムとしていたが、研究者は、このプロジェクトにはそれ以外のアウトカムにも影響を与えることに気がつくようになったからである。Kling ら（2005）の報告によれば、インタビュー対象となったプログラム参加者の大半は、近所のより安全な住宅に引っ越さなければ自分達の子どもが暴力被害を受けてしまうかもしれないという恐怖を感じていた。

多くのデータ収集戦略を採用した戦略間混合型データ収集

多くのデータ収集戦略を採用した研究の中には、それゆえに、いくつものデータソースを持つものがある。多くのデータソースを扱う調査研究は少なくとも以下の4つの要件を満たしている。

表 10.3　評価の目的に合わせたデータ収集戦略

評価の目的	データ収集戦略と特定のデータソース
目的 1 各マグネット・スクールに通うマイノリティでない生徒の数を増やす（p.111）	（1）UNOB-QUAN—入学に関するデータ （2）UNOB-QUAL—入学者募集計画、学校のポートフォリオ、会議録の調査 （3）OBS-QUAL—入学者募集活動の観察 （4）OBS-QUAN—目的 1 のチェックリスト
目的 2 州認定の指導要領を使用し、確実な手段を用いて生徒に評価得点をつける（p.112）	（5）UNOB-QUAL—職員養成活動に関する記録 （6）QUEST-QUAN—職員、親、地域のメンバーへの質問紙調査 （7）OBS-QUAN—チェックリストを用いた教室観察 （8）INT-QUAL—観察対象となった教師へのインタビュー （9）TEST-QUAL—学生のポートフォリオ （10）QUEST-QUAN—職能に関する教師への質問紙調査 （11）QUEST-QUAL—全体的な印象についての参加者への調査 （12）FG-QUAL—一部の親によるフォーカス・グループ （13）OBS-QUAN—目的 2 のチェックリスト
目的 3 魅力的なカリキュラムを提供する（p.113）	（14）TEST-QUAL—学校のポートフォリオの調査 （15）OBS-QUAL—教室観察 （16）UNOB-QUAL—諮問委員会の議事録 （17）QUEST-QUAN—職員や親などへの質問紙調査 （18）OBS-QUAN—目的 3 のチェックリスト
目的 4 生徒がコントロールグループと同等か、またはそれ以上の成績を上げるように支援する（p.114）	（19）TEST-QUAN—目標基準準拠テストと集団基準準拠テストを含む試験

注：本表のページ番号は、これらの目的が記載された Luo and Dappen（2005）のページ番号である。［原文の］目的 4 は長いため、短縮して書いた。

- 共同研究者の中にデータソースの豊富な環境で働いている者がいる（例えば、教育研究や何らかのプログラム評価を行う環境）。
- 多くのリサーチ・クエスチョンをもつ研究はいくつものデータソースを必要とすることが多い。
- 縦断調査研究はいくつものデータソースを必要とすることが多く、中には研究が進むにつれて新たなデータソースが必要となるものもある。
- 第 7 章に記載した複雑な混合研究法デザインを採用した研究（例えば、順次型、マルチレベル、十分な統合）はいくつものデータソースを生み出すことが多い。

この 4 要件は複雑で多元的なデータベースの使用につながる。例えば、第 1 章で述べた Trend（1979）の評価研究は、並列型混合研究法デザインを採用し、量的および質的な評価質問をいくつか使用した縦断的研究であり、住宅ユニットとプログラム・オフィスに関わるデータソースが豊富な環境で行われた。最終的には、量的データベースには 550 万を超える変数が含まれており、人類学者のフィールド・ノートと履歴は 25,000 頁を超えるものであった。

近年、Luo と Dappen（2005）は、10 種類のデータ収集戦略と 19 のデータソースを持つ極めて複雑な混合型評価研究の結果を公表した。この研究では、量的インタビュー法と質的フォーカス・グループを除き、表 10.1 で示したあらゆる量的／質的データ収集戦略を採用した。この研究には縦断的評価を必要とする 4 つの目的があった。そして、この研究は混合研究法を用いた経時的なプログラムの研究に伴うデザインの複雑性を示す好例でもある。表 10.3 には、Luo と Dappen の研究で用いた 4 つの目的と 10 種類のデータ収集戦略を要約した。

K–12 で行われた教育調査研究はデータソースが豊富な環境で実践された。Teddlie ら（2002）は自分達の現場でデータを作るために、表 10.4 にあるように ABC＋データ収集マトリクスを考案した。

このマトリクスには、データ分析に 4 レベルあり（両親、学生、教室／教師、そして学校／校長）、下記で定義した 4 種類の観測項目がある。

1. 態度変数—学校関係者の抱く感情や感覚
2. 行動変数—教室内での行動を含め、学校関係者による誰が見ても分かるような明らかな行為
3. 認知変数—学校にある文脈：「関係性」の中で、個人が発揮する認知機能や知識のレベル
4. 文脈変数—教育現場での効果的な実践は文脈：「関係性」の影響を受けるため、この要因を加える（例えば、Hallinger & Murphy, 1986；Teddlie & Stringfield, 1993；学校の文脈要因には、学生の身辺に関する社会経済的状況、コミュニティタイプ、学級レベル、そして支配構造が含まれる）

表 10.4　ABC＋マトリクス：教育現場におけるデータ収集モデルとサンプルデータ収集手順

分析レベル	態度指標	行動指標	認知パフォーマンス指標	文脈指標
生徒	クローズド・エンド形式により態度を測定する質問紙 QUEST-QUAN	ある生徒の学校での1日を観察 OBS-QUAL	学力テスト TEST-QUAN	生徒の人口統計学的特性 UNOB-QUAN
教室（または教師）	教師による学年毎のフォーカス·グループ·インタビュー FG-QUAL	クローズド・エンドで反応を記したプロトコルに則った観察 OBS-QUAN	優れた実践に関するポートフォリオ評価への認識 TEST-QUAL	教師の選抜と持続に関する記録 UNOB-QUAN
学校（または校長）	オープン・エンド形式を用いた校長へのインタビュー INT-QUAL	校長の活動に関する自己報告 UNOB-QUAL	学校の改革努力を示すポートフォリオ TEST-QUAL	学校の歴史について校長に記述してもらう質問紙 QUEST-QUAL
親	オープン・エンド形式を用いた親への個別インタビュー INT-QUAL	学校内での親の活動リスト OBS-QUAN	親の直接的関与に対する認識を評価するテスト TEST-QUAN	親が住む地域の写真 UNOB-QUAL

注：この表は Teddlie et al.（2000）を元に作成した。各セルは QUAN、QUAL、MM データ収集戦略を含むことができる。この表で記した例では、簡潔に表示するために QUAN あるいは QUAL とした。

データ収集戦略とデータソースの例についても**表 10.4** に示した。

要約

本章の全体的な目的は、実現可能な混合型データ収集戦略の多様さについて解説をすることであった。混合研究法に合わせたデータ収集戦略マトリクスでは、レベル 1（3 種類の主な方法論）とレベル 2（6 種類のデータ収集戦略）を掛けあわせて 18 通りのセルを示した。

混合型データ収集とは、1 つの研究の中で量的データと質的データの両方を集める事を意味する。混合型データ収集戦略には 2 つの基本型がある。つまり、質的データと量的データを集める際に共通のデータ収集戦略を採用する戦略内混合型データ収集、そして質的データと量的データを集める際に複数のデータ収集戦略を採用する戦略間混合型データ収集である。

マトリクスにある 18 セルについて各々簡単に解説し、具体例を示した。本書で強調しておきたいことは、どのデータ収集戦略も質的データと量的データのどちらのデータも採取可能であるということだ。

本章では混合型データ収集戦略の例を多く紹介し、データ・ソースの単純な組み合わせ（例えば、戦略内混合型データ収集の組み合わせ）から解説し、より複雑な応用（例えば、たくさんのデータ収集戦略を採用した戦略間混合型データ収集）についても説明した。

第 11 章では、研究プロセスとして次の段階である、適格な混合型データ分析戦略の選択について説明をする。次章では最初に質的データ分析戦略を概説し、次に量的データ分析手法について論じる。第 11 章では、第 7 章で解説した 5 種類の混合研究法デザインに対応する 5 種類の混合型データ分析戦略の議論に紙面の大半を割く。

注

1）フォーカス・グループ・インタビューのサイズは 6–8 名の参加者が最適と言われている（例えば、Tashakkori & Teddlie, 2003a）。

2）質問紙（questionnaire）と調査（survey）は研究論文では言い換え可能な用語として使用される。それにも関わらず、本書では質問紙を、他のデータ収集戦略と組み合わせ可能な特定のデータ収集戦略を含意する用語として使用する。なぜならば、調査研究として知られるように、調査はより一般的な意味合いを持つことが多い用語であるためだ。

3）統制の所在は Rotter（1966）が提唱した概念で、パーソナリティ理論の分野でよく研究されている（例えば、Lefcourt, 1982）。統制の所在が内側に向く人は、自分の境遇や成果は自らの行いが影響していると疑わない。統制の所在が外側に向く人は、自分の境遇や成果は自らの行いが影響しないと考える。

4）信頼性（reliability）とは、測定に際してテストのもつ一貫性を示し、一方、妥当性（validity）とは、テストが測定しようとしているものを測定している程度を示す。データ／測定の信頼性と妥当性に関しては、第 9 章でより詳しく論じた。

5）戦略内混合型データ収集に比べ、戦略間混合型データ収集は混合研究法論文で目にする機会が多い、その理由の 1 つとして戦略間の方が取りうる組み合わせが多いことが考えられる。

第11章

混合研究法データの分析

学習の目標

本章を読み終えたときに、次のことができるようになっていること。

- 質的データ分析戦略の３つのタイプを区別し、それぞれ例を挙げる。
- 質的データ分析において主題がなぜそれほどまで重要なのかを論じる。
- 継続比較法について述べる。
- 現象学的分析について述べる。
- 記述統計と推計統計を区別する。
- 単変量統計と多変量統計手法を区別する。
- パラメトリック統計とノンパラメトリック統計を区別する。
- 並列型混合データ分析戦略を用いた研究について述べる。
- 変換型混合データ分析戦略を用いた研究について述べる。
- 順次型混合データ分析戦略を用いた研究について述べる。
- データ分析の融合や変形データの意味を説明する。
- マルチレベル混合データ分析戦略を用いた研究について述べる。
- 完全統合型混合データ分析戦略を用いた研究について述べる。
- 伝統的な量的分析を用いて質的データを分析する手法について述べる。

本章では、混合研究法で生み出されるデータの分析に力点を置くが、まずは質的データ分析と量的データ分析という2つのセクションで始めることにする。その理由は簡単である。読者は質的データや量的データを分析する基本的戦略について先に熟知する（または再確認する）必要があり、それからでないとこうした技法が混合型研究でどう結びつくのか理解できないからである。

従って、最初に質的研究のオリエンテーションが持つ主な特徴の説明を含め、伝統的な質的研究におけるデータ分析戦略の概要を示す。質的データ分析で一般的な3つのタイプを、各タイプの例とともに示すことにする。

次に、伝統的な量的研究におけるデータ分析戦略の概要を示す。特に、これらの戦略を区分する3つの点（記述と推計、単変量と多変量、パラメトリックとノンパラメトリック）に力点を置く。

その上で、さまざまなタイプの混合データ分析戦略について論じるが、これは先述した2つのタイプの分析を1つの研究の中で結びつけたものである。戦略については、文献から具体例を挙げる。混合データ分析のセクションでは、第7章で論じた混合研究法デザイン（並列型、変換型、順次型、マルチレベル型、完全な統合）を実施する過程や、ある伝統の分析技法を他の伝統の分析に応用する方法に重点を置く。

質的分析と量的分析の類似点については、次の2つの一般的課題があるので、本章を読むにあたって心に留めておいてもらいたい。1つ目は帰納的論理と演繹的論理の特性に関するものであり、2つ目は質的データと量的データを分析するコンピュータープログラムの絶え間ない進化である。まず、質的データ分析は、典型的に創発的主題を見つける目的で使われるため、(いつもではないが) しばしば帰納法的である。だが、分析的帰納法といった質的分析手法には、本章の後半で述べるように、演繹的な要素も含まれている。

同様に、量的データ分析は、予測や仮説を検証する目的で使われることが多いため、(いつもではないが) しばしば演繹的である。だが、量的分析であっても、特に探索的研究に用いられるときなどは、帰納的である。要約表や視覚表示を用いて調査し、膨大なアーカイブ・データセットからパターンを見出そうとすることは、こうした分析の1例である。

従って、読者は帰納法と質的データ分析、または演繹法と量的データ分析とが1対1で対応しているわけではないことを心得ておかなければならない。質的データ分析であっても量的データ分析であっても、帰納的論理と演繹的論理の両方を使うことができるのである。

心に留めておくべき2つ目の課題は、最新版の質的データ分析プログラム（例えば、NVivo と AtlasTi）では、統計分析（多くは記述的分析）もいくらかできることである。こうしたプログラムの出現により、質的データ分析と量的データ分析の間に想定されていた境界は、ますますなくなりつつある。

質的データの分析戦略

質的データ分析とは、音声、映像、その他の形式で保管されたデータを含む、さまざまなナラティブ・データの分析のことである。ナラティブ・データは通常、分析のために原資料を部分的に加工してデータに変換したものであり、これによって特定の分析スキームの対象となる。質的データを分析する方法は数多く存在するが、与えられたデータベースに対して最適な手法を選ぶルールに絶対的なものはない。後に続くセクションでは、まずナラティブ・データの分析が持つ一般的な特性について論じ、次に質的データ分析の3つの異なるタイプについて、情報と具体例を示すことにする（第2章ですでに定義した質的分析の用語を参照）。

質的データ分析は帰納的、反復的、折衷的である

質的データ分析は本来、その大半が帰納的である。Patton（2002）は、質的研究の主な12の原則の1つとして「帰納的データ分析と創造的統合」（p.41）を挙げた。帰納的データ分析には、特定の事実やデータから一般的な主題や結論まで議論することが含まれている（帰納的推論のさらに詳細で完全な定義については**表3.1**を参照）。そのため、帰納的データ分析において、主題や理論的基準は「データに基づくもの（grounded）であり、ア・プリオリに与えられるものではない」（Lincoln & Guba, 1985, p.344）。グラウンデッド・セオリーは、質的データの帰納的分析として、最もよく知られた方法論である（例えば、Charmaz, 2000, 2005；Strauss & Corbin, 1998）。

本章の最初で述べたように、質的データ分析には、演繹的論理を含めることも可能である。例えば、質的研究者の中には**分析的帰納法（analytic induction）**（例えば、Berg, 2004；Denzin, 1989b；Patton, 2002；Taylor & Bogdan, 1998）として知られる方法を使う者もおり、これは次のように定義してよいだろう。

> この戦略では、現象のカテゴリーやカテゴリー間の関係についてデータを精査し、初期ケースの調査に基づいて類型や仮説を発展させ、次に続くケースを元にこの類型や仮説をさらに修正、精錬させていく。（LeCompte & Preissle, 1993, p.254）

分析的帰納法における重要な特徴の1つは**否定的事例分析（negative case analysis）**である。否定的事例分析とは、質的データの中でそれまで予測されたり確立されたりしたパターンには当てはまらない事例を探すことであり、これによって生成した仮説上の関係や理論を拡張したり調整したりすることが可能になる（例えば、Berg, 2004）。

質的データ分析は反復的であり、データ収集とデータ分析の間を行ったり来たりする過程を伴う。質的データ分析は反復的過程であり（例えば、Dey, 1993、Patton, 2002）、データを収集している間にフィールドで始まり、研究報告を書く最中であっても続く。Taylor と Bogdan（1998）はこうした概念について次のように述べた。「量的研究と異なり、質的研究では通常、データを収集する人とコードを入力する人との間に労働の区分はない。…質的研究において、データ収集と分析とは手に手を取り合って同時に進行するものである」（p.141）。データを収集する間やその後も、さまざまなデータ・ソースを繰り返し組み合わせることで、最終的に主題を生み出すのである。

質的データ収集と分析が持つ反復的性質は、ほとんどの量的データ分析には見られないものである。量的研究では、データ分析が始まる前にデータ収集は終わっていることが一般的だが、質的研究では分析中であってもデータ収集が続くことが多い。ただ、いずれのケースにおいても、分析過程とは反復的なものかもしれない。例えば、量的研究者が以前集めたデータを繰り返し吟味し、安定したパターンが見つかるか仮説が十分検証されたと確信が持てるまで、さまざまな戦略を使って分析を行うこともあるだろう。

質的研究が持つ反復的性質と量的研究との違いは、演繹的推論過程と帰納的推論過程の違いから生じている。演繹的過程では、特定の結果を予測するある仮説が生成され、データを集めて、その仮説を検証する。一方、帰納的な質的研究の過程では、データは理論、主題、結論を組み立てるために用いる。帰納的な質的研究の過程では、研究者—分析者が情報の各切片からだんだんとその意味を解釈し、他のデータを集めるに従い、解釈を変化させていくため、量的研究よりも反復的となる。

Dey（1993）は質的データ分析の反復的特性について次のように述べた。

> 質的データの分析は、一連の螺旋として想像するのが現実的であろう。分析の進捗を俯瞰して見れば、われわれはそのさまざまな局面において、行ったり来たりしながらループしているのである。…例えば、データを読んで注釈をつける時、データを分類して結びつける作業をすでに予測している。カテゴリー同士を関連づけながらも、当初作ったつながりやカテゴリーを見直している。分析過程のどこにあっても、データに戻って読み返すことができるし、記述

を作り出せるかもしれないと期待することができる。(pp.264–265)

質的データ分析は折衷的である。特定の質的データベースに対し、単一の、特定のデータ分析スキームを「処方する」ことは難しい（例えば、Coffey & Atkinson, 1996）。質的データを分析する研究者は一般に、対象となるデータセットに最適な分析ツールのなかから、利用可能なものを折衷的に混合しながら使っている。

なぜこうした混合を行うかというと、質的データベースの徹底的な分析には、異なるさまざまな分析手法が必要になることが多いからである。質的データベースを作るとき、研究者は幅広いソースから情報を集めようとすることが多い。同じ調査研究で観察的なデータ、インタビュー・データ、2次データを分析するような場合、データ・ソースのこうした違いに合わせて、複数の分析手法を使わなければならないことが、分析者にはたびたび生じる。

Denzin と Lincoln（2005b, p.4）は、質的研究者をブリコラージュする人、つまりデータ収集の方法論と分析戦略を幅広く用いる人と呼んだ。彼らによると、どの分析ツールを使うかという選択はあらかじめ決まったものではなく、研究における特定の文脈の中で何が利用できるのかによって決まるという。

質的データ分析における主題の探求

どのタイプの質的データ分析も、**主題**（**themes**）の探究を行う。主題とは、研究対象である現象の主な特徴や特質のことである。ほとんどの質的分析手法には、調査者が集めた特定の情報を調査し、**創発的主題**（**emergent themes**）を生み出すことが含まれる。一方で、質的分析の中には、演繹的データ分析や大量の調査結果、理論に基づく**ア・プリオリな主題**（**a priori themes**）を利用するものもあるが（例えば、Miles & Huberman, 1994）、それほど一般的ではない。

違う名前で呼ばれることが多いものの、人文科学は事実上全て、**主題分析**（**thematic analysis**）を行っている。Boyatzis（1998）は、主題分析の過程を「ものを見る（seeing）」方法と表現した：「観察があって理解がある。重要な瞬間への気づき（見ること）があって、それがコード化され（そこに何かを見ること）、次に解釈が生まれる。主題分析はこうした3つの探求段階を進むのである」(p.1)。

同様に、Eisner（1998）はホリスティック戦略という観点から主題分析を次のように表現した。

> 教育的批評のなかにある主題を定式化するとは、批評家が書くような状況に浸透し、繰り返し現れるメッセージを同定することである。主題とは、状況や人が持つ主な特性のことであり、アイデンティティを規定したり説明したりするような場所、人、対象の特質のことである。主題とは、ある意味、そこに浸透している特質のことである。浸透している特質には、状況や対象に広く行き渡り、これらを1つにするようなところがある。(p.104)

例えば、James Spradley（1970）は、第7章の**Box 7.3**で説明したように、都市のホームレス男性の生活に関する分析をまとめた。いくつかの特徴を対比させて生まれた主題を、彼は最終的に移動性と呼んだ。この主題に関する分析的領域の1つは、「ブタ箱に入るプロセス」であり、都市のホームレスが投獄され、後に釈放されるまでを段階的に概観するものであった（「ブタ箱」とは刑務所のことである）。

質的データ分析の３つの一般的なタイプ

質的データ分析については、複数の分類が提唱されている（例えば、Coffey & Atkinson, 1996；Creswell, 1998；Dey, 1993；Flick, 1998；Maxwell, 1997）。本章では、以下の3つの質的データ分析戦略について触れる。

1. カテゴリー化戦略とは、ナラティブ・データを分解し、データを再編集して比較しやすいカテゴリーを作るものである。これによって、リサーチ・クエスチョンをさらによく理解できるようになる。
2. 文脈化（ホリスティック）戦略とは、まとまりのある「テキスト」全体の文脈において、ナラティブ・データを解釈するものである。これには、発言間やイベント間などにある相互関連の分析も含まれる。互いに結びついたナラティブの中にパターンを見出す手法も含まれている。Moustakas（1994）は、この方法を「単に経験したことや経験の一部ではなく、経験の全体性に焦点を合わせるものである」(p.21) と特徴づけた。

「切片化」（カテゴリー化）戦略と「文脈化」戦略には、根本的な違いがある（例えば、Mason, 2002；Maxwell, 1997）。「切片化した」データは類似点を基に後でまとめられるが、「文脈化した」データは切れ目のない情報に基づいて理解される。Atkinson（1992）はこの対比を表現して、「パッチワーク」に対する「一枚布」での作業と呼んだ (p.460)。Mason（2002）は文脈化戦略を使う理由を次のように述べている。「データセットのなかで互いに関連し合う要素はあまりにも複雑なので、カテゴリー化戦略を使ってもうまく分析することができないから」。「設定が変われば現象はいかようにも変わるように、研究では文脈が重視されるから」。「共通した一連のカテゴリーで全てをまとめるべきだという考えを、研

表 11.1　質的データ分析における 3 つのタイプの例

一般的タイプ	例
カテゴリー化	潜在内容分析と顕在内容分析 継続比較法 グラウンデッド・セオリー技法 段階的研究手順法（Spradley, 1979, 1980）
文脈化 （ホリスティック）	現象学的分析 ナラティブ分析 個別ケース・スタディ エスノグラフィー分析 メタファー分析 質的データ分析への批判理論アプローチ
データ表示	効果マトリクス ソシオグラム 概念マップ、またはメンタルマップ Spradley（1979, 1980）の段階的研究手順法に関連した図表 分類学的構造（ボックス・ダイアグラム、ライン・ダイアグラム、アウトライン・フォーム）

究者自身が否定するから」。

3. **質的データの表示**（**qualitative data display**）とは、質的データ分析によって生成した主題を視覚的に表現することである。カテゴリー化戦略、文脈化戦略、その他のデータ分析スキームで得られた情報を要約するためであっても、こうした表示を使うことは可能である。

表 11.1 に 3 つの質的データ分析戦略に関連する何種類かの手法を要約して示す。

類似原則と対比原則

主題分析の主たる 2 つの原則は類似原則と対比原則であり、Spradley（1979）は以下のように定義した。

1. **類似原則**（**similarity principle**）とは、あるシンボルの意味は、他のシンボルとどう似ているかを見つけることで発見できる、というものである。
2. **対立原則**（**contrast principle**）とは、あるシンボルの意味は、他のシンボルとどう違うかを見つけることで発見できる、というものである。（pp.157–158）

類似原則は、**表 11.1** に示した全ての分析システムで実際に使われている。例えば、カテゴリーは類似する内容を持つまとまった情報を探したり（例えば、継続比較法）、「総称となる用語（cover term）」のもとでまとめられる用語を見つけたりすることで決まる（例えば、Spradley, 1978, 1980）。類似原則が指針となって、データの中に共通点を見出そうとする研究者の分析を助け、主題分析のプロセスが進む。

対比原則は、Spradley による分析システム（1979, 1980）の最終段階で使われるものである。また、生成したカテゴリー間での相互排他性（例えば、特殊性）を見出す継続比較法の一部でもある。Yin (2003) も、事例間の違いを調査したケース・スタディの比較研究で対比原則を利用している。

カテゴリー化戦略の例：継続比較法

QUAL データ分析における**継続比較法**（**constant comparative method**）は、Glaser と Strauss（1967）らが系統化し、後に特に Lincoln と Guba（1985）らが精錬させた方法であり、カテゴリー化戦略の中でも最もよく使われる方法の 1 つである。この手法によって、分析者はさまざまなデータ切片を比較し、カテゴリーを精密化したり厳密化したりしながら、概念レベルを上げていく。Taylor と Bogdan (1998) によると、継続比較法を使う質的研究者は、「概念を作り上げるためにデータのコード化と分析とを同時に行う。データの中にある特定の出来事を継続して比較することにより、研究者は概念を精錬させ、特性を明らかにし、概念どうしの関係を調べて、一貫した理論へと統合していく」（p.137）という。

Glaser と Strauss（1967）は、継続比較法には、次の 4 段階があると述べている。

1. 各カテゴリーに当てはまりそうなできごとを比較する―各「できごと」とそのできごとが分類される（または、分類されない）可能性があるカテゴリーとを比較する
2. 複数のカテゴリーとその特性を統合する―いくつかの「できごと」と、そのできごとが分類される可能性があるカテゴリーを説明する暫定的なルールとを比較する
3. 理論が及ぶ範囲を定める―元の大量のカテゴリーリストを切り詰め、より包括的で飽和したカテゴリーのセットになるよう減らしていく。

Box 11.1　Cathy の、力の現象学的理解

Moustakas（1994）は、自分の学生である Cathy が、現象学的な調査を通じて権力に対する理解を深めたことについて、次のように説明した。

Cathy が吐露したように、力とは、長子という役割上の力であって、依存関係を作りだし、他より強く、しかも自分が思っている以上に強いと感じさせ、他を教え、安心させ、他に同意を求めさせるものである。Cathy はこの特徴は消極的な力なので、自分のためになることを実現させる個人的な力の方へ移行したいと考えているが、心の中には、自分の力を他人にも人生にも及ぼしたいという強い気持ちがある。（p.64）（『現象学的心理療法』杉村省吾訳、p.56, ミネルヴァ書房，1997）

4. 理論を書く。（p.105）

Lincoln と Guba（1985）らは、Glaser と Strauss（1967）による手法の最初の段階に焦点を当てることで、継時比較法に操作上の改善—ユニット化とカテゴリー化—を加えた。**ユニット化の過程（unitizing process）**では、ナラティブ・データを意味のある情報の最小単位である情報ユニット（units of information）に分解する。情報ユニットは多くの場合、主題に関係するフレーズだが、単語、段落、特性、事柄、概念などのこともある（Berg, 2004）。各情報ユニットは、データソース、データを集めた場所、データ収集のエピソードなどに関連していなければならない。

カテゴリー化の過程（categorizing process）では、同じ内容に関係する情報ユニットを暫定的なカテゴリーにまとめ、カテゴリーの特性を説明するルールを考案し、内的一貫性のある一連のカテゴリーや相互排他的な全てのカテゴリーを表示する。各カテゴリーの内的一貫性とは、あるカテゴリーに分類された全ての情報ユニットが、そのカテゴリーを定義する同じルールに従っていることを意味する。内的一貫性は類似原則に基づくものである。カテゴリーの相互排他性とは、全てのカテゴリーが定義によって明確に区分されていることを意味する。相互排他性は対立原則に基づくものである。**Box 7.6** で取り上げた Schulenberg（2007）の論文には、ユニット化とカテゴリー化に関する興味深い例が含まれている。

文脈化戦略の例：現象学的分析

Moustakas（1994）は、質的分析における文脈の重要性を次のように示した。「ある特定の状況という文脈での経験について、オリジナルな記述に表われる有意義で具体的な関係を理解することが、現象学的知識が第一に目指すところである」（p.14、傍点部は原文では下線）。

ここでは、（第 6 章、注 6 で定義した）現象学を用いた研究例について取り上げる。これは文脈化戦略の例であり、Clark Moustakas が書いた現象学の研究方法の文献（1994）から引いた。Moustakas（1994）は、彼が超越論的現象学と呼んだところの原則をいくつか挙げたが、うち 5 つは次のように言い換えられるだろう。

1. 超越論的現象学は全体性に関心がある。ここでいう全体性には、現象の「本質」が明らかになるまで、多くの観点から存在を精査することが含まれる。
2. 「外観」から意味を探し、「経験における意識的な行為への直観と内省」を通じて「本質」に到達する。
3. 分析や説明ではなく、「経験の記述」に関与する。
4. 調査者は、調査対象となる存在に「個人的な関心」を抱いている。そのため、プロセスは必然的に「自叙伝的」になる。
5. 科学的調査の主なエビデンスは、調査者の「思考、直観、内省、および判断」である。（pp.58–60）

志向性は、現象学における重要概念であり、Moustakas はこれを意識の同義語として使った。ある現象に関する調査が進むにつれて、研究者は自分の経験の全てをその現象の本質に集中し、次第に意図的に現象を意識するようになる。Moustakas（1994）は、学生（Cathy）の 1 人が自分と家族との関係を精査することで、権力という現象をいかに研究していったかを詳しく例示した。Cathy が行った権力の現象学的分析の説明については **Box 11.1** を参照のこと。

質的表示の例：ソーシャルネットワーク分析

質的データ表示によって、分析者はデータの量を減らしたり、一貫性のある全体として読者が情報を視覚化できる形式で、そのデータを提示したりできるようになる。例えば、ソシオメトリック・データは、集団内の複雑な人間関係を要約したソシオグラム（ネットワークダイアグラム）の形式で示すことができる。ソシオメトリック・データの分析に関する研究領域は、元々ソシオメトリーと呼ばれていたが、現在ではソーシャルネットワーク分析と呼ばれている。ここでいう分析には、「集団内における関係性の構造の同定と分析」（Fredericks & Durland, 2005, p.15）が含まれる。

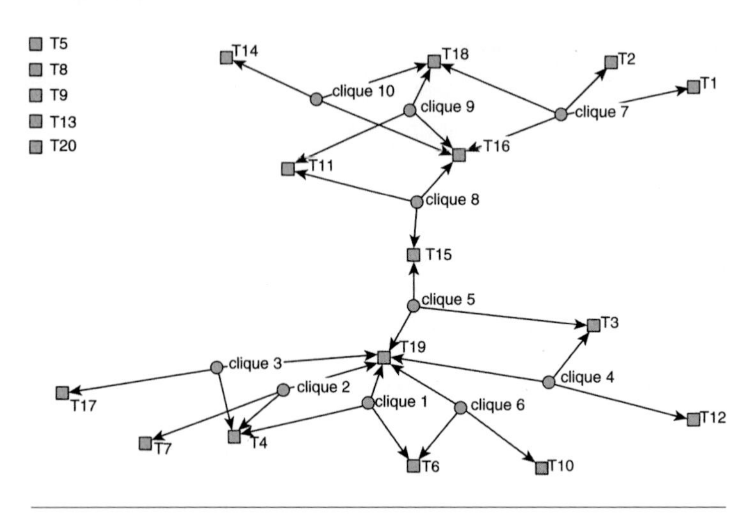

図 11.1　機能していない高校での派閥形成のネットワーク分析（ソシオグラム）。四角は個々の教員を、丸印は教員の派閥を、左上の四角は孤立した教員を示している。
引用：Kochan & Teddlie（2005, p.48）

ソシオメトリックな問いは、一般に非常に単純なものである。例えば、先週クラス内で話をした人を全て列挙するよう生徒に尋ねたり、先月最も話をした 3 名の先生を挙げるよう教師に求めたりするようなものだろう。こうした単純な問いから生まれたデータからは、次のような成果を生み出すこともできる。

- ソシオグラム（ネットワークダイアグラム）：個人間の関係を二次元で描いた質的な図あり、研究している社会構造の視覚的表現
- ソシオマトリクス：社会単位間の関係を示した量的指標

ソーシャルネットワーク分析は、必然的に混合研究法の技法であるといえる。というのも、質的結果と量的結果が両方得られるからである。

図 11.1 に、機能していない高校での派閥形成のソシオグラムを示した（Kochan & Teddlie, 2005）。わずか 20 名ばかりの教師の中で、いくつもの派閥や孤立者が存在していた。教師の対人関係を示した視覚的表現は、効果的でない教師の間に存在する機能不全のダイナミックスについて、強い説得力とともに示している。

量的データの分析戦略

量的データ分析とは、さまざまな統計手法を用いる数量的な分析のことである。質的データ分析戦略を分類する方法には、違うものがいくつかある（例えば、Gravetter & Wallnau, 2007；Hinkle, Wiersma, & Jurs, 1998；Jaccard & Becker, 2002；Shavelson, 1996）。この要約では、量的データの分析手法における 3 つの区分について論じる。

1. 記述対推計統計
2. 単変量対多変量統計
3. パラメトリック対ノンパラメトリック統計

まず、3 つの区分について概観し、次にそれぞれについて詳述する（第 2 章ですでに定義した量的分析の用語を参照のこと）。

伝統的な量的データ分析の方法は、記述統計/記述的手法か、推計統計/推計的手法に分類されるものがほとんどだろう。記述的手法とは、傾向やパターンを見出すことを目的にデータを要約したり、理解やコミュニケーションがしやすくなるよう結果を要約したりする手順のことである。こうした戦略による成果は通常、記述統計と呼ばれ、度数分布表、平均、相関関係といった結果が含まれる。

推計的手法は、記述的な結果を検討した後で用いるのが典型的である。通常は、仮説を検証したり、記述的結果から得た結果を確証または反証したりするために用いる。推計統計の例としては、ある方法でスペイン語を学習した生徒の方が、そうでない方法で教わった生徒よりも点数がよいかどうかを判断する *t* 検定などが挙げられる。確認的因子分析は、また別の推計的手法であり、研究で得た記述的な量的結果のパターンを、その後で確証または反証するために使うことができる（*t* 検定や因子分析のような用語の詳しい説明は本章の後半で述べる）。

量的データ分析における 2 つ目の主要な区分は、単変量か多変量かの手順にある。**単変量統計（univariate statistics）**では、分析の焦点となる 1 変数（例えば、予想されるイベント、実験における 1 つの独立変数）

表 11.2 記述統計学の要約

記述統計	定義	例
度数分布表とグラフ	変数と発生頻度（または割合）の要約表示であり、1 度に複数の変数を表示することがある。	表 グラフ 行と列に違う変数を配置した分割表
中心傾向の測定	1 群の観察/得点を 1 つの値に要約したもの	最頻値（集団で最も頻繁に出現する得点） 平均値（得点の平均であり、総得点を得点の数で割ったもの） 中央値（得点の 50%がその値の上にも下にも収まる値）
ばらつきの測定	データセット内での得点のばらつきを示したもの；偏差の値（平均値からの各得点の差）	平均偏差や分散などの偏差の値 標準偏差（最も広く使われる平均の指標）
相対的位置の測定	他の得点に対するある得点の相対的位置を示す単一の指標	パーセンタイル順位、これはある特定の得点の下に占める得点のパーセント） z 得点 標準得点
関連性/関係の測定	2 つ以上の変数間の関係の程度を示す単一の指標	相関係数（変数間の関係の強さを示す、例えば、ピアソンの相関係数）

と、1 つ以上の変数（例えば、予測研究における複数の予測変数、実験における複数の従属変数）との関連づけを行う。**多変量統計（multivariate statistics）**では、複数の従属（予測される）変数と独立（予測）変数との間にある連立関係（例えば、正準相関）など、2 つ以上の変数を相互に関連づける。多変量解析は、より単純な単変数解析を行った後で行うことが典型的であり、それによってさらに重要な（a）変数間の関係や（b）集団間の違いを確定する。例えば、2 つの変数間に強い多変量相関関係があった場合（例えば、さまざまなメンタルヘルスの尺度や指標と社会経済的地位の指標）、それぞれの従属変数または予測される変数（例えば、うつ尺度の点数）と一群の独立変数（または、教育や収入といった予測変数）との相関関係を調査するといったことがこれに当たる。

量的データ分析における 3 つ目の主要な区分は、いわゆるパラメトリック統計かノンパラメトリック統計かといった点にある。この区分は、量的データ分析手法が分析対象となるデータの種類に大きく依存していることを示している。パラメトリック統計は非常に強力な手法だが、本章の後半で述べるように、分析するデータが特定の前提（例えば、独立性、正規性、等分散性）に合致していることを必要とする。ここでいうデータとは、間隔尺度（または比例尺度）[1]を使って集めたものをいう。間隔尺度は、順序（例えば、5 点は 4 点よりも大きく、4 点は 3 点よりも大きい）を用いて測定する尺度であり、尺度上の間隔は数字的に等しい。第 10 章で紹介したリッカート法のような、多くの態度尺度や性格検査は間隔尺度であると考えられている。要約すると、間隔尺度はパラメトリック統計を用いて分析され、パラメトリック統計の前提に合ったデータセットを生み出すものといえる。

ノンパラメトリック統計は、「研究の母集団についての前提をほとんど必要としない。ノンパラメトリック統計は、順序尺度データや名義尺度データに使うことができる」（Wiersma & Jurs, 2005, p.391）。名義尺度とは、順序を伴わない変量を測定するものである（例えば、次のようなオープン・エンドの質的尺度：どのような学校に通ってますか？）。順序尺度は、順序を伴う変量の測定をするが（例えば、順位づけられたデータを作るために使うことができる）、尺度上の間隔が等しいことは前提になっていない。ノンパラメトリック統計は、一般的にパラメトリック統計よりも強力ではないと考えられているが、間隔尺度で得られたデータほど構造化されていないデータを分析するときに使うことができる。

記述統計学的方法

記述統計学的方法には、簡単に解釈できるような表やグラフ、集団を代表する得点を表示することで、数量データを要約する技法がある。その目的は、データを理解したり、パターンや関係を見つけたり、結果を分かりやすく伝えたりすることにある。これらの目的は、変数が持つ特性や関係に関する読者の理解を助けるような、イメージやグラフ、要約を通じて達成される。記述的データ分析で最もよく使われる手法を**表 11.2** に要約した。本章の次のセクションに進む前に、この表をよく見直して、基本用語は確実に思い出せるようにしておいてほしい。

推計統計学的方法

記述的統計学だけでは、多くの研究目的にとって十分ではない。ここでいう研究目的には、推定（サンプルからの情報に基づき母集団についての推論を行うこと）や仮説検定が含まれる。仮説検定のためのデータ分析手法は、集団間の相違や変数間の関係があった場

Box 11.2　推計統計学的分析の基本：帰無仮説、αレベル、統計学的有意性

推計統計学的分析で行う統計学的有意性の検定は、得られた結果が偶然やランダムエラーによるものか、それとも変数間に真の関係があるのか、という可能性について、情報を提供してくれる。仮に、結果が統計学的に有意であれば、研究者は偶然だけでその結果が得られたわけではないと結論付ける。

推計統計学は、このような偶然のばらつきの程度を推定する方法である。加えて、関係や効果の大きさについても情報を提供してくれる。

推計統計学的分析に関するいくつかの定義をここで示す：

- **帰無仮説（null hypothesis）**とは、集団間の平均値に差がないことや変数間に関係がないことをいう。
- 対立仮説とは、集団間や、変数間の関係に真の差があることをいう。
- αレベルとは、帰無仮説が棄却される最大の確率をいう。慣習的に、0.05と設定するのが一般的である。
- **統計学的有意性（statistical significance）**とは、集団間での平均値の違いや、変数間における関係に基づいて、帰無仮説が棄却できるという判定をいう。ある結果が統計学的に有意であるかどうかを決めるαレベルと、確率（p）によって出来事が起きる確率を比較する。例えば、研究開始前に$\alpha=0.05$と設定し、得られた確率がαより小さければ（つまり$p<0.05$なら）、その結果は統計学的に有意であると考えられる（つまり、帰無仮説は棄却される）。

合に、そこにどの程度の誤差が含まれているのかという推測に基づいている。

このようなデータ分析手法は通常、第2章で定義したように、推計統計学的方法に分類される。例えば、2つの集団の平均値の差が有意かどうかを検定する際に使うt検定や、変数間の関連の程度を決定するために用いる重回帰分析がある。推計統計学に関する帰無仮説や対立仮説の定義、αレベル、統計学的有意性などの詳細については、**Box 11.2**に書いた。推計統計学的方法に関するこれ以上の詳細な議論は本書の射程を越えている。

以下の短いアウトラインは、最もよく使われる複数の統計学的技法を2つのカテゴリー――変数間の関係に真に差がないかを判定するものと、集団間の差を検定するために平均値を比較するもの―に分けてリストにしたものである。

1. 変数間の関係（相関係数または回帰スロープ）に真に差がないかを判定する。
   A. ゼロからピアソンrの有意差を判定するためのt検定
   B. 重相関の有意差を判定するためのF検定
   C. 重相関分析におけるスロープの有意差を判定するためのt検定
2. 集団間の平均値の差を検定する。
   A. 標本の平均値と母集団の平均値を比較するz検定
   B. 2つの標本の平均値を比較するt検定：
      i. 独立した観察セット：独立集団のためのt検定
      ii. 非独立の観察セット（マッチング集団、反復観察など）：非独立集団のためのt検定
   C. 2つ以上の標本の平均値を比較するための、または（2つ以上の独立変数を伴う）要因計画において平均値を比較するための分散分析（ANOVA）
   D. 剰余変数による変動を制御しながら、2つ以上の標本の平均値を比較するための共分散分析（ANCOVA）

WoodとWilliams（2007）は、変数間の関係に真に差がないかどうかを判定する統計学的分析の例（ピアソンの相関係数）となる研究を行った。彼らはギャンブル行動に関する12項目の後向き自己報告と、日々のギャンブルを評価する日記を収集した。日記による評価は、実際のギャンブル行為を（先行研究によれば）正確に測定するとされる。判定したかったのは、後向き自己報告のどの項目が、日記による評価と高い相関関係にあるのかということであった。0.5以上の相関は、効果量が大きいことを示している（例えば、Cohen, 1988）。日記の内容と0.5以上の正の相関があった自己報告項目は、わずか1つしかなかった。その項目とは、1日どの程度の時間を特定のギャンブル活動に費やしたか、という推測である。0.72の相関係数は$p<0.001$のレベルで有意であった。結論は、特定のギャンブル活動に費やした時間を推測する自己報告項目が、後向き調査で使うには唯一にして最良の項目である、というものとなった。実際のギャンブル行為を正しく評価することで知られる方法（日記評価）とこの項目とが、最も高い相関を示したからである。

第6章の**Box 6.4**で説明したLasserre-Cortez（2006）の研究は、集団間の平均値の差を検定するという統計学的分析の例である。仮説1では、2つの異なる学校集団間（専門職実地共同研究やPARCに参加した学校とその対照となる学校）の平均値の差を検定した。仮説2では、2つの異なる教師集団間（PARCに参加した学校の教師と対照となる学校の教師）の平

均値の差を検定した。2つの仮説を t 検定で分析した結果、仮説1は $p<0.01$ レベルで支持されたが、仮説2は支持されなかった。

単変量対多変量統計手法

この前のセクションでは単変量統計について触れたが、単変量統計は1つの（従属）変数に基づいたものや、相関の場合には、1つの変数と他の複数の変数との関係を説明するものであった。単変量をこのように使うことも重要ではあるが、人間科学の研究では、複数の変数間の関係を同時に扱うことが多い。「実際の世界」が、ある1つの変数と関係する単変量や、複数の変数で形作られる単変量から成り立つことはほとんどない。同じことがほとんどの人間科学研究にも当てはまるのである。

例えば、大学での成功と、状況的変数や個人的変数の組み合わせとの関係を見出すことに関心があるとしよう。大学での成功は複数の指標で定義されることが多い。成功を表す複数の指標（例えば、学業成績平均値（GPA）、卒業までの期間）とその他複数の変数の組み合わせ（例えば、高校でのGPA、親の学歴、親の収入）との間にある相関が、多変量相関（つまり、正準相関）である。一方、GPA（単独）とその他複数の変数の組み合わせとの相関は、（重相関として知られる）単変量相関である。

重回帰分析において、研究者が複数の予測変数から予測するのは、1つの変数（大学のGPAなど）である。重相関は、予測の妥当性を要約したものである。

他方、研究者が複数の変数の組み合わせから、複数の成功指標の組み合わせを予測するのであれば、それは多変量回帰/予測をすることになる。この場合、正準相関係数が予測の妥当性を要約したものになる。例えば、研究者は、高校生の自己効力感、学業に関する自己概念、前年度のGPAと、成績に関する3つの指標（数学、科学、読書力テスト）を組み合わせたものとの正準相関の判定に関心を持つかもしれない。

他の多変量方法の例としては、多変量分散分析（MANOVA）と因子分析がある。MANOVAとそのバリエーション（Stevens, 2002；Tabachnick & Fidell, 2007参照）は、組み合わせた変数の差を集団間で比較するときに用いられる。探索的因子分析は、一連の尺度/変数の背景に存在する特性（構成概念）を決定することを目的としている。確認的因子分析やそのバリエーションには、構造方程式モデリングなどがあるが、その目的は予測した構成概念の構造がデータの中にあるかどうかを確かめ、あるという仮説を検定することにある。

量的研究が調査するほぼ全てのトピックスは、実際のところ多変量といえる。たとえ単純な実験でも、優れた研究者なら複数の指標を使って従属変数のデータを収集する。従って、混合型研究を行う場合でも、量的工程では、ある構成概念が持つ複数の指標を代表するような、複数の変数間の関係を取り扱うことになるだろう。だとすれば、大量の単変量分析をばらばらに行うよりも前に、まずは必ず多変量分析を行うべきである。例えば、3つの参加者集団を比較しており、「従属」変数が複数あるなら、MANOVAまたは多変量共分散分析（MANCOVA）を始めることになるだろう。そこで、集団間にある多変量の違いに統計学的な有意差があると分かれば、次にANOVAまたはANCOVAを使って、従属変数1つずつについて集団間の比較を行うことになる。それぞれの単変量検定は、全体の有意水準 α（例えば、Box 11.2で示したような全体の $\alpha=0.05$）ではなく、変形された α（例えば、Bonferroni法で調整された α；Tabachnick & Fidell, 2007参照）で行う。

例えば、Orihuela（2007）は、最近提出した学位論文の中で、2つの教師集団を比較した。教授方法のコースを取った集団と、取らなかった集団である。変数2つについて2つの集団を比較した。このときの変数はいずれも、教授方法に関する6つの要素で構成されていた。各変数について行ったMANOVAの結果は、組み合わせた変数について、2つの集団間に統計学的な有意差があることを示した（$\alpha=0.05$ で検定）。Orihuelaは、これらの2つの多変量の差を、それぞれ調整 $\alpha=0.008$（$0.05\div6$）で検定し、分散の単変量分析で追検定をした。Box 11.3に、Orihuelaによる論文のさらに詳しい内容について示す。

表11.3に、量的推論の重要なデータ分析技法のリストを簡単に示す。

パラメトリック対ノンパラメトリック統計方法

先述したように、パラメトリック統計とノンパラメトリック統計の違いは、使う測定尺度に依存する。パラメトリック統計では間隔尺度（と比例尺度）から得たデータを利用するが、ノンパラメトリック統計では名義尺度と順序尺度から得たデータを利用する。

パラメトリック統計を使う人は、次の4つの前提を理解しておかなければならない（例えば、Wiersma & Jurs, 2005）。

- 従属変数は、間隔尺度（または比例尺度）で測定しなければならない。
- ある個人に関する観察や得点は、他の個人に関する観察や得点による影響を受けない（独立性の仮定）。
- 従属変数のためのデータは、正規分布する母集団から選ばれている（正規性の仮定；Box 8.2参照）。
- 2つ以上の母集団を研究するときは、両者の得点の分布がほぼ同じ分散でなければならない（分散の同質性）。

Box 11.3　集団間の差を検定する多変量分散分析（MANOVA）の例

Orihuela（2007）が行った研究の主な目的は、大学の初期教員養成コースで教えられている理論上効果的な教授法を、教師が実際の教室での授業実践において、どの程度取り入れているのかを調査することであった。Orihuela は、教師 72 名の授業観察を含む、多変量事後デザインを採用した：一方は、大学で教授法に関する一般的なコースを受講したことのある教師（n=36）の集団で、他方は、そうしたコースを受講しなかった教師の集団（n=36）であった。Orihuela は、効果的な教授法が教室でどの程度使われているかを数量化する観察プロトコールを開発して利用した。また、観察を担当した者は、教室での観察の間、自由にフィールドノートをつけた。

彼は MANOVA を使って集団間での教授法（セット、効果的な説明、体験的な活動、協力的な学習活動、高次な質問、結び）を比較した。その結果、統計学的に有意な多変量的差が集団間に認められ、それはコースを受けた集団に有利なものであった。続けて、彼は従属変数の単変量検定を行った。単変量 ANOVA が明らかにしたのは、6 領域のうち 5 つで集団間に有意差があることであった。

彼はまた、2 回目の MANOVA を行い、効果的な関わり行動（例えば、教師の動作、アイコンタクト、ボディーランゲージ、物理的空間、言語認知、視覚教材の使用、声の抑揚や調子、ピッチ）の利用について集団間を比較した。ここでも、有意な多変量的差が集団間に認められた。続けて、関連する従属変数の単変量分散分析を行ったが、このカテゴリーにある 6 変数のうち 5 つで集団間の有意差が認められた。コースを受講した集団の方が、効果的な教授法を取り入れていた。

Orihuela は、教育法のコースでしばしば教えられる特定のスキルは、実際の教室での実践でも使われていると結論付けた。フィールドノートの質的分析は、先述した特定の数量化した指標に限らず、教師らの行動や実践に広範囲にわたる差があることを示していた。2 種類の推論を組み合わせることで、どちらか一方の知見からは得られなかったような、全般的な意味のあるメタ推論が得られた。

表 11.3　社会・行動科学で使われる推定の量的データ分析技法の実例リスト

変数間のパターン/関係を要約する、または見つけるための技法	仮説を検証するための技法
正準相関/回帰	独立したサンプルの t 検定
重相関/回帰	MANOVA→ANOVA
2 変量相関（r、ϕ、ρ)/回帰	MANCOVA→ANCOVA
探索的因子分析	判別分析
確証的因子分析	符号検定
経路分析	Wilcoxon マッチドペア
構造方程式モデリング	
階層線形モデル	
ロジスティック回帰	
独立性/関連性のカイ二乗検定	
クラスター分析	

パラメトリック統計についてのこうした前提を紹介したのは、研究者が混合研究法を用いる際には、統計的（QUAN）分析と主題（QUAL）分析の両者に関連する前提を理解しておかなければならないことを強調するためである。

混合データの分析戦略

混合データ分析の概要

混合データ分析には、量的データ分析戦略と質的データ分析戦略を調査研究の中で組み合わせ、つなげて、統合するプロセスが含まれている。何名かの研究者がさまざまな方法で混合データ分析戦略を分類している（例えば、Caracelli & Greene, 1993；Creswell & Plano Clark, 2007；Onwuegbuzie & Teddlie, 2003；Rao & Woolcock, 2003；Tashakkori & Teddlie, 1998）。混合データ分析の素晴らしい例は、Nastasi ら（2007）による国際開発研究の論文に見ることができるだろう。

Jennifer Greene（2007）は近年、混合データ分析戦略に関する洞察に溢れる要約を発表した。そこでは分析の段階とその段階に応じた分析戦略が述べられている。以下は彼女による分析の 4 段階である。

- データの転用
- データ相関と比較
- 問いに対する結論と推論のための分析
- ある方法論の伝統で使う分析枠組みの特徴を、別の伝統で用いるデータ分析のなかで使うこと（これは、「広義の考え方」と呼ばれる）。(p.155)

Box 11.4　混合データ分析技法の類型

1. 並列型混合データ分析（異なるデータソースから得た質的データと量的データの並列型分析）
2. 変換型混合データ分析
   A. ナラティブ・データの定量化
   B. プロファイル構成を含む、数量的データの定性化
   C. 本質的な混合データ分析技法
3. 順次型混合データ分析
   A. 順次型 QUAL→QUAN 分析、類型的発展を含む
   B. 順次型 QUAN→QUAL 分析、類型的発展を含む
   C. 反復的順次型混合分析
4. マルチレベル混合データ分析
5. 完全統合型混合データ分析
6. ある伝統から別の伝統への分析技法の応用

Greene の洞察力に満ちた混合分析戦略については、本章の後で詳述する。

本章における混合データ分析戦略の類型は、われわれが 10 年前に示したもの（Tashakkori & Teddlie, 1998）とは若干違うものになっている。今回は、**Box 7.4** に示した 5 タイプの混合研究法デザイン実施プロセスをもとに、混合データ分析戦略の類型をまとめ、ある伝統で使われる分析手法を別の伝統に応用することをつけ加えた。従って、第 7 章と第 11 章は共通した混合研究法の類型で結びついている。一方はデザインに基づく類型であり、他方は分析に基づく類型である。**Box 11.4** にわれわれが考える混合データ分析の類型を要約した。

- 並列型混合データ分析
- 変換型混合データ分析
- 順次型混合データ分析
- マルチレベル型混合データ分析
- 完全統合型混合データ分析
- ある伝統の分析的枠組みを別の伝統でのデータ分析に応用すること

混合研究法デザイン類型（第 7 章）と同じく、**Box 11.4** にある混合データ分析戦略のリストも網羅的でないことに注意しなければならない。というのも、これらは変型することがあるからである。例えば、反復順次型混合データ分析戦略（後述）では、リサーチ・クエスチョン（ア・プリオリなものと新たに創出されたものと両方）に答える工程の数によって、分析戦略の組み合わせも絶え間なく拡大し続ける。

データ分析技法の選択肢を議論する前に、まずは混合分析の開始に先立ち、考えるべきいくつかの課題について示す。

分析前に考えること

Onwuegbuzie と Teddlie（2003）は、研究者が分析の前に熟慮すべき 12 の検討事項を示した。いくつかの重要な検討事項については、以下の段落で論じる。

分析前に考慮すべき最初の事項は、混合型調査研究の目的である。Greene ら（1989）は、混合研究法のための目的リスト（例えば、補完、拡大）を示した。このリストは後に他の研究者によって増補されている（改訂された目的リストは**表 7.3** を参照）。分析前の段階で、研究者は研究目的と特定の混合データ分析戦略とをマッチさせることができる。例えば、混合型調査研究の目的が補完にあるのであれば、そこでの量的分析と質的分析は、それぞれの研究工程が同じ現象に対して補完しあう結果を生む程度を決めるものでなければならない。補完が最もよく評価されるのは、並列型混合デザインとその分析を用いたときである。

混合型調査研究の目的が拡大にあるのなら、使われるのは順次型混合デザインであろう。量的分析で得られた当初の理解を質的分析が拡大させたり、その逆もまたありうる。特記すべきは、最初の研究工程の最中やその直後に、混合研究法を使う目的が立ちあらわれることも少なくない点である。従って、必ず前もって適切な混合データ分析戦略を明確にできるとは限らない。

分析前に考慮すべき 2 つ目の事項は、変数指向の混合型調査研究をするか、ケース指向の混合型調査研究をするかという点である（例えば、Greene, 2007；Miles & Huberman, 1994；Ragin, 1987；Ragin & Zaret, 1983）。ケース指向の研究では、文脈内における現象の複雑さを考察することになり、変数指向の研究では、重要な変数を同定するという観点から現象を調査することになる。前者では質的研究の要素が強く、後者では量的研究の要素が強い。分析前のこうした検討事項に影響を受けながら、研究者は質的分析戦略や

量的分析戦略、またはそれぞれの前提に対して重点を置くことになる。

分析前に考慮すべき3つ目の事項は、探索的な混合型調査研究をするのか、確証的な混合型調査研究をするのかという点である。われわれは質的研究も量的研究も、探索的な目的と確証的な目的の両方に利用できることを強調してきた。従って、あなたの混合研究法プロジェクトは、探索的かもしれないし、確証的かもしれないし、そのどちらでもあるかもしれない（混合研究法の長所でもある）。自分の混合型研究が確証的性質を持つものなのか、探索的性質を持つものなのかを自覚しなければならない。そうすれば、効果的な分析戦略を計画するうえで、各研究工程が役立つものとなるだろう。

分析前に考慮すべき4つ目の事項は、質的データ分析と量的データ分析が分析過程全体の中で互いに情報提供し合うことを、研究者がどの程度見込んでいるのかという点である。2つのデータ分析を別々に行い、一方が他方をフォローアップすることが互いにないのであれば、研究者は並列型混合分析を行うことになるだろう。また、質的分析と量的分析との間に明確な順序があり、一方が他方に情報を与え伝えたり、一方が他方を形成したりするのであれば、全体的な戦略は順次型混合データ分析になるだろう。

分析前に考慮すべき5つ目の事項は、混合研究法を用いる研究者は質的および量的のデータ分析技法の前提を認識しておかなければならないという点である。この前提は、前述した量的研究のパラメトリック分析の場合、単刀直入で分かりやすい（例えば、正規性の前提）。質的研究のデータ収集や分析に関する前提については、そこまで明確に説明はされていない。ただ、多くの研究者は、質的研究にとって信用性や信憑性（credibility）といった課題が非常に重要であると理解している[2]。Onwuegbuzie と Teddlie（2003）は、質的データ収集や分析の信用性の根拠となる、粘り強い観察、長期の取り組み、トライアンギュレーションといった技法の重要性を強調した（これらの技法については第9章と第12章で述べている）。

分析前に考慮すべき6つ目の事項は、データ分析ツール、特にコンピューター・ソフトウェアの利用に関することである。量的研究分析でソフトウェアを使うことはほとんどの研究で当然視されているが、質的オリエンテーションのコンピューター・ソフトウェアについては、もう少し検討してから使う必要がある。コンピューターを利用した質的データ分析については、過去15–20年の間にたびたび議論されてきた（例えば、Bazeley, 2003；Creswell, 1998；Miles & Huberman, 1994；Richards, 1999；Tesch, 1990）。質的分析のためのプログラム・ソフトウェアには、特にカテゴリー化やデータ表示に適したものが複数ある（例えば、NVivo、ATLAS.ti）。ただ、文脈化分析に質的研究のソフトウェア・プログラムが適用できるかというと、これにはまだもう少し問題がある。

Patricia Bazeley（2003, 2006, 2007）は、コンピューターを利用した混合データ分析に重要な貢献を果たしている。Bazeley は、量的データを質的データに転用することや、質的データを量的データに転用すること、テキスト（音声、絵、ビデオ資料を含む）と統計学的分析を同じプロジェクトで統合することや、質的データ分析と量的データ分析を融合したりすることなどについて論じた。質的研究のソフトウェアを使うのか、コンピューターを利用した混合データベースを作るのかといった問題は、混合データ分析を始める前に熟慮すべき重要で実践的な問題である。

混合分析にとりかかる前に考慮すべき他の事項についての議論は、Onwuegbuzie と Teddlie（2003）を参照のこと。本章ではこの後、**Box 11.4** で紹介した混合データ分析の詳細について述べる。

並列型混合データ分析

ここで論じる最初の分析戦略は、第7章の**図 7.4** に示した並列型混合デザインに関するものである。並列型混合データ分析は、おそらく人間科学で最も広く使われている混合データ分析戦略であり、トライアンギュレーションや収束のような他のデザイン概念にも関係している。この分析戦略は、混合データ分析に関する文献が出始めたころより（例えば、Caracelli & Greene, 1993）現在に至るまで（例えば、Creswell & Plano Clark, 2007；Greene, 2007）、ずっと議論されているトピックである。

並列型混合データ分析（parallel mixed data analysis）には、2つの別々のプロセスがある。適切な変数に対して記述/推計統計学を使用する量的データ分析と、関連あるナラティブ・データに対して主題分析を使用する質的データ分析である[3]。2つの分析は独立して行われるが、それぞれが調査中の現象に対する理解を提供するものとなる。それぞれで得た理解は、メタ推論で関連づけられたり、結合されたり、統合されたりする。

また、2つの分析はデザイン上独立しているが、実際には、一方で得た知識でもう一方の分析を具体化していくことも可能である。最もよいアナロジーをいえば、2つの分析に「たがいに語りかけ」させ、少なくともこれを何度かくり返すことである。こうした分析が、結果に収束や広がりをもたらしてくれる。

以下のプロセスは、並列型混合分析を伴う並列型デザインで生じるものである。

- 同じ現象に関連したリサーチ・クエスチョンに答えるために、量的工程と質的工程を計画し、実施する。少なくとも2つの並列した、かつ比較的独立した研究工程があり、1つは量的な問い、もう1つは質的

Box 11.5　並列型混合データ分析と推論プロセスの例 プロセス：グアテマラ貧困評価プロジェクト

2 つの別々のチームがそれぞれ質的および量的データの収集を担当した。先行調査資料を参考に、質的研究に適した場所（グアテマラにおける 5 つの主要な民族グループを代表する 5 つの村のペア）が決められた。しかし、結果そのものは独立したデータソースとして扱われ、さまざまな背景に関する論文や最終報告を書く段になって初めて量的資料に統合された。つまり、質的データはそれ自体で役には立つものの、別途実施された量的調査のデザインまたは構成には影響を与えなかった。これらのさまざまなデータソースは、貧困者の空間的、人口動態的な多様性のより正確な地図を示すうえで役に立った。同様に、そして極めて重要なことに、それぞれの民族グループが経験している貧困の背景にある直接的なコンテキストの意味、彼らが経済活動や市民活動の主流に参加することを阻むような地元メカニズムの詳細、彼らが関心や願望を満たそうと努力する時に遭遇する障壁の性質を示すうえで、特に役に立った。質的知見と量的知見とをともに広範囲の歴史的、政治的な文脈―初めての世界銀行貧困研究―のなかで調和させようとした試みは、最終報告書に大きな恩恵をもたらすものとなった。(Rao & Woolcock, 2003, p.173)

な問いを扱う。

- 量的データ収集手順と質的データ収集手順は、別々の方法として並列させて進める。
- 続いて、量的データ分析手順と質的データ分析手順を、別々の方法として並列させて進める。量的データ分析では、量的オリエンテーションの問いについて推論を行い、質的データ分析では、質的オリエンテーションの問いについての推論を行う。分析の間、両工程間での形式ばらない「クロストーク」があってもよい。
- 各工程での結果に基づく推論を、統合したり合成したりしながら、研究の最後でメタ推論を形成する。メタ推論とは、両研究工程で得た推論の統合を通じて生み出す結論のことである。

ある種の研究設定では、量的分析と質的分析とをある程度分離して実施することが非常に重要となる。**Box 11.5** に、複雑な国際研究の設定（Rao & Woolcock, 2003）で、別々に分析を行う並列型デザインの例を示す。

質的データと量的データを違うデータソースから得て行う並列型分析は、Parasnis ら（2005）が記述したような、もっと単純な研究設定でも行われる。（第 8、10 章でも述べた）この研究では、互いに関連し合う複数のリサーチ・クエスチョンに答えるために、（クローズド・エンドとオープン・エンド項目の両方を含む）同じプロトコールが用いられた。2 か所の高等教育機関から聴覚障害を持つ学生を選び、32 項目の多肢選択式と 3 項目のオープン・エンドによる質問紙が送付された。データは 2 つの工程で別々に収集、分析され、両工程の結果はメタ分析の段階で統合された。

多肢選択式 32 項目は ANOVA を使って分析し、同じ耳の聞こえない学生の中でも、多様性や大学環境への認識などにおいて異なるグループの反応を比較した。自由回答式 3 項目で得られたナラティブな反応は、主題分析を用いて分析した。Parasnis ら（2005）は、「質的データ分析は量的データ分析を支持し、聴覚障害を持つ学生の人種/民族アイデンティティに関する体験を解釈する上で、手助けとなる非常に豊かな詳細を提供した」（p.47）と結論した。

Lopez と Tashakkori（2006）による、並列型混合分析の他の例（以前第 7 章で述べた）を **Box 11.6** に示す。

質的データと量的データを違うデータソースから得て行う並列型分析からは、収束的メタ推論か、発散的メタ推論のいずれかを導くことができる。Greene（2007）は、混合型研究における発散的な結果の重要性を以下のように鋭く強調した。「社会調査において、収束性や一貫性、確証は過大評価されている。インタラクティブな混合研究法の分析者は、相違や不協和についても同じぐらい熱心に調べるものである。というのも、こうした相違や不協和はさらに高度な分析がそこから生まれる重要な節目に相当することがあるからである」(p.144)。混合研究法における矛盾した結果が持つ価値については、他の著者らも繰り返し述べている（例えば、Deacon, Bryman, & Fenton, 1998；Erzberger & Kelle, 2003；Erzberger & Prein, 1997；Johnson & Turner, 2003；Schulenberg, 2007)。第 2 章では、さまざまに異なる視点を数多く取り合わせて示せることが、混合研究法が持つ主要な長所の 1 つであると述べた。

第 1 章で示した Trend（1979）の評価研究は、並行型混合研究がいかにして、後に創造的に解決されるような発散的な結果を生み出すのかを示す好例である。この研究の基本的ステップは、以下のとおりである。

- 研究は進むに従って混合されたが、そもそも 2 つの全く異なる質的構成要素と量的構成要素を持つものとして始まった。
- 量的構成要素には、独自のリサーチ・クエスチョンやデータ収集と分析の手順があった。量的分析には、プログラムに参加した世帯数の集計や顧客満足

Box 11.6　並列型混合分析の例

Lopez と Tashakkori（2006）の研究は、5 年生の態度と学力について 2 タイプのバイリンガル教育プログラム（2 方向性、移行性）の効果を比較するものであった。2 方向性プログラムは 2 言語モデル（英語、スペイン語）を重視するものであり、移行性プログラムは英語のみを重視するものであった。量的工程では、いくつかの MANOVA と ANOVA を実施し、科目についての標準化学力テスト、英語とスペイン語の語学能力、自己認識と自己信頼尺度について、2 つのプログラムによる効果を判定した。量的結果によって、標準化学力テストでは 2 つのグループ間に有意差が見られなかったものの、他の達成尺度や情動性の指標においては有意差のあることが明らかになった。

Lopez と Tashakkori による研究の質的要素は、2 つのプログラムからランダムに選ばれた生徒 32 名へのインタビューから成り立っていた。インタビューで得たナラティブ・データを分析した結果、2 方向性プログラムの生徒の方が移行性プログラムの生徒よりも、バイリンガルについてポジティブな態度を表明する傾向があることを示す 4 つの主題が創生された。結果は研究のメタ推論の段階で統合された。筆者らは、方向性プログラムと移行性プログラムには、異なる効果があることを混合データが示した、と結論づけた。2 方向性プログラムの方が、話し言葉を獲得するスピード、スペイン語の熟達、バイリンガルへの態度において、ポジティブな効果が見られた。追加で行った量的測定（標準化学力テスト以外のもの）と質的インタビューによって、2 方向性プログラムの効果について、同じ現象を単一の方法（量的手法のみ）で研究したときよりも、詳細な分析を行うことができた。

度の分析、地区毎の費用分析が含まれていた。量的結果は、予め定めたプログラムの目標が達成されたことを示していた。

- 質的構成要素には、（明らかになってくる）独自のリサーチ・クエスチョンやデータ収集と分析の手順があった。主題が明らかになるに従い、ある地区に量的分析ではとらえられなかったような深刻な問題（例えば、事務所での衝突、不十分な経営能力）があることが示された。
- Trend や観察者は、（メタ推論プロセスを通して）混合データを複数回再分析し、結果に折り合いがつくような情報を探した。結果、都市区域と郊外区域とでは違うプロセスが働いていることが分かり、質的結果と量的結果での多くの食い違いを解決するような報告書を書くことができた。そのプログラムはある特定の文脈ではうまく機能するが、他では機能しない。

並列型混合デザインやデータ分析技法は、近年の例が示すように（例えば、Bernardi, Keim, & Lippe, 2007；Driscoll, Appiah-Yeboah, Salib, & Rupert, 2007）、混合研究法で人気の選択肢であり続けている。これまで説明してきたような独立したタイプの並列型混合分析は、並列型トラック（parallel tracks）分析といわれる（例えば、Greene, 2007；Li, Marquart, & Zercher, 2000）。Datta（2001）は、並列型トラック分析において、「分析は各方法の質や優秀さの基準に従い独立して行われる。研究結果が得られるのは、各工程が結論にまで至った後のことである」（p.34）と述べた。

一方、研究者の中には、2 セットの並列型分析が分析段階で「互いに語りかけ」ることを許容する者もいる。これはクロスオーバートラック分析と呼ばれている（例えば、Greene, 2007；Li et al., 2000）。Datta（2001）は、クロスオーバートラック分析では、「さまざまな方法論の工程から得られた結果が、研究を通じて、互いに関連し合い、情報を与え合う」（p.34）と述べた。従って、質的分析で得られた結果が、量的データを分析する際の情報を提供したり、またその逆が成り立ったりする。

また、以下の行為によって、単純な並列型混合分析をさらに複雑にすることもできる。

- 2 つ以上の工程を持つデザインにする。
- メタ推論の段階まで待たずに、研究初期の段階で各工程での分析を混合し、情報を互いに与え合えるようにする（すなわち、クロストラック分析）。
- 研究初期で質的データセットと量的データセットを統合し、これをまとめて分析する（すなわち、シングルトラック分析；Li et al., 2000）。
- 並列型混合分析を他のタイプの混合分析戦略（例えば、変換型、順次型）と結合し、より複雑なデザインを持つ研究にする。

変換型混合データ分析

変換型混合データ分析戦略は、第 7 章の図 7.3、7.6 に示したデザインに関するものである。以下がその 3 つの戦略である。

1. ナラティブ・データを定量化する
2. プロファイル情報を含む数量データを定性化する
3. 本質的な混合データ分析技法

変換型混合データ分析（conversion mixed data-analysis）は、収集した質的データを数字に変換する（定量化）、あるいは量的データをナラティブまたは他

Box 11.7　ナラティブ・データの定量化の例

Teddlie と Stringfield（1993）は、学校/教師の効果に関する縦断研究で、研究者が教室観察して集めた広範囲にわたる質的データを解析した。研究では、学校をマッチングさせて 8 ペアを作ったが、各ペアにはそれまでの達成度に基づいて、効果的な学校と効果的でない学校が含まれるようにした。教育効果の指標となる 15 項目のプロンプト（注：観察を助けるヒント、覚書）を含む自由記載式の検査用紙を使って、700 回以上の教室観察が行われた。

研究者は、10,000 を超える自由記載を分析した。調査者は、効果的でない学校に比べて、効果的な学校で優れた教育が行われているのかどうかについて、全般的な結論を出したかった。この分析を効率よく進めるために、研究者は 15 項目ある自由記載のうち 10 項目の反応を量的変換した。そのプロセスで、評価者はまず、それぞれのナラティブな反応を次の 3 カテゴリーのうち 1 つに分類した。

1. この反応には、特定の教育内容に関する効果的な教育行動のエビデンスが含まれていた。
2. この反応には、特定の教育内容に関する矛盾した教育行動のエビデンスが含まれていた。
3. この反応には、特定の教育内容に関する効果的な教育行動が見られなかった。

コードは、効果的教育のエビデンスを 1、矛盾したエビデンスを 2、効果的教育の欠如を 3、で示した数量的評点に変換した。多変量分散分析と単変量分散分析を行ったところ、全体と 10 中 9 項目の指標で統計的有意差が認められた。この研究によって、効果的な学校の教師は効果的でない学校の教師よりも、優れた教育技能を見せることが明らかになった。

のタイプの質的データに変換する（**定性化**）際に行われる。

変換型混合データ分析では、データソースが 1 つしかないため、データは同時に収集することになる。そうして、2 つのタイプのデータが生成されるが、1 つは本来の形式を持ったデータであり、もう 1 つはそこから別な形式に変換されたデータである。変換型混合データ分析は、並列型とも順次型とも異なっている。なぜなら、変換型の場合、オリジナルのデータソースは 1 つしかないが、後の 2 つの場合、オリジナルなデータソースは少なくとも 2 つあるからである。

ナラティブ・データの定量化は、質的データを統計的に分析できる数値データに変換するプロセスである（例えば、Miles & Huberman, 1994；Tashakkori & Teddlie, 1998）。大抵の場合、質的データをナラティブなカテゴリーに変換してから、数字コード（例えば、0、1 または 1、2、3）に変換し、統計学的に解析できるようにする。Elliott（2005）が述べたように、文脈化を行うアプローチに比べて、「カテゴリー化を行うアプローチの方が、伝統的な内容分析に似ており、量的あるいは統計学的分析方法に適している」（p.38）。**Box 11.7** に定量化の例を示す。

定量化には、特定の主題や回答の頻度を単純に集計するようなものがあるだろう。逆に、そうした主題や回答の強さ（strength）や強度（intensity）を採点するような、もっと複雑なものもあり得る。頻度数の要約には、単純な記述統計が使うかもしれない。強さや強度の採点を含む変換データには、さらに複雑な推論統計が行われる可能性がある。

第 7 章では、定量化についていくつかの例を挙げた（例えば、Miles & Huberman, 1994；Morse, 1989；Sandelowski, Harris, & Holditch-Davis, 1991）。これらには、質的データを数量コードに変換する次のような例があった。それは、10 代の母親による子ども染みた話し方の使用、学校改善プロセスの「困難さ（roughness）」や「順調さ（smoothness）」の記述、羊水穿刺に関するカップルの話し合いなどであった。

定量化に関する最近の例は、研究者がいかに効果的にソフトウェア・プログラムを使って、ナラティブ・データを変換したり分析したりしているかを示している。Driscoll ら（2007）は、ナラティブ・データ（質的オープン・エンド調査データやインタビューデータ）と数量データ（量的多肢選択式調査データ）の両方を含む混合研究を行った。これはワクチンの安全に関するガイドラインと報告書に対する、州機関職員の認識を調査する研究であった。研究者は質的データを定量化し、同じデータベースで統計学的分析をしたかった。そこで、彼らは 5 つのステップを踏んだ。

1. 調査データをアクセス・データベースに入力した…。これは極めて容易で、構造化されたデータベースを管理する際に利用するものと同じ類のプロセスであった。
2. 質的データのコードや主題は、NVivo を用いて分析した。これらのコードを質的な回答カテゴリーに発展させて、第 2 のアクセス・データベースに入力した。
3. 2 つのデータベースは情報提供者識別番号で連結し、各記録に調査データと詳細なインタビューデータの両方が確実に含まれるようにした。

4. コード化した質的データを、各回答の有無に基づいて、二分した変数（0または1）に定量化した。
5. SASを使って関連性を分析した。(p.22)

量的データベースと定量化データベースを結合したものは、χ2検定を利用して分析した。定量化変数を用いたことで、2つのデータベースの食い違いが量的分析によって示されたが、本来はそうした目的で収集したものではなかった。この研究は、質的データを定量化し、簡単に入手できるコンピューター・プログラム（この場合、Access、NVivo、SAS）を使って統計学的に分析する方法を示す好例である。

プロファイル形成を含む、数量データの定性化

ナラティブ・データの定性化は、量的データを質的カテゴリーまたは他のナラティブ形式（例えば、Onwuegbuzie & Teddlie, 2003；Tashakkori & Teddlie, 1998）に変換するプロセスである。John Creswell と Vicki Plano Clark（2007）は、定性化（と定量化）プロセスが近年迎えている状況について述べた。

> 質的データを計量化するテクニックを拡げるために、また、そのような変換データの分析選択肢を開発するために、さらなる研究がなされる必要がある。量的データを質的データに変換することについては、これまであまり書かれてこなかった。この領域は調査研究者の確信と将来の研究のための機が熟するのを待っている。(p.188（『人間科学のための混合研究法』大谷順子訳, p.206, 北大路書房, 2010））

最も簡単な定性化技法は、1変数の数量データの分布をとり、その分布内における値を範囲毎に分類し、個別のナラティブ・カテゴリーを作るものである。この手法はあまりにもよく使われるため、混合研究法の技法と見なされないことも多い。単純な例は、学士課程での修了時間（修了には128時間必要）によって区切りを設け、学生を複数のグループに分類するものである。それは、1年生（0–32時間）、2年生（33–64時間）、3年生（65–96時間）、4年生（97–128時間）といった分類となる。Ivankovaら（2006）は、このプロセスをさらに複雑なヴァージョンで実施し、大学院生を4つのカテゴリーに分類した。

あらゆる人間科学研究で、さらに複雑な質的変換の例を見ることができる。

- 第7章で触れたTaylorとTashakkori（1997）の研究では、4つの教師プロファイル（権限保有、権限剥奪、巻き込まれ、離脱）が作成された。このプロファイルは、意思決定への参加を希望するかどうかについて尋ねた質問紙項目への回答と、実施決定に参加したかどうかの報告に基づいて作成された。2つの軸に基づく量的スコアを、4つの質的プロファイルに変換したのである。
- Sandelowski（2003）は、定性化の一般的なプロセスとして、研究者が量的研究でクラスター分析[4)]を使うことについて述べた。この分析では、質問紙やその他のデータ収集ツールに対する回答に応じて、互いに異なる複数の集団がつくられる。集団には特性に応じたカテゴリー名がつけられる。
- Ben Jaafar（2006）は、Sandelowski（2003）のプロセスを利用して、中学校の管理者を対象にした調査の回答をクラスター分析し、結果に基づいて3つの管理者集団（結果に傾きがち、結果に抵抗しがち、中間）を同定した。
- OnwuegbuzieとTeddlie（2003）は、ある研究者による評価研究について論じた。その研究では、水産資源教育に関する12の活動について尋ねた数量的な回答の頻度分布を利用して、野生生物保護職員の特徴を表わすカテゴリーを2つ作成した。

定性化に関するこれらの例に共通する要素は、質的カテゴリー（プロファイル）の生成であり、このカテゴリーはその先の分析でも使うことができる。こうした定性化技法は、ナラティブ・プロファイル形成[5)]（例えば、Tashakkori & Teddlie, 1998）と呼ばれてきた。われわれは、ナラティブ・プロファイルの生成のされ方に応じて、5つの典型を同定した。それは平均、比較、ホリスティック、形式、規範の5つである。ナラティブ・プロファイルのさまざまな典型については、**Box 11.8**で定義している。

ここで、**Box 11.8**に示したナラティブ・プロファイルの原型をいくつか取り上げて詳述する。比較プロファイルの例として挙げるのは、Fals-Stewartら（1994）の研究である。夫婦カウンセリングを希望する100組以上の夫婦を対象にした研究で、性格検査の1つ、ミネソタ多面人格検査（MMPI：Minnesota Multiphasic Personality Inventory）の得点をクラスター分析し、5つの異なる夫婦「タイプ」を同定した。この5つのグループは次のようにラベルづけされた。対立、抑うつ、不満な妻たち、家内平穏、不快感。抑うつタイプのプロファイルは次のような言葉で表現された。「検査の際、夫婦は常に今後の見通しについて不安や心配を抱き、悲観的であった。関心の幅は狭く、フラストレーションへの耐性が低く、やる気に乏しく、概して自信に欠けていた」(p.235)。

規範プロファイルは、ある個人や集団を基準（例えば、検査基準、特定の母集団）と比較するものであり、臨床心理学や精神医学では一般的である。規範プロファイルの例として挙げるのは、抑うつ患者の集団に多くの臨床/性格検査を実施した、Wetzlerら（1994）の研究である。各検査の検査基準と患者の得点とを比較した結果に基づき、患者にはコードタイプがつけら

Box 11.8　定性化技法に基づく 5 つのナラティブ・プロファイルの原型

Tashakkori と Teddlie（1998）は、定性化技法を使って作成できるナラティブ・プロファイルを 5 タイプ同定した。これらのプロファイルの原型は、互いに排他的なものではない。応用によっては、結果が重なるかもしれない。

平均プロファイルは、個人または状況が持つ複数の属性の平均（例えば、平均値）に基づくナラティブ・プロファイルである。プロファイルは、平均を基礎とする集団の詳細なナラティブ記述で構成される。

比較プロファイルは、ある分析ユニットを他と比較した結果であり、ユニット間に見込まれる相違や類似が含まれている。

全体プロファイルは、調査ユニットに対する調査者の全体的な印象で構成される。平均プロファイルとは違い、そうした全体の印象の基礎となる特定の情報を示したり、入手したりすることはできないかもしれない。

形式プロファイルは、ある集団で最も頻繁に見られる属性に基づくナラティブな記述である。例えば、ある集団で大多数の男性が 80 歳以上であれば、その集団は高齢者として同定されるだろう。

規範プロファイルは、比較プロファイルと似ているが、違うのは、ある基準を持つ個人や集団の比較を基礎にしている点である。その「基準」とは、標準化サンプルであったり、特定の母集団であったりするかもしれない。

れた。その後、各タイプのナラティブ・プロファイルが構成された。例えば、「無能力状態の抑うつタイプ」は、「混乱し、無力で、問題の解決を思い描くことができない。記憶力と集中力が低下している」（p.762）と記述された。

Box 11.8 に示すように、ナラティブ・プロファイルの中には混合されたものもあるだろう（つまり、5 つの原型のコンビネーション）。例えば、最も頻度の高い属性やいくつかの平均、最終的で全体的（ホリスティック）な推論に基づくプロファイルがあるかもしれない。Tashakkori ら（1996）の研究は、こうしたタイプの混合プロファイル分析の例である。研究データは、「8 年生の学習に関する国立教育縦断調査研究」（National Education Longitudinal Study of Eighth Graders：NELS-88）から得たものであった。国のサンプルから、第 8 学年から第 10 学年の間に学校を中退したヒスパニックの生徒が特定された。この集団の各メンバーについては、多種多様な家族背景や成績、態度に関するデータを入手することができた。こうしたデータに基づき、ヒスパニックの男子と女子の中退者について、それぞれ別のプロファイルを構成した。プロファイルは、2 つの各集団で最も頻度の高い特性のタイプ、複数の変数の平均値、データや文献に基づく全体的な推論に基づくものであった。

プロファイルは比較的容易に理解したり、伝えたりできるものではあるが、研究の対象となった集団について、あまりにも単純化した見方を示すものかもしれないので、使う際には注意が必要である。また、ほとんどのプロファイルは、回答の最頻値や平均値を取り入れることで、集団が均質であると仮定しているが、実際には各プロファイル内でも個々の違いは大きいことがある。

本質的な混合データ分析

定量化と定性化には、1 つのデータソースと他の形式にそれを変換したものとが含まれる。このプロセスは、偶然の発見によって生じることが多い。研究者がオリジナルのデータに予想外のパターンを発見し、それが他の形式へのデータ変換につながる。伝統的な方法でまずオリジナルのデータを分析してから、変換型分析を行うまで、変換型分析にはタイムラグがあることも多い。

変換型分析には別なタイプもあり、われわれはこれを**本質的な混合データ分析（inherently mixed data analysis）**と呼んでいる。この技法では、互いに関連し合った問いに答えるために、研究者は予め計画して、同じデータソースから質的情報と量的情報とを生成する。

本質的な混合データ分析技法の典型は、ソーシャルネットワーク分析（social network analysis）であり、これについては本章の始めで述べた（例えば、Fredericks & Durland, 2005）。ソーシャルネットワーク分析には 2 つのデータタイプがある。量的ソシオマトリクスと質的ソシオグラム（ネットワークダイアグラム）であり、これらについても本章の始めに定義した。

ソーシャルネットワーク分析のロー・データは、次のような簡単な質問への回答がもとになっている。それは、先週最も交流を持った 3 人の教師は誰ですか？ロー・データは、1＝交流した、0＝交流していない、といった数字である。データからは、受容力尺度（各個人が何回選ばれたか）や中心度尺度（ある個人がネットワーク内で中心的役割になる程度）といった、数量的指標が作り出される。

技術上、ソーシャルネットワーク分析では定性化技法を使用することになる。というのも、オリジナルの生データやソシオマトリクスは量的なものであり、これを使って、データを質的なものに視覚化（ソシオグラムまたはネットワークダイアグラム）するからである。ソーシャルネットワーク分析を使う研究者は、データ収集を始める前から、同じデータソースを使って量的結果と質的結果を出そうと意図している。このことからわれわれは、ソーシャルネットワーク分析を本質的な混合データ分析技法と呼びたい。

例えば、図11.1（Kochan & Teddlie, 2005）に示したソーシャルネットワーク分析の研究は、ひどい機能不全の高校の教師や管理者に、4つの異なる状況で誰と関係を持ちたいか選ぶよう尋ねるものであった。この方法で得た研究参加者の回答に基づき、研究者はUCINET6（Borgatti, Everett, & Freeman, 2002）とNetDraw（Borgatti, 2002）を使って、量的ソシオマトリクスと質的ソシオグラム（ネットワークダイアグラム）を作成した。彼らは研究計画の時点で、混合型の結果を出すつもりでいた。実際、彼らの関心は、NetDrawプログラムで作った質的視覚ネットワークの方にあった。量的ソシオマトリクスにはできない方法で、派閥や孤立をデータとして表示できるからである。

ソーシャルネットワーク分析は70年以上も前に導入され（Moreno, 1934）、過去15年間の進歩（例えば、Durland & Fredericks, 2005；Wasserman & Faust, 1994）によって、これまで不可能であった量的/質的分析の統合を可能にした。UCINET6とNetDrawを合わせて使い、同じデータを数量的、かつ視覚的に表現するやり方は、Patricia Bazeley（2003）がデータの融合分析と呼んだものを想起させる。

> 統計学的分析や質的データ分析のソフトウェア・プログラムは、混合形式のデータを並列型分析または順次型分析するときに、並べて一緒に使うことができる。その際、（途中略）質的データ分析（QDA：qualitative data analysis）ソフトウェアでは、量的データを質的分析に組み入れたり、質的コード化や質的コード化から展開したマトリクスを統計学的分析できる形式に変換したりすることができる。（中略）目下のトピックをより完全に理解するために、分析の「融合」は、異なるデータソースの混ぜ合わせを超えて、同じデータソースを異なる、しかし相互に依存する方法で使う地点へと研究者を導いてくれる。（p.385）

データの融合分析（fused data analysis）は、質的研究と量的研究のソフトウェア・プログラムを使って、同じデータソースの分析を、全く異なるが互いに依存するような方法で行うことをいう。データの融合分析は、将来、本質的な混合データ分析技法の新種になるかもしれない。

順次型混合データ分析

3つの順次型混合データ分析戦略は、第7章の図7.5で示したデザインに関連するものである。

1. 順次型QUAL→QUAN分析、類型的発展を含む
2. 順次型QUAN→QUAL分析、類型的発展を含む
3. 反復的順次型混合分析

順次型混合データ分析（sequential mixed data analysis）は、ある工程での分析が前の工程から生じたり、前の工程に依存したりするなど、研究の質的工程と量的工程が経時的に行われたときに起こる。研究の展開に伴い、質的段階と量的段階の分析戦略が進化することもあるだろう。

仮に、ある研究に2つの経時的工程があり、うち2番目の分析戦略が最初のものから独立しているなら、これは順次型混合データ分析の例とはいえない。例えば、Parmeleeら（2007）は、政治的広告が大学生の関心を引かない理由を調査した研究について論じた。大学生の質的フォーカス・グループ・インタビューが行われ、次いで2004年の政治的広告に関する量的な顕在内容分析（例えば、Holsti, 1968）が行われた。2つの工程は研究の開始前にデザインされたものであったが、最初の工程の分析が2番目の工程の分析方法に影響することはなかった。第2の工程における分析は、最初の工程での分析を裏づけ、詳細に説明するために計画されたが、それ以外の点で互いに依存するものではなかった。

順次型QUAN→QUALデザインと順次型QUAL→QUANデザインの違いは、第7章で定義した。これはどちらの工程（質的工程または量的工程）が先に来るのかによる。John CreswellとVicki Plano Clark（2007）は、こうしたデザインを探索的（QUAL→quanを基本的なデザインタイプとして、他のバリエーションも伴う）と説明的（QUAN→qualを基本的なデザインタイプとして、他のバリエーションも伴う）と呼んだ（表7.4参照）。

順次型混合データ分析の3つ目のタイプは、**反復的順次型混合分析（iterative sequential mixed analysis）**であり、2つ以上の段階を持つ順次型デザインであれば起こり得るものである。デザインの例は、よりシンプルなもの（QUAN→QUAL→QUAN）から複雑なもの（QUAL→QUAN→QUAL→QUAN→QUAN→QUAL）までさまざまである。

さらに複雑なデザインでは、特定のデータソースを質から量へと変形し、また質に戻すといったこともできる。ある形式から別の形式へと反復的にデータを変形させることを、われわれは**変形データ（morphed data）**と呼んでいる。変形したデータの例は、本章の後で示す。

順次型QUAL→QUAN分析、類型的発展を含む

これらの研究では、質的フェーズが最初に来て、量的フェーズが続き、両フェーズでの分析が結び付けられる。Hausman（2000）の研究（第7章で述べた）は、順次型QUAL→QUANデザインの好例を示している。

Hausman は、質的段階で半構造化インタビューを利用し、「購買の判断がどのようにして衝動買いに終わるのか？」といったいくつかの問いを調査した。

最初の質的研究フェーズで集めた回答から、Hausman (2000) は 5 つの仮説を立て、後に続く量的フェーズでこれらを検証した。仮説の 1 つは、「個々の消費者の衝動買い行為は、流行意識として測れるような、自尊心を満足させたいという強い欲求と関連している」(p.408) であった。この仮説は 250 人以上の消費者に多肢選択式回答質問紙を配って検証した。量的フェーズ（相関分析や ANOVA）での統計学的分析は、その前の質的フェーズの結果と関連していた。質的な結果から仮説が生まれ、その仮説を量的段階で検証したからである。

Caracelli と Greene は、順次型デザインに関係する混合データ分析戦略のタイプについて論じた。これは**類型的発展（typology development）**と呼ばれ、「1 つのデータタイプの分析が類型（または実質的なカテゴリーのセット）を作り、その類型を対照的なデータタイプの分析に応用できる枠組みとして使用すること」(p.197) を指す。Greene (2007) は、近年、この戦略にデータ輸入という新しい名前をつけ、「あるデータタイプの分析で得た途中結果を、異なるデータタイプの分析に輸入すること」(p.148) と定義した。

初期のテキスト（Tashakkori & Teddlie, 1998）でわれわれは、順次型 QUAL→QUAN 類型的発展をさらに細分化した。

1. 質的データ/観察に基づく人のグループであり、グループ間の比較には、量的分析（例えば、MANOVA、クラスター分析、判別分析）を用いる
2. 質的分析（例えば、内容分析）を通じた属性/主題のグループであり、構成概念の同定や妥当化のプロセスを使って、続く確証的量的分析（例えば、因子分析、構造方程式モデリング）を行う

1 つ目のタイプの QUAL→QUAN 類型的発展研究において、研究者は人のグループ分けを行い、これを質的段階に輸入して、分析を進める。例えば、教師の指導能力を教室で観察してつけた詳細なフィールドノートをもとに、教師を「より効果的である」と「より効果的でない」とラベルづけしたグループに分けることができるだろう。2 つの教師グループは、生徒の試験成績や自己効力感を測る調査への回答といった、量的変数において比較できるかもしれない。比較は、単変量や多変量の分散分析や共分散分析、判別分析、または表 11.3 に示した他の統計学的技法を通じて、実施することができるだろう。例えば、判別分析の結果とは、グループを最もよく判別する変数はどれかを示す統計学的指標とともに、グループ（例えば、より効果的な教師と効果的でない教師）を「判別する」変数を同定することである。こうしたデータは、教師の有効性に関する論文や教師の改善プログラムに示唆を与えることだろう。

2 つ目のタイプの QUAL→QUAN 類型的発展研究では、質的分析を通じて属性/主題のグループを作った後、すでに集めた（または利用可能な）量的データを使って、確証的な統計学的分析を行う。例としては、（フォーカス・グループ・インタビューで得た）校長の発言を量的分析し、「良い教師」のさまざまな側面を表す主題（構成概念の同定）を得ることが挙げられるだろう。生成された主題やカテゴリーは、「教師の有効性」という一般的な構成概念に関連する、下位構成概念の指標である。主題は、フォーカス・グループ・インタビューで得た校長の認知や信念の間に見られる類似点（または相違点、あるいは類似点と相違点の両方）に基づいて形成される。その後、一連の主題（またはカテゴリー）を含む多肢選択式調査票を作り、それを別の校長グループに配布することが可能になる。こうして得た量的データを因子分析すれば、結果が最初の質的カテゴリーとどの程度一致するか、判断することができるだろう（構成概念の妥当化）。

Iwanicki と Tashakkori（1994）は、研究のなかでこの戦略を例示した。研究では、効果的な校長の技量に関する質的データを内容分析し、学校校長に調査紙を送ってこれを再度評価している。データを確証的に因子分析したところ、技量に関する当初の質的類型のほとんどを量的研究で裏づけることができた。

順次型 QUAN→QUAL 分析、類型的発展を含む

これらの研究では、量的フェーズが最初に来て、質的フェーズが続き、両フェーズでの分析は互いに関連している。付録論文に示す Ivankova ら（2006）の研究は、順次型 QUAN→QUAL デザインの良い例である。研究の目的は、学生はなぜ博士課程を続けられるのか（または続けられないのか）を説明することであった。この研究で Ivankova らは、量的フェーズで判別分析を行い、学生の持続性に有意に寄与する因子を同定しようとした。さらに、質的フェーズで複数の事例分析や主題分析を行い、そこで起きているプロセスを説明しようとした。これらの分析は互いに深く結びついたものであった。というのも、量的段階で、学生の持続性に関する重要な予測変数を 5 因子得ることができたが、これらの因子が質的インタビュープロトコールでのオープン・エンドの質問になったからである。

このデザインの他の例を図 11.2 に図解する。これは Box 8.6 ですでに説明したものである。

順次型 QUAN→QUAL 分析の類型的発展手順を利用する研究も、また別の方法で、人のグループを作ったり、属性/主題のグループを作ったりすることがある。例えば、最初の量的データをもとに人のグループを作り、質的データ上でグループ間の比較を行う研究

11

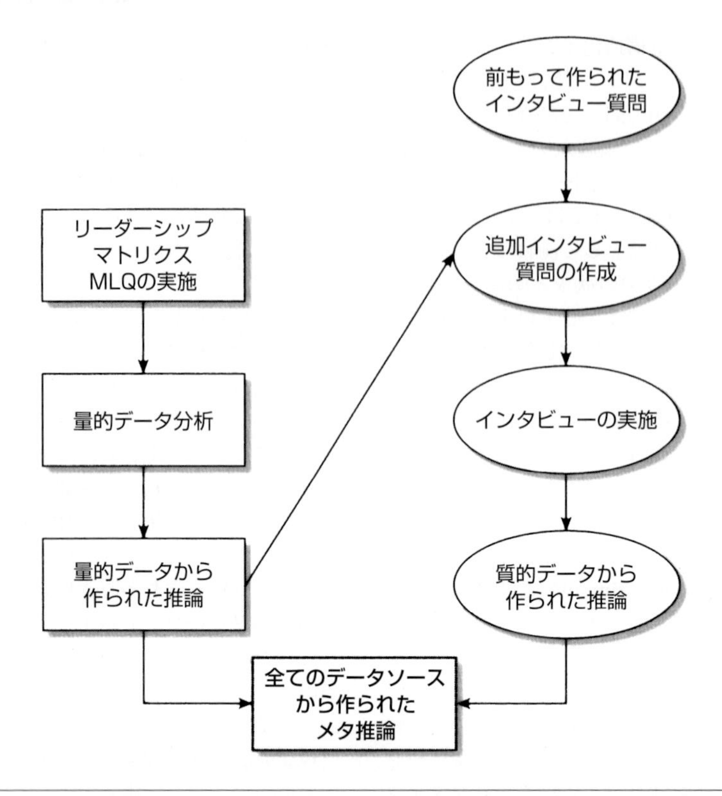

図 11.2　Carwile（2005, p.63）から取り入れた順次型混合モデルデザインの例
研究の量的段階において、およそ300人の管理者を対象にリーダーシップマトリクスと多元的なリーダーシップ質問紙（MLQ：Multifactor Leadership Questionnaire）を実施した。質的段階では、目的に合わせて選ばれた13人の管理者へのインタビューを行った。インタビュープロトコールにおける質問には、前もって作られたものや、量的分析の結果から得られたものがあった。

がある。この研究では、学校改善に関わる有効性や原因性について、校長がどう認知しているかを測る質問紙を配布し、得られたデータを使って、最初の量的分析を行う。調査回答の量的分析に基づき、校長は4つのグループに分けられるかもしれない（内的 vs 外的原因性と効果の高い vs 低いを交差させた4つ）。その後、タイプの違うさまざまな質的データ（例えば、学校改善するためのさまざまな方法について尋ねるインタビュー項目への回答）を使って、4つの校長グループを比較することができるだろう。

順次型 QUAN→QUAL分析の例として広く使われるのは、重回帰分析またはそれに似た統計学的技法から得た残差スコア（実際のスコアから予想スコアを引いたもの）に基づいて個人のグループを同定し、その後、質的にフォローアップをするものである。個々人につき詳しい質的データを収集するのだが、そこでは、当初の高い（または低い）量的スコアにつながったと思われる要因を調査する。質的データは内容分析するかもしれないし、量的データに変換して、統計学的分析をするかもしれない。

この順次型分析の例として、Wallら（2008）の研究を示す。多様な目的で車を利用する意図を予想するために、ドライバーのサンプル392人について、ロジスティック回帰分析で得た残差スコアを計算した。その次の研究工程で、残差スコアに基づく合目的的サンプリング戦略を使い、24名の参加者を選んだ。その後、参加者に通勤行動や信念に関する半構造化インタビューを行い、最初の研究工程で得た結果を展開し、確認した。

別の例は、回帰残差を用いた標準検査によって、効果的な学校とそうでない学校とをまずカテゴリーに分類してしまうものである（例えば、Kochan, Tashakkori, & Teddlie, 1996）。その後、学校風土といった、他の特性でも違いがあるかどうか見るために、2つの学校タイプを観察し、互いの比較を行った。

量的分析を通じて属性/主題のカテゴリーを作り、そのカテゴリーを確証するために別のデータを質的分析することがあるが、これにはすでにQUAL→QUAN研究で説明した構成概念の同定や構成概念の妥当化の手順と同じプロセスが含まれている。この戦略の目的は、量的データの因子分析を行って構成概念の下位概念を同定することであり、ひいては、この下位概念についてカテゴリーを検証したり、利用可能な情報を増やしたりするために、質的データを収集することである。このタイプの混合データ分析の例としては、教員のサンプルから得た調査データを因子分析し、学校風土に対する教師の認識を特性に応じて分類することが挙げられるだろう。その後、フォーカス・グループ・インタビュー、インタビュー、観察やその他のタイプのデータを使って、当初想定した特性が存在するのかどうかを確証または反証したり、これらさまざまな特性が日常的なやりとりにどの程度あらわれるのかを調査したりすることができるだろう。

反復的順次型混合分析

順次型混合分析の3つ目のタイプは、**反復的順次型混合分析**であり、これは2つ以上の段階を持つ順次型研究のデータ分析と定義される。研究者が利用できる工程数の柔軟性は、多種多様な反復的順次型分析を可能にするが、理論家にとっては、混合研究法デザインの網羅的な類型を作ることができない理由の1つにもなっている。

反復的順次型デザインの例は、シンプルなものから、複雑なものまで多様である。より複雑な反復的順次型デザインは、研究設定で新しい重要なイベントが起きるとともに進化するような混合型調査研究の例となることが多い。研究チームによってはこのような状況で、認識論的および方法論的柔軟性を十分に持って当初の研究デザインを変更したり、研究している現象をもっと理解するためのデータを集めたりすることがある。

第6章のTolmanとSzalacha（1999）や第7章のKumagaiら（2004）を含め、本書では反復的順次型デザインについてすでにいくつか論じてきた。反復的順次型混合分析の文脈で、先述した研究や別の研究について、ここでも簡単に概説する。

TolmanとSzalacha（1999）は、QUAL→QUAN→QUALと連なる3つのフェーズ/分析を示した。最初に質的リサーチ・クエスチョンがあり、量的リサーチ・クエスチョンがそれに続いて混合研究法デザインが生まれ、その後、質的リサーチ・クエスチョンがさらに続く。この研究は、当初のリサーチ・クエスチョン（若い女性達が性欲の体験をどのように表現するのか？）が、どのようにして結果をもたらし、その結果が別な研究段階へと自然につながり、さらにその結果が第3の研究段階を導くのかを示す好例である。筆者らは、「この研究は全体として3つの反復からなり、独立し、相乗的に関連し合った3つの問いで構成されている。これらの問いは、それより前のリサーチ・クエスチョンを追求することで得られた結果への反応として、順次生まれたものである」（p.13）と述べた。

Kumagaiら（2004）が論じた火事の原因帰属に関する研究は、研究設定で想定外のイベントが起きたときに、反復的順次型デザイン（と分析）がどのようにして生まれるのかを示す好例である。オリジナルの研究プロジェクトでは、火事頻度の高い地域で住民調査を行い、仮説を検証する量的オリエンテーションのデザインが用いられた。最初の量的フェーズが終わるころ、別な場所で一連の山火事が発生した。Kumagaiらはすぐに、ビュート複合火災の影響を受けた個人のフィールド・インタビューと2回目の住民調査をすることを決めた。追加した2つの段階（フィールド・インタビューと追加調査）は、研究の第2、第3のフェーズ（QUAL→QUAN）を構成することになった。

こうして、最初は量的調査だけからなる研究が、豊富な質的データと比較可能な2つの回答者グループによる質問紙という特徴を持つ3工程の研究デザイン（QUAN→QUAL→QUAN）へと変換された。Kumagaiらは後に、複数の混合データセットがあったことで、当初の単一工程デザインでは答えられなかったようなリサーチ・クエスチョンにも、総合的に答えることができる必要な情報を得ることができたと結論づけた。

Teddlieら（2006）は、6フェーズの順次的混合型研究（QUAL→QUAN→QUAL→QUAN→QUAN→MM）を行い、教師の観察とフィードバックのプロトコールを国際的に検証して開発した。この研究は次の2つの理由で興味深い。

- 6フェーズの反復的順次型デザインは、このデザインが複数のフェーズ（2、3フェーズ以上）を持てることを示している。
- デザインはデータ収集を始める前に計画し、時間を経ても変化しなかった。従って、反復的順次型デザインが常に研究結果や歴史的事件への反応として生じるわけではないことを表している。

本章の始めで、単一のデータソースをある形式から別の形式へと反復的に変形させるデータを、**変形データ**と定義した。OnwuegbuzieとTeddlie（2003）は、同じデータソースをQUAL→QUAN→QUALと変形させる順次的混合型研究について説明した。この研究では、合衆国魚類野生生物局（United States Fish and Wildlife Service）が資金を提供する10の水産資源教育プログラムの評価を行った。研究のある段階で、プログラムコーディネーターは資金提供の最終期間に行われた全ての活動をリスト化することになった。これらのリストが生データとなり、次のように変形された。

- コーディネーターは、指定された期間に行った1,000以上の活動を記述した。これらの情報を、質的な継続比較法を用いつつ、2フェーズのプロセスで単純化した。まず全ての活動のリストを108の記述コードに減らし、それをさらに12の一般カテゴリーに減らした。例えば、釣りに関する行事という一般カテゴリーは、9つの記述コード（例えば、釣りクリニック、釣りロデオ大会、魚の識別）で構成された。

- 量的フェーズでは、12の一般カテゴリーを量的変換した；つまり、質的データを頻度分布に変換し、一般カテゴリーを頻度が高いものから低いものへと順位づけた。
- 最も頻度が高かったカテゴリーは、一般/トレーニング活動であり、コード化した全ての単位のうち14.9%を占めた。保護/教育問題が2番目で14.4%、釣りに関する行事が3番目で11.7%であった。
- 最後の質的フェーズでは、量的フェーズでコード化したユニットの頻度分布に基づき、水産教育コーディネーターを2つのプロファイルのどちらかに分類した。2つのプロファイルは、プログラムに関わる2タイプの専門家を表していた。それは、水産資源と環境問題について十分な訓練を受けた教育者と、釣り活動に強く、最小限の教育訓練を受けた海洋生物学者である。

このように、同じデータソース（水産教育プログラムの活動を書いたリスト）を、まず一般的な質的コードセットに変形し、次に、コード化した全ての単位の発生頻度に基づいて定量化した頻度分布に変形し、次に、それぞれの州プログラム毎に、最も頻度の高い質的コードに基づき、2つの質的プロファイルに変形した。こうした変形のプロセスは、ある形式から別の形式へと変化しては、また反復的な様式で元の形式に戻るという、データの柔軟性を表している。

マルチレベル混合データ分析

マルチレベル混合デザインについては、このテキストの第7章、第8章で示したが、その他いくつかの文献でも議論されている（例えば、Creswell & Plano Clark, 2007；Creswell, Plano Clark, Gutmann, & Hanson, 2003；Tashakkori & Teddlie, 1998；Teddlie & Tashakkori, 2006）。マルチレベル・デザインは、病院や学校など階層的に組織化された社会機関においてのみ可能である。そうした社会機関では、ある分析レベル（第7章、注7で定義した）が別の分析レベルで入れ子状にされる（例えば、病院内の病棟内の患者）。

マルチレベル混合データ分析は、相互に関連し合ったリサーチ・クエスチョンに答えるために、1つの研究で異なるレベルの集団に質的な技法と量的な技法とを用いる一般的な分析戦略である。あるタイプの分析（QUAL）をあるレベル（例えば、学生）で用い、別のタイプの分析（QUAN）を1つ以上の別のレベル（例えば、教室）で用いるときに、マルチレベル混合データ分析となる。マルチレベル混合データ分析は、理論的にさまざまな学問領域で可能であり、少数ではあるが報告されている。

- マルチレベル混合データ分析の例として、おそらく最も一般的に報告されるのが（例えば、Reynolds, Creemers, Stringfield, Teddlie, & Schaffer, 2002；Teddlie & Stringfield, 1993）、教育場面で行われる研究である。そこでは組織単位が根深く入れ子状になっている。例えば、図8.1は、アメリカのK–12教育で見られるマルチレベル構造を示している。
- カウンセリング心理学の分野では、Elliott と Williams (2002) が従業員のカウンセリングサービスについて調査をしたが、このサービスには入れ子になった4つのレベル—クライアント、カウンセラー、管理者、全体の組織—があった。研究者らは、クライアント、カウンセラー、管理者のレベルで質的分析を用い、組織のレベルでは量的分析を用いた。
- 高校卒業後の障害サポートサービスの研究で、Christ（2007）は、彼が「複数レベルでの同時データ収集」（p.232）と呼ぶものを行った。彼が使用したレベルは、学生、サポートスタッフ、スーパーバイザー、コーディネーターであった。Christ による分析は事実上全て質的なものであったが、研究の中で彼は、4レベルのうち1つに量的分析を加えることで、高校卒業後の障害という設定でマルチレベル混合データ分析を行う可能性について示した。
- 医学、看護学、健康管理学などの学問分野では、病院/クリニックの構造を利用して、マルチレベル混合データ分析を使った研究を行うことができる。考えられる入れ子構造としては、病院内の病棟内にいる患者、クリニック内の一般開業医の患者、精神科病院内のカウンセラーのメンタルヘルスのクライアント、などがある。
- 人口統計学、地理学、社会学、経済学などの学問分野では、都市内の地理的に定義されるコミュニティ内の世帯内の個人というマルチレベル構造を利用することができる。

完全に統合された混合データ分析

第7章では、完全に統合された混合デザインのことを、複数の工程からなる並列型デザインとして説明した。このデザインでは、研究の全段階において質的アプローチと量的なアプローチが相互作用しながら混合される。図7.7でこのデザインを図解している。

完全統合型混合データ分析（fully integrated mixed data analysis）では、質的分析と量的分析が相互作用的に混合される。こうした分析は、反復的、互恵的、相互依存的なものとして特徴づけられるかもしれない。本章では、量的研究の統計と質的研究の主題という伝統的な二分法の間にある障壁を壊すことを目的に、他の分析についても述べてきた（例えば、クロストラック分析、クロスオーバートラック分析、融合データ、変形データ）。これらの分析は全て、完全に統合された混合データ分析の一部となりうる。

第7章で触れた、完全に統合された混合デザインの

1例がルイジアナ学校効果研究（Teddlie & Stringfield, 1993）であった。この研究には2つの主要な並列型工程（QUALとQUANのが各1つ）があるが、質的データの一部（教室観察）が、定量化されて統計学的に分析され、量的データの一部（例えば、社会経済的指標、成績、生徒の長期欠席、教職員の安定性）が定性化されて、それが学校のプロファイルになった。

質的な観察データを量的データに変換し、定量化されたそのデータを統計学的分析した結果、効果的と指定された学校の方が、そうでないと指定された学校よりも、はるかに効果的な授業が行われていることが示された（**Box 11.7** 参照）。定量化されたこれらのデータから得た結果は、それに続く質的分析にも影響を与えた。分析は当初、次の問いに答えることを目的としていた。それは、よい学校教育の実践という点で、時を経ても変化しない学校と変化する学校とが辿るプロセスとはどのようなものか？　というものだった。定量化されたデータから得た結果をよく検討した後、研究者らは質的な問いを追加した。それは、スタッフの退職によって教師が新しく代わっても、教師の効果レベルを高く維持することができる学校が辿るプロセスとはどのようなものか？　というものだった。

縦断研究を続けるなかで、8つの数量的指標を定性化し、その定性化された情報を使って、オリジナルの「効果的」な学校と「非効果的」な学校とを4つのプロファイルに再分類した。具体的には、ずっと効果的、改善、悪化、ずっと非効果的の4つである。新たなこの質的分類スキームを使って、量的分析を行い、新たにできた学校のグループをさまざまな数量的指標において統計学的に比較した。この研究は2つの主要な量的分析戦略と質的分析戦略から始まったが、展開するにつれて、データ変換戦略がいくつかの興味ある結果につながり、それがさらに量的分析と質的分析の方向性を変えることにつながった。

以前に **Box 7.6** で示したSchulenberg（2007）の論文は、リサーチ・クエスチョンと仮説の複雑なセットに答えるためにデザインされた単一の研究だが、量的分析（6つの異なるタイプ）と質的分析（8つの異なるタイプ）を多岐に利用する好例を示している。

「困難な環境」で成功した学校について調べたJangら（2008）では、並列型混合デザインを採用し、質的工程と量的工程で主題分析と因子分析とをそれぞれ独立して行った。従来通りのこうした分析を終えた後、追加で筆者らは4つの統合された戦略を使用した。

1. メンバーチェックのための並列型統合—フィードバックを目的に、11の質的主題と9つの量的因子のセットを参加者に示した。
2. 比較のためのデータ変換—9つの量的因子をナラティブな記述に定性化し、質的主題と比較した。学校改善という点でオーバーラップしているところとしていないところを確認した。
3. 創発的主題のためのデータ集約—オリジナルおよび再構成された質的データと量的データを比較することで、8つの集約された主題を生成した。
4. 精緻化した学校プロファイルを生成するための事例分析—学校のケース・スタディを目的に、戦略3で集約された主題を使って、ナラティブ・プロファイルを作成した。集約された主題に学校が取り組む際のさまざまな方法について、反復的な分析のプロセスによって検証した（例えば、成功した学校での、高い親の関与 vs 低い親の関与）。

ある伝統の分析的枠組みを他の伝統内のデータ分析に利用する

Jennifer Greene（2007）は、混合データ分析に関する要約の中で「ある方法論的伝統における分析枠組みの特徴を、別の伝統におけるデータ分析に利用する」（p.155）という「広義の考え方」を取り入れた。われわれは、この考え方が混合分析的技法を今後も発展させていくうえで、実りの多い領域の1つになると考えている。

Greene（2007）が挙げた例の1つは、伝統的な量的研究で使うマトリクスとグラフを、質的研究に応用するものであった。われわれは質的データ分析で一般的な3タイプの1つにデータ表示を挙げているが、これを質的データ分析特有の技法に含める一般的な文献は今のところまれである（例えば、Maxwell, 1997）。

Greene（2007）が述べたように、Matthew MilesとMichael Huberman（1984, 1994）が質的データ分析に不可欠な要素として、効果マトリクスとネットワーク表示の可能性を最初に説明したのは、20年以上も前のことであった。量的伝統におけるマトリクス（例えば、分割表、ソシオマトリクス）は、通常2つの特性を交差させたセルからなり、それぞれのセルには数量データが入っている。MilesとHubermanは、その枠組みを質的伝統に応用し、2つの特性を交差させて、ナラティブ情報を入れたセルを完成させた。1例を挙げると、彼らは列に年代（1976–1980）、行に介入レベル（州、広範囲（macro）、地域、地元校）を示した表を使って、長期的な学校改良プロジェクトについて図示した。マトリクスのセルに書かれたナラティブな情報が、年代と介入レベルが組み合わさったところでそれぞれ何が起きていたのかを説明した。

Greene（2007）による別の例は、効果サイズを質的データに応用するものであった。量的研究における効果サイズとは、統計学的指標で計算した2つの数値変数の関係の強さをいう[6)]（例えば、Ary, Jacobs, Razavieh, & Sorenson, 2007）。従って、2つの数値変数間にある効果サイズが大きいなら、そこに強い関係が存在することにある。

表 11.4　量的研究と質的研究の類似した分析的プロセスの一部のリスト

分析的プロセス	量的研究における アプリケーション	質的研究における アプリケーション
データ表示	質的データ表示（例えば、数的分割表）	質的データ表示またはマトリクス（例えば、Miles & Huberman, 1994）
効果サイズ	Cohen の d（1998）や Smith と Glass の delta（1997）のような統計指標	明白な強度の効果サイズのような質的効果サイズ（Onwuegbuzie, 2003）
主題の生成	探索的因子分析、量的データ採掘	グラウンデッド・セオリーを含む一般の主題分析；テキストマイニング
グループ間の差異の最大化とグループ内の差異の最小化	グループ間の差異の最大化とグループ内の差異の最小化の両方を行うグループセットを同定するクラスター分析	グループ間の差異の最大化とグループ内の差異の最小化するための継続比較法のカテゴリー化した構成要素
サンプルのある部分の分析とそのサンプルの別の部分の分析との比較	予測研究で、サンプルをランダムに 2 つに分け、最初のサブサンプルに探索的回帰分析を行い、2 番目のサブサンプルに確証的回帰分析を行う	後の再分析のために、参照適当性概念を利用して、質的データのいくつかを保存；データの最初のサンプルを基にして作られたオリジナルの解釈と 2 番目のサンプルを基にした新しい解釈との比較（例えば、Eisner, 1998；Lincoln & Guba, 1985）
実際の結果と予想した結果の比較	量的データを利用するパターンマッチング研究；回帰分析で、残差価値を調査し、実際と予想された得点を比べる。	質的データを利用したパターンマッチング研究―例えば、先行ケースを基にしての予想された結果と経験的結果を比較するマルチプルケースデザインにおける複製論理の使用（Yin, 2003）；否定的事例分析
リサーチデザインの構成要素または違いを見つけるための要素との対比	分散分析で見出された特定の違いを探し出すために、限局的なコントラスト分析を用いる	関心のある現象の意味を決定するために対比質問（例えば、X と Y の違いは何か？）を尋ねる（Spradley, 1979, 1980）

Onwuegbuzie Teddlie（2003）は、Onwuegbuzie（2003）による研究の追跡調査で、**質的調査における効果サイズ（effect sizes in QUAL research）**の類型を同定した。これには次の 3 つの広いカテゴリーがある。明白な効果サイズ、調整された効果サイズ、潜在的な効果サイズがそれである。Onwuegbuzie と Teddlie（2003）が効果サイズの 1 例として挙げたのは、変形したデータの議論ですでに述べた、水産教育プログラムの評価であった。彼らは、総ユニット数に占める主題別ユニット数の割合を調べることで、強度に関する明白な効果サイズを計算した。例えば、総ユニット数に対し最も高い割合を占めたカテゴリーは、一般/トレーニング活動であり、強度に関する明白な効果サイズは 14.9％と言い換えられた。総ユニット数に対し 2 番目に高い割合を占めたのは、保護/教育問題であり、強度に関する明白な効果サイズは 14.4％に相当した。この例は、準統計と呼ばれることもあるが、記述統計学（例えば、頻度、割合）を使って、質的分析で得た主題データを定量化するものである（例えば、Becker, 1970；Maxwell, 1997；Onwuegbuzie & Daniels, 2003）。

これらの例が示すように、質的研究と量的研究には互いに類似した分析プロセスがたくさんある。**表 11.4** に、類似したプロセスを一部リスト化している。

今後混合研究法を用いる研究者は、質的研究の伝統または量的研究の伝統いずれかで使う分析枠組みをさらに精査し、他方の伝統で使う類似した技法を発展させるだろう、とわれわれは信じている。

要約

第 11 章ではまず、質的データ分析戦略の簡単な要約を示し、これを帰納的、反復的、折衷的なものとして説明した。主題の探求は、質的データ分析が持つ普遍的な特性であると述べた。

次いで、質的データ分析について、3 つの基本的区分を用いて示した。それは記述対推計、単変量対多変量、パラメトリック対ノンパラメトリックの 3 つである。また統計の各タイプについては例を示した。

第 11 章の多くは混合データ分析に関するものだが、これは第 7 章で示した混合研究法デザインと直接に結びついたものであった。それは、並列型、変換型、順次型、マルチレベル、完全統合型、の 5 つである。変換型混合データ分析は、さらに定量化、定性化、本質的な混合データ分析テクニックに分けた。順次型混合データ分析は、さらに順次型 QUAL→QUAN 分析、順次型 QUAN→QUAL データ分析、反復的順次型混合分析に分けた。分析の各タイプについては例を示した。

新しいタイプの分析技法も示したが、そこでは質的/量的という二分法の障壁が消え、データはあたかも 2 つの様式の間で転用可能、あるいは相互変換可能であった。このタイプの分析には、融合データ分析、

本質的な混合データ分析, 反復的順次型分析、変形したデータ分析、完全統合型デザインの分析が含まれる

新たな検討事項には、2 つの伝統的な様式の間を移行できる情報のユニットとして 1 つのデータを捉えることが挙げられる。混合データ分析が進化するにつれ、研究者はデータを言葉か数かという点で考えることが少なくなり、たまたま最初は質か量の形式で収集した、いずれにも移行可能な情報のユニットとして考えることが多くなるだろう。

第 12 章では、研究プロセスにおける次の（そして最後の）ステップ―混合型研究で集めたデータから推論を行うこと―について情報を示す。次章の最初の部分では、推論プロセスに関する一般的な問題を扱う。次に、良い量的推論や質的推論を構成するものとは何かについて論じる。その上で、混合研究法で推論を行う際の統合された枠組みについて、2 つの主要な要素（調査デザインの質、解釈学的厳密性）とともに示す。最後に、混合研究法における転用可能性の問題について扱う。

注

1) 比例尺度は真のゼロ点（無重量など）を必要とするが、人間科学で行う研究ではまれなことである。従って、ほぼ実践的な理由から、間隔尺度と比例尺度とは、統計学的な応用において同じものとして扱う（例えば, Wiersma & Jurs, 2005）。
2) 第 2 章の注 5 で示したように、Guba と Linclon（例えば、1989, 2005）は、質的研究の質を評価する、別の、基礎的でない定義を作成した（例えば、公平性、存在論的真正性、触媒的真正性）。
3) 本章では、分かりやすさのために、並列型混合デザインを 2 つの工程に限って論じている。もちろん、2 つ以上の工程となることもありうる（例えば、2 つの量的工程と 1 つの質的工程）。
4) クラスター分析とは、回答者を母集団の中の均一なケースからなるサブグループに分類する探索的な量的手法をいう。クラスター分析では、グループ間の差異を最大化し、グループ内の差異を最小化するような、一連のグループを同定しようとする。
5) ナラティブ・プロファイルと（本章の後半で述べた）類型的発展とは互いに似ているが、ナラティブ・プロファイルは変換型分析の構成要素であり、類型的発展は順次型分析のステップであるという点で別のものである。
6) これらの指標には、Cohen の d（1998）または Smith & Glass の delta（1997）が含まれる。

第12章

混合研究法の推論プロセス[1)]

学習の目標

本章を読み終えたときに、次のことができるようになっていること。

- 研究結果から得られたデータの質と、推論の質を同定し、違いを見分ける。
- 研究プロセスとしての推論と、結果としての推論とを区別する。
- 推論の質と、推論の転用可能性を同定し、違いを見分ける。
- 質的アプローチや量的アプローチで研究を行う際の推論の質に関する問題点/監査について論じる。
- マルチメソッドや混合研究法におけるさまざまな監査や質の基準を明確にして論じる。
- 混合研究法で、質的工程と量的工程の両方から得た結論を統合する重要性について論じる。
- トライアンギュレーションと混合研究法における推論の統合を区別する。
- 推論の転用可能性と、転用可能性の異なる側面について明確にして論じる。

本章では、研究における**推論（inference）**（結論、解釈）の質についての議論を示す。これまでの章では、データ、データ分析の結果、結果から得られた推論は相互に依存しているが、その質を評価する基準は各ステージにおいて異なることを述べてきた。本章では、この問題を明確にし、推論の質や混合研究法における質の評価のステップに関する検討事項について論じる。はじめに、推論を行うことに関する基本的な概念について明確にして論じる。具体的には、推論の質（内的妥当性、信憑性（credibility））と推論の転用可能性（外的妥当性、転用可能性）について述べる。質的伝統および量的伝統の中で議論されてきたように、推論の質と転用可能性を評価する基準/監査について手短に述べる。次に、これらの基準/監査の類似点を指摘し、その後、**推論の質と転用可能性のための統合的枠組み（integrative framework for inference quality and transferability）**を示す。

統合的枠組みでは、相互作用する意味形成要素と、反芻する意味形成要素とが区別される。1つ目の要素は、相互作用プロセスへの入力の質のことである（例えば、データやデザイン、データ分析手順の質）。2つ目の要素は、結果の体系的な結びつけと解釈を通した意味形成のプロセスのことである。推論の質は、プロセスへの入力の質（すなわち、**研究デザインの質（design quality）**と意味形成のプロセスの統合（すなわち、**解釈の厳密さ（interpretive rigor）**に依存する。研究推論を得るプロセスは、日常生活における社会的認知や、問題解決、意味生成を、より体系的かつ形式的に拡張したものと考えられる（Heider, 1958）。従って、質の監査を構築する際の一般的な指針として、われわれは社会的認知（または帰属、Heider, 1958；Kelley, 1967 参照）モデルを使用し、研究推論に関する質と統合とを評価することにする。そして最後に、統合的枠組みは推論の転用可能性が相対的なものであることを示唆している。つまり、あらゆる推論は、ある文脈や集団、属性に対して、または調査中の行動や現象を概念化する別な方法に対して、ある程度の転用可能性を持つものである。

混合研究法と推論

どのような混合型研究であれ、最も重要なステップは、リサーチ・クエスチョンに対する効果的な答えを出す一貫した概念枠組みの中に、研究の質的工程と量的工程から得た結果（例えば、知見や結論）をどのタイミングで組み込むのかにあると、われわれは考えている。混合研究法のアプローチを利用する主な理由は、調査中の現象をよりよく理解するためである。順次的な混合型研究では、質的工程や量的工程をつけ加えることで、現象に対する理解が深まる。また、工程を追加して問いやデザインの修正を提案したり、新しい仮説を示したり、前の工程で得られた知見の背後にある理由や意味を探索することで、リサーチ・クエスチョンへの答えを得ることができる。順次型研究は、始めから計画して行うこともあれば、研究の進展に伴って行うこともあるだろう。一方、並列型デザインは、現象をより完全に理解することを期待して、事前に研究工程を計画する。

全ての混合型研究（順次型、並列型、変換型、マルチレベル型、または完全統合型デザイン；第7章参照）において、各研究工程の結果を効果的に関連づけたり統合したり、比較を通じて結果や推論が一致したり、しなかったり、しそうな領域を明らかにしたり、現象に関するより高次の概念的枠組みの可能性を積極的に探索したりすることによって初めて、現象をより良く理解することが可能となる。

混合型研究の複数の研究工程で得た推論を統合する上で、これらを暗に、または実際に一致させる（一貫性を持たせる）必要はない、という点は研究のスタートラインから強調されるべきである。この点については本章の後半部分で詳述する。ここでは、2つ（またはそれ以上）の知見による不一致は、量的研究か質的研究のどちらかだけでは失われていた（つまり、見出されなかった）情報を提供してくれる、と言うに止めておく。大学院生や他の研究者が研究結果の不一致を恐れているのをよく目にするが、より経験豊富な研究者は、混合研究法から得られる多様な意味や構造と直面する機会を喜んで受け入れると、われわれは考えている。

統合的な手法の複雑さや包括性を表す専門用語を見つけようと努めた初期の著作において（Tashakkori & Teddlie, 1998）、われわれは研究の最後の、そして最も重要なステージを意味する推論という用語を提案した。この用語は現在、質的研究者にも量的研究者にも使われている。こうした研究者（例えば、Greene, 2007）は、研究プロジェクトの最も重要な側面は、結果を積極的に解釈してリサーチ・クエスチョンに答えることにあると述べているが、われわれもこれに賛同する。研究プロジェクトの最中や終了した後、研究者はリサーチ・クエスチョンに答えるために調査を実施した理由を振り返るものである。研究プロセスの最後で、調査中の現象に対する確かな理解を促し、問いへの解答を示すためには、調査結果（すなわち、データ分析の結果または結論）を必ず解釈しなければならない。ここでは推論という用語を3つの関連し合う概念として使用することにする。

- **推論プロセス（inference process）**とは、データ分析の結果に意味づけを行うプロセスである。推論プロセスは、データを要約して分析する時点で始まるように思えるかもしれないが、実際にはかなり早い時点（例えば、データの収集時）から始まる。言い換えると、推論プロセスとは、異なる時点で得られた結果をつなげてデータに意味付けすることを目的とした、データ収集のアイデアから分析結果に至るまでのダイナミックな探索旅行のようなものである。
- 推論の質とは、研究結果から導き出し結論の質を評価する基準を表す包括的な用語である。推論の質には、量的用語における内的妥当性や統計的結論妥当性、質的用語における信憑性（credibility）や信用性（trustworthiness）が含まれる。
- 推論の転用可能性とは、その結論が他の類似した状況や人々、時期や文脈、そして構成概念の理論的表現にどの程度適用されるかを示すものである。これは、量的研究における一般化可能性や外的妥当性、質的研究における転用可能性に相当する。

これらの用語は、混合研究法の研究者が研究について議論したり概念化したりするのを助けるために提案されているが、従来の質的研究や量的研究のプロジェクトで研究結果を報告する際にも使える可能性を秘めているとわれわれは考えている。

研究推論とは何か？

推論とは、研究で収集したデータに基づく結論と解釈のことである。推論それ自体は、それが得られた元のデータと区別しなければならない。残念なことに、この区別をしている研究者はほとんどいない。示唆的な区別は、Lancy（1993）による質的研究結果の考察に見出すことができる。

> 分析や結論をまったく含まない、ほとんど記述だけの論文を書くこともできるが、そうした論文はほとんど出版不可能である。結論が長く、記述の短い論文を書くこともできる。こうしたタイプの論文は最も頻繁に見うけられる。しかし、これは質的研究が最も価値を置く部分—現象を細部まで徹底的に把握することで得られる「信用」—を捨て去る行為に等しい。または、私はこれが好まれる方法であると思うが、宝石をカッティングする職人のように、自然の分割ラインに沿って自分の研究を切片化し、これらの切片に関して完成度の高い報告をすることもできる。（p.23）

第7章では、データを経験的な領域に位置づけたり、解釈や結論を推論の領域に位置づけたりすることで、この区分を明確にしようとした。こうした区分とは関係なく、ダイナミックな研究プロジェクトでは、新しくデータや結果を得るたびに、調査者はそれを基にした推論を構築し続けることだろう。これらの推論は、データ収集プロセスへとまた影響し、結論に関する満足いくレベルの確実性が得られるまで、データとデータ分析結果、そして結論との間で連続的なフィードバックが行われる（第8章で述べたサンプリングの飽和の概念に似ている）。

われわれはMiller（2003）の議論に従って、プロセスと結果の両方を表す用語として推論という言葉を使うことにする。プロセスとしての推論とは、比較的大規模な収集情報から意味を創造するために研究者が踏む一連のステップ（すなわち、認知プロセス）から構成される。意味形成のこの側面を表す用語として、われわれは推論プロセスという言葉を使用した。アウトカムとして見た場合、推論とは得られた結果に基づいて作られた結論（すなわち、意味や理解）のことである。

議論の簡素化（そして、教育目的）のために、推論という用語が持つ 2 つの側面（プロセスとしての推論、アウトカムとしての推論）を区別したが、実際この 2 つの側面はダイナミックかつ双方向的に深く関連し合っている。そのため、プロセスがここで終わり、アウトカムがここから始まることを示すような線引きは不可能である。また、われわれは研究結果の効果的なプレゼンテーションとは、独り言のプロセスをなぞるようなものだと考えている。そうしたプロセスでは、研究者はどのように推論に達したかを Q & A 形式に従って対話している。つまり、結果をよく調べ、結論を出し、その結論を評価して、次のレベルの推論へと進む，といった具合にである。

当然、ある研究者の推論が、ある人には受け入れられ、他の人には受け入れられないこともあるだろう。さらに、ある研究者の推論は、研究者コミュニティや研究論文の読者の評価対象にもなり、このことは学界でピアレヴューとして知られている。ピアレヴューされた刊行物は、専門領域の評価者に加えて、計画決定に足るエビデンスを必要とする政策担当者にも評価されることが多い。ピアレヴュー・プロセスにおいて、研究推論は研究知見（すなわち、結果）との一貫性や、特定の領域や学問分野における理論と知識との一貫性の観点から評価されるだろう。または、政策担当者から見た重要性や有益性といった観点から評価されるかもしれない（Collins, Onwuegbuzie, & Jiao, 2007）。推論＝質の評価（または研究＝プロセスの評価）がもたらす利得が、社会的弱者集団にとってどの程度の改善につながるかという観点から議論を行う研究者もいる（例えば、Mertens, 2007）。

推論は、リサーチ・クエスチョンへの答えに限ったものではない。推論は出来事や現象、関係についての新しい解釈や説明を生み出すものでもある。そうした推論は、あらゆる結果に基づく解釈（例えば、「ゲシュタルト」または全体）を創造する。つまり、そこで創造された解釈は、1 つの研究のさまざまな知見から導き出された個々の独立した結論を単純に合計したものよりも、大きな全体性を持つことになる。

推論とは、人々、出来事、変数との関係性の中で研究者が作り上げるエティック（etic）な構造であり、応答者のイーミック（emic）な表現、感覚、行動、感情、解釈を表す努力であり、これら（エティックとイーミックな構造）が互いにどのように関連しているのかを一貫性のある体系的な方法で示した構造のことである。前章でわれわれは、応答者の解釈や構造をデータとして考える傾向にあることを示した。このことは、どういった研究方法（質的または量的）でデータを集めたかということに関係がない。研究参加者が表出していることを研究者が解釈し構造化したものが、推論と呼ばれるものである。議論となる 1 つの問題、特に質的研究での問題は、「データから得られた推論の信用性（trustworthiness）」（Eisenhart & Howe, 1992, p.644）を判断する戦略（監査/基準）に関するものである。統合された研究は、これら 2 つの観点（イーミックとエティック）を、何れかに過度に依存することなく巧みに表わし関連づけているものである。第 5 章の表 5.3（およびその他）で述べた通り、われわれはエティック/イーミックという二分法の妥当性には賛同しない。代わりに、あらゆる研究推論は連続体の中のどこかに位置するだろうと考えている。各推論には、研究参加者や調査者による出来事や現象に対する解釈のニュアンスの違いがあらわれるものである。図 12.1 は、イーミックの観点に過度に依存したユーモアを描いている。

King ら（1994）らは、研究アウトカムとしての推論をよく分析することで、記述的推論と説明的推論を区別した。記述的推論とは「観察の蓄積に基づいて観察した現象を理解する過程である」（p.55）。説明的推論とは記述的推論を基になされるものであり、「原因と結果を結び付ける」（p.34）ことで、説明的推論は記述的推論を超えるとされる。この区別と非常に似ているが、Krathwohl（2004）は、記述–探索、説明、そして妥当性という 3 つの「研究の役割と結果」（p.32）を区別した。彼によると、妥当性（すなわち、確証的推論と非確証的推論）とは説明に基づくものであり、研究者にとって「説明に基づく予測が正しいと証明されるかどうかを見極めるうえで」（p.34）役に立つものであるという。

推論を行うプロセス

推論を行うには、芸術と科学の両分野のスキルが必要である。推論を行うプロセスでは、創造力、直観力、意味形成力といった要素だけでなく、現象を構成要素に分割できる能力や現象の特徴を要素に分割できる能力、個々の分割された構成要素や特徴を理解できる能力、現象を完全に理解するために個々の分割された構成要素や特徴を再構築できる能力が関係している。質的研究者は、自分たちが行う研究の最終的な目標や成果は、意味を形成することであると明確に自覚している。例えば、Rossman と Rallis（2003）は、「研究者は、研究を進める中で学んだことの意味形成（解釈）を行う。データは、世界に対する研究者の独特な見方を通じてフィルターにかけられる」と述べている

図 12.1 「地球温暖化の解決法はとても簡単だ—ぼくを獣医に連れて行って、毛を刈るだけさ！」

図 12.2

(pp.35–36)。

経験を積んだ多くの量的研究者は、質的研究におけるこうした芸術的なスキルを最重要視することこそないが、結論を引き出すには創造力や直感力といった要素が関与することには同意するだろう。われわれが経験した研究/評価プロジェクトを見る限り、一部の量的研究者は他の研究者よりも「客観的」にみえる結果に基づいて意味のある結論を作り出すことに習熟していると痛感させられる。

人間研究で推論を行う際の黄金律は、汝の研究参加者を知れ！である。研究参加者の属する文化や研究が行われる背景をしっかり把握していることは、推論を行うプロセスにおいて重要な資質となる。本書以外の著作（Tashakkori & Teddlie, 1998）でも、われわれは文化的な知識を大半の研究プロジェクトにおけるデータ・ソースやデータの種類として論じている。研究者がこの種のデータを別途分析していなくても（すなわち、研究期間中にフィールドノートの分析を別途行っていなくても）、これらのメモは結果を解釈する際に利用することができる。高度に構造化された量的研究であっても、研究者が研究参加者の文化的背景における行動の意味はもちろんのこと、回答者や回答者の研究プロセス（とその目的）に対する認識の在り方について知っていると、得られた結果に基づいた意味のある推論の内容にも、より磨きがかかることになる。

研究参加者の文化や背景を理解することの重要性を明示するために、著者の1人（Tashakkori）が2006年に撮った1枚の写真（図 12.2）について考えてみよう。あなたはさまざまな文化で市民が日々利用している公共空間の構造と機能を研究している研究者である。研究デザインやデータ収集戦略（例えば、質問紙調査、フィールド観察、エスノグラフィやケース・スタディ）が何であれ、研究参加者に関する深い文化的知識がなければ、研究対象について信頼でき、かつ意味のある推論を行うことはほとんど不可能である。そうした深い理解の中には、儀式や社会的習慣、相互作用のパターン、規範、価値観、その他の文化的要素の重要性について知っていることなどが含まれる。

図 12.2 は、イランのイスファハンにある公園での一角の、けだるく暑い週末の午後を撮影した写真である。少し時間を割いて目に入ってくるものの解釈を書き出してみよう。写真の風景をどのように解釈するか？　写真に写った人々にとっての公共空間の意味や

構成要素という点から見て、あなたの目に入ってきたものの持つ重要性とは何だろうか？

スイカが公園でピクニックをしている家族のものと分かったなら、あなたの理解（解釈）に役立つだろうか？　各家族によって水路の一定スペースが場所取りされており、そのスペースを取り囲むように見えないプライバシーの壁があると伝えらえたら、理解に役立つだろうか？　各家族の相互作用のパターン（すなわち、習慣、共有体験、相互作用や笑いの中心）におけるスイカの役割を分析すると、写真の公共空間が持つ機能や意味について、さらに多くのことを補足して説明することができる。

われわれは、写真の左端に見える物理的空間の持つ機能の可能性、相互作用している各個人が果たす社会的機能についても、より多くのことを補足して説明することができる。しかし、読者はわれわれの言いたいことを既に理解してくれていると確信している。研究のタイプに関係なく、推論に信憑性を持たせるには、調査の置かれた文化的コンテクストと研究参加者に関する十分な文化的な理解が必要である。どの方法論的アプローチを採用するかに関係なく、行動や出来事の社会的・文化的背景を深く詳細に把握することで、推論の信憑性は堅牢なものになる。

どのようにすれば、文化に根ざして信憑性があり、包括的な混合研究法の推論を行うことができるのか？その答えは、リサーチ・クエスチョン、選択した研究デザインの種類、研究で得られた知見に左右される。リサーチ・クエスチョンの種類に応じて推論の中味も変わってくる。深い理解と探索的な問いがあれば、暫定的な答えを得ることができる。研究者が行う推論の多くは帰納法的であり、調査対象である現象に関する最初のグラウンデッド・セオリーを生成することにつながる。説明的・確証的な問いは、探索的な問いよりも、既存の文献や先行研究に根差したものになる。説明的・確証的な問いに答えるために行った推論は、利用可能な文献をさらに統合するようなものになる。

研究対象である現象と関係のある最新の文献や先行研究について理解し精通することは、推論を行う際に必要となる最初のステップである。どの方法論的アプローチを採用するかに関係なく、リサーチ・クエスチョンに関連する文献は深く理解しておかなければならない。一部の研究者（例えば、Creswell, 2002, p.53）は、研究初期に行う文献レビューについて、質的研究では量的研究で必要とされる程には重要でないと提唱している。この主張の背景には、質的研究では、新たな答えや解釈に対してオープンであるべきだというロジックがある。

われわれは、質的・量的の両研究において、新しい発見に対してオープンであるべきだという提唱に賛同する。一方で、研究者が最新の論文中にある別な解釈を把握することなく、答えや解釈を探し始めても得るものはないと考えている。新しい考えに対してオープンであることと、調査中の問題に対して他の研究者が行った洞察を把握せずにスタートすることとは別物である。従って、類似の（関連した）リサーチ・クエスチョンの答えを見出すために、他の研究者が試みた解釈を徹底的に理解することをわれわれは強く主張する。研究を始める前、研究の最中、研究の終了時の各タイムラインにおいて、先行文献の解釈と理解に努めるべきである。例えば、方法論のオリエンテーションに関係なく、学位論文では調査対象と同じ、または類似した現象に対する似通った問いに対し、他の研究者がどのように答えたのかを真剣に調べようとしたことが分かる記述を盛り込むべきである。こうしたレビューを徹底的に行ったうえで、新しい研究を行うための説得性に富む理論的根拠を示す必要がある。

データ分析の間は、リサーチ・クエスチョンに対する最初の答え（直感）に関係するような準備メモをつけてきたことだろう。これらのメモの中には、観察した現象やレビューした文献から集めたものに関連したものもあるはずである。今こそ準備メモを読み直し、これらのメモが最終結果の解釈に役立つか否かを判断する好機である。うまくいけば、これらのメモの中には、研究の文化的背景について書かれたものが含まれているかもしれない（例えば、病院や学校に入った時に見たもの、グループ内での相互関係のパターン、介入の後の研究参加者のコメント）。これらのフィールドノートは、この段階で最終結果を理解する貴重な資料となる。

データの分析過程（あるいはエスノグラフィなどのデータ収集においても）、または研究の最終段階で、信憑性のある推論を行う上で必要ないくつかの一般的なガイドラインを以下に示す。

- 推論で全ての分析と解釈を行う際には、決して研究目的とリサーチ・クエスチョンを忘れてはならない。
- それぞれのクエスチョン（あるいはサブクエスチョン）は別々に書き出して、各クエスチョンに関係する全ての結果を検討または要約する。当然、読者は各クエスチョンに答えるという明確な目的をもって既にデータを分析した筈である。分析結果のあちこちに、クエスチョンやサブクエスチョンに対する暫定的な答えが含まれているかもしれない。分析結果、フィールドノート、文献レビューで取った要約メモを検討すること。結果の意味するところを声に出して語ること（そう、独り言を言ってみるのだ！）。分析結果を研究仲間に説明してみること。研究参加者の視点から見て、当該の結果が何を意味するのか自問すること。
- リサーチ・クエスチョンや構成要素に答える形で、結果の各部分を暫定的に解釈すること。
- それぞれのクエスチョンについて、上記の作業を行った後に、クエスチョンに対する答えや解釈を精査し、これらが結合可能かどうかを確認すること。クエスチョンに対する答えや解釈の違いを比較、対比、結合する、またはそれらの違いを説明してみること。

- 混合型研究でなされる推論の質は、また、研究の質的工程と量的の両工程で生じた推論の影響力に依存する。質の高い混合型研究のためには、質の高い質的工程と量的工程が必要である（しかし、それだけでは十分ではない）。つまり、質的工程と量的工程で得られた結果を基に、非常に信頼性の高い推論を導くことができても、その混合型研究の最終段階でそれらを上手く統合できないことはあり得る。
- よい混合型研究の強みは、その研究が混合研究法という方法を使った目的をどの程度果たしているかに依存するという点を読者は認識すべきである。研究を始めたときになぜ混合研究法を利用することに決めたのか？　研究のニーズや目的、理論的根拠は何だったのか？　今こそ、これらが達成されているかどうかを振り返り、再確認するよい機会である。残念なことに、混合研究法を利用した理由は、著者によって常に明記されているわけでも、認識されているわけでもない（例えば、Bryman, 2007；Niglas, 2004）。表 7.3 に、補完や拡大といった（Greene & Caracelli, 1997b）、混合型研究を行う理由のいくつかを示した（すぐれた要約や詳しい説明は、Greene, 2007 を参照のこと）。混合型研究の最終段階で行う推論では、混合研究法を利用した研究当初の目的や意図に、直接取り組む必要がある。例えば、混合研究法を利用する目的が、ある現象のより完全な解釈を得ることであるなら、最終的な結論はそうした解釈を提供するものでなければならない。混合研究法における質の問題は、メタ推論と論文に書かれた混合研究法デザインの利用目的との一致という文脈で議論されなければならない。O'Cathain ら（2007）と Bryman（2006a, 2006b）の概念を借りて、われわれはこれを推論の解釈的対応性（the interpretive correspondence of inferences）と仮に呼ぶことにする（混合研究法では、統合的対応性（integrative correspondence）とも呼ばれるだろう）。Bryman と O'Cathain らの研究は、論文中で言及した混合研究法デザインの利用目的を達成していない混合型研究が数多くあることを示した。
- 推論をどのように行うのかも、混合研究法デザインに左右される（同様に、研究デザインは目的やクエスチョンによって左右される）。並列型混合デザインでは、混合の目的は―プロジェクトの経過中に修正されることはあっても―研究当初から明確でなければならない。順次型混合デザインや変換型混合デザインでは、目的は最初から分かっているかもしれないし、最初の工程の推論から明らかになるかもしれない（すなわち、2 番目の工程の問いは最初の工程の最後に出てくる）。

明らかなことだが、研究プロジェクト全体の質は、質的研究の推論と量的研究の推論の統合、混合、関連付けが、どの程度達成されているかに左右される。質的アプローチと量的アプローチは、研究のあらゆる段階で統合することが可能だが、これが実際に達成された研究はほとんどない。例えば、健康科学分野から刊行された研究論文を調査した O'Cathain (2007) らは、質的アプローチと量的のアプローチの統合は「主に研究の解釈の段階で行われていた」（p.160）と結論付けている。

Sargeant ら（2006）による研究は、ある研究のプロセス中で推論がどのように行われ、修正され、完成されるのかを具体的に示している。彼らは以下の主なリサーチ・クエスチョンの答えを見つけるために順次型混合研究法デザインを使用した：（ある特定の 3 つの）慈善事業に寄付をしたことがある個人において、遺贈する人（すなわち、遺言で慈善業者へ寄附する人）としない人（すなわち、非誓約者）を区別することができる要因は何か？　この研究で著者らは、まず最初の工程で非営利組織へ遺贈したことのある人たちに、90 分のフォーカス・グループ・インタビューを 8 回実施し、慈善による寄付を動機付けそうな要因を特定した。記録したナラティブ・データを創発的に主題分析し、動機と呼べる 9 つの主題を同定した。これらのインタビューの結果から推論を行い、同定した主題を以下の 3 つの動機カテゴリーに分類した：組織に関連した動機、個人に関連した動機、個々の遺贈に関連した動機。著者らは、特定した個々の主題に基づき、次の研究工程で検証する仮説を生成した。

次の工程のデータは、フォーカス・グループ・インタビュー参加者の発言をもとに作成した質問紙を用いて集めた。質問紙は 624 名の寄付者に郵送した。9 つの仮説は誓約者と非誓約者の回答を比べることでそれぞれ検証した。1 つ 1 つの仮説検証から推論を行った後、主題ごとに 2 セットの知見を関連させた。次に、著者らは全ての主題に関する全ての結果を精査し、前述の 3 つに分類した動機カテゴリーについて推論を行った。そして、推論や政策提言には、著者自身の評価者としての経験や、データベース内にある参加者や慈善組織に関する情報、研究に参加した慈善組織について著者が個人的に把握した知識と観察事項などを含む、利用可能な情報や見識を全て組み込んだ。

研究推論の質を評価する（監査する）

行われた推論の良し悪しは、どのように見極めればよいのだろうか？　Greene（2007）は、質について考える際、以下の 2 つの一般的なアプローチを提案しているが、これはデータの質の基準と推論の質の基準を区別する必要性を説いたわれわれの先行研究（Tashakkori & Teddlie, 2003c）と、ほぼ一致する内容である。つまり、(1) 方法や得られたデータの質を判断することと、(2) 推論、解釈、結論の質を判断することである。

「何が『良い』サイエンスを構成するか？」という問いに答えるために、Paul（2005, pp.11–16）は、最近の研究で同氏が同定した3つの「指標」を手短に紹介し、この問いに対する答えが複雑であることを示した。1つ目の指標は、米国科学アカデミーにより支援された『教育における科学研究（Scientific Research in Education）』（2002）の刊行である。この報告書は、科学的根拠のある質的・量的アプローチの両方を網羅する意図で刊行されたが、現在に至るまでどちらかというと量的研究の方に当てはまる報告書と考えられている（Maxwell, 2004）。同報告書が示した懸念の1つが「教育研究の評価に必要な基準の欠如」であった（Paul, 2005, p.12）。同報告書は良い研究の基準として以下の6つを掲げている：

- 実証的に調査可能な意味のある問いを立てること。
- 研究とそれに関連する理論をリンクさせること。
- 立てた問いを直接調査できるような方法を選択すること。
- 首尾一貫して明確な一連の論拠を示すこと。
- 複数の研究で結果を再現・一般化すること。
- 研究成果を公表し、専門家からの精査や批判を促すこと（Paul, 2005, p.13）。

Paul（2005）が同定した2つ目の指標は、2001年に制定された「落ちこぼれを作らないための初等中等教育法」（No Child Left Behind Act）である。この法律は、以下に示したとおり研究の質に関して別の見解を提供するもので、「有効な知識を得ることを目的に厳密かつ体系的で客観的な手順を踏まえた研究を行うこと」（p.13）と説明されている：

- 観察または実験による体系的で実証的な方法を用いること。
- 言明した仮説の検証および導き出した一般的結論を正当化するうえで十分と言える厳密なデータ分析が含まれること。
- 評価者および観察者が複数いても、測定および観察を複数回行っても、妥当なデータが得られるような測定方法や観察方法を用いること。
- 査読付きジャーナルへ論文がアクセプトされている、あるいは独立した専門家委員会から査読に匹敵するレベルの厳密で客観的かつ科学的なレビューを経て、論文が承認されていること（Paul, 2005, pp.13–14）。

研究の質を示すためにPaul（2005）が同定した3つ目の指標は、1998年に『心理学会報』（*Psychological Bulletin*）で刊行された論文をめぐって起きた、2002年の激しい政治的・学術的な論争である。この論文は、大学生から収集したデータのメタアナリシスに基づく研究である。主な論争は著者らの結論―小児期の性的虐待は被害者に広汎性外傷を引き起こさないことを示唆―を発端としている。確かな方法論に裏打ちされているように見えるにもかかわらず、この論文の推論は、一般大衆、政策立案者、さらに学術コミュニティの一部の研究者でさえ明らかに不快にさせる内容であった。Paul（2005）は、この論争のポイントを端的に言い表すために、以下の普遍的な問いで問題を提起した：「何かを正しいとする研究上の知見は、その知見を有害視する社会的価値観に勝るのか？」（p.16）。

推論の質に対するPaul（2005）の3つの指標は、「行われた推論の良し悪しは、どのように見極めればよいのだろうか？」という簡単な問いに対する答えが複雑であることを示している。この問いに答えようとすると、方法の質や研究デザインの枠内で話が収まらなくなることがある。前述の問い（つまり、推論の良し悪しをどのように見極めるのか？）に関連して、Krathwohl（2004）は、以下の4つの基準の観点から良い推論（「信頼できる結果」p.148）の特徴を述べている：最もらしさ（説明の信憑性（explanation credibility））、研究実施の質（解釈の忠節性（translation fidelity））、エビデンスと説明の一致（論証された結果）（demonstrated results）、その結果から合理的な別の結論が得られないこと（対抗する説明の排除（rival explanation eliminated））である。これらの基準は、どんな質的研究や量的研究の結果にもある程度当てはまるものである。Krathwohl（1993）が最初に提案したフレームワークを拡大する形で、TashakkoriとTeddlie（1998）は、研究の推論に関する信憑性（credibility）の評価を目的にした6種類の項目を提案した。これら6種類の**信憑性の監査（credibility audits）**の概要について**表12.1**に示す。

これらの基準や監査項目を踏まえ、われわれは混合型研究の推論の質（と転用可能性）を評価するために、以前の著作で示した統合的枠組み（Tashakkori & Teddlie, 2003c, 2008）を拡大している最中である。読者にとってこの統合的枠組みが理解しやすくなるよう、まずは質的研究と量的研究の推論の質に関する特徴について精査し、記述することにする。

次のセクションで示すように、量的研究では推論の質を議論する際、内的妥当性（および統計的結論妥当性を含む確率変数）に着目することがほとんどであった。一方、質的研究者は、信憑性の観点から推論の質を評価することが多かった。内的妥当性と信憑性については、次のセクションで詳細に検討することにする。推論の質を概念化する際、質的と量的とで大きく

表 12.1　研究の推論のための一般的信憑性の監査

監査のタイプ	一般に問われる質問
説明の信憑性	変数間の関係に関する説明は、理論的概念的に正しく、受け入れられるものか？
解釈の忠実性	研究（質問、仮説）の概念的枠組みは、デザインの要素（例えば、適切なサンプリング、測定/観察、他の手順）に転換されているか？
論証された結果	何らかの結果は生じたか？　それは期待していたものだったか？
信頼できる結果	結果は先行研究の結果と一致していたか？
対抗する説明の排除	結果に基づく最もらしい結論は他にもあったか？　関係についての説明は他にもあったか？
推論の一貫性	推論と解釈は得られたデータ/情報の分析と一致していたか？　同じ研究から得られた複数の推論は互いに矛盾していなかったか？

注：Tashakkori & Teddlie（1998, pp.69-70）および Krathwohl（1993, pp.271-280）に基づく。

異なるのは、誰が推論の信憑性を評価するのかという点である。量的研究者は、その推論が他者（例えば、他の専門家）にとってどの程度信憑性があるのかによって推論の質を評価する。しかし、質的研究者の多くは、インフォーマントが提供するいくつもの構造を抱えた現実を、その研究者が人として、またはデータ収集の「道具」として、どの程度上手く説明できているかによって、推論の信憑性を判断する（例えば、Lincoln & Guba, 1985；Spradley, 1979）。ただ、これは質的研究の結論の信憑性を評価する他の専門家（例えば、同じ分野の専門家、ジャーナルエディター）の役割を否定するものではない。

質的研究における良い推論の特徴

質的研究におけるよい推論とは、研究参加者に配慮しつつ現象の意味を捉えるようなものであるべきである。Druckman（2005）は、これを記述するために「真実性（authenticity）」という用語を用いている。

> 実証主義的伝統の枠組みにおける内的妥当性および外的妥当性の問題は、構築主義的伝統における真実性に対する関心によって補われる。妥当性は、研究経過において参加者の観点から、または研究者と参加者の観点を組み合わせて評価されるものである。こうした主観に基づく妥当性は、人々の経験や相互作用が持つ意味を記述する試みを反映している。（pp.331, 341-342）

Guba と Lincoln（1989）は、それが**信用できる**ものであるなら、よい推論であると考えている。つまり、「調査対象者が実際に感じている社会構造と、研究者による記述とが一致している」（Mertens, 2005, p.254）場合、推論は信用に足るのである。Bryman（2004, p.284）は、推論の質を評価する指標の 1 つとして、**透明性**という概念を用いているが、この概念は量的研究および質的研究両方の指標となる。透明性とは、研究の全ての工程（研究参加者は誰か、どのようにして選ばれたか、どのようにしてデータを分析したのか、どのようにして結論を導き出したのか）に関する、研究者による説明の明確さを意味している。

Tobin と Begley（2004）は、Arminio と Hultgren（2002）の提案と同じ見解に基づき、質的研究における推論の質の指標として**善**という概念を用いている。Tobin と Begley（2004）は、善の側面を以下のようにまとめている。

> - 基礎（認識論と理論）―研究に対する哲学的立場を示し、その研究に文脈と特徴を与える。
> - アプローチ（方法論）―研究の論理や基準に関する特有の基礎。
> - データの収集（方法）―データの収集および管理方法の明確さ。
> - 声の描写（多文化的な対象としての研究者と研究参加者）―研究者は、研究参加者や調査中の現象と自らとの関係を内省する。
> - 意味生成の技法（解釈と表現）―収集したデータと選択した方法論を通して、新たな洞察を記述するプロセス。
> - 専門的な実践への示唆（提案）。（p.391）

Lincoln と Guba（1985, pp.300-331）は、質的研究における推論の質を評価したり、向上させたりするためのさまざまな手法を示している。その中で特に興味深いのは、確実性の監査（dependability audit）、確証性の監査（comfirmability audit）、メンバーチェック、同僚への状況報告（ピア・ディブリーフィング）、否定的事例分析、参照妥当性（referential adequacy）、内容の分厚い記述についてである。（詳細は、**表 12.2** を参照）

確実性の監査とは、調査の判断や方法論の変更が適切に行われているかといった、調査の**プロセス**に関することである。

確証性の監査とは、その解釈が結果によって支持されているか、内的に一貫しているか、という点に関して、確証を得るために調査**結果**を監査することである。

メンバーチェック（第 9 章を参照）は、解釈の信用性（trustworthiness）を決定するために行われる、とりわけ強力な手法であり、研究参加者や同様の社会場

表 12.2　質的研究の信用性（trustworthiness）のための基準のタイプ

基準と定義	量的類似語	強化のためのテクニック
信憑性― 調査者による再構成が、もともとの複合的現実の構成者達にとって信頼に足るものか否か	内的妥当性	1. 長期的な関与 2. 持続的な観測 3. トライアンギュレーション・テクニック 4. 同僚への状況報告 5. 否定的事例分析 6. 参照妥当性 7. メンバーチェック
転用可能性― 特定の送り手の文脈から特定の受け手の文脈への推論の転用	外的妥当性	8. 分厚い記述
確実性― 調査のプロセスに対する確実性の程度。一貫した結果をもたらす道具としての人間の能力	信頼性	9. 確実性の監査
確証性― 調査の結果が確証できる程度。結果がデータに基づいているかどうか、推論は論理的かどうか、調査者のバイアスがあるかどうかなどを含む	客観性	10. 確証性の監査 11. 信憑性、転用可能性、確実性、確証性に関連する再帰的な日誌

注：これらの基準は、Lincoln & Guba（1985）に基づいている。信用性（trustworthiness）には 4 つの基準が含まれ、調査者が聞き手に対し、その結果には「注意を払う価値がある」（Lincoln & Guba, 1985, p.290）と説得できる程度として定義される。

図 12.3 「地球温暖化のせいにする前に、いくつか検査をしましょう」

面にいる他のメンバーに、主題や解釈、結論の正確さをチェックしてもらうことが含まれる。研究参加者が調査者の解釈に同意すれば、研究の信用性に対するエビデンスが得られたことになる。

同僚への状況報告では、「利害関係を持たない」専門家としてもう 1 人の個人を質的データの収集や分析手順に参加させる。質的データの収集や分析途中で、利害関係を持たない専門家（例えば、専門的な訓練を受けた研究者で他の主題に取り組んでいる人物）と質的データについて対話をすることで、研究者は解釈を明確にし、生じ得るバイアスの原因を突きとめることが可能になる。

否定的事例分析（第 11 章を参照）は、質的分析から生じた結果の全体的なパターンに合致しない事例やケースを調べることである。この手法は、現在使用している類型および理論の見直し・修正・精錬を行う際に用いられる。参照妥当性と否定的事例分析の何れも、**表 11.4** に示した量的研究および質的研究における類似した分析的プロセスに記載している。

参照妥当性（例えば、Eisner, 1975, 1998；Lincoln & Guba, 1985）は、推論の質を評価したり改善したりするための別の戦略である。この手法は、ローデータの一部を別途取り出し、推論の質を評価するために再分析するという手順で成り立っている。参照妥当性と量

表 12.3　量的研究における妥当性のタイプ

基準と定義	指標または脅威
統計的結論妥当性― 統計的手順が、差異や関係性を判別するのに、適切である程度。変数間の関係性に関する信頼できる推論が、統計分析の結果に基づいてなされている程度。	1. 低い統計的検出力 2. 統計的検定における仮説の恣意性 3. たまたまその時だけ偶然に出た有意差（fishing）と誤差率の問題 4. 測定の非信頼性 5. 範囲の限定 6. 介入実施の非信頼性 7. 実験的設定における剰余変数 8. ユニットの不均質 9. 効果サイズの正確でない推定
内的妥当性― 得られた結果に対する他の説明を排除できる程度。（仮定した介入）A と（仮定した結果）B の間の観測された共変動が、操作された、あるいは測定された変数として、A から B への因果関係に反映されているかどうかについての推論の妥当性。（Shadish, et al., 2002, p.53）	1. 時間の不明瞭な優先権 2. 選択 3. 歴史 4. 成熟 5. 回帰 6. 減少 7. 検定 8. 手段 9. 内的妥当性に対する付加的で相互作用的な脅威
構成概念妥当性― 調査中の構成概念が、把握され/測定されている程度。測定された結果に基づいて、特定の理論的構成概念に関する推論がなされた程度	1. 構成概念の不適当な解釈 2. 構成概念交絡 3. 単一操作バイアス 4. 単一方法バイアス 5. 構成概念のレベルでの構成概念の交絡 6. 介入感受性因子構造 7. 反応性自己申告の変化 8. 実験的状況への反応 9. 実験者の期待 10. 新奇性と混乱による効果 11. 代償性の均等化 12. 代償性の競合 13. 怒りによる士気喪失（resentful demoralization） 14. 治療の拡散（treatment diffusion）
外的妥当性― 結果に基づきなされた推論が、さまざまな人や設定、介入変数や測定変数にわたって一貫している程度。	1. 因果関係のユニットとの相互作用 2. 因果関係の介入の変動による相互作用 3. 因果関係の結果との相互作用 4. 因果関係の状況との相互作用 5. 文脈依存的な媒介

注：基準と定義は、Shadish ら（2002）を含む、さまざまなデータソースから編集した。指標や脅威については、それぞれの定義がある Shadish ら（2002, pp.45, 55, 73, 87）を引用した。

的統計分析からも、直接的なアナロジーを引き出すことができる。ある種の統計的分析を用いる研究者は、サンプルを分けてから、一方の群を探索的目的のために、他方の群を確証的目的のために分析することがある。同様に、質的データを収集する研究者も、データを 2 つに分け、データの前半部分の分析から得られた主題と後半部分から得られた主題とを比較することができる。

分厚い記述（第 9 章参照）は、研究設定上の文脈や他の側面を詳細に記述することで、他の研究者が調査している別な文脈との比較を可能にするものである。

再帰的な日誌（第 9 章参照）とは、調査者が書く情報日記（毎日または必要が生じたときに付ける）のことで、調査者が持ちうるバイアスや、研究者が下す方法論上の判断内容などを含む。こうした日誌は、後で確実性の監査や確証性の監査ならびに分厚い記述に基づく報告書を作成する際に利用することができる。

最後に、トライアンギュレーション手法（第 2, 4, 9 章参照）は、推論（とデータ）の質を評価し改善するための最も重要な手法の 1 つである。後に述べるように、質的研究で、調査者によるトライアンギュレーション（2 人以上の研究者による解釈の比較）を行うと、物議を醸し出すことになる。なぜなら、複数の研究者の意見が一致しない場合、同一のエビデンスに対し 2 つ以上の解釈の存在を示すことになるかもしれないからである。

ここまで概観してきた戦略は、信憑性（量的研究で言う内的妥当性に相当する）を高めるものである。質

表 12.4　推論の質に関する―特に、実験的研究における―脅威

脅威	説明
選択	1 つのグループにおける特定の特性は、研究を開始する前のものとは異なる。従って、介入後の差異（または、非実験的または質的研究の特定のイベント）は、単に独立/基準変数に起因するものとは考えられない。
歴史	研究の間に生じたイベントは、1 つの集団には影響をし、他の集団には影響しない。というのもそれは独立変数による結果のみではないからである。歴史とは、非実験的研究または質的研究においては、研究者が研究しているイベントを超えて（個々人の集団に対して）生じているイベントについて言及することがある。
統計学的回帰	個人がある極端な特性（例えば、高い能力または低い能力）を基にして選ばれる時、事前調査および事後調査のどのような違いも、極端なスコアを減らす傾向の結果となるだろう。（もしもランダムな変化であれば、極端に低いスコアの生徒のスコアはどうなるだろうか？）同じ脅威は、すでに確立した極端なケース/集団の非実験的研究または質的研究にも当てはまる。
成熟	事前調査と事後調査の間の相違は、独立変数の違いよりも、研究参加者の身体的心理的成熟の結果であるかもしれない。また、2 つの集団の相違は、片方の集団がもう片方の集団よりも異なったペースで変化しているからかもしれない（選択―成熟相互作用）。
事前調査	事前調査と事後調査の間の相違（または相違の欠如）は、独立変数の違いよりも、むしろ調査に精通している結果（キャリーオーバー効果）であるかもしれない。
手段	事前調査と事後調査の間の相違は、独立/基準変数よりも、測定のランダム差異（非信頼性）の結果であるかもしれない。実施には、実験的研究と、非実験的研究または質的研究が含まれる。
実施	変数間で得られた関係は、実験者/調査者/観察者の予想または研究されていることへの研究参加者の反応の結果かもしれない。
減少/死亡数	事前調査と事後調査の間の（または 2 つの集団のスコアの）差異は、集団から離脱した異なる個々人から結果として生じるのかもしれない。

注：データソースは、Ary, Jacobs, Razavieh, & Sorenson（2007）; Shadish et al.（2002）; Tashakkori & Teddlie（1998, p.87）による。

的研究の信憑性は、研究参加者にとっての現実と、その現実に対する調査者の解釈や表現が、どの程度一致しているかに基づいている。

量的研究における良い推論の特徴

推論の質に関する量的な研究の議論では、内的妥当性の問題を中心テーマとして扱うことが多かった。内的妥当性の概念化が始まった当初（また、それが幾度か改訂されたとき）には、実験的研究デザインにおける因果関係にのみ焦点が置かれていた。しかし、今日行われる量的な社会・行動研究は、非実験的であることが多く、研究者自身も、内的妥当性を当初より緩い概念―得られた結果に対して別の合理的な説明の存在を排除する推論といった意味―で用いるようになった(Krathwohl, 2004, p.139 参照)。図 12.3 は、結果をもとに別な合理的結論を導き出すことの重要性を示している。

表 12.3 は、量的研究の妥当性の中で現在よく知られている 4 つの妥当性の基準と定義を詳述したものである（例えば、Shadish, Cook, & Campbell, 2002）。表 12.4 は、量的研究の内的妥当性を脅かす 8 つのよくある脅威を定義したものである。

量的研究文献では、良い推論は以下の特徴を持つとされている。

- 良い推論とは、変数間の関係を立証すると同時に、こうした関係が偶然に生じたものではないことを合理的な確実性をもって示すものである。こうした関係の多くは、統計学の有意差検定によって立証される。
- 推論の強度は、データ分析の結果が支持する変数間にある関係の強さと合致する。例えば、弱い相関や小さい効果サイズに基づき強硬な推論や政策提言を行っているような文献は明らかに問題である。
- 良い推論には、結果の解釈における系統的バイアスがない。第 4、5 章で述べたように、今日の量的研究の多くは、ポスト実証主義に基づいている。この立場は、解釈に研究者の影響が及ぶことを認めるものだが、読者が調査者と同じような推論をするよう(そのことを見込んで)、十分なエビデンスを示す必要性も認識している。良い調査報告とは、研究者が推論の報告と評価を両方行っているものをいう。評価者の役割を担うことで、研究者はプロの読者としての視点に立ち、推論における系統的バイアスの可能性を減らすことができるものである。質的研究者は、これとは違う方法でバイアスに対処する。質的研究者は、自分自身が持ちうるバイアスが、推論を形成する上でどのように影響した可能性があるかを批判的に内省し、その内省を読者と共有することで、研究者バイアスが推論に影響を与えている可能

性について読者に示すのである。

混合研究法における良い推論の特徴（統合的枠組み）

人を対象とした研究で、混合研究法を用いた研究が増えているにもかかわらず、そういった研究における推論の質（と転用可能性）に関する体系的な文献は不足している。ある観点に立つ研究者は、質的工程か量的工程のどちらか一方で得られる推論の質を高める手段として混合研究法を捉えている。別の観点に立つ研究者の一部は、混合研究法では潜在的に推論が弱くなりがちであると懸念している。これは、同じリサーチ・クエスチョン（または単一クエスチョンにおける密接に関わり合う複数の側面）に答えるために、大きく異なる2つのタイプの研究デザイン/手順を組み入れる難しさを考慮してのことである。3つ目の観点は、量的デザインと質的デザインでは、推論の質を評価する基準の前提がそもそも矛盾するため、混合研究法で推論の質を評価することは不可能である、というものである。

混合研究法の研究者にとっての明らかな障壁は、自ら行う推論の質を評価するために、以下の3セットの基準を使用しなければならない点にある。

- 量的データの分析から得た推論を、量的基準を用いて評価すること。
- 質的データに基づき行った推論を、質的「基準」を用いて評価すること。
- これら2セットの推論に基づいて行ったメタ推論が、どの程度信用できるかを評価すること。しかし、2セットの推論が矛盾する場合、この評価は特に難しくなる。

2セットの基準間にある相違を減じる1つの戦略は、両基準を組み入れて推論の質を評価する統合的枠組みを作成することである。われわれは、質的陣営と量的陣営の研究者が互いにもっと理解することの必要性を論じたMaxwell（2004）による次の見解に賛成である：「双方の研究アプローチの専門家は、他方の研究アプローチの考え方と実施に対する理解を深め、他方の研究視座が有する価値観をより尊重する必要があるだろう」（p.9）。

混合研究法の研究者にとって非常に重要なのが、質的・量的の2工程で得られた2セットの推論を統合する研究段階（例えば、一方を基にして他方を比較、対比したり、導入したり、関連付けたり、修正したりする）である。こうした統合で得られたメタ推論の質は、本章で次に説明するようなプロセスを経て評価される。われわれは、この評価プロセスと結果のことを、推論の質のための統合的枠組みと呼んでいる（Tashakkori & Teddlie, 2006, 2008）。統合的枠組みは、質的アプローチや量的アプローチから質を評価する多くの基準を取り込んでいるため、何れの工程にも適用することが可能である。さらに、両研究に最小限共通する一部の基準を提供するという点で、MM研究者の役に立つものである。

強固な推論は、質の担保された適切な研究デザインの下でのみ可能となる。そうした研究では、リサーチ・クエスチョンが研究デザインと手順とを決める。研究手順の質と厳密さが担保されていないと、得られた推論の質も疑わしいものになるだろう。逆に、研究手順が堅牢かつしっかりした方法であっても、正当化可能で信用できる推論に至らない場合もあるだろう。こうした2つの考慮点（デザインの質と解釈の質）に基づけば、推論の質を評価する2種類の一般的な基準を設けることができるだろう。つまり、デザインの質と解釈の厳密さという基準である。

表12.5に、これら2つの基準が持つさまざまな属性と構成要素を示す。**表12.6**では、研究プロセスの段階別に混合型研究の質を分け、混合型研究プロセス全体を概観する。

デザインの質。デザインの質とは、調査者がリサーチ・クエスチョンに答えるために、どの程度最適な手順を選択して実施したのかを指すものである。デザインの質は、質的・量的研究のいずれにも同等に適用することができる。**表12.5**は、研究デザインとその実施における質について自ら問うべき項目を示しており、そこには評価基準に関する以下の問いが含まれている。

1. **デザインの適合性/適切性（design suitability/appropriateness）**（解釈の忠実性（fidelity）としても知られる；Krathwohl, 2004）：リサーチ・クエスチョンに答える上で、用いた研究手法は適切であったか？　研究のリサーチ・クエスチョンは、きちんと十分に答えられるようなかたちで、デザイン要素（例えば、サンプリングやデータ収集）へと落とし込まれていたか？　リサーチ・クエスチョンや研究目的（Newman, Ridenour, Newman, & DeMarco, 2003）のタイプによって、必要な研究デザインも異なってくる。これを説明するために、JohnsonとChristensen（2008）は、釘を抜くにはハンマーが必要、というメタファーを使った。デザインの適合性（suitability）が問題となる例としては、自分のリサーチ・クエスチョンを組み立てる前に、研究デザイン（または、理論的/方法論上の方針）を決めてしまうことが挙げられる。
2. **デザインの忠実性/適合性（design fidelity/adequacy）**：デザインの構成要素（例えば、サンプリングやデータ収集）は、適切に実施されていたか？　実験的デザインの場合、研究実施の忠実性とは、期待する効果を得るために実験的手順がどの程度十分厳密であったか（研究参加者の信頼に値したのか）を示す。

表 12.5 推論の質のための統合的枠組み

質の側面	研究基準	指標または審査
デザインの質	1. デザインの適合性（適切性）	1a. 研究手法は、リサーチ・クエスチョンに答えるのにふさわしいか？　デザインは、リサーチ・クエスチョンに合っているか？ 1b. 混合研究法デザインは、統合的研究を実施する目的と合っているか？ 1c. 混合研究法の工程は、同じリサーチ・クエスチョン（またはクエスチョンに密接に関連した側面）を示しているか？
	2. デザインの忠実性（適合性）	2. 質的、量的、混合型の手順またはデザイン構成要素（例えば、サンプリング、データ収集手順、データ分析手順）は、意味や効果、そして関係性を捉えるのに、質や厳密性を伴って実施されているか？
	3. デザイン内の一貫性	3a. デザインの構成要素は、途切れることなく互いに調和しているか？　研究の全ての側面にわたって、デザイン内の一貫性はあるか？ 3b. 混合型研究の工程は、論理的に途切れることなく、互いに続いているか（または関連しているか）？
	4. 分析的適当性	4a. データ分析手順/戦略は、リサーチ・クエスチョンへの答えを出すのに適当で適切であるか？ 4b. 混合分析戦略は、効果的に実施されているか（第 11 章参照）？
解釈の厳密性	5. 解釈の一貫性	5a. 推論は、タイプや範囲、強度の観点で、関連した結果と密接に合っているか？ 5b. 多様な推論は、お互いに矛盾なく、同じ結果を基にして作られているか？
	6. 理論的一貫性	6. 推論は、その分野での理論と認識の状況とで矛盾はないか？
	7. 解釈の一致	7a. 他の学者は、同じ結果に基づいて同じ結論に到達するであろうか？ 7b. 推論は、研究参加者の解釈と合っているだろうか？
	8. 解釈の弁別性	8. それぞれの推論は、同じ結果を基にしてなされうる、他の結論よりも、際立って信頼でき納得のいくものか？
	9. 統合効果（混合研究法とマルチ・メソッド）	9a. メタ推論は、研究のそれぞれの工程で作られた推論に適切に組み込まれているか？ 9b. もしも工程内/全域でなされた複数の推論が信頼できるほど一貫している場合、これらの一貫性に対する理論的説明は調査され、可能性のある説明は示されているか？
	10. 解釈の対応性	10a. 推論は、決められた研究目的/クエスチョンと対応しているか？　それぞれの工程で作られた推論は、その工程で研究の目的を示しているか？ 10b. メタ推論は、混合研究法デザインを利用する際の必要性を満たしているか？（すなわち、混合研究法を使用する目的に合っているか？）

エスノグラフィーにおいては、調査中の集団/文化と長期的に関わることが、その集団/文化に関して信用に足る解釈を行う上での必要条件となる。

3. **デザイン内の一貫性（within-design consistency）**：デザインの構成要素は、調和的かつ合理的に繋がっていたか？　データ収集手順（例えば、個別インタビューやフォーカス・グループ・インタビューのクエスチョン）がサンプリング方法と一致しない（例えば、回答者の教育水準や言語能力と合わない）場合、研究デザインの一貫性に問題が生じる。この種の問題は、質問紙や説明をある言語（方言）から別の言語（方言）へと翻訳するような異文化間研究で報告されている。翻訳の結果、質問紙や説明の妥当性が新しい集団や文脈において失われてしまうという問題である（例えば、Van de Vijver & Poortinga, 2005）。

4. **分析的適当性（analytic adequacy）**：データ分析の技法は、リサーチ・クエスチョンに答えるうえで適切かつ十分であったか？　このことが問題になる例としては、わずかな観察事例に対してパラメトリック統計分析を用いたり、ある現象の新しい側面を見つけることが目的の研究デザインで、ア・プリオリな主題分析を行ったりすることが挙げられる。

解釈の厳密性。得られた結果に基づき、どの程度信用できる解釈を導出したのかを指して、解釈の厳密性

表 12.6 研究の段階により分割した混合研究法の質の問題

研究の段階	アプローチ	質の問題	質の指標	統合的枠組み
データ収集	質的	質的データの質	信頼性；確実性	データの質
	量的	量的データの質	信頼性；妥当性	データの質
データ分析	質的	質的工程内：適当で適切な分析的戦略に関連した問題		分析的適当性
	量的	量的工程内：適当で適切な分析的戦略に関連した問題	統計的結論妥当性	分析的適当性
推論	質的	質的工程内で：質的データ分析結果に基づいての結論の作成に関連した問題	信頼性と確証性のいくつかの側面	解釈の厳密性
			転用可能性	推論の転用可能性
	量的	量的工程内：量的データ分析結果に基づいての結論の作成に関連した問題	内的妥当性；統計的結論妥当性；構成概念妥当性のいくつかの側面	解釈の厳密性
			外的妥当性	推論の転用可能性
統合	混合研究法	複数の工程：質的と量的の結果と推論の統合と関連したメタ推論の問題	デザインの質；解釈の厳密性	デザインの質；解釈の厳密性
			推論の転用可能性	推論の転用可能性

注：この表には、質的と量的の工程の概念生成段階、または全般的な混合研究法デザインに直接関係のある質の問題は含まれない。

図 12.4 「今日株価が急落しました。予報では、太陽はまた昇り明日は明日の風が吹くでしょう」

と言う（Lincoln & Guba, 2000；Tashakkori & Teddlie, 2003c）。そのような厳密性を評価し、推論の質を高めるためには、以下に紹介するような、何らかの基準を満たす必要がある。

5. 解釈の一貫性（interpretive consistency）：それぞれの結論は、所見に密着して得られたものか？ また、同じ結果から導出された複数の結論が、互いに矛盾していないか？ 解釈の一貫性には、少なくとも2つの指標がある。1つ目は、推論のタイプとエビデンスのタイプの一致である。例えば、相関するデータに基づいて因果推論することは、明らかに問題である。同様に、2、3のケース・スタディやわずかな観察に基づき包括的な政策提言を行うことにも問題がある。図12.4に、解釈が一貫していない例を示す。

2つ目は、出来事や効果の大きさが比較的小さい場合における、推論の強度である。量的研究では、相関係数 $r=0.50$（決定係数 $r^2=0.25$）というと、予測変数の変動の75%が説明されずに残っていることを示している。質的研究では、研究者が限定的で中途半端なエビデンスから強力な結論を導いたり、提言したりする場合に、同様の問題が見られるだろう。Lancy（1993）は、この問題を次のように指摘している。

> 次に、得られたデータと分析が不釣合いなときに起こる「言い過ぎの」問題がある。こうした問題は、入念に分析を行ったり、周到に結論を導き出したりするには、そもそも十分な量のデータがない場合や、すでに存在するように見える主題を支持するために、データを恣意的にまとめたような場合に起こる。（p.28）

6. **理論的一貫性（theoretical consistency）**：各推論（結果または関連性の説明）は、他の研究者による最新の理論や実証的な知見と一致しているか？（これは、説明の信憑性（explanation credibility）とも呼ばれる；Krathwohl, 2004）
7. **解釈の一致（interpretive agreement）**：今回の研究結果に基づけば、他の研究者も同じ結論に達するだろうか？　研究アプローチや目的が、研究参加者の解釈を必要としたり重視したりするようなものであった場合、その結論は研究参加者の解釈と一致しているだろうか？　量的研究でも質的研究でも、推論の質に関する基準とは、その結論の出し方について、同じ分野の専門家（すなわち、他の研究者やサイエンス・コミュニティ）がどの程度賛同するのかを意味してきた。このことをフォーマルなかたちで示しているのが、ジャーナルのピアレビュー・プロセスと博士論文の審査委員会による研究計画の評価である。質的研究では、ピア・ディブリーフィングが、推論の信憑性を評価する重要な仕組みと考えられている。

多くの質的研究や量的研究において、研究者（すなわち、ピア）間の解釈が一致しないということは、たいてい同じ結果に対する別の解釈が存在しうることを示唆している。「しかしながら、質的研究者がやろうとしているのは、分析対象者の置かれた主観的な状態を客観的に観察・調査することである」（Bogdan & Biklen, 2003, p.33）。

Bogdan と Biklen（2003, p.36）は、解釈の不一致が問題になるのは、研究者が相容れない、または矛盾した結論を導き出した場合のみ、と考えている。その他の質的（QUAL）研究者（例えば、Richardson, 2000；Richardson & St. Pierre, 2005；Rossman & Rallis, 2003）は、説明や解釈が複数あること（すなわち、複数の現実が存在すること）に違和感を覚えていない。しかし、こうした解釈の不一致—政策や介入を支持する推論を導出する際には特に—に懸念を示す学者もいる。

8. **解釈の弁別性（interpretive distinctiveness）**：各推論は同じ結果に基づく別のもっともらしい結論と明らかに違うものになっているか？　言いかえると、調査者が却下あるいは否定した別のもっともらしい結論とは明らかに違う、より正当性の高い結論になっているか？　ということである。この条件を満たすため、調査者は調査結果に関してあり得る他の解釈に対して、明確に反論（つまり、別の解釈の可能性を潰し、その重要性を否定すること）できなければならない。質的研究の場合、そのための戦略として、監査証跡（audit trail）、同僚への状況報告、否定的事例分析などがある。量的研究の場合、実験的研究や準実験的研究における剰余変数のコントロールについて触れた文献の多くが、解釈の弁別性を集中的に扱っている。量的研究において、研究者は剰余変数について納得のいく説明を行い、その結果から別の合理的な解釈ができないことを示さなければならない。例えば、米国の小学校3年生の読解力を示すスコアの変化について考えてみよう。このスコアの変化は、生徒の正常な発達と学校の授業を受けた結果生じたものなのだろうか？　それとも、放課後に行った特定の介入プログラムを受けた結果生じたものなのだろうか？

質的研究者は、解釈の際にイーミックな視座を強調しがちだと思われているが、質的研究に対する批判の1つは、出来事や行動に対する調査者の解釈と調査対象者の解釈のギャップに向けられたものである。エスノグラフィでは、解釈が研究者の個人的バイアスではなく、「真実（truth）」を反映したものであることを確認するため、研究者のバイアスを同定して分析するプロセスである反省的分析を行う（例えば、Creswell, 2003）。

9. **統合効果（integrative efficacy）**：統合効果とは、混合型研究の各工程から導出された推論が、理論的に一貫性のあるメタ推論にどの程度効果的に統合されているかを示すものである。本章の前半で、推論の質に関するあらゆる規準/基準は、各工程と2つまたはそれ以上の工程の推論を統合して得られたメタ推論に適用できることを示した。それとは対照的に、統合効果とは混合研究法のメタ推論だけに適用される基準である（つまり、質的/量的工程それぞれに適用されることはない）。統合効果は、MM研究者が研究の各工程で得た結果、結論、政策提言をどの程度適切に統合したのかを示すものである。Creswell と Tashakkori（2007b）は、この概念を以下のように要約している。

> 混合研究法とは、単に量的研究と質的研究の2つの異なる「工程」を報告して終わるだけの研究ではない。つまり、これに加えて、それぞれの「工程」を何らかの方法で統合し、関連づけ、結びつけなければならない。2つの工程から導き出された結論は、研究対象である現象をより十全に理解するために統合される。統合の形としては、あるタイプの結論とその他のタイプの結論を比較・対比・上乗せ・挿入するなどのやり方がある。（p.108）

統合とは、必ずしも複数の結果から1本化した解釈を創り上げることを意味していない。MM用語としての統合とは、一貫性のある結果やない結果に基づいて、重要な結論を得ることを意味している。MM用語としての統合には、連結、推敲、完全、対比、比較といった類の概念が含まれる。

質的研究と量的研究の伝統において、手法間の一貫性は、確信（confidence）、信憑性（credibility）、推論の妥当性の指標と解釈されてきた（例えば、Creswell, 2002；Webb, Campbell, Schwartz, & Sechrest, 1966）。

混合研究法では、質的工程と量的工程から導き出された2つの推論間で一貫性のあることが、推論における質の指標と考えられることが多かった。しかし、こうした一貫性の単純な解釈に警鐘を鳴らす研究者もいる[2)]。2つの推論が互いに矛盾するような研究例においてこそ、混合研究法の価値は大きく発揮される。このような研究では、さまざまな解釈が存在する理由を説明するために、調査者は結果をより厳密に考察したり、より高度な理論的解釈を行ったりする必要性に迫られる。

Rao と Woolcock（2003）は、デリーのスラム街に関する研究プロジェクト（Jha, Rao, & Woolcock, 2005）を引用し、矛盾した結果は何れかの研究工程に方法論的な問題かデータの質の問題がある可能性を示していると述べた。同研究プロジェクトで実施したフォーカス・グループ・インタビューの結果は、人々がスラム街から離れつつあることを示していた。しかし、量的研究の結果は、そうした移動を示すもの（すなわち、スラムの外側に居を構える世帯の存在）は示されなかった。これらの知見に見られる矛盾について、Rao と Woolcock は、量的サンプリングの手順に問題があった可能性を指摘した。

この研究では2つの推論が一致しなかった例がもう1つあったが、それは都市の貧困者を助ける宗教団体の役割に関するものである。質的研究結果を見ると、宗教団体が資金や社会的サポートの重要な供給源になっている印象があった。だが、量的研究結果からは、そうした宗教団体の役割が確認されなかった。そのため、得られた推論はデリーのスラム街住民全体には転用できず、おそらくフォーカス・グループの議論や深層インタビューに参加した者のみに当てはまる可能性が高い、というのが Rao と Woolcock（2003）による結論となった。

再度検討をしても、各工程の研究デザインに問題が見つからないときは、推論どうしの矛盾が同じ現象が持つ2つの異なる側面（相補性）を示している可能性はないか、その程度を評価することになるだろう。また、推論の不一致が合理的に説明できないということは、一方の推論が他方の推論が妥当性を持つための条件になっていることを示しているのかもしれない（推敲や条件制限）。

図 12.5 は、こうしたプロセスの一般的な手順と判断基準を要約したものである。最終的に推論の不一致を説明できるかどうかに関わらず、混合研究法の研究者は相反する推論―2通りの現実描写が存在する可能性―を読者に示すべきであり、これを提案した Freshwater（2007）の意見にわれわれも賛同する。

Erzberger と Kelle（2003）は、2つ以上の推論が一致すると、結論に対する調査者の確信も高くなると述べた。一方で、これらの推論同士が一致しない場合、その事実は同じ現象の異なる側面に関する洞察を与えてくれることがある。この場合、結びついた2つの推論は、より完全な意味―部分の総和よりも大きいゲシュタルト―を提供してくれる。このことは、特に異文化間研究において重要である。異文化間研究において研究者は、得られた全ての知見を研究参加者の文化的な背景、慣習、規範や政治的現実に置いて描写しなければならない。第11章（**Box 11.5**）は、これが完全に達成されたことを例示する、グアテマラで行われた世界銀行の研究である（Rao & Woolcock, 2003）。

こうした完全性（completeness）の概念は、質的研究と量的研究の研究者によって、既に議論済みである。Tobin と Begley（2004）による議論はその一例である。

> 完全性の概念は質的調査を行う者にとって重要である。これにより複数の現実を認識することが可能になるからである。従って、調査で使うトライアンギュレーションは既存データを確証する手段ではない。調査によって見える景色を広げる手段なのである。結果として、より深く包括的な現実の認識が可能になる。（p.393）

Greene ら（1989）は、混合研究法のこうしたアウトカムを補完的な推論として考察している。Lancy（1993）は、質的研究や量的研究のエビデンスが補完的に用いられたケース・スタディの例（「質的研究や量的研究には、クエスチョンや問題に関する極めて重要な情報を提供してくれる可能性がある」）や、一方の研究のエビデンスが他方の研究のエビデンスに埋め込まれたケース・スタディの例（「大規模な量的調査に埋め込む形でいくつかの分厚いケース・スタディを実施し、量的研究における手順の妥当性に文脈を加えたり、これを確認したりする」）を紹介している（p.11）。

ときおり、2つの推論が異なるものの、一方の推論が当てはまる、あるいは当てはまらない条件を、もう他方の推論が明らかにしていることがある（推敲（elaboration）；Brannen, 2005, p.176 参照）。繰り返しになるが、適用可能性の限界を設定することで、メタ推論は2つの構成要素の推論いずれかのみよりも堅牢なものになる。Erzberger と Kelle（2003）は、混合研究法の各工程から得た推論同士が矛盾する（相容れない）という、これに似た例を論じている。彼らによれば、こうした矛盾は研究中の現象に対する別の理論的な説明につながる可能性がある。ただ、推論間の不一致は2つの推論とそれに関連した理論的枠組みとの不一致に比べればそれほど問題ではない。推論間に不一致がある場合、クエスチョンに対する2つの妥当な、しかし異なる答えが存在することを示しているのかもしれない（つまり、2つの異なる、しかし妥当な現実が存在するということ）。

1つの混合型研究から異なる推論が導き出されるの

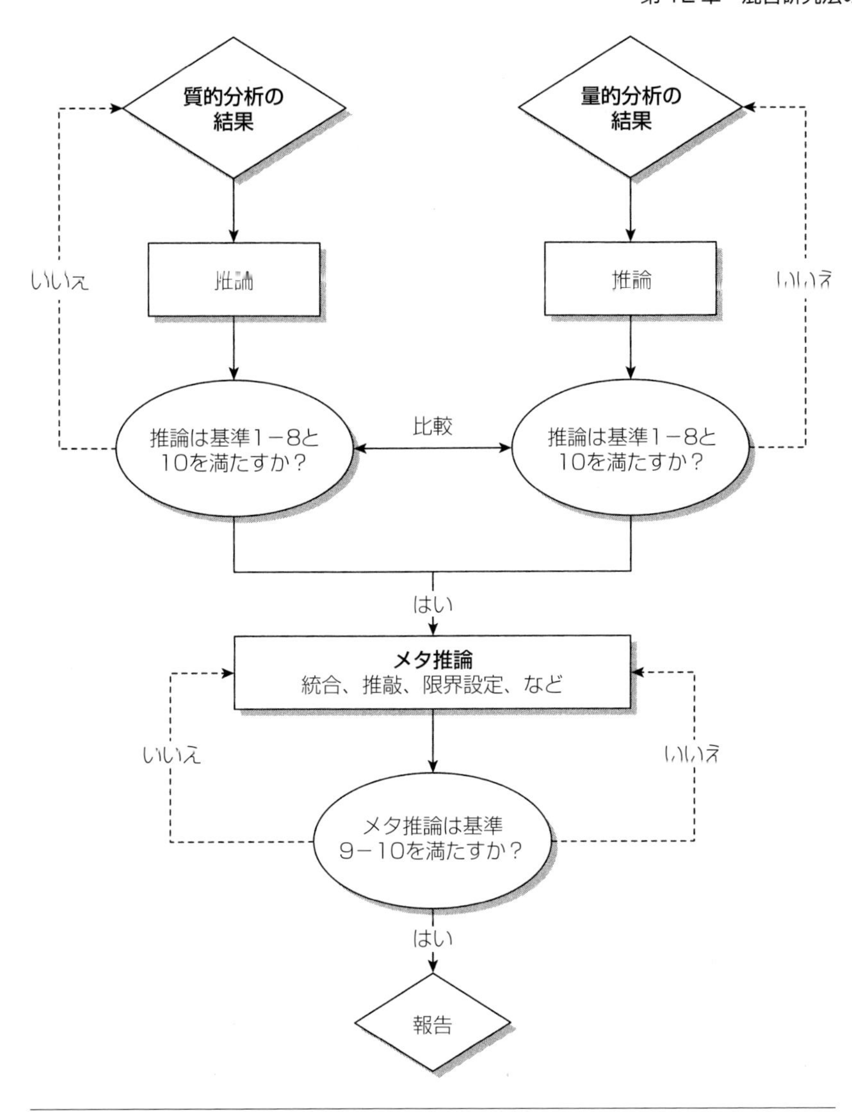

図 12.5　推論の質のための評価のプロセス（この図で示した基準は表 12.5 で示した）

は、理論的に結びつけることができるような、現実 (reality) に関する 2 つの異なる定義の結果かもしれない。そう考えることで、研究対象の現象はより良く理解できるようになる。例として、Shaffer（2002）の貧困分析に関する2つのアウトカムの記述を見てみよう。

> ギニアで…世帯調査データが示唆していたのは、男性よりも女性の方が消費的貧困または極度の消費的困窮に陥りやすいという事実はない、ということであった。貧困率、貧困の強度、貧困の重症度は、世帯主が女性の場合よりも男性の場合の方が高い。…さらに、世帯内での食事やヘルスケアに関する分布（栄養状態や死亡指標、総男女比）で、男性よりも女性の暮らし向きが悪いことを示すデータはなかった。…しかし、カマチグイアの村で得たデータは、集団としての女性の暮らし向きが、集団としての男性のそれよりも悪いことを示していた。フォーカスグループ・インタビューに参加した男女の議論からは、女性だけに顕著な影響を及ぼす 2 つの剥奪された状況が明らかになった。過剰な仕事量と制限された意思決定の権限である。グループ討論では、過半数の男女が男性より女性の「暮らし向きが悪い」と述べ、次の人生では女性より男性として生まれたいと述べた者も大多数であった。さらに、男女のグループ別に幸福度のランキングを行ったところ、2 名を除く村の全ての既婚女性が全ての世帯主男性よりも下位にランクづけされた。こうしたランクづけは、幸福に関する参加者自らの基準に基づくものであった。

Shaffer は、この研究で推論が一致しなかった主な理由は、「不幸や貧困といった概念をめぐる根本的な違い」にあり、サンプリングエラーが原因でないと結論付けた。

10. 解釈の（統合の）対応性（interpretive（integrative）correspondence）：解釈の対応性は、評価基準の中でも統合効果と非常に近い関係にあり、混合研究法デザインを利用した当初の目的をメタ推論がどの程度満たしているかを示すものである。これは研究や研究で得られた推論に対して行われる最終的な「監査」となる。本章の始め（および第7章、表7.3）で、混合研究法デザインを利用する理由についてざまざまな観点から考察を行った。特定の混合研究法デザインを利用する目的は、複数の研究工程で得られた答えを統合すること（例えば、拡張したり、限定条件を同定したり、補足したり、裏付けたりすること）にあるのかもしれない。他方、リサーチ・クエスチョンに対する別の答え、現象に関する別の側面、別の現実の構築を同定することにあるのかもしれない（Freshwater, 2007）。期待されているのは、研究者が言明した混合の目的とメタ推論とが合致することである。

統合の対応性は、こうした多様な目的の存在を踏まえつつ、評価しなければならない。ただ、残念なことに、Bryman（2006a, 2006b）およびO'Cathainら（2007）によると、既に刊行された混合研究法論文の多くは推論の質に関するこの基準を満たしていないという。

お気づきの通り、解釈の対応性はメタ推論に限った話ではない。それぞれの研究工程（質的または量的）では、結果から導いた結論と各工程の当初に設けたリサーチ・クエスチョンとが対応していなければならない。

統合的枠組みの精緻化とその他の枠組み

われわれが統合的枠組みを公表して以来（Tashakkori & Teddlie, 2003c, 2006, 2008）、別な研究者も他の枠組みや、これをさらに精緻化した複数のモデルを提示するようになった。こうした枠組みの中から、正当性モデル（legitimation model）（Onwuegbuzie & Johnson, 2006）と妥当化の枠組み（validation framework）（Dellinger & Leech, 2007）について手短に概観する。

Anthony Onwuegbuzie と Burke Johnson（2006）は、MM研究の質に関するあらゆる側面を意味する**正当性（legitimation）**という用語を考案した。彼らのアプローチは、妥当性（validity）という用語が使われ過ぎてもはや意味を成さなくなっているという、われわれの結論（Teddlie & Tashakkori, 2003）と合致するものである。Onwuegbuzie と Johnson は、正当性に関する9つの類型を示しており、これらは質を評価するための監査や基準とみなしてよいのかもしれないが、彼ら自身はそうすることを控えている。彼らによる基準のほとんどは、目的と推論との一貫性、リサーチ・クエスチョンと研究デザインとの一貫性、（社会政治的な）文脈における複数の推論どうしの一貫性という考えに根差したものである。残りの基準は、パラダイムに関する前提の適切さや、方法論上の厳密さ/質を扱ったものである。正当性に関する9つの類型を表12.7に簡潔に示す。

Onwuegbuzie と Johnson（2006）は、混合研究法において相互に関連する3つの問題（表現、統合、正当性）という文脈で、推論の質を議論している：

> 表現の問題とは、一般的な文章、中でも特に単語や数字を用いて、人生経験を把握する（つまり、表現する）ことの難しさを指している。正当性の問題とは、信憑性や信用性、確実性（dependable）、転用可能性および/または確証性を伴う形で、高い知見を得ることおよび/または推論を導出することの難しさを指している。実際、多くの場合、混合研究法ではこれらの問題が深刻化する。なぜなら、研究の量的要素と質的要素が、それぞれ表現と正当性に関する固有の問題を持ち込むからであり、推論の質がそれに比例してまたは飛躍的に脅かされる可能性が生じるからである。こうして統合に関する問題が生じるのである。（p.52、傍点部は原文ではイタリック体）

正当性とは、次に示すように、混合研究法プロジェクトを通して行う継続的な評価（監査）のプロセスとして概念化されるものである：

> 推論の導出が研究プロセスの中で極めて重要な部分を占めることは明らかである。しかし、推論の質を他の何よりも重要視してしまうと、研究プロセスの他のステップはさほど注意深く精査する必要はないといった、誤った印象を招くことになりかねない。この論文でわれわれが示した妥当性の類型も、評価のプロセスでどのような役割を果たすのか、現時点では明らかではない。さらに、混合研究法における正当性は、ある特定の調査研究に固有の特性というよりも、むしろ一連のプロセスとして理解されるべきである。混合研究法は反復的かつ相互作用的な傾向を有するため、ある特定の研究の中で、あるいは体系的につながった一連の研究を通じてでさえ、推論が完全に終結すること（inference closure）（つまり、導出した推論の質について断言できるようになること）は、ある意味、ないかもしれない。（Onwuegbuzie & Johnson, p.56、傍点部は原文ではイタリック体）

さらに詳細を知りたい方は、この優れた論文を直接参照されたい。

表 12.7　Onwuegbuzie と Johnson の正当性の類型論

正当性のタイプ	説明
サンプルの統合	量的サンプリングデザインと質的サンプリングデザインの間の関係が、メタ推論の質にどのくらい影響するかの程度
内部-外部	研究者が、記述や説明の目的のために内部者の視点と観察者の視点をどのくらい適切に利用し正しく示せるかの程度
弱点の最小化	あるアプローチの弱点が、他のアプローチの強みによってどのくらい補われるかの程度
順次	量的工程と質的工程の順序を逆にすることで影響が予想される中で、メタ推論に関する潜在的問題をどのくらい小さくできるかの程度
変換	量的変換または質的変換が、どのくらいメタ推論の質に影響するかの程度
パラダイム的混合	量的アプローチと質的アプローチの基礎となる研究者の認識論的、存在論的、価値論的、方法論的、修辞学的信条は、利用可能なパッケージにどのくらい上手く（1）組み合わせられ、（2）混合されているかの程度
共約可能性	メタ推論が、ゲシュタルトの切換えと統合の認知プロセスに基づいて混合された世界観に、どのくらい反映されているかの程度
多様な妥当性	研究の量的要素と質的要素の正当性の取り組みが、量的推論、質的推論、そして高次のメタ推論をもたらす混合された妥当性のタイプの利用からどのくらい生じるかの程度
政治的	混合研究法の利用者が、研究の量的要素と質的要素の両方から生じるメタ推論をどのくらい評価するかの程度

注：傍点部は原文ではイタリック体。
引用：Onwuegbuzie & Johnson（2006）の許可を得ている。

Amy Dellinger と Nancy Leech（2007）は、推論の質の問題に関する他の見方として、**妥当性の枠組み（VF：validation framework）**を提示している。彼らが提唱する妥当性の枠組み（VF）は、構成概念妥当性の考え方に強く影響を受けており、彼らはこの枠組みを「妥当性に関するあらゆるエビデンスを含む用語」（p.316）として捉えている。

> 妥当性の枠組み（VF）とは、妥当性を「善性（goodness）」、質、信憑性（credibility）と等しいとする考えを一歩推し進めたものである。これらの概念は全て、研究にとって重要な究極の目標であり望ましい特性ではあるが、われわれは敢えて問いたい。「善性という概念に何の目的があるのか？」妥当性を善性と捉えると、研究の目的には目が向かなくなってしまう。質は目的の役に立つ。研究が説明する意味にわれわれの注意を向けさせたり、その意味を評価したりする役割を果たす。ただ、質が重要となるのは、構成概念妥当性やデータが持つ意味が支持される範囲内においてのみである。調査者が強く望むことは、混合研究法アプローチを使うことが自然で、実践的かつ有益（つまり、プラグマティック）となるよう折り合いをつけながら、意味のあるデータや推論を創り出すことである。（p.329）

Dellinger と Leech（2007）が提唱した妥当性の枠組み（VF）には、次の 4 つの要素がある：基礎的要素、推論の一貫性、利用に関する要素、帰結的要素である。基礎的要素には、「研究対象である構築および/または現象に対して調査者が事前に持つ理解が反映される」（p.323）。こうした事前の知識は非常に重要である。なぜなら、研究者が研究開始当初に抱くリサーチ・クエスチョン、研究手法、推論を導出する作業に対する態度、世界観や選好に影響を与えるからである。Dellinger と Leech によると、事前の理解には、「個人的解釈や経験、理論的解釈、その構築または現象に関連した研究の分析や評価から得られた理解への自省」（p.323）が含まれるという。質を監査する際には、研究者の前提、生じ得るバイアス、最新の先行研究に関する知識を明示的に吟味し、理解しなければならない、と同著は論じている。

推論の一貫性は、われわれが統合的枠組みで示した概念と似ている。推論の一貫性とは、最新の知識や理論形態、研究デザインや所見、推論同士と複数の推論がどの程度一致するか（混合型研究の異なる工程から導出された各推論とメタ推論との一貫性に関する吟味を含め）を吟味するものである。利用/歴史に関する要素とは、他者がある構成概念（construct）の意味について評価する際に、その研究の推論がどの程度貢献するのかを示すものである。例えば、「その研究の推論や手法、知見に利用/歴史について妥当性があるというエビデンスは、現存する文献やその他の意思決定、政策策定といった応用に役立つ（適当かどうか）からこそ生じるのである。」最後に、帰結的要素とは、「その研究の知見、手法、推論を使った結果生じた帰結が、社会に受け入れられるかどうか」（Dellinger & Leech, 2007, p.325）という判断に基づくものである。

Onwuegbuzie と Johnson（2006）および Dellinger

とLeech（2007）の枠組みは、何れも独創的かつ示唆に富んだものである。何れも、本章の初めに紹介したわれわれの統合的枠組みと共通の要素を有している。しかし、何れも混合研究法における推論の質を評価し、高めるような、一体感のある包括的な枠組みを提示できているとはいえない。今後は、上記2つのモデルとわれわれの統合的枠組み（または他の研究者の枠組み）が結びつき、混合研究法に対する一連の基準が誕生する可能性が高いだろう。

混合研究法における推論の転用可能性

推論の転用可能性については先述した通りだが、これを詳細に論じることはこれまで先送りにしてきた。というのも、自分の推論がよく練られており、信用に足ると確信が持てるまで、転用可能性の問題（転用の対象、転用の文脈、転用を行う状況）は、意味をなさないからである。再度繰り返しになるが、社会・行動研究は社会や組織の重要な問いに答え、解決するために行われなければならない（第6章を参照）。そのため、研究結果の大部分は政策策定したり、社会改革したりする人にとって有益でなければならない。われわれは、どのような研究も、何らかの状況下で、どこかの誰かにとって、意味のあるものであるべきだと考えている。

出版された多くの研究についていえば、研究対象となった文脈を離れた状況や人々に何の役にも立たない結果や推論には、ほとんど価値がない。例えば、特定の状況下で特定の問題の解決を見出そうするプロジェクトのようなアクション・リサーチでさえ、調査対象となる状況や人は日々刻々と変化する。調査対象となった個人や集団の生活に関する調査所見を未来へと転用する可能性については、常に重要な検討事項である。また、こうしたアクション・リサーチプロジェクトで得られた所見は、類似の状況で働いていたり、問題解決しようとしていたりする人にとっても、有益である可能性がある。

このように、推論や結果に基づいて行う提言は、異なる状況、人、組織、時期、構成概念の定義のあり方へと常に（その程度はまちまちだが）転用が可能である。転用可能性は程度の問題であり、研究対象である文脈や人々の文脈と「受け手側の」文脈がどれだけ類似しているかに大きく左右される。そのため、研究報告の結論では、どの辺りで転用可能性の境界線を引くのか、必ず詳述した方が良いだろう。

推論の転用可能性についていうと、混合型研究はいいとこ取りであることを読者は理解しておくべきである。ある観点から見れば、量的工程でのサンプル数が大きくて代表性もある方が、得られた知見を他のサンプル、状況、母集団へと一般化できる確実性が増すだろう。別の観点から見れば、質的工程で得た重要で包括的な解釈は、その推論が導出された状況や、提言が転用された先の状況について総合的な評価をする上で、必要な詳細を提供してくれるだろう。読者が行う研究の目的や状況によって、推論のタイプや推論の転用可能性の程度は異なるだろうが、そのこと自体は必ずしも、推論同士が相容れないことを意味するわけではない。

環境的な転用可能性（**ecological transferability**）とは、推論や政策・実践上の提言が、他の関連した状況にどの程度適用可能かを表している。2つの文脈や社会的状況が完全に類似することは想定しにくいが、研究対象にした状況と類似した状況がまったくないこともまた同じように想定がしにくい。

そのため、推論や提言の少なくとも一部は、常に他の関連した状況に適用可能なのである。第11章（**Box 11.3**）で示したOrihuela（2007）の研究において、導き出された推論はその学区内の似たような学校にほぼ間違いなく転用可能であるし、他の地理的区域にある似たような学校や教室にもおそらく転用可能であろう。教育戦略のトレーニングに関する推論は、特定の教員養成コースを教える大学の教育学部にも転用可能かもしれない。Orihuelaが研究した状況に類似した状況であればあるほど、推論や提言がより転用可能となるのは明らかである。環境的な転用可能性の問題は、母集団への転用可能性の問題とも重なる。

母集団への転用可能性（**population transferability**）は、推論や提案が他の人々（個人/集団）や属性（テキストやアーティファクト）にどの程度適用可能かを表している。ある種の研究（例えば、質問紙研究デザイン）では、母集団への転用可能性が最も重要ものとなる。その他の研究（例えば、エスノグラフィー）では、転用可能性があった方が望ましいが、必須とはいえない。ただ、どちらの例でも研究デザインに関係なく、転用可能性を最大化するための、あらゆる対応策や戦略を駆使するべきである（例えば、分厚い記述）および監査証跡（audit trail）など）。

時間的な転用可能性（**temporal transferability**）は、推論や提案が将来どの程度適用可能かを表している。時間的な転用可能性は、環境的な転用可能性とも捉えることができる。社会的および文化的な文脈は経時的に変化するからである。ここでも、得られた知見が特定の期間（例えば、学区や社会的組織を研究した特定の週や月）に特化した固有のものとならないよう、あらゆる可能な戦略を駆使することが望ましい。Orihuela（2007）の推論は、同じ研究が次の四半期または翌年に行われても通用するだろうか？

理論的/概念的な転用可能性（**theoretical/conceptual transferability**）は、主要な理論的構成概念を別の方法で定義したり観測したりした場合、研究の知見や推論がどの程度再現できるかを表している。例えば、**Box 11.3** に示した Orihuela (2007) の研究では、教育効果の定義を標準化された重要なテストにおける生徒の成績とした場合、2 つの教員グループ間の違いは、結果にも同じパターンとして反映されるだろうか？

要約

われわれは混合研究法における推論の質について詳細な議論を展開した。まず、質的研究の伝統と量的研究の伝統における推論の質について、これまでの見解を吟味した。妥当性の定義については論争や意見の対立があるため、この用語はあえて避け、代わりに推論の質や推論の転用可能性といった概念に焦点を当てた。質的研究の伝統や量的研究の伝統における推論の質と転用可能性を評価する基準/監査について概説した上で、その類似点と相違点を確認した。次に、推論の質と転用可能性に関するわれわれの統合的枠組みを紹介した。この枠組みはデザインの質や解釈の厳密さの 2 つで構成されている。1 つ目の構成要素は、データ、研究デザイン、データ分析方法の質を扱うものである。2 番目の構成要素は、研究から得た知見をもとに推論を導くプロセスを扱うものである。

注

1) 本章の旧バージョンは、Max M. Bergman (2008) で出版した。Tashakkori と Teddlie (2008) が担当したその章のタイトルは、「混合研究法における推論の質：統合的枠組みを求めて」である。
2) 今後、議論を展開していく上で取り組むべき問題は、不一致という用語の定義である。2 セットの推論の間に何らかの食い違いが存在しても、それを不一致と呼ばない（すなわち、重要と言える程の食い違いはない）ことは可能だろうか？　どの程度の違いまで許容されるのか？

終章

政略、課題、今後の見通し

本章（Epilogue）では、まず混合研究法における現在の主題と論争のいくつかを吟味する。こうした主題や論争は、過去20年あまりの間に大きな進歩や発展を遂げてきた。そうした急速な発展の中で優れた論議の機会が生成され発展を遂げるとともに、さまざまな知見を生み出すための創造性と豊饒な土壌（そして同時に、批判）とが生み出されてきた。本章では、こうした急速な進展に抗するかたちで、注意を喚起する必要のある政治的そして理論的ないくつかの主題について論じる。

混合研究法において世界観（world view）が果たす役割に関する論争を再考し（第5章も参照のこと）、学術論文や学位論文の調査を行い、執筆し、刊行することに関連した主題を再度見ていく。またその後に、教育を行う上での課題を簡単に概観する。最後に、調査方法論が一般的に直面する課題と、統合された調査方法論が特異的に直面する課題とを再吟味する。われわれは、混合研究法におけるさまざまな視点の橋渡しがなされ、推し進められることを望んでいる。

混合研究法に関係する政略、課題、今後の見通し

本書では、混合研究法に関する多くの概念やプロセスを振り返った。これは旅を続ける旅人と同様に、自分が今どこにいるのかを見極めてから、旅の次の段階へと進む必要があるからである。混合研究法の発達曲線は急勾配を描いてきた。このため、刺激的で移り変わりの激しい、そして時として闘争的な議論が繰り広げられてきたのである。

他の多くの「研究動向」と同様に、混合研究法は哲学的、方法論的、政略的課題に直面してきた。その中で最も曖昧だが最も議論されてきたのは、おそらく政略的課題であろう。混合研究法を批判しているのは、この研究法が自分たちの伝統的な質的、量的領域を脅かすと考える純粋主義者である。彼らは混合研究法が伝統的な研究法の純正さと正当性を歪めるのではないかと懸念している。一方、混合研究法を支持するのは、自らのリサーチ・クエスチョンの答えを見つけるための新たなツールを探している研究者等の専門家で、彼らは伝統的な量的研究と質的研究の二分法を支持していない。残念なことに、審査会が認可する研究の種類をめぐる政略的議論や学術論争に、学位論文研究に取り組む大学院生が巻き込まれることも少なくない。

第3章と4章で、歴史を振り返る中で明らかになったように、混合研究法の発祥は古代にさかのぼり、この研究法は決して新しいものではない。一方、この手法を系統的に定義し、改善し、利用しようとする積極的な試みが始まったのは、ほんの数十年前のことであり、従って混合研究法は古いものでもないのである。

本書では、過去50年間の社会・行動科学分野における、混合型研究プロジェクトの例を紹介した。人類学・社会学分野では、早くも20世紀初頭に総合的な研究プロジェクトの形で行われた事例がいくつか見られる（ホーソンの研究、および、第4章で概説した1920年代と30年代のマリエンタル・プロジェクトなど)。新しいものとしては、質的および量的アプローチ提唱者間で生じたパラダイム論争のコンテクストに照らして、統合的研究をシステマティックに捉える方法がある。混合研究法は、質的研究か量的研究かという二分法に代わるアプローチとして、さまざまな次元における研究の取り組みを、連続体から成るものとして分類している（第5章参照。Teddlie, Tashakkori & Johnson, 2008 など）。

われわれが本書を通して論じてきたのは、QUAL–QUAN–MM という3つの方法論的オリエンテーションそれぞれが、多様な（かつ関連している）意見、視座、方法、社会政治的オリエンテーションの「代用」として用いられている、ということである。著名な人類学者 Russell Bernard（2007）は、シカゴでの米国教育研究協会（American Educational Research Association）におけるスピーチの中で、「質的」「量的」という表現を、二分法の2つの側面を表すものとして受け入れることは、排他的で単純過ぎると強く批判した。われわれもこれに同感である。ここで確認しておきたいことは、これらの表現が、全ての研究者にとって同じ意味を持つわけではない、ということである。たとえば質的研究によって、無数の概念、哲学的オリエン

Box E.1　間違った分断の回避に関する国際的開発の研究者の考察

質的研究よりも量的研究が望ましいか否か、という問いが、研究者の間に間違った分断を生じさせている。重要なことは、量的研究は「科学的」「ハード」「男性的」「客観的」という特徴を持つのに対し、質的研究は「解釈学的」「ソフト」「女性的」「主観的」だという考え方を受け入れないことである。このような考え方によって、女性研究者の研究は本質的に「質的」なもの、女性の理解と発言権の確保に有効なのは質的研究のみ、といった残念な結論が下されてしまう。質的研究はジェンダー分析と同じで、量的研究とは普遍的な分析のことを指す、などと考えるべきではない。どのような研究でも、手法や技法に関わらず、費用と時間、有効性と一般化可能性、および完全性に関するトレードオフを常に考慮し、研究の被験者や読み手の声を反映させる必要がある。研究者と被験者との力関係、被験者への権限付与、研究と実践の関連付け、研究者の実践への関与、実践からの分離、といった問題は、どのような方法を使うにしても、全ての研究者にとって非常に重要である。どの研究者も、貧困、人種、民族、性差別、社会/経済改革といった社会的問題を調査する際には、次の２つの指標を使う必要がある。１つ目の指標は、当該の状況における当事者の立場と行動（特に無視されがちな貧困女性（エイジェンシー）の声）である。２つ目の指標は、雇用主と労働者、家主と賃借人、夫と妻といった関係（構造）に見られるような、持続的な不平等関係の変化、あるいは変化の欠如を示すものである。社会変革をもたらし、社会政策に影響を与えるための研究実践に関する私自身の経験が示唆しているように、最も説得力のある政策研究には、数量とナラティブの両方の要素が含まれている。まず数量によって問題の規模やパターンを明らかにし、ナラティブによってその問題が具体的に日常生活の中でどのように生じているかを説明することで、共感的理解を生み出すことができる。これらの２つの要素は、量的および質的研究から生まれたものである。統合アプローチは、持続的不平等の克服に寄与した計画、政策、行動の「サクセスストーリー」の分析のみならず、搾取され抑圧された被害者の物語の分析にも有効なのである。（Spalter-Roth 2000, p.48）

テーション、リサーチ・クエスチョン、研究方法/設計、データ分析方法、他との比較により特定の推測を行う際の優先性、といったものへの幅広い反応が喚起される。また、計3回改訂された『質的研究ハンドブック（Handbook of Qualitative Research）』（Denzin & Lincoln 2005a）の中で示されたように、質的研究の結果は、政策にも多様な形で用いられている。これと同様に、量的研究も多種多様な用いられ方をしているのである。

少なくとも部分的にはこれを証明する例として、本書の初めの方で、統合的な方法論について多次元的視野を紹介した。この次元には、探求プロセスの各種の構成要素や側面などが含まれる（第2章および第5章参照）。たとえば世界観（ポスト実証主義から構築主義まで）、問いの種類（帰納的問いから演繹的問いまで）、資料収集の手法（完全に非構造的なインタビューから厳格に構造化された質問紙まで）、データ分析戦略（あらかじめ綿密に構成された等式モデルから新出の主題分析まで）、プロセスにおける研究者の役割（主としてイーミックな視座から極めてエティックな視座まで）などである。

こうした考察により明らかになったことは、1つには、研究の混合/統合アプローチは1つだけではない、ということである。混合研究法における（質的および量的アプローチの）統合の問題を論じる際に、必ず意識しなければならないのは、統合が生じる次元もしくは段階である。例えば、リサーチ・クエスチョンの段階で、あるいは数量データやナラティブ・データの収集の際に、統合が生じる可能性がある。さらには、さまざまなデータ分析モード（量的/質的データの再分析など）で、もしくは研究の質的構成要素と量的構成要素の研究結果に基づく推論を行っている際にも、統合が生じたりする。**Box E. 1** は、これらの問題のいくつかの例に関して、混合研究法の研究者が観察し感じたことについてである。

混合研究法のトップダウン的見解vsボトムアップ的見解

近年、Creswell と Tashakkori（2007b）は、混合研究法の学者や研究者が出版物やプレゼンテーションの中で表明し提唱してきたさまざまな視座について自らの見解を述べる中で、次の4つの視座を提示した。すなわち、方法、方法論、パラダイム、実践である。本セクションではこれらについて詳しく説明していく。研究者の中には、混合研究法を技術レベル（問いに答えるためのデータ収集・分析手法など）で捉える者もいる。彼らの問いは、そのオリエンテーションが質的か量的かで決まってくるであろう。彼らが混合研究法の最も重要な概念とみなすのは、データの収集と分析に質的側面と量的側面の両方が使えるという、技術的手法面での混合研究法の有効性である。

第2の研究者グループの混合研究法の扱い方は、これよりもやや一般的である。彼らにとっての混合研究法は、データの収集・分析のための新たな技法一式というだけではない。彼らは、世界観の向上、より包括的なリサーチ・クエスチョン、データの信頼性強化、データ分析の選択肢の増加、および信頼できる有意義

図 E.1　コツ「自分の殻を脱ぎ捨てよう」「学校に戻ろう」

な推論を行う機会の強化につながるような、明確な統合の方法論としての混合研究法に関心を抱いている。

第3の研究者グループが興味を抱いているのは、混合研究法の哲学的基礎である。彼らはその論文の中で、混合研究法の新たな哲学的・理論的基礎について詳しく述べたり、紹介したりしている。また、混合研究法が実行不可能な理由を、他の学者に納得させようとしている。これらの学者は、パラダイムや世界観についての論文を書き、それらが混合型研究のアウトカムにどのような影響を及ぼすのかを論じている。David Morgan（2007）は、このやり方を、混合研究法（および研究手法一般）のトップダウン式視座と呼んでいる。

最後の第4の研究者グループは、その研究の取り組みの中で、多様な混合研究法を用いて、質的および量的アプローチから、必要とされるあらゆる考え方、方法、視座を借用している。（先のトップダウン式アプローチと区別するなら）これは混合研究法のボトムアップ式視座である。これらの研究者にとっては、質的研究か量的研究かという二分法は概して無意味である。なぜなら、彼らは研究や評価における問いに答えるために、必要に応じて自らのやり方を変えるからである。これについて Creswell と Tashakkori（2007b）は、混合研究法の実践的視座と表現している。これは混合研究法の視座としては最も古いものだろう。というのも、このやり方は、50年以上も前から数多くの研究者とプログラムの評価者によって実践されてきたからである。

この最後のカテゴリーの研究者らは、混合研究法を好ましいとする姿勢を見せており、これはおそらく混合研究法の発達曲線の維持に寄与する要因となるだろう。さまざまな人間科学分野に所属するこれらの学者は、混合研究法研究者として最大のグループを構成する。世界観の不一致により、混合研究法は実践不可能だという懐疑派の批判に対して、これらの研究者は「われわれは既に実践している！」とあっさり言い返す。これらの研究者や評価者のうち、その研究や報告書の中でパラダイム・スタンスを明確に認識している者はほとんどいない（具体例は、Bryman（2007）他参照）が、これを世界観の欠如とみなすべきではない。Greene（2007）が示唆したように、これらの学者の知的モデルは明らかにその研究プロセスに組み込まれているのである。

ここまで簡単に論じてきたが、混合研究法の研究者間の意見が一致している部分をご理解いただけただろうか。アプローチの統合は、さまざまな形、さまざまな段階、そしてさまざまな強度で生じ得る。第7章で論じたように、多くの場合混合型研究プロジェクトは独創性に富み活力に満ちている。そして、課題に対する確かな答えを見つける機会を最大限に活用するために、必要に応じてそのデザインを変えている。

混合研究法の実施と公表に関する一般的指針

第9章と12章では、混合研究法のデータと推論の質を評価する際のさまざまな問題について論じた。これらの議論をさらに拡大して、強力な混合研究法論文、補助金の提案、および論文の特性を論じる。そのうえで、これらについての暫定的な提案をいくつか行っていきたい（図 E. 1 参照）。

Rao と Woolcock（2003）は、強力な混合研究法評価プロジェクトを行うための指針をいくつか提案した。これらの指針は国際的な開発プロジェクトの観点に立ったものだが、他分野の研究にも適用可能だと思われる。彼らの指針の一部を、ここに引用する。

- 質的研究が質問紙の作成に役立つ情報を提供している場合は、…反復アプローチを用いる。現場での研究結果を考慮に入れて、各自のアウトカム一式や説明変数を拡大する。
- 量的質問紙と異なり、質的質問は自由回答式として回答者が比較的制約なく答えられるようにし、この質問が拡大的討論のきっかけとなるようにする。
- 質的研究は、量的研究と同様の評価設計原則に従って行う必要がある。
- 質的サンプルの規模は、集団の不均質性の主要な要素を十分に反映できるような規模とする。
- 対象コミュニティでは、十分に時間をかけて掘り下げた調査をする。これは、コミュニティの規模や不均一性によって、1 週間から数週間を要する場合もある。
- 質的研究から導き出した仮説の一般化可能性を、より代表的な量的データに照らして検証する必要がある。
- 質的情報を利用して、量的研究結果を解釈し状況説明を行う。
- 質的研究チームの拙さや経験不足の不利な影響を著しく被りがちなのは、量的データでなく、良質の情報の収集である。
- 質的手法は、大規模調査の安価な代替手段としてではなく、収集が困難で量的に分析しにくい情報を収集するための手段とみなすべきである。（p.185、傍点部は原文では下線）

『混合研究法雑誌（Journal of Mixed Methods Research）』第 2 号の編集記で、Creswell と Tashakkori（2007a）は、公表に値する混合研究法論文の一般的特徴として、次の 3 点を挙げている。

> 第 1 に、論文の構成要素は、量的にも質的にも、十分に練られたものでなければならない。掲載する論文は、明確な質的および量的要素を持ち、その各々の要素が、問い、データ、分析、推論を備えている必要がある。これら両方の構成要素のデータベースは、相当の大きさのものでなければならず、一般に認められた厳密なデータ収集（あるいは変換）方法によって入手し、精巧な手順を用いて分析する必要がある。そしてそれぞれの工程の結果から有意義な推論を行い、検証手順を報告する。2 つ目の特徴として、混合研究法では単に量的、質的調査という 2 つの明確な「工程」を報告するだけでは不十分であり、これらの「工程」を何らかの方法で統合したり関連付けたりする必要がある。…論文の最終章までに、これら 2 つの工程から得た結論を統合して、研究対象とした事象を完全に把握できるようにすることが期待される。統合の方法として考えられるのは、一方の結果をもう一方の結果と比較対照する、一方に基づいてもう一方を構成する、一方の結果にもう一方の結果重ね合わせる、といった形で行うことである。強力な実証的な混合研究法の論文における 3 番目の特徴は、それが混合研究法関連の文献に追加できるような、混合研究法の構成要素を含んでいることである。この文献ベースは明らかに新興のものなので、特定の学問領域に従事する人にはあまり馴染みがないかもしれないが、どこかでこれらを見つけることができよう。（p.108–9）

これと同様の指針を、補助金申請や論文プロジェクトに適用できるかもしれない。

これらの指針に基づき、次のことを提案する。

1. 研究課題を明確に述べ、なぜ混合研究法が必要なのかを説明する。「理解を深めるために混合研究法を用いた」といった、曖昧な説明では不十分である。こうした理解がなぜ必要なのか、それがどのようにして得られるのかを説明しなければならない。また、これら両方のアプローチを使うことで、一方のアプローチもしくは工程を使った場合とは異なる推論が、どのようにして可能になったのかを説明する必要がある。
2. 各自の論文の構成が、主流な学術誌に掲載された他の混合研究法論文の構成と同様のものであることを確認する。例えば Thomas W. Christ（2007）の論文には、次のようなセクションとヘッディングがある。

- タイトル
- アブストラクト
- 序論（ヘッディングなし）
- 混合研究法の概要
- フェーズⅠ：全国調査の分析
- フェーズⅡ：クロス・ケース・アナリシス
- フェーズⅢ：縦断的分析
- 結果の概要
  - ○フェーズⅠの結果
  - ○フェーズⅡの結果
  - ○フェーズⅢの結果
- 混合研究法と縦断的設計の意味するもの
- 限界
- 考察

●参考文献

各自の研究分野における混合研究法関連の論文を検索したり、『混合研究法雑誌』を見直すなどして、他の公表フォーマットを見つけることができるだろう。

混合研究法の論文に利用できるモデルの1つは、次のような構成になっており、これに暫定的に他の要素が追加される。

●タイトルページ
●アブストラクト—各セクションの簡略な要旨、特に目的、疑問点、サンプルあるいはデータ・ソース、デザイン、結果、推論を必ず含める。
●第1章：序論—問題の重要性、各自の研究目的、疑問点、研究の社会文化的コンテクスト等を述べる。また混合研究法デザインを使うことのメリットに関するセクションを必ず含める。
●第2章：関連する文献—まずリサーチ・クエスチョンを簡潔に述べてから、文献に見出されるこれらの疑問点への暫定的な答えを、幅広い側面から論じる。これまでに他の研究者が行ってきた、関連する問いに答えるための試みを、批評的に論じる（当該分野における主要な研究の方法、研究結果、推論を必ず説明する）。次に、よりよい方法で新たな研究を行う必要性（特に混合研究法にするメリット）を明確に論じる。
●第3章：方法—もう一度リサーチ・クエスチョンを述べ（繰り返し述べても問題はない）、どのような手順でそれらに答えるかを完全に説明する。例えばサンプリング手順とその根拠の説明、データ収集手順、研究デザイン、簡単なデータ分析法などである。各セクションをサブセクションに分けた上で、各工程に関する情報を提示する必要があるかもしれない。もしくは、（順次型混合研究法デザインの場合は特にそうだが）1つの工程を余さず説明してから、次の工程を説明する方がやりやすい場合もある。
●第4章：質的データの分析—質的工程を必要とする研究課題の概要を述べる。自分が用いる質的分析手法を明確に説明し、関連する問い/目的の答えとなる結果を説明する。リサーチ・クエスチョンへの答えとして、研究結果に基づいて暫定的な結論を述べる。全ての結論を精査して、推論の質を検証する（**図12.5**参照）。証拠を提示し、自分の下した結論に、読み手が確信を持って到達できるようにする。
●第5章：量的データの分析—これは第4章の質的分析と同様である（質的・量的工程が比較的少ない場合は、第4章と第5章を1つの章にまとめて、2つのセクションを設けてもよい）。
●第6章：考察と結論—リサーチ・クエスチョンを再度提示する。第4章と第5章で導き出した、暫定的な答えに基づく推論を行い、リサーチ・クエスチョンに対する答えを述べる。質的研究・量的研究の各要素に関する推論を統合し、それぞれの答えの比較対照、拡大、制限などを行って、自分の出した結論をより高い（より包括的・抽象的な）レベルへと展開していく。ここで理論を導き出すことができるだろう。それに続けて、自分の研究結果を最新の文献と関連付け、自分が研究している事象を、より包括的・統合的に理解できるようにする。
●参考文献—関連するフォーマットと必要事項に従う。
●付録—読み手にプロセスを理解してもらうのに必要な手段、プロトコール、関連資料などを加える。

3. 各自の博士論文に基づく論文である場合は、論文を提出しようとしているジャーナルのフォーマットを使用して構成し直す。論文のタイトルの見出しに、「問題の提示」、「リサーチ・クエスチョン」といった表現を使うのは、一般的に避けたほうがよい。
4. 通常の場合、論文が却下される理由は1つではない（リサーチ・クエスチョンに対する取り組みが不適切、研究デザインに明らかな不備がある、といった場合を除き）。ジャーナルの編集や批評に携わってきたわれわれの経験では、些細な問題点がいくつもある論文は却下されやすい。一方、大きな問題が1つ2つあるが、それが修正可能である場合、おそらくは論文の著者に対して「修正の上で再提出せよ」という指示がなされる。却下の原因となる、容易に回避できるような些細な不備の例は、タイプミス、文法的な間違い、参考文献の欠落、本文と参考文献一覧の不一致（リストに載せた参考文献に本文中で言及していない）、様式の要件に従っていない（米国心理学会（American Psychological Association：APA）、米国社会学会（American Sociological Association：ASA）等の、要求される専門的フォーマット）、表を統計プログラムから直接コピーしている（不要な、あるいは重複するコラムや情報が含まれている）、細かな表が多すぎる、引用が長すぎる、等である。
5. 論文の最後で、自分の研究のさまざまな工程に関しての結論の関連付けを行う。そして、質的研究あるいは量的研究のどちらか一方のアプローチを用いていたら結論や提言は異なったもの、あるいは限定的なものになったと思われるのは、なぜなのかを説明してから、両方のアプローチを使ったからこそ自分はこの結論に到達できたことを強調する。より理解が深まった、と述べるだけでは不十分である。どうやって、なぜそうなったのかを説明しなければならない。研究結果と推論を比較対照し、最終的な結論と過去の文献や理論とを関連付けて、両方のアプローチを使ったからこそ異なった見方が可能になったことを証明する必要がある。

6. ほぼどのジャーナルも、図表は論文最後に掲載し、本文中にプレースホールダーを含めること、としている。たとえば、本文中である表に言及した（例えば、表1など）パラグラフの直後に、次のようなプレースホールダーを置く、としている。

この辺りに表1を挿入

版元は表やグラフをフォーマットして、本文でそれらに言及した場所の近くに挿入する。

7. ドキュメントには厄介な習性があり、別のコンピュータへ移すとフォーマットが変わってしまったりする。これを防ぐために、論文（表やグラフ等を含めて）をPDFフォーマットで保存しておく。このフォーマットで保存しておけば、論文の編集環境（スペース、ヘッディング、ライン、パラグラフ、表のフォーマット等）が変わることはない。
8. ほぼどのジャーナルも、インターネットで各自の論文をジャーナルのシステムにアップロードするよう求めている。PDFファイルを選択できる場合は、通常の文書作成ファイルではなく、PDFファイルをアップロードする。

（統合的な）研究方法論の指導

われわれは同僚から、大学院生への混合研究法の指導に最も適しているのはどのような教え方か、と聞かれることがよくある。われわれはこれを、混合研究法というよりも研究方法論一般の教授法についての質問とみなしている。というのも、研究方法論を教えるどのコースも、そのレベルに関わらず、統合的なやり方で教えるべきだと考えるからである。過去30年間に出版された研究方法論関連のテキストを調べてみると、明らかに、この統合的なオリエンテーションに向かう傾向が見られる（Tashakkori, Newman, & Bliss, 2008）。1990年以前のテキストでは、質的方法に関するセクションはなく、あっても過去の研究に関するセクションのみだった。1990年代には、2つのパートに分けているテキストが増えてきたが、質的研究と量的研究の各セクションを関連付けるような試みは皆無に等しかった。21世紀になると、こうした厳密な質的・量的アプローチの区別はあまり重視されなくなり、統合のやり方に関するセクションや章を加えたテキストが増えてきている。このように、テキストの内容が徐々に変わってきたにも関わらず、実際の教室における教育実践の変化を示すデータは全くないのである。テキストの内容が変化していることから、研究方法に関する授業を、比較的統合的なやり方で行っている指導者も少なからずいるとは思われるが、この件については、さらに詳しく調べる必要がある。

1998年、われわれは、Isadore Newman、Carolyn Benz、Ridenourとの共著論文の中で、社会・行動科学分野の研究方法論の指導方法を変える必要性を論じた。その中で、大学院生に早くから質的研究か量的研究のどちらかの進路を選ぶよう奨励（あるいは強制）している同僚にはっきりと異議を唱えた。さらに、研究方法のテキストに見られるような、2つのアプローチ間の壁に関しても不満を訴えた。それから10年を経て、こうしたことはあまり目立たなくなったが、大学院生を監視しようとする姿勢はいまだに見られる。また、一般的な研究方法論のテキストの大部分が、今でも二分法で書かれている（さらに詳しい情報は、Tashakkori & Teddlie, 2003b参照）。研究方法論コミュニティ（混合研究法の学者だけでなく）は、質的・量的アプローチの相違点に注目するだけでなく、それらの類似性と関連性についても探るべきなのだ。

われわれは、学問分野と地理的境界を越えた（例えば、米国、欧州、日本、オーストラリア、ニュージーランド、台湾等の大学の）大学院生とやり取りする中で、論文に関しても同様の懸念が生じているのがわかった。これらの学生の多くが、自分の論文では質的研究と量的研究の両方のアプローチを併用する方が明らかに有利なのに強く反対されている、と訴えている。聞くところでは、論文審査委員の1人が、同一プロジェクトの中で質的および量的アプローチの両方を使うなら委員を辞めると脅したり（ある学生の報告によれば、なんとこの委員は「私の生きているうちはそんなことはさせない」と言ったそうだ）、実際に委員を断ったり、といった例があるらしい。両方のアプローチを利用することは、大学院生にとっての説得力のあるツールとなるとして、これを奨励する出版物も増えているのは確かだが、質的（そしてある程度は量的）研究者コミュニティの発言力のある人物の残念な言動によって難儀している学生もいるのである。

さらには、インターネットでテキストを検索すると、質的論文あるいは量的論文の書き方についての「詳しい説明書」が数多く見つかる。多くの学問的プログラムで、大学教員は新たな量的・質的研究者を訓練して自分の「クローン」を製造しようとしている。これらの研究者は、今後研究に取り組んでいく中で、そのプロジェクトのテーマが何であろうと、1つの次元にずっと留まっているのだろう。

研究者の中には、質的方法と量的方法を分けておくことに、社会的、政策的、金銭的なインセンティブを有する者もいるのは確かである。これは、一部の人にとっては微妙な問題だが、研究者はこの議論に対して常にオープンでいるべきである。われわれは、さまざまな大学で、教授陣から「私は質的の研究者なので、量的方法やその結果についてはわかりません」（あるいはその逆）と言われることがよくある。われわれの同僚の多くは、各自の方法論の指導に合致するようなリサーチ・クエスチョンを選び、他の問いに遭遇した場合には厳密な研究の枠組みを課している。一連の方法に制限を設けつつ、全ての研究課題に単一のアプローチを適用するなら、リサーチ・クエスチョンに対する研究者の答えの質は著しく制限されたものになろう。

このように考えていくと、研究方法の授業の指導は、以前よりも一層質的および量的アプローチ/方法の統合、およびこれらのアプローチに共通する性質に焦点を当てて行うべきだということになる。従って、著者らの同僚も学生も、これら2つのアプローチに、またこれらを結合あるいは統合する方法に対処できるよう、能力を高めていかねばならない。

1つの世界観（研究パラダイム）のみを仮定したり提唱したりすることは、恣意的であり真の人間らしい問題解決/意思決定プロセスにそぐわない。日常生活では、私たちは単一のレンズを通して世界を理解することはできない。研究者がそれ以下のものに姿を変えようとするなら、リサーチ・プロセスの信頼性と、研究に従事する人の技能を否定することになる。このような一元的なやり方による研究の指導は、学生にとってフェアではない。

混合研究方法論の指導に関する、さらに詳しい情報

Mark Earleyは最近の論文（2007）で、混合研究法の指導に有効なシラバス開発の試みに関して、説得力のある説明をしている。12段階のプロセス（Fink, 2003から借用）を用いて、彼はこのシラバス開発に学生を大胆に関与させた。授業では、このコースの主要な4つの学習目標を達成するために、次のような一連の活動が計画された（Earley, 2007, p.149, 表2）。

- 授業で読んだ各種のテキストで使用した専門用語を強調表示する。
- 既に公表された、方法とデザインに関しての研究の中で使用されている用語を追跡する。
- 原稿についてクラスメイト同士で話し合う。
- 既に公表された研究を読む。
- コース全体を通して、指導者が例を提示する。
- リサーチ・プロセスに関してクラス全体で討議する。
- 振り返り
- 混合研究法の資料がどこで見つかるかを、クラス全体で話し合う。

それぞれの活動に関して、具体的な評価手法が計画された。読者諸氏には、この開発プロセスに関するEarleyの説明を是非ともじっくり読んでいただきたい。

混合研究法コースでは、どのような能力が求められるのか？　この問いに対して素晴らしい答えを提供しているのが、Natalya Ivankovaのコース・シラバス[1)]である。彼女はこれらの能力を、コース・アウトカムとして期待される12項目にまとめている。

1. 混合研究法の利用の根拠となる哲学的前提を理解する。
2. 混合研究法の主な特徴を明確にする。
3. 電子化されたデータベースで、適切な検索語を使って、混合研究法に則った研究を見つける。
4. 混合研究法アプローチを用いる論理的根拠を理解し、説明する。
5. 混合研究法のデザインの主要な種類、およびそれぞれの長所と短所を理解し説明する。
6. 混合研究法の目標に関する言及とリサーチ・クエスチョンを作成する。
7. 混合研究法で収集することの多いデータの種類をまとめ、量的タイプと質的タイプを区別できるようにする。
8. 混合研究法のデザイン内でデータを分析する手法をまとめる。
9. 混合研究法のデザイン内で量的・質的データを統合あるいは混合する。
10. 混合研究法を報告し評価する。
11. 研究で用いた混合研究法の手順の視覚モデルを描く。
12. 混合研究法の研究デザインにこの手順を適用し、混合研究法の研究案を作成する。

インターネットで検索すれば、他の例も見つかるはずである。混合研究法コースの指導を計画する際には、これらの例をモデルとして、独自の案を作成することができる。また学生諸氏は、これらのモデルを使うことで、特定の能力を学ぶ際の焦点が明確になるだろう。

課題と今後の方向性

世界の他の多くの出来事や動向と同様に、混合研究法の方法論が今後どのように進化していくかは、予測が難しい。われわれは、以前の研究（Teddlie & Tashakkori, 2003）の中で、混合研究法が直面している数々の課題を詳しく説明した。

1. 混合研究法の用語体系、定義、概念化
2. 混合研究法の利用とその論理的根拠（なぜそれを行うのか）
3. 混合研究法におけるパラダイムの問題
4. 混合研究法におけるデザインの問題と分類
5. 混合研究法で推論を行い、その質を評価する際に問題になること
6. 混合研究法の指導、学習、実践の詳細計画

これらの課題のいくつかを扱った著作や記事が、この数年間に驚くほど多く発表されている。例えば、Bergman（2008）、CreswellとPlano Clark（2007）、Greene（2007）、RidenourとNewman（2006）等の著作がある。2004年には新たに『混合研究法雑誌』の創刊が提案され、2007年にその創刊号が出された。このジャーナルには、過去数年間で統合の方法について何百もの記事が掲載されている。また、社会・行動科学分野のジャーナルでも、出版方針に明らかな変化が生じているものが多い。これらのジャーナルは、出版用の混合研究法論文の受け入れと採択に、ますます積極的になっている。近年、『学校研究（Research in the Schools）』[2)]、『量的研究と質的研究（Quality and Quantity）』、『教育学研究雑誌（Journal of Educational Research）』、『国際社会調査法雑誌（International Journal of Social Research Methodology）』等のジャーナルが、混合研究法の特集号を出している。2008年7月、混合研究法コミュニティは、4回目となる国際会議を、イングランドのケンブリッジで開催した（第4章の最終セクションでも、こうした進展を示す多くの事例を紹介している）。

著しい進歩を経て、混合研究法の研究者は共通意見を持つようになったのだが、先に述べたような課題が、現在もまだいくつか残っている。たとえば、混合型リサーチ・クエスチョンの性質について議論していく必要がある。また、デザインの分類方法が数多く存在する。これに加えて、推論の質評価に関する枠組みも一様ではない。本書全体を通じて、これらの問題やジレンマについて論じてきたが、ここでわれわれの最終的な見解を述べたい。

混合型リサーチ・クエスチョンの概念化に関する問題については、さらに検討していく必要がある。混合型研究のリサーチ・クエスチョンを、どのように構成するか？　質的な問いと量的な問いを併記するか、それともこれら2つをまとめて1つの大きなクエスチョンとするか？　といった、シンプルな問いに答えていかねばならない。TashakkoriとCreswell（2007a）は、こうした疑問に対して想定される答えを探り、その結果を以下の3つのモデルにまとめた。

1. まず、質的な問いと量的な問いをそれぞれ述べてから、統合の性質に関わる問いを明確に述べる（例えば、「これらの量的と質的研究結果を、1つの結論にまとめられるだろうか？」(Creswell & Plano Clark, 2007, p.107)）。
2. （第6章で論じたような）包括的な混合された（混成的/統合的）問いを立てる。
3. 次の研究段階へと進む中で、リサーチ・クエスチョンを分けていく。

それぞれの選択肢の含意については、混合研究法コミュニティでさらに検討していく必要がある。

先に述べた他の問題も、徐々に変化してきてはいるが、さらなる検討や進展が求められている。例えば、混合研究法の用語体系の開発には進展があったが、分類法や専門用語、さらには概念地図が急増したことで、この問題は別の形を呈してきている。さまざまな枠組み、分類法、専門用語を検証して、共通の立場に到達できるようにする必要がある。

先に述べたかつての問題やジレンマと、密接に関連する3つの疑問が、近年の混合研究法コミュニティの議論の中心になっている。会議やワークショップの参加者や学生、同僚の言葉を借りて、これらの疑問を表現すると、以下のようになる。

1. 「質的研究と量的研究のそれぞれの構成要素から、矛盾するような推論が導き出された場合、なぜ混合研究法を行うのか？　それはコストがかさみ、ますます複雑になり、そしておそらくは頭痛の種になると思われるのに」。この問いの後半部分は、研究の最終段階になって結果の不一致に直面し、行き詰るのではないかと懸念する大学院生や駆け出しの研究者から、とりわけよく聞かれる事柄である。
2. 「質的研究と量的研究のそれぞれの構成要素、研究結果、推論を、どのように統合するのか？」Alan Bryman（2006a）は、「量的研究と質的研究の統合―そのやり方とは？」と題した論文で、近年の例を挙げている。それによれば、社会科学の232分野の論文の内容を分析したところ、統合のやり方は16種類以上あったという。彼は、調査プロセスのあらゆる段階（測定手段の準備、サンプリング等）で統合の例を見つけており、これらの研究の多くが、推論の段階（トライアンギュレーション、完全性、説明、確認、発見など）で統合を行っている、としている。もう1つ興味深い研究結果として、混合研究法の理論的根拠と最終的に実施されたこととが合致しているとは限らなかった。これは、「質的研究と量的研究を併用する理論的根拠と、その実際の使われ方との間には、ミスマッチが生じがち」（p.110）だということを示唆している。
3. 「適切な混合型研究プロジェクトあるいは論文とは何かは、どうすればわかるか？」第12章で、今日の学者に最も関係する問題の1つと思われる混合研究法の質的問題について詳しく述べているが、われわれ自身の統合の枠組みに加えて他の何人かの研究者も、質的モデルを提示している。例えば、OnwuegbuzieとJohnson（2006）は「合法化モデル（legitimation model）」を、DellingerとLeech（2007）は「妥当性の枠組み（validity framework）」を提示している。これらの代替的枠組みについても第12章で論じた。それぞれに類似点と相違点があり、また質を概念化する方法も、それぞれわずかに異なっている。おそらく近い将来、混合研究法の研究者らは、これらの（そして他の）考え方の要素を統合した包括的システムを創出することになるだろう。それによって、統合的研究（そして質的および量的な構成要素）に対して、より統一性のある監査や基準一式が考案されることになろう。

よく言われることだが、混合研究法は「青春期」の段階にある。多様な定義や概念化、および用語体系の存在は、このまだ成長途上にある分野が発展していく中での健全な段階だと言える。われわれは現在、これらの豊富な創造的概念を統合し、より緊密な混合研究法の枠組みを構築しているところなのだ。それが必要であることを示すため、Mark Earley（2007）が彼の混合研究法のコースでの学生の経験について述べていることを、1例としてここに引用したい。

> Greene ら（1989）、Creswell ら（2003）、Tashakkori ら（1998、2003c）のデザインについて議論した後、学生らが適用可能なデザインの種類を数えたところ52種類あった。…これは圧倒的な数である。このように、多種多様なデザインが提示されているのだ。（p.155）

英国のケンブリッジで開催された第3回混合研究法年次会議（2007）における討議や発表では、200名近くの研究者や学者が混合研究法の現状に関しての討論に加わり、その中から数々の顕著な問題が明らかにされた。これらの問題は、学問領域を超え世界中の学者が共通して抱いているものであるため、本セクションでは、そのいくつかの概要を述べていく。これらの問題は、混合研究法に関与する研究者が早急に対処すべきものである。

- 混合研究法は「流行の最先端を行く」とみなされているため、出版の機会を得やすく補助金も獲得し易いが、そのために問題が生じる可能性もある。研究者は、単に自分の論文を出版され易くするために混合研究法を利用している、という報告もある。ところが実際には、こうしたアプローチ/デザインによって、彼らのリサーチ・クエスチョンに対する答えが導き出されている、というわけではないのである。
- 発表論文の中には、混合研究法を使用する論理的根拠について明確に説明していないものもある。
- 統合のやり方は、おそらく混合研究法の中で最も未開の領域であろう。いつ統合を行うべきなのか？質的研究と量的研究のそれぞれの構成要素から得られた理解をどうやって統合すればいいのだろうか？
- 混合型研究は、現在使われているテキストや方法論に関する論文で論じられている以上に複雑な場合が多い。研究の中で、明確に他方と区別できるような質的研究と量的研究の構成要素を見つけることは、往々にして不可能である。これは、（並列型混合研究法デザインの場合は特にそうだが）研究者がその研究における各段階で、両方のアプローチを使っているからである。
- 1つの研究の中に、各段階で用いられた複数の類型論が含まれている場合もある。そして時には、その類型論が何を言及しているのかがわかりにくかったりする。例えば、ある研究では、まず1つの混合型の問いを述べてから確率サンプルを選び、次に目的に合った副次サンプルを選ぶ。そしてこれら両サンプルのデータ収集と分析を同時に行う。その後、これら全ての結果に基づき推論を行っている。この場合、データの収集と分析を並列させて（あるいは同時に）行ってはいるが、サンプルを順次的に選んでいるのだから、これは順次型デザインなのではないか？

最後に、さまざまなパラダイムの立場から推論を統合できるかについて、近年示唆されていることを指摘したい。Greene（2007）が「方法を混合すれば、パラダイムやメンタルモデルの前提、および探求方法論の幅広い特徴も混合できるかもしれない」と述べたのに対し、Leonard Bliss（2008）は、「そのような混合あるいは統合は、異なるパラダイム視座（質的・量的アプローチなど）を有する多くの研究者が、単一のプロジェクトに共同で取り組んだ場合に限って可能になる」と指摘している。

> この場合、研究者は、比較不可能なパラダイムの立場の間を行き来しなければならなくなる。従って、このような混合は明らかに不可能なのだが、だからと言って、パラダイムレベルで混合を行う研究を除外する、ということではない。パラダイムレベルでの混合は、主として、問いが発せられた時点、および推論がなされた時点で、すなわち探求の始まりと終わりになされることを考慮する必要がある。その間にある方法は、概ね問いの後に来るものである。探求者の世界観（パラダイムの信念）によって、研究者が考え出すリサーチ・クエスチョンと推論の範囲が定まる。従って、パラダイムを混合するには、探求者は時として互いに排他的な信念（すなわち、いくつもの考え方）を持っていなければならない。いくつもの考え方を持つというのは、それほど困難なことではない。私たちに必要なのは、少なくともリサーチ・クエスチョンを考え出す時に、そして推論を行うときに、複数の人が対話に加わるようにすることである。（pp.190–192）

われわれは、Bliss（2008）の言うパラダイムの「共約不可能性」には同意できないが、彼は、Shulha と Wilson（2003）らが述べているような、チーム・アプローチの価値に関しては説得力のある主張をしている。混合型研究は、チームでも個人でも行うことができるが、メリットが大きいのは明らかにチームで行うやり方の方である。一方、研究者が単独では混合研究法を行うことができないのなら、混合型研究で学位論文を書くことは不可能だろう。

われわれが特に関心を寄せるのは、さまざまな視座から、研究者が単独で問題やリサーチ・クエスチョンを検証することができるような能力の育成である。この目標の達成に向けて、若い研究者と大学院生への、より総合的な指導を行う必要性を強調したい。

注

1）このシラバスは、ブリッジェズ・ウェブサイトに掲載された（2008 年 1 月 20 日検索。http://www.fiu.edu/~bridges）。
2）『学校研究（Research in the Schools）』特集号（2006、第 13 巻第 1 号）。編者：Burke Johnson & Tony Onwuegbuzi。頻繁に引用されている、特に有力な論文一式が掲載されている。

参考文献（＊は邦訳があるもので、末尾に掲載した）

Achinstein, P. (Ed.). (2004). *Science rules: A historical introduction to scientific methods.* Baltimore: Johns Hopkins University Press.

Adalbjarnardottir, S. (2002). Adolescent psychosocial maturity and alcohol use: Quantitative and qualitative analysis of longitudinal data. *Adolescence, 37,* 19–54.

Albrecht, T. L., Eaton, D. K., & Rivera, L. (1999, February). *Portal to portal: Friendly access healthcare for low-income mothers and babies: A technical report prepared for the Lawton and Rhea Chiles Center for Healthy Mothers and Babies.* Paper presented at the Friendly Access Advisory Board Meeting, Orlando, FL.

Alioto, A. M. (1992). *A history of Western science.* Englewood Cliffs, NJ: Prentice Hall.

Allison, G. T., & Zelikow, P. (1999). *Essence of decision: Explaining the Cuban missile crisis.* Boston: Little, Brown. ＊1

American Psychological Association. (2001). *Publication manual of the American Psychological Association* (5th ed.). Washington, DC: Author. ＊2

Andreewsky, E., & Bourcier, D. (2000). Abduction in language interpretation and law making. *Kybernetes, 29,* 836–845.

Arminio, J. L., & Hultgren, F. H. (2002). Breaking out from the shadow: The question of criteria in qualitative research. *Journal of College Student Development, 43,* 446–456.

Arrington, R. (Ed.). (2001). *A companion to the philosophers.* Oxford, UK: Blackwell.

Ary, D., Jacobs, L. C., Razavieh, A., & Sorenson, C. (2007). *Introduction to research in education* (7th ed.). Belmont, CA: Wadsworth.

Atkinson, P. (1992). The ethnography of a medical setting: Reading, writing, and rhetoric. *Qualitative Health Research, 2,* 451–474.

Atkinson, P., & Hammersley, M. (1994). Ethnography and participant observation. In N. K. Denzin & Y. S. Lincoln (Eds.), *Handbook of qualitative research* (pp. 248–261). Thousand Oaks, CA: Sage.

Bakker, H. (1999). William Dilthey: Classical sociological theorist. *Quarterly Journal of Ideology, 22*(1&2), 43–82.

Bamberger, M. (Ed.). (2000). *Integrating quantitative and qualitative research in development projects.* Washington, DC: World Bank.

Barron, P., Diprose, R., Smith, C. Q., Whiteside, K., & Woolcock, M. (2008). *Applying mixed methods research to community driven development projects and local conflict mediation: A case study from Indonesia* (Report Number 34222). Washington, DC: World Bank.

Bartlett, J. E., Kotrlik, J. W., & Higgins, C. C. (2001). Organizational research: Determining sample size in survey research. *Information Technology, Learning, and Performance Journal, 19*(1), 43–50.

Bazeley, P. (2003). Computerized data analysis for mixed methods research. In A. Tashakkori & C. Teddlie (Eds.), *Handbook of mixed methods in social and behavioral research* (pp. 385–422). Thousand Oaks, CA: Sage.

Bazeley, P. (2006). The contribution of computer software to integrating qualitative and quantitative data analysis. *Research in the Schools, 13*(1), 64–74.

Bezeley, P. (2007). *Qualitative data analysis with NVivo.* London: Sage.

Beck, A. T., Ward, C. H., Mendelson, M., Mock, J., & Erbaugh, J. (1961). An inventory for measuring depression. *Archives of General Psychiatry, 4,* 561–571.

Becker, H. S. (1970). *Sociological work: Method and substance.* New Brunswick, NJ: Transaction Books.

Belozerov, S. (2002). *Inductive and deductive methods in cognition.* Retrieved December 1, 2005, from http://www.matrixreasoning.com/pdf/inductiondeduction.pdf

Ben Jaafar, S. (2006). *Relating performance-based accountability policy to the accountability practices of school leaders.* Unpublished doctoral dissertation, University of Toronto.

Berelson, B. (1952). *Content analysis in communication research.* New York: Free Press.

Berg, B. L. (2004). *Qualitative research methods for the social sciences* (5th ed.). Boston: Allyn & Bacon.

Berger, P., & Luckmann, T. (1966). *The social construction of reality.* New York: Doubleday. ＊3

Bergman, M. M. (2007). Multimethod research and mixed methods research: Old wine in new bottles? [Review of the book *Foundations of multimethod research: Synthesizing styles* (2nd ed.)]. *Journal of Mixed Methods Research, 1*(1), 101–102.

Bergman, M. M. (Ed.). (2008). *Advances in mixed methods research: Theories and applications.* London: Sage Ltd.

Berkenkotter, C. (1989). The legacy of positivism in empirical composition research. *Journal of Advanced Composition, 9,* 69–82.

Berliner, D. (2002). Educational research: The hardest science of all. *Educational Researcher, 31*(8), 18–20.

Bernard, R. (2007, April). *Publishing your mixed methods article: Journal editors' recommendations.* Paper presented at the annual meeting of the American Educational Research Association, Chicago.

Bernardi, L., Keim, S., & Lippe, H. (2007). Social influences on fertility: A comparative mixed methods study in Eastern and Western Germany. *Journal of Mixed Methods Research, 1*(1), 23–47.

Biesta, G., & Burbules, N. C. (2003). *Pragmatism and educational research.* Lanham, MD: Rowman and Littlefield.

Blake, C. F. (1981). Graffiti and racial insults: The archaeology of ethnic relations in Hawaii. In R. A. Gould & M. B. Shiffer (Eds.), *Modern material culture: The archaeology of us* (pp. 87–100). New York: Academic Publishers.

Blalock, H. M. (1964). *Causal inferences in nonexperimental research.* Chapel Hill: University of North Carolina Press.

Blalock, H. M. (Ed.). (1985). *Causal models in the social sciences.* New York: Aldine de Gruyter.

Bliss, L. (2008). Review of Jennifer Greene's *Mixed Methods in Social Inquiry. Journal of Mixed Methods Research, 2*(2), 190–192.

Boas, F. (1911). *Handbook of American Indian language: Part 1.* Washington, DC: Smithsonian Institution, Bureau of American Ethnology.

Bogdan, R. C., & Biklen, S. K. (2003). *Qualitative research for education: An introduction to theory and methods* (4th ed.). Boston: Allyn & Bacon.

Borgatti, S. P. (2002). *NetDraw: Version 1.* Harvard, MA: Analytic Technologies.

Borgatti, S. P., Everett, M. G., & Freeman, L. C. (2002). *UCINET 6 reference manual.* Harvard, MA: Analytic Technologies.

Boyatzis, R. E. (1998). *Transforming qualitative information: Thematic analysis and code development.* Thousand Oaks, CA: Sage.

Bragg, M. (1998). *On giants' shoulders: Great scientists and their discoveries—From Archimedes to DNA.* New York: Wiley.

Brannen, J. (1992). *Mixing methods: Quantitative and qualitative research.* Aldershot, UK: Avebury.

Brannen, J. (2005). Mixed methods: The entry of qualitative and quantitative approaches into the research process. *International Journal of Social Research Methodology, 8*(3), 173–184.

Brannen, J., & Moss, P. (1991). *Managing mothers and earner households after maternity leave.* London: Unwin Hymen.

Brewer, J., & Hunter, A. (1989). *Multimethod research: A synthesis of styles.* Newbury Park, CA: Sage.

Brewer, J., & Hunter, A. (2006). *Foundations of multimethod research: Synthesizing styles* (2nd ed.). Thousand Oaks, CA: Sage.

Brookover, W. B., Beady, C., Flood, P., Schweitzer, J., & Wisenbaker, J. (1979). *Schools, social systems and student achievement: Schools can make a difference.* New York: Praeger.

Brookover, W. B., & Lezotte, L. W. (1979). *Changes in school characteristics coincident with changes in student achievement.* East Lansing: Institute for Research on Teaching College of Education, Michigan State University.

Brophy, J. E., & Good, T. L. (1986). Teacher behavior and student achievement. In M. Wittrock (Ed.), *Third handbook of research on teaching* (pp. 328–375). New York: Macmillan.

Brumbaugh, R. S. (1981). *The philosophers of Greece.* Albany: State University of New York Press.

Bryant, C. A., Forthofer, M. S., McCormack Brown, K., Alfonso, M., & Quinn, G. (2000). A social marketing approach to increasing breast cancer screening rates. *Journal of*

Health Education, 31, 320–328.

Bryman, A. (1988). *Quantity and quality in social research.* London: Unwin Hyman.

Bryman, A. (1992). Quantitative and qualitative research: Further reflections on their integration. In J. Brannen (Ed.), *Mixing methods: Quantitative and qualitative research* (pp. 57–58). Aldershot, UK: Avebury.

Bryman, A. (2004). *Social research methods* (2nd ed.). Oxford, UK: Oxford University Press.

Bryman, A. (2006a). Integrating quantitative and qualitative research: How is it done? *Qualitative Research, 6*(1), 97–113.

Bryman, A. (2006b). Paradigm peace and the implications for quality. *International Journal of Social Research Methodology Theory and Practice, 9*(2), 111–126.

Bryman, A. (2007). Barriers to integrating quantitative and qualitative research. *Journal of Mixed Methods Research, 1*(1), 8–22.

Bunnin, N., & Tsui-James, E. (Eds.). (2003). *The Blackwell companion to philosophy* (2nd ed.). Oxford, UK: Blackwell.

Cakan, M. (1999). *Interaction of cognitive style and assessment approach in determining student performance on tests of second language proficiency.* Unpublished doctoral dissertation, Louisiana State University, Baton Rouge.

Campbell, D. T. (1957). Factors relevant to the validity of experiments in social settings. *Psychological Bulletin, 54,* 297–312.

Campbell, D. T. (1988). Definitional versus multiple operationism. In E. S. Overman (Ed.), *Methodology and epistemology for social science: Selected papers* (pp. 31–36). Chicago: University of Chicago Press.

Campbell, D. T., & Fiske, D. W. (1959). Convergent and discriminant validation by the multitrait-multimethod matrix. *Psychological Bulletin, 56,* 81–105.

Campbell, D. T., & Stanley, J. (1963). Experimental and quasi-experimental designs for research on teaching. In N. L. Gage (Ed.), *Handbook of research on teaching* (pp. 171–246). Chicago: Rand McNally.

Canter, D., & Alison, L. (2003). Converting evidence into data: The use of law enforcement archives as unobtrusive measurement. *The Qualitative Report, 8*(2), 151–176.

Capper, C. A. (1998). Critically oriented and postmodern perspectives: Sorting out the differences and applications for practice. *Educational Administration Quarterly, 34,* 354–379.

Caracelli, V. J., & Greene, J. C. (1993). Data analysis strategies for mixed-method evaluation designs. *Educational Evaluation and Policy Analysis, 15,* 195–207.

Carey, J. W., Morgan, M., & Oxtoby, M. J. (1996). Intercoder agreement in analysis of responses to open-ended interview questions: Examples from tuberculosis research. *Cultural Anthropology Methods Journal, 8*(3), 1–5.

Carrere, S., Buehlman, K. T., Gottman, J. M., Coan, J. A., & Ruckstuhl, L. (2000). Predicting marital stability and divorce in newlywed couples. *Journal of Family Psychology, 14*(1), 42–58.

Carwile, L. (2005). *Responsibilities and leadership styles of radiologic technology program directors: Implications for leadership development.* Unpublished doctoral dissertation, Louisiana State University, Baton Rouge.

Cattell, R. B. (1960). *Measuring intelligence with the Culture Fair Tests.* Savoy, IL: Institute for Personality and Ability Testing.

Chambers, E. (2000). Applied ethnography. In
*4 N. K. Denzin & Y. S. Lincoln (Eds.), *Handbook of qualitative research* (2nd ed., pp. 851–869). Thousand Oaks, CA: Sage.

Charmaz, K. (2000). Grounded theory: Objectivist
*4 and constructivist methods. In N. K. Denzin & Y. S. Lincoln (Eds.), *Handbook of qualitative research* (2nd ed., pp. 509–536). Thousand Oaks, CA: Sage.

Charmaz, K. (2005). Grounded theory in the 21st
*4 century: Applications for advancing social justice studies. In N. K. Denzin & Y. S. Lincoln (Eds.), *Handbook of qualitative research* (3rd ed., pp. 507–535). Thousand Oaks, CA: Sage.

Chebbi, T. (2005). *The impact of technology professional development of school principals on the effective integration of technology in elementary public schools.* Unpublished doctoral dissertation, Florida International University, Miami.

Cherryholmes, C. C. (1992). Notes on pragmatism and scientific realism. *Educational Researcher, 21,* 13–17.

Christ, T. W. (2007). A recursive approach to mixed methods research in a longitudinal study of postsecondary education disability support services. *Journal of Mixed Methods Research, 1*(3), 226–241.

Clampet-Lundquist, S. (2003). Finding and keeping affordable housing: Analyzing the experiences of single-mother families in North Philadelphia. *Journal of Sociology and Social Welfare, 30*(4), 123–140.

Clert, C., Gacitua-Mario, E., & Wodon, Q. (2001). Combining quantitative and qualitative methods for policy research on poverty within a social exclusion framework. In E. Gacitúa-Marió & Q. Wodon (Eds.), *Measurement and meaning: Combining quantitative and qualitative methods for the analysis of poverty and social exclusion in Latin America* (pp. 1–9). Washington, DC: The World Bank.

Coffey, A., & Atkinson, P. (1996). *Making sense of qualitative data: Complementary research strategies.* Thousand Oaks, CA: Sage.

Cohen, J. (1988). *Statistical power analysis for the behavioral sciences* (2nd ed.). Hillsdale, NJ: Lawrence Erlbaum.

Cohen, M. Z., Tripp-Reimer, T., Smith, C., Sorofman, B., & Lively, S. (1994). Explanatory models of diabetes: Patient practitioner variation. *Social Science and Medicine, 38,* 59–66.

Collins, J. (1967). *The British empiricists: Locke, Berkeley, Hume.* Milwaukee, WI: Bruce Publishing.

Collins, K. M. T., Onwuegbuzie, A. J., & Jiao, Q. C. (2007). A mixed methods investigation of mixed methods sampling designs in social and health science research. *Journal of Mixed Methods Research, 1,* 267–294.

Collins, S., & Long, A. (2003). Too tired to care? The psychological effects of working with trauma. *Journal of Psychiatric and Mental Health Nursing, 10,* 17–27.

Cook, T. D. (2002). Randomized experiments in educational policy research: A critical examination of the reasons the educational evaluation community has offered for not doing them. *Educational Evaluation and Policy Analysis, 24*(3), 175–199.

Cook, T. D., & Campbell, D. T. (1979). *Quasi-experimentation: Design and analysis issues for field settings.* Boston: Houghton Mifflin.

Cooper, H., & Good, T. (1982) *Pygmalion grows up: Studies in the expectation communication process.* New York: Longman.

Cottingham, J. (1988). *The rationalists.* Oxford, UK: Oxford University Press.

Covino, E. A., & Iwanicki, E. (1996). Experienced teachers: Their constructs of effective teaching. *Journal of Personnel Evaluation in Education, 10,* 325–363.

Creswell, J. W. (1994) *Research design: Qualitative*
*5 *and quantitative approaches.* Thousand Oaks, CA: Sage.

Creswell, J. W. (1998). *Qualitative inquiry and research design: Choosing among five traditions.* Thousand Oaks, CA: Sage.

Creswell, J. W. (2002). *Educational research: Planning, conducting, and evaluating quantitative and qualitative research.* Upper Saddle River, NJ: Prentice Hall.

Creswell, J. W. (2003). *Research design: Qualitative,*
*5 *quantitative, and mixed methods approaches set* (2nd ed.). Thousand Oaks, CA: Sage.

Creswell, J. W., & Plano Clark, V. (2007).
*6 *Designing and conducting mixed methods research.* Thousand Oaks, CA: Sage.

Creswell, J. W., Plano Clark, V., Gutmann, M., & Hanson, W. (2003). Advanced mixed methods research designs. In A. Tashakkori & C. Teddlie (Eds.), *Handbook of mixed methods in social and behavioral research* (pp. 209–240). Thousand Oaks, CA: Sage.

Creswell, J. W., Shope, R., Plano Clark, V., & Green, D. (2006). How interpretive qualitative research extends mixed methods research. *Research in the Schools, 13*(1), 1–11.

Creswell, J. W, & Tashakkori, A. (2007a). Developing publishable mixed methods manuscripts. *Journal of Mixed Methods Research, 1,* 107–111.

Creswell, J. W., & Tashakkori, A. (2007b). Differing perspectives on mixed methods research. *Journal of Mixed Methods Research, 1,* 303–308.

Crichton, S., & Kinash, S. (2003). Virtual ethnography: Interactive interviewing online as method. *Canadian Journal of Learning and Technology, 29*(2) 101–115.

Cronbach, L. J. (1982). *Designing evaluations of educational and social programs.* San Francisco: Jossey-Bass.

Cronbach, L. J. (1991). *Essentials of psychological testing* (4th ed.). New York: Harper & Row.

Currall, S. C., Hammer, T. H., Baggett, L. S., & Doninger, G. M. (1999). Combining qualitative and quantitative methodologies to study group processes: An illustrative study of a corporate board of directors. *Organizational Research Methods, 2,* 5–36.

Curtis, S., Gesler, W., Smith, G., & Washburn, S. (2000). Approaches to sampling and case selection in qualitative research: Examples in the geography of health. *Social Science and Medicine, 50,* 1001–1014.

Dancy, R. M. (2001). Aristotle. In R. Arrington (Ed.), *A companion to the philosophers* (pp. 132–141). Oxford, UK: Blackwell.

Datnow, A., Hubbard, L., & Mehan, H. (2002). *Extending educational reform: From one school to many.* London: RoutledgeFalmer Press.

Datta, L. (1994). Paradigm wars: A basis for peaceful coexistence and beyond. In C. S. Reichardt & S. F. Rallis (Eds.), *The qualitative-quantitative debate: New perspectives* (pp. 53–70). Thousand Oaks, CA: Sage.

Datta, L. (2001). The wheelbarrow, the mosaic, and the double helix: Challenges and strategies for successfully carrying out mixed methods evaluation. *Evaluation Journal of Australasia, 1*(2), 33–40.

Davidson, D. (1973). On the very idea of a conceptual scheme. *Proceedings of the American Philosophical Association, 68,* 5–20.

Deacon, D., Bryman, A., & Fenton, N. (1998). Collision or collusion? A discussion of the unplanned triangulation of quantitative and qualitative research methods. *International Journal of Social Research Methodology Theory and Practice, 1,* 47–64.

Debats, D., Drost, J., & Hansen, P. (1995). Experiences of meaning in life: A combined qualitative and quantitative approach. *British Journal of Psychology, 86*(3), 359–375.

Dellinger, A. B., & Leech, N. L. (2007). Toward a unified validation framework in mixed methods research. *Journal of Mixed Methods Research, 1,* 309–332.

Denzin, N. K. (1978). *The research act: A theoretical introduction to sociological method* (2nd ed.). New York: McGraw-Hill.

Denzin, N. K. (1989a). *Interpretive biography.* Thousand Oaks, CA: Sage.

Denzin, N. K. (1989b). *The research act: A theoretical introduction to sociological method* (3rd ed.). New York: McGraw-Hill.

Denzin, N. K., & Lincoln, Y. S. (Eds.). (1994). *Handbook of qualitative research.* Thousand Oaks, CA: Sage. ＊4

Denzin, N. K., & Lincoln, Y. S. (Eds.). (2000a). *Handbook of qualitative research* (2nd ed.). Thousand Oaks, CA: Sage. ＊4

Denzin, N. K., & Lincoln, Y. S. (2000b). Introduction: The discipline and practice of qualitative research. In N. K. Denzin & Y. S. Lincoln (Eds.), *Handbook of qualitative research* (2nd ed., pp. 1–28). Thousand Oaks, CA: Sage. ＊4

Denzin, N. K., & Lincoln, Y. S. (Eds.). (2001). *The American tradition in qualitative research* (Vol. 1). Thousand Oaks, CA: Sage.

Denzin, N. K., & Lincoln, Y. S. (Eds.). (2005a). *Handbook of qualitative research* (3rd ed.). Thousand Oaks, CA: Sage. ＊4

Denzin, N. K., & Lincoln, Y. S. (2005b). Introduction: The discipline and practice of qualitative research. In N. K. Denzin & Y. S. Lincoln (Eds.), *Handbook of qualitative research* (3rd ed., pp. 1–32). Thousand Oaks, CA: Sage. ＊4

Denzin, N. K., Lincoln, Y. S., & Giardina, M. D. (2006). Disciplining qualitative research. *International Journal of Qualitative Studies in Education, 19,* 769–782.

Detlor, B. (2003). Internet-based information systems: An information studies perspective. *Information Systems Journal, 13,* 113–132.

Dey, I. (1993). *Qualitative data analysis: A user-friendly guide for social scientists.* London: Routledge.

Driscoll, D. L., Appiah-Yeboah, A., Salib, P., & Rupert, D. J. (2007). Measuring qualitative and quantitative data in mixed methods research: How to and why not. *Ecological and Environmental Anthropology, 3*(1), 19–28.

Druckman, D. (2005). *Doing research: Methods of inquiry for conflict analysis.* Thousand Oaks, CA: Sage.

Durkheim, E. (1951). *Suicide: A study in sociology.* Glencoe, IL: Free Press. (Original work published 1897)

Durland, M., & Fredericks, K. (Eds.). (2005). *New directions for evaluation: Number 107. Social network analysis in program evaluation.* San Francisco: Jossey Bass.

Dykema, J., & Schaeffer, N. C. (2000). Events, instruments, and error reporting. *American Sociological Review, 65,* 619–629.

Earley, M. A. (2007). Developing a syllabus for a mixed methods research course. *International Journal of Social Research Methodology, 10*(2), 145–162.

Edge, S. J. (1999). Why did they kill Barney? Media, Northern Ireland and the riddle of loyalist terror. *European Journal of Communication, 14*(1), 91–116.

Edmonds, R. R. (1979). Effective schools for the urban poor. *Educational Leadership, 37*(10), 15–24.

Eisenhart, M., & Howe, K. (1992). Validity in educational research. In M. LeCompte, W. Millroy, & J. Preissle (Eds.), *The handbook of qualitative research in education* (pp. 642–680). San Diego, CA: Academic Press.

Eisenhart, M., & Towne, L. (2003). Contestation and change in national policy on "scientifically based" education research. *Educational Researcher, 32*(7), 31–38.

Eisner, E. W. (1975). The perceptive eye: Toward the reformulation of educational evaluation. In *Occasional Papers of the Stanford Evaluation Consortium* (mimeo). Stanford, CA: Stanford University.

Eisner, E. W. (1981). On the differences between scientific and artistic approaches to qualitative research. *Educational Researcher, 10*(3–4), 5–9.

Eisner, E. W. (1998). *The enlightened eye: Qualitative inquiry and the enhancement of educational practice.* Upper Saddle River, NJ: Merrill.

Elliott, J. (2005). *Using narrative in social research: Qualitative and quantitative approaches.* Thousand Oaks, CA: Sage.

Elliott, M. S., & Williams, D. I. (2002). A qualitative evaluation of an employee counselling service from the perspective of client, counsellor, and organization. *Counselling Psychology Quarterly, 15*(2), 201–208.

Erzberger, C., & Kelle, U. (2003). Making inferences in mixed methods: The rules of integration. In A. Tashakkori & C. Teddlie (Eds.), *Handbook of mixed methods in social and behavioral research* (pp. 457–490). Thousand Oaks, CA: Sage.

Erzberger, C., & Prein, G. (1997). Triangulation: Validity and empirically based hypothesis construction. *Quality and Quantity, 2,* 141–154.

Fals-Stewart, W., Birchler, G., Schafer, J., & Lucente, S. (1994). The personality of marital distress: An empirical typology. *Journal of Personality Assessment, 62,* 223–241.

Festinger, L. (1957). *A theory of cognitive dissonance.* Stanford, CA: Stanford University Press. ＊7

Festinger, L., Riecken, H. W., & Schacter, S. (1956). *When prophecy fails: A social and psychological study of a modern group that predicted the destruction of the world.* New York: Harper & Row.

Fetterman, D. M. (1998). *Ethnography: Step by step* (2nd ed.). Thousand Oaks, CA: Sage.

Feur, M. J., Towne, L., & Shavelson, R. J. (2002). Scientific culture and educational research. *Educational Researcher, 31*(8), 4–14.

Fiedler, F. E. (1967). *A theory of leadership effectiveness.* New York: McGraw-Hill. ＊8

Fiedler, F. E. (1973). The contingency model and the dynamics of the leadership process. *Advances in Experimental Social Psychology, 11,* 60–112.

Fine, G., & Elsbach, K. (2000). Ethnography and experiment in social psychological theory building: Tactics for integrating qualitative field data with quantitative lab data. *Journal of Experimental Social Psychology, 36,* 51–76.

Fink, L. D. (2003). *Creating significant learning experiences in college classrooms.* San Francisco: Jossey-Bass. ＊9

Fitz-Gibbon, C. T. (1996). *Monitoring education: Indicators, quality and effectiveness.* London: Cassell.

Fitz-Gibbon, C. T., & Morris, L. L. (1987). *How to design a program evaluation.* Thousand Oaks, CA: Sage.

Flick, U. (1998). *An introduction to qualitative research.* Thousand Oaks, CA: Sage. ＊10

Forthofer, M. (2003). Status of mixed methods in the health sciences. In A. Tashakkori & C. Teddlie (Eds.), *Handbook of mixed methods in social and behavioral research* (pp. 527–540). Thousand Oaks, CA: Sage.

Foucault, M. (1970). *The order of things: An archaeology of the human sciences.* New York: Pantheon.

Fredericks, K., & Durland, M. (2005). The historical evolution and basic concepts of social network analysis. In M. Durland & K. Fredericks (Eds.), *New directions for evaluation: Number 107. Social network analysis in program evaluation* (pp. 15–24). San Francisco: Jossey- Bass.

Freeman, J. (1997). *A methodological examination of naturally occurring school improvement in Louisiana schools.* Unpublished dissertation, Louisiana State University, Baton Rouge.

Freeman, M., de Marrais, K., Preissle, J., Roulston, K., & St. Pierre, E. A. (2007). Standards of evidence in qualitative research: An incitement to discourse. *Educational Researcher, 36*(1), 25–32.

Freshwater, D. (2007). Reading mixed methods research: Contexts for criticisms. *Journal of*

Mixed Methods Research, 2, 134–146.

Gacitúa-Marió, E., & Wodon, Q. (2001) *Measurement and meaning: Combining quantitative and qualitative methods for the analysis of poverty and social exclusion in Latin America* (Technical paper 518). Washington, DC: The World Bank.

Gage, N. (1989). The paradigm wars and their aftermath: A "historical" sketch of research and teaching since 1989. *Educational Researcher, 18,* 4–10.

Gall, M. D., Gall, J. P., & Borg, W. R. (2006). *Educational research: An introduction* (8th ed.). Boston: Allyn & Bacon.

Gatta, J. (2003). *Mixed methodology survey research: A nested paradigm approach.* Unpublished dissertation, Loyola University, Chicago.

Gay, P. (1969). *The enlightenment: The science of* * 11 *freedom.* New York: W. W. Norton.

Geertz, C. (1973). *The interpretation of cultures: Selected essays.* New York: Basic Books.

Geertz, C. (1983). *Local knowledge: Further essays* * 12 *in interpretive anthropology.* New York: Basic Books.

Gergen, K. (1985). The social constructionist movement in modern psychology, *American Psychologist, 40,* 266–275.

Geymonat, L. (1965). *Galileo Galilei.* New York: McGraw-Hill.

Giddens, A., Duneier, M., & Applebaum. R. P. (2003). *Introduction to sociology* (4th ed.). New York: W. W. Norton.

Gilbert, T. (2006). Mixed methods and mixed methodologies: The practical, the technical and the political. *Journal of Research in Nursing, 11,* 205–217.

Gilgen, A. (1982). *American psychology since World War II: A profile of the discipline.* Westport, CT: Greenwood Press.

Gjertsen, D. (1986). *The Newton handbook.* Boston: Routledge & Kegan Paul.

Glaser, B. G., & Strauss, A. L. (1965). *Awareness of* * 13 *dying.* Chicago: Aldine.

Glaser, B. G., & Strauss, A. L. (1967). *The discovery of grounded theory: Strategies for qualitative research.* Chicago: Aldine.

Gleick, J. (2003). *Isaac Newton.* New York: * 14 Pantheon Books.

Glesne, C. (2006). *Becoming qualitative researchers: An introduction* (3rd ed.). Boston: Pearson.

Goffman, E. (1963). *Stigma: Notes on the man-* * 15 *agement of spoiled identity.* Englewood Cliffs, NJ: Prentice Hall.

Gold, R. L. (1958). Roles in sociological field observations. *Social Forces, 36,* 217–223.

Gorard, S. (2004) Skeptical or clerical? Theory as a barrier to the combination of research methods. *Journal of Educational Enquiry, 5*(1), 1–21.

Gorard, S., & Taylor, C. (2004). *Combining methods in educational and social research.* Buckingham, UK: Open University Press.

Gower, B. (1997). *Scientific method: An historical and philosophical introduction.* London: Routledge.

Gracia, J. J. E. (2003). Medieval philosophy. In N. Bunnin & E. Tsui-James (Eds.), *The Blackwell companion to philosophy* (2nd ed., pp. 619–633). Oxford, UK: Blackwell.

Gravetter, F. J., & Wallnau, L. B. (2007). *Essentials of statistics for the behavioral sciences* (6th ed.). Belmont, CA: Wadsworth.

Green, S. (2002). Mothering Amanda: Musings on the experience of raising a child with cerebral palsy. *Journal of Loss and Trauma, 7,* 21–34.

Green, S. (2003). "What do you mean 'what's wrong with her?'": Stigma and the lives of families of children with disabilities. *School Science and Medicine, 57,* 1361–1374.

Greene, J. C. (2006). Toward a methodology of mixed methods social inquiry. *Research in the Schools, 13*(1), 93–99.

Greene, J. C. (2007). *Mixing methods in social inquiry.* San Francisco: Jossey-Bass.

Greene, J. C., & Caracelli, V. J. (Eds.). (1997a). *New directions for evaluation: Number 74. Advances in mixed-method evaluation: The challenges and benefits of integrating diverse paradigms.* San Francisco: Jossey-Bass.

Greene, J. C., & Caracelli, V. J. (1997b). Defining and describing the paradigm issue in mixed-method evaluation. In J. C. Greene & V. J. Caracelli (Eds.), *New directions for evaluation: Number 74: Advances in mixed-method evaluation: The challenges and benefits of integrating diverse paradigms.* San Francisco: Jossey-Bass.

Greene, J. C., & Caracelli, V. J. (2003). Making paradigmatic sense of mixed-method practice. In A. Tashakkori & C. Teddlie (Eds.), *Handbook of mixed methods in social and behavioral research* (pp. 91–110). Thousand Oaks, CA: Sage.

Greene, J. C., Caracelli, V. J., & Graham, W. F. (1989). Toward a conceptual framework for mixed-method evaluation designs. *Educational Evaluation and Policy Analysis, 11,* 255–274.

Guba, E. G. (1987). What have we learned about naturalistic evaluation? *Evaluation Practice, 8,* 23–43.

Guba, E. G., & Lincoln, Y. S. (1989). *Fourth generation evaluation.* Newbury Park, CA: Sage.

Guba, E. G., & Lincoln, Y. S. (1994). Competing paradigms in qualitative research. In N. K. Denzin & Y. S. Lincoln (Eds.), *Handbook of qualitative research* (pp. 105–117). Thousand Oaks, CA: Sage.

Guba, E. G., & Lincoln, Y. S. (2005). Paradigmatic controversies, contradictions, and emerging confluences. In N. K. Denzin & Y. S. Lincoln (Eds.), *Handbook of qualitative research* (3rd ed., pp. 191–215). Thousand Oaks, CA: Sage.

Hall, J. R. (1999). *Cultures of inquiry: From epistemology to discourse in sociocultural research.* Cambridge, UK: Cambridge University Press.

Hallinger, P., & Murphy, J. (1986). The social context of effective schools. *American Journal of Education, 94,* 328–355.

Hammersley, M. (1992a). The paradigm wars: Reports from the front. *British Journal of Sociology of Education, 13*(1), 131–143.

Hammersley, M. (1992b). *What's wrong with ethnography.* London: Routledge.

Hammersley, M. (1995). Opening up the quantitative-qualitative divide. *Education Section Review, 19*(1), 2–15.

Hammersley, M., & Atkinson, P. (1995). *Ethnography: Principles in practice* (2nd ed.). London: Routledge.

Hancock, M., Calnan, M., & Manley, G. (1999). Private or NHS dental service care in the United Kingdom? A study of public perceptions and experiences. *Journal of Public Health Medicine, 21*(4), 415–420.

Hanson, N. R. (1958). *Patterns of discovery: An inquiry into the conceptual foundations of science.* Cambridge, UK: Cambridge University Press.

Harper, D. (2000). Reimagining visual methods: Galileo to Neuromancer. In N. K. Denzin & Y. S. Lincoln (Eds.), *Handbook of qualitative research* (2nd ed., pp. 717–732). Thousand Oaks, CA: Sage.

Harrington, A. (2000). In defence of *verstehen* and *erklaren:* Wilhem Dilthey's ideas concerning a descriptive and analytical psychology. *Theory and Psychology, 10,* 435–451.

Hausman, A. (2000). A multi-method investigation of consumer motivations in impulse buying behavior. *Journal of Consumer Marketing, 17*(5), 403–419.

Heider, F. (1958). *The psychology of interper-* * 16 *sonal relations.* New York: John Wiley & Sons.

Hempel, C. G. (1965). *Aspects of scientific expla-* * 17 *nation.* New York: Free Press.

Hempel, C. G., & Oppenheim, P. (1948). Studies in the logic of explanation. *Philosophy of Science, 15,* 135–175.

Henwood, K., & Pidgeon, N. (2001). Talk about woods and trees: Threat of urbanization, stability, and biodiversity. *Journal of Environmental Psychology, 21,* 125–147.

Hinkle, D. E., Wiersma, W., & Jurs, S. G. (1998). *Applied statistics for the behavioral sciences* (5th ed.). Boston: Houghton Mifflin.

Hoffman, L., & Hoffman, M. (1973). The value of children to parents. In J. Fawcett (Ed.), *Psychological perspectives on population* (pp. 19–76). New York: Basic Books.

Hollingsworth, S. (Ed.). (1997). *International action research: A casebook for educational reform.* London: Falmer Press.

Hollis, M. (2002). *The philosophy of science: An introduction* (Rev. ed.). Cambridge, UK: Cambridge University Press.

Holsti, O. R. (1968). *Content analysis for the social sciences and humanities.* Reading, MA: Addison-Wesley.

Hothersall, D. (1995). *History of psychology* (3rd ed.). Columbus, OH: McGraw-Hill.

House, E. R. (1991). Realism in research. *Educational Researcher, 20*(6), 2–9, 25.

House, E. R., & Howe, K. R. (1999). *Values in evaluation and social research.* Thousand Oaks, CA: Sage.

Howe, K. R. (1988). Against the quantitative-qualitative incompatibility thesis or dogmas die hard. *Educational Researcher, 17,* 10–16.

Howe, K. R. (2004). A critique of experimentalism. *Qualitative Inquiry, 10*(1), 42–61.

Hunter, A., & Brewer, J. (2003). Multimethod research in sociology. In A. Tashakkori & C. Teddlie (Eds.), *Handbook of mixed methods in social and behavioral research* (pp. 577–594). Thousand Oaks, CA: Sage.

Huston, A. C. (2001, January). *Mixed methods in studies of social experiments for parents in poverty: Commentary.* Paper presented at the Conference on Discovering Successful

Pathways in Children's Development, Santa Monica, CA.

Ivankova, N. V. (2004). *Students' persistence in the University of Nebraska-Lincoln distributed doctoral program in educational leadership in higher education: A mixed methods study.* Unpublished dissertation, University of Nebraska–Lincoln.

Ivankova, N. V., Creswell, J. W., & Stick, S. (2006). Using mixed methods sequential explanatory design: From theory to practice. *Field Methods, 18*(1), 3–20.

Iwanicki, E., & Tashakkori, A. (1994). *The proficiencies of the effective principal: A validation study.* Baton Rouge: Louisiana Department of Education.

Jaccard, J., & Becker, M. A. (2002). *Statistics for the behavioral sciences* (4th ed.). Belmont, CA: Wadsworth.

Jahoda, M., Lazersfeld, P. F., & Zeisel, H. (1971). *Marienthal: The sociography of an unemployed community.* Chicago: Aldine.

Jang, E. E., McDougall, D. E., Pollon, D., Herbert, M., & Russell, P. (2008). Integrative mixed methods data analytic strategies in research on school success in challenging circumstances. *Journal of Mixed Methods Research, 2*(2), 221–247.

Jha, S., Rao, V., & Woolcock, M. (2005). *Governance in the gullies: Democratic responsiveness and leadership in Delhi's slums.* Washington, DC: The World Bank.

Jick, T. D. (1979). Mixing qualitative and quantitative methods: Triangulation in action. *Administrative Science Quarterly, 24*, 602–611.

Johnson, A. W., & Price-Williams, D. (1996). *Oedipus ubiquitous: The family complex in world folk literature.* Stanford, CA: Stanford University Press.

Johnson, R. B. (2008). *A classification scheme for unpacking methodological paradigm beliefs in the social and behavioral sciences.* Mobile: University of South Alabama.

Johnson, R. B., & Christensen, L. (2004). *Educational research: Quantitative, qualitative, and mixed methods* (2nd ed.). Boston: Pearson.

Johnson, R. B., & Christensen, L. B. (2008). *Educational research: Quantitative, qualitative, and mixed approaches* (3rd ed.). Thousand Oaks, CA: Sage.

Johnson, R. B., & Onwuegbuzie, A. (2004). Mixed methods research: A research paradigm whose time has come. *Educational Researcher, 33*(7), 14–26.

Johnson, R. B., Onwuegbuzie, A., & Turner, L. (2007). Toward a definition of mixed methods research. *Journal of Mixed Methods Research, 1*, 112–133.

Johnson, R. B., & Turner, L. (2003). Data collection strategies in mixed methods research. In A. Tashakkori & C. Teddlie (Eds.), *Handbook of mixed methods in social and behavioral research* (pp. 297–320). Thousand Oaks, CA: Sage.

Johnstone, P. L. (2004). Mixed methods, mixed methodology health services research in practice. *Qualitative Health Research, 14*, 259–271.

Kaeding, M. (2007). *Better regulation in the European Union: Lost in translation of full steam ahead? The transposition of EU transport directives across member states.* Leidene, Netherlands: Leidene University Press.

Kalafat, J., & Illback, R. J. (1999). *Evaluation of Kentucky's school-based family resource and youth services center, part 1: Program design, evaluation conceptualization, and implementation evaluation.* Louisville, KY: REACH of Louisville.

Katz, L. F., Kling, J. R., & Liebman, J. B. (2001). Moving to opportunity in Boston: Early results of a randomized mobility experiment. *The Quarterly Journal of Economics, 116*, 607–654.

Kelley, H. H. (1967). Attribution theory in social psychology. In D. Levine (Ed.), *Nebraska symposium in motivation* (pp. 192–198). Lincoln: University of Nebraska Press.

Kemper, E., Stringfield. S., & Teddlie, C. (2003). Mixed methods sampling strategies in social science research. In A. Tashakkori & C. Teddlie (Eds.), *Handbook of mixed methods in social and behavioral research* (pp. 273–296). Thousand Oaks, CA: Sage.

Kemper, E., & Teddlie, C. (2000). Mandated site-based management in Texas: Exploring implementation in urban high schools. *Teaching and Change, 7*, 172–200.

Kerlinger, F. N., & Lee, H. B. (2000). *Foundations of behavioral research* (4th ed.). Fort Worth, TX: Harcourt .

Kern, D. H., & Mainous, A. G., III (2001). Disease management for diabetes among family physicians and general internists: Opportunism or planned care? *Family Medicine, 33*, 621–625.

Kincheloe, J. L., & McLaren, P. (2005). Rethinking * 4 critical theory and qualitative research. In N. K. Denzin & Y. S. Lincoln (Eds.), *Handbook of qualitative research* (3rd ed., pp. 303–342). Thousand Oaks, CA: Sage.

King, G., Keohane, R. O., & Verba, S. (1994). * 18 *Designing social inquiry: Scientific inference in qualitative research.* Princeton, NJ: Princeton University Press.

Kling, J. R., Liebman, J. B., & Katz, L. F. (2005). Bullets don't got no name: Consequences of fear in the ghetto. In T. S. Weisner (Ed.), *Discovering successful pathways in children's development: Mixed methods in the study of childhood and family life* (pp. 243–281). Chicago: University of Chicago Press.

Kneller, G. F. (1984). *Movements of thought in modern education.* New York: John Wiley & Sons.

Kochan, S. (1998). *Considering outcomes beyond achievement: Participation as an indicator of high school performance.* Unpublished dissertation, Louisiana State University, Baton Rouge.

Kochan, S., Tashakkori, A., & Teddlie, C. (1996, April). *You can't judge a high school by achievement alone: Preliminary findings from the construction of behavioral indicators of school effectiveness.* Paper presented at the annual meeting of the American Educational Research Association, New York.

Kochan, S., & Teddlie, C. (2005). An evaluation of communication among high school faculty using network analysis. In M. Durland & K. Fredericks (Eds), *New directions for evaluation: Number 107. Social network analysis in program evaluation* (pp. 41–53). San Francisco: Jossey-Bass.

Kovach, F. (1987). *Scholastic challenges: To some mediaeval and modern ideas.* Stillwater, OK: Western Publications.

Krathwohl, D. R. (1993). *Methods of educational and social science research: An integrated approach.* White Plains, NY: Longman.

Krathwohl, D. R. (2004). *Methods of educational and social science research: An integrated approach* (2nd ed.). Long Grove, IL: Waveland Press.

Krüger, H. (2001). Social change in two generations: Employment patterns and their costs for family life. In V. W. Marshall, W. R. Heinz, H. Krüger, & A. Verma (Eds.), *Restructuring work and the life course* (pp. 401–423). Toronto, Canada: University Press of Toronto.

Krueger, R. A., & Casey, M. A. (2000). *Focus* * 19 *groups: A practical guide for applied research* (3rd ed.). Thousand Oaks, CA: Sage.

Kuhn, T. S. (1962). *The structure of scientific rev-* * 20 *olutions.* Chicago: University of Chicago Press.

Kuhn, T. S. (1970). *The structure of scientific rev-* * 20 *olutions* (2nd ed.). Chicago: University of Chicago Press.

Kuhn, T. S. (1996). *The structure of scientific rev-* * 20 *olutions* (3rd ed.). Chicago: University of Chicago Press.

Kumagai, Y., Bliss, J. C., Daniels, S. E., & Carroll, M. S. (2004). Research on causal attribution of wildfire: An exploratory multiple-methods approach. *Society and Natural Resources, 17*, 113–127.

Lagemann, E. C. (2000). *An elusive science: The troubling history of education research.* Chicago: University of Chicago Press.

Lancy, D. F. (1993). *Qualitative research in education: An introduction to the major traditions.* New York: Longman.

Lasserre-Cortez, S. (2006). *A mixed methods examination of professional development through whole faculty study groups.* Unpublished doctoral dissertation, Louisiana State University, Baton Rouge.

Lather, P. (2004). This is your father's paradigm: Government intrusion and the case of qualitative research in education. *Qualitative Inquiry, 10*(1), 15–34.

Laudan, L. (1971). Towards a reassessment of Comte's "Methode Positive." *Philosophy of Science, 38*(1), 35–53.

LeCompte, M. D., & Preissle, J., with Tesch, R. (1993). *Ethnography and qualitative design in educational research* (2nd ed.). San Diego, CA: Academic Press.

Lee, R. M. (2000). *Unobtrusive methods in social research.* Buckingham, UK: Open University Press.

Lefcourt, H. M. (1982). *Locus of control: Current trends in theory and research.* Hillsdale, NJ: Lawrence Erlbaum.

Levine, D. U., & Lezotte, L. W. (1990). *Unusually effective schools: A review and analysis of research and practice.* Madison, WI: The National Center for Effective Schools Research and Development.

Li, S., Marquart, J. M., & Zercher, C. (2000). Conceptual issues and analytic strategies in mixed-method studies of preschool inclusion. *Journal of Early Intervention, 23,* 116–132.

Lichter, D. T., & Jayakody, R. (2002). Welfare reform: How do we measure success? *Annual Review of Sociology, 28,* 117–141.

Likert, R. (1932). A technique for the measurement of attitudes. *Archives of Psychology, 140,* 5–53.

Lincoln, Y. S. (1990). The making of a constructivist: A remembrance of transformations past. In E. G. Guba (Ed.), *The paradigm dialog* (pp. 67–87). Thousand Oaks, CA: Sage.

Lincoln, Y. S., & Guba, E. G. (1985). *Naturalistic inquiry.* Thousand Oaks, CA: Sage.

Lincoln, Y. S., & Guba, E. G. (2000). Paradigmatic controversies, contradictions, and emerging confluences. In N. K. Denzin & Y. S. Lincoln (Eds.), *Handbook of qualitative research* (2nd ed., pp. 163–188). Thousand Oaks, CA: Sage.

Liu, S. (2006). *School effectiveness research in the People's Republic of China.* Unpublished doctoral dissertation, Louisiana State University, Baton Rouge.

Lock, R. S., & Minarik, L. T. (1997). Gender equity in an elementary classroom: The power of praxis in action research. In S. Hollingsworth (Ed.), *International action research: A casebook for educational reform* (pp. 179–189). London: Falmer Press.

Lockyer, S. (2006). Heard the one about... applying mixed methods in humor research? *International Journal of Social Research Methodology, 9,* 41–59.

Logan, J. (2006). *The impact of Katrina: Race and class in storm-damaged neighborhoods.* Retrieved February 18, 2006, from http://www.s4.brown.edu/Katrina/report.pdf

Lopez, M., & Tashakkori, A. (2006). Differential outcomes of TWBE and TBE on ELLs at different entry levels. *Bilingual Research Journal, 30*(1), 81–103.

Losee, J. (2001). *A historical introduction to the* *21 *philosophy of science.* Oxford, UK: Oxford University Press.

Lovejoy, A. O. (1976). *The great chain of being: A* *22 *study of the history of an idea.* Cambridge, MA: Harvard University Press. (Original work published 1936)

Luo, M., & Dappen, L. (2005). Mixed-methods design for an objective-based evaluation of a magnet school assistance project. *Evaluation and Program Planning, 28,* 109–118.

Mackie, J. L. (1974). *The cement of the universe: A study of causation.* Oxford, UK: Clarendon.

Malinowski, B. (1922). *Argonauts of the western Pacific: An account of native enterprise and adventure in the archipelagos of Melanesian New Guinea.* New York: Dutton.

Marzano, R. J. (2003). *What works in schools: Translating research into action.* Alexandria, VA: Association for Supervision and Curriculum Development.

Mason, J. (2002). *Qualitative researching* (2nd ed.). Thousand Oaks, CA: Sage.

Mason, J. (2006). Mixing methods in a qualitatively driven way. *Qualitative Research, 6*(1), 9–25.

Maticka-Tyndale, E., Wildish, J., & Gichuru, M. (2007). Quasi-experimental evaluation of a national primary school HIV intervention in Kenya. *Evaluation and Program Planning, 30,* 172–186.

Maxcy, S. (2003). Pragmatic threads in mixed methods research in the social sciences: The search for multiple modes of inquiry and the end of the philosophy of formalism. In A. Tashakkori & C. Teddlie (Eds.), *Handbook of mixed methods in social and behavioral research* (pp. 51–90). Thousand Oaks, CA: Sage.

Maxwell, J. (1997). Designing a qualitative study. In L. Bickman & D. J. Rog (Eds.), *Handbook of applied social research methods* (pp. 69–100). Thousand Oaks, CA: Sage.

Maxwell, J. (2004). Causal explanation, qualitative research, and scientific inquiry in education. *Educational Researcher, 33*(2), 3–11.

Maxwell, J., & Loomis, D. (2003). Mixed methods design: An alternative approach. In A. Tashakkori & C. Teddlie (Eds.), *Handbook of mixed methods in social and behavioral research* (pp. 241–272). Thousand Oaks, CA: Sage.

Mead, M. (1928). *Coming of age in Samoa: A psychological study of primitive youth for Western civilization.* New York: W. Morrow.

Medawar, P. (1990). *The threat and the glory: Reflections on science and scientists.* Oxford, UK: Oxford University Press.

Menand, L. (1997). *Pragmatism: A reader.* New York: Vintage.

Mertens, D. M. (2003). Mixed models and the politics of human research: The transformative-emancipatory perspective. In A. Tashakkori & C. Teddlie (Eds.), *Handbook of mixed methods in social and behavioral research* (pp. 135–166). Thousand Oaks, CA: Sage.

Mertens, D. M. (2005). *Research and evaluation in education and psychology: Integrating diversity with quantitative, qualitative, and mixed methods* (2nd ed.). Thousand Oaks, CA: Sage.

Mertens, D. M. (2007). Transformative paradigm: Mixed methods and social justice. *Journal of Mixed Methods Research, 1,* 212–225.

Mertler, C. A. (2001). Designing scoring rubrics for your classroom. *Practical Assessment, Research and Evaluation, 7*(25). Retrieved July 19, 2006, from http://PAREonline.net/getvn.asp?v=7&n=25

Merton, R., Coleman, J., & Rossi, P. (Eds.). (1979) *Qualitative and quantitative social research: Papers in honor of Paul Lazersfield.* New York: Free Press.

Miles, M., & Huberman, M. (1984). *Qualitative data analysis: A sourcebook for new methods.* Thousand Oaks, CA: Sage.

Miles, M., & Huberman, M. (1994). *Qualitative data analysis: An expanded sourcebook* (2nd ed.). Thousand Oaks, CA: Sage.

Miller, S. (2003). Impact of mixed methods and design on inference quality. In A. Tashakkori & C. Teddlie (Eds.), *Handbook of mixed methods in social and behavioral research* (pp. 423–456). Thousand Oaks, CA: Sage.

Mintzberg, H. (1979). *The structuring of organizations.* Englewood Cliffs, NJ: Prentice Hall.

Moghaddam, F., Walker, B., & Harré, R. (2003). Cultural distance, levels of abstraction, and the advantages of mixed methods. In A. Tashakkori & C. Teddlie (Eds.), *Handbook of mixed methods in social and behavioral research* (pp. 111–134). Thousand Oaks, CA: Sage.

Molotch, H., & Boden, D. (1985). Talking social structure: Discourse, domination, and the Watergate hearing. *American Sociological Review, 50,* 273–287.

Moreno, J. L. (1934). *Who shall survive? Foundations of sociometry, group psychotherapy, and sociodrama.* Beacon, NY: Beacon House.

Morgan, D. (1998). Practical strategies for combining qualitative and quantitative methods: Applications to health research. *Qualitative Health Research, 8,* 362–376.

Morgan, D. (2007). Paradigms lost and pragmatism regained: Methodological implications of combining qualitative and quantitative methods. *Journal of Mixed Methods Research, 1,* 48–76.

Morgan, D., & Spanish, M. (1984). Focus groups: A new tool for qualitative research. *Qualitative Sociology, 7,* 253–270.

Morphet, C. (1977). *Galileo and Copernican astronomy.* London: Butterworth Group.

Morse, J. M. (1989). *Qualitative nursing research: A contemporary dialogue.* Thousand Oaks, CA: Sage.

Morse, J. M. (1991). Approaches to qualitative-quantitative methodological triangulation. *Nursing Research, 40*(2), 120–123.

Morse, J. M. (1994). Designing funded qualitative research. In N. K. Denzin & Y. S. Lincoln (Eds.), *Handbook of qualitative research* (pp. 220–235). Thousand Oaks, CA: Sage.

Morse, J. M. (2003). Principles of mixed methods and multimethod research design. In A. Tashakkori & C. Teddlie (Eds.), *Handbook of mixed methods in social and behavioral research* (pp. 189–208). Thousand Oaks, CA: Sage.

Moustakas, C. (1994). *Phenomenological research methods.* Thousand Oaks, CA: Sage.

Murphy, L. L., Plake, B. S., Impara, J. C., & Spies, R. A. (2002). *Tests in print VI.* Lincoln: University of Nebraska Press.

Nastasi, B. K., Hitchcock, J., Sarkar, S., Burkholder, G., Varjas, K., & Jayasena, A. (2007). Mixed methods in intervention research: Theory to adaptation. *Journal of Mixed Methods Research, 1,* 164–199.

National Education Association. (1968). *Estimates of school statistics, 1967–68.* Washington, DC: Author.

National Research Council. (2002). *Scientific research in education.* Washington, DC: National Academy Press.

Newman, I., & Benz, C. R. (1998). *Qualitative-quantitative research methodology: Exploring the interactive continuum.* Carbondale: University of Illinois Press.

Newman, I., Ridenour, C., Newman, C., & DeMarco, G. M. P., Jr. (2003). A typology of research purposes and its relationship to mixed methods research. In A. Tashakkori & C. Teddlie (Eds.), *Handbook of mixed methods in social and behavioral research* (pp. 167–188). Thousand Oaks, CA: Sage.

Nielsen, K. (1991). *After the demise of the tradition: Rorty, critical theory, and the fate of philosophy.* Boulder, CO: Westview Press.

Nieto, T., Mendez, F., & Carrasquilla, G. (1999). Knowledge, beliefs and practices relevant for malaria control in an endemic urban area of the Colombian Pacific. *Social Science and Medicine, 49,* 601–609.

Niglas, K. (2004). *The combined use of qualitative and quantitative methods in educational research.* Tallinn, Estonia: Tallinn Pedagogical University.

No Child Left Behind Act of 2001, PL. No. 107–110, 115 Stat. 1425 (2002).

Norton, S. (1995). *The socialization of beginning principals in Louisiana: Organizational constraints on innovation.* Unpublished dissertation, Louisiana State University, Baton Rouge.

Notturno, M. A. (2001). Popper. In R. Arrington (Ed.), *A companion to the philosophers* (pp. 447–451). Oxford, UK: Blackwell.

Oakes, J., & Guiton, G. (1995). Matchmaking: The dynamics of high school tracking decisions. *American Educational Research Journal, 32*(1), 3–33.

Oakley, A. (1998). Gender, methodology and people's way of knowing: Some problems with feminism and the paradigm debate in social science. *Sociology, 32,* 707–732.

O'Cathain, A., Murphy, E., & Nicholl, J. (2007). Integration and publication as indicators of "yield" from mixed methods studies. *Journal of Mixed Methods Research, 1,* 147–163.

Office for Human Research Protections. (2008). *Policy guidelines: Office for Human Research Protections.* Washington, DC: United States Department of Health and Human Services.

Ong, A. (2003). *Buddha is hiding: Refugees, citizenship, the new America.* Berkeley: University of California Press.

Onwuegbuzie, A. J. (2003). Effect sizes in qualitative research: A prolegomenon. *Quality and Quantity: International Journal of Methodology, 37,* 393–409.

Onwuegbuzie, A. J., & Daniels, L. G. (2003). Typology of analytical and interpretational errors in quantitative and qualitative educational research. *Current Issues in Education, 6*(2). Retrieved March 27, 2008, from http://cie.ed.asu.edu/volume6/number2

Onwuegbuzie, A. J., Jiao, Q. C., & Bostick, S. L. (2004). *Library anxiety: Theory, research, and applications.* Lanham, MD: Scarecrow Press.

Onwuegbuzie, A. J., & Johnson, R. B. (2006). The validity issue in mixed research. *Research in the Schools, 13*(1), 48–63.

Onwuegbuzie, A. J., & Leech, N. L. (2004). Enhancing the interpretation of "significant" findings: The role of mixed methods research. *The Qualitative Report, 9,* 770–792.

Onwuegbuzie, A. J., & Leech, N. L. (2005). Taking the "Q" out of research: Teaching research methodology courses without the divide between quantitative and qualitative paradigms. *Quality and Quantity: International Journal of Methodology, 39,* 267–296.

Onwuegbuzie, A., & Teddlie, C. (2003). A framework for analyzing data in mixed methods research. In A. Tashakkori & C. Teddlie (Eds.), *Handbook of mixed methods in social and behavioral research* (pp. 351–384). Thousand Oaks, CA: Sage.

Orihuela, L. (2007). *The effects of a general instructional strategies course on the utilization of effective instructional strategies by teachers.* Unpublished doctoral dissertation, Florida International University, Miami.

Osgood, C. E., Suci, G. J., & Tannenbaum, P. H. (1957). *The measurement of meaning.* Urbana: University of Illinois Press.

Oxford University Press. (1999). *Oxford Dictionary of Quotations* (5th ed., p. 307). Oxford, UK: Author.

Papadakis, V. M., & Barwise, P. (2002). How much do CEOs and top managers matter in strategic decision making? *British Journal of Management, 13,* 83–95.

Parasnis, I., Samar, V. J., & Fischer, S. D. (2005). Deaf college students' attitudes toward racial/ethnic diversity, campus climate, and role models. *American Annals of the Deaf, 150*(1), 47–58.

Parmelee, J. H., Perkins, S. C., & Sayre, J. J. (2007). "What about people our age?" Applying qualitative and quantitative methods to uncover how political ads alienate college students. *Journal of Mixed Methods Research, 1,* 183–199.

Patton, M. Q. (1990). *Qualitative research and evaluation methods* (2nd ed.). Thousand Oaks, CA: Sage.

Patton, M. Q. (2002). *Qualitative research and evaluation methods* (3rd ed.). Thousand Oaks, CA: Sage.

Paul, J. L. (2005). *Introduction to the philosophical foundations of research and criticism in education and the social sciences.* Upper Saddle River, NJ: Prentice Hall.

Peshkin, A. (1986). *God's choice: The total world of a fundamentalist Christian school.* Chicago: University of Chicago Press.

Phillips, D. C. (1987). *Philosophy, science and social inquiry: Contemporary methodological controversies in social science and related fields of research.* Oxford, UK: Pergamon Press.

Phillips, D. C. (1990). Postpositivistic science: Myths and realities. In E. Guba (Ed.), *The paradigm dialog* (pp. 31–45). Thousand Oaks, CA: Sage.

Phillips, D. C., & Burbules, N. C. (2000). *Postpositivism and educational research.* Lanham, MD: Rowman & Littlefield.

Ponterotto, J. G. (2005). Qualitative research in counseling psychology: A primer on research paradigms and philosophy of science. *Journal of Counseling Psychology, 2,* 126–136.

Poorman, P. B. (2002). Perceptions of thriving by women who have experienced abuse or status-related oppression. *Psychology of Women Quarterly, 26*(1), 51–62.

Popham, W. J. (2002). *Classroom assessment: What teachers need to know* (3rd ed.). Boston: Allyn & Bacon.

Popper, K. R. (1959). *The logic of scientific discov-* ∗23 *ery.* New York: Basic Books. (Original work published 1934)

Popper, K. R. (1968). *Conjectures and refutations.* ∗24 New York: Harper Torchbooks.

Popper, K. R. (1974). Autobiography of Karl Popper. In P. A. Schilpp (Ed.), *The philosophy of Karl Popper* (pp. 1–181). La Salle, IL: Open Court.

Prasad, A. (2002). The contest over meaning: Hermeneutics as an interpretative methodology for understanding texts. *Organizational Research Methods, 5*(1), 12–33.

Puma, M., Karweit, N., Price, C., Ricciuti, A., Thompson, W., & Vaden-Kiernan, M. (1997). *Prospects: Final report on student outcomes.* Washington, DC: U.S. Department of Education, Planning and Evaluation Services.

Punch, K. F. (1998). *Introduction to social* ∗25 *research: Quantitative and qualitative approaches.* Thousand Oaks, CA: Sage.

Ragin, C. C. (1987). *The comparative method.* ∗26 Berkeley: University of California Press.

Ragin, C. C., & Zaret, D. (1983). Theory and method in comparative research: Two strategies. *Social Forces, 61,* 731–754.

Rallis, S. F., & Rossman, G. B. (2003). Mixed methods in evaluation contexts. In A. Tashakkori & C. Teddlie (Eds.), *Handbook of mixed methods in social and behavioral research* (pp. 491–512). Thousand Oaks, CA: Sage.

Rao, V. & Woolcock, M. (2003). Integrating qualitative and quantitative approaches in program evaluation. In F. J. Bourguignon & L. Pereira de Silva (Eds.), *Evaluating the poverty and distribution impact of economic policies* (pp. 165–190). New York: The World Bank.

Rathje, W., & Murphy, C. (1992). *Rubbish! The archaeology of garbage.* New York: HarperCollins.

Rawlings, L. B. (2000). Evaluating Nicaragua's school-based management reform. In M. Bamberger (Ed.), *Integrating quantitative and qualitative research in development projects* (pp. 85–97). Washington DC: The World Bank.

Regehr, C., Chau, S., Leslie, B., & Howe, P. (2001). An exploration of supervisor's and manager's responses to child welfare reform. *Administration in Social Work, 26*(3), 17–36.

Reichardt, C. S., & Cook, T. D. (1979). Beyond qualitative versus quantitative methods. In T. D. Cook & C. S. Reichardt (Eds.), *Qualitative and quantitative methods in program evaluation* (pp. 7–32). Thousand Oaks CA: Sage.

Reichardt, C. S., & Rallis, S. F. (1994). Qualitative and quantitative inquiries are not incompatible: A call for a new partnership. In C. S. Reichardt & S. F. Rallis (Eds.), *The qualitative-quantitative debate: New perspectives* (pp. 85–92). Thousand Oaks, CA: Sage.

Reynolds, D., Creemers, B., Stringfield, S., Teddlie, C., & Schaffer, E. (2002). *World class schools: International perspectives on school effectiveness.* London: Routledge/Falmer.

Reynolds, D., & Teddlie, C. (2000). The processes of school effectiveness. In C. Teddlie & D. Reynolds (Eds.), *The international handbook of school effectiveness research* (pp. 134–159). London: Falmer Press.

Riccio, J. A. (1997). MDRC's evaluation of GAIN: A summary. *Evaluation Practice, 18,* 241–242.

Riccio, J. A., & Orenstein, A. (1996). Understanding best practices for operating welfare-to-work programs. *Evaluation Review, 20*(3), 3–28.

Richards, L. (1999). *Using NVivo for qualitative data analysis.* Thousand Oaks, CA: Sage.

Richardson, L. (2000). Writing: A method of inquiry. In N. K. Denzin & Y. S. Lincoln (Eds.), *Handbook of qualitative research* (2nd ed., pp. 923–948). Thousand Oaks, CA: Sage. *4

Richardson, L., & St. Pierre, E. A. (2005). Writing: A method of inquiry. In N. K. Denzin & Y. S. Lincoln (Eds.), *Handbook of qualitative research* (3rd ed., pp. 959–978). Thousand Oaks, CA: Sage. *4

Ridenour, C. S., & Newman, I. (2008). *Mixed methods research: Exploring the interactive continuum.* Carbondale: Southern Illinois University Press.

Roethlisberger, F. J., & Dickson, W. J. (1939). *Management and the worker.* Cambridge MA: Harvard University Press.

Rorty, R. (1982). Pragmatism, relativism, and irrationalism. In R. Rorty (Ed.), *Consequences of pragmatism* (pp. 160–175). Minneapolis: University of Minnesota Press. *27

Rorty, R. (1990). Introduction. In J. P. Murphy (Ed.), *Pragmatism: From Peirce to Davidson.* Boulder, CO: Westview Press. *28

Rosenthal, R. (1976). *Experimenter effects in behavioral research.* New York: Irvington.

Rosenthal, R., & Fode, K. L. (1963). The effect of experimenter bias on the performance of the albino rat. *Behavioral Science, 8,* 183–189.

Rosenthal, R., & Jacobsen, L. (1968) *Pygmalion in the classroom.* New York: Holt, Rinehart, & Winston.

Rosenthal, R., & Lawson, R. (1964). A longitudinal study of the effects of experimenter bias on the operant learning of laboratory rats. *Journal of Psychiatric Research, 2,* 61–72.

Rossman, G. B., & Rallis, S. F. (2003). *Learning in the field: An introduction to qualitative research* (2nd ed.). Thousand Oaks, CA: Sage.

Rossman, G. B., & Wilson, B. (1985). Numbers and words: Combining quantitative and qualitative methods in a single large scale evaluation study. *Evaluation Review, 9,* 627–643.

Rossman, G. B., & Wilson, B. (1994). Numbers and words revisited: Being "shamelessly eclectic." *Quality and Quantity, 28,* 315–327.

Rotter, J. B. (1966). Generalized expectancies for internal versus external control of reinforcement. *Psychological Monographs, 80*(1, Serial No. 609).

St. Pierre, E. A. (2002). "Science" rejects postmodernism. *Educational Researcher, 31*(8), 25–27.

Sale, J., Lohfeld, L., & Brazil, K. (2002). Revisiting the qualitative-quantitative debate: Implications for mixed-methods research. *Quality and Quantity, 36,* 43–53.

Salmon, W. C. (1998). *Causality and explanation.* Oxford, UK: Oxford University Press.

Sandelowski, M. (2003). Tables or tableux? The challenges of writing and reading mixed methods studies. In A. Tashakkori & C. Teddlie (Eds.), *Handbook of mixed methods in social and behavioral research* (pp. 321–350). Thousand Oaks, CA: Sage.

Sandelowski, M., Harris, B. G., & Holditch-Davis, D. (1991). Amniocentesis in the context of infertility. *Health Care for Women International, 12,* 167–178.

Sanders, W. (1974). *The sociologist as detective.* New York: Praeger.

Sargeant, A., Wymer, W., & Hilton, T. (2006). Marketing bequest club membership: An exploratory study of legacy pledgers. *Nonprofit and Voluntary Sector Quarterly, 35,* 384–404.

Schmalleger, F. (1996). *The trial of the century: People of the State of California vs. Orenthal James Simpson.* Englewood Cliffs, NJ: Prentice Hall.

Schmuck, R. A. (1997). *Practical action research for change.* Arlington Heights, IL: IRI Skylight Training and Publishing.

Schulenberg, J. L. (2007). Analyzing police decision-making: Assessing the application of a mixed-method/mixed-model research design. *International Journal of Social Research Methodology, 10,* 99–119.

Schwandt, T. (1997). *Qualitative inquiry: A dictionary of terms.* Thousand Oaks, CA: Sage.

Schwandt, T. (2000). Three epistemological stances for qualitative inquiry: Interpretivism, hermeneutics, and social constructionism. In N. K. Denzin & Y. S. Lincoln (Eds.), *Handbook of qualitative research* (2nd ed., pp. 189–214). Thousand Oaks, CA: Sage. *4

Shadish, W., Cook, T. D., & Campbell, D. T. (2002). *Experimental and quasi-experimental designs for general causal inference.* Boston: Houghton Mifflin.

Shaffer, P. (2002, July). *Assumptions matter: Reflections on the Kanbur typology.* Paper presented at the Conference on Combining Quantitative and Quantitative Methods in Development Research, Wales, UK.

Shavelson, R. J. (1996). *Statistical reasoning for the behavioral sciences* (3rd ed.). Boston: Allyn & Bacon.

Sherif, M., Harvey, O. J., White, B. J., Hood, W. R. & Sherif, C. W. (1961). *Intergroup conflict and cooperation: The robber's cave experiment.* Norman: University of Oklahoma Institute of Intergroup Relations.

Sherratt, Y. (2006). *Continental philosophy of social science: Hermeneutics, genealogy, and critical theory from Greece to the twenty-first century.* Cambridge, UK: Cambridge University Press.

Shulha, L. M., & Wilson, R. J. (2003). Collaborative mixed methods research. In A. Tashakkori & C. Teddlie (Eds.), *Handbook of mixed methods in social and behavioral research* (pp. 639–670). Thousand Oaks, CA: Sage.

Slavin, R. E. (2003). A reader's guide to scientifically based research. *Educational Leadership, 60,* 12–16.

Smith, J. K. (1983). Quantitative versus qualitative research: An attempt to clarify the issue. *Educational Researcher, 12,* 6–13.

Smith, J. K. (1996). An opportunity lost? In L. Heshusius & K. Ballard (Eds.), *From positivism to interpretivism and beyond: Tales of transformation in educational and social research* (pp. 161–168). New York: Teachers College Press.

Smith, J. K., & Heshusius, L. (1986). Closing down the conversation: The end of the quantitative-qualitative debate among educational researchers. *Educational Researcher, 15,* 4–12.

Smith, M. L. (1994). Qualitative plus/versus quantitative: The last word. In C. S. Reichardt & S. F. Rallis (Eds.), *New directions for program evaluation: Number 61. The qualitative-quantitative debate* (pp. 37–44). San Francisco: Jossey-Bass.

Smith, M. L., & Glass, G. V. (1977). Meta-analysis of psychotherapy outcome studies. *American Psychologist, 32,* 752–760.

Social sciences citation index (database). (n.d.). Philadelphia: Thomson Scientific.

Spalter-Roth, R. (2000). Gender issues in the use of integrated approaches. In M. Bamberger (Ed.), *Integrating quantitative and qualitative research in development projects* (pp. 47–53). Washington, DC: The World Bank.

Spies, R. A., Plake, B. S., & Murphy, L. L. (2005). *The sixteenth mental measurements yearbook.* Lincoln: University of Nebraska Press.

Spitz, H. H. (1999). Beleaguered Pygmalion: A history of the controversy over claims that teacher expectancy raises intelligence. *Intelligence, 27,* 199–234.

Spradley, J. P. (1970). *You owe yourself a drunk: An ethnography of urban nomads.* Boston: Little, Brown.

Spradley, J. P. (1979). *The ethnographic interview.* New York: Holt, Rinehart & Winston.

Spradley, J. P. (1980). *Participant observation.* New York: Holt, Rinehart & Winston. *29

Staat, W. (1993). On abduction, deduction, induction and the categories. *Transactions of the Charles S. Peirce Society, 29,* 225–237.

Stake, R. E. (1995). *The art of case study research.* Thousand Oaks, CA: Sage.

Stake, R. E. (2005). Qualitative case studies. In N. K. Denzin & Y. S. Lincoln (Eds.), *Handbook of qualitative research* (3rd ed., pp. 443–466). Thousand Oaks, CA: Sage. *4

Stern, P. N. (1994). Eroding grounded theory. In J. Morse (Ed.), *Critical issues in qualitative research methods* (pp. 214–215). Thousand Oaks, CA: Sage.

Stevens, J. (2001) *Differential modes of external change agent support in diffusion of innovation.* Unpublished doctoral dissertation, Louisiana State University, Baton Rouge.

Stevens, J. P. (2002). *Applied multivariate statistics for the social sciences* (4th ed.). Mahwah, NJ: Lawrence Erlbaum.

Stigler, S. (2002). *The history of statistics: The measurement of uncertainty before 1900.* Cambridge, MA: Harvard University Press.

Stocking, G. (1992). *The ethnographer's magic and other essays in the history of anthropology.* Madison: University of Wisconsin.

Stone, G. C. (1994). Dewey on causation in social science. *Educational Theory, 44,* 417–428.

Strauss, A., & Corbin, J. (1990). *Basics of qualitative research: Techniques and procedures for developing grounded theory.* Thousand Oaks, CA: Sage.

Strauss, A., & Corbin, J. (1998). *Basics of qualitative research: Techniques and procedures for developing grounded theory* (2nd ed.).

Thousand Oaks, CA: Sage.

Stringfield, S. (1994) Outlier studies of school effectiveness. In D. Reynolds, B. P. M. Creemers, P. S. Nesselrodt, E. C. Schaffer, S. Stringfield, & C. Teddlie (Eds.), *Advances in school effectiveness research and practice* (pp. 73–84). London: Pergamon.

Stringfield, S., Millsap, M. A., Herman, R., Yoder, N., Brigham, N., Nesselrodt, P., et al. (1997). *Urban and suburban/rural special strategies for educating disadvantaged children: Final report.* Washington, DC: U.S. Department of Education.

Tabachnick, B. G., & Fidell, L. S. (2007). *Using multivariate statistics* (5th ed.). Boston: Allyn & Bacon.

Tashakkori, A., Boyd, R., & Sines, M. (1996, July). *Predictors of drop-out and persistence of 8th grade Hispanic youth in the U.S.* Paper presented at the 54th annual convention of the International Council of Psychologists, Banff, Alberta, Canada.

Tashakkori, A., & Creswell, J. W. (2007a). Exploring the nature of research questions in mixed methods research. *Journal of Mixed Methods Research, 1,* 207–211.

Tashakkori, A., & Creswell, J. W. (2007b). The new era of mixed methods. *Journal of Mixed Methods Research, 1,* 3–7.

Tashakkori, A., Newman, I., & Bliss, L. A. (2008). *Historical trends in teaching of social/behavioral research methodology across disciplines.* Unpublished manuscript, Florida International University, Miami.

Tashakkori, A., & Teddlie, C. (1998). *Mixed methodology: Combining the qualitative and quantitative approaches.* Thousand Oaks, CA: Sage.

Tashakkori, A., & Teddlie, C. (Eds.). (2003a). *Handbook of mixed methods in social and behavioral research.* Thousand Oaks, CA: Sage.

Tashakkori, A., & Teddlie, C. (2003b). Issues and dilemmas in teaching research methods courses in social and behavioral sciences: U.S. perspective. *International Journal of Social Research Methodology, 6,* 61–77.

Tashakkori, A., & Teddlie, C. (2003c). The past and future of mixed methods research: From data triangulation to mixed model designs. In A. Tashakkori & C. Teddlie (Eds.), *Handbook of mixed methods in social and behavioral research* (pp. 671–702). Thousand Oaks, CA: Sage.

Tashakkori, A., & Teddlie, C. (2006, April). *Validity issues in mixed methods research: Calling for an integrative framework.* Paper presented at the annual meeting of the American Educational Research Association, San Francisco.

Tashakkori, A., & Teddlie, C. (2008). Quality of inference in mixed methods research: Calling for an integrative framework. In M. M. Bergman (Ed.), *Advances in mixed methods research: Theories and applications* (pp. 101–119). Thousand Oaks, CA: Sage.

Taylor, B. O. (Ed). (1990). *Case studies in effective schools research.* Madison, WI: National Center for Effective Schools Research and Development.

Taylor, D., & Tashakkori, A. (1995). Participation in decision making and school climate as predictors of teachers' job satisfaction and sense of efficacy. *Journal of Experimental Education, 63,* 217–230.

Taylor, D., & Tashakkori, A. (1997). Toward an understanding of teachers' desire for participation in decision making. *Journal of School Leadership, 7,* 1–20.

Taylor, S. J., & Bogdan, R. (1998). *Introduction to qualitative research methods: A guidebook and resource* (3rd ed.). New York: John Wiley & Sons.

Teddlie, C. (1998, July). *Integrating school indicators, school effectiveness, and school improvement research: The Louisiana School Effectiveness and Assistance Pilot (SEAP).* Symposium presented at the annual meeting of the American Educational Research Association, San Diego, CA.

Teddlie, C. (2005). Methodological issues related to causal studies of leadership: A mixed methods perspective from the USA. *Educational Management and Administration, 33,* 211–217.

Teddlie, C., Creemers, B., Kyriakides, L., Muijs, D., & Yu, F. (2006). The International System for Teacher Observation and Feedback: Evolution of an international study of teacher effectiveness constructs. *Educational Research and Evaluation, 12,* 561–582.

Teddlie, C., Kochan, S., & Taylor, D. (2002). The ABC+ model for school diagnosis, feedback, and improvement. In A. J. Visscher & R. Coe (Eds.), *School improvement through performance feedback* (pp. 75–114). Lisse, Netherlands: Swets and Zeitlinger.

Teddlie, C., & Meza, J. (1999) Using informal and formal measures to create classroom profiles. In J. Freiberg (Ed.), *School climate: Measuring, improving and sustaining healthy learning environments* (pp. 48–64). London: Falmer Press.

Teddlie, C., Reynolds, D., & Pol, S. (2000). Current topics and approaches in school effectiveness research: The contemporary field. In C. Teddlie & D. Reynolds (Eds.), *The international handbook of school effectiveness research* (pp. 26–51). London: Falmer.

Teddlie, C., & Stringfield, S. (1993). *Schools make a difference: Lessons learned from a 10-year study of school effects.* New York: Teachers College Press.

Teddlie, C., & Stringfield, S. (1999). *The revised classroom observation instrument.* Baton Rouge: Louisiana State University.

Teddlie, C., & Tashakkori, A. (2003). Major issues and controversies in the use of mixed methods in the social and behavioral sciences. In A. Tashakkori & C. Teddlie (Eds.), *Handbook of mixed methods in social and behavioral research* (pp. 3–50). Thousand Oaks, CA: Sage.

Teddlie, C., & Tashakkori, A. (2005, April). *The methods-strands matrix: A general typology of research designs featuring mixed methods.* Paper presented at the annual meeting of the American Educational Research Association, Montreal.

Teddlie, C., & Tashakkori, A. (2006). A general typology of research designs featuring mixed methods. *Research in the Schools, 13*(1), 12–28.

Teddlie, C., Tashakkori, A., & Johnson, B. (2008). Emergent techniques in the gathering and analysis of mixed methods data. In S. Hesse-Biber & P. Leavy (Eds.), *Handbook of emergent methods in social research* (pp. 389–413). New York: Guilford Press.

Teddlie, C., Virgilio, I., & Oescher, J. (1990). Development and validation of the Virgilio Teacher Behavior Inventory. *Educational and Psychological Measurement, 50,* 421–430.

Teddlie, C., & Yu, F. (2006, April). *Mixed methods sampling procedures: Some prototypes with examples.* Paper presented at the annual meeting of the American Educational Research Association, San Francisco.

Teddlie, C., & Yu, F. (2007). Mixed methods sampling: A typology with examples. *Journal of Mixed Methods Research, 1,* 77–100.

Tedlock, B. (2000). Ethnography and ethnographic representation. In N. K. Denzin & Y. S. Lincoln (Eds.), *Handbook of qualitative research* (2nd ed., pp. 455–486). Thousand Oaks, CA: Sage. *4

Telishevka, M., Chenett, L., & McKeet, M. (2001). Towards an understanding of the high death rate among young people with diabetes in Ukraine. *Diabetic Medicine, 18,* 3–9.

Teo, T. (2001). Karl Marx and Wilhelm Dilthey on the socio-historical conceptualization of the mind. In C. Green, M. Shore, & T. Teo (Eds.), *The transformation of psychology: Influences of 19th-century philosophy, technology and natural science* (pp. 195–218). Washington, DC: American Psychological Association.

Tesch, R. (1990). *Qualitative research: Analysis types and software tools.* London: Falmer Press.

Thibaut, J., & Kelley, H. H. (1959). *The social psychology of groups.* New York: John Wiley & Sons.

Thio, A. (2005). *Sociology: A brief introduction* (5th ed.). Boston: Allyn & Bacon.

Thomas, W. I., & Znaniecki, F. (1920). *The Polish peasant in Europe and America.* Boston: Badger Press. *30

Thompson, W. N. (1975). *Aristotle's deduction and induction: Introductory analysis and synthesis.* Amsterdam: Rodopi N.V.

Titchen, A. (1997). Creating a learning culture: A story of change in hospital nursing. In S. Hollingsworth (Ed.), *International action research: A casebook for educational reform* (pp. 244–260). London: Falmer Press.

Tobin, G. A., & Begley, C. M. (2004). Methodological rigour within a qualitative framework. *Journal of Advanced Nursing, 48*(8), 388–396.

Todd, J. (2006). Choosing databases for sociology studies: SocINDEX or Sociological Abstracts? *ONLINE, 30*(4), 35–38.

Tolman, D., & Szalacha, L. (1999). Dimensions of desire: Bridging qualitative and quantitative methods in a study of female sexuality. *Psychology of Women Quarterly, 23,* 7–39.

Toulmin, S. (1960). *The philosophy of science: An introduction.* New York: Harper & Row.

Trend, M. G. (1979). On the reconciliation of

qualitative and quantitative analyses: A case study. In T. D. Cook & C. S. Reichardt (Eds.), *Qualitative and quantitative methods in program evaluation* (pp. 68–85). Thousand Oaks, CA: Sage.

Twinn, S. (2003). Status of mixed methods in nursing. In A. Tashakkori & C. Teddlie (Eds.), *Handbook of mixed methods in social and behavioral research* (pp. 541–556). Thousand Oaks, CA: Sage.

Van Maanen, J., Dabbs, J. M., & Faulkner, R. (Eds.). (1982). *Varieties of qualitative research.* Thousand Oaks, CA: Sage.

Van Manen, M. (1990). *Researching lived experience: Human science for an action sensitive pedagogy.* Albany: State University of New York Press.

Van Teijlingen, E. R., & Hundley, V. (2001, Winter). The importance of pilot studies. *Social Research Update, 35.* Retrieved January 6, 2008, from http://sru.soc.surrey .ac.uk/SRU35.html

Van de Vijver, F. J. R., & Poortinga, Y. H. (2005). Conceptual and methodological issues in adapting tests. In R. K. Hambleton, P. F. Meranda, & C. D. Spielberger (Eds.), *Adapting educational and psychological tests for cross-cultural assessment* (pp. 39–63). Mahwah, NJ: Lawrence Erlbaum.

Vidich, A. J., & Lyman, S. M. (2000). Qualitative
*4 methods: Their history in sociology and anthropology. In N. K. Denzin & Y. S. Lincoln (Eds.), *Handbook of qualitative research* (2nd ed., pp. 37–84). Thousand Oaks, CA: Sage.

Viney, W., & King, D. B. (1998). *A history of psychology: Ideas in context.* Boston: Allyn & Bacon.

Wall, R., Devine-Wright, P., & Mill, G. A. (2008). Interactions between perceived behavioral control and personal normative-motives: Qualitative and quantitative evidence from a study of commuting-mode choice. *Journal of Mixed Methods Research, 2*(1), 63–86.

Ward, M. (1986). *Them children. A study in language learning.* Long Grove, IL: Waveland Press.

Warner, W. (1937). *A black civilization: A social*
*31 *study of an Australian tribe.* New York: Harper & Brothers.

Warner, W., & Lunt, P. S. (1941). *The social life of a modern community. Yankee city series: Volume 1.* New Haven, CT: Yale University Press.

Wasserman, S., & Faust, K. (1994). *Social network analysis: Methods and applications.* Cambridge, UK: Cambridge University Press.

Waszak, C., & Sines, M. (2003). Mixed methods in psychological research. In A. Tashakkori & C. Teddlie (Eds.), *Handbook of mixed methods in social and behavioral research* (pp. 557–576). Thousand Oaks, CA: Sage.

Webb, E. J., Campbell, D. T., Schwartz, R. D., & Sechrest, L. (1966). *Unobtrusive measures: Nonreactive research in the social sciences.* Chicago: Rand McNally.

Webb, E. J., Campbell, D. T., Schwartz, R. D., & Sechrest, L. (2000). *Unobtrusive measures* (Rev. ed.). Thousand Oaks, CA: Sage.

Webb, E. J., Campbell, D. T., Schwartz, R. D., Sechrest, L., & Grove, J. B. (1981). *Nonreactive measures in the social sciences.* Boston: Houghton Mifflin.

Welty, P. J. (2001). Dilthey. In R. Arrington (Ed.), *A companion to the philosophers* (pp. 222–226). Oxford, UK: Blackwell.

Wetzler, S., Marlowe, D. B., & Sanderson, W. C. (1994). Assessment of depression using the MMPI, MILLON, and MILLON-II. *Psychological Reports, 75,* 755–768.

Whyte, W. F. (1955). *Street corner society: The*
*32 *social structure of an Italian slum.* Chicago: University of Chicago Press. (Original work published 1943)

Wiersma, W., & Jurs, S. G. (2005). *Research methods in education* (8th ed.). Boston: Allyn & Bacon.

Williams, T. H. (1969). *Huey Long.* New York: Alfred A. Knopf.

Willig, C. (2001). *Introducing qualitative research*
*33 *in psychology: Adventures in theory and method.* Buckingham, UK: Open University Press.

Willis, J. W. (2007). *Foundations of qualitative research: Interpretive and critical approaches.* Thousand Oaks, CA: Sage.

Witcher, A. E., Onwuegbuzie, A. J., Collins, K. M. T., Filer, J., & Wiedmaier, C. (2003, November). *Students' perceptions of characteristics of effective college teachers.* Paper presented at the annual meeting of the Mid-South Educational Research Association, Biloxi, MS.

Wittgenstein, L. (1958). *The philosophical investi-*
*34 *gations* (2nd ed.). New York: Macmillan.

Wolcott, H. F. (1994). *Transforming qualitative data: Description, analysis, and interpretation.* Thousand Oaks, CA: Sage.

Wolcott, H. F. (1999). *Ethnography: A way of seeing.* Walnut Creek, CA: AltaMira.

Wolf, R. L., & Tymitz, B. L. (1978). *Whatever happened to the giant wombat: An investigation of the impact of ice age mammals and emergence of man exhibit.* Washington, DC: National Museum of Natural History and the Smithsonian Institute.

Wood, R. T., & Williams, R. J. (2007). "How much money do you spend on gambling?" The comparative validity of question wordings used to assess gambling expenditure. *International Journal of Social Research Methodology, 10*(1), 63–77.

Woolfolk, A. (2004). *Educational psychology* (9th ed.). Boston: Allyn & Bacon.

Woolhouse, R. S. (1988). *The empiricists.* Oxford, UK: Oxford University Press.

Wu, C. (2005). *Correlates of college choice among Taiwanese youth: Relative importance of personal, social, and institutional considerations.* Unpublished doctoral dissertation, Florida International University, Miami.

Wunsch, D. R. (1986). Survey research: Determining sample size and representative response. *Business Education Forum, 40*(5), 31–34.

Yin, R. K. (2003). *Case study research: Design and*
*35 *methods* (3rd ed.). Thousand Oaks, CA: Sage.

Yu, C. H. (1994, April). *Abduction? deduction? induction? Is there logic of exploratory analysis?* Paper presented at the annual meeting of the American Educational Research Association, New Orleans, LA.

Yuan, Y. (2003). *Perceptions regarding intercollegiate alliance among administrators of Taiwanese technical higher education institutions.* Unpublished doctoral dissertation, Florida International University, Miami.

Zimbardo, P. G. (1969). The human choice: Individuation, reason and order versus deindividuation, impulse and chaos. In W. Arnold & D. Levine (Eds.), *Nebraska Symposium on Motivation, 17,* 237–307.

邦訳のあるもの

＊1「決定の本質―キューバ・ミサイル危機をめぐって」井上真蔵　訳、『官僚政治と対外政策』国際政治/日本国際政治学会　編、1976。

＊2『APA 論文作成マニュアル』江藤裕之、前田樹海、田中建彦　訳、医学書院、2004。

＊3『現実の社会的構成：知識社会学論考』山口節郎　訳、新曜社、2003。

＊4『質的研究ハンドブック』平山満義　監訳　岡野一郎、古賀正義　編訳、北大路書房、2006。

＊5『研究デザイン：質的・量的・そしてミックス法』（原著第2版の翻訳）操華子、森岡崇　訳、日本看護協会出版会、2007。

＊6『人間科学のための混合研究法：質的・量的アプローチをつなぐ研究デザイン』大谷順子　訳、北大路書房、2010。

＊7『認知的不協和の理論：社会心理学序説』末永俊郎　訳、誠信書房、1983。

＊8『新しい管理者像の探究』山田雄一　監訳、産業能率短期大学出版部、1970。

＊9『学習経験をつくる大学授業法』土持ゲーリー法一　訳、玉川大学出版部、2011。

＊10『質的研究入門』小田博志　監訳、山本則子、春日常、宮地尚子　訳、春秋社、2011。

＊11『自由の科学：ヨーロッパ啓蒙思想の社会史』中川久定　訳、ミネルヴァ書房、1982。

＊12『ローカル・ノレッジ：解釈人類学論集』梶原景昭ほか　訳、岩波書店、1999。

＊13『「死のアウェアネス理論」と看護：死の認識と終末期ケア』木下康仁、医学書院、1988。

＊14『ニュートンの海：万物の真理を求めて』大田直子　訳、日本放送出版協会、2005。

＊15『スティグマの社会学：烙印を押されたアイデンティティ』石黒毅　訳、せりか書房、2001。

＊16『対人関係の心理学』大橋正夫　訳、誠信書房、1978。

＊17『科学的説明の諸問題』長坂源一郎　訳、岩波書店、1973。

＊18『社会科学のリサーチ・デザイン：定性的研究における科学的推論』真渕勝　監訳、勁草書房、2004。

＊19『翻訳　フォーカスグループを用いた研究の実践マニュアル（その7）司会者のための手引き』橋本由紀子　訳、2007。

＊20『科学革命の構造』中山茂　訳、みすず書房、1971。

＊21『科学哲学の歴史：科学的認識とは何か』常石敬一　訳、紀伊國屋書店、2001。

＊22『存在の大いなる連鎖』内藤健二　訳、晶文社、1985。

＊23『科学的発見の論理　上』恒星社厚生閣、1971。

＊24『推測と反駁：科学的知識の発展』藤本隆志　訳、法政大学出版局、1980。

＊25『社会調査入門：量的調査と質的調査の活用』川合隆男　監訳、慶應義塾大学出版会、2005。

＊26『社会科学における比較研究：質的分析と計量的分析の統合に向けて』鹿又伸夫監訳、ミネルヴァ書房、1993。

＊27『プラグマティズムの帰結』室井尚ほか訳、筑摩書房、2014。

＊28『プラグマティズム入門：パースからデイヴィドソンまで』高頭直樹　訳、勁草書房、2014。

＊29『参加観察法入門』田中美恵子、麻原きよみ　訳、医学書院、2010。

＊30『生活史の社会学：ヨーロッパとアメリカにおけるポーランド農民』櫻井厚　訳、御茶の水書房、1983。

＊31 『ワーナー「黒人文明」』馬淵東一　訳、民族學研究、1938。

＊32 『ストリート・コーナー・ソサイエティ：アメリカ社会の小集団研究』寺谷弘壬　訳、垣内出版、1974。

＊33 『心理学のための質的研究法入門―創造的な探求に向けて―』上淵寿・大家まゆみ・小松孝至　共訳、培風館、2003 年。

＊34 『哲学探究』藤本隆志　訳、大修館書店、1976。

＊35 『ケース・スタディの方法（新装版）』近藤公彦　訳、千倉書房、2011。

用語解説（五十音）

本用語解説に掲載した用語は、別の用語の定義の中で使用している場合は下線を付している。但し「メソッド（method）」、「サンプリング（sampling）」といった、頻繁に使用する語を除く。

アーカイブ記録（archival record） とは、各種の文書資料（書簡等）、もしくはその他のさまざまな形式（録音テープ等）で保存された情報を含む、象徴的な意味を持つアーティファクト。

アクション・リサーチ（action research） とは、結果を直接的に社会問題に適用することで、時には研究者が自らのフィールドで（例えば教育者が学校や教室で）実践にあたる。

アーティファクト（artifact） とは、人間による何らかの活動の結果生じた物品（アーカイブ記録、物証証拠）を指す。これは象徴的な意味を持つ場合も、そうでない場合もある（LeCompte & Preissle, 1993等）。

アブダクションもしくはアブダクティブな論理（abduction or abductive logic） とは、第3のタイプの推論法で、観察された結果（もしくは影響）から、想定されうる要因（あるいは原因）を導き出すプロセスのことをいう。仮説形成に必要なのは、創造的に洞察すること、そして考え得る最適な説明を推論すること。

ア・プリオリな主題（a priori themes）（あらかじめ決められたテーマ）は、理論、概念的枠組み、過去の研究結果、その他の判断材料に基づき、データを集める前に設定される。

1次的な情報源（primary information source） とは、調査を行う研究者が書いた調査研究の記述である。

イーミック・パースペクティブ（emic perspective） とは、文化的インサイダー、すなわち研究に参加している個人の視点のこと。「表意法」の項も参照されたい。

意味の検証可能性原理（検証原理）（verifiability principle of meaning（verification principle）） とは、何かが「意味がある」と言えるのは、それが「経験的（直接あるいは間接的に、感覚を経験することで）に検証可能である場合」、あるいは「論理的・数学的真実である場合」に限られるという、論理実証主義の教義である（Phillips, 1987, p.204）。

因果効果（causal effect） とは、変数X（独立変数）が、変数Y（従属変数）に何らかの変化を引き起こしたか否かの判定結果のこと。

因果のメカニズム（causal mechanism） では、そのプロセスにより変数X（独立変数）が変数Y（従属変数）に何らかの変化を引き起こしたかを判定する。

因果モデルに基づく説明（causal model of explanation） とは、量的研究のモデルの1つで、一般法に関連付けられる演繹プロセスを重視するのではなく、特定の影響についての具体的な因果的要因を明らかにしようとするモデルのこと。

インタビュー（interview） とは、ある人物（インタビューする人）が、他の人物（インタビューされる人）に質問をして、データを収集する方法である。

インフォームド・コンセント（informed consent） とは、調査の研究参加者が、その研究への参加に伴うリスクを明確に理解した上で、参加に同意することである。

エスノグラフィー（ethnography） とは、さまざまな手順（参加者の観察、インタビュー、アーティファクトの調査等）を用いて、ある集団の文化、構成、社会等を深く理解しようとする研究のこと。

エティック・パースペクティブ（etic perspective） は、文化的アウトサイダー、すなわち研究者の視点を指す。「法則定立的方法」の項も参照されたい。

演繹的論理もしくは推論（deductive logic or reasoning） とは、一般的なこと（理論等）から特定のこと（データポイント等）までを論じること。もしくは、前提が正しければ必然的に正しいとされる結論を引き出すプロセスを指す。

解釈の一貫性（interpretive consistency） とは、ある研究で下された各々の結論が、同一の研究で下された他の結論と、一貫していることである。

解釈の一致（interpretive agreement） とは、特定の研究結果に基づいて、ある研究者が下した結論と、同じ研究結果に関して他の研究者（同僚）が下した結論が、一致していることである。

解釈の厳密さ（interpretive rigor） とは、得られた結果に基づき、どの程度真実性のある解釈がなされたかの判断である。これには解釈の一貫性、理論の一貫性、解釈の一致、解釈の弁別性、統合の弁別性、解釈の対応性が含まれる。

解釈の（統合の）対応性（interpretive（integrative）correspondence） とは、研究の当初のリサーチ・クエスチョンもしくは目的と、（その答えとしての）推論が合致しているということで、メタ推論が、MMデザインを用いる当初の目的を、どの程度満たしているかを示す。

解釈の弁別性（interpretive distinctiveness） とは、

各々の結論が、同一の結果に基づいて下される可能性のある他の結果と、明確に異なっていて、他の研究者もしくは研究参加者（もしくはその両方）から、それらの結論より信憑性があると判断される程度を指す。

外的妥当性（external validity）に関して、Shadish ら（2011）は、「人物、状況、処理変数、測定変数の変化全体に、当該の因果関係が当てはまるかどうかの推測の有効性」と定義している（p.507）。

概念化の段階（conceptualization stage）とは、混合研究法の最初の研究デザイン上の段階を指す。理論的には、この段階は概念領域（抽象操作）に位置付けられ、この段階で研究目的や疑問などを説明する。

概念的枠組み（conceptual framework）とは、「過去の文献、理論その他の関連情報の帰納的統合によって生じた、一貫性のある包括的な理論的枠組み」（Tashakkori & Teddlie, 2003a, p.704）のこと。

確実性（dependability）とは、量的研究の「信頼性」の概念を表す質的研究の同義表現で、関心を持つ現象の変化を、あらゆるコンテクストで「人という手段」を用いて説明することが、どの程度可能かという指標（Ary, Jacobs, Razavieh, Sorenson, 2007；Lincoln & Guba, 1985 等）。

確率サンプリング（probability sampling）では、「当該の母集団がサンプルとして抽出される確率が等しくなるように、ある母集団もしくは特定の下位集団（層）から、比較的多数のユニットを無作為に選ぶ」（Tashakkori & Teddlie, 2003a, p.713）。

仮説-演繹法（hypothetico-deductive model）（H-DM）とは、理論もしくは概念的枠組みから 1 つ（もしくは複数）の仮説（1 つあるいは 2 つ以上の仮説）を演繹的に導き出し、数量データと統計解析によってこれらの仮説を検証する量的モデルの 1 つ。

価値論（axiology）とは、研究における価値の役割のこと。

カテゴリー化戦略（categorical strategy）とは、質的データ分析のため、ナラティブ・データを分類し整理し直すことで、調査中の現象を比較し理解しやすくなるようなカテゴリーを生成すること。

カテゴリー化の過程（categorical process）は、質的分析プロセスの 1 つ。このプロセスでは、同じ内容に関係する情報ユニットを集め、これらを暫定的に区分し、各カテゴリーの特質を表す規則を案出する。この場合、1 つのカテゴリーには同じ内容のものが含まれるが、各カテゴリーの内容は互いに異なっている。

環境的な転用可能性（ecological transferability）とは、推論と方針あるいは実践の提案を、他の類似の状況にどの程度適用できるかを示す。

観察データ収集戦略（observation data collection strategy）では、当該状況の視覚的検証に基づき、ある定義された社会的状況で生じる相互作用ユニットを記録する。

完全統合型混合デザイン（fully integrated mixed design）とは、混合研究法デザインの 1 種で、研究のあらゆるフェーズにおいて双方向的なやり方で混合を行う。これらの各段階では、1 つのアプローチが他のアプローチの形成に影響する。

完全統合型混合データ分析（fully integrated mixed data analysis）は、完全統合型研究デザインで行われる質的および量的データのインタラクティブな混合型分析で、反復性、代償性、独立性を特徴とする。

観念論（idealism）とは、最も根源的な意味での実在は、純粋理性と「観念的なもの」（「社会的」、「文化的」な観念を含む）であるとする考え方（これと競合するのは「唯物論」）。

記述的研究（descriptive research）とは、ある現象の特性、もしくは、想定される変数間の関係性を探ることである。この用語は、実験を伴わない研究を表すのに使用される場合が多い。「探索的研究」の項も参照のこと。

記述統計学的分析（descriptive statistical analysis）とは、サンプル、母集団もしくは各変数間の関係を説明する要約指標を得るための数量データ分析のこと。

基準（criterion）とは、ある構成概念の 1 つの指標で、関心を持つ構成概念を把握もしくは測定するため、データ収集手順（観察プロトコル等）の妥当性を判断するための比較の基盤となるもの。

基準変数（criterion variable）とは、予測研究で予測されている変数のこと。

既知集団妥当性（known group validity）とは、判別妥当性の 1 種で、データを集めて、理論的（もしくは文化的に）互いに異なると予想されるグループと比較する。

帰納的-演繹的研究サイクル（inductive-deductive research cycle）（推論の連鎖、科学的方法論の連鎖）とは、ある時点での特定の疑問に関する研究は、推論プロセスの連鎖内のどこかに含まれることを示唆するモデルで（Krathwohl, 1993 等）、この連鎖は、基礎となる結果を、帰納的推論から一般的推論へと進め、次にこれらの一般的推論（もしくは理論、概念的枠組み、モデル）から、演繹的推論を経て、特定の理論の予測（演繹的研究仮説）へと進むプロセス、と捉えられる。

帰納的論理もしくは推論（inductive logic or reasoning）とは、特定のこと（データポイントなど）から一般的な命題（理論など）へと議論を進めること、もしくは真と思われる結論を導き出すプロセスを指す。

帰納の問題（problem of induction）とは、「研究者が、x に続いて y が生じる事象を何回観察したとしても、次回 x が生じた後に必ず y を観察できるとは言えない」という事実を指す。全てのケースを観察することは不可能であり、従って帰納的論理を使って理論を「証明」することはできない（Hollis, 2002；Phillips, 1987）。

帰無仮説（null hypothesis）とは、群間平均値に差がない、もしくは変数間の関係性がない、という言明。

強度の高いケースのサンプリング（intensity sampling）とは、サンプリング手法の1つで、関心のある現象を強く（「極めて強く」ではないが）象徴するような、非常に有益な情報を提供するケースを選ぶ手法である。例えば、有能な教師／能力の低い教師、平均以上の技術を持つピアニスト／技術が平均以下のピアニスト、等である（Patton, 2002 他）。

共約不可能性パラダイム（incommensurable paradigms）とは、Kuhn（1962、1970、1996）の「競合するパラダイムは共約不可能」という主張の中で使われた用語で、パラダイム同士を直接比較することはできず、パラダイム間の明確な情報伝達も不可能であることを意味する。この主張は、共約不可能性論と一致する。

共約不可能性論（incommensurable thesis）では、質的手法と量的手法の混合は、パラダイム（実証主義と構築主義）の根源的差異のために不適切だとした。

極端なケースあるいは逸脱的ケースのサンプリング（外れ値サンプリング）（extreme or deviant case sampling（outlier sampling））とは、サンプリングの1手法で、検討中の一群のケースから、関心を持つケース分布の「末端」近くのケースを選ぶ。成功や失敗を示すこうした極端なケースから、特に貴重な情報が得られることが期待される。

キーワード（keyword）（記述子（descriptor））とは、ある調査研究の重要な側面を表わす検索用語で、電子化されたデータベースに含まれる情報を見つけるのに利用できる。

均質サンプリング（homogeneous sampling）は、サンプリングの1手法で、特定の特徴に関して非常に類似しているサンプル構成要素を選ぶ方法のこと。

グラウンデッド・セオリー（grounded theory）とは、よく知られた質的方法論の1つで、この方法論では、系統的に集め演繹的に分析したナラティブ・データに「基礎を置いて」理論を形成する（Glaser & Strauss, 1967；Strauss & Corbin, 1998 等）。

クラスター・サンプリング（cluster sampling）は、サンプリング単位が個人ではなく、地域や病院、学校といった、母集団で自然に生じる集団（クラスター）である場合に生じる。

経験主義（empiricism）とは、知識は経験から得られるという教義である。このオリエンテーションは、「積極的」観察手法と個人的経験に依存する（競合する教義は合理主義）。

継続比較法（constant comparative method）とは、基本的な質的カテゴリー分析技法の1つで、2つの一般的プロセス（ユニット化とカテゴリー化）を用いて、カテゴリーと主題を構築する（Lincoln & Guba, 1985；Tashakkori & Teddlie, 1998 等）。

啓蒙主義プロジェクト（Enlightenment Project）とは、理性の適用、科学における実証的方法（経験主義等）、人的プロセス、人道主義的な政策目標を強調した18世紀欧州の哲学的潮流である（Hollis, 2002 等）。

ケース・スタディ（case study research）では、複数のケースのうちの1つを深く分析する。ケースとは、「特に現象とコンテクスト間の境界が明確でない場合、実際のコンテクストで現在生じている現象」（Yin, 2003, p.13）の演繹的研究のこと。

ケースの検証と反証（confirming and disconfirming cases）とは、サンプリングの1手法。データ（新たなデータもしくはア・プリオリと定義されたデータ）に含まれるパターンを実証／反証する分析ユニットを選び、調査中の現象への理解を深めるために行う。

結合データ分析（fused data analysis）では、明確だが相互従属的な方法で、同一のデータソースを分析するために、質的データソースおよび量的データソースの両方のソフトウェア・プログラムを用いる（Bazeley, 2003）。

決定的なケースのサンプリング（critical case sampling）とは、サンプリングの1手法で、ある現象を理解するのに特に重要な1つの事例を選び、この情報を他の事例に最大限適用できるようにすること。

研究仮説（research hypothesis）とは、リサーチ・クエスチョンの特殊な形で、研究者は、実際に研究を行う前に、社会現象間の関係を予測する。これらの予測は、理論、事前の研究その他の理論的根拠に基づいて行われる。

研究工程の段階（stage of a research strand）とは、調査研究の構成要素のステップあるいは工程を指す。研究の構成要素には、概念化の段階、実験（方法論的／分析的）段階、推論の段階の3段階がある。

研究者のトライアンギュレーション（investigator triangulation）とは、1つの研究に「複数の別々の研究者が関与する」ことを意味する（Patton, 2002, p.247）。

研究対象者と観察者の連続体（participant-observer continuum）の次元は、観察者が実際にその社会状況にどの程度関与しているかで異なる。

研究デザインの工程（strand of a research design）とは、研究の1段階を示すもので、これには概念化の段階、実験（方法論的／分析的）段階、推論の段階の3段階がある。

研究目的（research objective）とは、研究の具体的な目的もしくは理論的根拠のことである。

研究ライン（もしくはプログラム）（line (or program) of research） とは、特定の問題分野内の、関連した一連の研究を指し、この研究により、研究中の現象について、より綿密な研究結果がもたらされる。

現象学（phenomenology） とは、主観的経験、社会的視座、個人の「素朴な」事象分析を強調する研究オリエンテーションのこと（Heider, 1958）。これはまた「人間としての経験における意識構造」（Creswell, 1998, p.51）を探る学問でもある。

検証的研究（confirmatory research） とは、理論もしくは概念的枠組みに基づく意見を検証するための調査を指す。量的研究はその本質的特徴として（常にそうだというわけではないが）検証的研究である。

検証の問題（problem of verification） とは、「幅広く観察することで複数の理論を確認することができるが、往々にして、競合する理論を証明する多数の証拠があると思われる」事実を指す（Phillips, 1987, pp.11–12）。

恒常的連接（constant conjunction） とは、David Hume が提唱した因果の推論のための 3 条件の 1 つで、結果が得られたときは常に原因が存在していたはずだとする考え方。この条件に基づき、統計的相関性の高さを因果関係の証拠としている研究者もいる。

構成概念（construct） とは、「直接には観察できないが、実証的データの解釈と理論の構築に役立つ抽象概念」（Ary, Jacobs, Razavieh, Sorenson, 2007, p.38）のこと。

構成概念妥当性（construct validity） とは、あるデータ収集手順（手順、インタビュー手順、観察手法）によって、研究の目的としている構成概念を、どの程度正確に捉えることができるか、ということ。

構築主義（constructivism） とは、研究者は個々に、および共同で、調査中の現象の意味を構築していく、という考え方である。観察は、個人の関心と価値を一律に排除しているという意味で純正ではない。従って調査では、研究の参加者の共感的理解を得る必要がある。このパラダイムは質的手法の裏付けとなっている（Howe, 1988；Lincoln & Guba, 1985；Maxcy, 2003 等）。

合目的的サンプリング（purposive sampling） は、研究のリサーチ・クエスチョンに答えるための特定の目的に基づいてユニット（個人、組織等）を選ぶプロセスのことである。

合目的的無作為サンプリング（目的に基づく合目的的サンプリング）（purposive random sampling (purposeful random sampling)） では、標的とする大規模な母集団から、少数のユニットを無作為に抽出する。このサンプリング手順の無作為性は確率サンプリングの特徴だが、それによって得られるケースが少数であることは、合目的的サンプリングの特徴である。

合理主義（rationalism） とは哲学体系の 1 種で、「知識を獲得する主要な手段は『理性』である。また、人間の心の中には理解のア・プリオリなカテゴリーがあり、それが自らの感覚経験を体系化する」ことを強調する教義である（Schwartz, 1997 等）。（これと競合する教義は経験主義）。

混合研究法（mixed methods（MM）） とは、「研究者が、1 つの研究あるいは探求プログラムで、質的アプローチと量的アプローチの両方を用いて、データを収集・分析し、結果を統合し、推論を導き出す研究」（Tashakkori & Creswell, 2007b, p.4）を指す。

混合研究法サンプリング技法（mixed methods sampling technique） では、確率サンプリング手法と合目的的サンプリング手法の両方を用いて、調査研究単位あるいはケースを選択する。

混合研究法単一工程デザイン（mixed methods monostrand design） とは、混合研究法の最も単純なデザインで、質的研究と量的研究の両方の構成要素を含んでいるが、調査研究は 1 つの構成要素のみからなる。

混合研究法デザイン（mixed methods design） とは、研究デザインの 1 種。このデザインでは、研究の全段階で、質的・量的アプローチを混合する。混合研究法デザインには、並列型、順次型、変換型、マルチレベル、完全統合型の 5 種類がある。

混合型データ分析（mixed methods data analysis） とは、調査研究で量的・質的データ分析手法の結合・統合、もしくは関連付けを行うプロセスである。混合研究法デザインの種類に合致する混合型データ分析方法は 5 種類ある。これらに加えて、1 つの伝統的方法（量的研究もしくは質的研究）の分析の枠組みを、他方に適用する方法もある（Greene, 2007 等）。

混合研究法の基本原則（fundamental principle of mixed methods research） とは、「相補的長所と重複しない短所が共存するように、方法を混合すべき」という考え方である（Johnson & Turner, 2003, p.299, 下線は原文のまま）。

混合研究法のためのデータ収集マトリクス（Matrix of Data Collection Strategies for Mixed Methods Research） は、Johnson と Turner（2003）が開発したもの。これは量的、混合研究法、質的という 3 つの方法論的アプローチにより、6 つのデータ収集戦略を掛け合わせて作成した 18 セルを持つ包括的データ収集マトリクス。

混合研究法複数工程デザイン（mixed methods multistrand design） とは、混合研究法デザインで最も複雑なもので、このデザインには質的研究と量的研究の両方の構成要素が 2 つ以上含まれている。

混合方法論研究者（mixed methodologists） とは、主にプラグマティズムのパラダイムの中で質的研究と量的研究の両方のアプローチと手順を用いて、複雑なリサーチ・クエスチョンに答えようとする研究者のこと。

サンプリング（sampling）では、「研究者が、研究の中で示されたリサーチ・クエスチョンに答える能力を最大限にするような方法で」分析ユニット（人々、アーティファクト等）を選択する（Tashakkori & Teddlie, 2003a, p.715）。

サンプリング枠組み（sampling frame）とは、サンプルを引き出すユニットもしくは事例の公式／非公式なリストのこと。

時間的な転用可能性（temporal transferability）とは、同一もしくは別のコンテクストで、推論が一定期間安定している可能性、および今後推論と提案をどの程度適用できるかを表す。

事実による理論の決定不全性（underdetermination of theory by fact）は、「多数の理論が、同じ有限物体の証拠を等しく（だがおそらくは別のやり方で）説明している」場合に生じる（Phillips, 1987, p.206）。

事実の価値負荷性（value-ladenness of fact）とは、研究者の価値観が、各自の研究およびその結果に影響すること。

事実の理論負荷性（theory-ladenness of fact）とは、研究者の理論もしくは枠組みが、その研究者が行う研究とその研究結果に影響すること。

施設内倫理委員会（institutional review board：IRB）とは、研究者が倫理基準を順守していることを評価し監督する組織である。

自然主義（naturalism）とは、自然界あるいは物質的世界に科学の中心を置くべきであり、研究者は現象の物理的原因を探るべきだという教義（これと競合する教義は人間主義）。

質嫌い（qualiphobe）とは、質的戦略を恐れたり嫌ったりしている研究者のことである（Boyatzis, 1998）。

実験者効果（experimenter effect）とは、気付かぬうちに、研究を行う人物の態度や期待（もしくはその両方）が、研究の結果やプロセスに及ぼす影響のこと。個人間に存在する期待の影響が、実験者の影響を、他の状況（教室、高齢者施設等）へと拡大していく（Rosenthal, 1976）。

実験的研究（experimental research）とは、1つあるいは複数の独立変数（治療、介入）が、1つあるいは複数の従属変数に及ぼす影響を確認するため、研究者が独立変数を操作する研究のこと。

実験的（方法論的／分析的）段階（experiential（methodological／analytical）stage）とは、混合研究法デザインの第2フェーズのこと。理論的には、これは方法論的展開やデータ生成、分析等を含む、具体的なプロセス領域に位置付けられる。

実証主義（positivism）では、「社会調査では科学的手法を用いるべきである…そして、量的測定の形のデータにより、仮説を厳密に検証する」（Atkinson & Hammersley, 1994, p.251）という見方をする。

質的研究者（QUALs）とは、主として構築主義的パラダイムの枠組み内で研究を行い、概してナラティブ・データ分析に関心を持つ、質的オリエンテーションの研究者である。

質的手法（qualitative method）とは、最も端的に定義すれば、ナラティブ情報の収集、分析、解釈、表示に関連する技法である。

質的調査における効果サイズ（effect size in QUAL research）とは、ナラティブ変数を数値化してから、これらの変数間の関連の強さを計算する分析プロセスのこと（Onwuegbuzie, 2003 等）。これは一方の伝統（量的研究）からもう一方の伝統（質的研究）へと分析の枠組みを適用する1つの例である（Greene, 2007 等）。

質的データの表示（qualitative data display）とは、質的データ分析によって生じたテーマの視覚的表示のことで、カテゴリー化手法もしくはコンテクスト化手法によって得た情報を要約して表示したり、個別のデータ分析方式で表示したりする。

質的（主題）データ分析（qualitative（thematic）data analysis）とは、カテゴリー化手法やコンテクスト化手法などのさまざまな帰納的・反復的手段を用いて、ナラティブ・データを分析することである。

質問紙（questionnaires）とは、参加者に、自分の姿勢、信念、判断その他の特質についての自己報告の手段／プロトコールを通じて、データを集める手法である。

社会科学索引インデックス（Social Science Citation Index：SSCI）とは、社会・行動科学分野で検索可能なジャーナルの引用を集めた電子化データベースで、これを用いて、出版された論文を、著者名で検索したり（著者検索）、他の特殊検索によって見つけたりすることができる。

収束的妥当性（convergent validity）とは、構成概念あるいは現象を象徴する測定アウトカムが、同じ構成概念あるいは現象の他の指標とどの程度一致しているか、ということ。

従属変数（dependent variable）とは、独立変数に影響されると仮定される変数（しばしばyで表される）。

主題（theme）とは、質的研究で研究中の現象の支配的特徴あるいは特性のことで、1つのテーマは、互いに類似しているが（類似原則）、他のテーマの同等要素と異なっている（対立原則）一連のコンセプト、アイディア、ナラティブ・セグメントで構成される。

主題分析（thematic analysis）とは、各種のナラティブ・データの分析手法のことで、この手法を用いて、結果として生じるテーマが明らかになる。

守秘義務（confidentiality）とは、参加者のプライバシー権の構成要素の1つで、「研究期間中に個人から得た情報を秘密にしておき、公開しないでおくプロセス」(Ary, Jacobs, Razavieh, Sorenson, 2007, p.592) を伴う。

準混合デザイン (quasi-mixed designs) とは、2 種類のデータ (量的および質的データ) を集めるデザインのことだが、研究結果と推論を統合することはほとんどない (Tashakkori & Teddlie, 2006)。

順次型混合研究法サンプリング (sequential mixed methods sampling) では、確率サンプリングと合目的的サンプリングを順次的に行い(QUAN→QUAL、または QUAL→QUAN)、混合型研究で分析するユニットを選ぶ。順次的な混合型研究では、最初のサンプルから得た情報が、次のサンプルを引き出すソースとなる場合がある。

順次型混合デザイン(sequential mixed design) とは、混合研究法デザインの 1 種で、(質的および量的) 研究段階が時系列の順序で混合される。すなわち、一方の構成要素のクエスチョンもしくは手順が、それ以前に行われた構成要素の研究結果の中から派生したり、その研究結果に基づいて生じたりする。リサーチ・クエスチョンは他方のクエスチョンに基づいて構築され、研究を進めていく中で徐々に発展していく場合もある。

順次型混合データ分析 (sequential mixed data analysis) は、質的・量的 構成要素が経時的に生じる場合に行われる。この場合、1 つの構成要素の分析が、それ以前に生じた要素の分析の中から派生したり、以前の分析に基づいて行われたりする。研究を進めていく中でこの分析手法が徐々に発展していく場合もある。

準実験的研究 (quasi-experimental research) は、治療、アウトカム対策、実験ユニットを有する点では実験的研究と似ているが、無作為に参加者に治療条件を割り当てることはしない。

新発見ケースのサンプリング (revelatory case sampling) とは、サンプリング手法の 1 つで、過去に「科学的研究が不可能だった」(Yin, 2003, p.42) 現象を表す 1 つのケースを明らかにして、これを利用できるようにする。こうした稀なケースを研究するのは容易ではないが、これらのケースから貴重な情報を得ることができる。

信憑性 (credibility) とは、内的妥当性を意味する質的研究の類似語として使われている (Lincoln & Guba, 1985, p.300)。この語は「ある研究の報告書が、研究の参加者にとって『信憑に足る』ものか否かを表す」と定義することもできよう。信憑性は、メンバーチェック、長期的な関与、持続的観察、トライアンギュレーション、といった一連の技法により確保できるだろう。混合研究法ではこれを「推論の質」と呼ぶ。

信憑性の監査 (credibility audit) とは、受容性、有益性、研究者が行った推論の妥当性を自己評価することである。混合研究法では、これは推論の質の徹底的評価と呼ばれる。

信用性 (trustworthiness) とは、量的研究の妥当性に関する多くの用語の代替語もしくは類似語として用いられるようになった、世界共通語である。Lincoln と Guba (1985) は、この用語を次のように広く定義している。「研究者は、研究による発見事項を、注意を払う価値のある情報として、この情報を受け取る側 (自分を含めて) に納得してもらうには、どうすればよいか？　この問題に関して説得力のある主張とはどのようなものか、どのような基準を当てはめればよいか、どのような問いを発するべきか？」(p.290)

推論 (inference) とは、調査研究のアウトカムもしくはプロセスという意味で用いられる。アウトカムの意味で用いるなら、データ分析の結果に基づき、リサーチ・クエスチョンへの答えを決定もしくは解釈することを意味する。プロセスの意味で使う場合については、「推論のプロセス」の項参照。

推論の質 (inference quality) とは、混合研究法用語の 1 つで、量的研究の用語である「内的妥当性」と「統計学的結果の妥当性」、および質的研究の用語である「信用性」と「信憑性」の意味を併せ持つ。推論の質は、結果に基づいて行った解釈と結果が専門的基準 (妥当性、正当性、確実性、受容性) をどの程度満たすかを示す。統合的枠組みでは、推論の質の構成要素は、デザインの質と解釈の正当性である。

推論の質と転用可能性のための統合的枠組み (integrative framework for inference quality and transferability) とは、研究における推論の質と移動可能性を評価・改善し、質的・量的研究の伝統から質的指標および監査を取り入れていくための枠組みである。

推論の段階 (inference stage) とは、混合研究法デザインの第 3 の段階で、理論的には推論(抽象的説明、理解) 領域に位置付けられる。この段階では、新たな理論、説明、推測などが提示される。

推論の転用可能性 (inference transferability) とは、ある研究で得られた推論の、他の人物、状況、時代、データ収集方法への一般化や適用が可能か、ということである。これは、母集団への転用可能性、時間の転用可能性、環境の転用可能性、理論的／概念的転用可能性で構成される (Tashakkori & Teddlie, 2003a, p.701)。またこの用語は、量的研究の用語である「外的妥当性」と「一般化可能性」、および質的研究の用語である「転用可能性」の意味を併せ持つ。

推論の統計学的分析 (inference statistical analysis) とは、集団間の差異や変数同士の関係についての仮説を検証するために、数量データを分析すること。

推論のプロセス (inference process) とは、データ分析の結果を理解するプロセスのこと。すなわち、研究結果を理解するため、観念からデータへ、データからデータ分析の結果へという、動的な遍歴を指す。「推論」の項も参照すること。

スコラ哲学（scholatisticism）とは、中世の支配的な哲学体系で、主としてアリストテレスの原理と、教会の権威に基づいている。

スノーボール・サンプリング（チェーン・サンプリング）（snowball sampling（chain sampling））とは、サンプリングの1手法で、研究に含めることのできる追加的情報を明らかにするのに、情報を用いたり、参加者に関与してもらったりする方法。

性格検査（personality inventory）とは、個人間で異なる、比較的安定した特性（抑うつ、制御の中心、自己効力感等）を測定するための、自己報告尺度である。

政治的に重要なケースのサンプリング（sampling politically）とは、調査研究のために、政策的に重要な、もしくは慎重な対応が求められるようなケースを選ぶ手法である。

正当性（legitimation）とは、混合研究法における推論の質を立証するために行う評価の、動的で反復的なプロセスのこと。その考案者であるOnwuegbuzieとJohnson（2006）は、9種類の正当性を提示した。

正当化のコンテクスト／理論（context or logic of justification）とは、理論と仮説を検証するプロセスのこと。

絶対主義（absolutism）とは、世界の事象に関しては多くの自然法と普遍の「真理」がある、という教義である（これと競合する教義が相対主義）。

全数調査（complete collection）（基準サンプリング）とは、質的サンプリング手法の1つで、研究対象である特定の基準を満たす母集団の全ての構成員（例えば、聴覚障害者全員、特定の大学の女子学生全員）を選ぶ。

戦略間混合型データ収集（between-strategies MM data collection）とは、複数のデータ収集戦略（観察、インタビューなど）を用いて、質的データおよび量的データの両方を集めること。

戦略内混合型データ収集（within-strategy MM data collection）では、同一のデータ収集戦略（自由／選択回答形式の項目で構成される質問紙等）を使って、質的データと量的データの両方を集めること。

相関研究（correlational research）とは、変数、事象、現象間の関連の強さを探る研究。

相対主義（relativism）とは、広範な一般化を否定し、真の（もしくは正当な）知識は、個人や集団、場所、時間によって異なるとする教義である（これと競合する教義は絶対主義）。

創発的な主題（emergent theme）とは、現行の研究の実施中に、研究者が集めた具体的な情報を調査することで生じる、質的な主題である。

創発的なデザイン（emergent design）は、データ収集・分析の実施中に、1つの現象の新たな側面が明らかになったときに生じる。

層別合目的的サンプリング（stratified purposive sampling）とは、研究者がまず母集団の既存の下位集団を明らかにしてから、少数のケースを選び、合目的的サンプリング技法に基づいてそれぞれの下位集団内の集中的研究を行う技法である。

層別サンプリング（stratified sampling）は、研究者が、母集団の1つのユニットが1つの層（男性、女性等）に所属する下位集団（もしくは層）を明らかにして、これらの層から無作為にユニットを選ぶ場合に行われる。

相補的理論（complementary strengths thesis）とは、混合研究法は実行可能だが、各パラダイムの立場の長所が明確になるように、質的研究と量的研究の各構成要素を可能な限り分離しておくべき、という主張。

素朴実在論（naive realism）とは、把握可能な客観的で外的な実在物があるという、実証主義者の信念（Lincoln & Guba, 2000, p.168）。

存在論（ontology）は実在の本質に関する理論。例えば実証主義者は、1つの現実のみが存在すると考えるが、構築主義者は、構築された現実が複数あると考える。

態度尺度（attitude scale）は、何らかの対象物（自己を含む）もしくは興味のあるトピックに関する態度、意見、自己認識、およびさまざまな構成概念を測定する尺度のこと。

代表性（representativeness）とは、サンプルがどの程度正確に母集団全体を代表しているかを表す。

対立原則（contrast principle）とは、「あるシンボルが、他のシンボルとどう異なるかを理解することで、そのシンボルの意味を発見できる」（Spradley, 1979, p.157）という、主題分析原則の1つである。内容分析では、各テーマの概念は互いに異なるとみなす。「主題」の項も参照されたい。

脱落（attrition）とは、調査研究の参加者数の減少を指す。

妥当性の枠組み（validation framework）について、DellingerとLeech（2007）は、「4つの要素（基盤的要素、推論の一貫性、活用要素、結果の要素）に照らして、推論の質を定義するための枠組み」と述べている。これらはどれも構成概念と結果の妥当性を基盤としている。

多変量統計（multivariate statistics）では、2組の変数の関連付けを行う。例えば、複数の従属変数（予測された変数）と独立変数（予測の判断材料となる変数）間の同時的関係を探る。

タブラ・ラサ（tabula rasa）とは、感覚を通して、また内省によって経験を得るまでは、人間の心は「白紙の板」の状態にある、という、John Lockeの言葉に基づく概念である。

多様性最大サンプリング（maximum variation sampling）とは、関心を持つ次元の変動全体から、意図的に幅広く選択し、さまざまな比較を行うためのサンプリング手法である。

単一工程デザイン（monostrand design）では、推論全体の概念化によって、全ての活動を網羅するような、1つの工程のみを用いる。

単一工程変換型デザイン（単純変換型デザイン）（monostrand conversion design（simple conversion design）は、単一の構成要素研究に用いられる。このデザインでは、転換したデータ（すなわち量的／質的データに変換したデータ）の分析により、リサーチ・クエスチョンに答える。

単一パラダイム論（single paradigm thesis）とは、単一のパラダイムを、特定の方法論的オリエンテーションの基盤とすべきという意見である（例えば実証主義をQUAN手法の、構築主義をQUAL手法の基盤とする、等）。

単一メソッド・デザイン（monomethod design）とは、単一のアプローチ（QUALあるいはQUALのみ）を用いるデザインのこと。

単一メソッド単一工程デザイン（monomethod monostrand design）とは、QUANかQUALのどちらかの一方のアプローチにより、単一の構成要素のみを用いてリサーチ・クエスチョンに答えようとする研究デザインのこと。この要素はQUALかQUALのどちらかで、両方ではない。

単一メソッド複数工程デザイン（monomethod multistrand design）とは、QUANかQUALのどちらか一方のアプローチにより、2つ以上の構成要素を用いてリサーチ・クエスチョンに答えようとする研究デザインのこと。これら構成要素は全てQUALかQUALのどちらかであるが、両方ではない。

段階的選択（gradual selection）では、関心を持つリサーチ・クエスチョンの象徴性ではなく、その関連性に基づいてケースを連続的に選ぶ（Flick, 1998等）。

探索的研究（exploratory research）とは、ある現象の未知の側面に関する情報の創出に関する研究を指す。質的研究は通常（常に、というわけではないが）本質的に探索的研究である。「記述的研究」の項参照。

単変量統計（univariate statistics）では、分析の焦点であった1つの変数（ある関係性研究で予測されたイベント、ある実験における単一の従属変数等）を、1つあるいは複数の別の変数（予測研究の少数の予測因子、ある実験の少数の独立因子等）に関連させる。

調査可能なアイディア（researchable idea）とは、関心を持つ内容範囲内の特定のトピックのことで、これは演繹的調査が可能である。

調査研究（survey research）とは、一般集団の行動もしくは特質を予測することを目的に、質問紙もしくはインタビュー（あるいはその両方）により自己報告データを集める研究デザイン。この種の研究を行う際に最も考慮すべきことは、母集団への転用可能性の強さ（外的妥当性、一般化可能性）である。

定性化（qualitizing）とは、量的データを、質的に分析可能なデータに転換するプロセスである（Tashakkori & Teddlie, 1998等）。

ディブリーフィング（debriefing）とは、個人的な情報交換、すなわち研究者が、その研究目的、情報を与えなかった場合はその事実、また何らかの策略があった場合はその事実（およびその理由）などについて、参加者に情報を与えること。これは研究の最後に行われる。

定量化（quantitizing）とは、質的データを、統計的に分析可能な数量コードに変換するプロセスである（Miles & Huberman, 1994）。

適合性理論（compatibility thesis）では、QUALとQUANを組み合わせるのは研究手法として適切と認めつつ、これら2つのオリエンテーションは「認識論的に相容れない」（Howe, 1988, p.10）という主張を否定する。

デザイン内（within-design）とは、デザインの構成要素（サンプリング、データ収集、データ分析）を、どの程度継ぎ目なく密着させて一緒にできるか、ということ。

デザインの質（design quality）とは、研究者がリサーチ・クエスチョンに答えるのに最も適した手順を、どの程度使い、効果的に実践したかを示すもので、デザインの忠実性、デザインの正確さ、デザインの一貫性、分析の妥当性で構成される。

デザインの忠実性（適合性）（design fidelity（adequacy））とは、リサーチ・クエスチョンへの潜在的な答えを得る機会を提供するような研究デザインの構成要素（サンプリング、データ収集、介入等）を適切に含めているかの指標。

デザインの適合性（適切性）（design suitability（appropriateness））とは、その研究設計がリサーチ・クエスチョンに答えるのに適切かどうかの指標。

デザイン・マップ（design map）とは、MaxwellとLoomis（2003）が示唆した5要素、すなわち目的、概念モデル、リサーチ・クエスチョン、方法、妥当性を使って、混合研究を行うこと。

テスト（test）とは、知識、知性、能力を評価するために計画されるデータ収集戦略である。

データ／測定の信頼性（data/measurement reliability）とは、当該のデータが、調査している構成概念を常に正確に表しているかの指標。

データ／測定の妥当性（data/measurement validity）とは、当該のデータが、把握したい構成概念を正確に表しているかの指標。

データの質（data quality）とは、そのデータ収集手順が、信頼できる有効で確実なアウトカムを、どの程度提供するかを表す。

データのトライアンギュレーション（data triangulation）とは、ある研究における1つの属性、構成概念もしくは現象に関して、さまざまなデータソースや複数の指標を用いること。

データ変換（転換）（data conversion（transformation））とは、量的データを質的分析の可能なナラティブ・データに変換する（定性化）プロセス、もしくは、質的データを統計解析が可能な数量コードに変換する（定量化）プロセスのこと。

典型ケースのサンプリング（typical case sampling）では、検討対象とする群に関して最も典型的、標準的、平均的、代表的なケースを選ぶ。

転用可能性（transferability）とは、送る側の特定のコンテクストから、受け取る側の特定のコンテクストへと、推論を一般化すること。

統計学的有意性（statistical significance）とは、観察結果が偶然に生じたか否かの確率を示す。集団間の平均の差異もしくは変数間の関係について得られた情報に基づき、帰無仮説を却下できるか判断する。

統合の有効性（integrative efficacy）とは、混合した（もしくは複数の）方法の各構成要素に関して行った推論が、理論的に一貫性したメタ推論に、どの程度有効に統合されているか、ということである。

独立変数（independent variable）とは、従属変数に影響すると仮定される変数（しばしばxで表される）のこと。

トライアンギュレーション（triangulation）とは、「複数のデータソース、データ収集分析手順、研究手法、研究者、および研究の最後に出される推論を結合したり比較したりする」ことである（Tashakkori & Teddlie, 2003a, p.717）。Dezin（1978）は、データ、理論、研究者、方法論のトライアンギュレーションについて詳しく説明している。

トランスフォーマティブ・パースペクティブ（transformative perspective）は、「女性、少数民族／人種、同性愛者集団、障害者、貧困者といった、社会の主流から除外された人々の生活と経験を最も重視する」という特徴がある。このパラダイムに取り組む研究者は、研究結果を「社会的不平等と社会的正義という、より広い問題」に関連付けている（Mertens, 2003, pp.139–140）。

内的妥当性（internal validity）について、Shadishら（2002）は、「2つの変数間の関係が因果的か否かに関する推論の妥当性」と定義した（p.508）。この用語は、研究ではより広い意味で使われており、同一の結果に基づく代替的結論や解釈を、どの程度説得力を持って排除できるかを表す。

内容妥当性（content validity）とは、あるデータ収集手順（手段、観察プロトコール）によってコースやテキストで教えられている、明確に定義された特定のスキルや目的（学力等）を、どの程度正確に測定できるか、ということ。

2次的な情報源（secondary information）とは、当該の調査研究に直接関与していない人物によって書かれた情報が含まれている出版物である。

人間主義（humanism）とは、「研究者が特に重点的に取り組むべきなのは、人間の人格、すなわち人間の自由意志、自律性、独創性、情動性、合理性、道徳性、独自性、美しいものを愛する心、といったものである」という教義である（これと競合する教義は「自然主義」）。

認識論（epistemology）とは、「知識の性質と正当化」（Schwandt, 1997, p.39）に関する哲学の1分野と定義され、有効な知識が得られるか否か、得られるとすればどのように得られるかを問う。またこの用語は、「知っている人と知っていることの関連性」とも定義される（Linoln & Guba, 1985, P.37）。

パイロット・スタディ（pilot study）とは、小規模の予備研究プロジェクトで、研究者は研究手順を検証して実際の研究に備える。

発見のコンテクスト／論理（context or logic of discovery）とは、理論と仮説を考え出すプロセスのこと。

パラダイム（paradigm）（ポスト実証主義、構築主義、プラグマティズム等）は、「関連する仮定を備えた世界観」（Mertens, 2003, p.139）と定義することができる。

パラダイムをめぐる立ち位置（a-paradigmatic stance）とは、「パラダイムの問題（特に認識論的問題）と方法は、互いに独立している」という一部の研究者の見解である。

パラダイム対照表（paradigm contrast tables）とは、存在論、認識論、価値論、一般化可能性といった問題に関する哲学的オリエンテーション（実証主義、構築主義等）間の差異を比較するための表である（Lincoln & Guba, 1985 等）。

パラダイム論争（paradigms debate）とは、哲学的問題と経験論的問題に関する実証主義（およびその異型）的世界観と構築主義（およびその異型）的世界観との間で生じた、実在の本質、量的戦略と質的戦略の利用などに関する論争のことである。

反証原理（falsification principle）は確認（反証）するのに使われることから、この原理は検証の問題に注目している。

反復的順次型混合デザイン（iterative sequential mixed design）とは、2つ以上の構成要素あるいはフェーズを持つ順次型デザインのことで、その例は、単純なものから（QUAN→QUAL→QUAN）、より複雑なもの（QUAL→QUAN→QUAL→QUAN）までさまざまである。

反復的順次型混合分析（iterative sequential mixed analysis）とは、2つ以上の構成要素あるいはフェーズを持つ順次型デザインで生じる混合分析の1種である。

判別妥当性（弁別的妥当性）（discriminant validity（divergent validity））とは、データ収集手順（観察プロトコール等）のアウトカムが、研究中の構成概念とは理論上無関係である指標とどの程度の関係性を持っているのか、もしくは、このアウトカムが、当該の構成概念に関して理論上異なっていると想定される集団で、どのくらい異なっているのかを指す。

非影響測定法（非反応測定法）（unobtrusive measures（nonreactive measures））とは、研究者が、ある社会現象を、それを変化させることなく調査できるようにする、データ収集戦略のことである。これらの手段は、調査研究の社会的コンテクストの内部に隠れているために、反応を引き起こすことはない。したがってこの手段により、観察されている人が、観察されていることに対して反応することはない。

否定的事例分析（negative case analysis）では、質的データで予想された、もしくは確立されたパターンに合致しない事例を探して、新たに生じる仮説の関係もしくは理論を拡大し適用しようとする。

批判的実在論（critical realism）（先駆的実在論）とは、「実在的な」現実というものが存在するが、その理解は「不完全で蓋然的」に過ぎない（Lincoln & Guba, 2000, p.168）という、後期実証主義者の考え方のこと。これは「超越論的実在論」とも呼ばれ、「社会現象は客観的世界に存在し、これらの現象間には何らかの『妥当に安定した法則的関係』が存在する（Miles & Huberman, 1994, p.429）という立場を取る。

非反応観察（nonreactive observation）「身元を隠した観察、もしくは非反応観察」の項参照。

批判理論（critical theory）とは、思想的視座（フェミニズム等）から人間に関する現象を学び、抑圧された集団の社会的正義を探るオリエンテーションのこと。

表意的言明（ideographic statement）とは、時間とコンテクストを制限した作業仮説のこと。

表意法（ideographic method）とは、個々の具体的な特定の（そして時には唯一の）事実に関する手法。人文科学では、より表意的なアプローチと焦点を有する手法を用いる傾向がある。「イーミック・パースペクティブ」の項も参照。

評価研究（evaluation research）とは、通常はプログラムのアウトカムとプロセスを探り、社会的・教育的プログラムの有効性を評価する研究を指す。

評判によるケースのサンプリング（reputational case sampling）とは、「専門家」もしくは「主要情報提供者」の提案に基づきケースを集めるサンプリング手法（LeCompte & Preissle, 1993；Miles & Huberman, 1994 等）で、研究者がサンプルの選択に必要な情報を持っておらず、専門家の意見に頼らねばならない場合に行われる。

フェルステーヘン（verstehen）（ドイツ語）とは、人間科学と自然科学の違いを理解しやすくするために、Wilhem Dilthey と Max Weber が提唱した用語である。

フォーカス・グループ・インタビュー（focus group interview）とは、「少数の回答者が、モデレーターの問いに答えて話し合いを行う、インタラクティブなインタビュー状況」（Tashakkori & Teddlie, 2003a, p.708）でのデータ収集戦略の1つである。

複数工程デザイン（multistrand design）では、複数の工程を用いる。研究は多数の部分で構成され、その各部分が推論全体の概念化による活動全体に関係している。

複数特性−複数方法マトリクス（multitrait−multimethod matrix）とは、データの妥当性と信頼性を評価するため、これらのデータを表にしたもので、この表は、一連の特性が互いに程度の異なる関係を有すると理論的に予想される場合、これらの特性を評価する各種の方法の相関関係を表す。これは人間科学分野で初めて適用されたマルチメソッドの1つ。

複数パラダイム論（multiple paradigms thesis）とは、複数のパラダイムが、混合研究法の基盤となるという主張である。これら複数のパラダイムは、さまざまな混合研究法デザインに適用することができ、研究者は、特定の研究に対して選んだ特定のデザインに基づき、どのパラダイムが適切かを判断する。

物的形跡（physical trace evidence）には、何らかの人間活動の結果である非象徴的な形跡（累積的形跡、減衰的形跡）が含まれる。累積的形跡は物質の堆積によって作られる物証であるのに対し、減衰的形跡は物質の選択的な摩耗として残る物証である。

プラグマティズム（pragmatism）とは、「『真実』や『現実』といった概念の誤りを証明し、調査中のリサーチ・クエスチョンで、真実として『作用しているもの』に焦点を合わせる非構築主義的パラダイム」と定義することができる。プラグマティズムでは「パラダイム論争においては二者択一の選択肢を却下し、研究は混合研究法を使って行うべきだと唱える。また結果の解釈では研究者が貴重な役割を演じる」（Tashakkori & Teddlie, 2003a, p.713）。

文化的相対主義者（cultural relativist）は、個々の文化や集団を研究し、これらを独自のやり方を持つ文化や集団として受け入れるべき、と考える。

分析単位（unit of analysis）とは、研究者が、その研究の終了時に、何かを表現したいと望んでいる個々のケース（もしくはケース群）、すなわち、データ収集に向けた一切の努力の焦点となっている、各ケースのことである。

分析的帰納法（analytic induction）とは、質的分析手法の1つで、「データを詳しく調べて現象を分類したり、各カテゴリー間の関係を探るなどして、当初のケースの調査に関する類型学や仮説を構築し、それに続いて生じるケースを基に、それらを修正したり改善したりする」(LeCompte & Prieissle, 1993, p.254) プロセスのこと。このプロセスの特徴の1つが否定的事例分析である。

分析的適当性（analytic adequacy）とは、そのデータ分析技法により、どの程度適切、かつ十分に、リサーチ・クエスチョンに答えられるか、のこと。

分析レベル（level of analysis）とは、多層構造組織／社会（学生、階級、学校等）で集めたデータを分析できるレベルのこと。

文脈化（ホリスティック）戦略（contexualizing（holistic）strategies）とは、その中でナラティブ要素同士が相互に結びついている、一貫性のある「テクスト」全体のコンテクストの中で、ナラティブ・データを解釈する質的データ分析戦略のこと。この戦略を用いて、相互に結びついている要素全体に関する主題を探る。

並列型混合研究法サンプリング（parallel mixed methods sampling）では、確率サンプリング・合目的的サンプリングという両方の戦略を用いて、混合型研究のための分析ユニットをそれぞれ選ぶ。

並列型混合デザイン（parallel mixed designs）（同時デザインとも呼ばれる）とは、混合研究法デザインの1種で、同時にもしくは若干の時間差を伴って、混合が単独で行われる。質的および量的構成要素は、同一のクエスチョンに関連する側面に答えるためにデザインされ適用される。

並列型混合データ分析（parallel mixed data analysis）では、各構成要素の枠組み内で、量的データソースの統計解析と、質的データソースの主題分析を別々に行う。これらの構成要素の分析はそれぞれ単独で行うが、その各々によって検証中の現象の理解が深まっていく。

併存的妥当性（concurrent validity）とは、収束的妥当性の具体例の1つで、測定アウトカムが、同じ構成概念の測定結果と高度に相関しているときに生じる。

変換型混合デザイン（conversion mixed design）とは、混合研究法の多要素設計の1種で、ある種のデータを量的ないし質的に転換し分析する研究デザイン。

変換型混合データ分析（conversion mixed data analysis）とは、混合型分析の1つで、集めた質的データを数値に変換（定量化）したり、量的データをナラティブ・データその他の質的データに変換（定性化）したりする。

変形データ（morphed data）とは、単一のデータソースから得た、反復的に次々と（例えば、量的データソースから質的データソースへと）変化するデータのこと。反復的順次型デザインでは、このデータの変化は何度も生じる。

弁証法的プラグマティズム（dialectical pragmatism）とは、混合研究法に関するプラグマティズムのことである。基準語の「プラグマティズム」は、哲学的プラグマティズムを適用できることを示唆し、「弁証法的」という形容詞は、「混合研究法の研究者が実行可能な統合体を開発する際には、質的・量的の両方の視座を考慮し、対話を行い、また、それらの間に当然存在する緊張関係を考慮しなければならない」ことを強調している。

弁証法的理論（dialectic thesis）では、どのパラダイムにも、何か提供できるものがあり、さまざまなパラダイムを使用することで、研究中の現象をより深く理解することができる、と仮定している。「弁証法的に」考えるには、互いに対立する視点と、それらの並置により生じた「緊張関係」との相互作用を考察する必要がある（Greene, 2007；Greene & Caracelli, 1997, 2003 等）。

法則定立的方法（nomothetic method）とは、予測可能な一般的識別法について言う。自然科学者は、単一の事例を研究することで一般法を見つけようとするが、自然科学では一般的に法則制定手法を用いる。「エティック・パースペクティブ」の項も参照のこと。

法則定立的言明（nomothetic statement）とは、時間とコンテクストの制約が比較的少ない一般化のことである。

方法（研究）（method（research））には、研究デザインを実行に移すための具体的な手法と手順が含まれる。たとえばサンプリング、データ収集、データ分析、研究結果の解釈など。

方法論（研究）（methodology（research））とは、科学的探究に対する広範なアプローチのことで、どのようなリサーチ・クエスチョンにするか、またどうやってこれに答えるかを明確にする。これには、世界観の考察、一般的に優先されるデザイン、サンプリング理論、データ収集、分析手法、推論を行うためのガイドライン、質を評価し改善するための基準が含まれる。

方法論的アプローチの優先性（priority of methodological approach）とは、ある混合研究において、量的研究と質的研究とでどちらの方法論的オリエンテーションが優先かということである。

方法論的トライアンギュレーション（methodological triangulation）とは、「1つの問題を複数の方法を使って研究する」（Patton, 2002, p.247）こと。

飽和（saturation）は合目的的サンプリングで生じる。これは、それ以上ユニット（ケース等）を追加しても、テーマを膨らませるための新情報が得られない状況を指す。

母集団（population）とは、明確かつ具体的に定義された特徴によって構成される、識別可能な境界を持つ全ての要素、個人、団体の総体である（例えば、インド農村部の全住民、オレゴン州の自閉症児集団等）。

母集団への転用可能性（population transferability）は、推論と方針、もしくは推奨される実践が、他の人々（個人や集団）もしくは実体（テクスト、アーティファクト）に、どの程度適用できるかを示す。

ポスト実証主義（postpositivism）とは、実証主義に代わるものと見なされているパラダイムの総称（Schwartz, 1997）。本書では、ポスト実証主義を、量的オリエンテーションとの関係の名残のある代用語としている（Reichardt & Rallis, 1994）。ポスト実証主義は、集団レベルでの、そして確率的な形での予測を可能にする。また、リサーチ・クエスチョン、方法、推論の文化的制約や、社会的実体と物理的実体の区別化も可能にする（Festinger, 1957）。

ポストモダニズム（postmodernism）とは、科学における理論的アプローチ、経験主義・実証主義における認識論の重視といった、モダニズムの典型的な特徴に反発し、これを批判した哲学体系。モダニズムそのものが啓蒙主義の所産であったとする（Schwartz, 1997）。

本質的な混合データ分析（inherently mixed data analysis）とは、同じデータソースから質的情報および量的情報の両方が得られるように前もって計画し、相互に関連する疑問に答えようとする試みである。

マルチレベル混合研究法サンプリング（multilevel mixed methods sampling）とは、一般的なサンプリング手法の1つで、さまざまな研究レベル（学生、教室、学校、地区等）において、確率／合目的的サンプリング技法を用いる（Tashakkori & Teddlie, 2003a, p.712）。

マルチレベル混合デザイン（multilevel mixed designs）とは、混合研究法デザインの1種で、サンプリングのあらゆるレベルで混合が生じる。この混合は、関連するリサーチ・クエスチョンに答えるために、さまざまなレベルの質的および量的データを分析し統合する際に行われる（Tashakkori & Teddlie, 1998）。

マルチレベル混合データ分析（multilevel mixed data analysis）とは、一般的な分析手法の1つで、互いに関連するリサーチ・クエスチョンに答えるため、研究のさまざまな集約レベルで（理論的、統計的な）質的技法と量的技法を用いる。

身元を隠した観察、もしくは非反応観察（covert or nonreactive obseavations）により、観察している相手に知られることなく、ある社会現象を調査することができる。身元を隠した観察では、観察者は自分が研究者であることを知らせずにおく。無反応観察では、「観察者は調査中の行動を一切管理しない…。また調査環境で相手に気付かれないように、いかなる指示も出さずに、受け身の役割を演じる」（Webb, Campbell, Schwartz, Sechrest, 2000, p.113）。

無作為サンプリング（random sampling）が行われるのは、明確に定義した母集団の各サンプリングユニットが、サンプルに含まれる機会を等しく持つ場合である。

メタ推論（meta-inference）とは、混合型研究の質的構成要素と量的構成要素から得た推論を統合することにより、下された結論のこと。

唯物論（materialism）とは、自然科学者の多くが主張する教義で、世界と現実を構成している最も本質的で根源的なものは、物質だとする考え方。（これと競合する教義は「観念論」。）

ユニット化の過程（utilizing process）では、ナラティブ・データを情報ユニットに分割する。この情報ユニットは、単語、パラグラフ、人物等の場合もあるが、通常はテーマに関係したユニットである（Berg, 2004）。

予測研究（prediction study）とは、本質的には通常は量的研究である。この研究では、1つあるいは複数の予測変数に基づき、重要な予測される変数を予測する。

予測妥当性（predictive validity）とは、ある手段が、予測しようとするアウトカムと高い相関関係を持つということである。これは収束的妥当性の具体例の1つ。

予備的な情報源（preliminary information source）とは、通常は電子データベースにあるような、索引や要約のことを指し、研究者が適切に情報源を探し出す際に役立つ。

リサーチ・クエスチョン（research question）とは、研究調査を導くもので、これは、関心を持つ現象について、まだ知られていない、もしくは曖昧な側面を問うものである。

リッカート尺度（Likert scale）とは、回答者が、関心のあるトピックに関する一連の事項に、同意する程度を示す尺度である。

利便性の高いサンプリング（不意のサンプリング）（opportunistic sampling（emergent sampling））とは、サンプリング戦略の1つで、データ収集の過程で生じるデザインの変化に基づき、新たなケースをサンプルに加える方法のことである。

量嫌い（quantiphobes） とは、量的手法を恐れたり嫌ったりしている研究者である（Boyatzis, 1998）。

量的研究者 （QUANs）とは、主としてポスト実証主義的パラダイムの枠組み内で研究を行い、概して数量データ分析に関心を持つ、量的オリエンテーションの研究者である。

量的手法（quantitative methods） とは、最も端的に定義すれば、数量データの収集、分析、解釈、表示に関連する技法のことである。

量的（統計）データ分析（quantitative（statistical）data analysis） では、(1) 関心のある現象の単純な記述、(2) 集団間の明確な差異や変数同士の関連性の探求、等の方法により、数量データを分析する。

理論（theory） は、「さまざまな社会現象の統一的で系統的な説明と、一般的に理解されている」（Schwartz, 1997, p.154）。

理論的／概念的転用可能性（theoretical/conceptual transferability） とは、主要な理論的構成概念の別途の定義や観察がなされた場合に、ある研究の結果もしくは推論を、どの程度再現できるか、ということである。

理論的サンプリング（理論に基づくサンプリング）（theoretical sampling（theory-based sampling）） とは、サンプリング手順の1つ。このサンプリングでは、研究者が、さまざまな概念的境界を定義したり詳しく述べたりするために、関心を持つ現象の特定の例を検証する。サンプリングの対象となるのは、人々、組織、状況、イベント、文書資料、あるいはどこであろうと理論が調査の指南となる場面である。

理論的な一貫性（theoretical consistency） とは、現在の理論、知識、および他の研究者の研究結果と、各結論との整合性のことである。

理論的レンズ（theoretical lens） は、研究者（特に質的研究者）が、民族性、性別等に関する研究の指針としたり、社会的正義問題を提起するために使用したりするものである。

理論のトライアンギュレーション（theory triangulation） とは、「データ一式の解釈に、複数の視座を用いる」こと（Patton, 2002, p.247）。

理論のヒューリスティックな価値（heuristic value） （もしくは概念的枠組み）とは、興味深く有益な研究へと発展していくような概念や疑問を生み出す能力のことである。

類型的発展（typology development） （データの輸入）では、「データの1種類の分析によって、ある類型論が生じ、それを対照的なデータの種類を分析するのに適用する枠組みとして用いる」（Caracelli & Greene, 1993, p.197；Greene, 2007）。

類似の原則（similarity principle） とは、「あるシンボルが何を意味するかは、このシンボルが他のシンボルにどのような点で類似しているかを見出すことで発見できる」（Spradley, 1979, p.157）という、主題分析の1原則。「主題」の項も参照のこと。

ルブリック（rubrics） とは、関心を持つトピックに関しての観察、自由回答式質問への回答、パフォーマンス・アウトカム、その他の結果を記録するための、一連の指針である。

論理実証主義（logical positivism） とは、明確な研究分野としての科学という学問の端緒となったウィーン学団のメンバーが、1920年代に展開した哲理を指す。その教義の1つ「意味の検証可能性の原理」は、経験主義と論理の方法を強調している。

付録論文

混合研究法の用い方
説明的順次デザイン：理論から実践まで

Nataliya V. Ivankova, John W. Creswell, Sheldon L. Stick

本稿では、説明的順次デザインに関連する研究手続きについて論じる。これは、1つの研究のなかで量的データの収集・分析と質的データの収集・分析の2つの工程を順次的に行うデザインである。このような議論には、当該研究において量的データの収集・分析と質的データの収集・分析の優先順位と重み付け、データ収集とデータ分析の順番、また研究プロセスのなかで量と質のデータが結び付けられる工程や量と質の結果が統合される工程について判断することも含まれる。本稿では、優先順位、実践、そして説明的順次デザインにおける混合についての方法論的な概説を行い、それらの問題に対処するための実用的な方針を提示する。また、混合研究法の手続きを図式的に表現するための手順についても概説する。本稿では、説明的順次デザインについて方法論的議論をするために、教育リーダーシップを涵養する遠隔学習プログラムに参加した博士課程学生の学習継続性について研究した論文を例示する。

コメント［CT1］：本研究で用いた混合研究法のデザインの種類について説明している。（訳注：CT は C. Teddlie）

コメント［CT2］：本研究では量的および質的の両方のデータを集めて分析した。

コメント［CT3］：この研究では量的および質的の結果を統合している。

キーワード：混合研究法、量的、質的、デザイン、調査、ケース・スタディ

コメント［CT4］：「調査」は量的研究デザインに，「ケース・スタディ」は質的研究デザインに分類されることが多い。

近年、多くの社会・健康科学分野の研究者が、自分たちの研究に混合研究法デザインを使用するようになってきている。混合研究法とは、研究対象に関するよりよい理解を得るために、1つの研究プロセスのなかで量的データと質的データの両方を収集・分析し、そして「混合」あるいは統合する手法である（Tashakkori & Teddlie, 2003；Creswell, 2005）。両方のデータを1つの研究のなかで混合する論理的根拠は、量的手法だけでも質的手法だけでも、事象の全体像や細部を把握するのに十分ではないという事実による。量的手法と質的手法を組み合わせて用いることで、それらは互いを補完し合いより強固な分析が可能になり、互いの手法の強みを取り入れることになる（Green, Caracelli & Graham, 1989；Miles & Huberman, 1994；Green & Caracelli, 1997；Tashakkori & Teddlie, 1998）。

コメント［CT5］：これが混合研究法の定義。

コメント［CT6］：これが、研究に混合研究法を用いる根本的理由の1つである。

現在、混合研究法には約40種類の研究デザインがあることが報告されている（Tashakkori & Teddlie, 2003）。Creswell ら（2003）は、混合研究法のなかで最もよく使用される6種類の研究デザインを同定した。その中の3つは並行型デザインであり、3つは順次型デザインである。それらの研究デザインの中で、説明的順次デザインは研究者間で広く普及している。それは、まず量的データ収集・分析を行ない、その後に質的データ収集・分析を行うという、1つの研究のなかで2つの工程を順次的に行うものである。このデザインの特性は詳しく論じられており（Tashakkori & Teddlie, 1998；Creswell, 2003, 2005；Creswell et al., 2003）、このデザインは社会科学および行動科学の両方に応用されている（Kinnick & Kempner, 1988；Ceci, 1991；Klassen & Burnaby, 1993；Janz et al., 1996）。

コメント［CT7］：これが本研究で用いた説明的順次的デザインの定義。

この混合研究法デザインについてはよく知られており、また単純であるにも関わらず、これを実施するのは容易なことではない。説明的順次研究デザインを選択した研究者は、特定の方法論的課題について考慮する必要がある。このような課題には、当該研究において量的データの収集・分析と、質的データの収集・分析のどちらを優先し重み付けるかに関する課題、データ収集とデータ分析の順番に関する課題、そして研究プロセスのなかで量と質のデータが統合される工程や、量と質の結果が統合される工程に関する課題が含まれる（Morgan, 1998；Creswell et al., 2003）。これらの課題は、方法論に関する論文の中で論じられ、説明的順次デザインを採用した研究を実施するための手順の概説がなされてきたものの（Creswell, 2003, 2005）、このデザインの手続については、より明確化されるべき方法論的な論点が残っている。例えば、研究者がこのデザインにおいてどちらの研究手法にどのように重み付けをするのか、このデザインを実施する上での現実的な問題をどのように捉えるのか、研究プロセスの中で量的工程と質的工程をどのようにいつ統合するのか、そしてリサーチ・クエスチョンに答えるために両方の工程から得られた結果をどのように統合するのかといった課題が挙げられる。

コメント［CT8］：混合研究法デザインを実際に行うのは難しい場合もある。ここでは、混合研究法デザインを実施する際に問題になる点をいくつか述べている。

こうした課題解決のための実用的な方針を示すことは、研究者が順次型説明的な研究を設計し実施するに際して、適切かつ迅速な判断をする手助けになるだろう。また、それは混合研究法の手続きに新たな洞察を加えることになり、結果としてより厳格で信頼性の高いデザインとなるだろう。またそれは、研究者が混合研究法として自分の研究プロセスを視覚的に表現する上で役立つ点でも重要である。このような研究モデルの図式化は、データ収集の順序、方法の重み付け、そして1つの研究のなかで2つの形式のデータを統合し混合することを含めたデザインの特徴についてより良い理解につながるだろう。

コメント［CT9］：混合型研究における視覚的な表現は、その研究やその独特な特徴を理解する上でも大変重要である。

本論文の目的は、説明的順次デザインに関連する方法論的な課題に対処する際に必要とされる、実用的な方針を提示することである。われわれは、この方法論上の議論を例証するために教育リーダーシップを涵養する遠隔学習プログラムに参加した博士課程学生の学習継続性について、説明的順次デザインを用いた研究論文を用いる（Ivankova, 2004）。

説明的順次デザイン

説明的順次デザインは、まず量的研究がなされ質的研究が続くかたちで、異なる2つの研究工程から成り立っている（Creswell, 2003）。この研究デザインにおいて研究者は、まず量的（数量）データを収集・分析する。次に質的（テキスト）データを収集・分析し、このデータは最初の工程で得られた量的結果の説明を補足し精緻化する。この2番目の質的工程は最初の量的工程に上乗せされ、この2つの工程は研究全体の中間的な段階で連結される。このアプローチの論理的根拠は、量的データとそれに続く分析が、研究課題に対する総合的な理解を提供することにある。質的データとその分析は研究参加者の視点をより深く探究することで、統計学的結果を洗練化して説明する（Rossman & Wilson, 1985；Tashakkori & Teddlie, 1998；Creswell, 2003）。

コメント［CT10］：この研究では、まず量的データの収集がなされ、次いで質的データの収集がなされる。これは、1つの研究要素が次の研究要素へと連なる順次型デザインである。

コメント［CT11］：これが，本研究で説明的順次デザインという特定の混合研究法デザインを用いた根本的理由である。

この研究デザインの長所と短所は、これまでにも広く議論されてきた（Creswell, Goodchild & Turner, 1996；Green & Caracelli 1997；Creswell, 2003；2005；Moghaddam, Walker & Harre, 2003）。その長所は、デザインの単純さと量的結果をより詳細に探究する機会とが含まれていることにある。またこの研究デザインは、量的結果において予期しない結果が生じた際に、特に有用である（Morse, 1991）。このデザインでは、両方のタイプのデータを収集し分析するまで長時間を要し、研究資源に関する現実性に制約がある。

コメント［CT12］：どの混合研究法デザインにも長所と短所がある。ここでは説明的順次デザインの長所と短所について述べている。

説明的研究

われわれは、ネブラスカ大学リンカーン校が提供する高等教育における教育リーダーシップ（ELHE：educational leadership in higher education）遠隔学習プログラムに対する博士課程学生の学習継続性について知るために、この研究を実施した。このプログラムは、ロータスノーツやブラックボードといった複数のコンピュータシステムとプラットフォームを使用することで、遠隔学習ソフトウェアを介して学生に配信される。これ（本プログラム）は、接続リンクとしてインターネットを使用し、参加者に非同期的で協働的な学習機会を提供する（Stick & Ivankova；2004）。

説明的順次デザインを採用したこの研究の目的は、ELHE プログラムにおける学生の学習継続性に関連する要因を特定することにあった。まず、278 名の現役および過去の学生から量的結果を収集し、その後、量的調査結果をより深く探究するために、合目的的に選ばれた 4 名の研究参加者をフォローアップして質的事例分析を行った。

コメント［CT13］：この説明的な研究の全体の目的は、ある学習プログラムに学生が最後まで留まった（在籍し続けた）理由と関連する要因を、より詳しく探ることである。

コメント［CT14］：量的研究の部分は 278 名の学生に対する調査で構成された。また質的研究の部分は合目的的に選ばれた 4 人のケース・スタディで構成された。

第 1 の量的研究工程においては、リサーチ・クエスチョンとして、内的変数と外的変数（プログラムに関連する要因、顧問と教員に関連する要因、家計に関連する要因、学生に関連する要因だけでなく、外在的要因も含む）が、どのようにプログラムに参加する学生の学習継続性の予測変数として関連するのかに焦点が当てられた。第 2 の質的研究工程においては、4 つの対象者集団から抽出された 4 ケースを研究することで、統計学的に得られた知見をより深く探究した。質的なリサーチ・クエスチョンに対して、4 つの集団の判別に寄与するものとは別に、7 つの内的要因および外的要因が見出された。その要因は、教育プログラム、オンライン学習環境、教員、学生支援サービス、自己の動機づけ、仮想コミュニティ、学習アドバイザーに関するものであった。

コメント［CT15］：これらが量的リサーチ・クエスチョンである。

コメント［CT16］：これらが質的リサーチ・クエスチョンである。

量的研究工程

量的研究工程における目標は、ELHE プログラムにおける博士課程学生の学習継続性に関する変数の潜在的な予測力を同定することであった。われわれは、自分たちで質問紙を開発して、探索的な評価としてウェブ上で横断的調査を行い、量的データを収集した（McMillan, 2000；Creswell, 2005）。主要な調査項目は、リッカート尺度 7 件法による 5 つの尺度で構成され、プログラムに対して内的要因および外的要因として関連するような、以下の 10 変数で構成された。それは、オンライン学習環境、教育プログラム、仮想的コミュニティ、教員、学生支援サービス、学習アドバイザー、家族や大切な他者、雇用、家計、自己の動機づけの 10 変数である。これらの変数は、関連文献の分析、学生の学習継続性に関する 3 つの理論モデル（Tinto, 1975；Bean, 1980；Kember, 1995）、そして ELHE に参加した 7 人の現役学生を対象にわれわれが以前に行った質的な主題分析（Ivankova & Stick, 2002）を通して同定された。調査尺度項目の信頼性と妥当性は、パイロット調査と主要調査における、度数分布、内的一貫性信頼性指標、項目間相関、そして因子分析を用いて評価された。調査項目の内容的妥当性を担保するために、当教育プログラムに関わる教授陣による検討を経た。

コメント［CT17］：量的データはウェブ調査を用いて収集された。

コメント［CT18］：このセクションでは、本研究の量的研究の部分で使われた主要な調査項目である 10 の複合変数について説明している。

コメント［CT19］：量的研究で扱う要因は、文献レビューや理論、過去に実施した分析に基づいて明らかにした。

コメント［CT20］：量的手段の信頼性と妥当性は非常に重要であるため、本研究では、複数の数量分析によって確認した。本研究における量的構成要素のデータソースは、「調査」手段のみである。

量的研究工程における参加者の選択基準は、（1）ELHE プログラムの参加者であること、（2）1994 年から 2003 年春までの期間内に参加していること、（3）オンライン学習の半分を終了していること、（4）現役非現役に関わらず卒業生や退学生、あるいは修了生であること、（5）プログラム開始直後の者に限っては、最低 1 つのオンラインコースを受けていること、とした。この基準に合致した者は全部で 278 名であった。207 名の研究対象者から回答があり、回収率は 74.5％であった。分析を行うために、教育プログラムの進

コメント［CT21］：本研究の量的研究部分の選択基準を明確に定義している。

コメント［CT22］：このような量的研究の選択手順を用いた結果、本研究の量的研究のサンプルは、200 を超える比較的大規模なものになった。

度や学術経験の類似性に基づいて、全参加者を4集団に分類した。それは、(1) コースワークの受講時間が30時間未満の学生（初学者集団；n=78)、(2) 博士論文の時間を含め、コースワークの受講時間が30時間以上の学生（登録者集団；n=78)、(3) 博士号を取得してプログラムを修了した元学生（修了者集団；n=26),(4) 教育プログラムを中止した学生、あるいは調査実施時期より前の3期（春期、秋期、および夏期）の間に教育プログラムに参加していない元学生（退学者/元学生集団；n=25）の4集団である。

コメント [CT23]：ここでは、量的研究のサンプルを明確にグループ分けするために設定した4つの層について述べている。

われわれは、調査データを分析するために単変量解析および多変量解析法の両方を使用した。クロス集計と度数集計によって調査対象者の人口学的属性を分析し、5つの調査尺度に含まれる個別の項目に対する回答を分析した。また EHLE プログラムにおける学生の学習継続に関する10要因の予測力を同定するために判別関数分析を用いた。

コメント [CT24] 量的データ分析では記述統計学と推計統計学を用いた。

典型的な参加者は、36歳から54歳で、女性が多くフルタイム就業しており、ほとんどは州外の居住者で子どもがいる既婚者であった。調査尺度項目に関する記述的分析からは、参加者のほとんどは、教育プログラムにおける学習経験に満足していることが示され、教育機関内および外部機関から彼らが必要とするあらゆるサポートを受けていたことも明らかになった。

コメント [CT25]：量的データの記述的分析から、この学業プログラムの典型的な参加者について詳しく述べている。

判別関数分析によって、5つの変数のみが（教育プログラム、オンライン学習環境、学生支援サービス、教員、そして、自己の動機づけ)、ELHE プログラム参加者の学習継続に対して有意に関連していることが明らかになった。これらの5変数のうち、特に教育プログラムとオンライン学習環境の2変数が判別関数と最も強い相関を示しており、また4集団間の判別に最も大きく寄与していた。他の変数（仮想コミュニティ、学習アドバイザー、家族や重要な他者、雇用、家計）は、4集団の判別に有意には関連していなかった。

コメント [CT26]：推計統計では、学業プログラム参加者の学習継続に有意に寄与したのは5変数のみという結果になった。この結果が質的リサーチ・クエスチョンへの答えだった。

質的研究工程

われわれは、量的研究工程において ELHE プログラムにおける学生の学習継続性に関連する外的要因および内的要因を調べた。質的研究工程では、特定の要因の影響が有意であった、もしくは有意ではなかったことを説明するために、複数ケース・スタディ・アプローチ（Yin, 2003）を用いた。ケース・スタディでは、いくつものデータソースや豊かなコンテクストを含む、具体的で厚みのあるデータ収集を通じて、幅広いシステムや長期的なケースの探究が行われる（Merriam, 1998)。複数ケース・スタディ・デザインには複数のケースが含まれており、ケースごとの分析とケース間での分析の2つのレベルで分析が行われる（Stake, 1995；Yin, 2003)。

コメント [CT27]：ここでは質的研究の構成要素（複数の事例）を説明している。混合型研究の多くは、全体の研究デザインにおいてケース・スタディを質的構成要素として用いている。

われわれは、この研究工程において調査に協力した4つの参加者集団から1人ずつ合目的的に選択した。ケース・スタディに豊かさと厚みを加えるために（Stake, 1995；Creswell, 1998)、われわれはデータ収集に際して複数のソースを使用した。具体的には、(1) 4人の参加者に対する電話による分厚い半構造インタビュー、(2) インタビュー直後に研究者が作成した、各参加者の学習継続性についての想起記録、(3) 新たに浮かんだ主題について追加情報を得るための電子媒体でのフォローアップ・インタビュー、(4) インタビュー中に得られた情報を検証し、関連する詳細情報を取得するために必要な学業成績証明書と学生のファイル、(5) 写真、(レポート課題のような）物品、およびその他の個人の所有物など、教育プログラムにおいて各々の学習継続性に関連しそうな、参加者から提供された資料、(6) 量的研究工程で収集したオープン・エンド・クエスチョンや複数選択式の質問に対する回答内容、そして (7) ロータス・ノーツ・サーバー上に残された、参加者が選択したオンライン授業に関する情報、についてである。

コメント [CT28]：本研究の質的研究の参加者として選ばれたのは参加者4名のみだが、これらの参加者は極めて慎重に合目的的に選択された。

コメント [CT29]：本研究の質的構成要素には、多くのデータ・ソースが使用されている。

われわれは、それぞれのインタビューを録音し逐語録を作成した（Creswell, 2005)。またテクスト・データを、ケースごととケース間の2つのレベルで主題分析を行なった。この分析にはQSR N6ソフトウェアが使用され、データの保存、コーディング、そしてテーマ設定がなされた。検証手続きとして、異なるデータ・ソース同士のトライアンギュレーション、メンバーチェック、コーダー間の合意、ケースについての豊富かつ分厚い記述、確証されなかったエビデンスの再検討、そして、学識者からの監査が含まれた(Lincoln & Guba, 1985；Miles & Huberman, 1994；Stake, 1995；Creswell, 1998；Creswell & Miller, 2002)。

コメント［CT30］：質的データに対しては、テーマ分析を行った。

コメント［CT31］：質的分析の信用性を得るために、メンバーチェック、トライアンギュレーション、厚い記述、監査といった技法を用いた。

ケースごとおよびケース間の分析から、ELHEプログラム参加者の学習継続性に関連する4つの主題が浮かび上がった。それは、学術経験の質、オンライン学習の環境、支援や援助、そして学生の自己動機づけの4つであった。これらの主題は参加者全員に共通していたが、各主題を構成する副主題あるいはカテゴリーの数と類似性については（4名の間で）異なっていた。教育プログラム修了者と退学者との間にある類似点よりも、教育プログラムの進捗段階の異なる現役参加との間にある類似点の方が多く見出された。質的研究結果からは、オンライン環境における教育プログラムの質と学術経験の質、学生支援体制、そして学生の目標に対するコミットメントが、ELHEプログラムの学習継続性に関連する不可欠な構成要素であることが明らかになった。

コメント［CT32］：質的分析から4つの主題が生じた。

質的分析ソフトQSR N6のマトリクス機能を使用して、4ケース横断的に主題ごとの数を分析することで、参加者が議論した主題の優先順位が見出された。これによって、ELHEプログラムにおける参加者の学習継続性に関連する主題として、オンライン学習体験の質が最も多く論じられていたことが明らかになった。参加者は、個人的な動機については話しにくい傾向があったが、施設内外の設備を含め、オンライン学習環境や援助体制の利点および/または欠点については積極的に言及していた。

コメント［CT33］：これら4つの主題の各出現頻度を数えて、質的データを定量化した。そうすることで、参加者にとっての各主題の「優先づけ」を検討できるようになった。

説明的順次デザインにおける手続き上の課題

あらゆる混合研究法デザインがそうであるように、われわれは量的アプローチと質的アプローチの優先づけ、実施する順番、そして統合に関連する課題に対処しなければならなかった。従って、われわれは、研究の中で量的アプローチもしくは質的アプローチ（またはその両方）のどちらに重みを付けるかを考慮し、量的データと質的データの収集・分析の順序を設定し、量的アプローチと質的アプローチをどの時点で混合し統合するのかを判断する必要があった。またわれわれは、自分達の概念的な目的を研究デザインの細部にまで可視化させる効果的な方法を見つけなければならなかった。同時に、潜在的な読者や査読者がそれを適切に理解するように提示しなければならなかった。そうした課題を解決するにあたって、われわれは、先行研究における方法論的議論だけでなく、自らの研究目的やリサーチ・クエスチョンを頼りに判断を行った（Morse, 1991；Morgan, 1998；Tashakkori & Teddlie, 1998；Creswell et al., 2003）。

コメント［CT34］：このセクションでは、研究者が自らの研究で混合研究法デザインを用いる際に直面する、典型的な問題について論じる。

優先づけ

優先づけとは、研究のデータ収集と分析の過程において、研究者が量的アプローチもしくは質的アプローチ（あるいはその両方）のどちらかに重きを置く、または注意を向けることである（Morgan, 1998；Creswell, 2003）。既に言われていることだが、それは判断が難しい問題であり（Creswell et al., 2003）、研究者の関心、その研究の読者、および/または研究者がこの研究で何を強調しようとするのかに依る（Creswell, 2003）。説明的順次デザインに

コメント［CT35］：これは、混合型研究でどのアプローチ（質的か量的か、もしくはその両方か）に優先したらよいか、ということである。

おいて優先順位は多くの場合、量的アプローチに置かれる。というのも、量的データ収集は最初の工程でなされ、混合研究法データ収集過程における主要な側面として報告されるからである。次の研究工程として、より小さな質的研究工程が続く。しかしながら、研究目的、量的および質的リサーチ・クエスチョンの射程、もしくは各々の研究工程で用いる特定のデザインによっては、研究者が質的データの収集・分析を優先することもあれば（Morgan, 1998）、または量と質の両方を同等に扱うこともありうる。そのような判断は、データ収集が始まる前に研究デザインを設定する段階でなされることもあれば、データの収集や分析が行われる最中になされることもある。

コメント［CT36］：ある特定の研究で、どちらの構成要素を優先すべきかを決定する要因は、いくつかある。

われわれは、この説明的研究において、第2工程ではあるものの、質的データの収集と分析を優先することにしていた。われわれの判断は、博士課程学生に対する遠隔学習プログラムの学習継続性に関連する要因を同定し説明するという研究目的によるものであった。最初の量的研究工程では、学生の学習継続性に対する10の外的要因および内的要因の予測力の分析に主眼を置いた。この研究工程は頑強なものではあったが、データ収集は1つのソースのみに限定された横断的調査であり、データ分析も記述統計と判別関数分析という2つの統計手法のみが用いられた。

コメント［CT37］：この研究では、質的構成要素を優先した。

質的研究工程における目標は、量的研究工程で得られた統計結果を探求し解釈することであった。より掘り下げた質的分析を行うために、広範囲にわたって長期的に収集されたデータを扱うのに適した複数ケース・スタディ・デザインを採用し、多層的なデータ分析を行った（Yin, 2003）。われわれは、ケースごとおよびケース間の分析を2つのレベルで主題分析し、各主題やカテゴリーを比較した。そして各主題に対する文単位（文章）の頻度を4ケース横断的に数え上げ、さまざまな事例横断分析を行った。

コメント［CT38］：質的構成要素としては、複数のデータソースと多様な分析方法を用いたが、量的構成要素で用いたデータソースは1つで統計技法も2種類のみであった。

実施する順番

実施する順番については、量的データ収集・分析と質的データ収集・分析のどちらか一方がもう一方に続くかたちで順次的になされるか、もしくは両方が同時になされるかのいずれかとなる（Green et al., 1989；Morgan, 1998；Creswell et al., 2003）。説明的順次デザインのデータ収集は、長期的かつ連続的な研究工程の中で行われる。そこで、研究者はまず量的なデータを収集し分析する。質的データは、2番目の工程において収集され、最初の量的工程で得られた結果と関連付けられる。この研究デザインにおける量的データの収集・分析および質的データの収集・分析の順序に関する判断は、研究目的とリサーチ・クエスチョン次第であり、統計学的に得られた結果にフィールドからの文脈上の説明をどこまで加えるかによって変わる（Green & Caracelli, 1997；Creswell, 1999）。

この説明的研究では、まずわれわれは、ウェブを用いて量的データを収集した。この工程の目標は、博士課程学生の学習継続性に関連する変数の潜在的な予測力を同定し、2番目の工程のインフォーマントを合目的的に選び出せるようにすることであった。次にわれわれは、最初の工程で得られた特定の内的要因および外的要因が、プログラムにおける学生の学習継続性を予測する上でなぜ有意であり、また有意でなかったのかを説明するために、質的データの収集と分析を行った。このようにして、量的データと統計学的な結果は、ELHEプログラムにおける学生の学習継続性に対して、どの内的要因および外的要因が関連するかについての全体的な理解を提示した。また質的データとその分析からは、学生の学習継続性に特定の要因がなぜ有意に関連し、また他の要因がなぜ有意に関連しなかったのかについての説明がなされた。

コメント［CT39］：量的研究を行ってから質的研究を実施したことで、まず、学生の学業持続を可能にした一般的要因を理解し、次に、特定の要因がなぜ重要だったかを詳しく分析することができた。

統合

統合については、研究プロセスのどの工程で量的手法と質的手法の混合や統合がなされるかを考慮することになる（Green, Caracelli, & Graham, 1989；Tashakkori & Teddlie, 1998；Creswell et al., 2003）。研究目的を提示し、量的および質的リサーチ・クエスチョンを紹介するかたちで、研究初期の工程において統合がなされる場合もあれば（Teddlie & Tashakkori, 2003）、量的研究結果と質的研究結果を統合的に解釈する研究工程において統合がなされる場合もある（Onwuegbuzie & Teddlie, 2003）。加えて、順次的な混合研究法デザインにおいては、第1工程で得られた分析結果を参照して、第2工程のデータ収集が行われるように、この中間段階において量的研究工程と質的研究工程が結び付けられる（Hanson et al., 2005）。説明的順次デザインでは、多くの場合、第1工程で得られた量的結果に基づいて、質的フォローアップ分析の対象者を選択するかたちで、2つの工程は結び付けられる（Creswell et al., 2003）。他の統合の仕方としては、最初の量的結果を参照して質的データを収集するプロトコールを作成することが考えられる。これを用いることで、第2工程ではより深く質的データを収集し分析し、その結果を吟味することが可能となる。

この説明的研究では、われわれは最初の量的工程で数量スコアに回答した参加者から質的ケース分析の対象者を選び出し、中間段階において量的工程と質的工程を連結させた。また最初の量的工程における判別関数分析の結果に基づいて、質的工程のインタビュー項目を作成する工程で、2回目の統合がなされた。われわれは、量的リサーチ・クエスチョンと質的リサーチ・クエスチョンの両方を提示することで、研究デザインを組む段階で量的アプローチと質的アプローチを混合した。そして研究全体で得られた結果を解釈するときに量的工程と質的工程から得られた結果を統合した。

コメント［CT40］：統合は、混合研究法で非常に重要な役割を果たし、量的および質的手法の両方を混合することである。

コメント［CT41］：混合型研究では複数の時点で統合が行われる。

コメント［CT42］：これは一般的な研究プロセスの説明で、研究の第2段階で用いる質的データ収集プロトコールは、それ以前の量的研究の結果に基づいている。

コメント［CT43］：ここでは、この説明的な研究のための統合が、どこで生じたかを説明している。

ケースの選択：説明的順次デザインにおけるケース選択のやり方としては、少数の典型例を探し当てたり、外れ値や極端なケースをフォローアップしたりすることがある（Morse, 1991；Caracelli & Green, 1993；Creswell, 2005）。このような研究デザインにおいて、ケース選択は統合工程の1つに過ぎないのだが（Hanson et al., 2005）、研究者が質的分析の対象となるケースを選択してどのように研究を進めるべきかについては、決まったやり方があるわけではない。この説明的研究では、第2工程の説明的な性質ゆえに、われわれは各集団の典型的なケースに焦点を当てることにした。われわれは、4つの異なる集団から典型的な回答者を同定するために、以下のような体系的な手続きを採用した。

最初の量的工程で算出された10の複合変数スコアに基づき、われわれはまず各参加者の合計得点から参加者全体の平均点を算出し、4集団の平均点をそれぞれ算出した。各集団の典型的な代表例として適格な候補者の人数を絞り込むために、各集団における候補者の区画（上限値と下限値）を平均値から1標準誤差と設定した。SPSSのクロス集計を用いて、平均値から1標準誤差内に収まる平均的なスコアの参加者を、各集団で数人ずつ同定した（**表1**参照。）。

次に、以下に示す7つの人口統計学的変数について、4集団に属する参加者の集団内比較を行った。その変数は、履修単位時間数、オンラインコースの数、年齢、性別、居住地、職業、家族構成である。**表2**は、このELHEプログラムの参加者サンプルの典型的な回答である。

これらの基準を用いて、われわれは**表2**に示す特性を有する参加者を各グループから2人ずつ同定した。最後に、各集団で1名の参加者を選ぶために多様性最大化サンプリング戦略（Creswell, 2005）を採用し、教育プログラム

コメント［CT44］：研究者は、参加者グループ毎に典型的ケースを1つ選ぶことにした。典型的ケースのサンプリングは、合目的的サンプリングの1技法である。

コメント［CT45］：量的データ分析によって回答者の個別サンプルを作り、その中から質的ケース・スタディの対象者を選んだ。

コメント［CT46］：量的研究で設定した7つの人口統計学的変数から、典型的な回答者のプロフィールを得た。これは量的データを質的データに転換する1例で、数量データを一連のプロトタイプに変換するやり方である。この場合は4グループ各々に1つのプロトタイプを設定した（**表2**参照）。

コメント［CT47］：多様性最大化サンプリングは、本研究で用いたもう1つの合目的的サンプリング技法である。

表1　各集団の平均値から1標準誤差内にいる参加者

集団	参加者	集団平均	平均値の標準誤差
初学者集団	11	3.13	0.05
登録者集団	6	3.20	0.04
修了者集団	8	3.45	0.06
退学者/元学生集団	5	2.91	0.09

表2　参加者の典型的な属性

	グループ1 初学者集団	グループ2 登録者集団	グループ3 修了者集団	グループ4 退学者/元学生集団
取得単位時間	10～30	>45	NA	3～9
取得オンラインコース	>5	>6	>6	1～2
年齢（歳）	36～54	36～54	46～54	>46
性別	女性	女性	男性	女性
ネブラスカ州居住の有無	州外	州外	州外	州外

表3　多様性最大化原則によって選択されたケース・スタディの参加者

	グループ1 初学者 （グレン）	グループ2 登録者 （ローリイ）	グループ3 修了者 （ラリー）	グループ4 退学者/元学生 （スーザン）
年齢（歳）	36～54	36～54	46～54	>55
性別	女性	女性	男性	女性
居住	州内	州外	州外	州外
家族の地位	独身	既婚、18歳以上の子どもあり	既婚、18歳以下の子どもあり	独身

に関する情報や重要な人口学的情報の両方に基づいて多様な視点から選定した。そのようにして、8人の参加者から年齢、性別、居住地、家族状況の異なる男性1名と女性3人を選定し（**表3**参照）、4人全てから同意を得て調査を行った。

インタビュー・プロトコールの開発：次にわれわれは、最初の工程で得られた量的結果に基づいたインタビュー・プロトコールの開発を行った。というのも、2番目の質的工程では、最初の量的工程で得られた知見を詳細に検討することが目的であり（Creswell et al., 2003）、われわれは、ELHEプログラムにおける学習継続性について、4集団の判別関数に対して特定の予測変数が異なる寄与を示す理由を明らかにしたかったからだ。

コメント［CT48］：他の多くの順次型研究と同様に、第1段階の結果を用いて、第2段階で用いる手段やプロトコールを開発している。

こうして、ELHEプログラムの学生集団において統計学的に有意な予測力を示した5つの要因（オンライン学習環境、ELHEプログラム、機関、支援、そして自己の動機づけ）の役割を探究するために、インタビュー・プロトコールでは5つのオープン・エンド型の質問を設定した。さらに、2つのオープン・エンド型の質問を設けることで、学習アドバイザーおよび仮想学習コミュニティの役割と、学生の学習継続性との関係について調べた。これらの2要因は4つの参加者集団の判別関数に有意に寄与しているわけではなかったが、従来の博士課程学生の学習継続性について調査した多くの既存研究の中では重要な役割を果たしている（Bowen & Rudenstine, 1992；Golde, 2000；Brown, 2001；Lovitts, 2001）。われわれは、最初の量的工程で完全回答の得られた1名の参加者を合目的的に選出し、インタビュー・プロトコールのパイロット・テストを行った。このパイロット・インタビューの結果に基づいて、質問の順番を変更して補足的な質問を追加した。

コメント［CT49］：インタビュー・プロトコールのオープン・エンド型の質問項目は、本研究の量的構成要素から得られたデータに基づくものだった。

2 つの研究工程の結果の統合

われわれは、研究全体の結果を考察するにあたって、量的工程と質的工程で得られた結果を統合した。本論文の冒頭で示したように、われわれはELHE プログラムに参加する博士課程学生の学習継続性についてよりよく理解するために、量的リサーチ・クエスチョンと質的リサーチ・クエスチョンの両方を設定した。また本稿の考察において、これらのクエスチョンに十全に答え、この研究課題を厳密かつ意味のあるものに発展させるために、われわれは両方の工程から得られた結果を結びつけた。まず、われわれは本研究の主要な量的リサーチ・クエスチョン「ELHE プログラムにおける学生の学習継続性を予測する要因（内的要因および外的要因）は何か」に答えるために、結果の解釈を行った。その後われわれは、質的工程におけるリサーチ・クエスチョン「第 1 工程で同定された要因（内的および外的要因）が、ELHE プログラムにおける学生の学習継続性に対してどのように寄与するのか」という問いに答えるために、ケース・スタディで得られた結果を考察した。この考察プロセスによって、2 番目の質的工程から得られた知見は、最初の量的工程で得られた統計学的結果をより明確に説明するのに役立てられた。

コメント［CT50］：研究全体のアウトカムを考察する場面で、量的研究と質的研究の結果を統合した。

コメント［CT51］：本研究の第 2 工程である質的研究で得られた知見によって、第 1 工程の量的研究で得られた統計結果が明確になり、解釈が可能になった。

次にわれわれは、ELHE プログラムにおける学生の学習継続性に関連する探索的要因に関して、量的工程と質的工程で類似するサブ・クエスチョンに対する答えを分類することで、この調査結果を詳細に議論した。われわれは、この主題を取り上げた量的および質的研究の両方の先行研究を引用し、考察を行った。このようにして、量的結果と質的結果を結びつけることは、統計検定の結果を説明するのに役立った。これは、説明的順次デザインの役割を明示する上で強調されることもある（Green, Caracelli & Graham, 1989；Creswell et al., 2003）。

視覚的モデル

混合研究法は複数の工程を経ることが多く、その研究で使用されている手続きを視覚的に表現することなしに、その多工程構造を十分に理解することは難しい。混合研究法のプロセスを図示することは、研究者がデータ収集の順序、手法の優先順位、そして、その研究の中で 2 つのアプローチを統合し混合する工程を視覚化するのに役立つ。また図によって、どこで、どのように、そしていつ研究の段取りを調整し、そして/もしくは情報を加えようとしたのかについて、研究者の理解を促す。さらに、図示することによって、自分達が希望する研究助成団体のような利害関係を持つ読者に対し、混合研究法についての理解を促すことになる。

コメント［CT52］：グラフ表示や視覚的モデルは、(1) 研究者が研究を正確に行うのを助け、(2) 読者が多工程の混合型研究を理解するのに役立つ。

研究手続きを視覚的モデルで提供する価値については、これまでにも混合研究法の方法論に関する研究の中で示されてきた（Morse, 1991；Tashakkori & Teddlie, 1998；Creswell et al., 2003；Creswell, 2005）。Morse（1991）は、混合研究法の手順の簡略な表記システムを開発し、その名残りは、現在用いられている混合研究法デザインの名称にも表れている。他の研究者も、主要な混合研究法デザインに関する視覚表現を示した（Tashakkori & Teddlie, 1998；Creswell et al., 2003；Hanson et al., 2005）。しかしながら、「どうすればよいか」についての具体的なやり方は示されていない。この論文では、Morse（1991）による表記システムを使用し、また Creswell ら（2005）および Tashakkori と Teddlie（1998）の推奨に従い、われわれは、混合研究法の手順の視覚的モデルを描くための 9 箇条を設定した。その企図は、複雑になることの多い混合研究法デザインを提示する際に、研究者に実践的なツールを提供することであった。これらのルールには、視覚的モデルを描く際に従うべき手順および、視覚的モデルに含まれる内容や形式、これら両方に特化

コメント［CT53］：表 4 は、混合研究法デザインの視覚的モデルを描くための 9 箇条の項目を示している。

した指針が示されている。
表4に示した9箇条を使用して、われわれはこの説明的な研究に用いた説明的順次デザインを図式化した（図1参照）。このモデルは、研究の順序を描写し、質的研究を太文字表記（英語ではQUALITATIVEのように大文字表記）にすることで質的研究が優先されたことを示し、全てのデータ収集と分析の手順を明記し、そして両方の工程から得られた成果や結果を示している。またこのモデルは、量的工程と質的工程の統合や量的成果と質的成果の統合を行う位置を示すとともに、研究全体の中のどこで結果の統合や混合が生じたかを明記している。

コメント［CT54］：図1は、本論文で述べた説明的な研究を図式化したモデルである。

結論

本稿では、研究者が説明的順次デザインを使用する際に直面する方法論上の課題について論じた。その課題には、量的アプローチと質的アプローチ（その両方）の優先づけ、データ収集と分析を実施する手順、研究全体の中での量的工程と質的工程の統合、そして、両方から得られた結果の統合、これらに関する判断が含まれる。また、教育リーダーシップの遠隔学習プログラムを受講する博士課程学生の学習継続性に関する研究を取り上げることで、上記のような研究手続き上の課題を論じる際に役立てた。

われわれは、説明的順次デザインを用いる研究において量的アプローチと質的アプローチのどちらを優先させるかの判断は、各工程の中で研究者が選ぶ研究デザインや、各工程で収集されたデータの量、そして各工程の中で要求されるデータ分析の厳密さと範囲に依ることを示した。この混合研究法デザインについては、研究の目的とリサーチ・クエスチョンによって量的および質的データ収集の順序が決定される。量的研究から得られた結果を深く説明しようと試みたため、順番としては量的研究が最初の工程となった。

説明的順次デザインにおける混合は、2つの形式を採りうる。(1) 統計検定に基づいて、第2工程の対象者を選択し質的データ収集プロトコルを作成することで、量的工程と質的工程を連結する。(2) 研究全体の結果を考察し推論を描きながら量的結果と質的結果を統合する。このように量的手法と質的手法を混合させることは、推論の質を向上させることにつながるとともに(Tashakkori & Teddlie, 2003)、説明的順次デザインを採用する意義を明確に示すことでもある。また混合研究法デザインは複雑であるので、研究者と読者にとってデザインのもつ概念的理解を促すために、研究手続きを視覚的に表現する方法が必要となる。

コメント［CT55］：これらの技法は、本研究の2つの構成要素を統合するのに用いた。

コメント［CT56］：推論の質（inference quality）は、内的妥当性（internal validity）という量的の概念と、信憑性（credibility）と信用性（trustworthiness）という質的用語を包含した混合研究法用語として提案されている。

本稿で取り上げた方法論的議論の限界は、議論が混合研究法デザインの1つである説明的順次デザインに限定されていることである。混合研究法デザインは他にも存在する。本稿で議論した方法論的課題は他のデザインにも当てはまるものではあるが（Creswell et al., 2003）、他の判断や考察に基づいて研究者の選択が方向づけられることもありうる。本稿では、説明的順次デザインを採用する研究者が直面するいくつかの課題に絞って論じてきた。このような課題の他にも混合研究法に関する手続き上の課題についてより多くの議論が必要とされる。特に、他の順次型混合デザインや並行型混合デザインにおける量的アプローチと質的アプローチの優先づけの議論、混合研究法における量的手法と質的手法の統合の仕方、混合研究法に特化したデータ分析の方法、そして混合研究法の妥当性を洗練させること、これらから研究者が得るものはあるだろう。混合型研究をどのようにデザインし、概念化し、実施し、そしてその確からしさを検討するかについて方向性を提示することによって、研究者は無駄のないデザインとより頑強な手続きで研究がしやすくなり、そして最終的には、研究者がより意義のある研究結果を産出しやすくなるだろう。

表４　混合研究法デザインの視覚的モデルを描くための９箇条

- ●視角的モデルにタイトルをつける。
- ●モデルのレイアウトを横向きにするか縦向きにするかを選択する。
- ●量的工程と質的工程にデータ収集、データ分析、結果の解釈を含めてボックスで囲む。
- ●量的データ収集と分析、質的データ収集と分析、これらの優先順位を示すために大文字（太字）と小文字を使い分ける。
- ●研究手順を示すために、一方向矢印を使用する。
- ●量的工程も質的工程もデータ収集とデータ分析の内容や手法が分かるように記述する。
- ●量的データ収集と分析、質的データ収集と分析、それぞれから見込まれる成果や結果を明記する。
- ●手法と成果を簡潔な言葉で記述し、モデルをシンプルにする。
- ●モデルは１ページに収める。

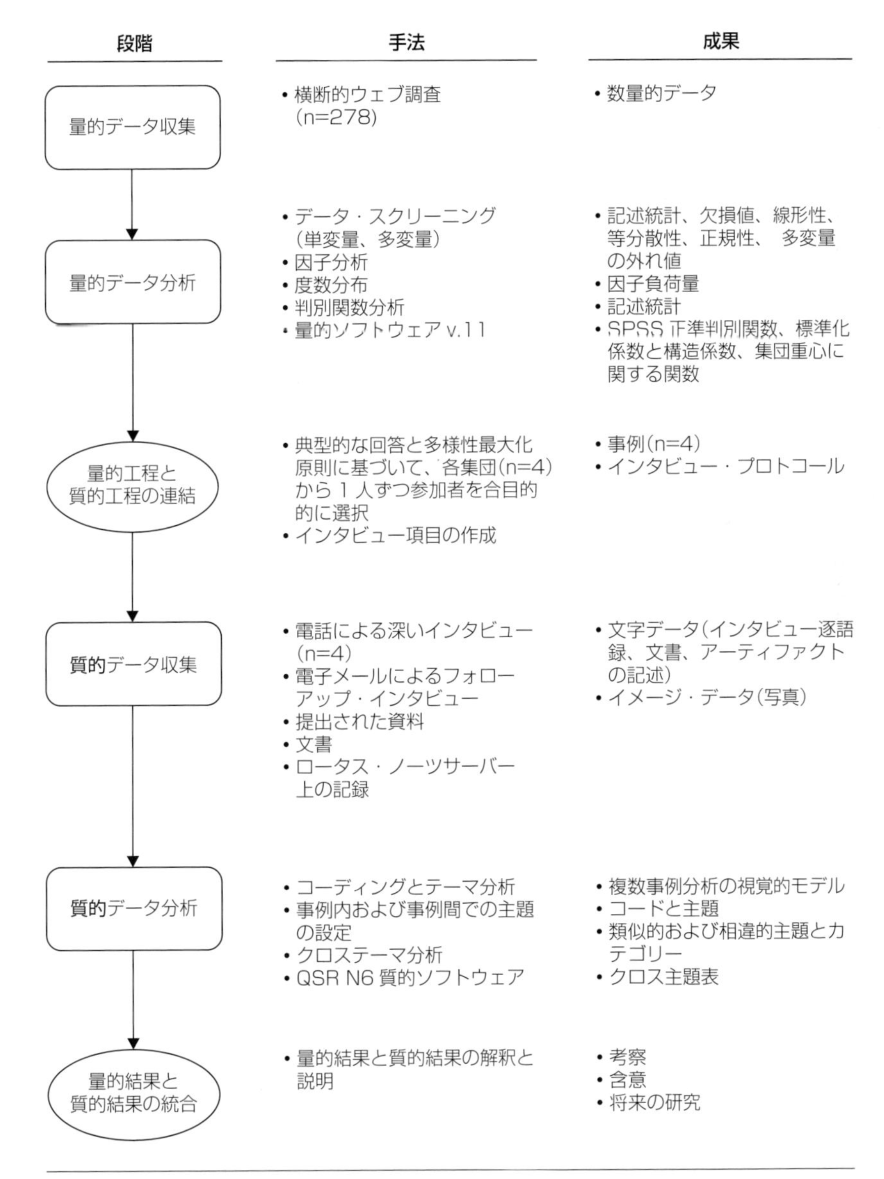

図１　説明的順次デザインの視覚的モデル

引用文献

Bean, J. P.1980. Dropouts and turnover：The synthesis and test of a causal model of student attrition. *Research in Higher Education* 12：155–87.

Bowen, W. G., and N. L. Rudenstine. 1992. *In pursuit of the PhD.* Princeton, NJ：Princeton University Press.

Brown, R. E. 2001. The process of community–building in distance learning classes. *Journal of Asynchronous Learning Networks* 5 (2)：18–35.

Caracelli, V. J., and J. C. Greene. 1993. Data analysis strategies for mixed methods evaluation designs. *Educational Evaluation and Policy Analysis* 15 (2)：195–207.

Ceci, S. J. 1991. How much does schooling influence general intelligence and its cognitive components? A reassessment of the evidence. *Developmental Psychology* 27 (5)：703–22.

Creswell, J. W. 1998. *Qualitative inquiry and research design：Choosing among five traditions.* Thousand Oaks, CA：Sage.

Creswell, J. W. 1999. Mixed methods research：Introduction and application. In *Handbook of educational policy,* ed. T. Cijek, 455–72. San Diego, CA：Academic Press.

Creswell, J. W. 2003. *Research design：Qualitative, quantitative, and mixed methods approaches.* 2nd ed. Thousand Oaks, CA：Sage.

Creswell, J. W. 2005. *Educational research：Planning, conducting, and evaluating quantitative and qualitative approaches to research.* 2nd ed. Upper Saddle River, NJ：Merrill/Pearson Education.

Creswell, J. W., L. F. Goodchild, and P. P. Turner. 1996. Integrated qualitative and quantitative research：Epistemology, history, and designs. In *Higher education：Handbook of theory and research,* ed. J. C. Smart, 90–136. New York：Agathon Press.

Creswell, J. W., and D. Miller. 2002. Determining validity in qualitative inquiry. *Theory into Practice* 39 (3)：124–30.

Creswell, J. W., V. L. Plano Clark, M. Gutmann, and W. Hanson. 2003. Advanced mixed methods research designs. In *Handbook on mixed methods in the behavioral and social sciences,* ed. A. Tashakkori and C. Teddlie, 209–40. Thousand Oaks, CA：Sage.

Golde, C. M. 2000. Should I stay or should I go? Student descriptions of the doctoral attrition process. *Review of Higher Education* 23 (2)：199–227.

Green, J. C., and V. J. Caracelli, eds. 1997. Advances in mixed–method evaluation：The challenges and benefits of integrating diverse paradigms. In *New directions for evaluation,* ed. American Evaluation Association. San Francisco：Jossey–Bass.

Green, J. C., V. J. Caracelli, and W. F. Graham. 1989. Toward a conceptual framework for mixed–method evaluation designs. *Educational Evaluation and Policy Analysis* 11 (3)：255–74.

Hanson, W. E., J. W. Creswell, V. L. Plano Clark, K. P. Petska, and J. D. Creswell. 2005. Mixed methods research designs in counseling psychology. *Journal of Counseling Psychology* 52 (2)：224–35.

Ivankova, N. V. 2004. Students' persistence in the University of Nebraska–Lincoln distributed doctoral program in Educational Leadership in Higher Education：A mixed methods study. PhD diss., University of Nebraska–Lincoln.

Ivankova, N. V., and S. L. Stick. 2002. Students' persistence in the distributed doctoral program in educational administration：A mixed methods study. Paper presented at the 13th International Conference on College Teaching and Learning,Jacksonville, FL.

Janz, N. K., M. A. Zimmerman, P. A. Wren, B. A. Israel, N. Freudenberg, and R. J.Carter. 1996. Evaluation of 37 AIDS prevention projects：Successful approaches and barriers to program effectiveness. *Health Education Quarterly* 23 (1)：80–97.

Kember, D. 1995. *Open learning courses for adults：A model of student progress.* Englewood Cliffs, NJ：Educational Technology Publications.

Kinnick, M. K., and K. Kempner. 1988. Beyond "front door" access：Attaining the bachelor's degree. Research in Higher Education 29 (4)：299–317.

Klassen, C., and B. Burnaby. 1993."Those who know"：Views on literacy among adult immigrants in Canada. *TESOL Quarterly* 27 (3)：377–97.

Lincoln, Y. S., and E. G. Guba. 1985. *Naturalistic inquiry.* Beverly Hills, CA：Sage.

Lovitts, B. E. 2001. *Leaving the ivory tower：The causes and consequences of departure from doctoral study.* New York：Rowman & Littlefield.

McMillan, J. H. 2000. *Educational research：Fundamentals for the consumer.* 3rd ed. New York：Addison Wesley Longman.

Merriam, S. B. 1998. *Qualitative research and case study applications in education：Revised and expanded from case study research in education.* San Francisco：Jossey–Bass.

Miles, M. B., and A. M. Huberman. 1994. *Qualitative data analysis*：A sourcebook. 2nd ed. Thousand Oaks, CA：Sage.

Moghaddam, F. M., B. R. Walker, and R. Harre. 2003. Cultural distance, levels of abstraction, and the advantages of mixed methods. In *Handbook on mixed methods in the behavioral and social sciences,* ed. A. Tashakkori and C. Teddlie, 51–89. Thousand Oaks, CA：Sage.

Morgan, D. 1998. Practical strategies for combining qualitative and quantitative methods：Applications to health research. *Qualitative Health Research* 8：362–76.

Morse, J. M. 1991. Approaches to qualitative–quantitative methodological triangulation. Nursing Research 40：120–23.

Onwuegbuzie, A. J., and C. Teddlie. 2003. A framework for analyzing data in mixed methods research. In *Handbook on mixed methods in the behavioral and social sciences,* ed. A. Tashakkori and C. Teddlie, 351–84. Thousand Oaks, CA：Sage.

Rossman, G. B., and B. L. Wilson. 1985. Number and words：Combining quantitative and qualitative methods in a single large–scale evaluation study. *Evaluation Review* 9（5）：627–43.

Stake, R. E. 1995. *The art of case study research.* Thousand Oaks, CA：Sage.

Stick, S., and N. Ivankova. 2004. Virtual learning：The success of a world–wide asynchronous program of distributed doctoral studies. Online *Journal of Distance Learning Administration* 7（4）. Retrieved from http://www.westga.edu/～distance/jmain11.html.

Tashakkori, A., and C. Teddlie. 1998. Mixed methodology：Combining qualitative and quantitative approaches. *Applied Social Research Methods Series,* vol. 46. Thousand Oaks, CA：Sage.

Tashakkori, A., and C. Teddlie, eds. 2003. *Handbook on mixed methods in the behavioral and social sciences.* Thousand Oaks, CA：Sage.

Teddlie, C., and A. Tashakkori. 2003. Major issues and controversies in the use of mixed methods in the social and behavioral sciences. In *Handbook on mixed methods in the behavioral and social sciences,* ed. A. Tashakkori and C. Teddlie, pp.3–50. Thousand Oaks, CA：Sage.

Tinto, V. 1975. Dropout from higher education：A theoretical synthesis of recent research. *Review of Educational Research* 45：89–125.

Yin, R. 2003. *Case study research*：*Design and methods.* 3rd ed. Thousand Oaks, CA：Sage.

Nataliya V. Ivankova
（University of Alabama at Birmingham）

John W. Creswell
Sheldon L. Stick
（University of Nebraska–Lincoln）

索引

さ

し

す

せ

そ

た

て

と

な

ね

の

は

ひ

ふ

へ

ほ

ま

め

ゆ

よ

ら

り

る

ろ

●著者について

チャールズ・テッドリー（Charles Teddlie）
ルイジアナ州立大学教育学部 Jo Ellen Levy Yates 特別教授（名誉教授）。英国ニューカッスルアポンタイン大学とエクセター大学の客員教授。ルイジアナ州立大学教育学部では副学部長を務めたほか、ニューオーリンズ大学でも教鞭を執った。ルイジアナ州の州立学校/インターナショナルスクールの有効性調査プロジェクトを含む、複数の混合研究法関連の調査に関与している。25 年にわたって研究手法（統計学、質的手法、混合研究法等）の教育に携わり、ルイジアナ州立大学教育学部の優良教育賞（Excellence in Teaching Award）を受賞している。執筆は主として社会学研究方法論、学校の有効性研究統計に関して多数あり、『Schools Make a Difference：Lessons Learned from a Ten-Year Study of School Effects（学校が変化をもたらす：学校が及ぼす影響についての 10 年にわたる研究から学んだこと）』(1993、Sam Stringfield との共著)、『The International Handbook of School Effectiveness Research（インターナショナル・ハンドブック：学校の効果研究）』(2000、David Reynolds との共著)、『Handbook of Mixed Methods in Social and Behavioral research（社会・行動科学分野におけるミックスド・メソッド・ハンドブック）』(2003、Abbas Tashakkori との共著）など 12 冊の著作がある。

アッバス・タシャコリ（Abbas Tashakkori）
フロリダ国際大学の著名なフロスト（Frost）教授として研究評価方法論を教える。この分野の専門家としてリーダーシップを発揮し、ここ 5 年間フロリダ国際大学教育・心理学部の学部長、同大学教育学部大学院課程の副学部長を歴任。カロライナ人口センターとノースカロライナ大学（チャペルヒル）の博士研究員。またテキサス A & M 大学の客員学者でもある。イランのシーラーズ大学、米国のステットソン大学、ルイジアナ州立大学、フロリダ国際大学の学部・大学院課程で、30 年にわたり社会心理学と研究方法論を教える。プログラム評価においても幅広い経験を持ち、John Creswell と『Journal of Mixed Methods Research（ミックスド・メソッド研究雑誌）』を創刊し、その共編者を務めている。統合研究方法論に関する執筆に加え、自己認識、アティチュード、ジェンダー、民族性など、異文化・多文化分野における広範な研究論文やプログラム評価関連の論文を著している。現在は Charles Teddlie との共著『Research Methods for Education and Behavioral Sciences：An Integrated Approach（教育と行動科学の研究手法：統合アプローチ）』等に取り組んでいる。

●監訳者

土屋　敦　徳島大学総合科学部　社会学研究室
八田太一　京都大学 iPS 細胞研究所　上廣倫理研究部門
藤田みさお　京都大学 iPS 細胞研究所　上廣倫理研究部門

混合研究法の基礎　社会・行動科学の量的・質的アプローチの統合

2017 年 10 月 17 日
初版第 1 刷発行

著　者　チャールズ・テッドリー　アッバス・タシャコリ
監訳者　土屋　敦　八田太一　藤田みさお
発行者　西村正徳
発行所　西村書店
東京出版編集部
〒 102-0071　東京都千代田区富士見 2-4-6
tel 03-3239-7671　fax 03-3239-7622
www.nishimurashoten.co.jp
印刷　三報社印刷／製本　難波製本

ISBN978-4-89013-480-9